독도 영유권 확립을 위한 연구 XI

이 책은 2019년 대한민국 교육부와 한국연구재단의 지원을 받아 수행된 연구임
(NRF-2019S1A5B8A02103036)

독도 영유권 확립을 위한 연구 XI

초판 1쇄 발행 `2020년 7월 30일

엮은이 ㅣ 영남대학교 독도연구소
발행인 ㅣ 윤관백
발행처 ㅣ 圖돌판선인

등록 ㅣ 제5-77호(1998.11.4)
주소 ㅣ 서울시 마포구 마포동 324-1 곳마루 B/D 1층
전화 ㅣ 02)718-6252 / 6257   팩스 ㅣ 02)718-6253
E-mail ㅣ sunin72@chol.com

정가 60,000원
ISBN 979-11-6068-402-5   94910
ISBN 978-89-5933-602-9   (세트)

· 잘못된 책은 바꿔 드립니다.

영남대학교 독도연구소
독도연구총서 23

독도 영유권 확립을 위한 연구 XI

영남대학교 독도연구소 엮음

 도서출판 선인

▌책머리에 ▐

영남대학교 독도연구소에서는 이번에 『독도 영유권 확립을 위한 연구XI』(독도연구총서 23권)을 내놓게 되었다. 한국연구재단의 지원을 받아 학술대회에서 발표한 논문들과 학술지 『독도연구』에 수록된 논문들을 엄선해서 편집한 연구총서이다. 내용은 전체 4부로 구성되어 있다. 제1부 〈한일 양국의 독도 자료와 연구 검토〉에는 4편의 관련 논문이 수록되었고, 제2부 〈독도에 관한 국제법 및 정치학적 연구〉에는 9편의 관련 논문이 수록되었으며, 제3부 〈독도에 대한 역사지리적 인식〉에는 2편의 논문이, 그리고 마지막으로 제4부 〈바람직한 독도 교육의 방안〉에는 5편의 연구논문이 수록되었다.

이 책은 제2기 정책중점연구소 제2단계 연구과제 3년(2019.10.16.~2021.10.15) 연구사업의 1차년도 성과물로 출간하는 것이다. 현재 영남대학교 독도연구소가 수행하고 있는 정책중점연구소 총괄 연구주제는 【독도 영유권 확립을 위한 융복합 연구-독도 관련 자료·연구 집성 및 독도 교육의 체계화】이다. 이 연구는 첫째, 일본 정부의 노골적인 독도 영유권 침해에 대한 대응, 둘째, 일본의 심각한 독도자료 왜곡 교정, 셋째, 독도 교육 및 홍보 왜곡에 대한 대응, 넷째, 환동해문화권 내 울릉도·독도 관련 문헌자료·구술조사, 다섯째, 정부·연구기관·연구자·언론·학생·시민에 울릉도·독도 관련 자료 제공에 목적을 두었다.

　【독도 영유권 확립을 위한 융복합 연구】는 '기본과제1'의 주제 〈독도 영유권 확립을 위한 학제 간 연구〉와 '기본과제2'의 주제 〈독도 영유권 확립을 위한 국제적 기반조성과 미발굴 독도관련 자료의 탐색과 수집〉으로 구성되어 있다. '기본과제1' 〈독도의 영유권 확립을 위한 학제간 연구〉의 경우, 역사 · 지리 · 인류학, 국제법 분야의 연구자들이 1) 학제 간 융복합 연구를 통해 일본의 주장에 대응하여 치밀한 이론적 근거를 마련하고, 2) 일본의 주장에 대한 학문적 근거 마련을 위한 새로운 자료 · 사료를 발굴하고, 3) 독도의 역사적·국제법적 권원에 대한 실증연구를 토대로 일본 주장을 무력화 시키는 큰 구도 안에서 독도 영유권 공고화 이론을 도출하는데 목적을 두고 있다. '기본과제2' 〈독도 영유권 확립을 위한 국제적 기반조성과 미발굴 독도관련 자료의 탐색과 수집〉은 1) 반복적, 확장적, 국제적으로 진행되는 일본의 독도 도발과 홍보에 대한 지속적 모니터링과 대응전략 연구, 2) 독도관련 미발굴 자료의 존재 가능성이 있는 일본, 미국, 러시아, 중국의 고문서보관서, 도서관, 전직 대통령도서관 등을 탐색, 3) 환동해 문화권의 울릉도 · 독도 관련 어로문화 · 민속자료 조사를 통해 결정적이며 유의미한 독도관련 미발굴 자료를 발굴하여 역사적 · 지리적 · 국제법적으로 독도가 한국령임을 다시 한 번 더 입증하는 증거를 수집하는 한편, 독도에 대한 실효적 지배와 영유권을 강화할 수 있는 근거자료를 확보하는 것에 목적을 두고 있다.

　또 '수시과제1'의 주제는 【우리나라 독도 교육의 현황과 향후 방향】로 정했다. 이 주제에서는 일본의 초 · 중 · 고등학교 교과서의 '독도 일본땅' 왜곡교육에 대항한 독도 교육 강화를 위해서 학생들의 눈높이에 맞는 교육콘텐츠 및 프로그램 개발, 교원 연수의 양적 · 질적 개선 등을 통해 국내 학생 대상의 독도교육의 내실화 · 체계화 등을 도모하기 위한 연구를 추진했다. '수시과제2'의 주제는 【찾아가는 독도 전시회-'우리의 삶이 깃든 동해의 독도'전시회】로 정했다. 2020년도에는 독도교육주간(4월 중 1주간, 각 지역 자율)에 일본의 독도 관련 역사 왜곡에 대응하여 일반 시민과 학생들에게 알기 쉽게 독도의 진실을 알리고 교육의 장으로 활용하기 위한 전시회를 대구 · 경북 권내를 중심으로 총 45차례 개최했다, '수시과제3'의 주제는 【대구 · 경북 시민과 함께 하는 독도인문학 강좌】로 정했다. 최근「일본의 독도교육 강화」에 따라 학생 및 일반시민을 대상으로 한「독도시민강좌」를 마련한 것이다. 2018년 3월 30일 일본 문부과학성은 고등학교『학습지도요령』개정판을 확정 · 고시한데 이어, 7월 14일에는 고등학교『학습지도요령해설서』개정판을 고시하였다. 이로써 일본의 모든 초중고 사회과 교과서에서 '죽도(독도)는 일본 고유의 영토', '현재 한국이 불법점거'라고 기술할 것을 법적으로 의무화하도록 하고 있다. 이번의 조치로 요령 및 해설서의 현장 적용 시기도 3년이나 앞당겨 내년부터 적용하게 된다. 이로써 2022년부터는 일본의 초중고 교과서에서 독도 영유권 주장을 모두 싣게 되는 등 일본 정부는 교육우경화를 가속화하고 있는 상황이다. 이에 본 연구소는 경상북도교육청정보센터와 공동으로〈대구 · 경북 시민과 함께하는 독도 인문학 강좌〉를 개설하였다. 강사진은 그동안 각종 교육프로그램의 수행으로 경험과 연구업적이 풍부한 교수들을 중심으로 구성하였다. 독도의 개황과 개요, 역사적 문제, 국제법적 측면, 자연생태 연구의 현황, 독도폭격사건, 울릉도 · 독도로 건너간 사람들 등으로 구성하여 일반시민에게 쉽게 전달할 수 있는 내용으로 시민강좌를 개최하였다. '수시과제4'의 주제는 【일본 에도시대 고문서 속의 독도】로 정했다. 최근 한일 양국의 독도연구에서 독도에 관한 역사적 인지 및 영유권 인식 등에 관해 상당 부분 밝혀지고 있다. 즉 17세기 중엽에 독도에 대한 영유권이 확립되었다고 하는

「고유영토론」의 논리가 허구라는 것이 밝혀지고 있는 것이다. 그럼에도 불구하고 일본 정부는 독도가 역사적으로 일본 고유의 영토라는 주장을 여전히 견지하고 있다. 이러한 일본 측의 주장에 대응하기 위해서 본 주제에서는 일본 에도시대 문서 자료 속에 나타나는 일본의 울릉도·독도에 대한 인식을 통해 일본이 주장하는 「고유영토론」이 허구라는 것을 명확히 밝힘으로써 독도문제에 대한 우리의 정당성 및 일본 주장의 부당성을 규명하였다. '수시과제5'의 주제는 【동아시아 국제질서와 독도】로 정했다. 최근 남북미 정상회담으로 인한 동북아 정세변화와 일본 아베정권의 한국 때리기 및 대한국 경제보복이 진행되는 가운데, 위안부, 교과서 문제, 신일철의 배상문제, 지속적 독도도발 등으로 한일관계는 나날이 악화일로에 있다. 그러한 가운데 일본의 독도 영유권 주장은 공세적 수위를 높여가고 있을 뿐만 아니라 초중고 학습지도요령 및 해설서의 대폭 개정을 통해 영토교육을 가일층 강화하고 있다. 이에 〈동아시아 국제질서와 독도〉라는 주제로 동아시아 영토문제의 현재와 배경, 그리고 협력관계를 모색함과 동시에 향후 동아시아의 국제관계를 상호이해와 화합의 장이라는 틀에서 한·중·일·러 4개국의 영토문제 전문가들의 연구결과를 통해 동아시아 영토문제와 향후 방향을 검토한 것이다.

　이러한 일련의 연구를 수행해 오면서 이번에 『독도 영유권 확립을 위한 연구 XI』(독도연구총서 23권)을 간행하게 된 것이다. 이번 연구총서에 소중한 논문을 수록해주신 독도연구 전문가 선생님들에게 지면을 통해 다시 한번 감사드린다. 또한 그동안 우리 독도연구소의 연구 성과가 집성되기까지 협력해주시고 수고를 아끼지 않으신 모든 분께 진심으로 감사의 말씀을 드린다.

2020년 7월 30일
영남대학교 독도연구소장 최재목

▌목 차▐

제2부
독도에 관한 국제법 및 정치학적 연구

제1부

한일 양국의 독도 자료와 연구 검토

1905년 2월 이전 島根縣의 관할지 내 독도 제외와 그 의미

-『島根縣統計書』를 중심으로-

한 철 호

1. 머리말

현재 일본 정부는 고유영토론과 무주지선점론에 입각해 독도('竹島')가 일본의 영토라는 공식 입장을 내놓고 있다. 그러나 고유영토론과 무주지선점론은 그야말로 서로 모순된다. 이를 의식한 듯 일본 정부는 늦어도 에도(江戸)시대 초기인 17세기 중반에는 "竹島의 영유권을 확립"했으며, 1905년 1월 각의결정에 의해 "竹島를 영유한 의사를 재확인"했다고 주장하고 있다. 역사적으로 일본의 고유영토인 독도를 대외적으로 근대 국제법의 절차에 따라 영유권을 재확인했다는 논리로 그 모순을 합리화했던 것이다.

이처럼 일본 정부가 고유영토론에 집착하는 이유는 이를 포기하거나 부인할 경우, 독도가 한국의 고유영토임을 인정하는 셈이 된다고 판단하기 때문이라고 여겨진다. 실제로 일본 정부는 일본의 고유영토론을 공식적으로 부정했던 태정관지령(太政官指令, 1877) 등에 관해 그 존재조차 전혀 언급하지 않고 있다. 따라서 1905년 2월 이전 일본

정부 혹은 시마네현(島根縣)이 태정관지령에 입각해 독도를 현의 관할
지에서 제외한 사실을 입증하는 작업은 일본의 독도 영유권 주장의 모
순을 밝히고, 나아가 한국의 독도 고유영토론 논리를 강화하는 데 중
요한 근거가 될 것이다.

이러한 의미에서 매우 주목할 만한 자료는 바로『島根縣統計書』이
다.『島根縣統計書』는 시마네현이 일본 내무성(內務省)의 주관 아래
현에 관한 거의 모든 정보를 항목별로 수집해서 통계로 일목요연하게
정리·발행한 책자이다. 특히 그 항목들 중에는 시마네현이 현의 관할
지를 공식적으로 밝힌 '지세(地勢)'·'관할지(管轄地)'·'위치(位置)' 등이
있으며,「島根縣全圖」도 들어 있다. 또한『島根縣統計書』는『島根縣一
覽槪表』(1873~1879)·『島根縣統計表』(1880~1882)라는 이름을 거쳐 1884년
부터 일본의 패전 전후인 1941~1948년간을 제외하고 현재까지 해마다
간행되었으며, 일본 정부가『日本帝國統計年鑑』등 국가 차원의 전국
적인 통계서를 발행하는 기본 자료로 활용되었다. 그러므로『島根縣
統計書』는 시마네현이 태정관지령을 어떻게 수용하고 적용·반영했는
가를 명확하게 보여주며, 나아가 시마네현뿐만 아니라 일본 정부의 독
도 영유에 대한 공식적인 인식과 입장이 변화되는 과정과 그 의미를
살펴볼 수 있는 귀중한 자료라고 판단된다.

지금까지 일본의 고유영토론과 무주지선점론을 비판한 연구들은 일
본의 고유영토론을 공식 부정했던 태정관지령의 배경과 과정 및 그 의
의를 살펴보는 데 집중되어 왔다. 또한 일본의 독도 인식을 엿볼 수 있
는 해군성 수로부·육군성 육지측량부·농상무성 지질조사소 등의 해
도(海圖)와 지도를 분석함으로써 중요한 성과를 거두기도 하였다. 그
럼에도 시마네현이 1877년 4월 정작 태정관지령을 수령한 뒤 실질적으
로 어떠한 조치를 취했는가에 대한 연구는 매우 미흡하다.[1] 문서상으
로는 1881년 11월 시마네현의 오야(大谷兼助) 등이 제출한 '마쓰시마개

척원(松島開拓願)'에 대해 내무성의 니시무라(西村捨三)가 외무성에
문의한 조회문과 이에 대한 외무성의 답변문에서 태정관지령이 거론
된 사실이 밝혀졌을 뿐이다.[2]

한편 일본에서는 일찍부터 지방의 사회경제적 상황을 파악하는 데
중요한 일차자료로 『島根縣統計書』 등의 부현통계서(府縣統計書)를
널리 소개·활용해 왔다. 일본 정부는 지방정책을 입안·실시할 목적
으로 전국적인 통계의 기초자료인 부현 단위의 통계가 절실히 필요했
고, 이에 지방에서는 1870년대 초반부터 해마다 당시의 상황을 일목요
연하게 통계형식으로 작성한 부현통계서를 간행했기 때문이다.[3] 그럼

---

1) 기존의 연구 성과에 관해서는 최진옥, 「독도에 관한 연구사적 검토」, 『독도
연구』, 한국정신문화연구원, 1996; 허영란, 「독도 영유권 문제의 성격과 주
요 쟁점」, 『한국사론』(국사편찬위원회) 34, 2002; 한철호, 「독도에 관한 역사
학계의 연구동향」, 『한국근현대사연구』 40, 2007 등이 있다. 최근의 연구사
정리에 대해서는 정태만, 「조선국교제시말내탐서」 및 「태정관지령」과 독도」;
정영미, 「독도 영유권 관련 자료로서의 「죽도고증(竹島考證)」의 역할과 한계」;
김수희, 「나카이 요자부로(中井養三郎)와 독도 강점」; 허영란, 「1905년 '각의결
정문' 및 '시마네 현 고시 제40호'와 독도 편입」; 한철호, 「일본 수로부 간행의
수로지와 해도에 나타난 독도」; 윤소영, 「메이지 후기 지리지·향토지에 나타
난 독도 기술」, 『독도연구』 17, 2014 참조.
2) 堀和生, 「1905年日本の竹島領土編入」, 『朝鮮史研究會論文集』 24, 1987, 105쪽;
송병기, 『울릉도와 독도, 그 역사적 검증』, 역사공간, 2010, p.167; 유미림·
박지영·심경민, 『1877년 태정관 지령에 관한 연구』, 한국해양수산개발원,
2014, pp.104-110.
3) 일본통계사와 부현통계사에 관해서는 總理府統計局 編, 『總理府統計局八十
年史稿』, 總理府統計局, 1951; 日本統計研究所 編, 『日本統計發達史』, 東京大
學出版會, 1960; 山國和雄, 「府縣統計書について」, 『明治年間府縣統計書集
成 マイクロフィルム版―解說解說·收錄書總目錄―』, 雄松堂フィルム出
版, 1964; 島根縣, 『島根縣統計100年史』, 島根縣統計課, 1974; 細谷新治, 『明
治前期日本經濟統計解題書誌―富國强兵篇(上の2)―』, 一橋大學經濟研究所
日本經濟統計文獻センター, 1978; 松田芳郎 編, 『明治期府縣の統括統計書
解題―「勸業年報」によるデータベース編成事業報告書―』, 一橋大學經濟研
究所日本經濟統計文獻センター, 1980; 藪內武司, 『日本統計發達史研究』,

에도 독도와 관련해『島根縣統計書』를 분석한 연구는 거의 찾아보기
힘들다. 심지어 독도 연구의 권위자였던 나이토(內藤正中) 역시『島根
縣一覽槪表』·『島根縣統計書』를 근거로 호수·인구·토지·학교·공
장 등의 실태를 설명하는 수준에 그치고 말았다.[4] 한국에서도『島根
縣統計書』중 '권농지부(勸農之部)'와『島根縣農商統計表』등을 활용
해 오키국(隱岐國)의 강치 어업과 어획량 및 그 수세문제를 다룬 글이
있는 정도이다.[5]

　이에 본고에서는『島根縣統計書』를 중심으로 1905년 2월 일본의 독
도 편입 이전까지 시마네현이 태정관지령을 충실히 반영해 공식적이
고도 명백하게 독도('竹島')를 현의 관할지에서 제외시킨 사실을 밝혀
보고자 한다. 이를 위해 먼저 시마네현이『島根縣統計書』를 발행하는
배경과 상황을 살펴볼 것이다. 다음으로『島根縣統計書』의 항목 중 시
마네현의 관할(지) 연혁, 지세와 도서, '극소(極所)의 경위도' 혹은 '극
점(極點)' 내 극북의 위치와 광무(廣袤), 그리고「島根縣全圖」등을 근
거로 시마네현이 독도를 관할지에 포함하지 않았음을 분석하겠다. 아
울러『島根縣統計書』가 일본의 국가 최고기관인 태정관을 비롯해 내
무성 등 주요 중앙정부기관에 진달 혹은 배포된 상황과 그 의미를 제
시해볼 것이다. 본고가 1905년 2월까지 시마네현, 나아가 일본 정부 차
원에서 독도를 일본영토가 아니라고 공식적으로 천명했음을 입증함으
로써 일본의 독도 고유영토론과 무주지선점론의 모순을 밝히는 데 도
움이 되길 기대한다.

　法律文化社, 1995; 島村史郎,『日本統計發達史』, 日本統計協會, 2008 등 참조.
[4] 內藤正中,『島根縣の歷史』, 山川出版社, 1969;『近代島根の展開構造』, 名著
　　出版, 1977;『島根縣の百年』, 山川出版社, 1982;『圖說 島根縣の歷史』, 河出
　　書房新社, 1997.
[5] 유미림,「1905년 전후 일본 지방세와 강치어업, 그리고 독도」,『영토해양연
　　구』9, 2015.

2. 시마네현의 『島根縣統計書』 발행 배경과 상황

일본은 메이지유신(明治維新)을 계기로 국정 전반에 걸쳐 제도개혁을 단행해가는 과정에서 국세(國勢)를 종합적이고도 일목요연하게 파악할 수 있는 통계의 필요성을 절감하였다. 통계는 그 시대의 사회 상태를 객관적으로 반영한 가장 기본적인 자료인 만큼, 당면과제인 부국강병과 문명개화를 달성하기 위해서는 무엇보다 그 기반이 되는 전국의 토지·인구·산업·자원 등에 대한 정확한 조사와 이를 근거로 작성된 통계가 전제되지 않으면 안 되었기 때문이다. 이는 폐번치현(廢藩置縣)·지조개정(地租改正) 후 중앙과 지방의 행정·재정정책을 효율적으로 실시하는 문제와도 직결되어 있었다.

따라서 일본 정부는 중앙통치기구를 개편·정비하는 과정에서 통계조직인 대장성(大藏省)의 통계사(統計司, 1871년 4월; 그해 8월 統計寮), 태정관 정원(正院)의 정표과(政表課, 1871년 12월), 내무성의 지리료(地理寮, 1874년 1월; 1877년 1월 地理局), 농상무성의 통계과(統計課, 1881년 6월)를 설치하였다. 이들 통계조직은 1870년부터 개시된 「府縣物産表」(생산물)조사를 이어받으면서 1871년 호적법공포에 따라 1872년부터 일제히 행해졌던 「호구조사」(본적·인구조사), 1873년 지조개정조례에 근거한 전국의 토지조사와 지적편찬사업[6] 등을 실시하고 각종 통계표 혹은 통계서를 편찬하였다. 이 조사들은 모두 국가 운영 및 행정상 초미의 급무였다.[7]

그러나 태정관·대장성·내무성의 통계업무는 서로 확실히 구분되

---

[6] 이 사업은 地籍編成事業 혹은 地籍編製事業으로도 불리는데, 본고에서는 편의상 태정관지령에서 쓰인 '地籍編纂'에 근거해 지적편찬사업으로 통일하였다.

[7] 日本統計硏究所 編, 『日本統計發達史』, p.8

지 않은 탓에 조사가 중복되어 부현에 혼선을 초래하는 폐단도 벌어졌다. 더욱이 통계정보를 장악하는 것은 권력을 지배하는 것이었기 때문에, 통계행정도 정책의 도구가 되면서 통계업무의 주무관청을 둘러싸고 통계 담당기관들 사이에 경쟁도 일어났다. 그 결과 1876년 11월 강력한 권한을 배경으로 중추적인 정치기구로 부상한 내무성이 대장성에 이어 통계업무의 주도권을 잡게 되었다. 정부의 통계는 정표과, 재정·무역통계는 대장성, 지방 중심의 물산통계는 내무성이 각각 주관하도록 통계행정이 조정되었던 것이다.[8]

이 과정에서 지방 통계업무를 장악한 내무성이 지적편찬사업(地籍編纂事業)을 적극적으로 추진해나갔다는 점은 주목할 만하다. 1876년 5월 내무성은 시마네현을 비롯한 11개 현에 지적을 편찬하기 위해 관리를 파견한 데 이어 전국의 부현에 「지적편제지방관심득서(地籍編製地方官心得書)」를 보냈다. 이에 근거해 그해 6월 시가현청(滋賀縣廳)이 각 구호장(區戶長)에게 지적장(地籍帳) 작성을 명령하면서 반포했던 「지적편제에 대한 구호장심득서(地籍編製二付區戶長心得書)」에는 "지적은 國·郡·村의 地境을 바로 하고 면적을 분명히 하며, 地積 소유를 상세히 구별해서 전국 토지의 尺이 무너지거나 한 줌의 땅도 세는 일 없이 이를 圖面에 명기하고, 밖으로는 만국에 대해 國城을 지키고 邦境[국경]을 확고히 하는 도구로 삼으며, 안으로는 施政 百般의 기본으로 삼고, 관민을 불문하고 각개 소유지의 경계를 분명히 해서 인민이 마침내 호소하는 일이 없도록 함을 요령으로 삼는다"는 지적조사의 목적이 명시되어 있다.[9]

8) 薮內武司, 『日本統計發達史研究』, 291, pp.295-296.
9) 「地籍編纂」, 『內務省第一回年報』 4, 內務省, 1876, p.588; 佐藤甚次郎, 『明治期作成の地籍圖』, 古今書院, 1986, pp.284-289; 鮫島信行, 『新版 日本の地籍—その歷史と展望—』, 古今書院, 2011, pp.29-33; 윤소영, 「근대 일본 관찬지지와 지리교과서에 나타난 독도 인식」, 『한국독립운동사연구』 46, 2013,

이러한 지적편찬사업의 목적은 1876년 말 "疆域을 釐正하는 것은 經
國의 기초, 地形을 明晰하게 하는 것은 施策의 要務이며, 이는 하루라
도 늦출 수 없는 일이다. 그러므로 측량을 정밀하게 실시하고, 지적을
정돈함으로써 地盤을 정리해야만 한다. 지반을 정리하지 않으면, 시정
의 기초가 없고 治民의 방법도 펼칠 수 없다"면서 "만약 측량을 정밀하
게 실시하고 지적을 정돈하면, 피아의 강역을 명석하게 하고 관민의
소속을 판명할 뿐 아니라 … 전국의 토지 종류와 면적이 분명해지며,
통계는 그 기술을 얻어 官에 번거로운 사무가 없어지고 民에 僥倖을
호소하는 하는 일이 없어진다"고 경계를 정확하게 획정하려는 내무성
의 「양지 및 지적의 개요(量地及地籍ノ槪要)」에서 재차 천명되었다.[10)]
요컨대, 이 사업의 목적은 관민유지를 불문하고 전국에 있는 모든 토
지의 경계를 바로하며 토지의 면적과 소유를 상세히 명시함으로써 밖
으로 국경을 확고하게 하는 도구로 삼고 모든 시정의 기본으로 삼으
며, 국민에게는 경계 다툼을 방지하는 데 있었던 것이다.[11)]

그러나 지적편찬사업은 지조개정사업과 맞물려 부현의 업무가 가중
되는 바람에 순조롭게 진행되지 못하였다. 결국 1877년 1월 4일 세이
난전쟁(西南戰爭)의 발발로 인한 지조경감·절약의 조칙에 근거해 시
마네현 등지에 파견했던 관리들을 소환하였다. 이로써 이 사업은 일시
중단되고 말았다가 지조개정사업이 거의 마무리된 1880년에 재개되었
다.[12)] 잘 알려져 있듯이, 이 과정에서 1876년 10월 내무성 지리료가 시

pp.368-369.

10) 「量地及地籍ノ槪要」,『內務省第一回年報』4, 內務省, 1876, pp.429-430.

11) 鮫島信行,『新版 日本の地籍―その歷史と展望―』, pp.29-33. 또한 島津俊之,
『明治前期地籍編製事業の起源·展開·地域的差異』, 和歌山大學, 2005 참
조.

12) 佐藤甚次郎,『明治期作成の地籍圖』, p.285; 金田長裕·上杉和央,『日本地圖
史』, 吉川弘文館, 2012, p.301.

마네현에 보낸 내무성 조회문(「乙제28호」), 이에 대해 시마네현 현령이 올린 「일본해내 다케시마 외일도 지적편찬방사(日本海內竹島外一島地籍編纂方司)」와 17세기 울릉도쟁계('竹島一件')에 관련된 각종 부속문서 등에 의거해 1877년 3월 다케시마(울릉도)와 마쓰시마(독도)가 일본영토가 아니다, 즉 조선의 영토라는 태정관지령이 시마네현에 내려졌던 것이다.[13]

　비록 지적편찬사업은 일시 중단되었지만, 1877년 1월 지리료에서 승격된 내무성 지리국은 여전히 중앙정부가 지방행·재정제도를 확립하기 위한 기초 작업인 지방구획사무를 담당하면서 부현과 군(郡)·정(町)·촌(村)의 구역 획정 및 폐합(廢合)·존립 등의 사무를 계속해서 관장하였다. 이러한 부현과 군·정·촌의 구획 획정은 통계조사대상으로서 지역이 확정됨을 의미하는 것으로, 통계조사 역사의 관점에서 지리국의 활동 가운데 최대 업적으로 평가되기도 한다. 그 결과 지방삼신법(地方三新法)의 하나로 1878년 7월 「군구정촌편성법(郡區町村編成法)」이 공포되어 부현의 대소 구획은 폐지되었다. 이어 1879년 12월 지방분획처분규정(地方分割處分規定), 1880년 5월 태정관달(達) 제22호 군구(郡區)의 분할신치(分割新置) 등이 포고되었다. 중앙정부의 지방체제정비는 1884년 호장관구(戶長管區)체제를 거쳐 1888년부터 1891년까지 공포된 시제(市制)·정촌제(町村制)·군제(郡制)·부현제(府縣制) 시행으로 완성되었다.[14]

　이러한 상황에서 지방에서도 전국적인 통계의 기초자료인 부현통계서가 간행되기 시작하였다. 중앙정부가 지방의 행정·재정정책을 입

---

13) 신용하, 『한국의 독도 영유권 연구』, 경인문화사, 2006, pp.26-28, 115-126; 송병기, 『울릉도와 독도, 그 역사적 검증』, pp.162-166; 유미림·박지영·심경민, 『1877년 태정관 지령에 관한 연구』, pp.22-34.

14) 細谷新治, 『明治前期日本經濟統計解題書誌―富國强兵篇(上の2)―』, p.184, 187.

안·실시하기 위해서는 부현 단위의 통계가 필수적이었기 때문이다. 무엇보다 1871년 폐번치현으로 부현의 구역과 정촌(町村)의 경계를 정확하게 획정하는 일이 급선무로 추진되었던 만큼,[15] 부현통계서에는 각 도(道)·부(府)·현의 관할구역 내 상황이 광범위하게 기록되었다.

부현통계서가 언제부터 통계서를 간행했는지는 분명하지 않지만, 1873년에 기후현(岐阜縣)과 니하리현(新治縣, 1875년 5월 茨城縣과 합병)이 『岐阜縣治一覽表』를 간행한 것이 가장 빠르다고 알려져 있다.[16] 시마네현도 비교적 빠른 1874년 4월에 『島根縣一覽概表(1873)』를 간행하였다.[17] 그런데 겉표지에는 『管內一覽概 明治七年四月彫刻』으로, 속표지에는 『島根縣一覽概表』라고 이름이 적혀 있다. 『島根縣一覽概表(1873)』를 보면, 1873년도의 상황을 "1874년 1월 1일의 조사"해서 '1874년 4월 조각(彫刻)'했다고 기록된 점으로 미루어, 대체적으로 발행년 1월 1일에 그 전년도의 상황을 조사한 것으로 보인다.[18] 이들은 『○○縣一覽表』·『○○縣治一覽表』·『○○縣一覽概表』·『○○縣治一覽概表』 등 다양한 이름으로 발행되었다.[19]

초기의 부현통계서인 일람표류는 각 부현이 현치(縣治)의 필요에서

---

15) 지적편성, 지권·지도 작성, 관·민유지 구분 등 중앙정부의 지방행재정 근대화의 기반이 되는 토지행정사무의 모든 것을 포함한 것이었다. 細谷新治, 『明治前期日本經濟統計解題書誌―富國强兵篇(上の2)―』, p.181.

16) 一橋大學經濟硏究所日本經濟統計文獻センター, 『明治期における府縣總括統計書書誌―「勸業年報」によるデータベース編成事業報告書(6)―』, 一橋大學經濟硏究所日本經濟統計文獻センター, 1982, 262쪽; 藪內武司, 『日本統計發達史硏究』, p.290.

17) 『島根縣一覽槪表』·『島根縣統計表』·『島根縣統計書』의 표지에는 조사 대상연도나 발행연도가 적혀 있기도 하고, 둘 다 적혀 있지 않은 것도 있다. 따라서 본고의 본문에서는 편의상 이름 뒤 ( ) 안에 조사 대상연도를 서기로 적고, 각주에서는 표지에 나온 명칭을 그대로 적는 것으로 통일하고자 한다.

18) 島根縣, 『島根縣一覽槪表』, 島根縣, 1874.4.

19) 山國和雄, 「府縣統計書について」, pp.2-3.

간행했으며, 그 형식도 대부분은 대판(大判) 또는 접이식 1매로 인쇄된
간단한 통계일람표였다. 『島根縣一覽槪表(1873)』에 기재된 내용은 현
청, 관할, 관하반별(管下反別), 구획, 사사(寺社), 종문팔파(宗門八派),
호적, 세입, 세출, 영선(營繕), 직원, 관국폐사(官國幣社), 학교, 역리(驛
里), 광산, 관림(官林), 고산(高山), 폭포, 갑각(岬角), 항만, 호수, 대천,
교량, 주선(舟船), 명소, 성지(城趾), 명산(名産), 직공, 상렵(商獵), 어세
(漁稅), 청송(聽訟) 등의 항목이 있고 그 아래 각각 설명이나 통계가 기
재되었으며, 「島根縣管下出雲國全圖」가 그려져 있다.[20] 그 다음해인
1875년에 간행된 『島根縣一覽槪表(1874)』에는 항목이 지리, 호구, 직
분, 교원(校院), 토목, 급여, 출납, 영업, 청단(聽斷), 잡(雜), 도로리정
(道路里程) 등으로 대폭 줄어들면서 좀 더 체계화되었고, 역시 「島根縣
下出雲國畧圖」가 실려 있다.[21] 『島根縣一覽槪表(1875)』와 『島根縣一覽
槪表(1876)』는 현재로서 간행 여부가 분명치 않다.[22]

하지만 초기의 부현통계서는 소박한 지지(地誌)의 성격을 벗어나지

---

20) 『長野縣一覽槪表(1873)』의 기재내용에 관해서는 山口和雄, 「府縣統計書に
ついて」, p.3 참조.

21) 島根縣, 『島根縣一覽槪表』, 島根縣, 1875.10.

22) 『明治年間府縣統計書集成 マイクロフィルム版—解設・收錄書總目錄—』과
『總理府統計局圖書館都道府縣統計書目錄—昭和56年3月現在—』에는 『島根
縣一覽槪表(1875)』, 『濱田縣一覽槪表(1876)』이 간행되었다고 적혀 있다. 그
러나 『明治年間府縣統計書集成』에는 『島根縣一覽槪表(1875)』이 아니라 『濱
田縣一覽槪表(1875)』가 있고, 『濱田縣一覽槪表(1876)』은 없다. 또 總理府統
計局圖書館은 직접 확인하지 못했지만, 그 이름이 바뀐 總務府統計圖書館의
홈페이지에서 검색해보면, 5권의 『島根縣一覽槪表』 가운데 『島根縣一覽槪
表 明治8年』이 들어 있지만, 혹시 『濱田縣一覽槪表(1875)』일지도 모른다고
판단된다. 이에 대한 확인은 훗날을 기약한다. 『明治年間府縣統計書集成 マ
イクロフィルム版—解設・收錄書總目錄—』, p.46; 總理府統計局圖書館 編, 『總理府統
計局圖書館都道府縣統計書目錄—昭和56年3月現在—』, 總理府統計局圖書館, 1981,
p.189; http://www.stat.go.jp/jhkweb_JPN/service/detail.asp?MAINKEY=1WT0001547
&SID=9f0F325&MTLNO=1&RECNUM=4.

못한데다가 통계자료의 수록 내용도 부현의 사정에 따라 일정하지 않
고 다소 차이가 있으며, 현내의 시계열적인 비교뿐 아니라 각 부현 간
의 비교도 곤란하였다. 이에 1876년 10월 당시 통계업무를 장악했던
대장성은 "지방통계 사업은 매우 중요한 일이어서 이미 管內一覽槪表
가 간행된 곳도 있어 크게 公私의 편익을 주고 이에 근거해 만반의 상
황도 역시 저절로 드러났지만, 부현마다 體裁가 각각 달라 계산·記載
法의 疏密·詳略이 서로 같지 않은 게 매우 많아서 이번 統計表書式并
解를 내린다"는「지방통계표서식병해(地方統計表書式并解)」(達乙제87호)
를 배포함으로써 부현통계서 양식의 통일을 꾀하였다. 97표의 통계표
에 전9장의 서식해가 붙은 이 지시에 의해 아직 관내일람표의 성격을
완전히 벗어나지 못했지만, 지방통계서의 연도, 작성양식, 자료의 수집
과 조합의 통일화가 도모되었다.[23] 그러나 앞에서 살펴보았듯이, 내무
성의 주도로 통계행정이 재정비되면서 1877년 1월「지방통계표서식병
해」는 폐지되고, 내무성이 지방통계의 감독권을 갖게 되었다.[24]

　비록 내무성이 통계의 통일을 곧바로 추진하지 않은 탓에 그 후에도
종종 혼란을 겪었지만, 부현통계서는 일단 형식의 책자로 바뀌고, 내
용도 더욱 풍부하고 다양해졌다. 1878년 1월 조사에 근거해 간행된『島
根縣一覽槪表(1877)』역시 "表中에 게재한 바 각 조는 少差가 없다고
보증할 수 없는 고로 제목을 槪表라고 부른다"고 했지만, 책자 형태로
바뀌면서 형세, 관지연혁(管地沿革), 지리, 금곡(金穀), 경찰, 물산 등의
항목이 새로 추가되었다. 특히 지리 항목에는 현 관할구역의 경위도를
기재하는 등 전반적으로 내용이 자세하게 기록되었다.[25]

---

23) 藪內武司,『日本統計發達史硏究』, 290쪽.
24) 藪內武司, 같은 책, 296쪽.
25) 島根縣,『島根縣一覽槪表[明治11年第9月再鐫]』, 島根縣, 1878.9再鐫, 1879.8
　　屆. 1880년부터는 쪽수까지 기입하면서 더욱 책자의 형태를 띠기 시작하였다.

이어 일람개표는 1882년 5월에 편집되어 1883년 5월에 간행된 『島根縣統計表(1880)』부터 통계표로 이름이 바뀌었다. 그 '범례(凡例)'에서 "本縣은 종래 一覽槪表를 편찬했지만, 統計表의 편찬은 본서로 시작한다"면서 지리(地理) 각항과 같은 것은 아직 실측하지 않은 것이 매우 많아 소밀(疏密)이 적절하지 않으므로 장차 해마다 정밀하게 조사해 완전해지도록 한다고 밝혔던 것이다.26) 다른 부현에서도 대부분 일람개표의 명칭은 개표, 통계개표 또는 통계표로 변경되었다. 아울러 통계표 등에서는 전반적으로 산업과 재정에 관련된 항목이 늘어났다. 항목도 증가되어 각 항목 아래 몇 개의 소항목이 있고 각각 통계가 기재되었지만, 여전히 부현 또는 연차에 따라 동일하지 않았다.

따라서 1882년 1월 내무성은 「통계과처무규정(統計課處務規定)」을 만들어 성 내의 통계사무를 일원화하기 위해 통계과를 설치하고, 5월에는 부현통계서가 "각 부현의 治績을 證明하는 중요한 도구"임에도 제대로 정비되지 않아서 "각 부현의 치적을 서로 비교하려 해도 충분한 효용을 거두기 어려워 매우 歎惜하다. 이제 그 과목 양식을 제정해 각 부현이 그 체재를 동일하게 하는 것은 매우 긴급한 일"27)이라는 「통계과사무(統計課事務)」에 근거해 전국의 지방통계를 통일하는 데 착수하였다. 1883년 2월 통계과는 통계 체재를 획일하기 위해 양식을 기안해 우선 도쿄부(東京府)와 시즈오카현(靜岡縣)에서 부현통계서를 편찬하기 위한 시험심사를 실시하고, 양식의 내용을 각 부현에 지시하였다. 이어 통계과는 부현의 실황에 비추어 그 적부(適否) · 정조(精粗)등의 의견을 청취하는 수순을 거쳐 1884년 9월 내무성 乙第36號達로 「부현통계서양식(府縣統計書樣式)」을 정하였다. 이로써 전국의 부

---

26) 島根縣, 『明治13年 島根縣統計表』, 島根縣, 1883.5.28.
27) 「統計課事務」, 總務廳統計局 編, 『總理府統計局百年史資料集成』第1卷 總記 上(太政官および內閣時代の1), 總務廳統計局, 1973, pp.48-49.

현통계서의 내용은 대강 통일되고, 비로소 부현통계는 서로 비교하거
나 전국적으로 집계할 수 있게 되었다.[28] 즉, 부현통계서는 중앙정부
가 지방행·재정정책을 효율적이고도 원활하게 입안·시행하는 데 중
요한 기초 참고자료로 자리잡게 되었던 것이다.[29]

「부현통계서양식」의 기재항목은 토지, 호구 및 인구, 농업, 목축, 어
업, 화폐의 융통, 교통, 위생, 국세, 관리 및 교서(交書) 등 23항 284표
로 구성되었다. 기재항목은 그 이전의 통계개표 혹은 통계표에 비해
항목 수가 매우 늘었으며, 그 선택과 배열도 일단 계통적으로 되었다
는 평가를 받는다.[30] 이들 항목 중에서 토지에는 지세, 부현 관할지의
연혁, 부현의 위치, 국군의 면적 및 광무, 도서의 위치 및 주위·면적
등 19표가 들어 있기 때문에, 부현의 관할지역을 확실하게 알 수 있다
는 점에서 주목할 만하다.

전국의 부현에서는 이 양식에 준거해 1883~4년경부터 『○○縣統計
書』라는 명칭으로 통계서가 편찬·간행되기 시작하였다. 비록 긴요한
사항을 조사할 경우 서식에 견주어 적당하게 그 표를 증가할 수 있도
록 부분적으로는 부현의 재량에 맡겼기 때문에, 모든 부현통계서가 반
드시 동일하지 않았지만,[31] 내용도 충실해지고 형식도 대강 전국적으
로 통일되었다. 이에 발맞춰 시마네현에서도 1887년 2월에『嶋根縣統
計書(1884)』를 발행하였다. 그 '범례'에 의하면, 본편의 종목 분류는 오
로지 부현통계서 양식에 근거했지만, 본현에 관계없는 것 또는 현재
조사하기 어려운 것은 이를 생략한다고 되어 있다.[32]

28) 薮內武司,『日本統計發達史硏究』, pp.296-298.
29) 山中永之佑,『日本近代國家の形成と官僚制』, 弘文堂, 1974, pp.264-265; 細谷新
    治,『明治前期日本經濟統計解題書誌―富國强兵篇(上の2)―』, p.188, 190.
30) 山國和雄,「府縣統計書について」, pp.4-8.
31) 薮內武司,『日本統計發達史硏究』, p.298.
32) 島根縣第一部,『明治17年 嶋根縣統計書』, 島根縣, 1887.2.10出版屆, 1887.2刻成,「凡例」.

이 「부현통계서양식」은 1893년 5월 13일부 내무성훈령7호로 폐지되었다. 그 이유는 역설적이게도 이 시기에 이르러 「부현통계서양식」에 의거해 전국의 부현통계서가 거의 동일한 내용으로 간행되었다는 점을 꼽을 수 있다. 또 1888년 시제 · 정촌제 실시로 지방행정기관이 점차 정비되면서 말단 통계정보기관으로 자리 잡게 되고, 각 부현에서 중앙 행정기관으로 통계자료 수집도 순조롭게 진전되기 시작함에 따라 부현통계서와 서로 맞추어볼 필요성도 비교적 적어졌다는 점도 거론된다.[33]

실제로 이 양식이 폐지된 뒤에도 부현은 새로 각자의 사정에 맞춰 독자적인 양식을 정해 부현통계서를 발행했지만, 그 대강에는 크게 변함이 없고 질적 · 양적인 면에서 모두 충실해졌다. 시마네현의 경우, 1906년에 간행된 『島根縣統計書(1904)』부터는 5권(土地人口其他, 學事, 勸業, 警察, 衛生部)으로 나누어 편찬하는 방침을 세웠다. 종래 현에서 관내 제반의 사실을 망라한 현통계서 외에 학사연보, 농상공통계표, 경찰통계표 및 위생연보 4종을 각 主務기관에서 별도로 간행했는데, 이로 말미암아 게재 사항도 중복되어 비용 등의 낭비가 있었을 뿐 아니라 편찬 체재도 역시 통일되지 않았기 때문에 새로 제1부(第一部)에 통계계(統計係)를 설치해서 통계서로 통합했던 것이다. 이때에는 사정상 3권만 간행되었다.[34] 그 후 2년간 『島根縣統計書』는 5권이 간행되다가 경찰과 위생을 합쳐 4권으로 발행되었다. 또 부현통계서는 해마다 통계서를 간행함을 원칙으로 삼았는데, 부현의 재정형편 등으로 간행되지 않은 적도 있었다. 시마네현의 경우, 1887 · 1888, 1891 · 1892, 1893 · 1894년 등 3차례만 합호로 간행되었을 뿐 1942년까지 해마다 줄곧 통계서가 간행되었다.

---

33) 薮内武司, 『日本統計發達史研究』, pp.299-300.
34) 島根縣第一部, 『明治37年 島根縣統計書 第一卷(土地人國其他之部)』, 島根縣第一部, 1906. 11.30印刷, 1906.12.5刊行, 「凡例」.

3. 시마네현의 현 관할지 규정과 독도 인식

부현통계서는 그야말로 부현 관할구역의 전반적인 상황을 거의 총
망라해 일목요연하게 기록함으로써 당시 부현의 실태를 객관적으로
파악할 수 있는 매우 중요하고도 기초적·기본적인 통계자료이다. 부
현통계서의 토지에 관련된 항목에는 각 부현의 관할구역을 정확하게
기재한 표가 반드시 들어가 있다. 앞에서 살펴보았듯이, 각 부현의 관
할구역과 정촌의 경계에 대한 명확한 획정은 대내적으로 전국을 효율
적으로 지배·운영하기 위한 시정의 기본임과 동시에 대외적으로 만
국에 대해 '국성(國城)'을 지키고 국경을 확고히 하는 도구였기 때문이
다. 따라서 여기에서는『島根縣統計書』의 토지 항목 중 현 관할지의
연혁, 지세와 도서의 위치, 현의 위치, 국군의 면적 및 광무,「島根縣全
圖」등을 중심으로 1905년 2월 이전 시마네현이 현의 관할지역을 어떻
게 획정했는가를 살펴보고자 한다. 특히 시마네현이 1877년 태정관지
령에 의거해 울릉도와 독도를 현 관할구역에서 확실하게 제외시킨 것
은 바로 일본 정부 차원에서 국경을 확실히 획정하는 작업의 일환이었
음을 밝히는 데 역점을 둘 것이다.

1) 시마네현의 관할지 연혁과 독도

오키국(隱岐國)은 메이지유신이 단행되던 1868년 마쓰에번(松江藩)
의 관리 아래 있다가 그해 오키소동(隱岐騷動)이 일어나서 11월 5일 돗
토리번(鳥取藩)으로 이관되었다. 정부는「부현시정순서규칙(府縣施政順
序規則)」을 정한 직후인 1869년 2월 25일 맨 먼저 오키국에 오키현을
설치해서 독립시켰다. 이어 그해 8월 2일 이와미국(石見國)의 옛 하마
다번령(浜田藩領)과 오모리대관소(大森代官所) 지배 아래 있던 천령

(天領) 구역에 오모리현이 신설되면서 오키현은 폐지되고 오모리현에 합병되었다. 1870년 1월 9일 오모리현이 하마다현으로 개칭됨에 따라 하마다현에 속하게 된 오키국은 1871년 11월 15일 폐번치현에 따라 이즈모국(出雲國)과 함께 신설된 시마네현으로 편입되었다. 그러나 오키국은 그 직전 오키소동 주모자의 처분으로 소동이 지향했던 바가 정부에 의해 부정된 데 반발해 시마네현의 관할로 편입되는 데 반대했고, 그 결과 12월 17일에 돗토리현으로 이관되었다. 1876년 4월 18일 하마다현에 이어 8월 21일 돗토리현이 각각 폐지되고 시마네현으로 합병되면서 오키국은 이즈모 · 이와미 · 호키(伯耆) · 이나바국(因幡國)과 함께 시마네현의 관할로 들어갔다. 이후 폐현으로 불만이 팽배했던 돗토리현 측은 재치(再置)운동을 펼쳐 1881년 9월 12일로 돗토리현은 호키 · 이나바국을 관할하면서 다시 설치되었고, 시마네현은 이즈모 · 이와미 · 오키국을 관할 아래 두었다.[35]

이처럼 독도와 관련 있는 오키 혹은 오키국의 관할이 여러 차례 변경된 끝에 1876년 8월 21일부터 시마네현에 속하게 된 과정은 『島根縣一覽槪表』·『島根縣統計表』·『島根縣統計書』의 '관지연혁(管地沿革)' 혹은 '관할연혁(管轄沿革)' 항목에 기재되었다. 『島根縣一覽槪表』에는 초기에 관할이 자주 변경된 탓인지 '관지연혁' 항목이 없고, 오키국이 1876년 이전에 속했던 『鳥取縣統計表』는 1884년에야 1881년도분이 비로소 간행되었기 때문에 연혁 상황을 알 수 없다. 따라서 오키국의 관할 변화는 1878년 9월에 재전(再鐫)된 『島根縣一覽槪表(1877)』의 '관지연혁'에 처음으로 기록되었다. 여기에는 1871년 7월 14일 폐번치현 이후 관할 상황을 간단하게 요약했는데, 오키국에 관해서는 1876년 4월과 8월 시마네현에 합병된 하마다현과 돗토리현에 대한 추가 설명으

---

35) 內藤正中, 『島根縣の百年』, pp.28-32.

로 그 이전 오모리현 당시 "이와미·오키의 2주를 관할"했으며, "지난
번 폐번치현 이어 이나바·호키 2주를 관할하고, 심지어 新縣이 更置,
이에 오키를 兼治"했다고 각각 서술해두었다. 이는 『島根縣一覽槪表
(1879)』에도 그대로 실려 있다.36)

　『島根縣一覽槪表』의 이름이 『島根縣統計表(1880~1882)』로 바뀐 3년
동안에는 '관지연혁' 항목이 없어졌다.37) 또 1883년도 조사대상분은 간
행되지 않고 『島根縣年報』가 발행되었는데, 이는 통계표가 아니라
1882~1883년도에 시행된 시마네현 각 부서의 사무 성적을 기록한 것이
다.38) 따라서 '관지연혁' 항목은 그 명칭이 통계서로 바뀐 『嶋根縣統計
書(1884)』부터 '본현관할지의 연혁(本縣管轄地ノ沿革)'으로 다시 등장하
였다. 그 형식도 『島根縣一覽槪表』의 서술식이 아니라 표로 바뀌었다.
'본현관할지의 연혁' 가운데 '隱岐國'을 살펴보면, "1868년 松江藩 管理,
11월 5일 鳥取藩 관리, 1869년 2월 25일 隱岐縣, 8월 2일 大森縣, 1870년
1월 9일 浜田縣, 1871년 6월 25일 濱田縣, 11월 15일 嶋根縣에 속하다,
12월 27일 鳥取縣, 1876년 8월 21일 嶋根縣, 1881년 9월 12일 嶋根縣"으
로 기재되었다.39)

　이러한 『嶋根縣統計書(1884)』의 '隱岐國' 관할지 연혁은 『島根縣統

---

36) 島根縣, 『島根縣一覽槪表[明治11年第9月再鐫]』, '管地沿革';『明治12年 島根
　　縣一覽槪表[明治13年12月再鐫]』, 島根縣, 1880.12.15出版届. 참고로 『島根縣
　　一覽槪表(1878)』는 간행되지 않은 것으로 알려졌다. 『縣統計書集成 マイク
　　ロフィルム版―解説·收錄書總目錄―』, p.46; 『總理府統計局圖書館都道府
　　縣統計書目錄―昭和56年3月現在―』, p.189.
37) 島根縣, 『明治13年 島根縣統計表』, 島根縣, 1883.5.28出版届·刻成; 『明治14年
　　島根縣統計表』, 島根縣, 1883.10.10出版届·刻成; 『明治15年 島根縣統計表』, 島
　　根縣, 1884.7.22 出版届, 1884.8.30刻成.
38) 島根縣, 『島根縣第1回年報』, 島根縣, 1884.4.21出版届, 1884.5.30刷成, 「凡例」;
　　『島根縣第2回年報』, 島根縣, 1886.8.10出版御届, 1886.8刻成, 「凡例」; 『總理府
　　統計局圖書館都道府縣統計書目錄― 昭和56年3月現在―』, p.189.
39) 島根縣第一部, 『明治17年 嶋根縣統計書』, pp.2-3.

計書(1918) 第一卷까지 동일하다. 단지 표의 오른쪽 상단에 있는 연도
의 최근 부분이『嶋根縣統計書(1884)』부터『島根縣統計書(1906)』第一
卷까지는 조사 대상연도에 맞춰 '自1882년 至조사대상년'으로,『島根縣
統計書(1907)』 第一卷은 '自1882년 至1908년'으로,[40] 『島根縣統計書
(1908)』第一卷부터『島根縣統計書(1918)』 第一卷까지는 '1881년(以後
變更 없음)'으로 바뀌었을 뿐이다.[41] 예컨대, 1905년 2월 일본의 독도
편입 상황이 게재되어야 할『島根縣統計書(1905)』第一卷에는 '自1882
년 至1905년' 칸에 아무런 내용도 없으며,[42] 그 이후의『島根縣統計書』
에도 '1881년 이후 변경 없음'으로 표기되었다.[43]

  시마네현의 독도 편입 사실은『島根縣統計書(1919)』第一編에 처음

---

[40] 島根縣內務部,『明治41年 島根縣統計書 第一卷(土地人國其他之部)』, 島根
   縣, 1910.2.13印刷, 1910.2.18發行. 왜 그 이전과 달리 조사 대상연도가 아니
   라 그 다음해를 적었는지는 알 수 없다. 단순한 착오일 수도 있겠다.
[41] 島根縣內務部,『明治41年 島根縣統計書 第一卷(土地人國其他之部)』, pp.2-3;
   島根縣內務部, 『大正7年 島根縣統計書 第一卷(土地人國其他)』, 島根縣,
   1920.6.5印刷, pp.2-3.
[42] 島根縣第一部,『明治38年 島根縣統計書 第一卷(土地人國其他之部)』, 島根
   縣第一部, 1907.3.26印刷, 1907.3.30發行, pp.2-3.
[43] 단, 島根縣隱岐島廳이 편찬한『明治38年 島根縣隱岐島統計書』의 '沿革'에는
   "1905년 2월 竹島를 隱岐島司의 所管으로 정하였다"고 서술되어 있다. 그럼
   에도『島根縣統計書(1905)』에 '竹島' 편입 사실이 게재되지 않은 이유에 대
   해서는 좀 더 치밀하게 검토할 필요가 있다. 이러한 양자의 불일치는 후술하
   듯이 '地勢'·'廣袤'·'島嶼'에서도 나타난다.『島根縣隱岐島統計書(1905)』는
   그 이전에『島根縣周吉穩地海士知夫郡統計表』(1892~1901)·『島根縣隱岐國
   統計書』(1902~1904) 등의 이름으로 발행되었으며, 그 발행일은『島根縣統計
   書』보다 앞서거나 늦는 등 일정하지 않다.『島根縣隱岐島統計書(1905)』는
   1907년 5월 16일에 발행되었는데, 이는 1907년 3월 30일에 발행된『島根縣統
   計書(1905)』第一卷보다 늦다.『島根縣隱岐島統計書』와『島根縣統計書』第
   一卷은 목차가 거의 일치하지만, '竹島'에 관련된 내용은 다른 점이 있다. 이
   에 대해서는 현재 별도의 글을 준비하고 있음을 밝혀둔다. 島根縣隱岐島廳,
   『明治38年 島根縣隱岐島統計書』, p.2.

으로 기재되었다. 연도 부분에 '1881년(1904년까지 변경 없음)'에 이어 '1905년(이후 변경 없음)' 칸에 "2월 22일 竹島를 加함"이라고 적어두었던 것이다.[44] 시마네현이 독도를 관할로 편입한지 14년, 발행연도로 따지면 16년이 지난 『島根縣統計書(1919)』第一編에 비로소 그 사실을 기록했던 이유는 알 수가 없다. 그럼에도 분명한 사실은 시마네현이 적어도 1905년 2월 이전까지 독도가 현의 관할이 아니라고 확실히 인정하고 있었다는 점이다.[45]

2) 시마네현의 지세·도서와 독도

『島根縣一覽槪表』등에서 시마네현의 관할 지역을 기록해둔 항목 중 하나는 '형세(形勢)' 혹은 '지세(地勢)'이다. 『島根縣一覽槪表(1877)』의 '형세' 중 '隱岐國'은 다음과 같이 서술되어 있다.

도젠(島前) 3도[周回 44리] 도고(島後) 1도[주회 30리]를 連絡해서 國을 이룬다. 이즈모의 북방에 위치한다. 그 동남쪽(巽位)에 海水가 岐入해서 3小岬을 이룬다. 대소의 도서가 191개, 그 최대인 것은 前後

---

44) 島根縣內務部, 『大正8年 島根縣統計書 第一編(土地人國其他)』, 島根縣, 1921.4.1印刷, pp.14-15.

45) 참고로 『島根縣統計書』는 1943~1946년에 발간되지 않았는데, 그 이전까지 독도의 편입사실을 기록해두었다. 독도 편입 기록은 패망 이후 재간행된 『島根縣統計書(1947)』부터 『島根縣統計書(1952)』까지 『島根縣統計書(1884)』과 마찬가지로 '本縣管轄の沿革'에 기록되지 않다가, 1955년에 간행된 『島根縣統計書(1953)』부터 그 '備考'란에 "隱岐島 서북 85浬에 있는 竹島는 1905년 2월 22일 본현의 소속이 되고, 1946년 1월 29일부 연합국군최고사령관지령에 의해 일본국의 행정상의 관할권 외로 지정되었지만, 1951년 4월 28일 대일평화조약 효력발생과 함께, 그 영토권을 회복하였다"고 다시 기록되기 시작하였다. 島根縣總務部統計課, 『島根縣統計書 昭和30年3月刊行』, 島根縣, 1955.3.25印刷, 1955.3.31發行.

2도로 서로 6리 떨어져 있고 소도가 이를 둘러싼다. 소도가 그 사이에 亂點한다. 全島 십 수리에 꿈틀거리며 주위를 감아 돌고 있다. 토지는 모래와 돌이 많이 섞여 거칠고, 平曠가 乏하며, 그 土는 즉 斥鹵해서 평야가 겨우 백분의 2, 3 사이에 있다.[46]

이어 『島根縣一覽槪表(1879)』의 '형세' 항목에서 오키국은 "이즈모의 北海 중 도서 191을 連絡해서 國을 이룬다. 그 최대인 것은 도젠 3도 [주회 40리] 도고 1도[주회 30리]로 한다. 두 도는 서로 6리 떨어져 있고 소도가 이를 둘러싼다. 소도가 그 사이에 亂點하며 십 수리에 蜿蟠한다. 지세는 평탄치 않아서 평야가 겨우 백분의 2, 3에 불과하다. 그 땅은 즉 磽确해서 斥鹵"라고 간단하게 기록되어 있다.[47] 『島根縣統計表 (1880~1882)』에는 '관지연혁'과 마찬가지로 '형세' 항목도 없어졌다. 『嶋根縣統計書(1884)』에는 항목이 '형세'에서 '지세'로 바뀌었는데, 그 내용은 다음과 같다.

본현은 山陰道의 極西에 위치하고 이즈모 · 이와미 · 오키 3국을 관할한다.……隱岐國: 이즈모국의 正北海中에 散在하며 4島로 1국을 이룬다. 그 서남에 위치한 3島를 도젠이라고 부르며, 그 동북에 있는 1도를 도고라고 부른다. 그 서로 거리가 가장 가까운 곳은 6해리, 小嶼가 그 間에 碁布하며 십여리에 延互한다. 국내에 산이 많아서 平曠의 地는 十中 奇零 2뿐이며, 그 土 山地는 능히 樹木을 生育하지만, 연해의 地는 斥鹵하다. 그 本地에 최근의 地는 嶋前 知夫郡 神島로 出雲國 八束郡 多古鼻에서 23해리 3鏈 떨어졌다고 한다.[48]

요컨대, 그 앞의 '형세'와 비교해 내용은 약간 추가되었거나 문구와

---

[46] 島根縣, 『島根縣一覽槪表[明治11年第9月再鐫]』, '形勢'.

[47] 島根縣, 『明治12年 島根縣一覽槪表[明治13年12月再鐫]』, '形勢'.

[48] 島根縣第一部, 『明治17年 嶋根縣統計書』, p.1.

단어만 조금 달라졌을 뿐 거의 동일하다. 이는 『嶋根縣統計書(1885)』
와 동일하고,[49] 『嶋根縣統計書(1886)』와 『嶋根縣統計書(1887·1888)』는
"그 土 山地는"에서 '土'자만 삭제되었다.[50] 『嶋根縣統計書(1889)』부터
『島根縣統計書(1891·1892)』까지, 『島根縣統計書(1893·1894)』부터 『島
根縣統計書(1906)』第一卷까지, 『島根縣統計書(1907)』第一卷부터 『島
根縣統計書(1908)』第一卷까지, 『島根縣統計書(1909)』 第一卷부터 『島
根縣統計書(1910)』第一卷까지, 『島根縣統計書(1911)』第一卷부터 『島
根縣統計書(1916)』第一卷까지 역시 자구가 추가 혹은 삭제되면서 문
장만 가다듬었을 뿐 내용은 거의 비슷하다.

　『島根縣統計書(1917)』第一卷은 '지세'의 내용이 대폭 수정되었는데,
『島根縣統計書(1911)』第一卷의 내용을 비교하면 다음과 같다.

　隱岐國: 이즈모국의 正北 약 20리의 海上(海中)에 있으며 4개의 主島
　및 小嶼(島嶼)로 1국을 이룬다. 그 서남에 鼎峙(立)한 3小島를 도젠이
　라고 칭하며, 그 동북에 있는 1大島를 도고라고 칭한다. 〈全國을 나
　누어 4郡으로 삼고, 前後 2도가 서로 가장 가까운 곳은 6해리, 小嶼가
　그 間에 碁布하며 십수리에 蜿蟠한다. 국내에 산이 많고 平曠의 地는
　적지만, 그 山地는 능히 樹木을 生育한다. 本地에 최근의 地는 嶋前
　知夫郡 神島로 出雲國 八束郡 多古鼻에서 23해리 3鏈 떨어졌다.〉島
　內 良港이 乏하지 않지만 그중에 西鄕港은 灣內 廣闊하고 水深해서
　巨船을 정박하는 데 적당하다. 또 도전의 3소도는 鼎足의 狀을 이루
　어서 그 間에 一 內海를 抱함으로써 灣中 양항이 乏하지 않아서 해
　운이 매우 편리하다.
　현내의 地味는 海邊 河畔을 膏腴로 해서 米麥 기타 농산이 풍부하고,

---

49) 島根縣第一部, 『明治18年 嶋根縣統計書』, 島根縣, 1888.2.28.出版屆, 1888.2.
　　27印刷, p.1.
50) 島根縣第一部, 『明治19年 嶋根縣統計書』, 島根縣, 1889.2.出版, p.1; 島根縣
　　第一部, 『明治20·21年 嶋根縣統計書』, 島根縣, 1890.8.30出版, p.1.

山麓 庇蔭한 地는 대개 磽确해서 경작에 적당하지 않지만, 砂鐵 銅鑛 木材 薪炭 등을 산출하며, 특히 연해의 延長 180리에 이름으로써 수산물이 풍부하다.51)

위에서 〈 〉 안은 삭제된 부분이고, ( ) 안은『島根縣統計書(1911)』第一卷의 내용이며, 볼드체는 추가된 내용이다. 그럼에도 여전히 독도('竹島')에 대한 기술은 보이지 않는다. 『島根縣統計書(1918)』第一卷과 『島根縣統計書(1919)』第一編도 이와 동일하다.52) 다만『島根縣統計書(1919)』第一編에는 '총설(總說)' 항목에 '토지'가 새로 추가되었는데, "지역[은] 山陰道의 西方에 있고, 동은 鳥取縣에, 남은 廣島縣에, 서는 山口縣에 접하고, 북은 一面 일본해에 임하며, 隱岐의 島는 出雲의 북방 40浬의 해상에 泛한다. 出雲, 石見, 隱岐의 3國을 管하고 16군 1시로 分轄한다"고 서술되었을 뿐이다.53)

'지세'에서 독도가 처음 기록되는 것은『島根縣統計書(1920)』第一編이다. '총설' 항목의 '토지'에서 "出雲, 石見, 隱岐의 3國 및 竹島를 관할한다"고 비로소 '竹島'가 오키국의 관할에 들어갔다는 사실을 밝혔다. 아울러 '지세'에서도 마지막 부분에 "竹島는 오키국에서 서북 5里에 떨어진 해상에 있으며, 全島[에] 一樹 없고, 峨峨한 斷崖絕壁이 峭立한다. 현내의 地味는 海邊 河畔을 … 특히 연해의 연장 180리에 이름으로써 수산물이 풍부해 竹島에는 海驢 蕃殖한다"고 독도의 지세와 강치의 번식 상황이 추가되었다.54)

51) 島根縣內務部, 『大正6年 島根縣統計書 第一卷(土地人國其他之部)』, 島根縣, 1919.印刷, p.1.
52) 島根縣內務部, 『大正7年 島根縣統計書 第一卷(土地人國其他)』, p.1;『大正8年 島根縣統計書 第一編(土地人國其他)』, p.13.
53) 根縣內務部, 『大正8年 島根縣統計書 第一編(土地人國其他)』, p.1.
54) 島根縣內務部, 『大正9年 島根縣統計書 第一編(土地人國其他)』, 島根縣, 1922.5.31印刷, 1, p.13.

앞에서 살펴보았던 '관지연혁'·'본현관할지의 연혁'과 마찬가지로, 1922년에 간행된 『島根縣統計書(1920)』第一編의 '지세'에서 처음으로 독도가 서술된 이유를 확실하게 밝힐 근거는 아직 찾지 못하였다. 그러나 이 역시 시마네현은 1905년 2월 이전까지 독도를 현의 관할지역으로 간주하지 않았다는 사실을 잘 보여준다고 판단된다.[55]

한편 '지세'와 관련해 주목할 만한 부분은 '도서(島嶼)'와 '암초(暗礁)'이다. 앞에서 살펴보았듯이, 『島根縣一覽槪表(1877)』의 '형세' 중 오키국은 크고 작은 도서가 '191'개라고 서술되었다. 과연 오키국을 구성하는 총 191개의 섬들 중에 독도는 포함되었을까? 『島根縣一覽槪表(1877)』와 『島根縣一覽槪表(1879)』의 '도서' 항목 중 '隱岐'에는 "松島 小峰島 松島 星神島 二胯島 松島 大白島 中島 大森島 冠島 波賀島 神島" 등이, '암초' 항목 중 '隱岐'에는 "赤灘 二夫里 浦ノ鄕 加茂" 등이 각각 열거되었다.[56] 그 가운데 '松島'는 3개인데, 뒤에서 살펴보듯이, 울릉도나 독도가 아니다.

『島根縣統計表(1880)』에는 '도서' 항목이 없고, '암초'에 "加茂 赤灘 二夫里 浦鄕"과 그 주소가 적혀 있다.[57] 『島根縣統計表(1881)』에는 '도서' 항목에 '도수(島數)'가 기록되었는데, 오키는 211개이다. '암초'는 전년도와 같다.[58] 『島根縣統計表(1882)』의 '도서'와 '암초' 항목에는 오키의 사항이 적혀 있지 않다.[59] 『島根縣統計書(1884)』에는 항목 명칭이

---

55) 단, 『明治38年 島根縣隱岐島統計書』의 '地勢'에는 "隱岐國은 … 全島를 周吉, 隱地, 海士, 知夫의 4郡 및 竹島로 구분한다. … 竹島[는] 東南 隱岐 本島의 西端에서 85해리 떨어졌으며, 西北은 韓國 鬱陵島와 相對한다. 日本海 西南 隅의 小嶼이다"고 서술되었다. 島根縣隱岐島廳, 『明治38年 島根縣隱岐島統計書』, p.1.

56) 島根縣, 『島根縣一覽槪表[明治11年第9月再鐗]』, '島嶼', '暗礁'; 島根縣, 『明治12年 島根縣一覽槪表[明治13年12月再鐗]』, pp.31-32.

57) 島根縣, 『明治13年 島根縣統計表』, p.7.

58) 島根縣, 『明治14年 島根縣統計表』, pp.7-8.

'도서의 위치 및 주위면적(島嶼ノ位置及周圍面積)'으로 바뀌면서 '암초' 항목은 없어졌다. '도서의 위치 및 주위면적'은 명칭, 소속지명, 위치, 주리(周里), 면적, 본현 최근 육지 거리 등으로 구성되었는데, "島後, 島前 中ノ島, 島前 西ノ島, 島前 知夫島"가 기록되었다.[60] 『島根縣統計書 (1885)』의 '도서의 위치 및 주위면적'에는 '島前'과 '島後'가 없고 '知夫島' 만 들어 있으며, '위치'란은 빠졌다.[61] 이는 『島根縣統計書(1896)』까지 동일한데, 모두 1884년 조사('1884年調)를 기준으로 삼은 것이었다.[62]

『島根縣統計書(1897)』에는 항목 명칭이 다시 '도서'로 바뀌고 '知夫 里島'로 표기되었는데, 조사기준일에 해당연도('1897년')가 표기되기 시작했으며, 구성 항목 역시 도명, 소속지명, 면적, 본현 최근 육지 거리, 호수, 인구, 1호에 대한 평균인원으로 바뀌었다.[63] 『島根縣統計書 (1898)』도 이와 같은데, 이때부터 조사기준에 해당연월일('1898년 12월 31일')이 기재되었다.[64] 『島根縣統計書(1899)』부터는 도명에서 '知夫 里島'가 없어지고 '島前'과 '島後'가 들어갔으며, 『島根縣統計書(1906)』 第一卷까지 동일하다.[65] 『島根縣統計書(1905)』 第一卷은 조사기준일 이 '1905년 12월 31일'이었음에도, 독도가 기록되지 않았다.[66]

독도('竹島')가 '도서'에 처음 등장하기 시작한 것은 1909년 4월에 발행 된 『島根縣統計書(1907)』 第一卷이며, 조사기준일은 '1907년 12월 31일'

---

59) 島根縣, 『明治15年 島根縣統計表』, pp.8-10.

60) 島根縣第一部, 『明治17年 嶋根縣統計書』, pp.17-18.

61) 島根縣第一部, 『明治18年 嶋根縣統計書』, 島根縣, p.16.

62) 島根縣, 『明治29年 島根縣統計書』, 島根縣, 1898.5.31印刷, 1898.6.1發行, p.14.

63) 島根縣, 『明治30年 島根縣統計書』, 島根縣, 1900.3.18印刷, 1900.3.28發行, p.16.

64) 島根縣, 『明治31年 島根縣統計書』, 島根縣, 1901.2.22印刷, 1901.2.25發行, p.15.

65) 島根縣, 『明治32年 島根縣統計書』, 島根縣, 1902.9.1印刷, 1902.9.6發行, p.16; 島根縣內務部, 『明治39年 島根縣統計書 第一卷(土地人國其他之部)』, 島根 縣, 1908.2.27印刷, 1908.3.2發行, p.12.

66) 島根縣第一部, 『明治38年 島根縣統計書 第一卷(土地人國其他之部)』, p.10.

로 기록되어 있다. '島前'과 '島後'에 이어 '竹島'가 비로소 추가되었던 것
이다. '竹島'의 소속지명은 '隱岐國', 면적은 '23.3町', 최근 육지 거리는
'隱地郡 福浦崎 78.53浬,' 현재 인구 등에는 없음을 뜻하는 '-'로 표시되
었다.[67] 왜 『島根縣統計書(1907)』 第一卷의 '도서'에 '竹島'가 처음 기록
되었는지는 관련 문건이 없어 알 수 없다. 그렇지만 이러한 사실은 시
마네현이 1905년 2월 이전에 독도를 관할로 삼지 않았음을 잘 보여준
다.[68]

3) 시마네현의 극북 위치·광무와 독도

『島根縣一覽槪表』 등에서 시마네현의 관할 지역이 가장 확실하게
명기된 부분은 바로 지리 혹은 토지 항목에 들어 있는 '강역(疆域)' 혹
은 '본현의 위치(本縣ノ位置)' 내 '극소의 경위도(極所ノ經緯度)', 그리
고 '국군시의 면적 및 광무(國郡市ノ面積及廣袤)' 내 '광무' 등이다. 여
기에는 시마네현의 관할 지역에 대해 동서남북 각 극소의 경위도와 지

[67] 島根縣內務部, 『明治40年 島根縣統計書 第一卷(土地人國其他之部)』, 島根縣,
1909.4.12印刷, 1909.4.17發行, p.14.
[68] 단, 『島根縣隱岐島統計書(1905)』의 '도서'에는 "竹島 동경 131도 55분 북위 37도
09분 30초 최근 육지 거리 한국 울릉도 55리"라고 서술되었다. 島根縣隱岐島
廳, 『明治38年 島根縣隱岐島統計書』, pp.6-7. 한편 『島根縣統計書(1907)』부
터 '島嶼'에는 '竹島'가 기재되었지만, 소속지명은 달라졌다. 『島根縣統計書
(1912)』에는 '隱岐島廳 所管'으로 변경되었으며, 『島根縣統計書(1914)』부터
는 '隱岐國 島廳所管'으로 적혀 있다. 또 최근 육지 거리는 『島根縣統計書
(1920)』에 '隱地郡 五箇村 御崎'로, 『島根縣統計書(1923)』부터 '隱地郡 五箇
村 字御崎'로 바뀌었다. 島根縣內務部, 『大正元年 島根縣統計書 第一卷(土
地人國其他之部)』, 島根縣, 1914.2.26印刷, 1914.3.2.發行, p.10; 『大正3年 島
根縣統計書 第一卷(土地人國其他之部)』, 島根縣, 1915.12.20.印刷, p.10; 『大
正9年 島根縣統計書 第一編(土地人國其他)』, p.23; 『大正12年 島根縣統計書
第一編(土地人國其他)』, 島根縣, 1925.5.20印刷, p.23.

명이 표시되어 있다. 앞에서 살펴보았듯이, 각 부현의 관할구역과 정촌(町村)의 경계를 명확하게 획정하는 것은 대내적으로 시정의 기본이자 대외적으로 세계 각국에 대해 국경을 확고히 하는 도구였기 때문이다. 따라서『島根縣一覽槪表』등에 독도가 시마네현의 관할 지역에 포함되었는지 여부는 곧 일본이 세계 각국—특히 막부 시기부터 독도 '문제'로 외교 교섭을 벌인 적이 있었던 조선—에 대해 자국의 국경 범위를 확고히 표명하는 것과 직결되는 의미를 지닌다.

『島根縣一覽槪表(1877)』지리 항목의 '강역' 중 '천도(天度)'에는 "經이 5도 30분에서 일어나 8도 5분에 이르며, 緯가 34도 30분에서 일어나 36도 35분에 이른다"고 서술되었다. 이는 1876년 하마다현과 돗토리현이 합병되면서 이즈모·이와미·오키·호키·이나바국이 포함된 시마네현의 관할 지역을 경위도로 표시한 것이다.[69] 요컨대, 시마네현의 관할 지역 중 북쪽 끝은 오키국의 북쪽 끝인 36도 35분으로, 37도 10분에 위치한 독도는 제외되었음을 알 수 있다. 이러한 관할 지역 설정은 바로 1877년 3월에 시마네현에 내려진 태정관지령이 정확하게 반영되었다고 판단된다. 이러한 시마네현 관할 지역의 경위도는『島根縣統計表(1880)』까지 동일하다.[70]

『島根縣統計表(1881)』지리 항목의 '강역' 중 '천도'에는 경도가 '自6도 24분 至8도 6분', 위도가 '自34도 18분 至36도 20분'으로 각각 기재되었다. 1881년 9월 호키·이나바국을 관할하는 돗토리현이 다시 설치되면서 시마네현은 이즈모·이와미·오키국을 관할하게 되었기 때문에, 시마네현 관할 지역의 경위도가 바뀌었던 것이다. 위도의 경우, 돗토리현의 설치와는 무관함에도 달라진 이유는 분명하지 않다. 다만, 경도의 8도 5분이 '至8도 6분'으로 바뀐 점을 보면, 위도 역시 정밀하게 측

69) 島根縣,『島根縣一覽槪表[明治11年第9月再鎬]』, '疆域' 내 '天度'.
70) 島根縣編,『明治13年 島根縣統計表』, p.1.

량이 이뤄진 데 있을 것으로 여겨진다. 시마네현의 북쪽 끝인 오키국의 위도가 36도 35분에서 36도 20분으로 낮아진 것도 동일한 이유라고 생각된다.

〈그림 1〉 '天度'(『島根縣一覽槪表(1877)』),
'極所의 經緯度'(『島根縣統計書(1889, 1901)』

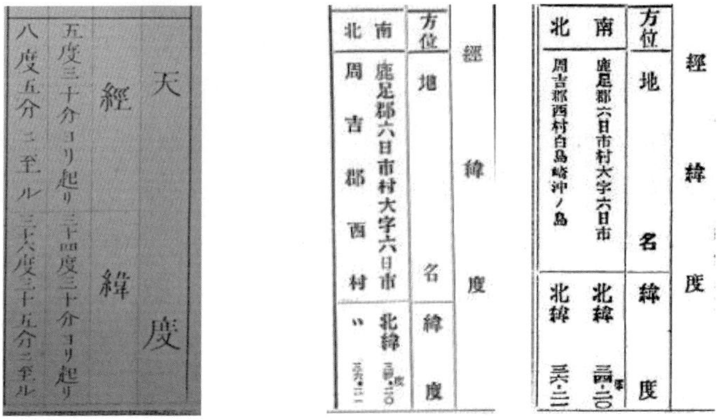

『島根縣統計表(1882)』 토지 항목의 '위치'에는 '全管內·出雲國·石見國·隱岐國'으로 나누어 '천도'가 기록되어 있다. 이 가운데 전관내의 북위는 '起34도 18분 止36도 19분', 서경은 '起6도 24분 止8도 06분'이며, 오키국의 북위는 '起25도 59분 止36도 19분', 서경은 '起6도 24분 止6도 50분'이다.[71] 단 오키국의 북위 중 '起25도 59분'은 '起35도 59분'의 오기임이 확실하며, 북쪽 끝은 36도 20분에서 36도 19분으로 바뀌었다. 전관내의 북위 중 '起'와 '止'는 이와미국과 오키국과, 서경 중 '起'와 '止'는 각각 오키국과 이와미국과 각각 일치한다.

『島根縣統計書(1884)』 토지 항목에는 '위치'가 '본현의 위치'로, 그 아

---

[71] 島根縣編, 『明治15年 島根縣統計表』, p.1.

래 '천도'도 '극소의 경위도'로 각각 바뀌고 극소의 지명이 추가됨으로
써 시마네현 관할 지역의 동서남북 4극소가 더욱 확실하게 표시되었
다. 즉, 극동은 '出雲國 島根郡 美保關 서경 6도 17분,' 극서는 '石見國
鹿足郡 高峯村 서경 8도 06분,' 극남은 '石見國 鹿足郡 六日市村 북위
34도 20분,' 극북은 '出雲國 島根郡 多古浦 북위 35도 36분' 등이다. 여
기에서 "經度는 東京 皇城 舊 本丸 內 天守臺를 기초로 한다"는 내용이
처음 기재되었다. 그런데 극북의 위도와 지명을 보면 알 수 있듯이, 시
마네현의 범위에 오키국이 포함되지 않았다. 이와 달리 '국군의 면적
및 광무(國郡 ノ 面積及廣袤)'의 '광무'에는 '全管'·'隱岐國'의 극북과 '隱
岐國' 내 '周吉郡'의 '극북' 지명이 '隱岐國 周吉郡 西村'으로 일치한다.
단, '국군의 면적 및 광무'의 극동은 '隱岐國 周吉郡 卯敷村'으로 '본현
의 위치'의 극동과 다르다.[72]

　이처럼 『島根縣統計書(1884)』의 '본현의 위치'에서 오키국이 제외되
었음에도 '국군의 면적 및 광무'에 隱岐國이 포함된 오류는 『島根縣統
計書(1887·1888)』까지 이어진다. 단, 『島根縣統計書(1887·1888)』의 '본
현의 위치'에서는 국명(國名)이 삭제된 점이 다를 뿐이다.[73] 왜 '본현의
위치'에서 오키국이 빠졌는지는 알 수 없지만, 업무 착오인 듯싶다.

　『島根縣統計書(1889)』에는 '본현의 위치'에서 오키국이 다시 기재되
었다. 즉, 극동은 '島根郡 美保關村 大字美保關 서경 6도 17분,' 극서는
'鹿足郡 喜時雨村 大字高峯 서경 8도 06분,' 극남은 '鹿足郡 六日市村
大字六日市 북위 34도 20분,' 극북은 '周吉郡 西村 북위 36도 21분' 등이
다. 극동·서·남은 경위도는 이전과 동일하고 지명만 달라졌으며, 극
북은 오키국이 포함되면서 위도가 바뀌었다. 극북의 위도는 『島根縣
統計書(1882)』의 36도 19분에서 36도 21분으로 북상하였다. 이로써 '본

72) 島根縣第一部, 『明治17年 嶋根縣統計書』, pp.4-5.
73) 島根縣第一部, 『明治20·21年 嶋根縣統計書』, pp.3-5.

현의 위치'와 '국군의 면적 및 광무'의 4극소가 비로소 일치되었다.[74]

그러나 『島根縣統計書(1890)』에는 또다시 오키국이 '본현의 위치'에서 제외되고 '국군의 면적 및 광무'에 포함된 『島根縣統計書(1884)』의 내용으로 돌아갔으며, 경위도는 기재되지 않았다. 극북은 '出雲國 島根郡 多古浦'로 기재되었던 것이다.[75] 그 이유는 업무 착오로 빚어진 것으로 판단되지만, 동일한 실수를 되풀이 한 점은 이해하기 어렵다.

이러한 오류는 『島根縣統計書(1891 · 1892)』의 '본현의 위치' 내 '극소의 경위도'에서 다시 바로잡히면서 『島根縣統計書(1889)』와 동일하게 기재되었다. 단, 극북의 위도가 '6도 21분'으로 적힌 것은 '36도 21분'의 명백한 오기이다. '국군의 면적 및 광무'의 '광무' 내 '전관'의 극동이 '본현의 위치'의 극동인 '島根郡 美保關村 大字美保關'이 아니라 '隱岐國 周吉郡 西村'으로 기재되었는데, 이 역시 '隱岐國 周吉郡 卯敷村'의 오기라고 판단된다. '국군의 면적 및 광무' 내 '전관'의 극북으로 적힌 '隱岐國 周吉郡 西村'과 혼동해서 잘못 기록된 것이다. 그래도 '국군의 면적 및 광무'와 '본현의 위치'의 극동은 일치하지 않는다. 반면 '본현의 위치' 내 '극소의 경위도'의 극북 지명은 '국군의 면적 및 광무' 내 '전관 · 隱岐國'의 극북과 일치한다.[76]

『島根縣統計書(1893 · 1894)』의 '본현의 위치' 내 '극소의 경위도'는 극동이 '周吉郡 西鄕 西町 黑島 서경 6도 27분,' 극서가 '鹿足郡 畑迫村 大字高峯 서경 8도 06분,' 극남이 '鹿足郡 六日市村 大字六日市 북위 34도 20분,' 극북이 '周吉郡 西村 白島崎 沖ノ島 북위 36도 21분'이다. 『島根

74) 島根縣第一部, 『明治22年 嶋根縣統計書』, 島根縣, 1891.12.21出版, pp.4-5.
75) 島根縣內務部, 『明治23年 島根縣統計書』, 島根縣, 1892.5.4印刷, 1892.5.18出版, pp.4-5.
76) 島根縣, 『明治24 · 25年 島根縣統計書』, 島根縣, 1895.6.28印刷, 1895.7.19發行, pp.4-5.

縣統計書(1891·1892)』과 비교하면, 극동은 지명이 달라지면서 경도가
6도 27분으로 바뀌었고, 극북은 지명에 '白島崎 沖ノ島'가 추가되었지
만 위도는 같으며, 극서와 극남은 달라지지 않았다. 또 '국군의 면적
및 광무'의 '광무' 내 '전관'의 극동은 '島根郡 美保關村 大字美保關'에서
'본현의 위치'의 극동인 '隱岐國 周吉郡 西鄕 西町'으로 바뀌었지만, '隱
岐國'의 극동인 '周吉郡 卯敷村'과 맞지 않는다.77) '본현의 위치' 내 '극
소의 경위도'의 극북 지명은 '국군의 면적 및 광무' 내 '전관'·'隱岐國'의
극북과 '白島崎 沖ノ島'가 빠졌을 뿐 일치한다. 이러한 '본현의 위치'와
'국군의 면적 및 광무'의 기록은『島根縣統計書(1900)』까지 동일하다.78)

　『島根縣統計書(1901)』의 '본현의 위치' 내 '극소의 경위도'는 극동만
지명이 '周吉郡 卯敷村 黑島'로 바뀌었을 뿐 나머지는『島根縣統計書
(1900)』와 똑같다. 아울러 '국군의 면적 및 광무'의 '광무' 내 '전관'·隱
岐國'의 극동 지명도 '隱岐國 周吉郡 卯敷村 黑島'로 변경됨으로써 '본
현의 위치' 내 '극소의 경위도'의 지명이 모두 일치하게 되었다.79)『島
根縣統計書(1902)』와『島根縣統計書(1903)』도 이와 동일하다.80)

　『島根縣統計書(1904)』第一卷의 '본현의 위치' 내 '극소의 경위도'는
극동과 극북의 지명이 행정구역의 개편에 따라 '周吉郡 布施村 黑島'와
'周吉郡 中村 白島前 沖ノ島'로 각각 바뀌었을 뿐 나머지는 변함이 없
다. '국군의 면적 및 광무'의 '광무' 내 '전관'과 '隱岐國'의 극동과 극북

77) 島根縣,『明治26·27年 島根縣統計書』, 島根縣, 1896.6.28印刷, 1896.6.29發行,
　　pp.4-5.
78) 島根縣,『明治33年 島根縣統計書』, 島根縣, 1903.8.11印刷, 1903.8.15發行,
　　pp.3-5.
79) 島根縣,『明治34年 島根縣統計書』, 島根縣, 1904.3.24印刷, 1904.3.26發行,
　　pp.3-5.
80) 島根縣,『明治35年 島根縣統計書』, 島根縣內務部, 1904.8.30印刷, 1904.9.3發
　　行, pp.3-4;『明治36年 島根縣統計書』, 島根縣, 1905.9.20印刷, 1905.9.23發行,
　　pp.3-4.

의 지명도 '隱岐國 周吉郡 布施村 大字卯敷'와 '隱岐國 周吉郡 中村 大字西村'으로 바뀜으로써 역시 '본현의 위치' 내 '극소의 경위도'의 지명, 그리고 오키국의 극동 지명이 모두 동일하게 기록되었다.[81] 주목할 만한 사실은 시마네현의 '竹島' 편입 사실이 반영되어어야 할『島根縣統計書(1905)』第一卷이 그로부터 2년이 지난 1907년 3월에 발행되었음에도,『島根縣統計書(1904)』第一卷과 마찬가지로 '본현의 위치'와 '국군의 면적 및 광무'의 극북이 모두 '周吉郡 中村 白島前 沖ノ島 북위 36도 21분'으로 기재되었다는 점이다.[82]

『島根縣統計書(1906)』第一卷의 '본현의 위치' 내 '극소의 경위도'에는 극동이 '周吉郡 布施村 大字卯敷 피카島 동경 133도 23분,' 극서가 '鹿足郡 木部村 大字吹野 동경 131도 40분,' 극남이 '鹿足郡 柿木村 大字樺谷 북위 34도 18분,' 극북이 '隱岐國 竹島 북위 37도 10분'으로 기재되었다. 극소의 지명이 전부 바뀌었고, '비고'란의 "經度는 영국 綠威[그리니치] 천문대를 기초로 한다"에서 알 수 있듯이 서경이 '동경'으로 기록되기 시작하였다. 극남의 위도가 34도 20분에서 34도 18분으로 바뀌었지만, 무엇보다도 극북에 처음으로 '隱岐國 竹島 북위 37도 10분'이 등장한 사실이 눈에 띈다. 요컨대,『島根縣統計書(1906)』에서야 비로소 시마네현 관할 지역의 극북에 '竹島'가 처음 기록되었던 것이다.[83]

그러나 '국군시의 면적 및 광무' 내 '광무'의 '전관'에서는 극동·서·남의 지명이 '극소의 경위도'와 마찬가지로 바뀌었지만, 극북만은 '隱

---

81) 島根縣第一部,『明治37年 島根縣統計書 第一卷(土地人國其他之部)』, pp.3-4.
82) 島根縣第一部,『明治38年 島根縣統計書 第一卷(土地人國其他之部)』, pp.3-4.
83) 이후 '본현의 위치'의 극북의 지명은『島根縣統計書(1912)』第一編부터 '隱岐國'이 생략된 채 '竹島'로,『島根縣統計書(1920)』第一卷부터 '竹島 北端'으로 각각 바뀌었을 뿐이다. 島根縣內務部,『大正元年 島根縣統計書 第一卷(土地人國其他之部)』, pp.2-3;『大正9年 島根縣統計書 第一編(土地人國其他)』, pp.14-15.

〈그림 2〉 '국군의 면적 및 광무', '극소의 경위도'
(『島根縣統計書(1905)』第一卷)

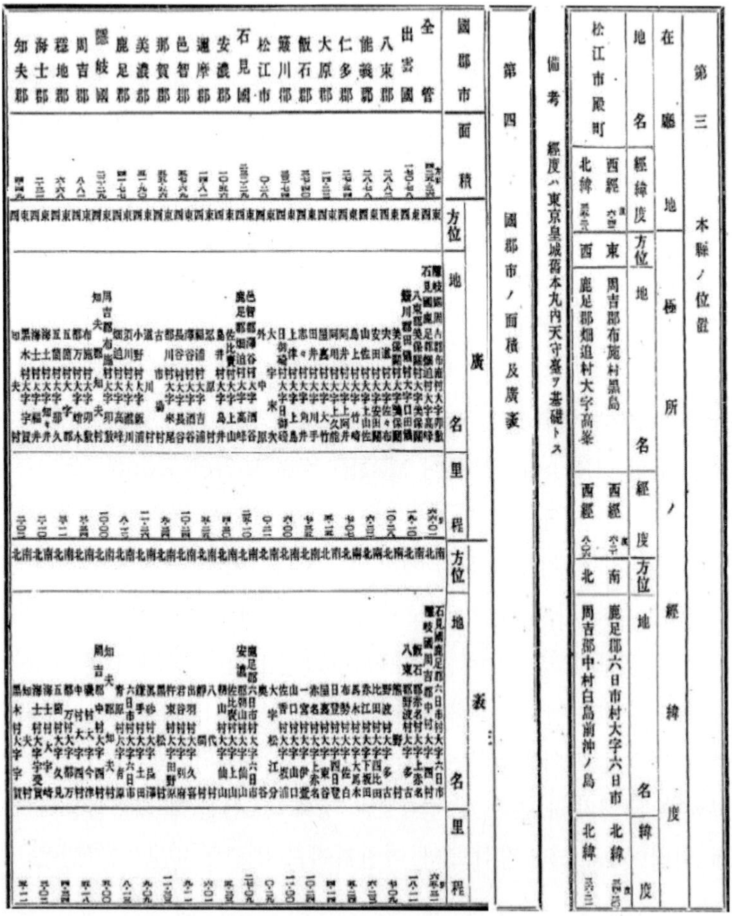

岐國 竹島'가 아니라 '隱岐國 隱地郡 五箇村 大字久見'이 적혀 있다. '광무'의 '隱岐國'에서도 극북은 마찬가지로 '隱地郡 五箇村 大字久見'이다. 이 지명은 앞의 '본현의 위치'의 '극소의 경위도' 내 극북의 지명과

어긋난다. 하지만 '비고'란에 "본표에는 竹島를 포함하지 않는다"고 기록해두었다.[84] '본현의 위치' 내 '극소의 경위도'의 극북에 '竹島'를 기록했음에도, 왜 '국군시의 면적 및 광무' 내 '광무'에서는 '竹島'를 제외한 채 '備考'란에만 "본표에는 竹島를 포함하지 않는다"고 썼는지는 알 수 없다.[85]

이후 '국군시의 면적 및 광무'의 '竹島' 관련 내용은 『島根縣統計書(1911)』 第一卷부터 '비고'란의 "본표에는 竹島를 포함하지 않는다"는 문구가 삭제되면서 '隱岐國' 옆에 '(竹島를 제외한다)'가 추가되었고, 『島根縣統計書(1914)』 第一卷부터는 '隱岐國' 옆의 '(竹島를 제외한다)'도 삭제되었다. 『島根縣統計書(1920)』 第一編부터는 '隱岐國'에 처음으로 '△竹島 면적 0.38方里'가 들어갔다. 그러나 '國郡市別面積及廣袤'라는 표 제목 오른쪽에 "△全管 중에 합산하지 않는다"고 표기되었듯이, '전관'뿐 아니라 '隱岐國'의 면적에서 합산되지 않았으며, '전관'과 '隱岐國'의 극북 지명 역시 '隱地郡 五箇村 大字久見'으로 적혀 있다.[86]

이와 같이 1905년 2월 시마네현의 '竹島' 편입 사실은 그로부터 3년 뒤인 1908년 3월에 발행된 『島根縣統計書(1906)』 第一卷의 '본현의 위치'의 '극소의 경위도'에야 비로소 기재되었다. 그러나 '국군시의 면적

---

84) 島根縣內務部, 『明治39年 島根縣統計書 第一卷(土地人國其他之部)』, pp.3-5.
85) 단, 『島根縣隱岐島統計書(1905)』의 '廣袤'에는 隱岐島의 北을 "中村 大字西村"이라고 기록하면서도 "竹島"를 적어두었다. 그 반면 '經緯度極點'의 극북은 여전히 "中村 大字 西村 여전히 36도 20분 01초"로 서술되었는데, 이는 『島根縣隱岐島統計書(1918)』까지 동일하다. 島根縣隱岐島廳, 『明治38年 島根縣隱岐島統計書』, p.3; 『大正7年 島根縣隱岐島統計書』, 島根縣隱岐島廳, p.3.
86) 島根縣內務部, 『明治44年 島根縣統計書 第一卷(土地人國其他之部)』, 島根縣, 1913.3.27印刷, 1913.4.2發行, pp.3-4; 『大正3年 島根縣統計書 第一卷(土地人國其他之部)』, pp.4-5; 『大正9年 島根縣統計書 第一編(土地人國其他)』, pp.16-17.

및 광무' 내 '광무'에서는 '竹島'를 제외한 채 '비고'란에만 "본표에는 竹島를 포함하지 않는다"고 적었으며, 그 후에 '隱岐國'에 '竹島'가 추가되면서도 '전관'과 '隱岐國'의 면적에는 제외되었을 뿐 아니라 '전관'과 '隱岐國'의 극북 지명도 '竹島'가 아니라 '隱地郡 五箇村 大字久見'이 기록되어 있다. 그 이유와 의미에 대해서는 좀 더 치밀하게 분석할 필요가 있다고 여겨진다. 그럼에도 이러한 사실은 역설적으로 1905년 2월 이전에는 시마네현이 독도를 관할 지역으로 삼지 않았음을 확실하게 입증해준다.

4) 「島根縣全圖」와 독도

『島根縣一覽槪表』・『島根縣統計書』에서 시마네현의 관할 지역과 경계를 한 눈에 파악할 수 있는 자료는 「島根縣管內略圖」와 「島根縣全圖」이다. 시마네현이 처음 발행한 『島根縣一覽槪表(1873)』에는 「島根縣管下出雲國全圖」가 실려 있다. 1871년 11월 15일 이즈모국과 오키국을 관할 구역으로 삼아 신설된 시마네현은 그해 12월 27일 오키국이 시마네현으로 이관되었기 때문에 이즈모국만 남게 되었다. 따라서 「島根縣下出雲國全圖」는 '島根縣全圖'인 셈이다. 이 전도에는 경위도와 축척은 기록되지 않았고, 국경(國境)・군계(郡界)를 비롯해 주요 산천도로 등이 표시되어 있다.[87] 『島根縣一覽槪表(1874)』에도 명칭만 약간 달라진 「島根縣下出雲國畧圖」가 들어 있다. 이 약도는 앞의 전도에 비교해 서경과 북위의 경위도가 기록되고, 산 부분이 검은색으로 짙게 그려졌으며, 주요 국경 지역에 경위도가 적혔고, 국경 주변에 있는 다른 현의 주요 도시에 이즈모국과의 거리가 기록되는 등 좀 더

---

[87] 島根縣, 『島根縣一覽槪表』, 島根縣, 1874.

상세해졌지만, 그 형태는 비슷하다.[88]

『島根縣一覽槪表(1875)』와 『島根縣一覽槪表(1876)』는 현재 간행 여부가 확실치 않지만, 『濱田縣一覽槪表(1875)』에는 「島根縣下出雲國畧圖」와 비슷한 형태의 「濱田縣下石見國畧圖」가 있다.[89] 『島根縣一覽槪表(1877)』에는 「島根縣管內略圖」가 실려 있으며, 『島根縣一覽槪表(1878)』는 발행되지 않았다고 알려져 있다. 그런데 『島根縣一覽槪表(1879)』에는 「島根縣管內略圖」가 다시 등장한다. 이처럼 『島根縣一覽槪表』에는 일반적으로 전도 혹은 약도가 들어 있었을 가능성이 크다고 추측된다.

독도와 관련해 주목할 만한 지도는 오키국이 처음으로 등장하는 『島根縣一覽槪表(1877)』의 「島根縣管內略圖」이다. 오키국은 1876년 8월 21일 이즈모·이와미·호키·이나바국과 함께 시마네현의 관할 지역이 되는데, 이러한 상황이 반영되었을지도 모를 『島根縣一覽槪表(1876)』의 발행 여부는 확실치 않기 때문이다. 더군다나 이 「島根縣管內略圖」에는 1877년 4월에 시마네현이 수령한 태정관지령의 지시사항이 반영되었을 가능성이 매우 크다.

「島根縣管內略圖」의 경위도는 대략 서경 5도 58분~8도 10분, 북위 34도 8분~36도 39분이다. 이 약도에는 오키국 등 5국이 모두 포함된 지도 위에 5국의 행정기관이 소재된 마쓰에·하마다·요나고(米子)·돗토리·사이고시(西鄕市)의 시가도(市街圖)가 「○○國○○市街之圖」란 이름의 부분도로 그려져 있다. '도중범례(圖中凡例)'에 관할계·국계·군계를 비롯해 도로·하천·경찰서·재판소 등의 표시가 들어 있는 데에서 알 수 있듯이, 시마네현의 관할 경계뿐 아니라 각 국·군의 경계가 정확하게 구분되었다. 오키국은 도젠과 도고, 그리고 그 주변의 섬들이 그려져 있다. 도젠의 주요 섬들인 '波加島·松島·大盛島·冠島'

---

88) 島根縣, 『島根縣一覽槪表』, 島根縣, 1875.
89) 濱田縣, 『濱田縣一覽槪表』, 濱田縣, 1876.3.

등, 도젠과 도고 사이의 북쪽에 위치한 '二晩島 · 星神島'에는 이름이
적혀 있다. 뒤에서 살펴볼 '桂島'는 그려져 있지 않다. 도고에는 섬의
이름이 없는 대신 '加茂港 · 糖谷港 · 福浦' 등 주요 항구와 포구의 이름
이 쓰여 있다.[90]

〈그림 3〉「島根縣管內略圖」(『島根縣一覽槪表(1877)』)

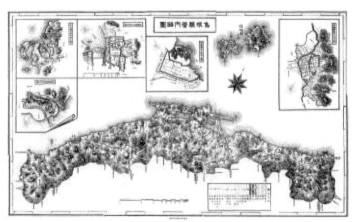

  이처럼 「島根縣管內略圖」는 그 이름에도 나타나듯이 1876년 8월 이
후 '島根縣管內'의 모든 지역을 정확하게 표시한 '약도'이다. 따라서 이
약도에는 당연히 독도('竹島')가 포함되어 있지 않다. 그 이유는 바로
오키국이 島根縣에 편입되고 그 직후 실시된 지적편성조사 과정에서
'竹島'가 일본영토가 아니라는 태정관지령이 시마네현에 내려진 것과
관련이 있다고 판단된다. 따라서 『島根縣一覽槪表(1877)』의 「島根縣管
內略圖」는 태정관지령이 반영되어 공식적으로 제작된 '島根縣全圖'라
는 점에서 주목할 만하다. 더욱이 이 약도가 '大藏省 印刷局 石版製'였

---

90) 島根縣, 『明治10年 島根縣一覽槪表[明治11年第9月再鋤]』.

던 사실로 미루어, 島根縣의 관할 지역에 대한 정확도는 시마네현뿐만
아니라 일본 정부 차원에서도 인정받았다고 평가할 수 있을 것이다.

　이러한『島根縣一覽槪表(1877)』의「島根縣管內略圖」는『島根縣一覽槪
表(1879)』의「島根縣管內略圖」와 동일하다.91) 그 후「島根縣管內略圖」는
『島根縣統計表(1880~1882)』와『島根縣統計書(1884~1900)』에는 없다가『島
根縣統計書(1901)』에「島根縣全圖」라는 이름으로 다시 들어 있다. 그
이유 중의 하나는 아마도 1884년 9월 내무성이 제정한「府縣統計書樣
式」(乙第36號達)의 기재항목에 관할 지역 지도 혹은 전도가 명시되지
않은 데 있다고 판단된다. 그러나『島根縣統計書(1901)』이전에도「島
根縣全圖」가 현존하지 않을 뿐 제작되었을 가능성을 배재할 수 없다.
예컨대 다른 부현통계서의 경우,『兵庫縣統計書(1884)』에는「兵庫縣管
內地圖」,『廣島縣統計書(1899)』에는 「廣島縣管內圖」,『鳥取縣統計書
(1900)』에는 이름은 없지만「鳥取縣全圖」가 각각 들어 있기 때문이
다.92) 이러한 사례가 특별한 경우인지 여부는 부현통계서를 좀 더 면
밀하게 분석해야겠지만, 1900년 이전에도 부현에서 그 명칭은 조금씩
달라도 관할 지역의 지도를 발행했음을 알 수 있다. 따라서『島根縣統
計書(1901)』이전에도「島根縣全圖」가 현존하지 않을 뿐 제작되었을
가능성을 배재할 수 없다고 여겨진다.

　『島根縣統計書(1901)』의「島根縣全圖」에는 1881년 9월 12일 호키·
이나바국이 돗토리현으로 이관되면서 시마네현의 관할 지역으로 확정된
이즈모·이와미·오키국이 그려져 있다. 이 전도의 축적은 '陸里 38만분
의 1'이며, 경위도는 대략 북위 34도 19분~35도 37분, 동경 131도 20분~133도

91) 島根縣,『明治12年 島根縣一覽槪表[明治13年12月再鐫]』.
92) 兵庫縣,『明治17年 兵庫縣統計書』, 兵庫縣, 1888.8.10出版; 廣島縣,『明治32
　　年 廣島縣統計書』, 廣島縣, 1901.8.15發行; 鳥取縣,『明治33年 鳥取縣統計書』,
　　鳥取縣, 1903.2.23發行.

〈그림 4〉「島根縣全圖」의 「隱岐」 부분(『島根縣統計書(1901)』)

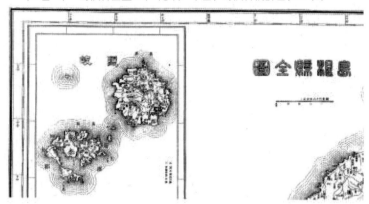

26분이다. 따라서 「隱岐」는 왼쪽 상단의 부분도로 그려져 있는데, 경위도는 표시되지 않았다. '범례'에 현계·국계·군계 이외에 도로·하천·경찰서·재판소 등 「島根縣管內略圖」와 거의 비슷하다. 「隱岐」는 도젠과 도고, 그 주변의 섬들이 그려져 있는데, 도젠의 '松島'·'大盛島'만 이름이 적혀 있을 뿐이다. 도젠과 도고 사이의 북쪽에는 '二崎島'·'星神島'는 표시되지 않은 대신 북서쪽에 '桂島'가 추가되었지만, 독도('竹島')는 없다.[93] 이는 『島根縣統計書(1903)』의 「島根縣全圖」와 동일하다.[94]

『島根縣統計書(1904)』 第一卷의 「島根縣全圖」 역시 『島根縣統計書(1903)』의 것과 비슷하지만, 「隱岐」에 대략 35도 26분~36도 56분, 131도 23분~132도 23분의 경위도가 적혀 있고, 지도 하단의 육지 쪽에 '美保關' 글자 3군데 추가되었으며, 도젠·도고와 '美保關' 사이에 왼쪽부터 34, 33.5, 16.5, 40.5 등 숫자 4개가 쓰여 있다. 이들 중 16.6는 도젠과 도고 사이의 거리이고, 나머지는 '美保關'과의 거리로 표시한 것이다.

---

93) 島根縣, 『明治34年 島根縣統計書』.
94) 島根縣, 『明治35年 島根縣統計書』; 『明治36年 島根縣統計書』.

역시 북서쪽에는 '桂島'가 그려져 있다. 현계·국계·군계를 비롯해 '범례'에 있는 기재사항도 그 이전의 것과 동일하다.

그런데 종전과 달리 이 「島根縣全圖」에서 「隱岐」 오른쪽에 별도의 부분도로 「竹島」가 처음으로 들어간 점은 주목할 만하다. 특히 「竹島」는 전도의 축척이 38만분의 1인데 비해 '陸里 3만 8천분의 1'로 무려 10배나 크게 그려져 있다. 아마 1905년 2월 시마네현의 '竹島' 편입 상황을 강조하기 위해 일부러 실제 크기보다 크게 보여주려고 한 듯하다. 앞에서 살펴보았듯이, '본현의 위치' 내 '극소의 경위도' 방위 등의 극북에 여전히 독도가 기재되지 않았음에도, 유독 「島根縣全圖」에 「竹島」를 그려 넣었던 것이다. 이는 『島根縣統計書(1904)』第一卷의 경우 편집을 마무리하면서 작성된 '범례'가 '1906년 9월'에 쓰였고, 1906년 11월 30일과 12월 5일에 각각 인쇄·발행되었기 때문이라고 판단된다.[95] 따라서 『島根縣統計書(1904)』第一卷의 「島根縣全圖」에서 「竹島」가 추가된 것은 1905년 2월 島根縣의 '竹島' 편입 사실과도 맞지 않은 명백한 오류이자 왜곡이다.

이처럼 「竹島」가 추가된 『島根縣統計書(1904)』第一卷의 「島根縣全圖」는 『島根縣統計書(1905)』第一卷에도 실려 있다.[96] 그러나 『島根縣統計書(1905)』第一卷의 '본현의 위치' 내 '극소의 경위도' 방위 등의 극북에는 역시 독도가 빠짐으로써 竹島 편입 사실이 반영되어 있지 않다. 『島根縣統計書(1904)』와 『島根縣統計書(1905)』第一卷에서 竹島에 관련해서 '본현의 위치' 내 '극소의 경위도' 방위 등과 「島根縣全圖」가 서로 부합하지 않는 이유가 무엇인지는 좀 더 치밀한 검토가 필요하다.

『島根縣統計書(1904)』第一卷의 「島根縣全圖」는 『島根縣統計書(1908)』第一卷까지 거의 동일하다.[97] 단, 『島根縣統計書(1906)』第一卷의 '본현

---

95) 島根縣第一部, 『明治37年 島根縣統計書 第一卷(土地人國其他之部)』.

96) 島根縣第一部, 『明治38年 島根縣統計書 第一卷(土地人國其他之部)』.

의 위치' 내 '극소의 경위도' 방위의 극북에는 竹島가 기록됨으로써 '본
현의 위치' 내 '극소의 경위도' 방위 등과 「島根縣全圖」가 비로소 부합
되었다. 『島根縣統計書(1909)』 第一卷의 「島根縣全圖」에는 왼쪽 상단
의 부분도인 「隱岐」가 「隱岐國」으로 명칭이 바뀌고, 그 오른쪽 옆의
「竹島」는 경위도('37도, 132도')가 표시되면서 그 크기도 작아졌지만 축
적에 대한 기록은 없다. 또 「隱岐國」 아래에 부분도로 「島根縣畧圖」가
처음 들어갔는데, 여기에는 시마네현 전체와 '隱岐', 그리고 '竹島'가 표
시됨으로써 시마네현의 관할 지역 내에 '竹島'가 들어갔다는 사실을 보
여준다.98)

　　『島根縣統計書(1909)』 第一卷의 「島根縣全圖」 형태는 『島根縣統
計書(1921)』 第一卷까지 동일하다.99) 『島根縣統計書(1922)』 第一卷의
「島根縣全圖」는 「竹島」의 위치가 「隱岐國」 오른쪽에서 아래쪽으로 이
동했고, 그에 따라 「島根縣畧圖」가 「竹島」 아래 배치되면서 형태는 매
우 단순해졌다.100) 이러한 『島根縣統計書(1922)』 第一卷의 「島根縣全圖」

97) 島根縣內務部, 『明治39年 島根縣統計書 第一卷(土地人國其他之部)』; 『明治40年
　　島根縣統計書 第一卷(土地人國其他之部)』; 『明治41年 島根縣統計書 第一卷(土
　　地人國其他之部)』.
98) 島根縣內務部, 『明治42年 島根縣統計書 第一卷(土地人國其他之部)』, 島根
　　縣, 1911.3.22印刷, 1911.3.27發行.
99) 島根縣內務部, 『明治43年 島根縣統計書 第一卷(土地人國其他之部)』, 島根
　　縣, 1912.3.8印刷, 1912.3.13發行; 『明治44年 島根縣統計書 第一卷(土地人
　　國其他之部)』; 『大正元年 島根縣統計書 第一卷(土地人國其他之部)』; 『大
　　正2年 島根縣統計書 第一卷(土地人國其他之部)』, 島根縣, 1915.10; 『大正3年
　　島根縣統計書 第一卷(土地人國其他之部)』; 『大正4年 島根縣統計書 第一卷
　　(土地人國其他之部)』, 島根縣, 1917.1.25印刷; 『大正5年 島根縣統計書 第一
　　卷(土地人國其他之部)』, 島根縣, 1918.2.15印刷; 『大正6年 島根縣統計書 第
　　一卷(土地人國其他之部)』; 『大正7年 島根縣統計書 第一卷(土地人國其他)』;
　　『大正8年 島根縣統計書 第一編(土地人國其他)』; 『大正9年 島根縣統計書
　　第一編(土地人國其他)』; 『大正10年 島根縣統計書 第一編(土地人國其他)』,
　　島根縣, 1923.4.20印刷.

는 『島根縣統計書(1927)』 第一卷까지 동일하며, 『島根縣統計書(1928)』 第一卷부터는 게재되지 않았다.[101]

　한편 『島根縣統計書(1907)』 第3卷에는 명칭이 없는 지도가 실리기 시작하였다. 이 지도에는 하단 오른쪽에 별도로 부분도인 「隱岐」가 실려 있는데 '竹島'가 없고, 도젠과 도고 사이 북서쪽에는 섬 2개가 그려 있으나 이름이 적혀 있지 않다. 그 이전의 「島根縣全圖」에는 '桂島'가 위치했던 지점인데, 종전과 달리 섬이 2개여서 '竹島'인지 '桂島'인지 판별하기 힘들다. 그러나 『島根縣統計書(1908)』 第3卷의 지도에는 이 섬 2개에 삼각형이 표시되면서 그 안에 '竹島 海驢'가 쓰여 있다. '비고'의 "圖中 物産名을 게재한 것은 중요 물산과 그 主産地를 표시한 것이다"를 보면, 이 섬들은 '竹島'이고 '海驢'가 중요 물산임을 알 수 있다. 이러한 지도의 형태는 『島根縣統計書(1910)』 第3卷까지 비슷하다.[102]

　『島根縣統計書(1911)』 第3卷의 지도에서는 「隱岐」의 위치가 왼쪽 상단으로 옮겨지면서 '竹島'가 없어졌으며, 그 대신 「隱岐」 오른쪽에 별도의 부분도로 「竹島」가 새로 들어갔다. 『島根縣統計書(1912)』 第3卷에서는 처음으로 「嶋根縣産業地圖」라는 지도 명칭이 붙여졌고, 축적이 '380,000/1'로 표시되었으며, 경위도도 들어갔다. 「竹島」의 경위도에는

100)　島根縣內務部, 『大正11年 島根縣統計書 第一編(土地人國其他)』, 島根縣, 1924. 4.30印刷.

101)　島根縣內務部, 『大正12年 島根縣統計書 第一編(土地人國其他)』; 『大正13年 島根縣統計書 第一編(土地人國其他)』, 島根縣, 1926?; 『大正14年 島根縣統計書 第一編(土地・人國・其他)』, 島根縣, 1927.12.5印刷; 『大正15年・昭和元年 島根縣統計書 第一編(土地・人國・其他)』, 島根縣, 1928.12.20印刷; 『昭和2年 島根縣統計書 第一編(土地・人國・其他)』, 島根縣, 1929.11.01印刷; 『昭和3年 島根縣統計書 第一編(土地・人國・其他)』, 島根縣, 1930.8.25印刷.

102)　島根縣第一部, 『明治40年 島根縣統計書 第三卷(勸業之部)』, 島根縣, 1909.5.6印刷, 1909.5.10發行; 『明治41年 島根縣統計書 第三卷(勸業之部)』, 島根縣, 1910.4.8印刷, 1910.4.12發行; 『明治43年 島根縣統計書 第三卷(勸業之部)』, 島根縣, 1912.4.20印刷, 1912.4.25發行.

동경 132도와 북위 37도가 적혀 있다. 이러한 지도의 형태는『島根縣統計書(1918)』第3卷까지 동일하다.[103] 『島根縣統計書(1919)』第3編의「嶋根縣産業地圖」에서는「隱岐」의 이름이「隱岐國」으로 바뀌면서「竹島」의 위치는「隱岐國」의 아래로 이동했으며, 하단 중간에「交通圖」가 처음 삽입되었다. 이「交通圖」에서 '朝鮮'과 일본 사이에는 '鬱陵島', '竹島(량코루토島)', '隱岐島'가 도명과 함께 그려 있다. 이「嶋根縣産業地圖」의 형태는『島根縣統計書(1920)』第3編과 같은데,『島根縣統計書(1921)』第3編부터는 없어졌다.[104]

한편 눈길을 끄는 점은「島根縣管內略圖」(1879)에는 없었다가「島根縣全圖」(1901)의 부분도인「隱岐」에 줄곧 그려져 있는 '桂島'의 존재이다. 이 섬은 이노 다다타카(伊能忠敬)의「大日本沿海輿地全圖(「伊能圖」)」(1821)에 등장했으며, 이를 토대로 大學南校가 재판 형식으로 간행한「官版実測日本地圖」(1870)와 육군 참모본부의 육지측량부가 발간한「輯製二十万分一圖」중「西郷」(1889.9.28)에도 그려져 있다. 따라서「島根縣全圖」의 '桂島'는「大日本沿海輿地全圖」등을 근거로 제작되었을 가능성이 크다고 판단된다.

'桂島'는 지도에 기록된 위치에 실제로 섬이 없는 가공의 섬이다. 이노는 오키에 가지 않았는데, 다른 일행이 '桂島'를 직접 측량하지 않은 채 현지 주민의 정보를 듣고「大日本沿海輿地全圖」에 표시한 것으로 알려져 있다. 이에 대해 일본학자 중에는 '桂島'가 현재의 '竹島'라고 단

---

103) 島根縣內務部,『明治44年 島根縣統計書 第三卷(勸業之部)』, 島根縣, 1913.5.12印刷, 1913.5.16發行;『明治45年・大正元年 島根縣統計書 第三卷(勸業之部)』, 島根縣, 1914.8.9印刷, 1914.9.2發行;『大正7年 島根縣統計書 第三卷(勸業)』, 島根縣, 1920.

104) 島根縣內務部,『大正8年 島根縣統計書 第三編(勸業)』, 島根縣, 1921.6.30印刷;『大正9年 島根縣統計書 第三編(勸業)』, 島根縣, 1922.5.20印刷;『大正10年 島根縣統計書 第三編(勸業)』, 島根縣, 1923.6.15印刷.

정할 수 없으나, 「大日本沿海輿地全圖」가 제작된 막말의 시점에서 오키제도(諸島)의 북서쪽에 섬이 있다는 인식에 근거해 기록되었을지도 모른다고 주장하고 있다. 즉, '桂島'는 현재의 '竹島'일 가능성이 크며, 당시 그 섬이 일본령으로 인식되고 있었음을 부정할 수 없다는 것이다. 이는 곧 일본의 최고 지도제작자로 추앙받는 이노의 측량지도인 「大日本沿海輿地全圖」에 '松島'(현재의 '독도')가 기록되지 않았기 때문에 막부가 당시 '松島'를 일본령으로 인식하지 않았으며, 따라서 독도가 조선영토라는 한국 측의 주장에 대한 반박이었다.[105]

그런데 『島根縣統計書(1904)』第一卷의 「島根縣全圖」를 보면, 「隱岐」의 '桂島'와 함께 「竹島」가 그려져 있다. 이는 「島根縣全圖」가 마지막으로 실리는 『島根縣統計書(1927)』第一編까지 동일하다. 이처럼 「島根縣全圖」에 줄곧 '桂島'와 '竹島'가 함께 그려진 이유와 그 의미는 무엇일까? 첫째, 오키에 대한 육지측량부와 해군 수로부의 측량으로 '桂島'가 가공의 섬이라는 사실이 밝혀졌음에도, 여전히 수정 혹은 삭제되지 않은 채 표시되었다는 해석이 가능하다. 그 이유는 정확히 알 수 없지만, 일단 그려진 도판을 쉽게 수정할 수 없었다고도 이해된다. 그러나 이러한 변명은 받아들이기 어렵다. 둘째, 시마네현이 '桂島'와 '竹島'를 동일한 섬으로 인식하지 못하고 있었다는 사실을 반증해주는 것으로 이해할 수도 있다. 시마네현이 '桂島'를 '竹島'로 인식하고 있었다면, 1905년 2월 '竹島'를 편입한 뒤 '桂島'를 삭제하는 것이 당연하다고 생각되기 때문이다.

한편 『島根縣統計書(1911)』第3卷의 지도에서는 「隱岐」의 위치가 왼쪽 상단으로 옮겨지면서 '竹島'가 없어졌으며, 그 대신 「隱岐」 오른쪽

---

105) 舩杉力修, 「日本側作製地圖にみる竹島」(2), 研究協力員からの報告, Web竹島問題研究; http://www.pref.shimane.lg.jp/admin/pref/takeshima/web-takeshima/takeshima04/takeshima04-1/takeshima04-f.html.

에 별도의 부분도로 「竹島」가 새로 들어갔다. 「隱岐」에서는 '桂島'가 표시되지 않았다. 『島根縣統計書(1912)』第3卷에서는 처음으로 「嶋根縣産業地圖」라는 지도 명칭이 붙여졌고, 축적이 '380,000/1'로 표시되었으며, 경위도도 들어갔다. 「竹島」의 경위도에는 동경 132도와 북위 37도가 적혀 있다. 이러한 지도의 형태는 『島根縣統計書(1918)』第3卷까지 동일하다. 그러나 『島根縣統計書(1919)』第3編부터는 「隱岐國」에 '桂島'가 다시 들어갔다.106) 이처럼 '桂島'가 없어졌다가 다시 들어갔던 이유에 대해서는 앞으로 고찰할 필요가 있다고 여겨진다.

이상과 같이 『島根縣統計書』에는 1905년 2월까지 여러 항목에서 독도가 시마네현의 관할지에서 분명하게 제외되어 있었다. 독도는 시마네현의 관할 범주, 나아가 일본영토가 아니라는 사실이 공식적으로 명기되었던 것이다. 이러한 사실이 담긴 『島根縣統計書』는 몇몇 예외가 있었지만 해마다 발행되었던 만큼, 누구보다 시마네현이 독도가 일본영토가 아니라는 점을 명확하게 인정 혹은 인지하고 있었다고 여겨진다.

한편 시마네현은 최고국가기관인 태정관·내각을 비롯해 관할관청인 내무성, 그리고 육군성·해군성 등 일본 중앙관청에 『島根縣統計書』를 진달했으며, 내무성은 이를 도쿄(제국)도서관 등 각 관련기관에 교부하였다. 또 이들 중앙관청은 『島根縣統計書』 등의 부현통계서를 근거로 각종 통계서를 제작·발행하였다. 태정관·내각은 전국총괄통계서인 『日本帝國統計年鑑』 등, 내무성은 『內務省統計書』 등을 각각 발행했던 것이다.107) 예컨대 1874년부터 1881년까지 "각 지방이 보고한

---

106) 島根縣內務部, 『大正8年 島根縣統計書 第三編(勸業)』; 『大正9年 島根縣統計書 第三編(勸業)』; 島根縣內務部, 『大正10年 島根縣統計書 第三編(勸業)』.

107) 「島根縣一覽槪表改正通達ノ件」, 乾第2344號, 1879.8.15, 島根縣→太政官, 國立公文書館 請求番號 公02598100;「島根縣一覽槪表進呈ノ件」, 乾第722號, 1881.4.30, 島根縣→太政官, 國立公文書館 公03141100;「往入2831管內一覽槪表島根縣進達」, 乾第2554號, 1879.8.29, 島根縣→海軍省, 防衛省防衛硏究

바, 기타 調書들 중 장래 참조할 만한 것을 채택해 기재"해서 만든『內務省統計書』를 보면, '제국의 위치(諸國ノ位置)'에서 오키의 북쪽은 북위 '36도 20분 周吉郡 白島鼻'로, '부현의 위치(府縣ノ位置)'에서 시마네현의 북쪽은 "36도 20분 隱岐國 周吉郡 白島鼻"로 각각 기록되어 있다.[108] 따라서 독도가 일본영토가 아니라는 사실은 島根縣은 물론 태정관·내각을 비롯해 내무성·육군성·해군성 등 일본 정부 차원에서도 널리 인지되고 있었을 것으로 판단된다.

所 請求番號 海軍省-公文原書-M12-70-313;「往入1220島根縣上申 本縣一覧槪表進呈の件」, 乾第726號, 1881.4.30, 島根縣→海軍省, 防衛省防衛硏究所 請求番號 海軍省-公文原書-M14-20-442;「6月8日島根縣進達統計表の件」, 乾第827號, 1883.6.8, 島根縣→海軍省, 防衛省防衛硏究所 請求番號 海軍省-受號通覧-M16-11-11;「11月2日島根縣上申14年統計表進達の件」, 乾第1492號, 1883.10.2, 島根縣→海軍省, 防衛省防衛硏究所 請求番號 海軍省-受號通覧-M16-20-20;「9月30日島根縣 明治15年分統計表刷成に付進達」, 乾第1185號, 1883.10.8, 島根縣→海軍省, 防衛省防衛硏究所 請求番號 海軍省-受號通覧-M17-26-49;「29年7月2日島根縣統計書進達の件」, 乾第711號, 1896.7.2, 島根縣→海軍省, 防衛省防衛硏究所 請求番號 海軍省-公文雑輯-M29-9-188;「30年1月7日 明治28年島根縣統計書出版の件」, 乾第3號, 1897.1.7, 島根縣→海軍省, 防衛省防衛硏究所 請求番號 海軍省-公文雑輯-M30-13-216;「4月30日 島根縣 島根縣一覧槪表進達の件」, 乾第725號, 1881.4.30, 島根縣→陸軍省, 防衛省防衛硏究所 請求番號 各府縣-雑-M14-1-105;「9月30日島根縣明治15年分統計表刷成に付進達」, 乾第1185號, 1885.9.30, 島根縣→陸軍省, 防衛省防衛硏究所 請求番號 各縣-雑-M17-2-114; 佐久間信子,「明治初期に於ける官廳資料收集の系譜とその利用」, 國會圖書館, 1971 및 각주3)의 글 참조.『島根縣統計書』의 유통과 활용을 근거로 태정관·내각 및 내무성·육군성·해군성·島根縣 등이 독도를 일본영토로 인식하지 않았다는 사실에 관해서는 별도의 글로 발표할 예정이다.

[108] 內務省統計課 編,『內務省統計書』上卷, 內務省統計課, 1883.11,「例言」p.1, 169, 177.

〈그림 5〉 '諸縣ノ位置'와 '諸國ノ位置' (『内務省統計書』 上卷, 1883)

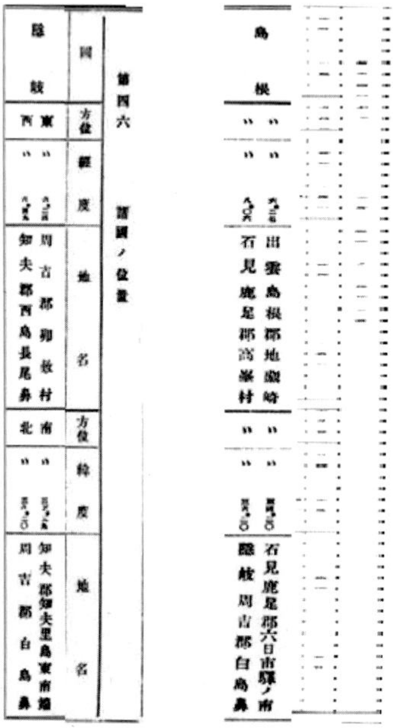

4. 맺음말

『島根縣統計書』는 시마네현이 관할지를 비롯해 발행 당시 현의 전반적인 실태를 객관적으로 기록해둔 매우 귀중한 자료임에도, 지금까지 별다른 주목을 받지 못하였다. 따라서 본고는 『島根縣統計書』를 근거로 1905년 2월 이전까지 시마네현이 공식적으로 독도를 관할지에서 제외했다는 사실을 밝힘으로써 고유영토론을 내세운 현재 일본 정부의 독도 영유권 주장에 대한 허구성을 비판해보았다. 여기에서는 본론에서 새롭게 밝힌 사실을 요약함으로써 맺음말에 갈음하고자 한다.

첫째, 『島根縣統計書』는 국세를 종합적이고도 일목요연하게 파악할 수 있는 전국의 통계를 바탕으로 효율적인 지방의 정책을 실시하려는 일본 정부의 방침에 따라 시마네현이 현의 전반적인 실태를 조사·작성한 통계서이다. 『島根縣統計書』는 처음에 『島根縣一覽槪表』(1874~1879)·『島根縣統計表』(1880~1882)로 발행되었으며, 일본의 패전 전후인 1941~1948년간을 제외하고 현재까지 거의 해마다 간행되었다. 『島根縣一覽槪表』등 초기의 부현통계서는 수록의 체재와 내용이 부현마다 차이가 있었지만, 내무성의 「府縣統計書樣式」(1884)에 의거해 형식과 내용이 통일되었다. 이 양식은 토지·호구 등 23항 284표로 구성되었는데, 토지 항목에는 부현의 관할지역을 기재하는 지세, 관할의 연혁과 위치 등이 들어 있다. 이 양식에 준거해 『島根縣統計書』가 편찬·간행되기 시작하였다.

주목할 만한 사실은 내무성이 토지의 경계를 바로하고 면적과 소유를 상세히 명시함으로써 밖으로 국경을 확고하게 하는 도구로 삼고 모든 시정의 기본으로 삼기 위해 지적편찬사업을 추진했던 점이다. 그 과정에서 울릉도와 독도는 일본영토가 아님을 명심하라는 태정관지령이 시마네현에 내려졌다. 시마네현은 『島根縣統計書』의 관할의 연혁과 위치 등의 항목에 현의 관할지를 기재했는데, 여기에는 정부 차원에서 독도에 대한 일본의 영유를 부정한 태정관지령이 반영되었을 가능성이 매우 높다. 따라서 『島根縣統計書』는 시마네현이 태정관지령을 수령한 뒤 이를 적용해서 편찬한 자료라고 평가할 수 있을 것이다.

둘째, 『島根縣統計書』등의 관할지 혹은 관지 연혁에는 1868년부터 조사 당시까지 오키국 등이 1876년 8월 島根縣에 속하게 된 과정이 기록되어 있다. 오키국의 관할 상황은 『島根縣一覽槪表(1877)』의 '관지연혁'에 처음 서술되었으며, 『嶋根縣統計書(1884)』부터 '본현관할지의 연혁'에서 표로 바뀌었다. 이러한 오키국의 관할지 연혁은 그 형식만 조금 달라졌을 뿐 『島根縣統計書(1918)』第一卷까지 동일하다. 1905년 2월 일본의 독도 편입 상황이 게재되어야 할 『島根縣統計書(1905)』第一卷 에도 '自1882년 至1905년' 칸에 아무런 내용도 없다. 시마네현의 독도 편입 사실은 『島根縣統計書(1919)』第一編에서 처음으로 '1905년(이후 변경 없음)' 칸에 "2월 22일 竹島를 추가함"이라고 적혀 있다.

셋째, 『島根縣統計書』 등의 형세·지세 항목에는 오키국의 위치를 비롯해 도젠·도고와 대소 도서의 구성 및 거리, 그리고 토지의 상태 등 이 서술되었다. 『島根縣一覽槪表(1877)』의 형세는 『嶋根縣統計書(1884)』 부터 그 이름이 '지세'로 바뀌었는데, 『島根縣統計書(1916)』第一卷까지 그 내용이 약간씩 추가되고 문구나 단어만 조금 가다듬어졌을 뿐 거 의 비슷하다. 『島根縣統計書(1917)』第一卷의 지세 내용은 대폭 수 정·추가되고 총설 항목에 토지가 새로 들어갔지만, 여전히 독도는 기 술되지 않았다. 『島根縣統計書(1920)』第一編 총설의 토지에서 '竹島' 가 오키국의 관할에 들어갔으며, 지세에서도 마지막 부분에 '竹島'의 지세와 강치의 번식 상황이 추가됨으로써 독도가 처음 등장하였다.

넷째, 『島根縣統計書』 등의 지세와 관련된 '도서'·'도서의 위치 및 주위면적'에는 오키에 부속된 섬들이 기재되었다. 『島根縣統計書 (1884)』에서 도서의 명칭은 '도서의 위치 및 주위면적'으로 바뀌었다가 『島根縣統計書(1897)』에서 다시 '도서'가 되었으며, 구성 요소도 조금씩 달라졌다. 도서에 대한 조사기준일 역시 『島根縣統計書(1896)』까지는 1884년이었지만, 『島根縣統計書(1897)』에는 해당연도, 『島根縣統計書 (1898)』부터는 해당연월일이 각각 기재되었다. 『島根縣統計書(1899)』부 터 『島根縣統計書(1906)』까지는 도명에 도젠과 도고가 들어갔다. 독도 는 『島根縣統計書(1907)』第一卷 島嶼에서 처음 기재되었다.

다섯째, 『島根縣統計書』 등에서 島根縣의 관할 지역이 확실하게 명 기된 부분은 바로 지리 혹은 토지 항목의 본현의 위치 내 '극소의 경위도', 그리고 '국군시의 면적 및 광무' 내 '광무' 등이다. 여기에는 시마네 현의 관할지에 대해 동서남북 각 극소의 경위도와 지명 등이 표시되었는데, 행정구역 개편 등으로 약간씩 바뀌었다. 이들 중 독도와 관련 있는 극남북의 위도를 살펴보면, 『島根縣一覽槪表(1877)』부터 『島根縣統計表(1880)』까지는 34도 30분~36도 35분, 『島根縣統計表(1881)』에는 34도 18분~36도 20분이다. 『島根縣統計表(1882)』에는 전관내가 34도 18분~36도 19분, 오키국이 25도 59분~36도 19분으로 각각 기재되었다.

『島根縣統計書(1884)』에는 '본현의 위치'의 '극소의 경위도'에 극소의 지명이 추가됨으로써 관할 지역의 4극소가 더 확실하게 표시되었다. 그 중 극북이 '出雲國 島根郡 多古浦 북위 35도 36분'으로 기재된 사실로 미루어 오키국이 포함되지 않았음을 알 수 있다. 이와 달리 '광무'에는 '全管' · 隱岐國'과 '周吉郡'의 극북 지명이 '隱岐國 周吉郡 西村'으로 일치한다. 이러한 오류는 『島根縣統計書(1887 · 1888)』까지 이어지며, 『島根縣統計書(1890)』에서 다시 오키국이 제외되었는데, 그 이유는 알 수 없다.

『島根縣統計書(1889)』에는 34도 20분~36도 21분으로 극북의 지명은 '周吉郡 西村'이며, '본현의 위치'와 '국군의 면적 및 광무'의 4극소가 일치되었다. 이후 『島根縣統計書(1905)』 第一卷까지 위도는 34도 20분~36도 21분이지만, 극북의 지명은 행정구역의 개편으로 『島根縣統計書(1893 · 1894)』부터 '周吉郡 西村 白島崎 沖ノ島,' 『島根縣統計書(1904)』 第一卷부터 '周吉郡 中村 白島前 沖ノ島'로 각각 바뀌었다. 『島根縣統計書(1906)』 第一卷에서 비로소 극북에 '隱岐國 竹島 북위 37도 10분'이 기록되었다. 단, 광무의 전관과 오키국에서도 극북은 '隱地郡 五箇村 大字久見'인데, '비고'에 '竹島'를 포함하지 않는다고 서술되어 있다.

여섯째, 『島根縣統計書』 등에는 관할 지역과 경계가 표시된 「島根縣管內略圖」와 「島根縣全圖」가 실려 있다. 隱岐國이 처음으로 기재되

는 『島根縣一覽槪表(1877)』의 「島根縣管內略圖」에 독도는 포함되지
않았다. 이 약도가 '大藏省 印刷局 石版製'였던 사실은 시마네현 관할
지에 대한 정확도가 일본 정부 차원에서도 인정받았다는 점을 보여
준다. 『島根縣一覽槪表(1879)』에도 동일한 「島根縣管內略圖」가 실려
있다. 그 후 이 약도는 사라졌다가 『島根縣統計書(1901)』에는 38만분
의 1 축척의 「島根縣全圖」가 등장하였다. 여기에서 오키는 왼쪽 상단
의 부분도로 그려져 있는데 경위도는 표시되지 않았으며, 도젠과 도고
사이의 북서쪽에 '桂島'가 추가되었지만 독도는 여전히 없다. 이는 『島
根縣統計書(1903)』의 「島根縣全圖」와 동일하다.

　『島根縣統計書(1904)』 第一卷의 「島根縣全圖」 역시 『島根縣統計書
(1903)』의 것과 비슷하지만, 오키에는 경위도가 적혀 있으며, 그 오른
쪽에 별도의 부분도로 「竹島」가 처음으로 들어갔지만 경위도는 표시
되지 않았다. 「竹島」는 「島根縣全圖」보다 10배나 큰 3만 8천분의 1 축
척으로 그려졌는데, 아마 1905년 2월의 편입 상황을 강조하려 했던 듯
하다. 이는 서문 형식의 '범례'가 쓰인 1906년 9월 혹은 인쇄·발행된
그해 12월 전후의 상황이 반영되었기 때문이라고 판단된다. 그러나 '극
소의 경위도'의 극북에는 독도가 기재되지 않았음에도 「島根縣全圖」에
「竹島」가 추가된 것은 '竹島' 편입 사실과도 맞지 않은 명백한 오류이자
왜곡이다.

　이상과 같이 『島根縣統計書』의 토지 항목 중 관할지 연혁·도서·
극소의 경위도 등에는 1905년 2월까지 독도가 시마네현의 관할지에 포
함되지 않았던 사실이 명확하게 기재되어 있다. 『島根縣統計書(1904)』
第一卷의 「島根縣全圖」에 '竹島'가 들어간 것은 竹島가 편입된 지 1년
반 이상이 지난 뒤에 편집·발행되었기 때문인데, 이는 객관적 사실에
도 어긋난 오류이자 왜곡임이 분명하다. 따라서 『島根縣統計書』는 시
마네현이 태정관지령에 입각해 독도를 현의 관할지에서 제외했음을

입증해주는 자료라고 평가할 수 있다.

　더욱이 시마네현은 『島根縣統計書』를 태정관·내각을 비롯해 내무성·육군성·해군성 등 중앙관청에 진달했으며, 내무성은 이를 도쿄(제국)도서관 등 각 관련기관에 교부하였다. 이들 중앙관청은 『島根縣統計書』 등의 부현통계서를 근거로 『內務省統計書』와 전국총괄통계서인 『日本帝國統計年鑑』 등을 발행하였다. 그 결과 독도가 일본영토가 아니라는 사실은 일본 정부 차원에서도 널리 인지되고 있었을 것으로 판단된다.

【참고문헌】

內務省, 『內務省統計書』 上卷, 內務省統計課, 1883.
島根縣, 『島根縣一覽槪表(1873~1879)』, 島根縣, 1874~1880.
島根縣, 『島根縣統計表(1880~1882)』, 島根縣, 1883~1884.
島根縣, 『島根縣統計書(1884~1921)』, 島根縣, 1887~1923.
總務廳統計局 編, 『總理府統計局百年史資料集成』第1卷 總記 上(太政官および內閣時代の1), 總務廳統計局, 1973.

김수희, 「나카이 요자부로(中井養三郎)와 독도 강점」, 『독도연구』 17, 2014.
송병기, 『울릉도와 독도, 그 역사적 검증』, 역사공간, 2010.
신용하, 『한국의 독도 영유권 연구』, 경인문화사, 2006.
유미림, 「1905년 전후 일본 지방세와 강치어업, 그리고 독도」, 『영토해양연구』 9, 2015.
유미림·박지영·심경민, 『1877년 태정관 지령에 관한 연구』, 한국해양수산개발원, 2014.
윤소영, 「근대 일본 관찬 지지와 지리교과서에 나타난 독도 인식」, 『한국독립운동사연구』 46, 2013.
윤소영, 「메이지 후기 지리지·향토지에 나타난 독도 기술」, 『독도연구』 17, 2014
정영미, 「독도 영유권 관련 자료로서의 「죽도고증(竹島考證)』의 역할과 한계」, 『독도연구』 17, 2014.
정태만, 「「조선국교제시말내탐서」 및 「대정관지령」과 독도」, 『독도연구』 17, 2014.
허영란, 「1905년 '각의결정문' 및 '시마네 현 고시 제40호'와 독도 편입」, 『독도연구』 17, 2014.
한철호, 「일본 수로부 간행의 수로지와 해도에 나타난 독도」, 『독도연구』 17, 2014.

堀和生, 「1905年日本の竹島領土編入」, 『朝鮮史研究會論文集』 24, 1987.

鮫島信行,『新版 日本の地籍―その歷史と展望―』, 古今書院, 2011.

金田長裕・上杉和央,『日本地圖史』, 吉川弘文館, 2012.

內藤正中,『島根縣の歷史』, 山川出版社, 1969.

內藤正中,『近代島根の展開構造』, 名著出版, 1977.

內藤正中,『島根縣の百年』, 山川出版社, 1982.

內藤正中,『圖說 島根縣の歷史』, 河出書房新社, 1997.

島根縣,『島根縣統計100年史』, 島根縣統計課, 1974.

島村史郎,『日本統計發達史』, 日本統計協會, 2008.

山國和雄,「府縣統計書について」,『明治年間府縣統計書集成 マイクロフィ
　　　　ルム版―解說・收錄書總目錄―』, 雄松堂フィルム出版, 1964.

細谷新治,『明治前期日本經濟統計解題書誌―富國强兵篇(上の2)―』, 一橋
　　　　大學經濟研究所日本經濟統計文獻センター, 1978.

松田芳郎　編,『明治期府縣の統括統計書解題―「勸業年報」によるデータベ
　　　　ース編成事業報告書―』, 一橋大學經濟研究所日本經濟統計文献セ
　　　　ンター, 1980.

薮內武司,『日本統計發達史研究』, 法律文化社, 1995.

日本統計研究所 編,『日本統計發達史』, 東京大學出版會, 1960.

佐藤甚次郎,『明治期作成の地籍圖』, 古今書院, 1986.

總理府統計局 編,『總理府統計局八十年史稿』, 總理府統計局, 1951.

일본 산인(山陰)지방민과 '울릉도 · 독도 도해금지령'에 대하여

박 지 영

1. 서론

일본 외무성이 발표한 『'죽도'(독도의 일본 명) 문제를 이해하기 위한 열 가지 포인트』 중에, "일본은 울릉도로 건너갈 때의 정박장으로 또한 어채지로 독도를 이용하여, 늦어도 17세기 중엽에는 독도의 영유권을 확립했다"는 주장이 있다.

이러한 일본의 주장은 일본 산인지방에 속하는 돗토리 번 요나고의 오야(大谷) · 무라카와(村川) 두 가문의 울릉도 · 독도 도해를 그 근거로 삼고 있는 것이다. 일본은 오야 · 무라카와 두 가문이 1623~25년경에 소위 '죽도(울릉도) 도해 면허'를 막부로부터 받은 것으로 추정되며, 17세기 중반에는 독도에도 기항해서 어업을 했다고 주장하고 있다. 뿐만 아니라 동해에서 이들의 어업 활동은 '울릉도 쟁계(1696년에 종결)'로 울릉도 도해가 전면 금지될 때까지 계속되었으며, 당시에 울릉도에 대한 도해는 금지하였으나 독도에 대한 도해는 금지당하지 않았다고도 주장하고 있다.

하지만 이러한 일본의 주장에 핵심적인 근간을 이루는 산인지방민의 울릉도 어업 활동에 대한 연구는 거의 진행되지 않고 있다. 또한 그들이 막부로부터 받았다는 '죽도 도해 면허'에 대한 해석도 아직 정립되지 않은 상태이다. 이것은 곧 일본 측의 "고유영토론"에 대한 국내의 총괄적 검토 및 반박이 미진하다는 것을 의미한다.

'울릉도 쟁계'와 관련해서는 한국 측에서는 신용하[1], 송병기[2], 박병섭의 연구가 있으며, 일본 측에서는 다가와 고죠(田川孝三)[3], 가와카미 겐죠(川上健三)[4], 나이토 세이추(內藤正中)[5], 이케우치 사토시(池內敏)[6] 등의 연구가 있다. 하지만 이들의 연구 내용은 거의가 대동소이하며 '울릉도 쟁계'의 경위와 그 과정에 대해 논증하고 있을 뿐 근본적인 요소인 산인지방민의 성격과 그들의 인식에 대한 연구는 이루어지지 않고 있다.

특히 17세기에 산인지방민이 울릉도 근해에서 조업을 하고 있었음에도 불구하고 그 주체였던 요나고의 오야 가문과 무라카와 가문에 관한 한국 국내의 담론은 지극히 부정확하고 애매하다. 어민, 상인 등 그 정체에 대해 정확하지 않은 정보들이 유포되어 있는 상황이다. 따라서 첫째로 그들의 실체, 즉 신분, 직업, 가문의 연혁 등을 명확히 함으로써 17세기에 울릉도 · 독도 인근 해역에서 이루어진 일본의 어업활동에 대해 파악하고자 한다.

---

[1] 신용하, 『한국의 독도영유권 연구』, 경인문화사, 2006.

[2] 송병기, 『울릉도와 독도, 그 역사적 검증』, 역사공간, 2010.

[3] 田川孝三, '竹島領有に関する歴史的考察', 『東洋文庫書報』 20卷, 1988.

[4] 川上健三, 『竹島の歴史地理學的研究』, 古今書院, 1996(復刻新装版).

[5] 內藤正中, 『竹島(鬱陵島)をめぐる日朝関係史』, 多賀出版, 2000, p.9, 『獨島와 竹島』, 제이엔씨, 2005.

[6] 池內敏 '隱岐 · 村上家文書と安龍福事件', 『鳥取地域史研究』 第9號, 2007, 『竹島問題とは何か』, 名古屋大学出版会, 2012, 『竹島: もうひとつの日韓関係史』, 中央公論新社, 2016.

그리고 둘째로 '죽도 도해 면허'가 발급된 맥락을 17세기 초 일본의 정치적·사회적 배경에서 파악하고자 한다. '죽도 도해 면허'는 막부가 울릉도 도해를 오야·무라카와 가문에게 허락한 것인데 그 성격의 특이성이 지속적으로 논란이 되고 있다. 일본에서는 막부가 발급한 공식 문서라는 이유를 근거로 17세기 초에 막부가 울릉도까지 일본의 세력권으로 보다가 '울릉도 쟁계'의 결과 울릉도는 포기하되 독도는 일본 땅으로 남겨 둔 것이라고 해석하고 있다. 반면 최근 한일 양국에서 이루어진 연구에서는 (1) 문서의 성격이 불명확하며, (2) 일회성이었을 가능성을 지적하는 것으로 초점이 모아지고 있다. 이 문서가 발급된 것은 막부의 쇄국정책 시행 이전이며 막부 권력 자체가 본격적으로 정립되기 전이라는 점을 고려하면서 연구를 진행하고자 한다.

왜냐하면 1630년대부터 쇄국정책이 본격적으로 시행되었으므로, 일본의 국경이 명확하지 않은 시대에 '죽도 도해 면허'가 발급된 것으로 간주할 수 있다. 한편 이 시기의 막부 권력 자체도 아직 내전 단계에서 완전히 벗어나지 않았고 행정 체계도 미비했음을 간과할 수 없다. 따라서 오야·무라카와 가문은 도해 면허를 막부로부터 공식적으로 받은 것이 아니라 개인적인 친분을 이용하여 발급받았을 가능성이 매우 크다. 즉, 도해면허가 국가정책의 일환에 따른 것이 아니라 사적인 이익추구에 의한 것이었을 가능성이 매우 높다는 것을 알 수 있다.

그리고 마지막으로 본 연구에서는 1696년에 막부가 지시한 '죽도도해금지령' 이후에 오야와 무라카와 가문이 울릉도와 독도 도해에 대해서 어떻게 인식하고 있었는지를 요나고 시립도서관이 소장하고 있는 『무라카와가 문서(村川家文書)』를 통해 밝히고자 한다. 현재 일본 정부가 주장하고 있는 것처럼 당시 도해를 금지당한 당사자인 오야와 무라카와 가문도 울릉도에 대한 도해는 금지 당했지만 독도에 대한 도해는 금지당하지 않았다고 인식하고 있었던 것인지에 대한 해답을 제시

할 것이다. 나아가 이러한 오야와 무라카와 가문의 인식에 대해 당시
의 에도 막부가 어떻게 받아들이고 있었는지도 알 수 있을 것이다.

2. 산인지방민의 울릉도에서의 활동

1) 산인지방민의 울릉도 도해의 의미

(1) 에도시대 초기 일본 어업의 특징

에도시대 초기 일본 어업의 특징은 먼저 어업 생산이 양적, 지역적
인 면에서 그 전 시대와 비교해 크게 발달한 것을 들 수 있다. 전쟁이
없는 에도시대에는 도시의 발달과 농업의 발달로 인해 수산물에 대한
수요가 식료품, 비료용으로써 증대해 갔다. 그리고 이러한 변화에 따
라 각지의 어업이 발달했다. 전통적인 어촌에서 어획노력이 증대되었
으며, 기술혁신을 위한 노력도 증가되었을 뿐만 아니라 각지에서 어촌
과 어업자가 증가해 갔다.[7]

농업 생산의 발전은 비료로 쓰이는 건조정어리의 수요를 증가시켰
으며, 오사카의 상인들은 에도시대 초기부터 상당한 양의 건조정어리
를 공급하기 위해 어업을 발달시키기 위한 노력을 거듭했다. 때문에
건조정어리 생산에 있어서 관동지방 보다 먼저 발달한 관서지방의 경
우, 일본의 기이(紀伊) 지방과 이즈미(和泉) 지방의 어민들의 노동력과
기술 및 오사카 상인들의 자본력으로 개발에 성공했다. 관동지방의 경

---

7) 일본 근세 어촌 사회의 구조 및 형성과정에 대해서는 荒居英次, 『近世日本
漁村史の研究』, 新生社, 1963; 網野善彦外, 『塩業・漁業』(講座・日本技術の
社会史 第2巻), 日本評論社, 1985; 後藤雅知, 『近世漁業社会構造の研究』, 山
川出版社, 2001; 伊藤康宏, 『地域漁業史の研究: 海洋資源の利用と管理』, 農
山漁村文化協会, 1992를 참조.

우도 이들에 의해서 개발되었다. 일본의 어업은 높은 어로기술을 보유하고 있던 기이 지방과 이즈미 지방의 어민들이 주력이 되어 발달시켰으며, 전국 각지의 해안가에 어촌을 형성시켰다.

이처럼 에도시대 초기에는 어민과 어촌이 널리 성립하게 되었는데, 이들이 에도시대 일본의 정치체제인 막번체제(幕藩體制) 안에서 어떤 위치에 있었는지 살펴보겠다. 막번체제는 농촌에 대해서는 본백성(本百姓)이라고 불리는 직접생산자 층을 지배의 기초단위로 하였으며, 어촌에서도 같은 방법으로 지배체제를 구성하고 있었다. 에도시대에는 경지를 갖고 있지 않은 어민이 적었기 때문인지 영주 측도 어민에 대한 호칭으로 백성이란 말과 어민이란 말을 혼용하고 있었다.

에도시대는 태평한 시기가 지속되었기 때문에 전 시대에 어민이 갖고 있었던 군사적인 의미가 퇴색되었으며, 어업과 해운업의 분화도 진행되었다. 그런 시대였기 때문에 어민에 대해 영주는 병농분리 정책이 시행된 후의 농민처럼 생업에 매진하면서 조세와 부역을 담당해주기를 기대하고 있었던 것으로 보이며, 따라서 실제로도 그런 방향으로의 지배질서가 정비된 것으로 보인다. 각 번의 조세제도를 살펴보면 어촌 내의 어민 간 어장점유이용관계가 그들의 토지소유관계와 일체불가분의 형태로 이루어지고 있었다. 각 어민의 주요 어장에 대한 점유이용권과 그들이 소유하고 있던 토지에 부과된 조세액이 연계되어 있는 형태가 영주의 지시에 의한 것인지 어민들의 자주적인 대응에 의한 것인지는 정확하지 않으나, 영주 쪽에서 본다면 불안정하며 파악하기 어려운 어업 생산에 대한 조세를 어선이나 어구를 기초로 하여 거두어들이는 것 이외에 경지, 즉 겸업관계에 있는 농업생산량을 기초로 거두어들이는 것이 편리했을 것이라고 생각된다. 어업뿐만 아니라 일반적으로 겸업이 많은 마을들에 대해서는 그것을 감안하여 조세 징수율을 높게 설정하는 것이 적지 않았다. 이러한 형태는 총 백성 공유어장제도

(總百姓共有漁場制度[8]))의 또 다른 형태로 보이는데, 이는 주요 어장의 점유이용권을 총 백성이 공유하며 그 권리의 지분은 각각의 조세액에 비례하는 제도이다.

에도시대에는 어민과 어촌이 광범위하게 형성되었다고 했지만 그것이 어떻게 형성된 것인지에 대해 고찰해볼 필요가 있다. 먼저 에도시대의 초기의 어민 및 어촌이란 그 대부분이 전 시대로부터 존속되어 온 것으로 관동지방에 비해 관서지방에 많았던 것으로 보인다. 그리고 역사가 오래된 어촌일수록 지배하는 어장이 넓었으며 에도시대 초기에 새로이 형성된 막번체제 안에서 재조직될 때도 특별한 사정이 없는 한 그대로 유지되었다.

수산물 수요의 확대에 대응하기 위한 어업의 발달에 따른 어민과 어촌의 증가는 위와 같은 기존의 어민 및 어촌의 존재를 전제로 이루어진 것이다. 위에서 언급한 것처럼 관서 어민에 의한 관동 어업 개발과 같이 선진 지역의 기술과 노동력이 직간접적으로 영향을 미쳐 후진지역의 어민과 어촌이 형성·증가한 경우도 적지 않았을 것이다. 단지 이런 경우 후진지역에는 강력한 전통적 어민, 어촌이 적었기 때문에 어민, 어촌형성과정에서 선진지역의 어민, 어촌과의 사이에 분쟁이 발생할 일도 처음에는 적었을 것이라고 생각된다. 그러나 어종 중에는

---

8) 에도시대의 어장점유이용권은 일반적으로 총백성이 공유하는 것이었다. 이러한 총백성 공유어장(村中入會漁場, 總百姓入會漁場, 村持漁場)은 막번체제 하에서 성립된 것으로 보고 있다. 막번체제는 직접생산자 층의 독립을 추진하여 그것을 지배의 기초로 삼았다. 이것이 소위 말하는 본백성(本百姓)이다(어민의 경우도 신분은 백성이며, 당시에 경지를 지니지 않은 어민은 예외적으로 생각할 수밖에 없다). 본백성은 경지를 점유하고 정조(正租)를 상납했을 뿐만 아니라 한사람의 백성으로서 영주에게 부역을 하는 의무가 있는 사람이 아니면 안된다. 따라서 상인의 경우는 백성이 아니므로 어장에 대한 이용권이 없다. 二野甁德夫, 『漁業構造の史的展開』, 御茶の水書房, 1962, pp.3-16 참조.

회유성어종도 있어 어장을 둘러싼 상호관계는 상당히 넓은 범위에 미치는 경우가 적지 않았기 때문에 수산물수요가 확대되었다고 하더라도 설령 연안의 거주민이라 할지라도 지금까지 어업에 종사한 적이 없었던 농민이 연안의 해수면에서 어업을 시작할 수는 없었다. 근린 선진지역의 어민, 어촌이 그것에 대해 반대했으며, 구관존중(舊慣尊重)을 제일로 치는 영주 측도 그것을 허가하지 않았기 때문이다. 또 영주는 선진지역의 어촌으로부터 그에 상응하는 조세와 부역을 징수하고 있었기 때문에 허가를 하지 않았을 것이다.

하지만, 후진지역의 어민, 어촌은 선진지역의 어민, 어촌과의 분쟁을 거듭하면서도 연안의 거주민이 자기 마을 앞의 수면에 있는 어패류를 채취하는 것은 지극히 당연한 것이라고 생각하게 되었으며, 수산물에 대한 수요가 증대하면 할수록 그러한 생각은 강해지게 되었다. 이러한 연안지역 거주민들의 행위에 대해 선진지역 어촌은 강력하게 항의를 하였으며, 영주에게 소송을 제기하거나 법정투쟁까지 이어지게 되었다. 이러한 분쟁이 지속적으로 발생하자 영주 측은 오히려 선진지역 어촌을 납득시키거나 포기하게 만들어서 어민, 어촌이 증가하게 되면 조세징수액이 증가하게 되므로 이익이라는 생각을 지니게 된다. 이와 같은 과정을 거치면서 에도시대 초기의 일본 어업은 '마을 앞바다 어장은 그 마을에 권리가 있다'는 원칙과, '먼 바다 어장은 공유한다'는 원칙하에 성립되게 되었다. 그리고 해당지역의 어장에 대한 권리 및 어업권의 관리 권한은 중앙정부인 막부가 아닌 해당지역의 영주, 즉 번주(藩主) 및 대관(代官)에게 있었다.

(2) 산인지방민의 울릉도 도해 경위

근세 시대의 울릉도 근해 어장에서의 어업과 관련해서는 조선 측의 경우는 15세기 이후 조선정부의 쇄환정책(刷還政策)으로 인해 공식적

으로 기록된 것은 현존하지 않는다. 공식기록에 최초로 등장하는 울릉도 어업 관련 기록은 안용복이 납치되기 전인 1692년도에 일본에서 온 어민들과 접촉한 어민 53명에 대한 것이다. 이들에 대해서도 조선 측이 아닌 일본 측 기록에 남아있을 뿐이다. 그 기록에 따르면 그들은 조선의 '가와텐카와쿠(かわてんかわく, 현재의 부산광역시 가덕도로 추정됨)9)'의 어민들로 "이 섬(울릉도) 북쪽에 섬이 있는데 국주(國主)로부터 명령을 받아 3년에 한 번씩 전복을 따러 옵니다. 그래서 지난 2월 21일에 어선 21척으로 출선하였으나 바람을 만나 조난당하여 5척에 탄 인원수 53명이 이 섬에 3월 23일에 흘러 들어왔습니다10)"라고 진술하였다고 한다. 이 조선어민들의 진술을 곧이곧대로 받아들이자면, 이들은 울릉도 어장을 노리고 출선한 것이 아니라 우연히 풍랑을 만나 조난당하여 울릉도로 표류한 것으로 보인다. 하지만 이들의 진술은 "이 섬은 공의(公儀)의 면허를 받아 매년 도해하는 곳이다. 어찌하여 너희들이 와 있는 것인가?11)"라는 일본 어민들의 질책에 대한 답변이기 때문에 단순히 조선 어민들이 변명하기 위해 위와 같이 답변한 것으로 받아들여야 할 것이다. 따라서 이들이 울릉도에서의 어업을 목적으로 건너간 것이 틀림없다고 보아야 할 것이다. 그리고 이러한 조선 어민들의 어업활동이 그 이전부터 있었던 것인지에 대해서는 분명하지 않으나, 진술에서 보이는 바와 같이 3년마다 한 차례 정도 이루어졌을 가능성을 완전히 부정할 수는 없다.

　　당시의 조선 어민들의 진술을 정리해보면 풍랑을 만나 울릉도로 우

---

9) 『伯耆志』, "朝鮮国の内かわてんかわくの者と申候".

10) 『伯耆志』, "此島北に当り島有之, 国主より三年に一度宛蚫取參候に付, 二月廿一日猟船十一艘致出船候処, 遭難風五艘人数五十三人此島へ三月廿三日流著申候".

11) 『伯耆志』, "此島の儀従公義被遊御免毎年致渡海候. 何とて其方共參候哉".

연히 조난당한 그들은 (1) 섬에 전복이 많아서 체류하면서 채취를 하고 있었으며, (2) 배가 약간 손상을 입어 수리한 후에 떠나겠다고 했다. 그리고 (3) 활(弓)이나 소총(鐵砲) 종류는 물론 무기류는 소지하지 않고 있었다고 한다.

또 이듬해인 1693년에도 울릉도에서 조선 어민들과 일본 어민들이 조우한 기록이 남아있다. 바로 이것이 안용복 납치 사건의 원인이 된 울릉도 출어이다. 이처럼 문헌상으로 조선 어민들이 울릉도 부근 해역에서 어로활동을 한 것은 1692년이 최초인 것을 보이나 그 이전에도 어로활동이 있었을 가능성을 부정할 수는 없다.

한편, 울릉도 근해 어장에서의 일본 측 어업은 지금까지 1620년대에 도쿠가와 막부로부터 '도해면허'를 얻은 요나고(米子) 지방의 오야(大谷)와 무라카와(村川)가 실시한 강치 잡이가 최초인 것으로 알려져 왔다. 그러나 이들보다 먼저 울릉도에서 어업활동을 하던 일본인이 있었다. 1618년에 이즈모(出雲) 지방 미오제키(三尾關)의 마다삼이(馬多三伊[12])외 7명이 울릉도로 출어 중에 조선에 표류한 적이 있다. 그리고 1620년에는 몰래 울릉도로 건너가 밀무역 행위를 하던 쓰시마 상인 야자에몬(弥左衛門)과 니에몬(仁右衛門)이라는 자들이 막부의 지시를 받은 쓰시마 번 무사들에게 붙잡혀 와서 처벌받은 사실이 있다. 이 당시 막부는 소위 그들이 말하는 '죽도'가 울릉도임을 분명히 인식하고 있었을 뿐만 아니라 조선국 소속이라는 것도 확실하게 인지하고 있었다.[13]

이처럼 울릉도 근해 어장에서 어업활동을 최초로 시작한 것은 오야와 무라카와가 아니었으며, 그들 외에도 많은 이들이 울릉도로 건너가 어로행위와 심지어는 밀무역행위까지도 했다는 것을 알 수 있다. 그리

---

12) 마타자에몬(又左衛門)의 가차(假借)인 것으로 보임.
13) 『通航一覽』(卷129), 511쪽 「元和六庚申年, 宗對馬守義成, 命によりて竹島(朝鮮國屬島)に於いて潛商のもの二人を捕へて京師に送る」.

고 이들의 울릉도 도해 행위는 모두 불법이었으며, 1620년을 전후한 시기의 도쿠가와 막부는 이러한 일본인들의 행위를 적발하여 처벌하기까지 하였다. 이런 경과를 참고로 하면 17세기 초반에 일본 어민들이 울릉도로 건너가 어로행위를 한 것은 당시의 일본 국내법에 비추어 보더라도 불법임을 알 수 있다.

하지만 현재 일본 정부는 1620년대 초반에 도쿠가와 막부의 허가를 받은 요나고(米子)의 죠닌(町人) 무라카와 이치베(村川市兵衛)와 오야 진키치(大屋甚吉)가 그 후로도 매년 울릉도로 도해하였으며, 그 과정에 독도에서도 어업을 실시하였다면서 독도에 대한 영유권을 17세기에 확보했다고 주장하고 있다. 1620년에 울릉도로 건너가 어로를 하던 야자에몬과 니에몬을 처벌하도록 지시한 도쿠가와 막부가 바로 직후인 1620년대 초반에 오야와 무라카와 가문에게 '울릉도 도해면허'를 발급했다는 일본 측 주장은 이해하기 어려운 것이다.

그리고 막부에게서 '울릉도 도해면허'를 발급받아 울릉도로 건너가 어로행위를 한 오야와 무라카와 가문의 신분은 죠닌이었으며, 어민이 아니었다. 이들의 정체에 대해서 그다지 알려진 바는 없지만 아래와 같은 일본 측 사료에 따르면 그들은 운송업을 운영하던 상인이었음을 알 수 있다.

> (오야) 진키치는 요나고로 와서 여기저기를 도해하면서 운송업을 하였다. 겐나(元和) 3년(1617) 진키치가 에치고(越後)[14]로부터 귀항(歸帆)하다가 표류하여 죽도(竹島, 울릉도)에 이르렀다. 섬은 오키(隱岐)의 서북 100리 정도, 조선까지는 50리, 주위는 10리 정도였다. 당시 인가(人家)는 없었고 산해(山海)의 산물(産物)이 있었다. 교목(喬木), 대죽이 무성하고 금수(禽獸), 물고기, 조개와 같은 것들이 많았다. 특히 전복을 잡으려면 저녁에 대나무를 바다에 던져놓고 아침에 이것을 건져내면 그 전복이 가지와 잎에

---

14) 지금의 니가타 현(新潟縣)의 옛 지명.

붙어있는 모습이 버섯과 같고, 그 맛 또한 일품이다. 진키치(甚吉)는 정황
을 파악하고 요나고(米子)로 돌아왔다. 때마침 막신(幕臣) 아베 시로고로
(安倍四郞五郞) 마사유키(正之)가 검사(檢使)로 요나고에 와있었다. 진키
치는 즉시 무라카와 이치베(村川市兵衛)와 함께 죽도(울릉도) 도해 허가
를 주선해줄 것을 간청하였다. 겐나 4년(1618)에 두 사람은 에도(江戶)로
가서 아베씨의 소개로 청원을 막부(幕府)에 올려 5월 16일에 도해 면허장
을 받았다. 이것이 죽도(울릉도) 도해의 시초이다.[15]

위의 내용을 보면 운송업을 하고 있던 오야 진키치가 1617년에 동해
를 표류하다가 우연히 울릉도를 발견하게 되었으며, 울릉도에 해산물
이 많은 것을 알게 되었다. 울릉도에 대해서 조사를 한 후에 요나고로
돌아온 오야 진키치는 무라카와와 함께 때마침 도쿠가와 막부를 대신하
여 요나고 성에 와 있던 아베시로고로에게 울릉도 도해 허가를 막부에
주선해달라고 요청했다. 이것이 오야와 무라카와가 울릉도로 건너갈 수
있게 된 계기가 되었다. 따라서 오야와 무라카와는 어업 세력이 아니라
상인이었으며, 당시의 일본 국내 어업질서에 따르면 그들에게는 애초부
터 연근해 어업은 물론, 먼 바다 어업조차도 할 자격이 없었다.

3) 산인지방민과 울릉도 도해 면허

오야와 무라카와의 요청에 따라 일본의 막부는 1618년 5월 16일에
아래와 같은 내용의 '울릉도 도해면허'를 발급하였다고 '한다.

호키국(伯耆) 요나고(米子)에서 죽도(竹島)로 몇 년 전에 배로 건너간
적이 있다고 합니다. 그러므로 그와 같이 <u>이번에도</u> 도항하고 싶다는
것을 요나고의 죠닌 무라카와 이치베(村川市兵衛) · 오오야 진키치

---

15) 鳥取縣編, 『鳥取藩史』第6卷, 「事變志」, 1971年, p.466.

(大屋甚吉)가 신청해온 바, 쇼군께서 들으시고 이의(異儀)가 없다고 말씀하셨습니다. 따라서 그 뜻을 받들어 도해의 건을 허가합니다. 삼가 말씀드립니다.

　　5월 16일　　　　　나가이 시나노노카미(나오마사)　（인）
　　　　　　　　　　　이노우에 가즈에노카미(마사나리)　（인）
　　　　　　　　　　　도이 오오이노카미(도시가쓰)　　（인）
　　　　　　　　　　　사카이 우타노카미(다다요)　　　（인）
　　마쓰다이라 신타로 님16)

이 '울릉도 도해면허'는 그 발급 시기와 내용에 있어서 논란이 많은 문서이다. 먼저 발급시기와 관련된 문제점에 대해서 살펴보면 막부가 발급했다고 하는 도해면허는 다음과 같은 경위를 거쳐 발급된 것으로 보인다. 1617년에 오야·무라카와 가문의 요청을 받은 아베 시로고로(安倍四郎五郎)가 에도로 돌아가서 막부의 로주(老中)들에게 주선한 결과 당시의 쇼군인 도쿠가와 이에미쓰(德川家光)의 허락을 얻어 로주 네 명의 명의로 1618년 5월 16일에 돗토리 번주 마쓰다이라 신타로(松平新太郎), 즉 이케다 미쓰마사(池田光政)에게 발급한 것이다.

1617년은 막부의 지시로 돗토리 번주가 교체된 해로 막부 직할 가신인 하타모토(旗本) 아베 시로고로는 돗토리 번주의 교대를 감시하기 위해 돗토리에 파견되어 있었다. 신 번주인 이케다 미쓰마사가 돗토리

---

16)　從伯耆国米子竹島先年船相渡之由候然レ者如其今度致渡海度之段米子町人
　　村川市兵衛大屋甚吉方申上付テ達上聞候之処不可有異義之旨被仰出間被得
　　其意渡海之義可被仰付候恐々謹言

　　　五月十六日　　　　　永井信濃守 尚政
　　　　　　　　　　　　　井上主計頭 正就
　　　　　　　　　　　土井大炊頭 利勝
　　　　　　　　　　　酒井雅楽頭 忠世

　　　松平新太郎 殿

로 전봉된 것은 1617년 3월 6일이었으며, 그가 영지인 돗토리로 처음 들어가기 위해 에도를 출발한 것은 다음해인 1618년 2월이었다. 따라서 오야 진키치가 울릉도 표류에서 요나고로 돌아 왔을 때 돗토리 지방을 맡아서 다스리고 있던 것은 아베 시로고로였을 것이다.

하지만 위에서 언급한 경위가 사실이라면 오야와 무라카와는 새로운 영주가 도착했음에도 불구하고 에도로 올라가서 아베를 매개로 하여 막부에 청원했다는 것이 된다. 그리고 이러한 일개 상인의 청원을 막부가 받아들여서 그 면허를 신 영주인 이케다 미쓰마사에게 내렸다는 것이 된다. 이와 관련해서 『죽도지서부(竹島之書附)17)』에 실려 있는 「1693년 6월 27일, 마쓰다이라 미노노카미에게 제출한 문서(元祿六年六月廿七日, 松平美濃守殿江差出候書付之事)」에도 같은 내용이 기록되어 있다. 이 문서는 1693년에 안용복 납치사건과 관련해서 돗토리 번이 막부에 올린 서류로 도쿠가와 막부가 돗토리 번의 오야 · 무라카와 가문에 발급했다는 '울릉도 도해면허'에 관한 돗토리 번의 설명이 기술되어있다.

　비망록
　호키국 요나고의 죠닌 무라카와 이치베와 오야 구에몬이 죽도로 도

---

17) 『竹島之書附』는 에도시대 초기에 막부가 울릉도로의 도해 면허를 발부했으며, 울릉도에서 일본인의 어업활동이 있었다는 일본 측 주장의 근거가 되는 사료 중의 하나이다. 작성자는 문건 속에 명기되어 있지 않으나, 대마번에서 작성한 『죽도기사(竹島紀事)』를 참고로 하면 막부의 노중(老中)이었던 아베 붕고노카미[阿部豊後守]의 가신인 아키야마 소에몬(秋山惣右衛門)일 것으로 추정된다. 하지만 에도시대에 작성된 원문서의 출전, 편집시기, 편집원칙 등에 관해서는 이 자료만으로는 알 수 없다. 그리고 문서체제나 문장에 어색한 곳이 많아 문서 자체에 대한 신뢰성이 많이 떨어지는 것으로 보인다. 문서 속에 나오는 지도, 거리의 문제와 관련해서는 다른 사료와의 교차 검토가 필요하다고 생각된다.

해하기 시작한 것은 1618년에 아베 시로고로의 알선으로 도해 면허를 받아 그때부터 이들 두 사람이 쇼군의 배알을 허락받은 것에 연유합니다.

(1) 죽도로 도해하는 것과 관련된 주인장은 없습니다. 마쓰다이라 신타로가 호키국을 다스릴 때, 도해를 허락하는 봉서를 주셨습니다. 이에 사본을 제출합니다.

(2) 죽도로 도해하는 배에 쇼군의 문장을 표식으로 삼을 수 있도록 허락을 받았는지는 분명하지 않지만, 이 두 사람의 선조대대로 지금에 이르기까지 사용하고 있습니다. 몇 년 전에 죽도로 건너가던 배가 조선국에 표착했을 때, 쇼군의 문장을 표식으로 사용하고 있었기 때문에 일본 배임이 밝혀지고 대마도로 송환되어 요나고로 돌아오게 된 사건이 있었습니다.

(3) 이들 죠닌이 에도로 가는 것은 4-5년마다 한번 씩, 한 명씩 번갈아서 갑니다. 에도에 가면 사사봉행소(寺社奉行所)에 주선을 요청하고, 배알허락이 떨어지면 시복(時服)을 하사받는다고 합니다. 이상.[18]

이 사료는 오야와 무라카와 가문의 울릉도 도해와 쇼군 배알 건에 관한 막부의 문의에 대한 돗토리 번의 답변이 기술되어 있는 것이다.

---

[18]　　覺

伯耆國米子町人村川市兵衛·大屋九右衛門, 竹嶋江渡海始候儀, 元和四年阿部四郎五郎殿御取持を以, 渡海被遊御免, 其節より右貳人御目見被仰付候事.

一, 右嶋江渡海付, 御朱印は無御座候. 松平新太郎伯耆國領知之節, 渡海之儀付被成御奉書候. 則寫懸御目候.

一, 右嶋江渡海船ニ御紋之船印御免被遊相立候儀, 不分明候得共, 右貳人先祖より至于今相立申候. 先年竹嶋江渡海之船, 朝鮮國江流着候節, 御紋之舟印立候付, 日本之船と見知申, 對馬國江迄越, 米子江罷歸候由御座候.

一, 右町人御當地江罷下候儀, 四·五年壹度宛壹人替々罷越候. 其節は寺社御奉行衆江御案內申, 御目見之儀奉願, 御目見被仰付以後, 時服拜領仕由

　　　以上

먼저 '울릉도 도해면허'에 관해서 돗토리 번은 주인장은 없지만 1618년
에 도해를 허락하는 봉서를 받았다며, 그 사본을 제출한다는 내용을
문서에 적고 있다. 또 오야와 무라카와가 몇 년에 한번 씩 에도로 와서
누구의 알선으로 쇼군을 배알하는지에 대한 문의에 대한 답변으로는
4-5년에 한번 씩 두 가문이 교대로 에도로 와서 사사봉행소의 알선으
로 쇼군배알을 실시한다고 적고 있다. 이상과 같은 내용을 참고로 할
때, 막부의 관심사항을 다음과 같이 정리해볼 수 있다.

　① 오야와 무라카와가 울릉도로 도해하게 된 근거
　② 오야와 무라카와가 도해할 때 쇼군가의 문장을 표식으로 삼았는
　　지 여부
　③ 두 집안이 쇼군 배알을 누구의 알선으로 하는지

　이 세 가지는 모두 오야와 무라카와가 울릉도로 도해해서 어로활동
을 실행한 것에 대한 법적인 근거를 묻는 것으로 누구의 허락으로 울
릉도로 건너가 어로작업을 했으며, 쇼군을 배알한다는 데 누가 그것을
알선하는지에 막부의 관심이 집중되어 있었다는 것을 알 수 있다. 이
러한 막부의 문의에 대해 돗토리번은 울릉도로 도해하게 된 법적인 근
거로써 1618년에 막부의 로주가 발급한 봉서의 사본을 증거서류로 제
출했다. 또『죽도고(竹島考)』에서도 이 봉서가 1618년 5월 16일에 작성
되었다고 기록되어 있다.
　'울릉도 도해면허' 봉서는 나가이 시나노노카미(永井信濃守;尚政), 이
노우에 가즈에노카미(井上主計頭;正就), 도이 오오이노카미(土井大炊
頭;利勝), 사카이 우타노카미(酒井雅楽頭;忠世)의 명의로 발급되었다.
하지만 아래에 제시한 1618년 5월 15일자 로주 봉서[19]를 보면 '울릉도

19)『譜牒餘錄』上 p.946.

도해면허'와는 전혀 다른 서명이 기재되어 있다.

히메지 성 오토코야마의 돌담을 올리고 문을 많이 만들고 싶다고 하신 요청을 받았습니다. 그에 대해서 당연하게 생각하신다고 하셨으므로 그러한 마음가짐으로 진행하셔야 할 것입니다. 삼가 말씀드립니다.

1618년	안도 쓰시마노카미(시게노부)	(인)
	도이 오이노카미(도시카쓰)	(인)
	혼다 고즈케노스케(마사즈미)	(인)
	사카이 우타노카미(다다요)	(인)

혼다 미노노카미 님(다다마사)
　　　　가신들에게

〈표 1〉 1618년 5월에 재임 중인 로주

성명	재임기간
혼다 마사즈미(本多正純)	1616-1622
안도 시게노부(安藤重信)	1611-1621
도이 도시카쓰(土井利勝)	1610-1638
사카이 다다요(酒井忠世)	1610-1634

위와 같이 하루 전에 작성·발급된 로주 봉서에 적혀있는 혼다 마사

姫路之御城,男山之方石垣御上候而多門作被成度之由承候右之段申上候處二,
尤二被思食候間其御心得可被成候恐々謹言
　午 (元和四年)　　　安藤對馬守 (重信)
　五月十五日　　　　　　書判
　　　　　　　　　　土井大炊頭 (利勝)
　　　　　　　　　　　　書判
　　　　　　　　　　本多上野介 (正純)
　　　　　　　　　　　　書判
　　　　　　　　　　酒井雅樂頭 (忠世)
　　　　　　　　　　　　書判
　　　本多美濃守殿 (忠政)
　　　　人々御中

즈미와 안도 시게노부의 서명이 '울릉도 도해면허' 봉서에는 존재하지
않는 것이다. 그것은 이 봉서가 1618년 5월 16일에 작성 · 발급된 것이
아니라는 것을 의미한다. 특히 '울릉도 도해면허' 봉서에 서명하고 있
는 이노우에 마사나리와 나가이 나오마사는 1622년에 로주로 임명되
었으며 이러한 사실관계를 고려한다면 '울릉도 도해면허' 봉서라는 것
은 1622년 이후에나 작성될 수 있는 것이다.

　한편 일본에서는 '울릉도 도해면허' 봉서가 1624년 혹은 1625년에 작
성된 것이라고 하는 견해도 있다. 하지만 이러한 견해 또한 적절하지
못하다. 왜냐하면 1623년에 로주에 임명된 아베 마사쓰구(阿部正次)가
1626년까지 재임했기 때문이다. 뿐만 아니라 1623년에 돗토리 번주인
이케다 미쓰마사가 "겐푸쿠(元服)"라고 불리는 성인식을 거쳤기 때문
이다. 미쓰마사는 성인식 후에 당시의 쇼군인 도쿠가와 이에미쓰(德川
家光)의 "미쓰(光)"라는 글자를 하사받아 "마쓰다이라 미쓰마사(松平光
政)"라는 관명을 사용하게 되고, 같은 해에 "종사위하(從四位下) 시종
(侍從)"에 서임(敍任)되었다. 위에 제시한 히메지 성 수리 공사에 대한
로주 봉서에서도 알 수 있듯이 로주 봉서의 수신자명에는 관직명이 기
재되어야 한다. 따라서 정식으로 관직을 수여받은 이케다 미쓰마사에
게 발급하는 봉서에 "마쓰다이라 신타로(松平新太郎)"와 같은 통칭을
사용하는 것은 있을 수 없는 일이다. 1624년 이후에 작성된 것이라면
반드시 수신자명에 "마쓰다이라 시종 님(松平侍從樣)"이라고 기재되지
않으면 안 된다.

　또 '울릉도 도해면허' 봉서에 서명한 나가이 나오마사의 경우는 비록
1622년에 로주에 임명되기는 했지만, 로주로서 봉서에 서명이 가능해
지는 것은 석고(石高)가 약 2만 5천석이 되는 1623년 이후이다.[20] 그러

---

20)　藤井讓治, 『江戸幕府老中制形成過程の研究』(歴史科學叢書), 1990, p.326. 에
　　도시대의 로주는 다이묘로서의 신분기준 중의 하나인 석고(石高)가 2만 5천

므로 '울릉도 도해면허' 봉서를 막부가 정식으로 발급한 것이 분명하다
면 1623년에 작성된 것이라고 보아야 한다.

그러나 앞에서 언급한 것처럼 1620년에 울릉도에서 밀무역행위를
하던 야자에몬과 니에몬에 대한 체포명령을 내렸으며, 당시에 죽도가
울릉도이며 조선소속이란 것을 명확하게 인식하고 있던 막부가 1623년
에 오야와 무라카와 가문에 '울릉도 도해면허'를 발급해 주었다는 것은
상식적으로 이해가 되지 않는 것이다.

도해면허에 서명한 네 명의 로주 중에 이노우에와 나가이는 1622년
에 로주가 되었기 때문에 1620년의 상황을 모를 수 있으나, 사카이와
도이의 경우는 1610년부터 로주직에 있었으므로 불과 3년 전에 발생했
던 심각한 외교 상황을 망각했다고 생각하는 것은 합리적인 판단이 아
니다. 따라서 '울릉도 도해면허' 봉서가 작성되어 발급된 시기와 관련
해서는 아직 해결해야할 의문점이 남아있으며, 이러한 의문점이 해결
되기 전에는 이 봉서가 정식으로 발급된 것이라고는 할 수 없다.

다음으로 '울릉도 도해면허'는 그 발급 시기 문제가 해결된다고 할지
라도 내용적인 면에서도 문제점을 내포하고 있다. 소위 '울릉도 도해
면허'라고 불리는 것은 이전에 요나고에서 울릉도로 건너간 적이 있으
며, 그러므로 그와 같이 이번에도 건너가고 싶다고 신청해 왔으므로
허가한다는 것이 주된 내용이다. 이 내용을 분석하면 첫째로 막부는
오야와 무라카와가 울릉도로 건너가는 것을 허가한 것이지 그곳에서
어로활동을 해도 좋다고 허락한 것은 아니었다는 것을 알 수 있다. 비록
그들의 울릉도 도해 목적이 어로활동에 있었다고 판단할 수는 있겠지만
막부의 도해 면허 어디에도 어로활동까지 허락한다는 내용은 없다. 따라
서 그들의 울릉도 어업권을 보장해 준 것이 아니라고 볼 수 있다.

석 이하일 경우 비록 로주로 임명되더라도 로주격(老中格)으로 분류되어 봉
서에 서명이 불가능했다.

그리고 앞에서 언급한 것처럼 에도시대 초기의 일본 어업은 '마을 앞바다 어장은 그 마을에 권리가 있다'는 원칙과, '먼 바다 어장은 공유한다.'는 원칙이 있었다. 울릉도는 일본의 어느 지방에서 보더라도 연근해어장에는 해당되지 않으며, 먼 바다의 어장에 해당된다. 따라서 울릉도 어장은 일부 어업세력에게 독점적으로 어업권을 부여하는 것이 아닌 공유가 원칙이었다고 할 수 있다. 또 어장에 대한 권리 및 어업권의 관리 권한도 막부가 아닌 해당지역의 영주, 즉 번주(藩主) 및 대관(代官)에게 있었으므로 '울릉도 도해면허'가 울릉도에 대한 오야와 무라카와 가문의 독점적인 어업권을 보장해 준 것이 아니라는 것은 명료한 사실이다.

둘째로 막부는 오야와 무라카와 가문의 "이번에도" 울릉도로 건너가고 싶다는 청원을 허락한 것이지 향후 지속적으로 울릉도로 도해하는 것을 허락한 것이 아니었다는 것을 알 수 있다. 도해 면허의 원문에 나오는 "금도(今度)"라는 표현은 "이번"이라는 의미로만 해석이 가능한 것으로 '향후' 또는 '지속적으로'라는 의미로는 사용되지 않는 단어이다. 그러므로 '울릉도 도해면허'는 오야와 무라카와에게 "이번"에만 울릉도로 건너가는 것을 허가한 것이라고 볼 수밖에 없다. 즉 도해면허의 내용상으로만 본다면 오야와 무라카와 가문은 일회용 도해면허를 발급받은 것이었음을 알 수 있다.

이상과 같이 살펴본 결과 17세기 초반에 도쿠가와 막부가 돗토리 번의 오야·무라카와 가문에게 발급했다고 전해지는 '울릉도 도해면허'는 그 작성·발급 시기가 특정되지 않아 그 진위여부도 불분명한 상태이며, 그 내용에 있어서도 일회용 도해면허로 울릉도에서의 어로행위를 보장한 것도 아니었다는 것을 알 수 있다. 또 도해면허는 그들에게 어업권을 보장한 것도 아니었으며 원래 상인이었던 오야·무라카와 가문에게는 어업권이란 것이 존재하지도 않았다. 따라서 오야·무라카와 가문은 진위가 명확하지도 않은 일회용 도해면허를 사용하여 조선의 영토인 울릉도 및 독도에서 약 70년간에 걸친 불법 어로행위를 자행한 것이었다고 할 수 있다.

3. 산인지방민의 울릉도 · 독도어업

1) 울릉도 · 독도어업의 성격

위에서 살펴본 것처럼 일본 요나고(米子)의 운송업자 오야 · 무라카와 가문은 진위가 명확하지도 않은 일회용 도해면허를 사용하여 1620대부터 매년 울릉도로 건너가서 어로행위를 했다. 뿐만 아니라 1660년경부터는 독도에서도 강치 사냥을 포함한 어업행위를 했다고 한다.

일본 측 사료에 따르면 오야와 무라카와 가문이 독도에서 강치 잡이를 포함한 어로행위를 시작한 것은 시기적으로 차이가 있다. 독도에서 어로행위를 먼저 시작한 것은 오야가문이었다. 1660년 9월 4일자로 아베 마사시게(阿部政重)가 오야 구에몬(大屋九右衛門)에게 보낸 서한[21]과 9월 5일자로 아베 마사시게의 가신인 가메야마 쇼자에몬(龜山庄左衛門)이 오야에게 보낸 서한[22]을 참조하면 오야가 1661년에 처음으로

---

[21] 川上健三, 『竹島の歷史地理學的硏究』, 73쪽에서 재인용. "내년에 귀하가 선박으로 죽도(울릉도)로 도해하고 마쓰시마(松島,독도)에도 처음으로 건너가고자 하는 취지를 무라카와 이치베(村川市兵衛)와 상신한 것을 받았습니다."

[22] 川上健三, 『竹島の歷史地理學的硏究』, 73쪽에서 재인용. "내년에는 죽도 관내 마쓰시마로 귀하가 선박으로 도해할 것임을 지난 해 시로고로(四郎五郎)님이 로주님을 통해 막부에 아뢰었습니다. 도해 순번이 돌아오는 해에 귀하에게 증서를 건네주는 동안 무라카와씨와 상담하여 그 증서를 받게 될 것입니다. 이치베님과 귀하는 그 중에서 조금이라도 위배하였을 때는 법에 따라 처벌을 받을 것입니다."

독도로 건너간 것으로 보인다. 한편 무라카와 가문의 경우는 1657년에 처음으로 독도 도항을 시도했지만 실패하였으며,[23] 1659년에서야 독도 도항에 성공한 것으로 보인다.

그들은 울릉도로 건너갈 때 "대(大) · 소(小) 2척"의 선박을 끌고 갔으며,[24] 작은 배를 사용하여 독도로 건너가 강치를 잡은 것으로 보인다. 그들이 독도로 건너가게 된 이유는 울릉도에서 강치가 잡히지 않게 되었기 때문이며, 강치 잡이의 방법은 독도에서 강치를 잡았다기보다는 독도에 있는 강치를 놀래게 해서 울릉도로 도망가게 한 후에 울릉도에서 강치를 잡은 것으로 보인다.[25] 이처럼 독도에서 강치잡이를 시작하게 된 것은 울릉도의 강치 수가 줄어들어 수확량도 줄어들자 독도에 있는 강치를 울릉도로 쫓아 보내기 위해서 시작한 것이란 것을 알 수 있다. 그러므로 결과적으로 요야와 무라카와는 독도에서 어로행위를 한 것이 아니라 울릉도에서만 어로행위를 한 것이라고 할 수 있다.

이러한 독도에서의 어업에 대해서 막부의 면허가 있었다고 일본 측이 과거에 주장한 적이 있다. 그것은 가와카미 겐조가 1681년의 오야 가쓰노부(大谷勝信)의 문서,[26] 1740년 및 1741년의 오야 가쓰후사(大

---

23) 池内敏, 『大君外交と「武威」』, 名古屋大學出版会, 2006, p.256. 万治元(1658)年 9月 7日, 「村川市兵衛方へ遣す書狀之寫」(龜山庄左衛門→大谷道喜), 大谷家 文書.

24) 鳥取縣, 『鳥取藩史』, p.467.

25) 「大谷道喜에게 보낸 石井宗悅의 서한」, 『新修鳥取市史』 2卷, 鳥取市, 1988, p.313. "마쓰시마(독도)로 7, 80석짜리 작은 배를 보내어 총으로 강치를 쏘면 작은 섬인 관계로 죽도(울릉도)로 강치가 도망가므로 죽도에서의 수확이 늘어난다고 이치베가 말하고 있습니다."

26) 『竹嶋渡海由來記拔書』 (鳥取縣立博物館所藏版
三代目九右衛門勝信
信代, 延寶九年酉五月, 御巡見樣御宿仕, 其節竹嶋之樣子就御尋, 御請書差 出寫.
一, 大猷院樣御代五拾年以前, 阿倍四郎五郎樣御取持を以, 竹嶋拜領仕, 其

谷勝房)의 문서[27) 등을 들면서 독도에 대해서도 울릉도와 마찬가지로 막부의 도해면허가 있었다고 주장한 것[28)이 그 근거가 되었다.

하지만 최근 일본에서도 독도에 대한 도해면허는 별도로 존재하지 않았다는 의견이 주류를 이루고 있으며,[29) 특히 이케우치 사토시(池內 敏)는 가와카미가 주장의 근거로 삼은 문서는 오야와 무라카와 가문에게 독도에서의 어업을 허락한 것이 아니라 그들 가문의 사업 내용을 조정하기 위한 문서였을 뿐이었다며 막부의 독도도해면허라는 것은 존재하지 않았다고 주장하고 있다. 따라서 독도도해면허는 일본에서

上親共より御目見迄被爲 仰付, 難有奉存候事.
一, 彼嶋へ年々船渡海鹿魚之油, 并に串鮑所務仕事.
一, 竹嶋へ隱岐國嶋後福浦より百里余可有御座由, 海上之儀に御座候得共, 慥には知レ不申事.
一, 竹嶋之廻拾里余御座候御事.
一, 嚴有院樣御代, 竹嶋之道筋廿町斗廻申候小嶋御座候. 草木無御座岩山にて御座候. 廿五年以前, 阿倍四郎五郎樣御取持を以, 拜領, 則船渡海仕候. 此小嶋にても, 海鹿魚油少宛所務仕候. 右之小嶋へ, 隱岐國嶋後福浦より海六拾里余も御座候事.
五月十三日
右之通, 御請書仕候事.

[27) 1740 (元文5) 年「御公儀江御訴訟之御請」, 大谷家文書
一, 竹嶋江渡海仕候道法之內 隱岐國嶋後福浦より七八十里程渡り候而 松嶋と申小嶋御座候ニ付 此嶋江茂渡海仕度旨 台德院樣御代御願申上候處願之通被爲 仰附竹嶋同事ニ年々渡海仕候 尤再度奉差上候竹嶋渡海之繪圖ニ書顯候御事
1741 (寬保元) 年, 長崎奉行所への口上書
『竹島渡海由來記拔書』
乍恐口上書を以奉申上候
大獻院樣御代, 竹嶋之海道にて, 又松嶋と申嶋を見出し, 御注進奉申上候得は, 竹嶋之通支配御預ケ被爲遊, 右兩嶋へ渡海仕來, 重々難有仕合奉存候.
[28) 川上健三, 『竹島の歴史地理學的研究』, p.73.
[29) 塚本孝, 「竹島領有權問題の経緯」, 『調査と情報』 244號, 1994, p.1. 池內敏, 前揭書, p.258.

조차도 부정당하고 있는 상황이기 때문에 향후로도 논쟁의 대상이 되지 않을 것으로 판단된다.

2) 산인지방민의 울릉도 도해에 대한 정치적 배경

에도시대에 일본에서 울릉도 및 독도로 건너갔던 것은 오야와 무라카와 가문이 중심세력이었으며, 위에서 언급한 것처럼 그들은 운송업자로 어업권을 소유하지 않은 상인이었다. 그들이 울릉도로 건너가게 된 계기도 우연이 오야가문의 배가 표류하여 울릉도를 발견하였기 때문으로 애초부터 울릉도에서 어업을 영위하던 세력도 아니었다. 하지만 이 두 가문에 대해서는 그다지 알려진 것이 없으며, 그들이 왜 울릉도와 독도에서 어업을 하게 되었는지 상세한 내용에 대한 연구도 거의 없다. 따라서 그들 가문의 내력에 대한 소개와 울릉도로 건너갈 수 있게 된 경위를 정리해 보면 아래와 같다.

『돗토리 번사(鳥取藩史)』의 「竹島渡海禁止幷渡海沿革30)」에 실려 있

---

30) 『鳥取藩史』第六卷, 事變志, 1971. "村川・大屋二氏竹島渡海の由来を尋ぬるに、村川氏の祖に山田二郎左衛門正斉有り. 東照公に仕えて久松氏に属す. 後罪を獲て自殺す. 子正員, 母は本多氏の臣村川六郎左衛門友正の女なり. 正斉死後母子流浪して米子に来住す. 正員外家の苗字を取り村川甚兵衛と称す. 子甚兵衛正賢, 孫市兵衛正純と云ふ. 大屋氏〔後大谷と改む〕もと和田氏. 天正の頃福島氏に仕へ, 木曽三千貫の地を領す. 故有り去て但馬大屋谷に居る. 之を九右衛門良清と云ふ. 良清の子瀬兵衛永順, 其子玄蕃実真, 尾高城主杉原氏に招かれ伯耆に来りしが, 杉原氏亡びて再但馬に帰り, 元和二年没す. 二男一姪有り. 長は九右衛門, 次は兵左衛門, 姪は甚吉なり. 甚吉米子に来り, 遠近に渡海して運送を業とす. 元和三年甚吉越後より帰帆の時漂流して竹島に至る. 島は隠岐の西北百里計. 朝鮮に五十里. 周囲十里計. 当時人家無くして山海産物有り. 喬水, 大竹繁茂し, 禽獣, 魚, 貝, 其品を尽す. 就中鰒を獲るに, 夕に竹を海に投じ, 朝にこれを上ぐれば, 彼鰒枝葉に着く事木の子の如く, 其味又絶倫なり. 甚吉情を齊して米子に帰る. 時に幕臣安倍四郎五郎正之検使として米子に在り. 甚吉即ち村川市兵衛と共に竹

는 내용을 정리해 보면 다음과 같다. 오야(大屋)씨〈훗날 오타니(大谷)로 개칭함〉는 원래 와다(和田)씨였으며, 덴쇼(天正, 1573-1592) 시대에 무장(武將) 후쿠시마(福島)로 부하로 기소(木曽)지방에 3,000관(貫[31])의 땅을 배령(拜領)받아, 다지마(但馬)[32] 오야타니(大屋谷)에 살았다고 한다. 이 당시의 선조가 규에몽(九右衛門) 요시키요(良淸)였으며, 요시키요(良淸)의 아들은 세베에(瀨兵衛) 에이쥰(永順), 손자는 겐반(玄蕃) 짓신(實眞)이었다. 오야 짓신은 그 후에 오타카성주(尾高城主)인 스기하라(杉原)씨의 초청으로 호키지방으로 이주했으나 스기하라씨가 사망하자 다시 다지마(但馬)로 돌아와 1616년에 사망하였다. 그에게는 두 명의 아들과 한 명의 조카가 있었는데, 장남의 이름은 규에몽(九右衛門), 차남은 헤자에몽(兵左衛門), 조카는 진키치(甚吉)였다.

조카인 진키치가 요나고로 와서 이곳저곳을 떠다니면서 해운업을 하고 있었는데, 1617년에 진키치가 에치고(越後) 지방[33]에서 요나고로 돌아오던 중에 동해에서 표류하여 울릉도에 도착하였다. 이 섬은 오키(隱岐)에서 서북쪽으로 100리 정도이며, 조선까지는 50리이고 섬의 주위는 10리 정도였다. 당시 인가(人家)는 없었고 산해(山海)의 산물(産物)이 있었다. 교목(喬木), 대죽이 무성하고 금수(禽獸), 물고기, 조개와 같은 것들이 많았다. 특히 전복(鮑)을 잡으려면 저녁에 대나무를 바다에 던져놓고 아침에 이것을 건져내면 그 전복이 지엽(枝葉)에 붙어

島渡海の許可を周旋せむ事を請ふ. 四年両人江戸に下り, 安倍氏の紹介に困って請願の事募府の議に上り, 五月十六日渡海の免状を下附せらる. 之を竹嶋波海の濫觴とす. 渡海免許の状左の如し"

[31] かん. 무게의 단위로 1관(貫)은 3.75kg임. 영지(領地)의 규모는 곡물(쌀)의 생산량을 나타내는 석(石=こく)이라는 단위로도 표시하는데 1석은 10말로 180ℓ이다.

[32] 지금의 교토부(京都府)의 북서부와 효고현(兵庫縣)의 북동부에 이르는 지역.

[33] 지금의 니가타 현(新潟縣)의 옛 이름.

있는 모습이 버섯과 같고, 그 맛 또한 일품(絕倫)이었다고 한다.

섬의 상황을 파악하고 요나고로 돌아온 진키치(甚吉)는 무라카와 이치베(村川市兵衛)와 함께 때마침 요나고에 검사(檢使)로 와있던 막신(幕臣) 아베 시로고로(安倍四郞五郞) 마사유키(正之)에게 죽도 도해 허가를 주선해달라고 간청하였다. 1618년에 에도(江戶)로 간 두 사람은 아베(安倍)의 소개로 막부(幕府)에 청원을 올려 5월 16일에 울릉도 도해 면허장을 받았다고 한다.[34]

무라카와(村川)씨의 선조는 야마다 지로사에몽(二郞左衛門) 세이사이(正齊)로 도쿠가와 이에야스를 모셨으며 이에야스의 이부(異父) 동생의 가문인 히사마츠(久松)씨에 소속되어 있었으나 훗날 죄를 지어 자살하였다. 그의 아들은 마사카즈(正員)이고, 부인은 혼다(本田)씨의 신하(臣) 무라카와 로쿠로사에몽(村川六郞左衛門) 도모마사(友正)의 딸이었다. 세이사이(正齊)가 사망한 후에 모자는 유랑생활을 하였으며, 우연히 요나고(米子)로 흘러들어왔다. 마사카즈(正員)는 외가의 성을 물려받아 무라카와 진페(村川甚兵衛)라는 이름을 사용하였다. 그의 아들은 마사카타(正賢), 손자는 마사즈미(衛正純)라는 이름을 사용하였다.[35] 마사즈미는 수척의 선박을 소유하고 주로 오사카 지방으로 철과 쌀을 반하는 운송업을 영위하였으며, 요나고 지방 상인 중에 최고위 직에 있었다.[36]

이상과 같이 오야와 무라카와 가문의 정체는 몰락한 무사 가문으로 요나고 지방으로 와서 운송업을 영위하고 있었던 것으로 보인다. 따라서 그들은 어민이 아니라 상인이었기 때문에 어업권을 소유하고 있지는 못했으며, 그들이 일본 연근해뿐만 아니라 먼 바다로 나가서 어업

---

34) 『鳥取藩史』 第六卷, 事變志, 1971.

35) 『鳥取藩史』 第六卷, 事變志, 1971.

36) 『米子商業史』, 1990, p.49.

행위를 하는 것은 불법이었다.

오야와 무라카와 가문은 아베 시로고로를 중개자로 삼아 막부로부터 울릉도 도해면허를 얻었다. 뿐만 아니라 막부에 그들이 울릉도에서 채취해 온 전복을 헌상품으로 바치기까지 했다.

그들이 에도로 가서 막부에 헌상품을 받친 것과 관련해서 『호키지(伯耆志)』에는 아래와 같이 기록하고 있다.

> 무라카와(村川)·오야(大屋)는 함께 유서가 깊은 가계였으므로 장군의 알현(謁見)이 허락되어 두 사람은 번갈아 가며 에도로 와서 마른 전복(串鮑) 및 죽목(竹木)을 헌상하는 일이 누누이 있었다. 그동안 늘 아베(安部)씨가 중계 역할을 하였기 때문에 두 사람 모두 아베 씨의 서한 여러 통을 돗토리 번사에 소장하고 있다. 미쓰나카(光中)37) 공이 이봉(移封)된 후, 두 사람은 요나고 아라오 가(荒尾家)의 관하로 되어 매번 돗토리 번에게 자금을 빌려서 그 업을 계속하였다. 공(公)이 재부(在府)38)하였을 때 에도(江戸)로 알현을 하고 또한 마른 전복(串鮑)을 헌상하는 것이 통례였다. 번(藩)의 막부헌상품 중에 죽도 전복이 있는 것은 이 때문이다.39)

위의 내용을 살펴보면 오야와 무라카와 가문은 막부에 헌상품인 마른 전복과 대나무를 바칠 때 아베를 통해서 한 것으로 보인다. 그리고 1660년대에 그들이 독도에서의 강치 잡이를 개시할 때도 아베가 그 중

---

37) 돗토리 번주인 이케다 미쓰나가를 말함.
38) 참근교대로 번주가 에도에 체재하고 있는 것을 말함.
39) 『鳥取藩史』第六卷, 事變志, 1971. "村川·大屋共に家系由緒有るを以て, 將軍の謁見を許され, 二氏隔番江戸に候して串鮑及竹木を進獻すること屢々なり. 其間常に安倍氏仲介の勞を取る爲めに, 二氏共に安倍氏が書簡数鳥取藩史通を蔵す. 光仲公御移封後二氏は米子荒尾家の管下となり, 屢々藩帑を借りて其業を續ぐ. 公在府の時, 江戸にて謁見を賜ひ, 又串鮑を献ずるを例とす. 藩の幕府献上の内に, 竹島串鮑有りしは之が爲めなり."

개자 역할을 했다.[40]

아베시로고로는 도쿠가와 막부의 직할 가신인 하타모토(旗本)로 에도 막부의 제2대 쇼군 도쿠가와 히데타다(德川秀忠)와 제3대 쇼군 이에미쓰(家光)을 모셨으며, 에도시대 초기에는 주로 다이묘들의 전봉(轉封)을 감시하는 업무를 수행한 인물이다. 그리고 '울릉도도해면허'를 발급했을 당시에 로주였던 이노우에 마사나리(井上正就)와는 인척 관계를 맺고 있던 인물이었다.[41]

즉 오야와 무라카와 가문의 정치적인 배경은 아베시로고로라는 하타모토로 그들은 아베를 통해서 본인들의 도해면허를 획득한 것이다. 또 '울릉도도해면허' 획득과정 뿐만 아니라, 독도로 도해할 때도 자신들이 소속된 돗토리 번을 통하지 않고 아베를 통해 막부와 교섭하고 있었다는 사실을 알 수 있다. 이는 명백한 월권행위이며 돗토리 번의 입장이 매우 난처했을 것이지만, 후술하는 것처럼 1693년에 발생한 안용복 납치 사건 당시의 돗토리 번의 반응을 보면 오야와 무라카와의 월권행위에 대한 명확한 인식이 없었던 것으로 보인다.

따라서 오야와 무라카와 가문이 실시한 울릉도 어업과 독도 어업은 그들을 정치적으로 비호해 준 아베의 배려로 이루어진 것이며, 아베는 그 친척인 로주 이노우에와 경제적인 이득을 위해서 결탁하여 소위 '죽도'가 조선의 울릉도인 것을 알면서도 쇼군을 속여서 도해면허를 발

---

40) 川上健三, 『竹島の歴史地理學的研究』 p.73에서 재인용. "내년에는 죽도 관내 마쓰시마로 귀하가 선박으로 도해할 것임을 지난 해 시로고로(四郎五郎) 님이 로주 님을 통해 막부에 아뢰었습니다. 도해 순번이 돌아오는 해에 귀하에게 증서를 건네주는 동안 무라카와 씨와 상담하여 그 증서를 받게 될 것입니다. 이치베 님과 귀하는 그 중에서 조금이라도 위배하였을 때는 법에 따라 처벌을 받을 것입니다."

41) 內藤正中, 「元和四年竹島渡海免許をめぐる問題」, 『北東アジア文化研究』 7號, 1998, p.6.

급받게 해준 것이라고 보아야할 것이다.

하지만 이들이 자신들의 정치적 배경이었던 아베를 통해 발급받은 도해면허는 일회용 면허였으며, 또한 어업권이 없이 울릉도와 독도로 도해하여 실시했던 어로행위는 당시 일본 국내법상으로도 명백한 불법행위였다.

그런데 안용복 납치사건 이후에 발생한 '울릉도쟁계'의 결과, 일본은 울릉도 도해 금지령을 하달했다. 하지만 이 금지령 안에 '마쓰시마' 즉 독도에 대한 언급이 없었다는 이유를 들어 현재 일본은 당시의 막부가 독도를 자국의 영토로 판단하고 있었다고 주장하고 있다. 그렇다면 과연 비록 불법이기는 하였지만 막부로부터 도해면허를 받아 울릉도로 건너가서 어로행위를 했던 오야와 무라카와 가문도 현재 일본 측이 주장하고 있는 것과 같은 인식을 지니고 있었는지에 대하여 아래에서 고찰해 보기로 한다.

4. 산인지방민의 '죽도도해금지령'에 대한 인식

1696년에 소위 '죽도도해금지령'으로 인해 그들이 약 70년간에 걸쳐서 생계수단으로 삼았던 울릉도에 대한 이권을 박탈당한 오야와 무라카와 가문은 이러한 막부에 결정을 어떻게 받아들였으며, 그리고 그 과정에서 독도에 대한 영유권 인식이 어떠했는지를 확인하는 것으로 현재 일본 측이 17세기에 독도에 대한 영유권을 확립했다고 하는 주장의 진위를 명확하게 분석할 필요가 있다.

그러기 위해서 현재 요나고 시립도서관에서 소장하고 있는 『무라카와가 문서(村川家文書)』를 통해 1696년의 '다케시마 도해 금지령' 이후 오야와 무라카와 가문의 독도 및 울릉도에 대한 인식을 살펴보기로 한

다. 내용의 명확한 전달을 위해 장문이기는 하지만 아래에 인용하기로
한다.

경신년(庚申年,1740년) 4월 17일, 마키노 엣츄노카미 님께서 호출장
을 보내셔서 다음날인 18일 오전 10시경에 저에게 관저로 출두하라
고 지시하셨습니다. 따라서 그렇게 하겠다는 답변서를 제출하였습니
다. 따라서 18일 10시경에 출두하여 여쭤보자, 봉행님들께서 월례회
의를 개최하셔서서 각종 청원에 대한 조사를 시작하셨으며, 저를 부르
셔서 황공스럽게 나아가서 여쭤보았습니다. 봉행님들께서 앉아 계신
순서는

- 마키노 엣츄노카미 님
- 혼다 기이노카미(本田紀伊守) 님
- 오오카 에치젠노카미(大岡越前守) 님
- 야마나 이나바노카미(山名因幡守) 님

위와 같은 순서대로 앉아 계셨습니다. 옆방에는 각 가문의 하급관리
들께서 순서대로 앉아 계셨습니다. 그 다음 방에서 저희가 제출한 청
원서를 관리님들께서 꺼내서 봉행님들의 앞에서 읽으셨으며, 그것이
끝났습니다. 그 다음에 엣츄노카미 님께서 말씀하셨습니다. 그것은
"규에몬, 죽도(竹嶋)의 지배는 누가 한 것이냐"라고 하는 질문이었습
니다. 기이노카미 님께서도 같은 질문을 하셨습니다. 따라서 답변 드
렸습니다. "죽도를 지배하는 것은 선조들이 받들어서 저희들까지 지
배해 왔습니다"라고 말씀드렸습니다. 바로 봉행 님들께서 모두 "그것
은 소중한 일이다"라고 말씀하셨습니다. 다음으로 질문하시기를 "'죽
도(竹嶋) · 마쓰시마(松嶋) 두 섬에 대한 도해금지령이 내린 이후에는
호키 지방(伯耆國)의 요나고 성주가 불쌍히 여겨서 도와주셨기 때문
에 생업을 유지하여 왔다'고 청원서에 적어두었는데 그렇다면 녹봉
[扶持]을 받았던 것이냐"고 말씀하셨습니다. 따라서 말씀드렸습니다.
"녹봉을 받은 것은 아닙니다. 불쌍히 여겨서 도와주셨다고 말씀드린

것은 요나고 성으로 각 지방에서 가지고 들어오는 생선과 조류의 도
매 수수료를 받는 것을 저희 집안의 일로 맡겨 두셨습니다. 그리고
같은 처지인 무라카와 이치베(村川市兵衛)에게도 성으로 들어오는
소금 도매 수수료를 받는 것을 맡겨두셨습니다. 두 사람 모두 위와
같은 뜻을 받들어 황송하게 생각하고 있습니다"라는 뜻을 말씀드렸
습니다. 그 다음으로 오오카 에치젠노카미 님께서 말씀하셨습니다.
그것은 "규에몬이 첨부서류에 적은 대로 오사카의 미곡 회선 차용 건
과 나가사키(長崎)의 관물(貫物) 운송업자에 참가하는 것을 청원하는
것이냐"고 물어보신 것입니다. 따라서 답변드리기를 "도리에 어긋나
지 않고 불쌍히 여기신다면 위의 두 가지를 황송하지만 부탁드린다"
고 하였습니다. 그러자 에치젠노카미 님께서 말씀하시기를 "규에몬,
두 가지 건 중에 나가사키 건은 나가사키 봉행소(長崎奉行所)의 담당
업무이며, 미곡 회선은 간죠봉행(勘定奉行)의 담당업무이므로 우리
가 결정할 수 있는 것이 아니다. 그러므로 이 건은 간죠봉행소에서
청원하여야 하는 것이다. 우리 쪽에서 마음대로 할 수 있는 것이 아
니다"라고 말씀하셨습니다.[42]

---

[42] 一、申ノ四月十七日、牧野越中守様ヨリ御差紙ヲ以明十八日四時御屋敷へ私儀
罷出可申ト被為仰付故、御請書差上、随テ十八日四時参上仕、相窺罷在候得
者、御奉行様方、例月之通御寄合被為成、諸願之御吟味相始リ、私儀被為召
出、乍恐罷出相窺居申候、御奉行所様方御座敷之次第.

　　　　一 牧野越中守様
　　　　一 本田紀伊守様
　　　　一 大岡越前守様
　　　　一 山名因幡守様

右之通御連座被為成候、　御次ノ間御家々ノ御下役人衆中様方御連座被為成
候、其次ノ間ニテ私共奉指上候御願書御役人様方御持出シ被成候得而、御奉
行様方御前ニテ御読上ニ被成候得テ相終リ申候、其上ニテ越中守様被為成御意
候趣、九右衛門竹嶋之支配誰カ致候哉ト之御尋被為成候、紀伊守様ニモ御同
様前ノ御尋被為成候、随テ御請申上候、竹嶋御支配之義先祖之者共相蒙私共
迄支配仕来リ候由申上候、則御奉行様方御一同ニ夫ハ重キ事哉ト御意被為成
候、次ニ御尋之趣竹嶋松嶋両嶋渡海禁制ニ被為仰出候以後ハ伯州米子之御城
主ヨリ御憐憫ヲ以渡世仕罷在候由願書ニ書顕シ候段、然者扶持抔請申候哉ト

위의 내용은 오야와 무라카와 가문이 소위 '죽도도해금지령'이 내려진 이후에 그들의 생계를 유지하기 힘들다는 이유로 1740년에 막부의 사사봉행소를 상대로 청원서를 제출한 것과 관련된 것이다. 당시 두 가문을 대표하여 오야 가문의 오야 가쓰후사(大谷勝房)가 에도로 올라가서 청원서를 제출하였으며, 그 내용은 '죽도 도해 금지령'으로 인해 두 가문의 생계를 유지하기가 힘들어 가능하다면 오사카로 운송하는 미곡의 수송에 참여하거나, 나가사키의 관물(貫物), 즉 무역사업에 참여할 수 있게 해달라는 것이었다. 그 청원 내용 중에서 오야와 무라카와 가문이 '죽도도해금지령'이 내려진 이후 울릉도와 독도에 대해 어떻게 인식하고 있었는지를 알 수 있는 것이 있다.

먼저 위의 사료 내용으로 오야와 무라카와 가문은 1696년의 '죽도도해금지령' 이후에 요나고의 성주이며 돗토리 번의 가로(家老)인 아라오(荒尾)가문으로부터 오야가문은 생선과 조류의 도매 수수료를 징수하는 것을, 무라카와 가문은 소금 도매 수수료를 징수하는 것을 허락받아 생계를 유지하고 있었다는 것을 알 수 있다.

하지만 이러한 수수료 징수만으로는 생계를 유지하기가 힘들다는 이유로 위에서 언급한 것처럼 오사카로 운송하는 미곡의 수송과 나가사키에서의 무역사업에 대한 참여를 청원한 것이다. 오야 가쓰후사는

御意被為成候, 随テ申上候, 御扶持ニテハ無御座候, 御憐愍ト書上申候義ハ米子御城下江諸方ヨリ持参候魚鳥之問屋口銭之座則私家督ト被為仰付下シ被置候同役村川市兵衛儀モ御城下江入込候塩問屋口銭ノ儀被為仰付候, 両人共ニ右之趣頂戴仕丞奉存候旨申上, 其上ニテ大岡越前守様御意被為成候趣, 九右衛門此添書書顕候通, 大坂御廻米船借リ之義并長崎貫物連中江加ハリ申度儀, 弥御願申上候哉トノ御尋ニテ御座候, 随テ御請申上候ハ天道ニ相叶御憐愍相申下リ申候得者, 右之二品乍恐御願申上度旨申上候, 然者亦越前守様ヨリ被為成御意候趣, 九右衛門二品ノ儀, 長崎表ノ儀ハ長崎御奉行所ノ作廻并御廻米之儀ハ御勘定奉行方懸リニ有之候得者此方之作廻ニテ無之候故, 此儀ハ御勘定方へ相願申候得テ可然筋ニ候, 此方ノ了簡ニ不及候ト被為仰付候.

이것을 막부로부터 허락받기 위해 1740년에 직접 에도로 가서 사사봉행소에서 4명의 봉행들과 직접 면담을 하였으며, 위의 내용은 그 면담에서 사사봉행과 오야 가쓰후사가 문답한 내용을 정리한 것이다.

위의 내용을 살펴보면 오야와 무라카와 가문은 1696년에 '죽도도해금지령'이 내리기 전에는 그들이 당시의 죽도, 즉 울릉도에 대한 지배권을 그들의 선조가 막부로부터 받아서 지배권을 유지하고 있었다고 인식하고 있었다는 것을 알 수 있다. 따라서 오야와 무라카와 가문은 안용복 납치사건으로 인해 1693년 이후에 발생한 '울릉도쟁계' 이전까지는 울릉도에 대한 지배권을 그들이 막부의 허락을 받아 공식적으로 지니고 있었다고 인식하고 있었다는 것이다.

이러한 그들의 인식은 비록 그들이 그렇게 인식하고 약 70년간에 걸쳐서 울릉도에서 어로행위를 하였다고 하더라도 앞에서 설명한 것처럼 조일 양국의 국내법질서 뿐만 아니라 당시의 어업관행에 비추어보아도 불법적이며, 용인될 수 없는 일이었다. 그러므로 잘못된 인식을 바탕으로 오야와 무라카와 가문은 약 70년간 어로행위를 하였던 것이다.

그리고 사사봉행소의 4명의 봉행과 오야 가쓰후사의 일문일답 중에는 1696년의 '죽도도해금지령' 이후에 오야와 무라카와 가문이 울릉도와 독도에 대해 어떻게 인식하고 있었는지를 알 수 있는 내용이 있다. 그것은 사사봉행 들이 오야에게 질문한 내용으로 "'죽도(竹嶋) · 마쓰시마(松嶋) 두 섬에 대한 도해금지령이 내린 이후에는 호키 지방[伯耆國]의 요나고 성주가 불쌍히 여겨서 도와주셨기 때문에 생업을 유지하여 왔다'고 청원서에 적어두었는데 그렇다면 녹봉[扶持]을 받았던 것이냐'라는 것이다.

이 내용을 살펴보면 오야와 무라카와 가문이 사사봉행소에 제출한 청원서에 1696년의 '죽도도해금지령'으로 인해 그들이 죽도, 즉 울릉도 뿐만 아니라 마쓰시마, 즉 독도에 대한 도해도 금지 당했다고 기술하

였다는 것을 알 수 있다. 이러한 오야와 무라카와 가문의 인식은 현재
일본 정부가 주장하고 있는 것과는 상반된 것이다. 현재 일본 정부는
당시에도 막부가 울릉도에 대한 도해는 금지하였으나 독도로의 도해
는 금지하지 않았다고 주장하고 있다. 그러나 당시 막부로부터 도해를
금지당한 당사자인 오야와 무라카과 가문은 독도로의 도해도 금지 당
한 것으로 인식하고 있었다.

나아가 이러한 인식이 오야와 무라카와 가문의 인식에 그치는 것이
아니라 막부의 공식기관인 사사봉행소의 4명의 봉행 모두가 오야와
무라카와 가문의 인식에 대해 이의를 제기하지 않고 있다는 것은 당시
막부의 공식 견해 또한 독도에 대한 도해도 금지한 것이란 것을 반증
해주고 있는 것이다. 그러므로 위의 '무라카와가 문서'에 기재되어 있
는 내용은 1696년의 '죽도도해금지령'이 울릉도뿐만 아니라 독도에 대
한 도해도 금지한 것이며, 현재의 일본 정부가 주장하고 있는 것이 거
짓이라는 명백한 증거라고 할 수 있다.

이와 관련해서 '울릉도 쟁계' 당시의 돗토리 번 당국자는 울릉도, 독
도는 물론 그 외에 돗토리 번에 속하는 섬은 없다고 막부에 보고하고
있으며[43], 특히 "마쓰시마(독도)는 어느 지방에도 부속되지 않는다고
들었습니다.[44]"라고 보고한 것으로 보아 당시에 이미 독도 또한 조선
영토로 인정하고 있었다는 것을 알 수 있다. 따라서 '울릉도 쟁계' 이후
에 도해가 금지된 것은 울릉도뿐만 아니라 독도도 포함되어 있었다는
것이 명백한 것이라는 것을 알 수 있다.

---

[43] 『竹島之書付』,「亥12月24日 竹島の御尋書の御返答書 同25日に平馬持參 曾
我六郎兵衛に渡す」.
[44] 『竹島之書付』,「小谷伊兵衛差出候竹島の書付」.

5. 결론

한일 양국 간에 벌어지고 있는 독도영유권 문제를 둘러싼 논쟁과 관련해서 17세기에 일본 산인지방민이 울릉도와 독도에서 벌인 어업 행위는 아주 중요한 의미로 작용하고 있다. 일본 측은 그들의 어업행위가 일본의 영유권 행사 행위라고 주장하고 있으며, 뿐만 아니라 그들의 어업 행위는 일본의 고유영토론 주장에 있어서 핵심적인 부분을 차지하고 있다고 할 수 있다.

하지만 지금까지 한일 양국의 연구자들은 산인지방민의 울릉도 및 독도에서의 어업행위에 대한 명백한 성격 분석 및 그 의미를 제시하지 못하고 난지 '울릉도 쟁계'의 경위와 그 해결과정, 그리고 그 과정에서의 안용복의 진술 내용의 진위여부에 대한 논쟁이라는 지엽적인 문제에 빠져 근본적인 문제에 대한 해답을 제시하지 못하고 있다.

이 논문에서는 '울릉도 쟁계'를 발생시킨 일본 산인지방민이 울릉도 및 독도에서 행한 어업행위가 지니는 의미와 성격, 그리고 그들의 독도에 대한 영유권 인식을 분석하여 새로운 독도연구의 시금석을 제시하고자 했다.

에도시대 초기에 운송업을 하고 있던 오야 진키치라는 인물이 1617년에 동해를 표류하다가 우연히 울릉도를 발견하게 되었다. 그리고 울릉도에 해산물이 많은 것을 알게 되자, 울릉도에 대해서 조사를 한 후에 요나고로 돌아와 때마침 요나고 성에 와 있던 아베 시로고로에게 울릉도 도해 허가를 막부에 주선해달라고 요청했다. 이것이 오야와 무라카와가 울릉도로 건너갈 수 있게 된 계기가 되었다.

하지만 에도시대 초기의 일본 어업은 '마을 앞바다 어장은 그 마을에 권리가 있다'는 원칙과, '먼 바다 어장은 공유한다'는 원칙하에 성립되었으며, 해당지역의 어장에 대한 권리 및 어업권의 관리 권한은 중

앙정부인 막부가 아닌 해당지역의 영주, 즉 번주(藩主) 및 대관(代官)
에게 있었다.

따라서 오야와 무라카와는 어업 세력이 아니라 상인이었으므로 당
시의 일본 국내 어업질서에 따르면 그들에게는 애초부터 연근해 어업
은 물론, 먼 바다 어업조차도 할 자격이 없었다. 그러므로 몰락한 무사
가문으로 요나고 지방에서 운송업을 영위하고 있었던 오야와 무라카
와 가문은 신분이 상인이었기 때문에 어업권을 소유하고 있지 못했으
며 그들이 일본 연근해뿐만 아니라 먼 바다로 나가서 어업행위를 하는
것은 당시 일본의 국내법적으로도 불법이었다고 할 수 있다.

그리고 17세기 초반에 도쿠가와 막부가 돗토리 번의 오야 · 무라카
와 가문에게 발급했다고 전해지는 '울릉도 도해면허'는 그 작성 · 발급
시기가 특정되지 않아 그 진위여부도 불분명한 상태이며, 내용도 일회
용 도해면허였을 뿐만 아니라 울릉도에서의 어로행위를 보장한 것도
아니었다. 또 도해면허는 그들에게 어업권을 보장한 것도 아니었으며
원래 상인이었던 오야 · 무라카와 가문에게는 어업권이란 것이 존재하
지도 않았다. 따라서 오야 · 무라카와 가문은 진위가 명확하지도 않은
일회용 도해면허를 사용하여 조선의 영토인 울릉도 및 독도에서 약 70년
간에 걸친 불법 어로행위를 자행한 것이었다고 할 수 있다.

이러한 불법행위를 자행한 오야와 무라카와 가문은 아베 시로고로
라는 하타모토를 그들의 정치적인 배경으로 삼고 있었으며, 그들은 아
베를 통해서 본인들의 도해면허를 획득한 것이다. 또 '울릉도도해면허'
획득과정 뿐만 아니라, 독도로 도해할 때도 자신들이 소속된 돗토리
번을 통하지 않고 아베를 통해 막부와 교섭하고 있었다는 사실을 알
수 있다. 따라서 오야와 무라카와 가문이 실시한 울릉도 어업과 독도
어업은 그들을 정치적으로 비호해 준 아베의 배려로 이루어진 것이며,
아베는 그 친척인 로주 이노우에와 경제적인 이득을 위해서 결탁하여

소위 '죽도'가 조선의 울릉도인 것을 알면서도 쇼군을 속여서 도해면허를 발급받게 해준 것이라고 보아야할 것이다. 그러나 이들이 자신들의 정치적 배경이었던 아베를 통해 발급받은 도해면허는 일회용 면허였으며, 또한 어업권이 없이 울릉도와 독도로 도해하여 실시했던 어업행위는 당시 일본 국내법상으로도 명백한 불법행위였다.

그리고 1740년에 오야와 무라카와 가문이 사사봉행소에 제출한 청원서에는 1696년의 '죽도도해금지령'으로 인해 그들이 죽도, 즉 울릉도뿐만 아니라 마쓰시마, 즉 독도에 대한 도해도 금지 당했다고 기술하고 있다. 이러한 오야와 무라카와 가문의 인식은 당시 에도 막부가 울릉도에 대한 도해는 금지하였으나 독도로의 도해는 금지하지 않았다는 주장을 하고 있는 현재의 일본 정부의 인식과는 상반된 것이다. 그러나 당시 막부로부터 도해를 금지당한 당사자인 오야와 무라카와 가문은 독도로의 도해도 금지 당한 것으로 인식하고 있었으며, 이것은 현재의 일본 정부의 인식을 부정하는 것이기도 하다.

나아가 막부의 공식기관인 사사봉행소의 봉행 모두가 오야와 무라카와 가문의 인식에 대해 이의를 제기하지 않고 있다는 것은 당시 막부의 공식 견해 또한 독도에 대한 도해도 금지한 것이란 것을 증명해주고 있는 것이다. 그러므로 '무라카와가 문서'에 기재되어 있는 내용은 1696년의 '죽도도해금지령'이 울릉도뿐만 아니라 독도에 대한 도해도 금지한 것이며, 현재의 일본 정부가 주장하고 있는 것이 거짓이라는 명백한 증거이다.

【참고문헌】

김화경, 「안용복 진술의 진위와 독도 강탈 과정의 위증」, 『민족문화논총』 44집, 영남대학교 민족문화연구소, 2010.

나이토 세이츄(內藤正中), 「죽도문제 보유 - 시마네현 죽도문제연구회 최종 보고서 비판」, 『독도연구』 제3호, 2007.

박병섭, 「안용복 사건과 돗토리번」, 『독도연구』 제6호, 2009.

송휘영, 「울릉도쟁계(竹島一件)의 결착과 스야마 쇼에몽(陶山庄右衛門)」, 『일본문화학보』 제49집, 2011.

송휘영, 「일본 고문서에 나타난 일본의 독도 인식」, 『일본근대연구』 제50집, 2015.

이 훈, 「조선 후기 독도(獨島) 영속 시비」, 『독도와 대마도』, 지성의샘, 1996.

장순순, 「조선후기 對馬藩의 조선교섭과 1693년 울릉도 영속시비」, 『동북아역사논총』 37호, 2012.

신용하, 『독도의 민족영토사 연구』, 지식산업사, 1996.

김호동, 『독도 · 울릉도의 역사』, 경인문화사, 2007.

송병기, 『재정판 울릉도와 독도』, 단국대학교 출판부, 2007.

川上健三, 『竹島の歴史地理学的研究』, 古今書院, 1966.

內藤正中, 『竹島(鬱陵島)をめぐる日韓関係史』, 多賀出版, 2000.

內藤正中 · 朴炳渉, 『竹島＝独島論争』, 新幹社, 2007.

池內敏, 『竹島問題とは何か』, 名古屋大学出版会, 2012.

池內敏, 「近世日本の西北境界」 『史林』 90-1, 2007.

池內敏, 「「竹島/独島＝固有の領土論」の陥穽」 『ラチオ』 2, 講談社, 2006.

池內敏, 『大君外交と「武威」』, 名古屋大学出版会, 2006.

竹內猛, 『竹島＝獨島問題「固有の領土論」の歴史的検討』, 報光社, 2010(송휘영 · 김수희 역 『독도=죽도문제 '고유영토론'의 역사적 검토』, 도서출판선인, 2013).

下條正男, 『竹島は日韓どちらのものか』, 文春新書 377, 2004.

竹島問題研究會編, 『竹島問題に関する調査研究最終報告』, 島根県総務部総務課, 平成19年(2007) 3月.
第2期竹島問題研究會編,『第2期「竹島問題に関する調査報告」最終報告書』,
　　島根県総務部総務課, 平成24年(2012) 3月.
第3期竹島問題研究會編,『竹島問題100問100答』 WILL3月増刊號, ワック株
　　式会社, 2014年 3月.
第3期竹島問題研究會 編,『第2期「竹島問題に関する調査報告」最終報告書』,
　　島根県総務部総務課, 平成27年(2015) 8月.

『肅宗實錄』.
『隱州視聽合記』, 1667年.
「元禄九丙子年 朝鮮舟着岸一卷之覚書」, 1696年.
松浦儀右衛門・越常右衛門,『竹島紀事』, 1726年.
岡嶋正義,『竹島考』, 1837年.
「近世資料」『鳥取県史』 第7卷, 1976年.
「竹島渡海禁止并渡海沿革」『鳥取藩史』第6卷, 1971年.
http://www.mofa.go.jp/mofaj/area/takeshima/ (검색일: 2017.4.15).
http://www.pref.shimane.lg.jp/soumu/web-takeshima/ (검색일: 2017.4.15).

근대 일본 관찬사료에 나타난 울릉도·독도 인식 검토

−『조선국 교제 시말 내탐서』, 『죽도고증』, 『태정관 지령』을 중심으로−

이 태 우

1. 머리말

이 연구는 근대 일본의 대표적 관찬사료인 『조선국 교제 시말 내탐서』, 『죽도고증』, 『태정관 지령』에 나타난 울릉도·독도 인식에 관한 연구이다.[1] 19세기 후반 일본정부에서 발행한 위의 사료들은 울릉

---

[1] 울릉도·독도의 영유권과 관련한 근대일본관찬사료인 『조선국교제시말내탐서』, 『죽도고증』, 『태정관지령』에 관한 선행연구로는 다음의 자료를 참조. 송휘영, 「일본 고문서에 나타난 일본의 독도 인식」, 『일본근대학연구』 50호, 일본근대학회, 2015. pp.383-410; 정태만, 『조선국교제시말내탐서』 및 『태정관지령』과 독도, 『독도연구』 17, 영남대독도연구소, 2014.12. pp.7-41; 정태만, 「태정관지령 이전 일본의 독도 인식」, 『사학지』 45, 단국사학회, 2012. pp.5-42; 김호동, 「『죽도고증』의 사료 왜곡: '한국 측 인용서'를 중심으로」, 『일본문화학보』 40, 한국일본문화학회, 2009. pp.327-348; 정영미, 「『죽도고증』의 「마쓰시마 개척원」과 아마기함의 울릉도 조사」, 『한일관계사연구』 43, 2012. pp.469-507; 정영미, 「독도영유권 관련 자료로서의 「죽도고증(竹島考證)」의 역할과 한계」, 『독도연구』 17, 영남대독도연구소, 2014.12. pp.43-65. 이성환, 「태정관과 '태정관지령'은 무엇인가?」, 『독도연구』 20, 영남대독도연구소, 2016.6. pp.93-120; 이성환, 「일본의 태정관지령과 독도편입에 대한 법제사적

도·독도가 역사적·지리적으로 한국의 영토였음을 잘 보여주고 있으며, 17세기말 안용복사건에 의해 발생한 울릉도쟁계(죽도일건)를 통해 '울릉도와 독도는 조선영토'라는 사실을 재확인해주는 사료들이다.

일본은 최근 '17세기 고유영토 확립설'을 내세워 독도에 대한 영유권을 주장하고 있다. 일본 외무성은 이러한 주장을 뒷받침하기 위해 10가지 포인트를 그 근거로 제시하고 있으며, 특히 〈포인트3〉에서 "일본은 17세기 중반에는 이미 다케시마(독도)의 영유권을 확립하였습니다"라는 억지 주장을 펼치고 있다. 그러나 일본이 주장하는 '17세기 고유영토 확립설'의 허구성과 그 문제점은 많은 독도연구전문가들에 의해서 이미 충분히 규명되었다. 특히 필자는 「독도 관련 일본 근세 사료인 『죽도기사』, 『죽도고』, 『원론각서』 등에서 나타난 울릉도·독도의 지리적 인식」[2]을 통해 일본의 '17세기 고유영토 확립설'을 비판하고 독도가 한국영토임을 논증한바 있다.

'근대 일본 관찬 사료에 나타난 울릉도·독도 인식 검토'에 관한 이 연구는 위와 같은 선행 연구의 연장선상에서 이루어진다. 울릉도·독도의 판도 관련 근대 일본의 중요한 관찬사료인 위 문헌을 분석하여 울릉도·독도에 대한 역사적·지리적 인식을 검토해보고, 울릉도·독도에 대한 일본의 왜곡된 영유권 주장을 비판함으로써 일본 측의 독도 영유권 주장이 가지는 허구성과 부당성을 증명하고자 한다.

궁극적으로 이 연구의 목적은 근대 일본 관찬사료에 나타난 울릉도·독도 인식을 검토하고 울릉도·독도의 한국 영유를 확인하는 동시에, 일본 스스로 부당한 독도영유권 주장에 대한 자기모순을 깨닫게 함으로써 일본의 왜곡된 영토인식을 바로잡고자 하는데 있다.

검토」, 『국제법학회논총』, 제62권 제3호, 2017.9. pp.73-103.

2) 이태우, 「근세 일본의 사료에 나타난 울릉도·독도의 지리적 인식」, 『독도연구』 20, 영남대독도연구소, 2017.6. pp.41-67 참조.

2. 『조선국 교제 시말 내탐서』에 나타난 울릉도·독도 인식

『조선국 교제 시말 내탐서(朝鮮國交際始末內探書)』(이하『내탐서』
로 약칭함)는 정한론(征韓論)이 득세하던 1869년 12월 일본 외무성이
관리 사다 하쿠보(佐田白茅) 등 3인을 보내 당시 조선의 사정을 내탐
하여 작성시킨 13개 항의 보고서이다.[3]

1869년 12월 메이지 정부는 조선정부와 교착상태에 빠진 외교관계
를 타개하고 조선에 대한 정보를 수집하기 위해 외무성 관료를 은밀히
조선에 파견하여 조선의 실상을 조사하도록 하였다.[4] 이『내탐서』의
마지막 13항 「죽도와 송도가 조선의 부속이 된 경위」에는 울릉도(죽
도)와 독도(송도)가 조선의 부속이 된 경위를 다음과 같이 보고하고 있
다.[5] 일본은 당시까지 울릉도를 죽도로 독도를 송도로 불렀다.

---

3) 『조선국교제시말내탐서』가 작성된 경위와 이 보고서에 수록된 내용, 전문에
대한 해설 등은 ≪자료소개: 조선국교제시말내탐서≫, 송휘영 역주, 『독도연
구』23, 영남대 독도연구소, 2017.12. pp.503-532 참조; 사다 하쿠보(佐田白
茅)는 1875년 「정한평론」이라는 책을 출판하였다. 정한론을 열렬히 주장했던
자신의 글을 비롯하여 여덟 편의 글을 모아 출판한 것이다. 그 속에는 요코야
마 쇼타로(橫山正太郞)가 "[…] 조선의 죄를 묻는데 지체할 시간이 어디에 있단
말인가"라고 주장한 글도 실려 있다(나카쓰카 아키라, 성해준 역, 『근대일본의
조선인식』, 청어람미디어, 2005. p.53 이하 참조). 1870년 전후, 일본은 이미
정한론을 앞세워 조선을 식민지로 병합할 계획을 추진하였으며, 독도를 편입
한 것은 그 첫 번째 계획을 실행에 옮긴 것이다.
4) 19세기 중반 요시다 쇼인(吉田松陰)의 「조선침략론」과 「죽도개척론」이 강조
되는 가운데, 메이지 정부가 출범하면서 조선과 일본의 외교관계가 단절되
었다. 1870년대 초 조선침략에 대한 의지가 이어지는 가운데 사이고 다카모
리(西鄕隆盛), 기도 다카요시(木戶孝允) 등의 「정한론(征韓論)」이 재등장 하
였다. 『조선국교제시말내탐서(朝鮮國交際始末內探書)』는 조선의 정황과 교
제의 경위에 대한 중요한 정보를 제공하고 있으며, 이 단초가 되는 것이 사다
하쿠보(佐田伯茅) 등의 복명서이다. ≪자료소개: 조선국교제시말내탐서≫,
위의 책, pp.506-507.
5) 『내탐서』, p.521. 강조 필자.

죽도(竹島)와 송도(松島)가 조선의 부속이 된 경위(또는 사정, 始末)

이 건은 송도(松島)는 죽도(竹島)의 이웃 섬으로 송도에 관해서는 지금까지 게재된 서류도 없다. 죽도(竹島)에 대해서는 겐로쿠(元祿) 년간 주고받은 왕복서한 및 경위가 필사한 그대로이다. 겐로쿠(元祿) 년도 이후 얼마 동안 조선에서 거류(居留)를 위해 사람을 보내었던 바 있다. 하지만 현재는 이전과 같이 사람이 없으며, 대나무 또는 대나무보다 굵은 갈대가 자라고, 인삼(人蔘) 등이 자연적으로 자란다. 그 밖에 물고기(漁産)도 상당히 있다고 들었다.

午(1870년) 4월

외무성 출사(出仕)

사다 하쿠보(佐田白茅)

모리야마 시게루(森山茂)

사이토 사카에(齊藤榮)

『내탐서』에서 보고한 정보를 검토해보면 죽도(울릉도)에는 대나무 또는 대나무보다 굵은 갈대가 자라고, 인삼(人蔘) 등이 자연적으로 자라고 있으며 그 밖에 물고기(漁産)도 상당히 있다고 보고하고 있는 것으로 보아 울릉도의 지리와 산물에 대해서 어느 정도 인지하고 있는 것으로 보인다.

무엇보다 이 『내탐서』 13항의 제목 "죽도(竹島)와 송도(松島)가 조선의 부속이 된 경위"에서도 알 수 있듯이 일본이 울릉도·독도를 이미 조선 영토로 인정하고 있었다는 사실을 잘 확인할 수 있다. 이처럼 당시 일본 외무성 관찬사료인 『내탐서』에서도 독도를 포함한 울릉도가 역사적·지리적으로 이미 오래전부터 조선의 부속 섬이었다는 사실을

〈그림 1〉〈죽도송도 조선부속 경위서〉 원문

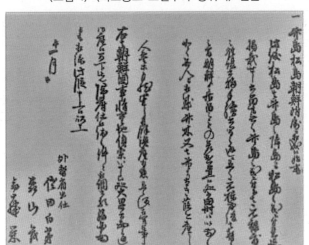

확인하고 있음을 알 수 있다. 즉 울릉도와 독도가 이웃한 섬으로 하나
의 세트에 포함되어 있음을 인정한 것이다.

또한 '송도(독도)에 관해 기록된 서류는 없다'라고 확인한 부분은 당
연히 독도가 역사적으로 일본에 속한 적이 없었기에 그와 관련한 기록
이 남아 있지 않았음을 인정한 것으로 볼 수 있다. 따라서 당시 일본
외무성에서도 독도가 역사적·지리적으로 조선의 영토라는 사실을 잘
인식하고 있었음을 알 수 있다.

위의 인용문에서 "죽도(竹島)에 대해서는 겐로쿠(元祿)[6] 연간 주고
받은 왕복서한 및 경위가 필사한 그대로이다"라고 한 것은 죽도(울릉
도)에 대해서도 겐로쿠(元祿) 연간, 즉 17세기 말에 안용복 사건으로
인해 양국 간에 주고받은 외교서한들(울릉도쟁계)과 그 결과로 일본정
부가 내린 '죽도도해금지령(1696)'을 통해서 최종 확인한 바대로 조선

---

[6] 겐로쿠(元祿)는 東山天皇 시대인 1688~1704년간 사용된 일본의 연호.

의 영토임을 재확인한 것이다.[7] 이처럼 메이지시대 일본정부는 17세기 말 일본정부가 죽도(울릉도)와 그 부속 섬 송도(독도)를 하나의 세트로 보고 조선 영토로 인정한 정책을 계승하고 있음을 알 수 있다.

3. 『죽도고증』(竹島考證)에 나타난 울릉도·독도 인식

『죽도고증』은 기타자와 마사나리(北澤正誠)가 편집한 책으로 상·중·하권으로 구성되어 있다.[8] 상권과 중권은 한·중·일의 역사적 문헌에 나타난 울릉도·독도에 관한 기록을 소개하고 있다. 특히 중권에서는 안용복의 도일로 인해 한일양국 간에 발생한 울릉도쟁계(=죽도일건)의 과정과 최종적으로 '죽도(울릉도)도해금지령'을 내리는 과정을 다루고 있다. 하권에서는 덴포(天保)시대(1830년대)에 있었던 일본인의 '죽도도해사건' 및 메이지 10년(1877년)경에 있었던 '송도개척원'을 둘러싼 사건의 경과를 기술하고 아마기함의 조사에 의해 '송도'는 조선

---

7) 1693년부터 1699년까지 한일 간에 전개된 울릉도쟁계와 울릉도도해금지령 (1696), 1877년의 태정관지령, 그리고 1905년 일본의 독도편입조치는 각각의 사건을 개별적으로 분리하여 단절된 시각으로 볼 것이 아니라 연속적인 시각에서 분석하였을 때 태정관지령은 울릉도쟁계의 결과를 승계한 것이다. 따라서 1905년 일본이 독도를 편입하기 위한 각의결정이 이루어지는 시점에서 태령관지령이 효력을 유지하고 있었다면 법제사적 측면에서 볼 때 일본의 불법적 독도편입에 대한 법적 효력이 문제시될 수 있다. 이에 대한 자세한 논의는 이성환, 「일본의 태정관지령과 독도편입에 대한 법제사적 검토」, 『국제법학회논총』, 제62권 제3호, 2017.9. pp.73-103 참조.
8) 『죽도고증』, 독도자료집 II, 바른역사정립기획단, 2006; 이 책은 일본 메이지 정부에 의해 동해상에 있는 죽도와 송도가 어떠한 섬이며, 어느 나라에 속하는 섬인가를 자세히 연구 검토한 후 둘 다 한국의 섬이라고 결론을 내리고 있다. 비록 「송도」를 울릉도 옆의 「죽도」로 결론 내리고 있지만, 이는 오히려 일본이 독도를 제대로 인식하지 못하고 있었다는 사실을 반증하고 있다.

의 울릉도이고 '죽도'는 '송도'의 북쪽에 있는 작은 암석이라는 결론이 났다는 것으로 끝을 맺고 있다. 전체적으로 봤을 때 이 책은 19세기 말 일본의 울릉도와 독도의 영유권에 대한 혼란된 인식을 보여주는 사료이다.

그런데 여기서 우리가 한 가지 간과하지 말아야 할 사항이 있다. 이 책을 편집한 기타자와 마사나리가 어떤 의도를 가지고 편집하였는가 하는 것이다. 그가 비록 이 책의 결론부에서 울릉도가 조선 땅임을 인정하고 있지만, 이 책의 곳곳에서 내심 울릉도가 일본 땅이 되었어야한다는 생각을 드러내고 있다. 즉 "버려진 땅을 내가 취하면 내 땅이 된다"는 논리를 전개하고 있는데, 이러한 논리는 '무주지선점론'이나 '고유영토설'로 이어져 결국 1905년 독도를 '무주지'라고 하여 자국의 영토로 불법 편입하게 한 이론적 근거가 된 것이다.[9] 물론 그가 이 책을 편집하면서 참고한 한국 측 사료를 곳곳에서 왜곡하고 있다는 점도 그의 의도를 정직하게 받아들일 수 없도록 하고 있다.[10] 따라서 이러한 점을 충분히 감안하고 이 사료를 검토해야 할 것이다.

기타자와 마사나리는 이 책에서 죽도의 영유권에 대해 일본, 조선, 중국에서 전해져 내려오는 문헌을 인용하여 기술하고 있다. 그가 인용한 조선문헌은 『동국통감』, 『동국여지승람』, 『고려사』, 『통문관지』가 있으며, 중국문헌으로는 명나라 때의 『무비지(武備誌)』, 『도서편(圖書編)』, 『등단필구(登壇必究)』등이 있다. 또한 일본문헌으로는 『대일본사』, 『죽도잡지』, 『죽도도설』, 『조선통문대기』, 『선린통서』, 『죽도기사』, 『죽도고』 등에서 인용하고 있다.

---

9) 김호동, 「『죽도고증』의 사료 왜곡: '한국 측 인용서'를 중심으로」, 『일본문화학보』 40, 한국일본문화학회, 2009. pp.345-346 참조.
10) 기타자와 마사나리의 한국 측 인용서 왜곡의 실상과 관련한 내용은 김호동, 위의 논문, pp.331-345 참조.

먼저 이 책 〈상권〉에서 기타자와 마사나리는 『죽도고』를 인용하여 울릉도·독도의 지리적 특성에 대해 언급하고 있다.[11]

죽도〈기죽도라고 쓰기도 한다〉는 우리나라와 조선 사이에 있는 고도(孤島)이다. 둘레가 10리 정도되는 험하고 높은 산으로서 계곡이 깊고 고요하며 나무가 울창하고 대나무가 빽빽이 들어서 있다. 땅은 비옥하고 많은 산물이 난다.

여기서 죽도(또는 기죽도)는 물론 울릉도를 지칭한다. 섬 둘레 10리(40km)[12]는 현재의 섬 둘레 64km보다 훨씬 작은 것으로 인지하고 있지만, 울릉도의 지형과 지질, 특산물에 대해서는 어느 정도 인지하고 있는 것으로 보인다.

또한 『죽도도설』에 의거하여 "다케시마(他計甚麼)라 훈독되어 있는데, 그 땅의 동쪽 해안에 둘레가 두 척(尺)이나 되는 큰 대나무가 있으므로 소위 죽도라는 이름이 붙은 연유가 된다"[13]고 하여 큰 대나무가 많았던 울릉도의 지리적 특성으로 울릉도를 죽도라고 불러왔음을 알 수 있다.

기타자와 마사나리는 『죽도잡지』, 『죽도도설』, 『죽도고』 등을 인용하여 죽도가 일본 사람이 발견한 일본의 섬이어서 일본인이 해상이익의 독점권을 가지고 있었으나 안용복의 도일로 인해서 촉발된 '죽도일건'(울릉도쟁계)을 거쳐 겐로쿠(元祿) 9년(1696년) 조선의 울릉도임을 인정하고 조선으로 되돌려주었다고 강변하고 있다.[14] 그러나 이는 역사적으로 이사부가 우산국을 복속시킨 이후 한국이 영유해왔다는 수많

---

11) 『죽도고증』, p.13.
12) 당시 일본의 육지 거리단위 1리는 4km로 환산된다.
13) 『죽도고증』, pp.13-14.
14) 『죽도고증』, pp.17-21.

은 한국 측 문헌에서 입증되고 있는 바, 반론의 가치조차 없는 것이다.

기타자와 마사나리는『죽도고증』의 시작 부분부터『죽도고』의 내용과 주장을 비중있게 인용하고 있다.『죽도고』는 1828년 돗토리번 번사 오카지마 마사요시가 편찬한 책으로 울릉도(다케시마) 영유권에 관한 생각을 당시의 문서와 기록, 구술 등을 토대로 정리한 것이다. 이 책은 안용복의 도일 사건 이후 약 130여년이 지난 시점에서 쓴 책이다. 그 때문에 내용의 정확성이 떨어질 뿐만 아니라, 기본적으로 울릉도·독도가 일본 영토라는 시각에서 기술하고 있어서 왜곡되고 편향된 견해가 적지 않게 포함되어 있다. 오카지마는 이 책의 서문에서 언젠가 빼앗긴 다케시마를 되찾아와야 한다는 생각을 숨김없이 나타내 보이고 있다.15)

『죽도고』에 나타나 있는 이러한 오카지마의 생각을 기타자와 마사나리는『죽도고증』에서 그대로 이어받고 있다.『죽도고증』〈중권〉에서 그는 17세기 말 안용복 사건으로 발단이 된 조선과 일본 간의 울릉도 쟁계(죽도일건)를 재구성하면서 일본 정부가 울릉도 도항금지령을 내린 경위를 언급한 후 이에 대한 자신의 생각을 다음과 같이 제시하고 있다.16)

죽도는 원화(元和)시대[1615~1623] 이래 80년 동안 우리[일본] 국민이 어렵을 하던 섬이었기 때문에 우리 영역이라는 것을 믿으며, 저나라 [조선] 사람들이 와서 어렵하는 것을 금하고자 하였다. 저들이 처음에는 죽도와 울도가 같은 섬임을 몰랐다고 답해왔으나 그에 대한 논의가 점점 열기를 띠게 되자 죽도와 울도가 같은 섬에 대한 다른 이

---

15) 이태우,「근세 일본의 사료에 나타난 울릉도·독도의 지리적 인식」,『독도연구』20, 영남대독도연구소, 2017.6. 49쪽 이하 참조;『죽도고』상·하, 정영미 역, 경상북도 독도사료연구회, 2010. pp.11-13 참조.
16)『죽도고증』, pp.249-257.

름이라 말하고 오히려 우리가 국경을 침범했다고 책망했다. 고사(古史)를 보자면 울도가 조선의 섬이라는 것에 대해서는 두 말 할 필요가 없다. 그러나 문록(문록)시대[1592년] 이래 버려두고는 거두지 않았다. 우리나라 사람들이 그곳이 빈 땅이므로 가서 살았다. 즉 우리 땅인 것이다. 그 옛날에 두 나라의 경계가 항상 그대로였겠는가. 그 땅을 내가 취하면 내 땅이 되고, 버리면 다른 사람의 땅이 된다. […] 그런데 조선만이 홀로 80년간 버려두고 거두지 않았던 땅을 가지고 오히려 우리가 국경을 침범했다고 책망하고 있다. 아무런 논리도 없이 옛날 땅을 회복하고자 한 것이 아니었던가. 그런데 당시 정부는 80년 동안 우리나라 사람들이 어렵을 해 올 수 있었던 그 이익을 포기하고 하루아침에 그 청을 받아들였으니 죽도에 울도란 옛날 이름을 부여해 준 것은 당시의 정부인 것이다. […] 당시의 정책은 편한 것만을 추구하였을 뿐 개혁하여 강성해지고자 하는 것이 아니었기 때문이다. 만약 외국에 대한 이야기를 하고 외국의 종교를 받드는 자가 있으면 그를 나라의 적으로 보아 엄한 형벌을 가했다. 각 나라에서 내항하는 것을 금하고, 중국, 조선, 네덜란드 이외에는 항구로 들어오는 것을 허락하지 않았다. 사면이 바다로 둘러싸여 천혜의 항구를 가지고 있었는데도 쇄국정책을 취하고 이용하지 않았다. 혹 큰 계획을 세우고 외국으로 나가고자 하는 지사가 있어도 자기 집 봉당에서 허무하게 늙어 죽을 수밖에 없었다. 어찌 통탄하지 않을 수 있겠는가. 무릇 죽도는 매우 협소한 땅으로 아직 우리에게 있어서는 있어도 되고 없어도 되는 땅이나 당시의 일을 생각하면 홀로 큰 한숨이 나온다.

위에서 기타자와 마사나리가 언급한 몇 가지 주장을 검토해보자. 우선 그는 울릉도가 "빈 땅이므로 가서 살았다. 즉 우리 땅인 것이다."라는 주장을 펼치고 있다. 이러한 주장은 빈 땅에 가서 살면 자기 땅이 된다는 인식이다. 그렇다면 주인이 잠시 비워 둔 집에 도둑이 들어가서 살면 그 집은 도둑의 집이 된다는 논리가 성립하는 것이다. 터무니

없는 주장이 아닐 수 없다. 그는 임진왜란 이후 조선정부가 '공도정책'을 통하여 섬을 비워놓았기 때문에 자신들이 점거했고 이것은 『지봉유설』에도 나오는 말이라고 강변하고 있다.[17]

하지만 이것은 그가 인용하고 있듯이 "왜구에 의해 불타고 노략질 당하여" 생명과 재산을 빼앗기고 도저히 살 수 없게 된 울릉도 주민들을 잠시 육지로 쇄환한 것이며(쇄환정책), 그 후로 조선정부가 지속적, 정례적으로 '수토관'을 보내어 섬을 관리해왔던 것이다. 결국 있지도 않은 조선정부의 '공도제(空島制)'를 내세워 일본인들이 비어있는 울릉도를 점거하였다는 기타자와 마사나리의 왜곡된 논리는 '거짓 원인의 오류'를 범하고 있는 것이다.

이러한 그의 억지 논리는 1905년 독도를 불법적으로 편입할 때 사용된 일본의 '무주지선점론'을 합리화해주는 논리로 이용되고 있다. 또한 울릉도를 조선에 돌려준 "당시의 일을 생각하면 홀로 큰 한숨이 나온다"라는 말에서도 제국주의적 영토확장 정책을 펼쳐나가야 한다는 그의 인식을 확인할 수 있다. 결국 독도를 불법적이고 강제적으로 편입한 일본의 정책도 이러한 제국주의적 영토확장 정책의 연장선상에서 이루어진 것이다. 문제는 독도에 대한 일본의 인식과 태도가 지금도 1905년 독도편입 당시와 달라진 점이 없다는 것이다.

『죽도고증』〈하권〉에서는 덴포(天保)시대(1830년대)에 있었던 일본인의 '죽도도해 사건'과 메이지 10년(1877년)경에 있었던 '송도개척원'을 둘러싼 사건의 경과를 기술하고, '송도'는 조선의 울릉도이고 '죽도'는 '송도'의 북쪽에 있는 작은 암석으로 결론을 내리고 있다. 이 두 사건을 중심으로 근대기 일본의 울릉도·독도 인식을 검토하고 있다.

『죽도고증』〈하권〉에서 다루고 있는 '덴포죽도일건(天保竹島一件)'

---

17) 『죽도고증』, p.31, 49 참조.

이라 불리는 사건은 1833년 시마네현에 사는 하치에몬(八右衛門) 이라
는 뱃사람이 울릉도로 밀항해 나무를 벌채했다가 1836년 처형당한 사
건이다.18) 〈하권〉에서는 이 사건의 경과를 별지 제1호부터 제3호까지
연루자 처분 관련 서류를 제시하면서 기술하고, 그 이후 메이지 10년
도다 타가요시(戸田敬義)가 '죽도도해 청원서'를 제출할 때까지 일본인
중에 죽도에 대해 말하는 자가 없었다는 것을 기술하고 있다.19)

먼저 '덴포죽도일건'과 관련하여 울릉도·독도의 역사적·지리적 인
식을 확인할 수 있는 중요한 지도자료가 있다. 이 사건 처리과정에서
하치에몬의 진술조서인 '죽도도해일건기(竹島渡海一件記)'가 작성됐는
데 이때 이 문서에 첨부된 '죽도방각도(竹嶌方角図)'에 울릉도와 독도
가 조선 본토와 동일한 붉은색으로, 오키섬과 일본 본토는 노란색으로
색칠돼 있다. 이 지도에서도 보듯이 당시 일본인들은 울릉도(죽도)와
독도(송도)를 하나의 세트에 포함시켜 조선의 영토로 인식하고 있었음

<hr>

18) 하치에몬은 하마다 마츠하라 출신으로 1789년 운송업자 세이스케의 아들로
태어났다. 가업을 이어받은 그는 1836년 12월 23일 '도해금지령'을 어기고 불
법으로 조선에 도해한 죄로 사형을 당했다. 그는 오사카로 운송미를 운반하
는 과정에서 울릉도 항로를 알게 되었고 외국과의 무역과 도항을 국법으로
금지한 「도해금지령(1696)」을 깨고 1880~1887년 8년간 울릉도로 건너가 밀
무역을 하였다. 그러나 불법 도항이 발각되자 "송도(독도)에 가다가 표류해
서 울릉도에 표착했다"고 핑계를 댔지만 막부는 하치에몬을 사형에 처하고
불법 도해를 방조한 번주를 비롯한 관리들을 중죄에 처했다. 막부가 하치에
몬의 말을 믿지 않고 엄한 형벌을 내린 것은 울릉도·독도를 조선의 영토로
인정했기 때문이었다. 이 사건 이후 막부는 전국에 「죽도도해금지령(1837.2)」
을 내리고 각 포구와 진에 죽도도해금지령 포고문을 내걸었다. 이 포고문은
안용복 사건으로 내려진 제1차 「죽도도해금지령(1696.1.28)」 이후 울릉도·
독도로의 도항을 금지한 제2차 죽도도해금지령이었다. 이후 태정관 지령문
(1877)과 그 부속지도 「기죽도약도」에서 알 수 있듯이 일본은 19세기 말기까
지 독도를 울릉도의 부속섬으로 인정하고 일본인들의 울릉도·독도 도항을
금지하였다. 모리스 가즈오, 김수희역, 『하치에몽과 죽도도해금지령』, 지성
인, 2016. pp.5-6.
19) 『죽도고증』, pp.260-293 참조.

을 잘 알 수 있다. 울릉도와 독도가 역사적 · 지리적으로 신라시대 이후 우산국 안에 있었던 두 섬으로 인식되어왔음을 보여주는 수많은 자료 중에 하나인 것이다. '하치에몬 사건'은 이후 1877년 메이지 정부가 '울릉도와 독도는 일본과 관계없다'는 태정관 지령을 내리게 된 주요 자료로 제공됐다.

〈그림 2〉 죽도방각도

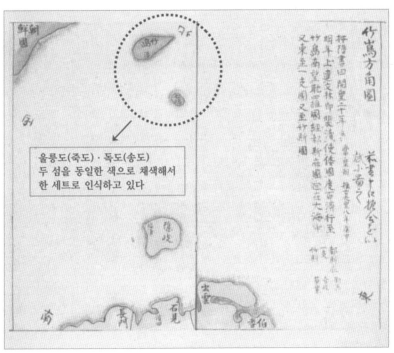

하치에몬의 울릉도 도항 사건은 현재 한 · 일양국의 독도영유권 연구에서 쟁점이 되고 있다. 가와카미 겐죠를 비롯한 일본 시마네현 '죽도문제연구회'는 하치에몬이 '송도(독도)로 도항한다는 명목으로 죽도

(울릉도)'로 도항했고 '송도(독도)로의 도항은 아무런 문제도 없었다'고 주장하면서 당시 울릉도로 도항한 하치에몬과 일본 관리들의 인식은 독도를 일본 영토로 인식한 것이라고 주장하였다.[20] 그러나 이것은 터무니없는 주장이다. 당시 일본 막부가 송도(독도)로 도항했다고 진술한 하치에몬을 비롯한 관련자들을 사형에 처하거나 엄벌에 처한 것을 보더라도 '송도(독도)로의 도항에 아무런 문제가 없었다'는 '죽도문제연구회'의 주장은 어떻게든 독도와 연결고리를 만들어보려는 궁색한 변명으로밖에 들리지 않는다.

기타자와 마사나리는 '죽도도해금지령'을 어기고 불법으로 조선 땅 죽도(울릉도)를 도해한 하치에몬 사건이 발생한 후, 19세기 후반기부터 울릉도·독도에 대한 관심이 증대하였으며 1870년대에는 '죽도도해청원서'와 '송도개척원'을 요청하는 업자들이 생겨났다고 『죽도고증』에서 서술하고 있다. 이 시점부터 일본 내부에서는 죽도(울릉도)와 송도(독도)에 대한 명칭 혼란이 생겨나기 시작한다. 오랜 기간 동안 울릉도·독도에 대한 '도해금지령'과 '하치에몬 사건'의 영향으로 울릉도·독도의 존재에 대해 관심을 가지지 않았기 때문일 것이다. 따라서 두 섬의 존재에 대해 제대로 인식하지 못했던 일본인들은 울릉도를 송도로, 독도를 죽도로 명칭을 바꿔 부르는 등 명칭 혼란이 점점 증가하고 있음을 알 수 있다.

기타자와 마사나리에 따르면 먼저 메이지10년(1877년) 1월 시마네현의 도다 타가요시(戸田敬義)가 '죽도도해 청원서'를 동경부에 제출하였다. 그는 "오키국에서 약 70리(약130km) 정도 떨어진 서북쪽의 바다에 황막한 불모의 고도(孤島)가 하나 있어 이를 죽도(울릉도)라고 부른다"고 하여 정확하지는 않지만 어느 정도 울릉도·독도를 지리적으로 인

---

20) 모리스 가즈오, 김수희역, 『하치에몽과 죽도도해금지령』, 지성인, 2016. pp.6-7.

지하고 있음을 알 수 있다.[21] 도다 타가요시는 울릉도 개척을 위해 세 차례에 걸쳐 '죽도도해청원서'를 제출하였지만 1877년 6월 8일 동경부 지사 쿠스모토 마사타카(楠本正陵)은 결국 도해 청원을 '불허'하였 다.[22] 울릉도가 조선 땅임을 역사적 사실을 통해 잘 알고 있었던 당시 일본정부가 한 · 일간 분쟁의 소지를 만들고 싶지 않았을 것이다.

  이보다 앞서 메이지9년(1876년) 미치노쿠에 사는 무토 헤이가쿠(武 藤平學)가 벌채, 어렵, 광산개발, 등대설치를 위해 '송도(울릉도) 개척 안'을 외무성에 건의했다.[23] 기타자와 마사나리는 이 '송도개척안'에 대해 자신의 생각을 제시하고 있다.[24]

  어떤 사람은, 일본이 지금 송도에 손을 대면 조선이 문제를 제기할 것이라고 말 하지만, 송도는 일본 땅에 가깝고 예로부터 우리나라에 속한 섬으로서 일본 지도에도 일본영역 안에 그려져 있는 일본 땅이 다. 또 죽도는, 도쿠가와(德川)씨가 다스리던 때에 갈등이 생겨 조선 에 넘겨주게 되었으나, 송도에 대한 논의는 없었으니 일본 땅임이 분 명하다. 만약 또 조선이 문제를 제기한다면 어느 쪽에서 더 가깝고 어느 쪽에서 더 먼지에 대해 논하여 일본의 섬임을 증명해야 한다.

  독도영유권에 대한 기타자와 마사나리의 의도가 잘 나타난 생각이다. 일단 '송도개척안'을 주장한 무토 헤이가쿠는 송도를 울릉도로 알고 있 고, 이에 대한 자신의 생각을 제시하고 있는 기타자와 마사나리는 송 도를 독도로 알고 있다. 두 사람이 서로 동문서답 하는 것 같이 들리기 도 한다. 무엇보다 기타자와 마사나리는 죽도(울릉도)는 조선 땅이지

21) 『죽도고증』, pp.292-295 참조.
22) 『죽도고증』, pp.292-323 참조.
23) 『죽도고증』, pp.322-343 참조.
24) 『죽도고증』, pp.340-343 참조.

만, "송도(독도)는 일본 땅에 가깝고 예로부터 일본에 속한 섬"이라고
억지 주장을 펼치고 있다. 당시의 거리 측량이 정확하지 않았다 하더
라도 울릉도-독도(87.4km) 거리가 오키-독도(157km) 거리 보다 2배나
더 가까운 점을 보면 그의 주장의 객관성과 신뢰성에 문제가 있음을
알 수 있다.

또한 "예로부터 일본에 속한 섬"이었다는 주장 역시 허구적 주장이
다. 역사적·지리적으로 한국이 독도를 영유하고 있었음은 우리의 옛
기록물에서 충분히 입증되고 있는 사실이기에 새삼 거론할 필요가 없
다. 어쨌든 기타자와 마사나리는『죽도고증』에서 울릉도와 독도를 분
리해서 울릉도에 대해서는 한국의 영유권을 인정하면서 독도에 대해
서는 일본의 영유라고 주장하고 있다. 이러한 그의 생각은 1905년 불
법적 독도편입의 정당화 논리를 제공해준 것으로 볼 수 있다.

비슷한 시기 고다마 사다아키(児玉貞陽)는 '송도 개척 착수 단계 예
상안'을 작성해 외무성에 제출하였다.[25] 그가 제출한 안의 10가지 항
목을 보면 1.개척인이 작은 집을 짓고 거주함 2.벌목 3.항구를 만들 곳
을 확정 4.등대건설 5.좋은 목재, 기타의 물품을 수출, 6.토지 개척
7.장소를 정해 선박용 물품 보관 8.민가를 지어 사람을 이주시킴 9.어
렵할 준비를 함 10.농사 시작으로 되어 있다.[26]

위 두 서신에 대해 외무성 기록국장 와타나베 히로모토(渡邊洪基)는
개척의 필요성을 더욱 강조하였다. 이는 울릉도·독도를 침탈하기 위
한 민관의 계획이 이미 치밀하게 준비되어 있었음을 보여 주는 것이
다. 와타나베 히로모토는 당시 울릉도·독도의 지리적 위치를 근대적
수리개념을 적용해 위도와 경도로 표시하고 있지만 죽도(울릉도)와 송
도(독도)에 대한 명칭 혼란을 보여주고 있다.[27] 이는 울릉도·독도에

---

25)『죽도고증』, pp.342-351 참조.
26)『죽도고증』, pp.350-355 참조.

대한 역사적 · 지리적 인식이 여전히 결여되어 있음을 보여주는 것이다. 그 이유는 울릉도 · 독도 도해금지령으로 오랫동안 두 섬에 대한 관심과 인식이 부족할 수밖에 없었기 때문이다.

기타자와 마사나리가 울릉도(죽도)와 독도(송도)에 관한 기록을 집성하고 분석한 결과는 '송도는 한국의 울릉도이고 죽도는 송도(울릉도)에 붙어 있는 작은 암석'이라는 것이다. 이는 1860~1870년 당시 일본이 울릉도와 독도의 명칭과 지리적 인식에 대해 매우 혼란스러웠음을 보여주는 것으로, 울릉도와 독도에 대한 일본의 인식이 매우 부족했음을 보여주는 것이다. 이처럼 섬의 명칭도, 섬의 위치도 제대로 알지 못하면서 17세기부터 자신들의 고유영토였다고 강변하는 일본의 논리는 일고의 가치도 없는 것이다.

4. 『태정관지령』에 나타난 울릉도 · 독도 인식

잘 알려져 있듯이 태정관지령(太政官指令, 1877)은 "죽도(울릉도)외 일도(독도)의 건은 본방(일본)과 관계없는 것으로 명심할 것"이라는 지시를 담고 있는 일본최고국가기관 태정관의 공식 문서이다. 이는 일본 정부가 에도막부와 조선 사이에 울릉도 영유권을 둘러싸고 전개된 외교교섭, 이른바 죽도일건(울릉도쟁계)을 자세히 조사한 결과 내린 결론으로 역사적으로 독도영유권 귀속 판단에 종지부를 찍은 결정적인 문서이다.

통상 태정관지령이란 일본정부에서 울릉도와 독도의 영유권이 조선에 있음을 확인하고, 두 섬을 시마네현의 지적(地籍)에 올리지 말 것을

---

27) 『죽도고증』, pp.354-377 참조.

지시하고, '일본해내 울릉도와 독도를 일본영토 외로 정함'이라는 제목을 붙여 관보에 해당하는 『태정류전』에 공시한 일련의 문서들을 말한다. 태정관 지령은 영토담당 정부기관인 내무성이 최고국가기관인 태정관의 결재를 거쳐 내린 정부의 공식적인 결정이며, 조선과의 외교문서는 아닐지라도 안용복사건 때의 외교교섭 결과를 한 번 더 확인한 것이므로 외교교섭 문서에 준한다고 할 수 있다.[28]

이는 '죽도(울릉도)외 일도(독도)'는 죽도일건(울릉도쟁계)을 통해서 조선과 일본 사이에 조선 땅으로 인정되었기 때문에, 신정부(메이지 정부)도 이를 계승해야 한다는 것을 의미하고 있는 것이다. 다시 말하면 이것은 일본 정부(내무성과 태정관)가 한일 간의 경계는 죽도일건(울릉도쟁계)에서 이루어진 조선과 일본의 합의를 존중, 계승한다는 것을 확인한 것이라고 볼 수 있다.[29]

태정관지령이 내려지기 전 시마네현이 내무성에 보낸 '일본해 내 죽도(울릉도) 외 일도의 지적 편찬에 대한 문의'에서 죽도(울릉도)의 지리적 위치에 대한 답변이 있었다. 즉 시마네현은 "본디부터 본 현(시마네)의 관할로 확정된 적도 없고, 또 바다 북쪽으로 100여리(약185km)나 멀리 떨어져 있으며, 항로도 불분명"하며, "오키국의 북서쪽에 위치하며, 산음일대의 서부에 편적해야 할 것"[30]으로 보고하였다.

시마네현이 내무성에 제출한 부속문서 '시마네현 문서 01-1'의 〈유래의 개략〉에 '죽도 외 일도' 관련 태정관지령문에서 유일하게 송도(독도)의 지리에 관한 기술이 등장하고 있다. 〈유래의 개략〉은 '시마네현

28) 정태만, 「태정관지령 이전 일본의 독도 인식」 『사학지』 45호, 단국사학회, 2012. p.5.
29) 『일본 태정관과 독도』, 이성환 외 역주 및 해제, pp.136-137. 이하 『일본 태정관과 독도』로 약칭.
30) 『일본 태정관과 독도』, pp.151-154. 100여리(약 185km)는 오키-울릉도간의 현재 거리 245km에 근접함(해상거리 1리=1해리=1,852km로 산정)

문의서'의 부속 문서로 내무성에 제출한 「원유의 대략」의 서문에 해당
하는 부분이다. 죽도(울릉도)와 송도(독도)의 위치, 지형, 산물 등을 소
개하고 있다. 먼저 울릉도의 지리적 특성에 대해 다음과 같이 기술하
고 있다.[31]

> 기죽도(울릉도) 또는 죽도라고 한다. 오키국 북서쪽 약 120(약222km,
> 실제=245km)리 떨어진 곳에 있다. 둘레는 약 10리 정도이며, 산이 험
> 준하고 평지가 적다. 하천은 세 줄기가 있으며 폭포도 있다. 그러나
> 계곡이 깊고 수목이 그윽하고 대나무가 울창해서 그 끝을 알 수 없
> 다 […] 어패류는 셀 수 없을 정도다. 그 중에서도 강치와 전복이 으
> 뜸가는 물산이다. 전복을 캘 때는 저녁에 대나무를 바다에 던져 아침
> 에 건져 올리면 가지와 잎에 전복이 엄청 많다. 그 맛은 매우 뛰어나
> 다. 또한 강치 한 마리에서 몇 말의 기름을 얻을 수 있다.

이 문서를 읽으면 누구나 울릉도로 도항해서 전복과 강치의 어렵을
통해 엄청난 이익을 얻을 수 있을 것으로 생각할 수 있다. 한 마디로
울릉도에 갈 수 있다면 일확천금의 기회를 얻을 수 있다는 생각을 가
지게 될 것이다. 당연히 일본어민들이 탐낼 수밖에 없었을 것이다. 울
릉도에서 나는 산물로는 식물류가 동백, 솔송나무, 대나무, 산나물 등
23종, 동물로는 강치, 고양이, 비둘기 등 15종을 소개하고 있다. 울릉도
의 지리와 산물을 소개한 후, 이어서 독도(송도)의 지리와 산물에 대해
기술하고 있다.[32]

> 그리고 [또] 하나의 섬이 있다. 송도(독도)라고 부른다. 둘레는 30정
> (町)(약 3,270m) 정도이다. 죽도(울릉도)와 동일 항로 상에 있으며 오

---

31) 『일본 태정관과 독도』, pp.169-172.
32) 『일본 태정관과 독도』, p.172.

키에서 80리(약148km, 실제=157km) 정도 떨어져 있다. 수목이나 대
나무는 드물다. 그리고 물고기와 바다짐승(강치)이 난다.

위의 인용문에서 보듯이 태정관지령(1877) 당시 울릉도·독도에 대
한 지리적 인식은 실제 거리와 상당한 근사치를 보여주고 있음을 알
수 있다. 시마네현은 '죽도 외 일도'의 지리적 위치를 보여주기 위해 내
무성에 제출한 위 '지적 편찬 문의서'에 '기죽도약도' 도면을 첨부하여
오키-독도-울릉도간 거리를 표시하고 있다.

<그림 3> 기죽도약도(원본)

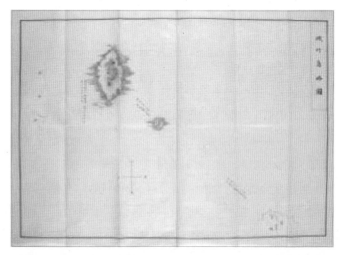

지도 안의 문장을 보면 울릉도-독도-오키섬 간의 거리 관계가 잘 나
타나 있다.[33]

---

33) 송휘영, 「일본의 독도에 대한 "17세기 영유권 확립설"의 허구성-일본 외무성
의 죽도 홍보 팸플릿의 포인트 3, 4 비판-」,『민족문화논총』44, 영남대학교
민족문화연구소, 2010.4. p.53 참조.

〈그림 4〉 기죽도약도(모사도)

(출처: https://blog.naver.com/tm_chung/50098066656)

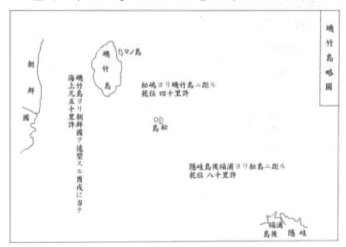

[조선국]

이소다케시마(磯竹島)로부터 조선국을 멀리 바라다보는 서쪽
(8~10시 방향)으로 해상 약 50리(92.6km)정도

[이소다케시마(磯竹島)]

마츠시마(松島)에서 이소다케시마(磯竹島)까지의 거리
북서쪽 40리(74km)정도

[마츠시마(松島)]

오키섬 도고 후쿠우라로부터 마츠시마까지의 거리
북서쪽(건위) 80리(148km) 정도

[오키(오키도) 도고(도후) 후쿠우라(복포)]

위의 〈그림 3〉 '기죽도약도'를 보면 가운데의 '송도'가 독도이고, 왼
쪽의 '기죽도'가 울릉도이다. 〈그림 4〉의 '기죽도약도(모사도)'를 보면
좀 더 명확히 확인할 수 있다. 그리고 지도를 보면 기죽도(울릉도)와
송도(독도), 오키섬 간의 거리가 표시되어 있다. 울릉도와 독도간 거리

가 40리, 독도와 일본 오키섬간 거리가 80리로 되어있다. 이 지도에서 1리를 1해리(1.852km)로 산정하여 계산해 보면 실제 거리와 상당한 근사치를 보여주고 있음을 알 수 있다. 지리적 거리 계산을 통해 확인해 봐도 '외일도'는 당연히 독도일 수밖에 없다. '기죽도 약도'에 명시된 울릉도-독도-오키섬간의 거리를 km로 환산하면 다음과 같다.

· 조선 동해에서 울릉도간 거리: 50리×1.852km = 92.6km
· 울릉도와 독도간 거리: 40리×1.852km = 74.08km ≒ 87.4km(실제거리)
· 독도와 오키섬간 거리: 80리×1.852km = 148.16km ≒ 157.5km(실제거리)

메이지유신 이후 근대적 지리개념을 적용하여 영토경계를 인식하였던 일본은 이미 '울릉도와 독도'에 대한 거리 계산을 통해서도 지리적으로 조선의 영토임을 충분히 인식하고 있었을 것이다.

이러한 거리인식을 바탕으로 태정관지령에서 울릉도·독도에 대한 지리적 인식은 〈그림 4〉에서 보듯이 죽도(울릉도) 외일도(독도)를 하나의 세트로 보고 있음을 알 수 있다. 이러한 이유로 태정관은 "울릉도·독도가 본방(일본)과 관계 없음", 즉 조선이 영유하고 있는 땅임을 명심할 것을 강조한 것이다. 따라서 '외일도(外一島)'가 독도가 아니라는 일본의 억지 주장은 설득력이 없는 자기모순적 주장일 뿐이다.

또 하나 태정관지령에서 '본방과 관계없음', 즉 울릉도와 독도가 일본 땅이 아니라고 했다고 해서 독도가 조선 땅임을 인정하는 것은 아니라는 일본 측 주장이 있다. 그러나 이 역시 억지주장일 수밖에 없다. 이 주장은 태정관지령의 문자적 표현만을 강조한 주장으로서 독도 영유권에 대한 역사적 연원을 간과하고 있으므로 설득력이 없다. 즉 독도에 대한 영유권의 연원이 울릉도쟁계에 의한 한일 간의 국경조약에 있고, 태정관지령이 일본 국내적으로 이를 계승하고 있다는 맥락을 간과하고 있다. 뿐만 아니라 이 양자가 현실적으로 여전히 효력을 유지하고 있다는 점을 고려하지 않고 문자적 해석만 강조한 오류를 범하고 있다.[34]

이상에서 보듯이 "죽도 '외일도'는 본방과 관계없음"을 확언한 태정관지령과 첨부지도 '기죽도약도'를 통해 독도가 역사적·지리적으로 한국의 고유한 영토임을 확인할 수 있다. 기죽도약도에서 표기된 조선 동해-울릉도-독도-오키섬 간의 지리적 거리도 현재의 거리와 수치적으로 거의 일치하고 있으므로 '외일도=송도(독도)'라는 사실은 부인할 수가 없는 팩트인 것이다. 아울러 '본방과 관계없음'이란 문구에 대한 왜곡된 문언 해석으로 한국의 독도영유 사실을 부인하려는 주장도 타당하지 않음을 확인할 수 있다.

5. 맺음말

지금까지 근대 일본의 대표적 관찬사료인 『조선국 교제 시말 내탐서』, 『죽도고증』, 『태정관 지령』을 중심으로 이 사료들에 나타난 울릉도·독도 인식을 검토해보았다. 먼저 『조선국 교제 시말 내탐서』13항 '죽도와 송도가 조선의 부속이 된 경위'에 대한 검토를 통해 일본 외무성이 "울릉도(죽도)는 물론이고 독도(송도)에 관해서도 기록된 서류가 없다"고 인정함으로써, 울릉도와 독도가 하나의 세트로 인식되었으며, 역사적·지리적으로도 조선의 영토였음을 확인할 수 있었다.

---

[34] 이성환, 「일본의 태정관지령과 독도편입에 대한 법제사적 검토」, 『국제법학회논총』, 제62권 제3호, 2017.9. p.91.

다음으로 『죽도고증』에서 기타자와 마사나리는 여러 문헌을 통해 검토한 결과 울릉도가 조선의 땅이라는 사실을 확인하고 안타까운 심정으로 이를 인정하고 있다. 그러나 기타자와 마사나리는 『죽도고증』에서 울릉도와 독도를 분리해서 울릉도에 대해서는 한국의 영유권을 인정하면서 독도에 대해서는 일본의 영유라고 주장하고 있다. 그런데 『죽도고증』〈하권〉으로 갈수록, 즉 1860년대 이후로 당시 일본이 울릉도와 독도의 명칭과 지리적 인식에 대해 매우 혼란스러웠음을 보여주고 있다. 이것은 울릉도와 독도에 대한 일본의 역사적·지리적 인식이 매우 미약했음을 보여주는 것이다. 이처럼 섬의 명칭도, 섬의 위치도 제대로 알지 못하면서 17세기부터 자신들의 고유영토였다고 강변하는 일본의 논리는 일고의 가치도 없다하겠다.

마지막으로 『태정관지령』에 대한 검토에서는 "죽도 외일도는 본방과 관계없음"을 확언한 태정관지령과 첨부지도 '기죽도약도'를 통해 독도가 역사적·지리적으로 한국의 고유한 영토임을 확인할 수 있었다. 기죽도약도에서 표기된 조선동해-울릉도-독도-오키섬 간의 지리적 거리도 현재의 거리와 수치적으로 거의 일치하고 있으므로 '외일도=송도(독도)는 부인할 수 없는 사실인 것이다. 아울러 '본방과 관계없음'이란 문구에 대한 왜곡된 문언 해석으로 한국의 독도영유 사실을 부인하려는 주장도 타당하지 않음을 확인할 수 있었다.

17세기말 2차에 걸친 안용복의 도일로 인해 촉발된 울릉도쟁계(독도일건), 즉 조일간의 영토분쟁은 '죽도도해금지령'으로 일단락되면서 죽도(울릉도)와 송도(독도)가 지리적, 역사적으로 한국의 고유영토임을 확인시켜주었다. '울릉도쟁계(죽도일건)'로 인해 '죽도도해금지령 (1696)'이 내려진 17세기말에서 '태정관지령(1877)'이 내려진 19세기 후반까지 186년 동안 일본은 울릉도·독도를 일본의 영토로 생각한 적이 없었다. 이 기간 동안 당연히 일본은 울릉도·독도의 존재를 인식하지도, 인식할 필요도 없었다. 이러한 일본의 입장은 19세기말 울릉도·독도에 대한 명칭혼란에서도 잘 나타나고 있다. 결국 근대 일본의 대표적 관찬사료인 『조선국 교제 시말 내탐서』, 『죽도고증』, 『태정관 지령』을 검토해 봐도 울릉도·독도가 역사적·지리적으로 한국 영토임을 확인할 수 있으며, 17세기 중반 이래 독도에 대해 실효적 지배를 해왔다는 일본의 '고유영토론'은 조작된, 허구적 주장이라는 사실이 한층 더 명백해졌다.

【참고문헌】

송휘영 역, 『조선국교제시말내탐서』(1870), 『독도연구』 23, 2017.12.

이성환, 송휘영, 오카다 다카시 역, 『태정관지령』(1877), 지성인, 2017.

정영미 역, 『죽도고증』(1881), 독도자료집 II, 바른역사정립기획단, 2006.

정영미 역, 『죽도고』 상·하, 경상북도 독도사료연구회, 2010.

김호동, 「『죽도고증』의 사료 왜곡: ‘한국 측 인용서’를 중심으로」, 『일본문화학보』 40, 한국일본문화학회, 2009.

송휘영, 「일본 고문서에 나타난 일본의 독도 인식」, 『일본근대학연구』 50호, 일본근대학회, 2015.

송휘영, 「일본의 독도에 대한 “17세기 영유권 확립설”의 허구성-일본 외무성의 죽도 홍보 팸플릿의 포인트 3, 4 비판-」, 『민족문화논총』 44, 영남대학교 민족문화연구소, 2010.4.

송병기, 『독도영유권자료선』, 한림대학교 아시아문화연구소, 2004.

신용하 편역, 「竹島考證」, 『독도영유권자료의 탐구』 4, 독도연구보전협회, 1999.

이성환, 「태정관과 ‘태정관지령’은 무엇인가?」, 『독도연구』 20, 영남대독도연구소, 2016.6.

이성환, 「일본의 태정관지령과 독도편입에 대한 법제사적 검토」, 『국제법학회논총』, 제62권 제3호, 2017.9.

이태우, 「근세 일본의 사료에 나타난 울릉도·독도의 지리적 인식」, 『독도연구』 20, 영남대독도연구소, 2017.6.

정영미, 「『죽도고증』의 「마쓰시마 개척원」과 아마기함의 울릉도 조사」, 『한일관계사연구』 43, 2012.

정영미, 「독도영유권 관련 자료로서의 「죽도고증(竹島考證)」의 역할과 한계」, 『독도연구』 17, 영남대독도연구소, 2014.12.

정태만, 「태정관지령 이전 일본의 독도 인식」, 『사학지』 45, 단국사학회, 2012.

정태만, 『조선국교제시말내탐서』 및 『태정관지령』과 독도, 『독도연구』 17, 영남대독도연구소, 2014. 12.

나카쓰카 아키라, 성해준 역,『근대일본의 조선인식』, 청어람미디어, 2005.
모리스 가즈오, 김수희 역,『하치에몽과 죽도도해금지령』, 지성인, 2016.
「竹島-다케시마 문제를 이해하기 위한 10가지 포인트」.

현재 자생하고 있는 독도식물의 학명과 국명의 변천사에 대한 연구

박 선 주·박 규 태·전 민 지

1. 서론

2000년대 이후 독도 식물상에 관한 연구는 신현탁 등(2004), 박선주 등(2004), 현진오와 권순교(2006), 이돈화 등(2007), 권수환(2008), 박선주 (2009~2018)에 의해 이루어져 왔으며, 국립기관에서는 환경부(2006~), 문화재청(2009~) 등에 의해 지속적인 모니터링이 이루어지고 있다. 이러한 모니터링을 통하여 생물의 변화상을 관찰하고 있다. 하지만 현재까지 독도의 식물에 대한 자료와 식물종의 상태, 독도식물의 유전체 및 이동, 확산에 관한 연구(박선주, 2015~2018) 등에 관한 많은 연구 논문들이 있지만, 독도에 자생하는 식물의 학명과 국명의 변화에 대한 연구 논문은 아직 전무한 상태이다. 따라서 저자들은 독도 식물상(현재 기준, 57종; 박선주 등, 2017)을 중심으로, 본격적인 전문조사가 시작된 2002년부터 2017까지의 자료 목록을 검토하여 국명과 학명의 변천과정을 살펴보고 학술적으로 국명과 학명의 정확한 정명을 제시하는데 목적이 있다.

2. 재료 및 방법

독도의 식물상 연구논문으로는 정영호(1952)와 이영노(1952)가 각각
식물 목록을 발표한 이래, 많은 학자들이 학술논문 또는 보고서 등을
통하여 독도 식물의 목록을 제시하였다. 하지만 2000년대 초반까지의
연구는 주로 당일로 독도에 들어와서 하루 조사를 통하여 식물상 목록
을 발표하는 등, 여러 가지 시간과 연구 여건이 불충분하여 식물상의
목록을 발표하는데 있어 필수적인 증거표본의 확보가 미약하여 식물
종의 중복과 오동정이 많이 발견된 바, 정확한 자료로 사용되기가 쉽
지 않아 본격적으로 전문조사가 이루어지기 시작한 2002년부터 2017년까
지 발표한 논문을 근거로 학명과 국명의 변천사를 연구하였다. 2002년부
터 2017년 사이 독도 식물에 관련된 논문을 대상으로 사용된 학명과
국명을 분리하여 비교하였다. 학명은 해당 식물의 원기재문에 기재된
형질들을 확인하고 동정(identification)이 정당한지 확인하고 ICBN 규약
에 따라 선취권에 따라 학명의 사용 정당 유무를 판단하였다. 국명은
정태현(1937, 1949), 박만규(1949), 이우철(1996)을 참고하여 국명사용에
대한 선취권에 대해 사용정당 유무를 파악하였다.

3. 결과 및 고찰

1) 독도에 자생하는 식물 학명의 변화

우리나라의 경우 식물이름은 대부분 일제강점기 때 일부 뜻이 있는
선생님들이 모임을 만들어 주도적으로 식물명 특히 국명이 만들어졌
다. 이 중 식물의 국명을 만드는데 기여한 분들인 박만규, 석주명, 이

덕봉, 장형두, 정태현 등 생물교사들이 조선박물연구회를 1923년에 조직하였다. 이 학회에 소속된 선생님들은 대규모의 동물·식물전시회를 열었으며, 이 전시회를 계기로 하여 우리말로 통일된 식물이름이 필요하다는 것을 절감하게 되어 연구에 착수하였다. 도봉섭, 이덕봉, 이휘재, 정태현, 등이 중심이 되어 시작한 이 연구는 국명식물이름을 체계적으로 집대성하여 드디어 처음으로 1937년에 "조선식물향명집"이라는 책을 펴냈다. 이후 전지역에 자생하고 있는 지역식물을 조사하고, 연구하기 위하여 식물학자와 동호인들이 모여서 조선식물연구회를 만들었다. 이어 이 연구회는 전국을 채집활동조사하고, "조선향토식물"을 발간하여 연구, 발표하였다. 8·15광복 이후에는 조선박물교원회 조선박물회, 조선박물연구회, 등과 함께 조선생물학회를 만들었다. 즉, 1923년 창립한 조선박물학회에서는 1937년 정태현 등이 "조선식물향명집"을 발간하여 국내에 자생하는 식물에 우리말 이름을 처음으로 붙였으며, 정태현은 1943년 목본식물을 정리하여 조선산림식물도설을 발간하였고, 도봉섭과 심학진은 "중부지방식물지"를, 장형두는 난지식물을 조사 발표하였으며, 서부지역의 식물구계 설정을 시도하였다. 그 이후 박만규는 1949년 우리나라 "식물명감"을 출판한데 이어, 고산식물, 사초과 식물, 식충식물 등에 관해 연구하였으며, 이덕봉의 "조선산 식물의 호구조사", "조선산 식물의 조선명고" 등의 논문이 발간되었으며, 이러한 연구회 등의 활동과 저서로 우리나라에 있는 식물이름들이 정해지기 시작하였다(박선주와 정연옥, 2017). 하지만 독도의 식물에 관한 학명과 국명에 관한 이름은 학자나 조사한 사람에 따라 종 수 및 학명이 다르게 발표되는 등 많은 혼란이 있어왔다. 이에 따라 독도에 자생하고 있는 식물의 학명과 국명의 변천사를 통해 올바른 국명과 학명을 제시하고자 한다.

(1) 억새(*Miscanthus sinensis* Andress.)는 참억새(*Miscanthus sinensis* Andress.)로 기재되어 왔으나 환경부(2011)에서는 이명 처리하여 억새로 표기하고 있다. 또한 국립수목원에서 발간한 국가표준식물목록(2007)에서는 참억새(*M. sinensis* Andersson)를 정명으로 인정하고 있으며 억새는 *M. sinensis* var. *purpurascens* (Andersson) Rendle로 표기하고 있다. 참억새라는 국명은 정태현(1937)이 처음 사용하였으며, 이후 정태현(1949)이 참진억새, 박만규(1949)가 고려억새, 흑산억새 등으로 세분하기로 하였지만, 이우철은 1996년에 이를 통합하여 참억새로 이명 처리 하기도 하였다. 억새는 소수가 적색이고, 제1포영이 5-7맥인 특징이 있는 반면, 참억새는 제1포영이 4개로 되어 있지만 환경에 따라서는 5개, 6개로 관찰되기도 한다. 또한 우리나라에 자생하는 억새속은 물억새(*M. sacchariflorus* (maxim.) Hack), 그리고 변종으로는 억새아재비(*M. oligostachyus* var. *intermedius* (Honda) Y. N. Lee), 장억새(*M. changii* Y.N. Lee), 품종으로는 넓은잎물억새(*M. sacchariflorus* for. *latifolius* Adati), 알루억새(*M. sinensis* for. *variegatus* (Begal) Nakai, 그리고 가는잎억새(*M. sinensis* for. *gracillimus* (Hitchc.) Ohwi) 등 워낙 변종과 품종이 많아 종의 한계를 명확하게 구분하기 쉽지 않다. 따라서 추후 심도있는 억새속의 계통분류학적 연구를 통하여 정확한 종의 실체를 규명하고자 한다.

(2) 술패랭이꽃(*Dianthus longicalyx* Miq.)은 정태현이 1937년에 술패랭이꽃이라는 국명을 처음 사용하였으며, 이후 박만규(1949)는 수패랭이꽃이라는 국명을 사용하기도 하였다. 이우철(1996)은 술패랭이꽃의 학명을 *D. superbus* var. *longicalycinus* (Maxim.) Williams 로 표기하여 변종 처리 하였으며, 한국속식물지 편찬위원회(Flora of Korea Editorial Committee)에서 발간한 The genera of vascular plants of korea에서는

*Dianthus longicaly*로 독립된 종으로 처리 하였다. 현재 환경부/산림청 모두 현재 학명을 *Dianthus longicalyx* Miq으로 사용하고 있다. 또한 술패랭이꽃은 학자에 따라 품종(*D. superbus* for. *longcalycinus*), 아종 (*D. superbus* ssp. *longcalycinus*)으로 사용하는 등 혼돈이 있어 왔지만, *D. superbus*에 비해 포가 난형이며, 꽃받침의 길이가 짧고, 삭과가 꽃받침보다 짧은 특징을 가지고 있어 변종보다는 독립된 종인 *Dianthus longicalyx* Miq으로 처리하는데 타당하다고 생각된다.

(3) 갯장대(*Arabis stelleri* DC.)라는 국명은 1949년 정태현으로부터 갯장대라는 이름이 처음 사용되었으며, 이후 1949년에 정태현의 섬갯장대, 박만규(1949)의 섬장대로 기재되었다. 학명의 변화과정을 살펴보면 이우철(1996)은 *Arabis stelleri* var. *japonica* (A.Gray) Fr. Schm.로 변종처리 하였고, The genera of vascular plants of korea에서는 독립된 종으로 처리하였으며, 섬장대는 *Arabis takesimana*로 처리하여 각각 다른 종으로 취급하였다. 현재 환경부/산림청 모두 국명은 갯장대로 학명은 *Arabis stelleri* DC.를 정명으로 사용하고 있다. 본 연구 결과 기본종인 stellari의 원기재문(Syst. Nat. 2:242, 1821)을 확인한 결과, 두 종의 차이는 silliquae crassae로 까락이 두껍고 얇은 차이가 있는 것으로 기재되어 있다. 까락의 두꺼운 정도는 생태형으로 변종으로 처리하기에는 다소 무리가 있어 보여 독립된 종인 *Arabis sterarii*로 처리하는게 타당하다고 판단된다.

(4) 갯괴불주머니(*Corydalis platycarpa* (Maxim.) Makino)의 국명은 정태현(1949)이 처음으로 사용하였으며, 박만규는 1949년에 갯담초라는 이름을 사용하기도 하였다. 또한 학명에 대해서 이우철은 *C. heterocarpa* var. *japonica* Ohwi를 갯괴불주머니로 하였으며, 이명으로

Corydalis platycarpa (Maxim.) Makino를 사용하기도 하였다. 또한 현호색속으로 박사학위를 받은 오병운(2007)은 The genera of vascular plants of korea에 갯괴불주머니의 학명을 *Corydalis platycarpa* (Maxim.) Makino로 처리하였다. *C. heterocarpa* var. *japonica*의 기본종인 *C. heterocarpa*는 줄기가 녹색이며, 자방과 삭과가 선형, 종자에 1개인 줄 등의 특징 등을 가지고 있고, *C. platycarpa*는 줄기가 적색이며, 자방과 삭과가 넓은 선형, 종자에 2개인 줄에 의해 확연히 구분된다. 독도에 자생하는 갯괴불주머니의 특징은 *C. platycarpa*의 전형적인 특징을 보여 오의 견해가 타당하다고 판단된다. 현재 환경부/산림청 모두 갯괴불주머니(*Corydalis platycarpa* (Maxim.) Makino를 정명으로 사용하고 있다.

(5) 갯제비쑥(*Artemisia japonica* subsp. *littoricol* (Kitam.) Kitam)의 국명은 박만규(1949)에 의해 처음으로 국명이 만들어 졌으며, 안조수(1982)에 의해 섬제비쑥으로 불리기도 하였다. 사철쑥(*Artemisia capillaris*)과 비슷하지만 *A. japonica*는 잎이 깊게 심열로 갈라지며, 털이 없는 특징으로 구분된다. *A. japonica* var. *macrocephala* Pamp.와의 차이점은 꽃이 조금 크다는 특징이외에는 차이가 거의 없다. 꽃의 크기는 생육환경에 따른 환경요인으로 두 종의 차이는 없는 것으로 생각되어 변종보다는 약한 아종처리가 타당하다고 생각되나 분류학적으로 아종이라는 분류계급의 처리는 쉽지 않으므로 차후 종의 실체는 조금 더 연구해봐야 할 것으로 사료된다. 현재 환경부와 산림청 모두 현재 갯제비쑥에 대한 학명을 *Artemisia japonica* subsp. *littoricol* (Kitam.) Kitam.를 정명으로 사용하고 있다.

(6) 바랭이(*Digitaria sanguinalis* (L.) Scop.)는 정태현에 의해 1937년 처음 국명으로 사용하였으며, 이후 정태현(1949)이 바랑이로 사용하기

도 하였다. 이우철(1996)은 바랭이를 *Digitaria ciliaris* (Retz.) Koel의 학명으로 처리하기도 하였으며, The genera of vascular plants of korea에서는 Digitaria sanguinalis로 학명을 사용하기도 하였다. 현재 산림청에서는 *D. ciliaris* (Retz.) Koel.을 정명으로 사용하며, *D. sanguinalis*를 이명처리하고 있다. D. ciliaris의 원기재문(Hist. Strip. Helv. 2:244, 1768)은 잎의 이면에 누운 털이 밀생한다고 되어 있으며, *D. sanguinalis*는 잎 뒷면 맥 위에 꺼칠꺼칠한 털이 있다고 되어 있다. 하지만 이러한 잎 이면에 존재하는 털의 상태를 가지고 종을 구분하는 것은 다소 무리가 있다고 판단되며, 이에 동종으로 처리하는 것이 타당하다고 판단된다. 또한 국제식물명명 규약에 따르면 *D. ciliaris* (Retz.) Koel.의 경우 1802년, *D. sanguinalis* (L.) Scop.의 경우 1771년에 공표되어 우선권에 의해 바랭이는 *Digitaria sanguinalis* (L.) Scop.)로 처리하는 것이 타당하다고 생각된다.

〈표 1〉 The list of vascular plants in Dokdo island, Korea

Family name Scientific name /Korean name	1	2	3	4	5	6	7	8	9	10	11
Dryopteridaceae 면충과				Aspidiaceae 고란초과							
Cyrtominum falcatum (L.f.) C.Presl 도깨비쇠고비		도깨비쇠고비	도깨비쇠고비	도깨비쇠고비	도깨비쇠고비	도깨비쇠고비	도깨비쇠고비	도깨비쇠고비	도깨비쇠고비	C. falcatum Presl	C. falcatum Presl
Polygonaceae 마디풀과											
Fallopia sachalinensis (F.Schmidt) Ronse Decr. 왕호장근									F. sachalinensis (F. Schmidt) Naka	F. sachalinensis (F. Schmidt) Naka	
Polygonum aviculare L. 마디풀											
Rumex crispus L. 소리쟁이											
Rumex japonicus Houtt.참소리쟁이											
Chenopodiaceae 명아주과											
Atriplex gmelinii C. A. Mey. Ex Bong.가는갯는쟁이			가는갯는쟁이	가는갯는쟁이	가는갯는쟁이						
Chenopodium album L. 흰명아주											
Chenopodium album var. stenophyllum Makino 가는명아주						C. virgatum Thunb	C. virgatum Thunb	C. virgatum Thunb			
Chenopodium glaucum L. 취명아주											
Amaranthaceae 비름과											
Achyranthes japonica (Miq.) Nakai 쇠무릎										쇠무릎	쇠무릎
Aizoaceae 번행초과											
Tetragonia tetragonoides (Pall.) Kuntze 번행초		T. tetragonoides O. Kuntze	T. tetragonoides O. Kuntze		T. tetragonoides O. Kuntze	T. tetragonoides (Pall.)O. Kuntze	T. tetragonoides (Pall.)O. Kuntze			T. tetragonoides (Pall.)O. Kuntze	
Portulacaceae 쇠비름과											
Portulaca oleraceae L. 쇠비름											
Caryophyllaceae 석죽과											

학명 / 과명						
Dianthus longicalyx Miq. 술패랭이꽃	*D. superbus* var. *longicalycinus* (Maxim.) Williams		*D. superbus* var. *longicalycinus* Williams		*D. superbus* var. *longicalycinus* Williams	*D. superbus* var. *longicalycinus*
Sagina maxima A.Gray 큰개미자리	*S. media* Villars	*S. media* Villars			*S. media* Villars	
Stellaria media (L.) Vill. 별꽃						
Menispermaceae 방기과						
Cocculus trilobus (Thunb.) DC. 댕댕이덩굴	*C. trilobus* DC.	*C. trilobus* DC.			*C. trilobus* DC.	
Theaceae 차나무과						
Camellia japonica L. 동백나무						
Fumariaceae 현호색과						
Corydalis platycarpa (Maxim. Ex Palib.) Makino 갯괴불주머니	*C. heterocarpa* var. *japonica* (Franch. & Sav.) Ohwi	*C. heterocarpa* var. *japonica* Ohwi	*C. heterocarpa* var. *japonica* (Franch. & Sav.) Ohwi		*C. heterocarpa* var. *japonica* Ohwi	*Corydalis platycarpa* (Maxim.) Makino
Brassicaceae 십자화과						Cruciferae
Arbis stelleri DC. 갯장대						*A. stelleri* var. *japonica* Fr.Schm.
Brassica juncea (L.) Czern. 갓						
Lepidium virginicum L. 콩다닥냉이						
Crassulaceae 돌나물과						
Sedum takesimense Nakai 섬기린초	*S. kamtschaticum* var. *takesimense* M.Park	*S. kamtschaticum* var. *takesimense* M.Park	*S. kamtschaticum* var. *takesimense* (Nakai) M.Park		*S. kamtschaticum* Fischer var. *takesinense* (Nakai) M.Park	*S. kamtschaticum* var. *takesimense* M.Park
Sedum oryzifolium Makino 땅채송화						
Oxalidaceae 괭이밥과						
Oxalis stricta L. 선괭이밥						

Celastraceae 노박덩굴과					
Euonymus japonicus Thunb. 사철나무					
Vitaceae 포도과					
Ampelopsis brevipedunculata (Maxim.) Trautv. 개머루					*A. brevipedunculata var. macrophylla* Regel
Elaeagnaceae 보리수나무과					
Elaeagnus macrophylla Thunb. 보리밥나무					
Apiaceae 산형과		Umbelliferae			
Cnidium japonicum Miq. 갯사상자					
Primulaceae 앵초과					
Lysimachia mauritiana Lam. 갯까치수영	갯까치수영		갯까치수영		갯까치수영
Asclepiadaceae 박주가리과	갯까치수영				갯까치수영
Metaplexis japica (Thunb.) Makino 박주가리					
Solanaceae 가지과					
Solanum nigrum L. 까마중					
Orobanchaceae 열당과					
Orobanche coerulescens Stephan 초종용				*O. coerulescens* Stephan et Willd	
Plantaginaceae 질경이과					
Plantago asiatica L. 질경이					
Caprifoliaceae 인동과					
Lonicera insularis Nakai 섬괴불나무	*L. morrowii* A.Gray	*L. morrowii* Nakai		*L. morrowii* A.Gray	*L. morrowii* A.Gray
Campanulaceae 초롱꽃과					

Campanula takesimana Nakai 섬초롱꽃										*C. punctata* Lam. var. *takesimana* (Nakai) Kitam.
Asteraceae 국화과						*Compositae*				
Artemisia japonica subsp. *littoricola* (Kitam.) Kitam. 갯제비쑥	*A. japonica* var. *macrocephala* Pampan							*A. japonica* Thunb. var. *macrocephala* Pamp.	*A. japonica* var. *macrocephala* Pamp.	*A. japonica* Thunb. var. *macrocephala* Pamp.
Artemisia montana (Nakai) Pamp. 산쑥										
Aster sphathulifolius Maxim. 해국										
Senecio vulgaris L. 개쑥갓										
Sonchus asper (L.) Hill 큰방가지똥										
Sonchus oleraceus L. 방가지똥										
Taraxacum platycarpum Dahlst. 민들레*					*T. platycarpum* H. Dahlst.			*T. mongolicum* Hand. Mazz.		
Commelinaceae 닭의장풀										
commelina communis L. 닭의장풀										
Poaceae 화본과						*Gramineae* 벼과				
Agropyron tsukushiense var. *transiens* (Hack.) Ohwi 개밀										
Bromus unioloides Kunth 큰이삭풀	*B. catharticus* Vahl	*B. catharticus* Vahl			*B. catharticus* Vahl			*B. catharticus* Vahl		
Digitaria sanguinalis (L.) Scop. 바랭이	*D. ciliaris* (Retz.) Koel	*D. ciliaris* (Retz.) Koel	*D. ciliaris* (Retz.) Koel	*D. ciliaris* (Retz.) Koel	*D. ciliaris* (Retz.) Koel	*D. ciliaris* (Retz.) Koel		*D. ciliaris* (Retz.) Koel	*D. ciliaris* (Retz.) Koel	*D. ciliaris* (Retz.) Koel
Echinochloa crusgalli (L.) P.Beauv. 돌피	*E. crusgalli* var. *oryzicola* (Vasinger) Ohwi	*Echinochloa crusgalli* var. *echinata* Honda	*E. Crusgalli* (L.) Beauv.							
Echinochloa crusgalli var. *echinatum* (Willd.) Honda 물피										

Festuca rubra L. 왕김의털											
Miscanthus sinensis Andress. 억새		*M. sinensis* var. *purpurascens* (Andersson) Rendle 억새					참억새				
Poa annua L. 새포아풀											
Setaria viridis (L.) P.Beauv. 강아지풀											
Setaria viridis var. *pachystachys* (Franch. & Sav.) Makino & Nemoto 개강아지풀											
Setaria glauca (L.) P.Beauv. 금강아지풀						*S. glauca* (L.) Beauvois Hyun					
Lilliaceae 백합과											
Allium macrostemon Bunge 산달래											
Asparagus schoberioides Kunth 비짜루											
Lilium lancifolium Thunb. 참나리											
Mainanthemum dilatatum (A.W.Wood) A.Nelson & J.F.Macbr. 큰두루미꽃		*Maianthemum dilatatum* (Wood) A.Nelson & J.F.Macbr.									

1. 박 등(2016~2017); 2. 국립생태원(2015); 3. 박 등(2009~2014); 4. 국립수목원(2011); 5. 박 등(2010); 6. 김 등(2009); 7. 김 등(2009); 8. 이 등(2007); 9. 현과 권(2006); 10. 신 등(2004); 11. 신 등(2002)

2) 독도에 자생하는 식물의 국명변화

독도에 자생하는 식물 57종에 대하여 국명의 변화 및 올바른 정명에 대하여 기술하고자 한다.

(1) 도깨비쇠고비(*Cyrtominum falcatum* (L.f.) C.Presl)는 환경부에서 국명은 도깨비고비를 사용하며, 도깨비쇠고비를 일반명으로 사용하고 있다. 그러나 산림청의 경우 국명을 도깨비쇠고비를 사용하고 있는 실정이다. 도깨비쇠고비의 국명은 정태현(1937)이 처음 사용하였으며, 그 이후 박만규(1949)는 고개비고비를 사용하였고, 박만규(1975)는 긴잎도깨비고비라는 이명으로 사용하는 등 학자들에 의해 혼란이 있어 왔다. 하지만 식물의 ICBN(International Congress Botanical Nomenture) 규약에 따른 선취권(priority)에 의해 국명은 도깨비쇠고비로 사용하는 것이 맞다고 판단된다.

(2) 갯까치수염(*Lysimachia mauritiana* Lam.)은 과거 이창복(1980)은 갯까치수영으로 표기하였으나, 정태현은 1949년 갯까치수염이라는 이름으로 불려 학자들간에도 혼돈이 있어 왔던 이름이다. 현재 환경부/산림청 모두 갯까치수염을 사용하고 있다. 현재 정명은 1949년 정태현이 처음으로 사용한 국명 갯까치수염이다. 그러나 일반인들 사이에 그리고 많은 도감과 인터넷 웹사이트에서도 '까치수염'의 다른 이름으로 '까치수영'이라고 부르기도 한다. 까치수염과 까치수영을 두고 어떤 이름을 선택해서 사용하는 것이 옳은지에 대한 의견이 분분하다. 두 가지 이름을 모두 사용하여 까치수영(까치수염)이라 표기하는 분들도 있다. '까치수영'이라 부르는 사람들은 설 전날을 까치설날이라고 하듯이 까치가 '가짜'라는 뜻이 있고, 수영(秀穎)은 '잘 여문 이삭'을 뜻하는 한자어이기 때문에 잘 여

문 벼나 수수의 이삭을 닮아 그런 이름이 붙였다고 이야기한다. 또한 '까치수염'이라고 부르는 사람은 꽃이삭 모양이 흰색으로 꼭 까치 날개의 흰색 무늬를 닮았다고 주장을 하기도 하나 어디까지나 구전에 의해 떠도는 말로 정확한 학술적인 국명은 갯까치수염이다.

(3) 쇠무릅(*Achyranthes japonica* (Miq.) Nakai)이라는 이름의 사용은 정태현(1937)이 처음 사용하였으며, 이어 같은 해에 우슬이라는 이름으로 부르기도 하였다. 일부 확인되지 않은 자료에서는 쇠무릎, 우슬으로 사용되고 있으며, 북한에서는 쇠무릅풀이라고 부르기도 한다고 이우철(1966)의 한국식물명고책에는 서술하고 있다.

(4) 가는갯능쟁이(*Atriplex gmelinii* C. A. Mey. Ex Bong.)는 정태현(1949)이 가는갯는쟁이, 박만규(1949)은 가는갯능쟁이 등으로 사용되고 있었지만 식물 명명 우선권에 의해 정명은 가는갯능쟁이다.

3) 독도 식물에 일본에 관한 이름이 들어간 식물

독도에 자생하는 식물 종중, 종소명과 변종소명에 일본의 지명이나 이에 관련된 이름이 들어간 식물학명은 총 10과 10속 8종 1아종 1변종 10분류군이다〈표 2〉. 마디풀과 참소리쟁이인 Rumex japonicus Houtt은 종소명에 japonicus라는 일본명이 들어가 있다. 종소명은 명명한 사람이 주로 이름을 만드는 japonicus처럼 어미가 icus로 끝나는 경우는 주로 지명에서 유래한 경우 사용된다. 보통 지명의 경우 어미가 -ensis, -(a)nus, -anus, icus를 사용한다. 독도에 자생하는 식물종 종소명 어미가 icus로 끝나는 일본명은 참소리쟁이(Rumex japonicus Houtt)외에 노박덩굴과 사철나무(Euonymus japonicus Thunb.)가 있다. 또한 종소명이 형용사인 경우 속명과 성을 일치 시켜야 한다는 IBCN규약이 있다. 종소명이 남성인 경우에는 -us, 여성인 경우에는 -a, 중성인 경우에는 um을 넣어 성을 일치시킨다. 독도에 자생하는 식물 중 종소명과 japonica(일본산)처럼 어미가 -a끝나는 식물은 비름과에 쇠무릎(Achyranthes japonica (Miq.) Nakai), 박주가리과에 박주가리 Metaplexis japonica (Thunb.) Makino, 국화과에 갯제비쑥(Atemisia japonica subsp. littoricola (Kitam.) Kitam.), 등이 있으며, 종소명이 -um으로 끝나는 식물은 산형과의 갯사상자(Cnidium japonicum Miq.)가 있다. 또한 울릉도의 일본식이름 Takesima(竹島)가 들어 있는 식물도 있다. 돌나물과 섬기린초(Sedum takesimense Nakai), 초롱꽃과 섬초롱꽃(Campanula takesimana Nakai) 등이 대표적이다. 이런 Takesima가 들어가 있는 식물들은 대부분 울릉도에서만 자라는 식물(특산식물, 고유식물)이거나 울릉도에서 처음 발견된 식물이다. 발견되었던 당시가 우리 이름도 마음대로 사용하지 못했던 시대라, 우리 역사의 아팠던 단면을 보는 것 같다. 또한 화본과 개밀(Agropyron tsukushiense var. transiens (Hack.) Ohwi은 일본 지명인 Tsukushima(月島)가 들어가 있다.

〈표 2〉 종소명에 일본과 관련된 지명 등이 포함된 학명

과명	학명	국명
Polygonaceae 마디풀과	Rumex japonicus Houtt.	참소리쟁이
Amaranthaceae 비름과	Achyranthes japonica (Miq.) Nakai	쇠무릎
Theaceae 차나무과	Camellia japonica L.	동백나무
Crassulaceae 돌나물과	Sedum takesimense Nakai	섬기린초
Celastraceae 노박덩굴과	Euonymus japonicus Thunb.	사철나무
Apiaceae 산형과	Cnidium japonicum Miq.	갯사상자

Asclepiadaceae 박주가리과	Metaplexis japonica (Thunb.) Makino	박주가리
Campanulaceae 초롱꽃과	Campanula takesimana Nakai	섬초롱꽃
Asteraceae 국화과	Artemisia japonica subsp. littoricola (Kitam.) Kitam.	갯제비쑥
Poaceae 화본과	Agropyron tsukushiense var. transiens (Hack.) Ohwi	개밀

4) 일본인 학자가 들어간 독도의 식물

일본인 학자가 들어 간 학명으로는 총 9과 10속 9종 1아종 3변종 13분류군으로〈표 3〉, 일본식물분류학자 Makino가 들어간 식물명은 5과 5종으로, 명아주과의 가는명아주(*Chenopodium album* var. *stenophyllum* Makino), 현호색과 갯괴불주머니(*Corydalis platycarpa* (Maxim. Ex Palib.) Makino), 돌나물과의 땅채송화(*Sedum oryzifolium* Makino), 박주가리과의 박주가리(*Metaplexis japnica* (Thunb.) Makino), 화본과의 갯강아지풀(Setaria viridis var. pachystachys (Franch. & Sav.) Makino & Nemoto) 등이 있다. 또한 한국식물에 대한 채집 및 신종발표를 많이 했던 대표적인 일본식물학자 나카이 다케노신(中井猛之進, 1882~1952)이 들어간 식물은 비름과 쇠무릎(*Achyranthes japonica* (Miq.) Nakai), 돌나물과의 섬기린초(*Sedum takesimense* Nakai), 인동과의 섬괴불나무(*Lonicera insularis* Nakai), 초롱꽃과의 섬초롱꽃(*Campanula takesimana* Nakai), 국화과의 산쑥(*Artemisia montana* (Nakai) Pamp.), 등이 있으며 이외에 Kiramura의 명명자가 들어간 식물로 국화과의 갯제비쑥(*Artemisia japonica* subsp. *littoricola* (Kitam.), Ohwi가 들어간 식물로는 개밀(*Agropyron tsukushiense* var. *transiens* (Hack.) Ohwi 등이 있다.

〈표 3〉 명명자가 일본인 학자인 학명

과명	학명	국명
Chenopodaceae 명아주과	*Chenopodium album* var. *stenophyllum* Makino	가는명아주
Amaranthaceae 비름과	*Achyranthes japonica* (Miq.) Nakai	쇠무릎
Fumariaceae 현호색과	*Corydalis platycarpa* (Maxim. Ex Palib.) Makino	갯괴불주머니
Crassulaceae 돌나물과	*Sedum takesimense* Nakai	섬기린초
	Sedum oryzifolium Makino	땅채송화
Asclepiadaceae 박주가리과	*Metaplexis japnica* (Thunb.) Makino	박주가리
Caprifoliaceae 인동과	*Lonicera insularis* Nakai	섬괴불나무
Campanulaceae 초롱꽃과	*Campanula takesimana* Nakai	섬초롱꽃
Asteraceae 국화과	*Artemisia japonica* subsp. *littoricola* (Kitam.) Kitam.	갯제비쑥
	Artemisia montana (Nakai) Pamp.	산쑥
Poaceae 화본과	*Agropyron tsukushiense* var. *transiens* (Hack.) Ohwi	개밀
	Setaria viridis var. *pachystachys* (Franch. & Sav.) Makino & Nemoto	갯강아지풀
	Setaria glauca (L.) P.Beauv.	금강아지풀

최근에(2002~2017) 발표된 논문의 분석을 통하여 학명과 국명의 변화 과정을 정리하면서 올바른 학명의 정명의 사용은 학자들 간의 종 동정이나 연구과정에 있어서 매우 중요한 자료 정리 생각되며, 우선 식물의 학명을 정리하는데 그치고 있지만 전체적으로는 독도에 자생하고 있는 생물들에 대하여 전반적인 검토를 통하여 독도에 자생하는 생물들의 올바른 학명의 정리가 필요하다고 판단된다.

【참고문헌】

국립생물자원관,『국가 생물종 목록집「관속식물」』, 국립생물자원관, 2011.
국립생태원,「2015 독도 생태계 정밀조사」, 국립생태원, 2015.
국립수목원,『국가표준식물목록』, 한국식물분류학회, 2007.
권수환,「독도의 식물상, 독도 생태계 모니터링 보고서-특정도서 제1호」, 대구지방환경청, 2008.
김용식,「울릉도 독도의 종합적 연구: 울릉도 및 독도지역의 식물생태계」, 영남대학교 민족문화연구소, 1998.
박만규,『우리나라 식물명감』, 문교부, 서울, 1949.
박만규,『자연보존』제8호 특집 4, 한국자연보존협회, 1975.
박선주·강기호·박성준,「독도천연보호구역 학술조사-제4장 식물상」, 울릉군청, 2004.
박선주 외,「2016년 독도 생태계 모니터링 보고서」, 영남대학교, 2016.
박선주·박성준,「2009년 독도 생태계 모니터링 보고서 -특정도서 제1호」, 대구지방환경청, 2009.
박선주 외,「2012년 독도 생태계 모니터링 보고서」, 대구지방환경청, 2012.
박선주 외,「독도 생태계 정밀조사 보고서」, 2010.
박선주 외,「독도의 식물상과 식생」,『한국환경생태식물학회지』, 24(3), 2010.
박선주 외,「독도 생태계 모니터링 보고서」, 대구지방환경청, 2011.
박선주 외,「2013년 독도 생태계 모니터링보고서-특정도서 제1호」, 대구지방환경청, 2013.
박선주 외,「2014년 독도 생태계 모니터링보고서」, 대구지방환경청, 2014.
박선주·정연옥,『독도를 지키는 우리 야생화』, 깊은나무, 판교, 2017.
박선주 외,「2017년 특정도서 독도 생태계 모니터링 보고서」, 대구지방환경청, 2017.
선병윤 외,「울릉도 및 독도 고유 과녹식물의 계통-독도의 식물 구계 및 세포분류학적 특성」,『식물분류학회지』32(2), 2002.
신현탁 외,「울릉도의 보전지역 설정 및 보전전략 3: 독도의 식물상 및 관리방안」,『한국환경생태학회지』18(2), 2004.
안조수,『한국농식물자원명감』, 일조각, 서울, 1982.
양인석,「울릉도의 식생」,『경북대학교 논문집 1』, 1956.

이덕봉·주상우, 「울릉도 식물상의 재검토」, 『고려대학교 문리논문집 3』, 1958.

이돈화 외, 「독도의 유관속 식물상, 독도 생태계 모니터링 보고서-특정도서 제1호」, 대구지방환경청, 2007.

이영노, 『독도식물 조사기』, 수산 2: 1952.

이영노, The genera of vascular plants of korea, 2007.

이우철, 『한국식물명고(1)』, 아카데미서적, 서울, 1996.

이우철·양인석, 「울릉도와 독도의 식물상, 울릉도 및 독도 종합학술조사」, 한국자연보존협회, 1981.

이창복, 「독도의 식물상」, 『자연보존』 22, 1978.

이창복, 『대한식물도감』, 향문사, 서울, 1980.

정영호, 「독도식물 채집보고」, 『한국생약학회지 창간호』, 1952.

정태현, 『조선식물향명집』, 조선박물연구회, 1937.

정태현, 『조선식물명집-초본편 1』, 조선생물학회편, 1949.

해양수산부, 「독도 생태계 등 기초조사 연구: 제7절 독도의 육상식물 생태, 해양수산부 최종보고서」, 2000.

현진오·권순교, 「독도의 관속식물상, 독도 생태계 정밀조사 보고서」, 환경부, 2006.

Flora of Korea Editorial Committee, 2007, The genera of vascular plants of Korea, Academy Pub. Co.

제2부

독도에 관한 국제법 및 정치학적 연구

일본의 독도영유권 주장과
일제식민지 책임의 국제법적 검토

도 시 환

1. 서론

한일간 해결해야 할 여러 가지 역사 관련 현안 문제 중 가장 첨예한 일본군'위안부' 문제가 2015년 12월 28일 양국 정부간에 합의되었다는 전제로 향후 일본정부는 독도 문제를 본격적으로 거론할 것이라는 우려가 제기되고 있다.[1] 지난 2월 이후 일본은 초 · 중학교 '학습지도요령' 및 '학습지도요령해설서'의 개정을 통해 내년부터 초 · 중학교의 모든 사회과 교과서에서 '독도는 일본 고유의 영토'라고 명기하도록 의무화하고 있을 뿐만 아니라, 독도영유권 주장을 수상관저, 외무성, 내각관방 영토주권대책기획조정실 홈페이지 등을 통해 노골적으로 표출하며 우리의 독도주권에 대한 도발을 감행해 오고 있다.

주지하다시피 일본은 1952년 이래 한국의 독도에 대한 영유권을 본격적으로 제기하기 시작했으며, 고유영토론, 선점론 그리고 샌프란시

---

[1] 김병렬(2016), 「독도 관련 문제 연구를 위한 일제언」, 『영토해양연구』 제11호, p.6.

스코 평화조약을 근거로 한 3대 권원에 대한 주장을 지속적으로 강화해 오고 있다.[2] 환언하면, 일본이 주장하는 독도영유권은 17세기 중반에 확립되었고, 1905년 각의 결정을 통해 재확인되었으며, 샌프란시스코 평화조약에 의해 국제적으로 공인되었다는 것으로 핵심적인 프레임을 정리할 수 있을 것이다.

그러나 일본의 독도영유권 주장은 시계열상 1905년 선점론에서 시작하여 1952년 고유영토론을 경유한 뒤 최근 샌프란시스코 평화조약으로 무게 중심을 전환하는 과정 속에서, 국제법상 요건의 충족 여부 문제로 환치 및 축소, 역사적 권원으로서의 사실에 대한 왜곡에 더하여 국제법상 법리의 정합성에 대한 자의적인 해석을 통해 근본적으로 일제식민주의의 침략이라는 본질을 은폐하고자 하는 한계를 노정하고 있다. 그것은 결국 일본의 주장이 국제정치적 역학관계를 바탕으로 이미 결정했거나 실행한 불법행위를 사후적으로 합법화하고 정당화하기 위한 수단이자 명분에 다름 아닌 것이다.[3]

요컨대, 일본의 독도영유권 주장은 메이지 유신이래 제국 형성을 위한 대외 팽창적 침략정책[4]과 연동됨으로써 1875년 운요호사건, 1894년 청일전쟁, 1904년 러일전쟁 등 동아시아 전역에 걸친 일본의 침략전쟁 가운데 한국의 독도주권에 대한 침탈을 무주지선점이란 이름으로 합법화한 것이다. 그러나, 운요호사건을 통해 1876년 2월 26일 근대 조선

---

[2] 日本 外務省(2014), 『竹島問題を理解するための10のポイント』, p.3.

[3] 허영란(2003. 6), 「명치기 일본의 영토 경계 획정과 독도- 도서 편입 사례와 '죽도 편입'의 비교」, 『서울국제법연구』 제10권 제1호, p.28.

[4] 나카 노리오(名嘉憲夫)는 역사적으로 일본의 영토변화(국경획정) 과정을 1867-1873년을 집권국가형성기, 1874년-1881년을 국민국가로서의 국경획정기, 1882-1945년을 대외팽창기(제국 형성), 1945-현재를 대외축소기(제국 붕괴)로 구분했다. 일본의 독도주권 침탈은 제국형성기에 해당한다. 名嘉憲夫(2013), 『領土問題から国境劃定問題へ』, 明石書店.

과 일본이 체결한 불평등조약인 강화도조약에는 국경획정문제가 언급
되지 않았기 때문에 이를 보완한 태정관(太政官)의 1877년 3월 29일 결
정으로 '독도 외 1도'는 일본 영토가 아니라는 것을 분명히 하고 있음
에 주목해야 할 것이다.[5] 왜냐하면 일본 외무성의 홈페이지에는 이러
한 중대한 결정을 전혀 찾아볼 수가 없을 뿐만 아니라,[6] 1962년 7월 13일
한국에 보내온 일본의 의견서에는 오히려 "메이지 초기에도 일본정부
가 다케시마를 일본의 고유영토로 인식"하고 있었다는 상반된 주장을
하고 있기 때문이다.[7] 나아가 선점론과 고유영토론의 이러한 상충적
한계를 전제로 최근 일본이 주장하는 독도영유권 주장의 핵심은 샌프
란시스코 평화조약으로[8] 그 기초과정에서 독도의 이름이 누락되었으
나 딘 러스크(Dean Rusk) 서한을 전제로 실질적으로 일본 영토로 남게
되었다는 논거 역시 일제식민주의의 연장선상에서 제기되고 있음을
간과해서는 안 될 것이다. 그것은 1951년 샌프란시스코 평화조약의 성
격이 징벌적 조약에서 냉전을 전제로 한 반공조약으로 전환됨으로써
1905년의 가쓰라-태프트밀약으로 상징되는 식민주의[9]를 기저에 둔 독
도주권 침탈행위의 합법화로 이에 대한 국제법적 불법성[10]과 문제점

---

[5] 堀和生(1987),「1905年日本の竹島領土編入」,『朝鮮史研究會論文集』第24號,
pp.97-125.

[6] 강화도조약 체결 당시 일본이 적극적으로 조선에 영향력 확대를 모색하고
있는 상황에서 나온 태정관지령은 역설적으로 독도가 조선의 영토라는 명
확한 인식이 없었다면 정황상 독도를 일본의 영토로 편입했을 가능성이 큰
것으로 보인다. 이성환(2014.12),「근대 일본의 팽창과 영토문제」,『일본역
사연구』제40집, pp.18-19.

[7] 와다 하루키(2013),『동북아시아 영토문제, 어떻게 해결할 것인가-대립에서
화해로』, 사계절, p.41.

[8] 호사카 유지(2009),「한일협약과 고종의 밀서로 본 독도영유권」,『한일군사
문화연구』제8호, p.185.

[9] 권헌익(2009),「독도-다케시마 분쟁의 시각 차이」,『독도연구』제6호, pp.125-126.

[10] Alexis Dudden 교수는 '일본의 한국 식민지화'를 국제법 악용의 대표적인 사

의 규명이 요구되고 있기 때문이다.[11]

환언하면 일본정부는 1910년 한일강제병합 관련 조약의 경우 무력을 사용한 강박 하에 체결된 조약으로서 법적 효력이 존재하지 않음에도 불구하고 일본군'위안부' 문제를 비롯한 일제식민지책임의 면탈을 위해 '당시의 법'에서는 합법이라고 강변하고 있는 반면,[12] 독도영유권은 선점론에서 시작하여 고유영토론을 경유한 뒤 샌프란시스코 평화조약으로 무게중심을 전환해 옴으로써 국제법상 시제법의 적용에 있어서도 상충되는 법리를 주장하고 있는 것이다.

따라서 본고에서는 일본이 제기하고 있는 독도영유권 주장의 3대 권원과 관련하여 역사적 실체를 중심으로 국제법적 효력을 검토한 다음, 국제정치적 역학관계에 입각한 논거의 전환에 대한 시제법의 법리상 문제점과 병행하여 일제식민지책임을 전제로 한 일본내 독도주권 연구동향의 국제법적 문제점을 검토해 보고자 한다.

2. 일본의 독도에 대한 고유영토론의 검토

일본의 고유영토론은 일본이 예로부터 독도의 존재를 인식하고 있었으며 다수의 자료와 지도를 통해 명백히 규명되었다는 것이다. 17세

례로 지적하고 있다. Alexis Dudden, *Japan's Colonization of Korea: Discourse and Power*, univ of hawaii. 2006.

[11] See-hwan Doh(2017), "International Legal Implications of the San Francisco Peace Treaty and Dokdo's Sovereignty," *Korean Yearbook of International Law*, Vol.4, pp.55-77.

[12] 도시환(2010), 「1910년 '한일병합조약' 체결강제의 역사적 진실규명과 국제법적 조명」, 『국제법학회논총』 제55권 4호, p.14; 도시환(2008), 「일본군 위안부 문제의 현황과 국제인권법적 재조명」, 『국제법학회논총』 제53권 3호, IV. 국제인권법적 재조명, 마. 국제인권법의 해석과 시제법 부분 참조.

기 초에는 일본 민간인이 에도막부(江戸幕府)의 공인 아래에 울릉도 도항시 독도를 항행 목표로 삼거나, 선박의 중간 정박지로 이용함과 동시에 강치나 전복 등의 포획에도 이용했다고 주장한다. 따라서 일본 은 17세기 중반에 독도의 영유권을 확립했다고 주장하고 있다.[13]

1) 고유영토론의 실체와 인식

고유영토론은 무주지선점론의 문제점을 파악한 일본이 이를 보완하 기 위해 역사적 권원으로 제기하고 있는 용어임에도 불구하고, 그 개 념적 측면에서 영토분쟁 지역에 대한 역사성을 부정하는 '일본의 발명 품'으로 언급되고 있다. 그것은 고유영토론의 입장을 전제하게 되면, 독도와 러일전쟁 및 한일병합은 상관성이 없는 것이 되며, 센카쿠와 청일전쟁의 관련성 역시 부정된다. 따라서 고유영토는 어떠한 역사적 과정이나 변화 속에서도 변경될 수 없는 요지부동의 지위를 가지게 되 기 때문이다. 고유영토론은 원래부터 자국의 영토였기 때문에 논쟁의 대상이 될 수 없다는 것이나, 최근에는 일본의 고유영토론이 일본에 대항하기 위해 한국과 중국에서도 사용되기 시작하면서 독도문제와 센카쿠문제를 더욱 격화시키고 있는 점에서 유의할 필요가 있다는 것 이다.[14]

(1) 고유영토론 긍정설

국제법학자인 다이쥬도 가나에(太壽堂 鼎)는 고유영토론과 관련하 여 다음과 같이 언급하고 있다. "일본정부에 의한 메이지 38년의 영토

---

13) 日本 外務省(2014), 『竹島問題を理解するための10のポイント』, 2014, p.8.
14) 이성환(2014.1), 「일본의 독도 관련 연구의 새로운 동향과 분석-사회과학 분 야를 중심으로」, 『일본문화연구』 제49호, p.309.

편입 조치와 그에 이은 국가권능의 계속된 발현은 17세기에 당시의 국제법에도 거의 합치되도록 유효하게 설정되었다고 생각되는 일본의 권원을 현대적인 요청에 따라 충분히 대체하는 것이었다."[15] 그러나 국제법상 역사적 권원을 가지는 고유영토를 영유하기 위하여 그것을 근대국제법상의 다른 권원으로 대체하는 것은 요구되지 않으며, 실제 일본이 역사적 권원에 기초하여 영유하는 다수의 섬들을 선점과 같은 다른 권원으로 대체한 일도 없다는 점에서 다이쥬도의 고유영토론은 국제법 법리상 문제가 있는 것이다.[16]

(2) 고유영토론 부정설

역사학자인 와다 하루키(和田春樹)는 일본에서 고유영토론이 생겨나고 사용된 과정을 밝히면서 고유영토론의 허구성을 지적한다. 일본에서 고유영토론은 러시아에게 북방 4개 섬 반환을 요구하면서 처음 사용되었으며, "한 번도 외국의 영토가 된 적이 없었다는 의미"로 사용되었다는 것이다. 북방 4개 섬을 둘러싼 러시아와 일본 간의 조약관계를 살펴본다면 북방 4개 섬이 "한 번도 러시아의 영토가 된 적이 없었다"는 주장은 성립할 수 있으나, 적어도 북방 4개 섬에만 해당된다는 것이다. 따라서 일본이 편입하기 이전에 이미 한국과 중국이 관할 또는 영유하고 있었던 독도와 센카쿠에는 적용될 수 없는 개념이다. 그럼에도 그 후 일본은 이 용어를 독도와 센카쿠에도 그대로 적용하여 자국의 영유권을 정당화하기 위한 수사로 사용하기 시작하면서, 용어를 둘러싼 논쟁을 불러일으키게 된다. 이 용어는 일본어 이외의 언어로는 번역이 안 되는 일본의 '발명품'으로서,[17] 이 용어를 사전적 의미

---

15) 太壽堂 鼎, 『領土帰属の国際法』(東京: 東信堂, 1998), p.143.
16) 박배근(2005), 「독도에 대한 일본의 영역권원 주장에 관한 일고」, 『국제법학회논총』 제50집 제3호, p.105.

로 적용하면 오키나와, 홋카이도 등은 일본의 영토가 될 수 없으며, 일본의 영토는 본토 4개 섬, 이른바 일본 본토로 한정되게 된다.[18]

국제사회학자인 나카 노리오(名嘉憲夫)는 고유영토론이 성립될 수 없음을 지적한다. '고유영토론'은 전쟁을 불러오는 사고와 행동을 가져올 가능성이 있는 위험한 정치적 용어일 뿐만 아니라 잘못된 역사인식에 기초한 아무런 의미 없는 용어로, '고유영토'라 할 경우 '그것은 언제부터, 어떠한 의미로 고유인가'라는 것을 정의하지 않으면 구체성이 없는 공허한 용어이기 때문이다. 고유영토라고 하면 당연히 그것은 일본의 고유영토는 어디인가라는 반문이 유발되며, 일본이라는 나라는 언제 시작되었는가, 그 범위는 어딘가라는 질문에 답해야만 한다. 그러나 이에 대해 답을 할 수 있는 사람은 거의 없는 것으로 보인다.[19]

국제정치학자인 도요시타 나라히코(豊下樽彦)는 고유영토론을 다음과 같이 비판한다. 원래 고유영토란 전혀 국제법상의 개념이 아니다. 결국 이 개념은 센카쿠제도, '죽도', '북방영토'와 같은 영토분쟁을 4개나 안고 있는 일본정부와 외무성이 고안해낸 매우 정치적인 개념에 다름 아니다. (중략) 1970년대 이후 대만과 중국, 한국도 이 개념을 '원용'하고, 지금은 동남아시아에서도 각국이 자기의 영유권의 '정당성'을 주장하기 위해 '고유영토'의 개념이 '난발(亂發)'하는 상황이 되었다.[20]

---

17) 한국은 경우는 Dokdo is an integral part of Korean territory로 사용하고 일본은 Takeshima is a part of Japanese territory로 사용하고 있다. 그 외 일본은 Japan proper, Japan's inherent territory 등으로도 사용했다. 와다 하루키 (2013), 앞의 책, pp.41-42.

18) 와다 하루키(2013), 앞의 논문, pp.31-45.

19) 名嘉憲夫(2013), 『領土問題から国境画定問題へ―紛争解決の視点から考える尖閣·竹島・北方四島』, 明石書店, 2013, p.34.

20) 豊下樽彦(2012), 『尖閣問題とは何か』, 岩波書店, p.142.

국제관계학자인 하바 구미코(羽場久美子)는 유럽의 국제정치적 맥
락에서 고유영토론은 성립될 수 없는 금기어라고 지적하며 다음과 같
이 설명한다. 고유영토란 선사시대나 고대사에서 선주민과의 관계 속
에서 사용되는 용어이다. 19세기나 20세기에 국가가 확보한 영토를 고
유영토(native territory, native land)라고 하는 것은 있을 수 없다. 19세
기는 오히려 선주민 내지는 소국에 대해, 혹은 사람이 살지 않는 경우,
산이나 강이나 영토나 섬에 대해 근대화에 성공한 대국이 '확대'해가는
과정이며, 그것을 '고유영토'라 부르면 분쟁과 대립을 촉발하게 된다.
즉 19, 20세기에 일본이 편입한 독도와 센카쿠는 고유영토에 해당하지
않는 것이며, 고유영토론은 피해자 의식을 유발하고 영토민족주의를
불러일으켜 영토분쟁을 격화시킬 뿐이다.[21]

(3) 소결

고유영토론에 대한 부정적 인식은 국제정치학을 비롯한 사회과학
분야에서는 어느 정도 일반화되어, 최근 역사학계로 확산되는 듯한 경
향을 보이고 있다. 예를 들면 2012년 3월에 발간된 다케시마 문제연구
회의 제2기 최종보고서에는 독도 고유영토론이 보이지 않는다. 또 역
사학자인 이케우치 사토시(池內敏)도 2012년에 출간한 『독도연구란 무
엇인가』에서 역사적 고증을 통해 독도에 대한 일본의 고유영토론을
명백히 부정하고 있다.[22]

---

[21] 羽場久美子(2013),「尖閣 竹島をめぐる 国有の領土 論の危うさ-ヨーロッパ
の国際政治から-」,『世界』839, 岩波書店, p.43.

[22] 池內敏(2012),『竹島問題とは何か』, 名古屋 : 名古屋大学出版会; 그러나 이
케우치의 고유영토론 부정은 고유영토론과 1905년 일본의 시마네현 편입론
의 모순 내지는 충돌을 해결하고 무주지선점론을 강조하려는 의도가 표출된
다는 점에서는 위의 고유영토 부정론과는 차이가 있다. 이성환(2014.1), 앞의
논문, p.312.

2) 고유영토론의 한계와 논거

1905년 독도에 대한 무주지선점론을 대체하는 일본의 고유영토론은 1693년 안용복 피랍 이래 시작된 울릉도쟁계 이후 1905년 독도 편입조치 이전까지 국제법상 역사적 권원으로서 확립되었어야 한다. 그러나 와다 하루키 교수가 지적하고 있는 바와 같이, 1696년 쓰시마번의 도해금지령과 1877년 메이지 정부의 태정관지령은 역설적으로 일본의 고유영토론과 배치된다는 점에서 주목하게 된다. 그러한 전제에서 1962년 7월 13일 한국에 보내온 일본의 의견서에서 "메이지 초기에도 일본 정부가 다케시마를 일본의 고유영토로 인식"하고 있었다는 주장에 더하여 일본 외무성이 『다케시마 문제를 이해하기 위한 10가지 포인트(竹島問題を理解するための10のポイント)』에서 메이지시대 최고 국가기관인 태령관의 지령을 누락시키고 있다는 사실에서 그 의미를 재인식할 수 있을 것이다.

(1) 나이토 세이츄(內藤正中)의 '쓰시마번의 도해금지령'

한국에서는 15세기 문헌에 나오는 '우산도(于山島)'가 독도를 가리킨다고 주장한다. 일본에서는 17세기 초 돗토리(島取)번의 상인이 막부의 허가를 받은 이후로 매년 1회 '다케시마(竹島)'로 건너가 전복을 캐는 등의 일을 했다. 이 '다케시마'는 실은 울릉도를 가리킨다. 1692년이 되자 섬에 다수의 조선인이 와서 일을 할 수 없었으므로, 이듬해 조선인이 오지 못하게 해 달라고 막부에 진정했다고 한다. 그래서 막부는 쓰시마(大馬)번에 조선과의 교섭을 명했다. '다케시마'는 일본 것이라고 하여 교섭하자고 제안했지만, 로쥬우(老中, 막부의 직속으로 정무를 담당하던 최고 책임자) 아베 분고노가미(阿部豊後守)는 도해를 허락한 이유에 대해 "조선의 섬을 일본에서 취하고자 함은 아니다", 섬은

"조선국의 울릉도인 것 같다"고 하면서, 이후부터 일본인이 바다를 건너지 못하도록 조치를 취할 것을 분명히 했다. 이 조치는 1696년의 일이었다.[23]

(2) 호리 가즈오(堀和生)의 '메이지정부의 태정관지령'

메이지 유신을 성공적으로 완수한 일본은 근린국가들과 관계를 정리하고 국경획정을 추진했다. 일본은 조선을 압박하여 1876년 2월에 조일수호조약을 체결하였으나, 이 조약에는 국경획정문제가 언급되지 않았다. 이러한 점을 보완한 것이 당시 일본 조정에서 국무를 총괄하던 태정관(太政官)의 1877년 3월 29일 결정으로, 호리 가즈오(堀和生) 교토대 교수가 1987년 논문 「1905년 일본의 다케시마 영토 편입」에서 밝혔다.[24]

1876년 10월 일본 내무성 지리료(地理寮) 관원이 시마네현에 '다케시마(울릉도)'의 건에 대해 문의하자, 시마네현은 조사를 하여 「일본해」 내 '다케시마' 외 1도 지적편찬방 문의」를 지도와 함께 제출했다. '이소다케시마 약도(磯竹島略圖)'라는 제목의 그 지도에는 '이소다케시마(울릉도)'가 그려져 있고, 그 섬의 남동쪽 오키와의 사이에 작은 '송도'가 그려져 있다. '다케시마 외 1도'란 울릉도와 독도(다케시마)를 의미하는 것으로, 내무성도 독자적으로 조사해 시마네현의 보고와 때를 맞춰 "이 두 섬은 조선령이며 일본령이 아니다"라는 결론을 내렸다.[25]

내무성은 1877년 3월 17일 태정관에게 이 건에 관한 문의서를 제출했다. 부속서류 가운데 '다케시마'는 "오키국의 건위(乾位, 북서) 쪽 120리

---

23) 内藤正中・金柄烈(2007), 『史的検証 竹島・独島』, 岩波書店, p.43; 와다 하루키 (2013), 앞의 책, p.221.

24) 堀和生, 앞의 논문, pp.97-125; 와다 하루키(2013), 앞의 책, p.222.

25) 「日本海內竹島外一島地籍編纂方何い」, 『公文錄』 1877년 3월, 國立公文書館.

가량에 있다. 다음에 한 섬이 있어서 송도라고 부른다. 오키에서 80리 정도 떨어져 있으며, '외1도'란 송도(현재의 독도)"라고 밝혔다. 태정관 의 심사에서 내무성의 견해가 옳다고 판단해 3월 20일 다음과 같은 문 서를 기초하여, 이와쿠라 도모미(岩倉具視) 등의 승인을 요청했다. 17세 기의 막부조치를 자세히 검토한 후, 첨부한 지령안 대로 1877년 3월 29일 에 "다케시마'외 1도'는 우리나라(일본)와 무관한 것임을 알아 둘 것"이 라는 태정관지령이 내려진다. 이것은 울릉도와 독도를 하나로 파악하 고, 이 2도는 조선의 영토라는 심증을 굳혀 일본 영토가 아니라고 선 언한 것이다. 이로써 일본은 조선과의 영토 획정을 이루었다고 할 수 있다.

호리 가즈오 교수의 이 발견에 대해 시마네대학 교수 나이토 세이 츄, 나고야 대학 교수 이케우치 사토시(池內敏) 등은 호리 교수의 주장 을 지지했으나, 다쿠쇼쿠(拓植) 대학 교수 시모죠 마사오(下條正男)는 "다케시마'외 1도'의 1도가 송도(현재의 독도)를 가리키는지 여부는 정 확하게 단할 수 없다"며 이 태정관 결정을 무시했다. 그리고 외무성도 이 태정관 결정을 계속 무시해 왔다.[26)]

3. 무주지선점론에 입각한 독도영유권의 검토

일본이 주장하는 선점론은 일본이 1905년 각의 결정에 따라 독도에 대한 영유의사를 재확인했다는 것이다. 1900년대 초기 시마네현의 오 키섬 주민들로부터 본격화된 강치 포획 사업의 안정화를 요구하는 요 청이 쇄도하자, 1905년 1월 각의 결정에 따라 독도를 시마네현에 편입

---

26) 와다 하루키(2013), pp.224-225.

하여 영유의사를 재확인함과 동시에 각종 행정조치를 통한 주권 행사를 타국의 항의를 받는 일 없이 평온하게 계속적으로 실시했다는 것이다. 일본은 이미 확립되어 있었던 독도에 대한 영유권을 근대 국제법 상으로도 명확하게 제기할 수 있게 되었다고 주장한다.[27)

1) 일본의 독도편입 과정

1903년 오키섬 주변에서 전복을 채취하던 어민 나카이 요사부로(中井養三郎)는 송도라는 섬으로 강치 포획에 나섰는데 당시 그 섬에 많은 사람들이 몰려들었고, 1904년에 이르러 함부로 강치를 포획해 섬 주변이 어지러워지자, 1904년 9월 량코섬의 일본 편입과 섬 대여에 관한 청원서(貸下願)를 제출했다. 러일전쟁의 와중인 1905년 1월 28일 일본정부는 각료회의 결정으로 섬 이름을 '다케시마'라 하고, 본국 및 시마네현 소속으로 정했으며,[28) 정부 훈령에 따라 시마네현 지사가 공시를 낸 것은 2월 22일이었다.[29)

1904년 1월 21일 전시 중립을 선언한 대한제국에 대한 공공연한 침략행위를 시작으로 러일전쟁이 개전되었으며, 일본군은 1904년 2월 개전 전야에 한성을 점령한 뒤 점차 점령지를 확대하는 가운데, 1904년 2월 23일 대한제국에 한일의정서에 서명할 것을 강요하였다. 그 의정서는 조선이 일본의 보호국으로 가는 첫 걸음으로,[30) 일본은 조선의

---

27) 日本 外務省(2014), 『竹島問題を理解するための10のポイント』, 2014, pp.11-12.
28) 일본은 1905년 1월 10일 내무대신 요시카와 아키마사(芳川顯正)가 비밀공문인 '무인도 소속에 관한 건'으로 요청하여 개최된 각의에서, 총리대신 가쓰라 타로(桂太郎)는 1905년 1월 28일 독도를 일본영토로 발표하였다.
29) 와다 하루키(2013), 앞의 책, p.228.
30) 1904년 2월 23일 체결된 한일의정서 제3조는 '대일본제국 정부는 대한제국의 독립 및 영토보전을 확실히 보장한다'라고 규정하여 한국의 독립과 영토보전을 명시적으로 약속했음에도 불구하고 일본은 독도를 시마네현에 편입시

군사 전략상 필요한 지점을 일정한 기간 동안 수용할 수 있다고 규정
했다. 그 후 1904년 8월 22일, 제1차 한일협약을 통해 일본은 본국에서
파견한 외교고문을 받아들이라고 한국에 강요했다.

8월부터 뤼순 공격작전이 시작되어 노기(乃木)군은 육탄전을 벌인
끝에 1905년 1월 1일 드디어 뤼순을 함락했다. 일본 해군은 발트해 함
대와의 동해 해전에 대비해 울릉도에 망루를 세웠지만, 또 하나의 망
루 건설의 후보지로 독도를 지정해 군함을 파견하여 조사를 시작했는
데, 나카이가 청원서를 제출하기 5일 전의 일이었다.[31]

독도의 일본 편입을 요구한 나카이의 신청이 러일전쟁 상황과 직접
관련 있는 것은 당연했다. 나카이의 신청에 대해 러시아와의 전쟁에
매진하던 외무성을 대표하는 야마자 엔지로(山座円次郎) 정무국장이
"이러한 시국이기 때문에 영토 편입을 급선무로 해야 한다. 망루를 세
우고 무선 또는 해저 전신을 설치하면 적함을 감시할 때 매우 유리하
고, 더군다나 외교업무상 고려할 필요도 없다"고 언급했다. 독도의 일
본 편입은 한반도 점령으로 대한제국을 굴복시켜서 얻은 지위 권력을
이용하여 러일전쟁을 효과적으로 진행하기 위한 것으로, 강치 어부의
이해에 얽힌 문제가 아니었던 것이다.[32]

일본은 전쟁을 승리로 끝내고, 포츠머스 강화로 일본의 한국지배를
러시아에 인정하도록 했으며, 1905년 11월 17일에 을사늑약을 강요해
한국을 일본의 보호국으로 삼았다. 통감(統監)이 파견되고 대한제국의
외교권은 완전히 상실되었다. 일본정부의 독도 영유 결정이 한국에 전
해진 것은 그 후 1906년 3월 28일이었다.[33]

킴으로써 그 조항을 위반하였다. 호사카 유지, 앞의 논문, p.191.
[31] 内藤正中, 金柄烈(2007), 앞의 책, pp.169-175; 와다 하루키(2013), 앞의 책,
p.228.
[32] 와다 하루키(2013), 앞의 책, p.229.

일본이 독도를 자기 영토라고 선언한 지 5년 뒤인 1910년에는 한반
도 전체가 일본 영토에 강제 병합되었다. 1905년 독도 강제병합은 1910년
한반도 전역의 강제병합 전조이며 서곡이었고, 민족 비극의 시작이었
다.[34]

2) 무주지선점론의 국제법적 문제점

일본의 1905년 각의 결정과 시마네현 고시 제40호 등은 일본이 근대
법제를 시행한 이후 제정 법규의 방식으로 영토획득을 표현한 것이나
중대한 국제법적 문제들을 내포하고 있다.

첫째, 대한제국의 근대적 입법으로써 독도를 대한제국 울도군의 관
할로 명시한 1900년 칙령 제41호[35]가 공포되어 관보에 게재된 이후 일
본이 1905년 각의 결정하기까지 대한제국의 충분한 실효적 지배행위
가 없었다고 하더라도 이는 근대국제법이 제시하고 있는 국가의 영토
획득에 있어 발견된 영토에 대한 실효적인 지배를 위한 '합리적으로
충분한 기간' 이내라고 할 수 있다. 따라서 대한제국은 일본이 1905년
각의 결정을 한 시기까지 타국이 독도를 선점하는 것을 잠정적으로 금

---

33) 와다 하루키(2013), 앞의 책, p.229.

34) 와다 하루키(2013), 앞의 책, p.230.

35) 일본인들이 울릉도에서 무단으로 목재를 벌채하는 등 각종 문제가 발생하
자, 대한제국 정부는 일본정부에 이들을 철수시킬 것을 요구하는 한편, 울릉
도의 지방행정 법제를 강화하기로 하였다. 이에 따라 1900년 10월 24일 의정
부회의에서 "울릉도를 울도로 개칭하고 도감을 군수로 개정"하기로 하였고
(제1조), "구역은 울릉전도와 죽도·석도(독도)를 관할한다"고 규정하여 울도
군의 관할 구역에 독도를 명시적으로 포함시켰다. 이러한 결정 내용은 1900년
대 10월 25일 황제의 재가를 받아 10월 27일 「칙령 제41호」로서 관보에 게재
되었다. 이와 같이 「칙령 제41호」는 대한제국 정부가 울릉도의 일부로서 독
도에 대해 주권을 행사해온 역사적 사실을 명확히 하고 있다.

지하는 불완전 권원을 보유하고 있었다.

둘째, 1904년 량코 섬 영토편입 및 대하원은 "이 섬은 일본에서 오키 열도 및 울릉도를 거쳐 조선 강원도와 함경도 지방에 왕복하는 선박의 항로에 위치"하고 있다고 하여 독도가 일본의 영토인 오키 열도에서 조선의 본토인 강원도와 함경도로 왕복하기 위한 항로에서 일본 영역이 아닌 첫 번째 확인되는 섬으로서 조선과 긴밀한 관계에 있음을 밝히고 있다. 이는 독도가 일본이 아닌 조선의 판도에 속해 있다는 인식을 표현한 것으로 볼 수 있다.

셋째, 일본정부의 독도 편입은 칙령 제41호로 공포하고 관보에 게재한 대한제국에 공식적으로 알려지는 경우 대한제국의 반대로 인해 실패할 것을 인식하여 각의 결정의 형식을 통해 중앙정부의 관보게재 부담을 회피하고, 시마네현의 고시로 독도에 대한 행정조치를 할 수 있는 국내법적 근거만을 마련한 것으로 평가된다.[36)]

넷째, 일본의 독도 편입 이전 한일 간 합의에 대한 파기는 통고의무를 전제로 하고 있으나, 각의 결정을 통해 이를 일방적으로 폐기한 것은 국제법적으로 효력을 가지기 어렵다는 점에서, 1905년의 일본의 독도편입은 합법성과 정당성을 가질 수 없다.[37)]

---

36) 최철영, 「1905년 일본정부 '각의 결정' 등의 국제법적 검토」, 『근대 한국과 일본의 독도 관련 자료와 지도에 대한 역사적·국제법적 재조명 학술회의 자료집』, 동북아역사재단, 2017. 10. 20, p.100.
37) 이성환(2017. 9), 「일본의 태정관지령과 독도편입에 대한 법제사적 검토」, 『국제법학회논총』 제62권 제3호, pp.99-100.

4. 샌프란시스코 평화조약상 독도영유권 주장의 검토

일본이 주장하는 샌프란시스코 평화조약에 의한 독도영유권은 동 조약을 통해 독도가 일본의 영토로 공인되었다는 것이다. 제2차 세계 대전 후 일본의 영토처리 등을 실시한 샌프란시스코 평화조약의 초안 작성 과정에서 한국은 이 조약을 기초하고 있던 미국에 대해 일본이 포기해야 할 지역에 독도를 추가해 주도록 요구했으나, 미국은 '독도 는 조선의 일부로서 취급된 적이 없고 일본의 영토이다'라며 한국의 요청을 명확히 거절했다는 것이다. 그러한 전제에서 샌프란시스코 평 화조약에서는 일본이 포기해야 하는 지역으로 '제주도, 거문도 및 울 릉도를 포함한 조선'으로 규정되었고, 독도는 의도적으로 제외되었다 고 주장한다.[38)]

1) 샌프란시스코 평화조약의 대일정책 기조의 변화

1945년 제2차 세계대전 종전 당시 미국의 동아시아정책은 일본을 약 화시키고 소련, 중국과 더불어 평화체제를 구축하는 것이었다. 그러한 전제에서 연합국은 대일영토정책을 확정했고, 이는 카이로선언 · 포츠 담선언으로 구체화되었다. 일본은 포츠담선언을 수락함으로써 연합국 과 일본 간에는 공동 대일영토정책이 합의되었다.

그런데 1950년 냉전의 격화와 존 포스터 덜레스(John Foster Dulles) 의 등장 이후 샌프란시스코 평화조약의 성격과 방향이 변화했다. 가장 큰 변화는 조약이 징벌적 조약에서 반공조약으로 성격이 변화되면서 일본의 전쟁책임, 영토할양, 배상이 사라진 점이었다. 또한 영토문제

---

38) 日本 外務省(2014), 『竹島問題を理解するための10のポイント』, pp.13-14.

에서 미국과 관련된 조항은 세부적으로 규정되었지만, 나머지 인접국과 관련된 조항은 정밀하게 다뤄지지 않았다. 그 결과 연합국이 전시에 합의하고, 일본과도 합의했던 전시 대일영토정책은 폐기되었지만, 새로운 영토정책·원칙은 샌프란시스코 평화조약에서 논의·합의·결정되지 않았다.

그러한 전제에서 일본정부는 1952년 이후 샌프란시스코 평화조약이 일본의 독도영유권과 직결된다고 지속·반복적으로 주장하고 있다. 그러나 역설적으로 1949년 미국의 대일정책의 전환 이후 반공조약의 기조로 변화된 샌프란시스코 평화조약에서 일본이 독도를 '일본령에 포함되는 도서로 특정'하는 것을 요구했음에도 불구하고, 이 요구가 거절됨으로써 독도가 일본령으로 남지 않게 되었다는 점에 주목해야 할 것이다.[39]

더하여 1951년 4월 덜레스특사의 2차 방일과정 중 일본정부의 영국 정부 조약초안 검토 과정에서 작성자인 영국은 물론 이해당사국인 한국마저 배제된 상태에서, 또한 미국의 일방적 후의 속에 집중적이고 독점적으로 영국 외무성의 대일강화조약 초안을 검토했음에도 불구하고, 독도가 일본령에서 배제되어 한국령에 포함된다는 영국 외무성 조약 초안의 내용을 인정함으로써 결과적으로 독도가 한국령임을 공인했던 사실은 주지해야 할 것이다.[40]

한편, 샌프란시스코 평화조약 제2조와 독도주권 관련 국제법의 법리의 관점에서 동 조약의 비당사국인 한국의 입장에서 검토하게 되면, 1951년 6월 2일부터 14일까지 런던에서 개최된 샌프란시스코 평화조약을 위한 제2차 영미회담에서 영국과 미국은 한국의 당사국 지위를 인정하지 않는 대신 조약의 제3자적 효력과 관련하여 제21조를 통해 동

---

39) 정병준(2015. 6), 「샌프란시스코 평화조약과 독도」, 『독도연구』 제18호, p.156.
40) 정병준(2015. 6), 위의 논문, p.158.

조약 제2조 등의 이익을 받는 권리를 부여하기로 합의한 점 역시 주목
할 필요가 있다.[41]

아울러, 대세적 의무를 가지는 객관적 체제를 창설하는 조약에 관한
법리는 일반적으로 널리 받아들여지고 있다고 볼 수 없으며, 이를 인
정하더라도 당시 한국, 소련, 중국, 대만 등이 취한 태도를 고려할 때
샌프란시스코 평화조약이 이러한 조약에 해당한다고 보기는 어렵다는
점을 확인할 수 있다.[42]

2) 샌프란시스코 평화조약 제2조 a항과 딘 러스크 서한

샌프란시스코 조약 제2조 a항은 "일본은 한국의 독립을 승인하고 제
주도, 거문도, 울릉도를 포함한 한국에 대한 모든 권리, 권원 및 청구
권을 포기한다"고 규정하고 있다. 일본은 독도가 일본이 포기해야 할
영역에 포함되지 않는다는 것을 의미한다고 주장한다. 따라서 독도는
일본이 포기할 대상이 아니기 때문에 1905년 이후 현재까지 계속해서
일본의 영토로 주권이 미치고 있다고 주장한다.

한편 1951년 7월 19일자로 양유찬 주미 한국대사가 미국 국무장관에
게 일본이 포기해야 할 도서들 가운데 제주도, 거문도, 울릉도에 더하
여 독도를 포함시켜줄 것을 요구했다. 그러나 미국은 한국의 이러한
주장을 수용하지 않았고, 그 결과 제2조 a항에서 독도가 누락된 것이
다. 특히 딘 러스크 국무성차관이 8월 10일자로 주미 한국대사관에 보
낸 이른바 딘 러스크(Dean Rusk) 서한이 그 이유를 설명하고 있다. "독
도 섬에 관련하여, 우리의 정보에 의하면, 다케시마 혹은 리앙쿠르암
으로도 불리는, 정상 상태에서 사람이 살지 않는 이 암석체가 한국의

---

41) 정병준(2010), 『독도 1947』, 돌베개, pp.613-617.
42) See-hwan Doh, *supra* note 11.

일부로 취급된 적은 전혀 없으며, 대략 1905년부터 지금까지 일본 시마네현 오키섬 지청 관할 하에 있었다. 한국이 1905년 이전에 그 섬의 영유권을 주장한 적이 있는 것으로 보이지 않는다."[43)]

그러나 딘 러스크 서한은 "우리(미국)의 정보에 의하면"이라는 단서를 전제로 하고 있다는 점을 주목할 필요가 있다. 미국의 제한된 정보에 의하여 샌프란시스코 조약에서 독도가 누락되었다는 것이다.[44)] 이 단서를 전제로 하여 미국은 독도가 "1905년부터 지금까지 일본 시마네현 오키섬 지청 관할 하에 있었다"는 점을 강조하고 있는데, 이는 미국이 1905년 일본의 독도편입을 정당한 것으로 간주하고 있다는 것을 의미한다. 그리고 같은 단서를 전제로 하여, "한국이 1905년 이전에 그 섬의 영유권을 주장한" 적이 없다고 하고 있다. 제한된 정보라는 것은 결국 미국이 1905년 일본의 독도편입조치 이후의 정보에 의존하고 있었다는 것을 의미하고 있다. 따라서 앞서 논의한 바와 같이 일본의 독도편입이 법리적으로 무효로 입증됨으로써 1905년부터 지금까지 시마네현 오키섬 지청 관할하에 있다는 전제의 딘 러스크 서한은 의미를 상실하게 되는 것이다.[45)]

---

43) 딘 러스크 서한은 인터넷상에서 원문(http://blog.daum.net/hangun333/3143)을 확인할 수 있다.

44) 정병준(2010), 앞의 책, pp.775-786.

45) 이성환, 「조일/한일 국경조약체제와 독도」, (근대 한국과 일본의 독도 관련 자료와 지도에 대한 역사적·국제법적 재조명 학술회의 자료집, 동북아역사재단, 2017. 10.20), pp.83-85.

5. 일본의 독도영유권 주장에 대한 시제법적 검토

1) 시제법 법리의 이론적 검토

(1) 시제법의 개념

연속하는 시간의 흐름 속에서 생활관계를 규율하기로 당초에 정립된 법과 세월이 흐른 후 변화된 법 사이에서 어떤 법을 선택하여 규율하는가 하는 것은 시제법의 문제(Inter-temporal Law Problem)이다. 국제적 생활관계에서는 새로운 조약의 체결 등 입법을 통하여 법규범의 발전상태가 반영되고 이를 통하여 새로운 법규범이나 법률용어의 의미가 과거의 의미를 대체할 수 있는가의 문제이며 이는 법규의 효력이 시간 속에서 어떠한 지위를 갖는가를 결정하는 문제이다.[46]

(2) 권리의 창설과 권리의 존속의 구별

시제법의 문제는 법해석의 방법문제이고 정치적 요소가 개입된다고 언급되는 것은 법규범, 특히 권리의 성격을 동적으로 이해할 필요성이 있기 때문이다.

첫째, 권리를 창설하고 의무를 부담하는 협정의 체결이나 사태의 발생 시 이에 따른 법률효과의 귀속은 당사자들의 의사에 기초한다. 국제법 관계는 당사자들의 의사의 합치, 즉 합의의 형성에 의존하는 것이 원칙이다. 그런데 이 합의의 형성은 당사자 사이의 상호 호혜성과 공평성을 전제로 한다고 의제할 수 있다. 권리의 창설 시에 유효하였던 법에 따라 권리의 의미가 규정되어야 한다는 원리는 그 권리의 기초였던 법의 내용이 발전함에 따라 그 발전된 내용에 연계되어 유지되

---

46) 오병선(2012) 「국제법상 시제법 문제에 대한 이론적 고찰」, 『국제법학회논총』 제57권 제1호, pp.73-74.

어야 한다는 요건을 포함한다고 볼 수 있다. 즉 권리의 존속은 국제사회의 동적 질서가 지향하는 정의와 형평의 내용에 부합하는 한도 내에서 효력을 유지할 수 있다고 보아야 할 것이다. 이러한 국제법 관계의 동적 질서의 특성을 우리는 국제법 체계에서 사정변경의 법리, 권리남용금지의 법리, 시효의 법리, 노후폐절과 폐기의 법리, 강행규범의 법리 등을 인정하는 예에서 찾아볼 수 있다.

둘째, 국제법 관계에서 정립된 법률관계의 안정성을 보호하는 약정준수의 원칙(Principle of Pact Sunt Servanda), 법불소급의 원칙(Principle of Non-retro-activity of Law)은 국제법 질서의 기본 원칙이지만 그 정적 성격으로 인하여 경우에 따라 법의 이념 중에서 법적 안정성만 중시하고 정의나 구체적 타당성을 소홀히 할 수가 있다. 사정변경의 법리는 바로 법규범과 권리의 진화적 성격을 반영하는 대표적 원리라고 할 수 있다. 조약의 체결 당시 당사자의 합의의 기초가 되었던 사정이 세월이 지나면서 급격하고 현저하게 바뀌어 당초의 합의 내용대로 권리관계를 강행하려면 지나치게 무리한 부담을 강요하여 당사자 사이의 형평에 반하게 된다. 그리고 그러한 사정의 변화를 예상하였더라면 당사자 사이에 당초에 조약의 체결을 하지 않았거나 달리 하였을 경우라면 사정변경의 법리가 적용되어 당초의 조약의 소멸을 주장할 수 있게 된다. 당사자 간 합의의 기초의 동일성과 형평성의 유지가 조약관계의 계속의 관건이 된다.[47)]

(3) 안정과 변화의 조화

그렇다면 시제법의 문제에서 권리관계는 항상 법규범과 사태의 새로운 변화에 즉응하여 계속 연동해야만 하는가? 법규범과 사실은 시대

---

47) 오병선(2012), 앞의 논문, pp.74-75.

의 흐름에 따라 발전하며 그 의미를 달리 할 수 있다. 국제사회에서는 입법기관의 불비로 법규범의 변화는 법적 사실의 변화보다 느리고 어려울 수밖에 없다. 그런데 권리가 창설될 때의 법적 사실이나 사태의 의미의 변화에 따라 늘 권리관계를 존속시키기 위하여 그 권원을 새롭게 유지해야 한다면 국제관계의 안정이 심하게 교란될 수밖에 없을 것이다. 그리하여 팔마스섬 중재사건에서 후버 판사도 사실관계는 그 법적 사실에 기한 권리의 창설시 유효한 법에 의하여 결정되어야 한다는 시제법의 법리의 제1요소를 강조하고 있다. 이는 권리 존속은 발전하는 법의 내용에 따라 새롭게 유지해야 한다는 시제법의 제2요소를 법적 사실의 확정에까지 확대하지 말아야 한다는 의미로 해석해야 할 것이다.[48] 그러나 경우에 따라서는 법적 사실의 확정이나 권리의 확정의 의미의 경계가 모호할 수도 있을 것이다. 왜냐하면 사실과 권리가 모두 법의 규율의 내용이 되고 대상이 되기 때문이다.[49]

2) 시제법 제시 판례: 팔마스섬 중재사건(Island of Palmas Arbitration, 1928)[50]

후버 판사는 시제법의 법리에서의 권리의 창설과 권리의 존속의 두 요소가 필요하다고 주장하였다. 16세기 발견에 의하여 팔마스섬에 대한 권원을 획득하였다는 스페인으로부터 전쟁에서 승리 이후 할양받

---

[48] Peter Malanczuk(1997), Akehurst's Modern Introduction to International Law, Seventh Revised Edition, Routledge, pp.155-7 at 156; R. Jennings(1963), The Acquisition of Territory in International Law, p.30; 오병선(2012), 앞의 논문, p.75.

[49] 오병선(2012), 앞의 논문, p.76.

[50] Island of Palmas case(Netherlands, USA), 4 April 1928, *UN Reports of International Arbitral Awards,* Vol. Ⅱ, 2006. p.831.

은 미국이 17세기 동인도회사에 의하여 원주민 추장과 협정을 체결한 이래 영유권을 확립하였다고 주장하는 네덜란드와의 영유권 분쟁에서 네덜란드의 권원이 유효하다고 판정하였다.

16세기에 유효하였던 발견만으로 팔마스섬에 대한 영유권을 확립하였다고 주장하는 스페인의 권원을 승계한 미국의 주장에 대하여 발견만으로는 단지 미성숙의 권원만을 얻을 뿐이고 발견에 추가하여 19세기와 20세기 초까지 발전된 새로운 권원취득의 법규의 요건에 따라 실효적 점유를 구비한 네덜란드가 실질적 권원을 확립하고 있다는 것이다. 후버판사는 권리의 존속을 위하여 분쟁발생 시까지 발전된 법의 요건에 따라 권리의 행사가 유지되어야 한다고 하였다.[51]

3) 독도영유권 주장의 시제법적 검토

1904년 1월 21일 전시 중립을 선언한 대한제국에 대한 공공연한 침략 행위를 시작으로, 1904년 2월 23일 한일의정서가 체결된 이래 한국에 주둔한 일본의 한국주차군은 한국 정부에 상시적인 위협을 가함으로써 침략의 본질을 은폐하기 위한 국제법적 요식행위로 제1차~제3차 한일협약이 체결되는 배경이 되었다.[52] 더욱이 일본이 대한제국의 외교권에서 나아가 대외주권의 완전한 박탈을 기도하던 시기인 1904년 8월

---

51) 도시환(2017), 「팔마스섬 사건(네덜란드/미국)」, 『영토해양 국제판례 연구』, 박영사, pp.3-14.

52) 일본은 한국의 국권 탈취 과정에서 국제법적 합법성을 확보하기 위해 다음과 같은 5단계를 거쳤다. (1) 1904년 2월 23일자의 〈한일의정서〉; 영토사용권 탈취, (2) 1904년 8월 22일자의 〈제1차 한일협약〉; 외교권 탈취, (3) 1905년 11월 17일자의 〈제2차 한일협약: 을사늑약〉; 대외주권 박탈, (4) 1907년 7월 24일자의 〈제3차 한일협약: 정미조약〉; 군사·내정권 탈취, (5) 1910년 8월 22일자의 〈한국병합조약: 병합늑약〉; 강제병합 순이다. 도시환(2015), 「을사늑약의 국제법적 문제점에 대한 재조명」, 『국제법학회논총』 제60권 제4호, pp.126-143.

22일 제1차 한일협약과 1905년 11월 17일 을사늑약 체결 시점 사이에
도발한 일본의 독도편입은 한일의정서 제3조가 규정한 대한제국의 영
토보전이라는 조항에 위배되는 국제법상 불법행위인 것이다. 그럼에
도 불구하고 외교권 박탈에 항거한 고종 황제의 밀사 파견을 협약 준
수 의무 위반으로 간주하고 조약의 강제를 통한 대외주권의 박탈을 비
롯하여 고종 황제의 퇴위, 한국군의 해산 등을 내용으로 하는 한일협
약의 체결은 Alexis Dudden이 지적하고 있는 바와 같이 일본의 한국
식민지화 과정은 국제법 악용의 대표적 사례인 것이다. 따라서 일본의
독도 편입이 러일전쟁을 기점으로 한반도 식민화정책 추구와 시기적
으로 일치한다는 점에서 한국에 대한 일제식민지 침략과정에서 국제
법상 무주지 요건을 충족하지 못한 선점 행위로서 무효일 뿐만 아니라
타국의 영토주권에 대한 불법적인 침탈행위인 것이다.

　따라서 일본의 식민지배합법론의 토대로서 주장하는 '그 당시의 법'
으로서 1910년 한일강제병합조약의 체결이라는 시제법에 입각하면서
도, 1952년 이래 제기하고 있는 일본의 독도영유권과 관련한 주장은
1905년 선점론에서 시작하여 고유영토론을 경유한 뒤 샌프란시스코 평
화조약으로 무게중심을 전환해 왔다는 점에서 시제법 법리의 상충적
인 적용에 대한 검토가 필요한 것이다. 러일전쟁 중 한국의 독도주권
을 침탈하며 식민제국화한 일본은 가쓰라-태프트 밀약(1905년)으로 상
징되는 식민제국주의 열강간의 방조와 묵인이 국제법상 합법이라는
전제하에, 1905년 을사늑약을 거쳐 1910년 강제병합에 이르는 과정에
서 시제법의 법리를 그러한 연장선상에서 자의적으로 적용하고 있기
때문이다.

　요컨대, 시제법의 본질은 권리의 창설 시에 유효하였던 법에 따라
권리의 의미가 규정되어야 한다는 원리이자 그 권리의 기초였던 법의
내용이 발전함에 따라 그 발전된 내용에 연계되어 유지되어야 한다는

요건을 포함한다는 것으로, 권리의 존속은 국제사회의 동적 질서가 지향하는 정의와 형평의 내용에 부합하는 한도 내에서 효력을 유지할 수 있다고 보아야 할 것이다. 이러한 동적 질서의 특성을 전제로 한 국제법 체계에서 일본의 독도영유권 주장은 권리남용금지의 법리, 노후폐절과 폐기의 법리, 강행규범의 법리 등과 상충되는 것이다. 더하여 시제법의 법리를 제시한 1928년 팔마스섬 중재사건에서는 미국과 스페인 간 강화조약상의 권원을 부정하고, 영토에 대한 평화적·계속적·실제적 국가권능의 행사로 정의되는 실효지배의 원칙을 제시하고 있다는 점에서 한국의 독도주권에 시사하는 바가 크다 하겠다.[53]

6. 일제식민지책임 관련 독도주권 연구의 검토

1905년 일본의 독도 침탈 이래 1945년 한국의 독립으로 독도에 대한 영토주권이 회복되었음에도 불구하고, 일본정부는 여전히 1905년 자국 영토로의 편입과 나아가 고유영토라는 주장을 통해 한국이 불법 점거하고 있다며 항의해 오고 있다. 이와 관련하여 독도를 영토 문제로서만이 아니라 일제식민지 책임 문제와 병행하여 국제법 사관 등 역사문제로 인식할 필요성이 일본 내 역사 및 국제법 학계에서 제기되고 있음은 주목할 만한 것으로 검토할 필요가 있다.

1) 와다 하루키(和田春樹)의 '일본의 독도포기론'

와다 하루키 교수는 식민지 지배를 반성하는 일본으로서는, 독도가

---

53) Island of Palmas case(Netherlands, USA), 4 April 1928, *UN Reports of International Arbitral Awards,* Vol. Ⅱ, 2006, p.867.

일본의 고유영토이고, 한국의 지배는 불법점거라고 주장하는 것은 도의라고는 전혀 없는 행동이라 하지 않을 수 없다고 비판한다. 한국이 실효지배하고 있는 독도에 대한 주권을 주장하는 것을 일본이 단념하는 것밖에는 다른 길이 없으며, 이룰 전망이 없는 주장을 계속해서 한일관계, 일본인과 한국인의 감정을 점점 더 악화시키는 것은 어리석음의 극치라고 언급하고 있다. 즉 그의 독도 포기론에는 식민지 지배에 대한 배상과 사죄의 의미가 담겨 있다.[54)

독도는 일본이 1905년 1월 이래로 1945년 8월 15일까지 40년 동안 이 섬을 영유했다는 점, 일본의 패전과 조선의 독립 후 연합국 최고사령부가 1946년 1월 일본의 관리에서 제외했던 점, 1952년에 이승만 라인의 안쪽에 독도를 포함한 뒤 몇 차례 분쟁이 있었지만 1954년부터 한국이 경비대를 보내 확보했으며, 이후로 오늘날까지 실효지배를 계속하고 있다는 점을 들고 있다. 일본이 영유한 시간보다 긴 기간 동안 한국이 실효지배를 해 왔음을 주장하고 있다. 더욱이 1905년 1월 일본의 독도 영유는, 조선 침략을 시작하면서 5년 후 강압적인 한국병합의 전조이자 서곡이었으며, 민족 비극의 시작이었다는 점을 강조하고 있다.[55)

그러나 한국은 한일 양국민의 이해의 조화를 위해 독도 주변 해역에 대한 시마네현 어민의 조업을 보장하고, 독도를 배타적 경제수역(EEZ)의 기점으로 사용해서는 안 된다고 제안하고 있다.[56)

2) 세리타 겐타로(芹田健太郎)의 '한국의 독도개방론'

세리타 겐타로는 국제법적으로 독도영유권을 분석한 후, 독도가 한

---

54) 와다 하루키(2013), 앞의 책, pp.264-265.
55) 와다 하루키(2013), 앞의 책, p.264.
56) 와다 하루키(2013), 앞의 책, p.265.

국에 속해야 한다는 정당한 이유는 찾기 어렵다는 결론을 맺고 있다.[57] 그런 다음 그는 한국이 독도를 실효지배하고 있으며, 100평 토지 구석의, 엄지손가락 정도 크기의 돌땅을 이웃과 다투고 있다고 비유하면서 한일 간에 새로운 조약을 맺어 이 문제를 해결할 필요가 있다고 강조한다.

그가 제시하는 조약의 내용은 다음과 같다. 우선 1965년 국교정상화 조약에서 일본은 한국 식민지 지배에 대해 어떠한 사죄도 하지 않았으므로, 2002년 북일 평양선언, 1995년의 무라야마 담화와 같이 솔직하게 한국민에게 반성과 마음으로부터의 사죄를 표명한다. 그리고 장래세대를 위해 일본은 독도를 한국에 양도 또는 포기하고 독도에 대한 한국의 주권을 인정해야 한다고 주장한다.

그러나 그는 한국에 대해 다음과 같은 요구를 하고 있다. 한국은 독도가 아닌 울릉도를 기점으로 한 배타적 경제 수역의 획정을 약속하고, 독도를 자연보호구역으로 한 다음 12해리의 어업금지수역을 설정하여 모든 나라의 과학자들에게 이를 개방한다는 것이다.[58] 세리타의 제안은 와다 하루키의 제안과 대동소이하나, 독도를 국제적으로 개방해야 한다는 차이가 있다. 세리타와 와다의 안은 식민지 지배에 대한 사죄의 의미가 포함되어 있으며, 한일 양국이 어느 정도의 이익을 공유해야 한다는 점에서는 공통적이다.[59]

---

57) 芹田健太郎(2006), 『日本の国境』, 中央公論社, p.185, 187; 이성환(2014. 1), 앞의 논문, p.313.

58) 芹田健太郎, 앞의 논문, p.308, pp.312-313.

59) 이성환(2014), 앞의 논문, pp.313-314.

3) 히로세 요시오(広瀬善男)의 '비식민지화 법리론'

히로세 요시오는 지금까지 국제법적 논의에서 거의 사용되지 않았던 국제법사관(國際法史觀)에서 '식민지화'와 '비식민지화'의 개념을 사용하여 한일병합과 독도의 영유권 문제를 새로운 각도에서 분석하고 있다. 그는 제1차 세계대전을 경계로 그 이전을 식민지화 시대, 그 이후를 비식민지화 시대라 규정한다. 여기서 비식민지화란 "국제연맹기 법질서의 성립을 계기로 도입된 일본 등 후발식민국가에 의한 새로운 식민지 형성의 행동이나 강제적인 타국의 보호국화 혹은 영역편입행위는 완전히 위법화된다. 특히 제2차 세계대전 후의 국제연합헌장하에서 강행규범(jus cogens)으로 확립된 비식민지화 원칙과 민족자결주의 원칙의 확립(유엔헌장 1조 2항, 11, 12, 13장, 그리고 1960년의 식민지 독립부여선언을 거쳐)에 의해 그러한 후발식민국가가 행한 국제연맹 시대(戰間期)에서의 새로운 식민지화와 그 결과에 대해서는 소급적 무효화를 의무화하지 않으면 안 된다고 주장한다.

그러나 제1차 세계대전까지의 식민지 정책에 대해서는 국제연합헌장하에 형성된 비식민지화의 법리 효과는 원초적 무효는 아니고 유효성을 인정한 위에 청산의 효과에 한정한다. 한일병합에 이르는 메이지기의 일련의 한일협약의 국제법상의 효과는 이 범주에 속한다는 것이다.[60] 즉 한일병합 등은 유효하지만 보상을 포함한 청산의 대상이라는 것이다. 같은 연장선상에서 독도영유권과 관련하여 독도는 19세기를 통해 제1차 세계대전까지 유효한 국제법리였던 강대국 일본의 식민지화 활동에 의해 일본의 실효적 점유 행위의 결과가 법적으로 긍정되어 일본령이 되었다고 할 수 있다. 그러나 독도는 제2차 세계대전 후에는

---

60) 広瀬善男(2007), 「国際法からみた日韓併合と竹島の領有権」, 『明治学院大学法学研究』 81, p.288.

새로운 비식민지화 법리의 전면적 적용을 받아야 하는 대상이 되었다
는 것이다.[61]

그러면서 일본이 청일전쟁과 러일전쟁을 통해 합법적으로 취득한
대만과 사할린을 원소유국에게 돌려준 것도 제2차 세계대전 후의 비
식민지화 조치의 한 유형이라고 부연 설명한다. 따라서 독도 역시 비
식민지화의 대상이 되어야 마땅하며, 그 연장선상에서 독도에 대한 한
국의 주권을 인정해야 한다. 그러나 한일 간의 우호적 관계를 생각해
독도를 기점으로 한 EEZ를 인정하지 않고, 현재의 잠정수역을 계속 인
정하고, 주변해역의 공동자원 관할권의 설정에 합의하는 것이 바람직
하다고 주장한다.

4) 일제식민지책임과 독도주권 연구동향에 대한 평가

와다 하루키(和田春樹)의 '일본의 독도포기론', 세리타 겐타로(芹田
健太郞)의 '한국의 독도개방론', 히로세 요시오(広瀬善男)의 '비식민지
화 법리론' 모두 일제식민지책임을 전제로 한국의 독도주권 문제를 인
식하고 있다. 그럼에도 불구하고, 3인의 학자 모두 동일한 제안사항을
제시하고 있다는 점에서 주목하게 된다. 그것은 첫째, 한국은 한일 양
국민의 이해의 조화를 위해 독도 주변 해역에 대한 시마네현 어민의
조업을 보장해야 한다는 것이고, 둘째, 독도를 배타적 경제수역(EEZ)
의 기점으로 사용해서는 안 된다는 것이다.

일본 학자들의 공통적인 제안에 대한 해답으로는 와다 하루키 교수
가 한일간 독도문제의 해결방안으로 제시하고 있는 바와 같이 스스로
가 던지고 있는 질문에서 그 답을 구하고자 한다. 어떻게 해서든 한국

과 일본은 옛 식민지 지배국으로서 영토 확정을 위한 교섭을 해야 한
다. 그런 자리가 마련되면 한국대표는 "일본은 1904년 조선을 점령했
고, 1910년 한반도를 강제병합하고 지배했다. 그러나 지금은 모든 것
을 조선인들에게 돌려주었으며, 남반부는 대한민국의 영토라고 인정
했다. 그리고 그 영토에는 울릉도와 독도가 포함되어 있다. 일본은 이
점을 인정해야 한다. 그리고 한국은 1948년에 쓰시마 영유를 주장했지
만 지금은 거두어 들였다"라고 말할 것이다. 이에 대해 일본 대표는 뭐
라고 답할 것인가?[62] 한국은 와다 하루키 교수가 언급하고 있는 바와
같이 "쓰시마 영유와 관련하여 첨언을 하지 않았다"는 점을 주지할 필
요가 있다. 따라서 일제식민지책임으로서의 독도주권에 대한 인식에
서 출발하면서도 여전히 독도에 대한 일본의 이익 보장을 전제로 하고
있는 해결방안의 타당성은 의문이지 않을 수 없는 것이다.

더욱이 국제법사관에 입각한 히로세 요시오(広瀬善男)의 "비식민지
화 법리론"은 일본의 독도영유권과 관련하여 일제 식민지화 활동에 의
한 일본의 실효적 점유 행위로서 제1차 세계대전까지는 유효한 국제
법리라는 전제에서 출발하고 있다. 그러나 일본이 한국을 강제 병합
해 간 시기의 국제법은 국가실행을 중시하는 법실증주의가 주류였던
19세기의 국제법과 달리, 보편적 국제규범에 입각하여 구미의 국제
법에도 법의 규범성을 둘러싼 새로운 변화의 움직임이 일어나던 시기
임을 주목해야 할 것이다. 1899년과 1907년 두 차례에 걸쳐 헤이그에
서 개최된 만국평화회의는 전시(戰時) 군대의 행동을 제한하는「육전
에서의 법규와 관례에 관한 의정서」를 성립시켰다. 의정서의 전문을
작성한 러시아의 법학자 Fyodor F. Martens[63])는 국제법의 미성숙에 따

---

62) 와다 하루키, 앞의 책, p.10.
63) 사사가와 노리가츠(2009),「하버드초안이 받아들인 그로티우스와 마르텐스-
　　대표자에 대한 조약강제 무효법리의 특징을 알리기 위하여-」,『한국병합과

른 법규의 미비를 전제로 인해 조약이 없는 경우에도 군사령관의 자의에 맡겨지는 것이 아니라, 인민 및 교전자는 "의연히 문명국간 존립하는 관습, 인도의 법칙 및 공공의 양심이 명하는 바에 따른 국제법 원칙의 보호 및 지배 아래에 두어야 함을 명기하고 있음은 주지의 사실이기 때문이다.[64]

7. 결론

일본이 제기하고 있는 국제정치적 역학관계에 입각한 독도영유권 주장의 3대 권원과 관련하여 역사적 실체와 국제법적 정의에 부합하는 시제법 법리상의 문제점의 규명과 병행하여 일제식민지 책임론에 입각

현대』, 태학사, pp.615-656 참조.

[64] 제2차 세계대전 후 나치스의 전쟁범죄를 심판한 뉘른베르크 재판은 종래의 국제인도법 위반인 '통상의 전쟁범죄'이외에 새로이 '평화에 대한 죄'를 규정하자 변호인측은 법의 불소급주의의 입장에서 '당시의 국제법'이 아니라 사후법으로 범죄의 범주를 만들어 재판하는 것에 반대했다. 그러나 재판소는 마르텐스 조항을 인용하여 "그것은 고결한 선언 이상의 것"으로, 전쟁법의 특정한 조항에 의해 충족되지 않는 사례에 적용되어야 할 법적인 판단기준을 만들어낸 일반규정이라고 하여 변호인 측의 주장을 기각했다. 연합국 전쟁범죄위원회의 전범재판에 관한 법적 보고서(1949)의 편자 라이트 경도 마르텐스 조항을 "짧은 문장으로 전쟁법과 실제, 모든 법에 활력과 동기를 부여하는 원칙을 말했던 것이라 평가하여 전쟁법에 그치지 않는 마르텐스 조항의 보편적 의의를 강조했다(Throdor Meron, The Martens Clause Principles of Humanity and Dictates of Public Conscience", in American Journal of International Law, Vol.94, No.1). '당시의 국제법'에도 마르텐스 조항과 같이 규범주의적 측면이 전혀 없었던 것은 아니었다. 두 차례의 대전을 거치면서 오히려 이러한 측면이 발전해 갔다. '당시의 국제법'을 보는 관점도 국가실행과 유착된 일본형 실증주의라는 퇴행적인 면이 아니라 이러한 발전적 측면에 무게를 두고 평가해가는 것이 필요하다. 荒井信一, "歷史における合法論, 不法論を考える,"『世界』 제681호(2000. 11), pp.270-284.

한 일본 내 연구동향의 국제법적 문제점을 중심으로 검토해 보았다.

먼저 일본의 독도영유권 주장은 역사적 문제점으로 시계열상의 상충이라는 오류에서 비롯된다. 일본은 대외팽창적 침략전쟁 가운데 한국의 독도주권에 대한 침탈을 합법화하기 위해 1905년 무주지선점론을 제기한 이래, 1952년에 이와 상충되는 17세기 고유영토론을 경유한 뒤 최근 샌프란시스코 평화조약으로 무게 중심을 전환해 왔다. 그러한 과정속에서, 선점론을 통해 국제법상 요건의 충족 여부 문제로 환치 및 축소, 고유영토론으로 역사적 권원으로서의 사실에 대한 왜곡, 샌프란시스코 평화조약의 법리적 정합성에 대한 자의적인 해석을 통해 근본적으로 일제식민주의의 침략이라는 본질을 은폐하고자 하는 한계를 노정하고 있는 것이다. 그러한 전제에서 일본학계에서 제기되고 있는 일본의 독도영유권 논거에 대한 비판에 주목하게 된다. 고유영토론의 실체에 대한 부정론과 그 논거로서 인용되는 1696년 쓰시마번의 도해금지령 및 메이지 정부의 1877년 태정관지령을 비롯하여, 1905년 시마네현의 독도 편입은 1900년 대한제국 칙령 제41호의 공포 및 관보 게재에 상충되는 것으로 국제법적 효력이 부재하며, 샌프란시스코 평화조약의 논거로 주장하는 딘 러스크 서한 역시 1905년 일본의 독도편입 이후 일본이 제공한 제한된 정보에 입각하고 있는 점에서 법리적으로 무효인 것이다. 결국 일본의 주장은 국제정치적 역학관계를 바탕으로 이미 결정했거나 실행한 불법행위를 사후적으로 합법화하고 정당화하기 위한 수단이자 명분에 다름 아닌 것이다.

다음으로, 일본의 독도영유권 주장은 국제법적 문제점으로 '식민지배합법론'을 전제로 '당시의 법'을 고수해 온 시제법 법리의 상충적 적용에서도 검토가 요청된다. 러일전쟁 중 한국의 독도주권을 침탈하며 식민제국화한 일본은 1905년 가쓰라-태프트 밀약으로 상징되는 식민제국주의 열강간의 방조와 묵인이 국제법상 합법이라는 전제하에,

1905년 을사늑약을 거쳐 1910년 강제병합에 이르는 과정에서 시제법의 법리를 '당시의 법'의 연장선상에서 오늘날까지 주장하고 있는 것으로 보인다. 요컨대, 시제법의 본질은 권리의 창설 시에 유효하였던 법에 따라 권리의 의미가 규정되어야 한다는 원리이자 그 권리의 기초였던 법의 내용이 발전함에 따라 그 발전된 내용에 연계되어 유지되어야 한다는 요건을 포함하는 것으로, 권리의 존속은 국제사회의 동적 질서가 지향하는 '정의'와 '형평'의 내용에 부합하는 한도 내에서 효력을 유지할 수 있다고 보아야 할 것이다. 이러한 동적 질서의 특성을 전제로 한 국제법 체계에서 일본의 독도영유권 주장은 권리남용금지의 법리, 노후폐절과 폐기의 법리, 강행규범의 법리 등과 상충되는 것이다. 더하여 시제법의 법리를 제시한 1928년 팔마스섬 중재사건에서는 미국과 스페인 간 강화조약상의 권원을 부정하고, 영토에 대한 평화적·계속적·실제적 국가권능의 행사로 정의되는 실효지배의 원칙을 제시하고 있다는 점에서 한국의 독도주권에 시사하는 바가 크다 하겠다.

끝으로, 일제식민지책임으로서의 독도주권 관련 연구에서 식민주의의 진정한 극복과 청산이 모색되어야 할 것이다. 와다 하루키(和田春樹)의 '일본의 독도포기론', 세리타 겐타로(芹田健太郎)의 '한국의 독도개방론', 히로세 요시오(広瀬善男)의 '비식민지화 법리론' 등은 모두 일제식민지책임을 전제로 한국의 독도주권 문제를 인식하고 있는 반면, 독도 주변의 한일공동조업과 독도에 대한 배타적 경제수역(EEZ)의 기점의 불용(不容)을 동일하게 제안하고 있다는 점에서 주목하게 된다. 일제식민지책임으로서의 독도주권에 대한 인식에서 출발하고 있으면서도 여전히 일본의 이익에 대한 사전적 보장을 전제로 하고 있는 해결방안의 타당성은 의문이지 않을 수 없는 것이다. 그러한 전제에서 와다 교수가 스스로 제시하고 있는 '한국의 1948년 쓰시마 영유주장 철회'와 동일한 일본의 조치가 필요하며, 히로세 교수가 주장하는 제1차 세계대전까지는 식민지배가 국제법상 합법이라는 주장과 관련해서는, 아라이 신이치(荒井信一) 교수가 이미 설파한 바와 같이 일본이 한국을 강제병합해 간 시기의 국제법은 국가실행을 중시하는 법실증주의가 주류였던 19세기의 국제법과 달리, 보편적 국제규범에 입각하여 구미의 국제법에도 법의 규범성을 둘러싼 새로운 변화가 제시되던 시기임을 인식해야 할 것이다.

따라서 일제식민주의 침탈사의 연장선상에서 제기되고 있는 일본의 독도영유권 주장은 '폭력과 탐욕'에 의해 약탈한 영토의 포기라는 가장 기본적인 식민제국주의의 역사적 청산과 배치된다는 점에서 일본은 21세기 동북아평화공동체 구축을 위한 진정한 국제법적 책무를 다할 수 있어야 할 것이다.[65]

---

65) See-hwan Doh, "The San Francisco Peace Treaty and territorial sovereignty," *Korea Times*, 2017. 4. 28, p.9.

【참고문헌】

김병렬, 「독도 관련 문제 연구를 위한 일제언」, 『영토해양연구』 제11호, 2016.

권헌익, 「독도-다케시마 분쟁의 시각 차이」, 『독도연구』 제6호, 2009.

도시환, 「1910년 '한일병합조약' 체결강제의 역사적 진실규명과 국제법적 조명」, 『국제법학회논총』 제55권 4호, 2010.

도시환, 「을사늑약의 국제법적 문제점에 대한 재조명」, 『국제법학회논총』 제60권 제4호, 2015.

도시환, 「일본군 위안부문제의 현황과 국제인권법적 재조명」, 『국제법학회논총』 제53권 3호, 2008.

도시환, 「팔마스섬 사건(네덜란드/미국)」, 『영토해양 국제판례 연구』, 박영사, 2017.

박배근, 「독도에 대한 일본의 영역권원 주장에 관한 일고」, 『국제법학회논총』 제50집 제3호, 2005.

사사가와 노리가츠, 「하버드초안이 받아들인 그로티우스와 마르텐스-대표자에 대한 조약강제 무효법리의 특징을 알리기 위하여-」, 『한국병합과 현대』, 태학사, 2009.

오병선, 「국제법상 시제법 문제에 대한 이론적 고찰」, 『국제법학회논총』 제57권 제1호, 2012.

이성환, 「근대 일본의 팽창과 영토문제」, 『일본역사연구』 제40집, 2014.12.

이성환, 「일본의 독도 관련 연구의 새로운 동향과 분석-사회과학 분야를 중심으로」, 『일본문화연구』 제49호, 2014.1.

이성환, 「일본의 태정관지령과 독도편입에 대한 법제사적 검토」, 『국제법학회논총』 제62권 제3호, 2017.9.

와다 하루키, 『동북아시아 영토문제, 어떻게 해결할 것인가-대립에서 화해로』, 사계절, 2013.

정병준, 「샌프란시스코 평화조약과 독도」, 『독도연구』 제18호, 2015.

정병준, 『독도 1947』, 돌베개, 2011.

최철영, 「1905년 일본정부 '각의 결정' 등의 국제법적 검토」, 『근대 한국과

　　　일본의 독도 관련 자료와 지도에 대한 역사적·국제법적 재조명 학술회의 자료집』, 동북아역사재단, 2017.10.20.

허영란, 「명치기 일본의 영토 경계 획정과 독도-도서 편입 사례와 '죽도 편입'의 비교」, 『서울국제법연구』 제10권 제1호, 2003.6.

호사카 유지, 「한일협약과 고종의 밀서로 본 독도영유권」, 『한일군사문화연구』 제8호, 2009.

「日本海內竹島外一島地籍編纂方伺い」, 『公文錄』 國立公文書館, 1877.3.

日本 外務省, 『竹島問題を理解するための10のポイント』, 2014.

荒井信一, 「歴史における合法論, 不法論を考える」, 『世界』第681號, 2000.11, pp.270-284.

池内敏, 『竹島問題とは何か』, 名古屋: 名古屋大学出版会, 2012.

羽場久美子, 「尖閣 竹島をめぐる 国有の領土 論の危うさ -ヨーロッパの国際政治から-」, 『世界』839, 岩波書店, 2013.

豊下樽彦, 『尖閣問題とは何か』, 岩波書店, 2012.

名嘉憲夫, 『領土問題から国境画定問題へ-紛争解決の視点から考える尖閣·竹島・北方四島』, 明石書店, 2013.

太壽堂 鼎, 『領土帰属の国際法』; 東京: 東信堂, 1998.

芹田健太郎, 『日本の国境』, 中央公論社, 2006.

広瀬善男, 「国際法からみた日韓併合と竹島の領有権」, 『明治学院大学法学研究』 81, 2007.

堀和生, 「1905年日本の竹島領土編入」, 『朝鮮史研究會論文集』 第24號, 1987.

内藤正中・金柄烈, 『史的検証 竹島・独島』, 岩波書店, 2007.

Doh, See-hwan, "International Legal Implications of the San Francisco Peace Treaty and Dokdo's Sovereignty," *Korean Yearbook of International Law*, Vol.4, 2017.

Doh, See-hwan, "The San Francisco Peace Treaty and territorial sovereignty," *Korea Times*, April 28, 2017.

Dudden, Alexis, *Japan's Colonization of Korea: Discourse and Power*, univ of hawaii. 2006.

Island of Palmas case(Netherlands, USA), 4 April 1928, *UN Reports of International Arbitral Awards,* Vol. Ⅱ, 2006.

Jennings, Robert, The Acquisition of Territory in International Law, 1963.

Malanczuk, Peter, Akehurst's Modern Introduction to International Law, Seventh Revised Edition, Routledge, 1997.

Meron, Throdor, "The Martens Clause Principles of Humanity and Dictates of Public Conscience", in *American Journal of International Law,* Vol.94, No.1.

독도 영유권에 대한 근대국제법의 적용 문제

-'광의의 국제법'의 관점에서-

박 병 섭

1. 머리말

한국 외교부도 일본 외무성도 각각 팸플릿에서 독도, 일본명 다케시마(竹島)는 자국의 고유영토라고 주장한다.[1] 일반적으로 "고유영토"라는 용어는 정의하기가 어렵지만,[2] 한·일 양국은 각각 고유영토라고 하는 독도를 근대에 들어서 법적으로도 자국 영토로 규정했다고 주장

---

[1] 외교통상부,『한국의 아름다운 섬, 독도』; 외무성,『다케시마 문제에 관한 10개의 포인트』, 2014(『10포인트』로 약칭).

[2] 쓰카모토 다카시(塚本孝)는 아래 서적에서 고유영토를 "자의(字義)로서는 한 번도 외국의 영토로 된 적이 없는 영토"라고 보았다. 그러나 이 설명에 따르면 센카쿠(댜오위다오) 제도뿐만 아니라 오키나와(沖縄)도 일본 고유의 영토가 될 수 없다. 일찍이 오키나와는 '류큐(琉球)왕국'이었으며, 제2차 세계대전 후는 약 30년 가까이 미국의 통치하에 있었고, 일본인이라도 여권을 제시해야 입국이 허가됐던 외국이었다. 또한, 외국의 식민지가 된 한국이나 아시아의 많은 나라들은 고유영토를 가지지 않았던 것으로 된다. 게다가 몽골이나 후금(後金) 등에 의해 나라 전체가 외국에 지배당한 중국도 고유영토를 가지지 않는 것으로 된다(Web竹島問題研究所,『竹島問題100問100答』, ワック, 2014, p.28).

한다. 한국 팸플릿은, "1900년 칙령 제41호에서 독도를 울도군(울릉도) 관할구역으로 명시하였으며, 울도 군수가 독도를 관할하였습니다"라고 주장한다. 다만 칙령에는 '독도' 이름은 없고 '石島(독섬)'이라는 섬이 기재되어 있다.

이에 대해 일본 정부 팸플릿 『10포인트』는 '石島'가 오늘날의 다케시마('독도')를 가리키는 것이라면, ① 칙령에는 왜 '독도'라는 명칭이 사용되지 않았는가, ② 왜 '石島'라는 섬 이름이 사용됐는가, ③ 한국 측이 다케시마의 옛 명칭이라고 주장하는 '우산도' 등의 명칭이 도대체 왜 사용되지 않았는가 라고 의문을 제시했다. 게다가 일본 정부는 "설령 위의 의문이 해소된다고 하더라도, 상기 칙령의 공포를 전후하여 한국이 다케시마를 실효적으로 지배했던 사실이 없어, 한국의 다케시마 영유권은 확립되어 있지 않았던 것으로 보입니다"라고 『10포인트』에서 주장한다. 또한 쓰카모토 다카시(塚本孝)도, "칙령에서 [독도를] 울도군의 구역으로 하고 군수가 본군 소속이라고 말하고 의정부가 이에 호응했다면 이들은 대한제국의 영토 의사를 드러낸 것이라 할 수 있을지도 모른다. 그러나 주권 행사를 이유로 영유권을 주장하기 위해서는 실효적인 점유 - 팔머스 섬 사건의 중재재판 판결이 말하는 "국가 권능의 평온하고 계속적인 표시"가 필요하다"고 주장한다.[3]

이런 주장의 근본은 근대기에 완성된 근대국제법이다. 이 근대국제법은 제국주의 시대에 급속히 발전했던 법이며, 이를 독도 문제에 적용하는 것을 의문시 하는 견해가 일본에서는 많다. 야마베 겐타로(山辺健太郎)는 독도 문제는 일본의 "제국주의 영토 확장의 역사 문제"이며, 독도를 일본이 "폭력과 탐욕에 의해 약취(略取)한 것은 청일전쟁 이후 일관된 조선에 대한 일본의 제국주의 정책을 보면 분명하다"고

---

3) 塚本孝, 「竹島領有権をめぐる韓国政府の主張について」, 『東海法学』 52호, 2016, p.92.

주장하고, 근대국제법에 부정적인 견해를 밝혔다.[4] 가지무라 히데키
(梶村秀樹)도 비슷한 견해로 "국제법의 영역에는 국내법의 헌법 같은
성문법(成文法) 체계가 있는 것도 아니다. 있는 것은 그로티우스 이후
주로 제국주의 국가의 학자들이 구축해온 논리의 체계와 국제 사법기
관이 남긴 판례뿐이며, 그것마저 쉽게 무시당해 왔다"[5]고 보고 근대국
제법의 부당성을 밝혔다. 또한 오비나타 스미오(大日方純夫)는 근대국
제법의 부조리를 다음과 같이 지적했다.

> 국제법은 17세기 중엽 유럽에서 탄생했고 그 역사와 함께 변천해왔
> 다. 이 국제법 질서는 이윽고 19세기 중엽 이후 유럽이 비(非)유럽 지
> 역에 진출함에 따라 세계적인 질서로 되었고, 그 물결은 동아시아에
> 도 미쳤다. 근대 유럽은 세계를 문명·반미개(半未開)·미개의 3가지
> 로 구분하고, 주권 국가인 유럽의 문명국 사이의 관계는 자주 자립과
> 대등한 것으로 보아왔다. 그러나 터키·중국·일본 등 반 미개국에
> 대해서는 불평등조약을 밀어붙이고, 미개 지역은 '무주(無主)'로 보고
> 최초로 발견해 개척한 문명국이 점거해도 괜찮다고 하였다. 일본은
> 재빨리 이런 국제법을 보편적인 규범으로 받아들여 이를 바탕으로
> 동아시아의 전통적 질서를 재편해 갔다.[6]

본고는 이런 근대국제법의 부당성이나 근대국제법의 독도로의 적용
문제를 검토함과 동시에 기존의 독도 연구 성과를 '광의의 국제법'의
논리에서 재구축하기로 한다. 본고의 인용문에서 ( ) 안은 원문대로이
며, [ ] 안은 필자의 주다. 또한 독도의 일본 이름인데, 본고는 그때그때
의 자료에 맞추어 섬 이름을 사용한다. 즉 일본 에도(江戸)시대에는 마

[4] 山辺健太郎, 「竹島問題の歷史的考察」, 『コリア評論』 7권 2호, 1965, pp.11-14.
[5] 梶村秀樹, 「竹島問題と日本国家」, 『朝鮮研究』 182호, 1978, p.32.
[6] 大日方純夫, 「東アジア史のなかの「領土」問題―竹島問題を中心に」, 『法学セ
ミナー』 708호, 2014, p.36.

쓰시마(松島), 1905년 이전 메이지(明治)시대에는 마쓰시마 혹은 리양코 도, 1905년 이후는 '다케시매독도', 리양코 도를 사용한다. 한편, 울릉도 는 1905년 이전에는 다케시마, 이소타케시마(磯竹島) 등을 사용한다. 또 한 읽기를 알 수 없는 일본인 이름은 관례대로 음독으로 표시했다.

2. 근대국제법의 성격

근대국제법은 17세기 중엽 유럽에서 탄생했다. 그 후 유럽 정세는 1815년에 나폴레옹 전쟁을 수습한 빈 체제가 성립되고 유럽의 협조가 강조되어갔다. 이에 따라 교통·통신 수단의 진보, 국제 무역·금융의 확대, 식민지를 둘러싼 대립의 조정이 필요해짐으로써 국가 간 상호의 존 관계는 비약적으로 증대되었고, 또한 이들 이해관계를 조정할 필요 성이 높아졌다. 이에 대응하여 급속히 발전한 것이 '유럽 공법' 혹은 '유럽 국제법'이라고 불렸던 근대국제법이다.[7]

근대국제법의 특징은 전쟁마저 합법으로 하는 등 제국주의 시대의 약육강식적인 성격이 강하다. 이런 부조리는 제2차 세계대전 전후부터 조금씩 시정되었고 현대국제법으로 발전했다. 따라서 근대국제법은 지금으로서는 도저히 받아들일 수 없는 법리를 포함한다. 이 전형적인 예가 비유럽 국가를 식민지화하는 이론이다. 무주지선점, 정복, 강제 혹은 착오를 바탕으로 한 영토 할양 조약, 병합 등 법리다.

특히 구미 제국주의 14개국은 1844-1845년 베를린에서 회의를 열어[8] '미개' 아프리카에서의 무질서 분할 경쟁을 조정하기 위해 신규 영토

---

[7] 柳原正治, 『國際法』, 放送大学教育振興会, 2014, p.17.

[8] 참가국은 영국, 독일, 오스트리아, 벨기에, 덴마크, 스페인, 미국, 프랑스, 이 탈리아, 홀란드, 포르투갈, 러시아, 스웨덴, 오스만투르크 등 14개국.

병합에 관한 규칙을 정하는 콩고분지조약을 맺었다. 이 조약에 따라 제국주의 국가들은 아프리카의 식민지화를 '합법적으로' 추진했다. 이런 조약들을 모은 것이 근대국제법의 중심이 된 것이다. 게다가 그들이 '미개'로 보았던 땅은 아프리카뿐만 아니라 호주 등도 마찬가지였다. 영국은 아프리카처럼 원주민 사회를 무시하고 호주를 무주지라고 강변해 식민지로 만들었다. 그 다음에는 백인 이주자의 정권을 수립시켜, 호주를 1901년에 독립시켰다. 이 백인 정권은 인구의 산정(算定)에서 원주민을 제외하고 '무주지' 라는 관점을 간직했다.

한편, 제국주의 국가들이 '반미개'로 본 아시아 지역 등에 대해서는 그 지역에 특유한 국제 질서를 무시하고, 포함외교나 곤봉외교(Big Stick Diplomacy) 등 군사적인 공갈을 가하면서 불평등한 통상조약을 강요하는 등 자국의 권익 확대에 매진했다. 또한 그 과정에서 저항이나 장애에 부딪치면, 중·영 아편전쟁처럼 전쟁을 일으키고 군사력으로 굴복시키기도 했다.

이런 근대국제법의 구성원인 '근대국가 패밀리(Family of Nations)'는 베를린 회의 때는 구미를 중심으로 한 14개국 정도였는데, 1905년 당시에는 러일전쟁에 승리한 일본 등도 포함되었다. 이 패밀리는 근대국제법의 집대성이라고 할 수 있는 오펜하임(L. Oppenheim)의 『국제법』(International Law)에 따르면 1905년 당시 다음 세 가지 카테고리로 분류된다.

① 예로부터의 유럽 기독교국(국제사회의 원래 가맹국).
② 유럽 외에서 기독교국으로 성장한 미국 등.
③ 비 기독교국이지만 국제사회로의 가입이 인정된 오스만투르크, 일본.

한편, 한국이나 중국, 페르시아 등은 확실히 문명국이지만 그 문명

의 정도는 국제법상의 여러 원칙을 이해하고 실시하기에는 아직 불충
분하다고 보았다.9) 이처럼 1905년 당시 근대국가 패밀리가 아닌 한국
에 부당한 근대국제법을 적용하는 것은 적당하지 않았던 것이다.

다음에 근대국제법의 운용인데, 구미 제국주의 국가들은 그들끼리
는 대등한 입장에서 근대국제법에 따랐다. 그러나 근대국가가 아닌 나
라에 대해서는 그 나라의 권익을 탈취하는 도구로 근대국제법을 이용
하는 한편, 권익 추구에 근대국제법이 장애가 될 때는 근대국제법을
무시하는 경우가 많았다. 또한 약소국이 그들의 근대국제법 위반을 지
적해도 이를 무시하고 힘의 외교를 밀어붙이는 것이 일상사였다.

그 전형적인 예가 1905년 8월에 체결된 제2회 영·일동맹협약(새
영·일동맹)이다. 러일전쟁에서 일본의 승리가 확실하게 되자, 영·일
양국은 새 군사 동맹을 맺고 협약 제3조에서 일본이 한국을 보호국으
로 하려는 의도를 영국이 인정할 것을 명시했다.10) 이에 대해 한국 정
부는 협약이 조·영조약(1884)이나 한·일의정서(1904) 등에 위배된다
고 양국에 항의했다. 특히 일본이 강요한 한·일의정서는 제3조에서
"대일본제국 정부는 대한제국의 독립 및 영토 보전을 확실히 보증할
것"이라고 규정하고 있으므로 일본에 의한 한국의 보호국화를 영국이
인정하는 새 영·일동맹은 이에 위배된다. 또한 한·일의정서는 제5조
에서 "양국 정부는 서로의 승인을 거치지 않고 장차 본 협약의 취지에
위반하는 협약을 제3국과 정립(訂立)할 수 없다"고 규정하고 있으므로

<hr>

9) L. OPPENHEIM, *INTERNATIONAL LAW*, Vol.1, LONGMANS GREEN (LONDON),
1905, p.33; 柳原正治, 前揭書, 25頁.
10) 제3조 일본국은 한국에 있어서 정사(政事)상, 군사상 및 경제상의 탁월한 이
익을 가짐으로 영국은 일본국의 당해 이익을 옹호, 증진하기 위하여 정당 및
필요하다고 인정하는 지도, 감리 및 보호 조치를 한국에 대하여 취할 권리를
승인한다. 다만 당해 조치는 항상 열국(列國)의 상공업에 대한 기회균등주의
에 반하지 않아야 한다.

일본은 새 영·일동맹을 맺기 위해서는 한국의 승인이 필요하며 분명히 이에 위배되는 것이다. 이를 지적한 한국의 항의에 대해 영·일 양국은 협의한 결과 "아무런 조처를 취하지 않고 무시한다"는 것을 결정했다.[11] 영·일 양국은 근대국가로서 인정하지 않는 약소국에 대해 자국이 불리한 경우에는 근대국제법을 무시했던 것이다. 이처럼 근대국제법의 운용은 유럽 외에서는 자의적으로 행해졌으므로 근대국제법을 유럽 외의 국가에 곧바로 적용하는 것은 너무나 문제가 많다. 근대국제법은 아시아 등 많은 국가에서는 도저히 받아들일 수 없는 '문명의 흉기'다.

아시아 등에는 각 지역 특유의 국제 질서가 있으며, 이는 충분히 고려되어야 한다. 그런 국제 질서로서 한·일 간에는 17세기에 영토 문제를 해결한 사례가 있었다. 울릉도의 귀속을 둘러싸고 조·일 양국이 외교 교섭을 벌인 '울릉도 쟁계', 일본에서 말하는 '겐로쿠 다케시마 일건(元禄竹島一件)'이다. 이 교섭 결과 양국은 울릉도가 조선 영토임을 확인하고, 다음에 쓰는 바와 같이 낙도의 귀속에 관한 판단 기준을 확립했다. 이때 교환된 외교 문서 등은 근대국제법 이전의 '광의의 국제법'을 이룬다고 말할 수 있다. '광의의 국제법'이라는 것은 야나가하라 마사하루(柳原正治)에 따르면 국가 간 관계를 규율하는 법이라고 정의되는데, 여기에 말하는 국가는 근대국가에 한정되지 않으며, 법은 근대법에 한정되지 않는다.[12] 이 관점에서 동양을 보면 조선, 류큐, 베트남 등은 중국을 종주국으로 삼아 조공을 바치고 왕이 책봉을 받았던 화이질서(華夷秩序)가 있었다. 이는 동양 나라들을 규율하는 법이므로 광의의 국제법으로 볼 수 있다.

11) 海野福寿, 『韓国併合』, 岩波新書, 1995, p.150.
12) 柳原正治, 前掲書, p.22.

3. 울릉도 쟁계와 광의의 국제법

'울릉도 쟁계'는 숙종 19(1693)년 울릉도로 도해해 어렵을 하고 있던 안용복 등 2명이 일본 돗토리 번(鳥取藩) 요나고(米子)의 상인 오야(大谷)·무라카와(村川) 양가 어민들에 의해 돗토리 번으로 연행당함으로써 시작된 울릉도 영유를 둘러싼 조·일 간 외교 교섭을 말한다. 이 교섭의 경과 등에 관해서는 송병기, 이케우치 사토시(池內敏) 등의 저작이 있으므로,[13] 이들을 바탕으로 울릉도쟁계의 경과를 광의의 국제법의 관점에서 재구축한다.

일본으로 연행된 안용복 등은 일본에서 조선과의 외교·무역을 담당했던 쓰시마(對馬)번으로 인도되었다. 쓰시마 번은 에도 막부(江戶幕府)로부터 안용복 등을 조선으로 송환하고 아울러 조선인이 다케시마(울릉도)에서 어렵을 하지 않도록 조선에 요구하라는 명을 받았다. 일찍이 쓰시마 번은 막부의 명에 따라 1620(元和6)년에 이소타케시마(磯竹島, 울릉도), 일명 다케시마로 밀항한 야자에몽(弥左衛門)·니에몽(仁右衛門) 부자를 체포한 일이 있었다.[14] 이 사건을 상기한 전 태수 소 요시자네(宗義真)는 막부가 앞의 부자의 체포를 돗토리 번이 아니라 쓰시마 번에게 명한 것은 막부는 다케시마 즉 이소타케시마를 돗토리 번 소속이 아니라 조선 영토로 생각했던 것이 아닐까 의심하고 막부에 확인하자고 중신들에게 제안했다. 그러나 결국은 막부의 명에 묵종하기로 결정하고 조선으로 사자를 파견했다. 1693년 사자는 조선 어민들이 작년에 이어 올해도 '본국 다케시마'에서 은밀히 어렵을 했기

---

13) 송병기, 『울릉도와 독도, 그 역사적 검증』, 역사공관, 2010; 宋炳基, 『欝陵島·独島(竹島)歷史研究』(朴炳涉 訳), 新幹社, 2009; 池内敏, 『竹島問題とは何か』, 名古屋大学出版会, 2012.
14) 『通航一覽』(国立公文書館所蔵), 卷之百二十九, 「朝鮮國部百五」.

때문에 두 사람을 잡았던 것을 알리고, 그 자들을 돌려보내니, 앞으로
는 조선 정부가 도해 금제를 엄히 해달라고 요구하는 서계('문서1'이라
고 칭함)를 조선 정부에 전했다.[15] 서계라는 것은 일정한 양식을 갖춘
조·일 간 외교 문서다.

이 요구에 대해 조선 정부는 일본의 후의에 감사한 다음, 정부는 해
금 정책을 행하고 있으며, 먼 바다에 있는 '폐경 울릉도'는 물론 일본의
다케시마로의 도항도 금지하고 있다고 설명하고, 앞으로는 이런 일이
없도록 단속할 것을 서계(문서2)로 약속했다.[16] 조선 정부는 일본의
다케시마가 울릉도인 줄을 알면서도 300년 버려둔 섬 때문에 일본과
분의가 일어날 것을 피하기 위해 위와 같이 회답한 것이다.[17]

그러나 쓰시마 번은 조선의 유화책을 받아들이지 않고 조선 서계로
부터 '폐경 울릉도'의 글자를 삭제할 것을 서계2(문서3)에서 요구했
다.[18] 조선 정부는 유화책이 통하지 않는다는 사실을 알게 되자, 앞의
서계를 철회하고 다케시마와 울릉도는 같은 섬이라는 1도 2명(一島二
名)의 원점으로 되돌아와 오히려 일본 어민들이 이 섬에 침입한 것을
비난하는 서계2(문서4)를 보냈다.[19] 쓰시마 번은 이 서계를 좀처럼 받
아들이지 않았으며, '폐경 울릉도'라는 글자를 둘러싸고 양자의 대립이
심각하게 되었다. 이 시점까지의 외교 문서를 정리하면 다음과 같다.

문서1. 조선인의 다케시마 도해 금지를 요구하는 쓰시마 번 서계1.
문서2. '폐경 울릉도'나 '귀국 다케시마'는 도해 금지의 곳이라는 조선
　　　서계1.

---

15) 『숙종실록』 숙종 20년 2월 23일; 『竹島紀事』 元禄6年 10月.
16) 『숙종실록』 숙종 20년 2월 23일; 『竹島紀事』 元禄7年 正月 9日.
17) 『숙종실록』 숙종 19년 11월 18일.
18) 『숙종실록』 숙종 20년 8월 14일; 『竹島紀事』, 元禄7年 3月.
19) 『숙종실록』 숙종 20년 8월 14일; 『竹島紀事』, 元禄7年 9月.

　　문서3. '폐경 울릉도'의 삭제를 요구하는 쓰시마 번 서계2.
　　문서4. 다케시마는 울릉도이며 1도 2명이라고 주장하는 조선 서계2.

　쓰시마 번도 다케시마와 울릉도는 1도 2명이라는 것은 잘 알고 있었다. 그래서 양자의 논쟁은 필연적으로 울릉도의 영유권 논쟁으로 발전했다. 이 논쟁에서 최대 쟁점은 일본이 약 70년에 걸쳐 울릉도를 지배했던 실적에 대한 평가다. 쓰시마 번은 다케시마가 70-80년 전에는 조선 영토라 할지라도 1590년대 '임진란' 후는 일본이 이 섬을 지배했으며, 조선의 관리도 온 적이 없으므로 일본 영토가 되었다고 주장했다. 게다가 일본 어민들이 울릉도에서 일본으로 돌아올 때 세 번이나 조선으로 표류한 일이 있었는데 조선 정부는 그들의 울릉도에서의 어렵을 알면서도 아무 이의를 제기하지 않고 쓰시마 번으로 돌려보냈다고 힐문했다. 이에 대해 조선 측은 다케시마는 울릉도이며 이런 사실이 문헌『여지승람』에 실려 있는 조선 영토임은 쓰시마 번도 잘 알고 있는 바라고 주장했으나, 세부적으로는 충분히 반론하지 못했다.

　이리하여 교섭은 교착 상태에 빠졌다. 쓰시마 번은 타개책을 모색하기 위해 막부와 협의를 시작했다. 1695(숙종 21)년 12월 11일 협의에서 로주(老中)[20] 아베 분고노카미(阿部豊後守)는 1도 2명에 관해 다케시마가 정말로 울릉도인지, 따로 섬이 없는지 질문했다. 쓰시마 번 가로(家老)[21] 히라타 나오에몽(平田直右衛門)은 "저쪽 방향에 [다케시마 외에] 섬이 있다고 [번에서는 조선으로부터] 들은 듯합니다. 잘 모르겠습니다만 다케시마 근처에 마쓰시마라는 섬이 있습니다. 그 섬에도 건너가고 어렵을 한답니다"라고 대답하고 자세한 것은 돗토리 번에 물을 것을 권했다.[22]

---

[20] 로주는 4명으로 구성되며, 평상시에는 막부의 최고 집권자다.
[21] 가로는 각 번의 최고 집권자이며 여러 명이 에도와 영지에 있었다.

막부는 이때 처음으로 마쓰시마(독도)를 알게 되었던 것이다. 이 '1도 2명' 문제는 중대한 일이기 때문에 아베는 이나바국(因幡国)과 호키국(伯耆国)을 지배하는 돗토리 번에게 직접 질문했다. 아베는 다케시마를 이나바·호키 부속으로 생각하고 있었으므로 "인슈(因州, 이나바국)·하쿠슈(伯州, 호키국)에 부속된 다케시마는 언제쯤부터 양국에 부속되고 있는가"라고 질문했더니, 의외로 돗토리 번으로부터 "다케시마는 이나바·호키 부속이 아닙니다"라는 대답이 돌아왔다. 아베는 나아가 "다케시마 외에 양국에 부속된 섬이 있는가"라고 질문했더니, 돗토리 번은 "다케시마·마쓰시마 기타 양국에 부속된 섬은 없습니다"라고 대답하고 구체적으로 다케시마와 마쓰시마까지의 항로 등을 설명했다. 게다가 돗토리 번은 "마쓰시마는 [일본의] 어느 나라에도 부속된 것이 아니라고 듣고 있습니다"라고 회답했다.[23]

이런 회답을 바탕으로 하여 아베는 쓰시마 번의 의견도 들은 뒤 다케시마를 조선 영토로 판단했다. 1696년 1월 로주 일동은 다케시마 도해금지령을 돗토리 번 및 쓰시마 번으로 전했다. 조선에는 10월에 쓰시마 번으로 사자로서 온 조선 역관에게 쓰시마 번이 일본어 구상서1(문서5-1)을 건네주면서 알렸다.[24] 구상서1은 막부가 다케시마를 조선 영토로 판단한 이유도 설명하고 있다. 따라서 이는 막부의 영토 귀속의 판단 기준을 드러낸 중요한 외교 문서다. 구상서1의 내용은 ① 다케시마는 이나바·호키에 부속된 섬이 아니고, ② 일본이 빼앗았던 것도 아니고, ③ 단지 공도이므로 호키 사람들이 건너가서 어렵을 했을

---

22) 『竹島紀事』, 元禄8年 10月.

23) 『竹島之書附』(鳥取県立博物館所蔵); 『磯竹島覚書』(国立公文書館所蔵). '어느 나라'를 이나바·호키로 보는 견해도 있으나, 문맥상 이는 일본의 어느 나라를 가리킨다.

24) 『竹島紀事』, 元禄 9年 10月.

뿐이었는데, ④ 근년 조선인도 도해하므로 양국 어민들이 섞이는 것은 어떨까 라고 소 쓰시마노카미(宗対馬守)가 우려를 말하자, ⑤ 다케시마는 조선까지의 도정이 가깝고 호키로부터는 멀기 때문에 이쪽 어민들이 다시 도해하지 않도록 결정했다, ⑥ 위와 같이 뜻밖에 좋은 결과를 장군님이 분부하셨으므로 예조로부터 감사의 서한을 이쪽으로 보내야 하며, 그렇다면 도부(東武, 막부)에 상세히 보고드릴 것이므로 이 취지를 잘 조정에 전하시오 라는 내용이었다. 이 글은 로주 아베 분고노카미가 쓰시마 번으로 건네준 「구상지각」25)(口上之覺, 1696.1.9)을 바탕으로 한 것이다. 단지 「구상지각」에 위의 ④, ⑥은 없다.

쓰시마 번은 이 외에도 조선인(안용복)들이 1696년에 이나바로 소송하러 왔던 것을 고발하는 구상서2(문서5-2)도 역관사(譯官使)에게 건네주었다. 이런 구상서들을 받은 역관사는 일본어로서는 문제가 있으므로 진문(眞文, 한문)으로 써줄 것을 요구했다. 이에 응해 쓰시마 번은 구상서를 한문으로 요약한 문서6(표제가 없으므로 이를 각서라고 부른다) 2통을 건넸다. 역관사는 이에 대한 견해를 간단히 쓴 각서1 및 2(문서7-1, 7-2)를 제출했다.

위와 같이 막부는 실질적으로 다케시마를 조선 영토로 인정했는데, 그 판단 기준은 ① 막부는 다케시마에 영유 의식이 없었고, ② 지리적으로 조선에 가깝다고 하는 것이었다. 이처럼 막부는 일본 어민들이 70년 이상 다케시마를 지배했던 실적을 중시하지 않았다.

그런데 다케시마 도해 금지령에는 마쓰시마(독도)라는 이름이 없었다. 이를 구실로 일본 외무성은 『10포인트』에서 오늘날의 다케시마(독도)로의 도항은 금지되지 않았으며, 일본은 당시로부터 다케시마(독도)를 일본 영토로 생각하고 있었다고 주장했다. 그러나 다케시마・마

---

25) 『竹島紀事』, 元祿 9年 正月 28日.

쓰시마는 이나바·호키 부속이 아니라는 돗토리 번의 회답을 바탕으로 해서 막부가 도해 금지령을 내린 이상, 마찬가지로 이나바·호키 부속이 아닌 마쓰시마로의 도해도 당연히 금지되었다고 보아야 한다. 또한 막부의 영토 판단의 기준으로 볼 때 마쓰시마에 대한 영유 의식이 없는데다가 지리적으로 조선 땅인 다케시마(울릉도)에 가까우므로 마쓰시마(독도)도 조선 영토가 된다.

실제로 다케시마·마쓰시마로 도해하고 있었던 오야 가문도 막부의 3대 부교의 하나인 지샤부교(寺社奉行)[26]도 다케시마처럼 마쓰시마로의 도해도 금지되었다고 이해하고 있었다. 구체적으로 말하면 도해 금지령에 의해 가업을 잃은 오야 가문은 1740년 모두 4명의 지샤부교 일동에게 오사카 가이마이(大坂廻米) 등에 참여하고 싶다고 청원했는데, 그때 지샤부교도 오야 가문도 "다케시마·마쓰시마 두 섬의 도해 금제"를 서로 확인한 것이다.[27] 원래 오야 가문은 마쓰시마(독도)를 다케시마(울릉도)의 속도처럼 보고 있었다. 오야 가문이 1818년에 돗토리 번으로 제출했던[28] 「다케시마 도해 유래기 발서」(竹島渡海由来記抜書)에 마쓰시마는 "다케시마 안의 마쓰시마(竹島之内松島)", "다케시마 근처 마쓰시마(竹島近辺松島)", "다케시마 근처 소도(竹島近所之小島)" 등으로 기록되고 있었다. 따라서 다케시마 도해가 금지되면 마쓰시마 도해도 금지되었다고 이해한 것은 당연한 일이었다.

---

[26] 지샤부교는 사찰 단속 외에도 평정소(評定所)에서 주도적인 역할을 하였다. 평정소는 막부의 최고 사법기관인이만 사법뿐만 아니라 막부의 정책에 관해서도 평의를 하는 등 큰 권력을 가지고 있었다.

[27] 원문은 "次ニ御尋之趣 竹嶋松嶋両嶋渡海禁制ニ被為仰出候以後ハ伯州米子之御城主ヨリ御憐憫ヲ以渡世仕罷在候", 『村川家文書』(米子町史編纂資料), 米子市立図書館所蔵(請求記号 Y224-Y14/1-ロ); 池内敏, 『竹島—もうひとつの日韓関係史』, 中公新書, 2016, p.80.

[28] 大西俊輝, 『第3部 日本海と竹島』, 東洋出版, 2011, p.29.

위의 쓰시마 번 구상서1 및 각서1에 대해 조선 정부는 1698년 3월 "울릉도를 우리나라 땅으로 하는 것은 『여지승람』이 기록한 대로이며 그 문적(文跡)은 소연(昭然)하다, 논할 것도 없이 그쪽에서는 멀고 이 쪽에서는 가까우므로 그 경계는 자연히 갈라진다"고 쓰고, 아울러 일본이 도해 금지령을 내린 것을 환영하는 서계3(문서8)[29]을 쓰시마 번주 후견역(後見役)인 소 요시자네에게 보냈다. 이 서계에서 엿보이는 조선 정부의 영토 판단 기준은 ① 울릉도가 조선 영토로 문적에 기재되었다는 점, ② 지리적 근접성이라는 두 가지다. 다음 해 1699년 3월 쓰시마 번은 조선 서계3으로 '다케시마 일건'이 완전히 해결되었음을 축하하고, 이를 막부에 보고했다는 내용의 쓰시마 번 서계3(문서9)[30]을 동래부에 전달했다.

동시에 쓰시마 번은 구상서3(문서10)도 전달했다. 이는 막부가 '다케시마 일건'을 마무리하는데 있어서 조선의 잘못을 확실히 기록하고 이를 조선에 전달하도록 쓰시마 번에 명했기 때문에 이에 따라 쓰시마 번이 작성한 외교 문서다. 이 내용은 ① 조선은 다케시마를 오랜 세월 버려두고 관리하지 않았다, 그 간 80여 년에 걸쳐 일본인이 어렵을 했다, ③ 그러나 조선 어민들이 그 섬에 왔으므로 조선인이 도해하지 않도록 조선 정부에 요구했던 바 조선 정부는 이를 양해하고 그 섬에 도해하는 어민들을 처벌하겠다고 약속했다. ④ 그러나 갑자기 조선 정부는 태도를 바꾸어 다케시마는 울릉도이며 이는 문헌에 기재된 조선 영

---

[29] 『竹島紀事』, 元禄11年 4月. 원문은 (前半省略) 頃因譯使回自貴州 細傳左右 面託之言備悉委折矣 礬陵島之爲我地, 輿圖所載, 文跡昭然無論 彼遠此近 疆 界自別 貴州旣知 礬陵島與竹島爲一島而二名 則其名雖異 其爲我地則一也 貴國下令 永不許人往漁採 辭意丁寧 可保久遠無他 良幸良幸(以下省略).

[30] 『竹島紀事』, 元禄12年 正月. 원문은 (前半省略) 前年象官超溟之日 面陳竹島之 一件緣 是左右克諒情由 示以両國永通交誼 益懋誠信矣 至幸々々示意 即已啟 達了云(以下省略).

토라고 주장하고 일본인의 '범월침섭(犯越侵涉)'을 비난했다는 것 등이
었다.31) 이상과 같이 '울릉도 쟁계' 해결을 위해 양국이 교환한 외교
문서는 다음과 같다.

> 문서5-1. 다케시마 도해 금지령의 경위를 전하는 쓰시마 번 구상서1.
> 문서5-2. 조선 어민들의 소송 활동을 고발하는 쓰시마 번 구상서2.
> 문서6-1, 2. 위의 구상서들을 한문으로 요약한 쓰시마 번 각서1, 2.
> 문서7-1, 2. 문서6-1, 2에 대한 조선인 사자의 각서1, 2.
> 문서8. 울릉도가 조선 영토임을 확인하는 조선 서계3.
> 문서9. '다케시마 일건'의 해결을 축하하고 막부에 보고했다는 쓰시마
> 　　　　번 서계3.
> 문서10. 조선의 문제점을 지적한 쓰시마 번 구상서3.

이들 외교 문서의 성격은 다음과 같다. 서계는 내용에 하자가 없는
것을 상대방이 확인하고 받아들인 문서이며 한문으로 쓰고 있다. 만약
내용에 조금이라도 문제가 있으면 받지 않는 것이 관례다. 실제로 쓰
시마 번은 위의 문서8을 받아들이는데 1-2년이 걸렸다. 그 간 조선 정
부는 몇 번이나 서계를 개정했다.32) 한편 일본어로 쓴 구상서 및 한문
으로 쓴 각서는 일방적으로 상대방에 보냈던 것인데, 각서는 구상서보
다 격식이 높다. 이런 외교 문서들을 교환함으로써 조·일 양국은 다
케시마(울릉도)를 조선 영토로 공식으로 확인했다. 동시에 양국은 다
음과 같은 낙도(落島)의 귀속에 관한 판단 기준을 확인했다. 이들은 광
의의 국제법이라고 할 수 있다.

---

31) 『竹島紀事』, 元禄12年 正月.
32) 송병기, 앞의 책, pp.104-110; 宋炳基, 前揭書, pp.77-81.

① 어느 정부가 낙도에 영유 의사를 가지고 있는가?
② 낙도는 어느 나라에 가까운가?

한편 일본의 오랜 세월에 걸친 다케시마(울릉도) 지배의 실적은 가령 조선이 그 섬을 수백 년 방치하여도 거의 귀속 판단의 결과와 무관했으며 위의 기준만이 중요한 것이다.

4. 에도 막부에 의한 조·일 합의의 확인

숙종(겐로쿠)기 조·일 간에서 확립된 낙도의 귀속 판단 기준이 그후 일본에서 어떻게 처리되었는지 살펴본다. 일본에서 그 기회는 덴포(天保, 1830-43)기에 있었다. 이즈음 일본 해운업은 융성기에 있었으며, 기타마에부네(北前船)라고 불리는 큰 배는 연안 항로를 벗어나 최단 거리를 택하여 외양을 항행하게 됐는데, 이에 따라 재발견된 다케시마(울릉도)로의 침입자가 나타난 것이 계기가 되었다. 이 당시 다케시마·마쓰시마는 오사카(大阪)·시모노세키(下關)와 홋카이도 마쓰마에(北海道松前)를 이는 중요한 외양 항로 도중에 있었기 때문에[33] 천연 자원이 풍부한 다케시마를 노린 자가 나타난 것이다. 그 중 한 사람이 이마즈야 하치에몽(今津屋八右衛門)[34]이며, 그의 침입 사건은 '덴포 다

---

[33] 中川顯允, 『石見外記』의 부속도 「大御国環海私図」에 "다카다야 가헤(高田屋嘉兵衛) 상선은 조선해로 나가고 에조[蝦夷, 홋카이도] 땅으로 가려면, 이는 시모노세키를 출범하고 서북으로 8리 항해하고 송죽(松竹) 2도 사이를 가고 [방향을] 바꾸고 동북 방향을 목표로 항행한 것이 아닌가"라고 쓰고 있다. 杉原隆, 「研究レポート」, 『竹島問題に関する調査研究報告書』 平成23年度, 島根県総務部, 107頁.

[34] 자료에 따라서는 아이즈야 하치에몽(會津屋八右衛門)으로 되고 있으나, 하치에몽은 진술서 『竹島渡海一件記』에서 '이마즈야'라고 자칭했다. 또한 다음

케시마 일건(天保竹島一件)'이라고 불린다. 이 사건에 관해서는 모리스 가즈오(森須和男)가 하치에몽의 오사카마치부교쇼(大坂町奉行所)[35]에서의 진술서『다케시마도해일건기』(竹島渡海一件記)[36]를 발굴함에 따라 연구가 많이 진전되었다. 이에 의한 사건의 개요는 다음과 같다.[37]

이와미국(石見國, 시마네현 서부 지역) 하마다(濱田)에서 회선(廻船) 업을 경영하는 이마즈야 하치에몽(今津屋八右衛門)은 하마다 번에 다케시마 도해 사업을 시험적으로 해보고 이익이 있다면 번으로 세금(冥加銀)을 바치고 싶다고 청원했다. 이에 대해 하마다 번이 다케시마의 소속을 간죠긴미야쿠[38](勘定吟味役)에 문의했던 바, 다케시마는 일본 땅이라고 결정하기 어려우므로 손을 대지 말아야 한다는 회답이 왔다. 도해를 포기하지 못한 하치에몽은 가로 오카다 다노모(岡田頼母) 수하 하시모토 산베(橋本三兵衛)와 상의해 마쓰시마로의 도해를 명목으로 다케시마로 도해하기로 했다. 1833(덴포 4)년 하치에몽은 다케시마로 밀항하고 벌목이나 초근의 채취를 하고 이들을 지니고 돌아와 오사카에서 팔았다.

그러나 이 당시 막부는 밀수나 밀거래에 신경을 쓰고 있던 시기였으며, 1836년 하치에몽 등은 밀항이 발각되고 오사카마치부교쇼(大坂町奉行所)에 의해 체포되었다. 부교쇼는 하치에몽 등을 심문하고 그의

논문에서도 이마즈야가 옳다고 한다. 森須和男,「天保竹島一件顛末」,『郷土石見』, 2016, p.33.
35) 오사카마치부교쇼는 경제의 중심지였던 오사카 지방의 행정, 사법, 경찰, 소방 등을 관장했다. 다만 사찰(寺刹)이나 무가(武家)의 지배지는 제외됐다.
36) 소장은 東京大学総合図書館. 최근까지『다케시마 도해 일건기』의 작성자가 모호했는데, 이 자료 중에 "스오노카미(周防守) 님의 여기 구라야시키(藏屋敷)"라는 글이 있으므로 "구라야시키"가 있는 "여기"는 오사카다. 따라서 이 진술서는 오사카마치부교쇼가 작성한 것이 분명하다.
37) 森須和男,『八右衛門とその時代』, 浜田市教育委員会, 2002.
38) 로주에 직속하며 간죠쇼(勘定所)의 감사를 담당함.

진술서(申口)『다케시마 도해 일건기』(竹島渡海一件記)를 작성하고 「다케시마 방각도」(竹嶋方角圖)〈그림 1〉을 첨부했다. 이 지도에서 분명하듯이 부교쇼는 다케시마·마쓰시마를 조선 영토로 그렸던 것이다.[39]

〈그림 1〉「다케시마 방각도」(오사카마치부교쇼 작성)

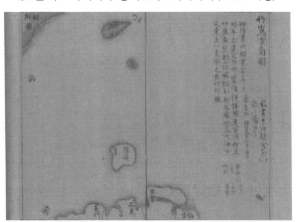

하치에몽 및『다케시마도해일건기』는 오사카 니시마치 부교쇼(西町奉行所)로부터 막부의 최고 사법 기관인 평정소(評定所)로 보내졌다.[40] 이 사건에는 하마다 번이 연류되고 있었으므로 평정소가 종합적으로 사건을 재조사하기로 되었던 것이다.

이 과정에서 평정소는 다케시마·마쓰시마의 소속도 조사했다. 그러나 겐로쿠 기의 기록은 에도성(江戶城)의 화재로 소실되었던지 기록

---

[39] 일본인 연구자들은 다케시마·마쓰시마가 조선과 같은 색으로 채색되고 있는 사실을 누구도 밝히지 않았다. 朴炳涉,「江戶時代の竹島での漁業」,『北東アジア文化硏究』35号, 2012, 28頁; 박병섭,「안용복사건 이후의 독도 영유권 문제」,『독도연구』13호, 2012, p.143.

[40] 森須和男, 前揭論文, p.34.

이 없었기 때문에,[41] 막부는 쓰시마 번으로 문의했다. 그 내용은 쓰시마 번 회답서 안에 따르면,[42] 다케시마·마쓰시마는 모두 조선의 울릉도인지 혹은 다케시마는 울릉도이며 마쓰시마는 조선 외 땅인지 여부, 쓰시마로부터 두 섬까지의 방향·원근의 리수(里数), 일본 및 조선으로부터 원근의 리수, 이들 섬들에 도해했던 사실이 있는지 여부 등이었다.

이런 질문에 대한 쓰시마 번 회답서 안은 다케시마, 즉 조선 강원도 동해 중에 있는 울릉도를 설명한 뒤 마쓰시마에 관해서는 겐로쿠 기에 로주 아베 분고노카미(阿部豊後守)로부터 질문이 있었을 때 "다케시마 근처에 마쓰시마라는 섬이 있으며 거기에도 일본인들이 건너가고 어렵을 한다고 아랫것들의 풍설로 듣고 있습니다"라고 회답한 것이 기록에 보인다, 다케시마처럼 일본인이 건너가 어렵을 하는 것이 정지된 섬이라고 생각되지만 단정하는 것은 말씀드릴 수 없다, 조선 지도에서 생각하면 울릉·우산 두 섬이 있는 것이 보인다, 위의 다케시마로 그 나라 어민들이 건너가고 있다, 그 나라 관원들이 가끔 검찰하기 위해 도해 한다고 들었는데 지금은 어떨지, 예전부터 가지고 있는 그림 지도를 드리겠다, 등 적었다. 이런 내용의 쓰시마 번 회답이나 조선지도 등으로부터 막부 평정소는 다케시마·마쓰시마를 조선의 울릉·우산 두 섬으로 생각하고 오사카마치부교쇼에 의한 「다케시마방각도」의 인

---

41) 아래 자료에 의하면, 무라타 조로쿠(村田蔵六, 훗날 오무라 마스지로(大村益次郎)로 개명)부터 가쓰라 고고로(桂小五郎, 훗날 기도 다카요시(木戸孝允)로 개명)에게 보낸 편지(날짜 불명)에 "위 [겐로쿠 기 조선으로 건네주셨던] 기록은 [도중 생략] 세 번의 소실로 인해 일기 등은 탄진(炭燼)되었고 겐로쿠 기의 일은 알 수 없습니다"라고 기록되어 있다. 小美濃清明, 『坂本龍馬と竹島開拓』, 新人物往来社, 2009, p.73.

42) 한국 국사편찬위원회 소장 「대마도 종가문서」 고문서 목록 #4013. 번각은 池内敏, 『竹島問題とは何か』, 名古屋大学出版会, 2012, pp.334-335. 질문서 및 회답서 자체는 아직 발굴되지 않았다.

식을 그냥 받아들였을 것이다.

1836년 12월 사건의 조사를 마친 평정소는 하치에몽 및 하시모토 산베를 사죄로 하는 판결을 내렸다. 다음해 막부는 다케시마(울릉도) 도해 금지령을 내려 이를 알리는 제찰(高札)을 방방곡곡에 설치했다. 제찰에는 "위의 섬[다케시마=울릉도]은 옛날에는 하쿠슈 요나고(伯州米子) 사람들이 도해해 어렵을 했으나, 겐로쿠 기에 [장군 님이] 조선국으로 건네주신 이후 도해 정지가 분부된 장소"[43] 라고 썼다. 이는 겐로쿠 기의 조·일 합의 내용을 왜곡했으나, 하여간 막부는 '겐로쿠 다케시마 일건'의 결과를 중시해 다케시마 도해금지령을 내린 것이다. 그런데 막부가 다케시마를 겐로쿠 기에 조선국에 건네주었던 섬으로 본 것은 쓰시마 번의 영향으로 생각된다. 쓰시마 번은 앞에 쓴 바와 같이 다케시마는 임진란 후는 일본 영토로 됐다가 '겐로쿠 다케시마 일건' 때 조선으로 건네주었다고 생각하고 있었던 것이다.

한편, 도해 금지령은 마쓰시마(독도)에 관해 아무 말이 없었다. 이에 주목한 일본 외무성은, "하시모토 산베는 하치에몽에 대해 울릉도로의 도해를 마쓰시마로의 도해 명목으로 다루는 방법이 있다는 것을 이 사건 판결문에서 말하고 있다. 이는 다케시마(울릉도) 도해 금지 후도 마쓰시마(오늘날의 다케시마[독도])로의 도항은 아무 문제가 없었던 것을 드러내고 있다"[44]라고 주장했다. 그러나 하시모토의 마쓰시마에 대한 인식이 그대로 막부의 인식으로 되는 것은 아니다. 또한 다케시마로의 도해가 금지되어도 판결문에 "다케시마에 제일 가까운 마쓰시마"라고 기록된 마쓰시마로의 도해가 금지되지 않았다고는 보기 어렵다. 게다

<hr/>

[43] 원문은, 右嶋往古は伯州米子之もの共海渡魚漁等致し候得共, 元禄之度朝鮮國え御渡に相成候以来, 渡海停止被仰付候場所に有之.

[44] 「일본정부견해 3」(1956.9.20). 외무부, 「한일왕복외교문서(1952-1973)」, pp.148-149 부터 인용.

〈그림 2〉『조선 다케시마 도항 시말기』 부속 지도

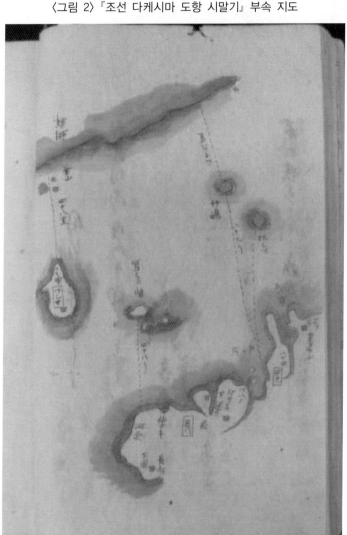

가 막부 평정소는 쓰시마 번으로부터의 "다케시마 근처"의 마쓰시마도
도해가 금지됐을 것이라는 회답이나, 마쓰시마를 조선 영토로 그린 오

사카마치부교쇼의 「다케시마방각도」 등으로부터 마쓰시마의 귀속을
판단했으므로 도해금지령의 함의는 마쓰시마(독도)도 도해를 금지한
것으로 보아야 한다. 그런데 최근 외무성은 일찍이 영유권의 유력한
근거로 삼은 '덴포 다케시마 일건'의 판결문에 대해서는 아무 말이 없다.
예전의 주장이 무리였음을 알게 된 듯하다. 이처럼 17세기의 조·일 합
의나 낙도의 귀속에 대한 판단 기준은 19세기에도 지켜졌던 것이다.

한편, 「다케시마 방각도」 외에도 이와 비슷한 지도가 있다. 평정소
에서 '다케시마 일건'의 처리를 담당한 관리가 작성한 것으로 추정되
는45) 사건 기록 『조선 다케시마 도항 시말기』(朝鮮竹島渡航始末記)에
지도 〈그림 2〉가 첨부됐는데, 이것도 「다케시마 방각도」처럼 다케시
마·마쓰시마를 조선 영토로 그렸던 것이다.46) 이 『조선 다케시마 도
항 시말기』와 거의 같은 글이 에도 시대 말기 막부가 작성한 『통항일
람속집』(通航一覽續輯) 5, 「조선국부」(朝鮮國部) 중 '잠상형벌(潛商刑
罰)'이라는 제목에 실려 있다.47) 따라서 『조선 다케시마 도항 시말기』
는 관찬서 혹은 그 복사임을 드러내고 있다.

---

45) 朴炳涉, 「元禄・天保竹島一件と竹島＝独島の領有権問題」, 『北東アジア文化研
究』 40号, 2015, p.39.
46) 『朝鮮竹嶋渡航始末記』(浜田市立図書館所蔵) 부속 지도에서 다케시마·마쓰
시마가 조선과 같은 색으로 채색되고 있는 사실을 일본인 연구자는 아무도
밝히지 않았다.
47) 朴炳涉, 前揭「江戸時代の竹島での漁業」 37~38頁; 박병섭, 앞의 글 「안용복
사건 이후의 독도 영유권 문제」, pp.144-145.

5. 메이지 정부에 의한 조·일 합의의 확인

1) 일본 외무성에 의한 조·일 합의의 확인

에도 막부를 무너뜨린 메이지 신정부는 쓰시마 번을 대신해 조·일 외교를 직접 관장하려고 했으나 소위 서계문제로 암초에 부딪쳤다. 외무성은 일단 과거의 조·일 외교의 실정을 조사하고 아울러 조선을 내탐하기 위해 모리야마 시게루(森山茂) 등을 쓰시마 번 및 부산의 왜관으로 파견했다. 그들은 현지를 조사하고 1870(明治3)년 조사서『다이슈 조선 교제 취조서』(對州朝鮮交際取調書,『취조서』로 약칭) 및 이를 요약한 보고서『조선국 교제 시말 내탐서』(朝鮮國交際始末內探書,『내탐서』로 약칭)를 외무성에 제출했다. 다이슈는 쓰시마 번을 가리킨다.

이『내탐서』안에 '다케시마·마쓰시마가 조선 부속이 된 시말'이라는 소제목을 두어 두 섬이 조선 영토로 된 경위에 관해 "마쓰시마[독도]는 다케시마 옆의 섬인데 마쓰시마에 관해서는 지금까지 게재된 기록이 없다. 다케시마에 관해서는 <u>겐로쿠 기 왕복 절차 서류가 복사와 같이 있다</u>"고 썼다.[48] 밑줄 부분은 필자가 쳤는데 이는 1차 자료에만 있으며『일본외교문서』(日本外交文書) 등 2차 자료에는 없는 부분이다. '왕복 절차 서류'라는 것은 조선 정부와 쓰시마 번 사이를 왕복한 아래 서계들이며, 이들 6통이『취조서』중 소 제목「다케시마 일건」(竹島一件) 안에 기록되었다.[49]「다케시마 일건」은 쓰시마 번『선린통교』(善隣通交) 권5「고다케시마일건사고」(告竹島一件事考)를 바탕으로 작성

---

[48] 堀和生,「1905年日本の竹島領土編入」,『朝鮮史研究会論文集』24号, 1987, 104쪽. 다만 堀和生은 이를『日本外交文書』로부터 인용했으므로 밑줄 부분은 누락되고 있다.

[49] 朴炳涉,「明治政府の竹島＝独島調査」,『北東アジア文化研究』41号, 2016, p.48.

한 듯하다.

> 문서1. 조선인의 다케시마 도해 금지를 요구하는 쓰시마 번 서계1.
> 문서2. '폐경 울릉도'나 '귀국 다케시마'는 도해 금지의 곳이라는 조선 서계1.
> 문서3. '폐경 울릉도'의 삭제를 요구하는 쓰시마 번 서계2.
> 문서4. 다케시마는 울릉도이며 1도 2명이라고 주장하는 조선 서계2.
> 문서8. 울릉도가 조선 영토임을 확인하는 조선 서계3.
> 문서9. '다케시마 일건'의 해결을 축하하고 막부에 보고했다는 쓰시마 번 서계3.

위의 문서 번호는 앞에 쓴 문서 번호다. 이처럼 『취조서』는 다케시마(울릉도)가 '겐로쿠 다케시마 일건(울릉도 쟁계)'에서의 외교 교섭에 의해 조선 영토로 확정된 것임을 확인한 것이다. 한편 마쓰시마에 관해서는 모리야마 등은 『내탐서』에서 기록이 없다는 것과 마쓰시마가 '다케시마의 이웃 섬'이라는 이유로 이 섬을 조선 영토로 판단했다. 이를 환언하면 ① 막부가 마쓰시마에 영유 의사를 가진 흔적이 없다, ② 마쓰시마가 지리적으로 조선에 가깝다는 것을 이유로 조선 영토로 판단했다고 할 수 있다. 즉 외무성의 낙도에 대한 귀속 판단 기준은 겐로쿠 기의 기준과 똑같다고 말할 수 있다. 결국 겐로쿠 기의 낙도의 귀속 판단 기준은 시대를 넘어 메이지 시대 초기에도 통용되는 보편적인 가치를 가진 기준이었다.

2) 내무성 및 태정관에 의한 조·일 합의의 확인

메이지 정부는 국가 기반을 정비하기 위해 여러 사업을 했는데 그 중 하나가 일본 지지의 편찬이었다. 이 과정에서 떠올랐던지 다케시마·마쓰시마에 관한 조사를 내무성 지지과(地誌課) 나카무라 겐키(中邨, 中村元起)가 맡았다. 나카무라는 다케시마(울릉도)의 귀속 문제에 초점을 맞춰 '겐로쿠 다케시마 일건'을 조사하고, 1875(明治)년 8월『이소타케시마 각서』(礒竹島覺書)를 편찬했다.[50]

이 자료는 먼저 앞의 조·일 간 외교 문서 1-4를 복사하고 '다케시마 일건'의 발단을 썼다. 또 조선 문헌『여지승람』,『지봉유설』등의 관련 부분도 복사했다. 다음에 막부가 두 섬과 관계가 깊은 돗토리 번 등에 구체적으로 문의하고, 다케시마뿐만 아니라 마쓰시마도 돗토리 번 소속이 아니라는 회답을 얻은 후 쓰시마 번과 협의해 다케시마 도해 금지령을 내렸던 경위를 적었다. 게다가 막부가 다케시마 도해 금지령을 내린 이유를 밝히고 조선 역관사에 전했던 앞의 쓰시마 번 구상서1(문서5-1)을 복사했다. 마지막에 이 자료는 역관사의 보고를 받은 조선 정부가 울릉도는 조선 영토이며, 막부의 도해 금지령을 환영한다고 쓴 조선 서계3(문서8)을 복사했다. 또한 조선 서계3을 쓰시마 번이 받음으로써 '다케시마 일건'이 해결되고, 이를 막부에 보고했다는 것을 알린 쓰시마 번 서계3(문서9)을 복사했다.

이처럼『이소타케시마 각서』는 겐로쿠 기의 외교 문서들을 통해 다케시마(울릉도)를 조선 영토로 확정한 조·일 합의를 확인한 것이다. 동시에 쓰시마 번 구상서1(문서5-1) 및 조선 서계3 등에서 막부 및 조선의 낙도에 대한 귀속 판단 기준을 확인했다. 막부의 영토 판단 기준은 앞에 쓴 바와 같이 다케시마는 이나바·호키 부속이 아니며 일본이 빼앗은 섬도 아니었다는 것과 조선에 가깝다는 것이었다. 즉 막부가 다케시마에 영유 의사를 가지지 않았던 것과 다케시마의 지리적 근접성이라는 두 가지 이유를 낙도의 귀속 판단 기준으로 삼았던 사실을

50) 大熊良一,『竹島史稿』, 原書房, 1968, p.254.

『이소다케시마 각서』는 확인한 것이다.

『이소타케시마 각서』의 편찬을 끝낸 지지과는 다음 달 9월에 내무성으로부터 태정관(太政官)으로 옮겨 수사국 지지괘(修史局地誌掛)로 되었고, 1877년 1월에는 태정관 수사관(修史館) 제3국 을과(乙科)로 되었다.[51] 태정관은 일본의 최고 국가 기관이다. 이즈음 시마네현으로부터 내무성에게 다케시마·마쓰시마의 지적에 관한 문의서「일본해 내 다케시마 외 일도 편찬 방법에 관한 문의」(日本海內竹島外一島地籍編纂方伺)가 제출되었다.[52] 다케시마는 울릉도를 가리키며 '외 일도'는 마쓰시마 즉 독도를 가리킨다. 또한 두 섬을 포함한 지도「이소타케시마 약도」[53](磯竹島略圖)도 첨부되었다.

이 문의에 대해 내무성은 다케시마·마쓰시마의 소속에 관한 조사를 이미『이소타케시마 각서』에서 끝내고 있었으므로 쉽게 두 섬은 일본과 상관이 없다는 결론을 내릴 수 있었다. 그러나 내무성은 영토의 취사는 국가의 중대사라고 생각해 신중히 앞의 시마네현 문의와 같은 제목의 문의「일본해 내 다케시마 외 일도 지적 편찬 방법에 관한 문의」를 태정관에 제출했다. 일본에서 영토의 취사를 판단하는 기관은 내무성이며, 그 판단을 최종적으로 확인하는 기관은 태정관이다. 내무성은 태정관에 대한 문의서에 시마네현에서 받은 자료 외에 겐로쿠 기의 조·일 간 외교 문서 등의 사본도 아래와 같은 첨부했다.

문서6-1. 막부의 도해 금지령을 전하는 쓰시마 번 각서1

---

51) 朴炳涉, 前揭論文「明治政府の竹島＝独島調査」, p.54.

52) 『公文録』(国立公文書館所蔵), 内務省之部, 明治十年 三月; 堀和生, 前揭論文, 103頁.

53) 「이소타케시마 약도」는 우루시자키 히데유키(漆崎英之)가 처음으로 인터넷에서 공개했다. 漆崎英之,「태정관지령 부속 지도「기죽도약도(磯竹島略圖)」발견 경위와 그 의의」,『독도연구』14호, 2013, p.329.

문서8. 울릉도가 조선 영토임을 확인하는 조선 서계3.
문서9. '다케시마 일건'의 해결을 축하하고 막부에 보고했다는 쓰시마
　　　번 서계3
문서10. 조선의 잘못을 지적한 쓰시마 번 구상서3

　이들 문서 외에도 내무성은 『다케시마 기사』(竹島紀事) 겐로쿠 9년
(1696) 정월 28일조 기사를 문의서에 첨부했다. 이 안에는 로주 아베
분고노카미(老中阿部豊後守)가 다케시마를 포기한 이유가 기록되어
있다. 그 이유는 로주가 돗토리 번으로 문의했던 바, 다케시마는 ① 이
나바·호키 소속이 아니다, ② 어민이 어렵을 했을 뿐이며 조선의 섬
을 빼앗았던 것이 아니다, ③ 일본인이 살지 않는다, ④ 도정(道程)이
조선에 가깝다고 하는 것이다. 즉, 로주는 다케시마에 대해 영유의사
를 가지지 않았고 또한 다케시마는 조선에 가깝다는 것이다. 이는 앞
의 쓰시마 번 구상서1(문서5-1)과 거의 같다.
　마쓰시마에 관해서는 시마네현 문의서 중 '원유의 대략(原由の大略)'
에 "다음에 1도가 있다. 마쓰시마라고 부른다. 주위 30정[3.3 km]정도.
다케시마와 같은 선로(線路)에 있다. 오키(隱岐)에서 약 80리 떨어져
있다. 나무와 대나무는 드물다. 또한 물고기와 짐승이 있다"라고 기록
되었다. 이 기록은 물론 내무성이 태정관에 제출한 문의서에 첨부되었
다. 이런 기록 등에서 마쓰시마의 귀속을 판단한다면, 다케시마를 조
선 영토로 판단했던 위의 ①, ②, ③이 그대로 마쓰시마에도 적용된다.
④는 다케시마가 조선 영토라면 마쓰시마는 조선에 가까운 것이다. 이
런 경위에서 내무성는 다케시마·마쓰시마를 일본 영토가 아니라고
판단했을 것이다.
　내무성의 문의를 받은 태정관은 속히 결론을 내렸다. 조직 내에 지
지 담당 부처를 가지고 있었으므로 속히 결론을 내릴 수 있었다. 태정

관은 내무성 판단대로 다케시마·마쓰시마는 일본과 관계없다는 지령
을 내렸다. 이로 인해 다케시마·마쓰시마의 소속 문제는 완전히 해결
되었다. 당연히 내무성이 발행하는 지도에 두 섬은 기재되지 않았다.
유일의 예외는『대일본부현분할도』(大日本府縣分轄圖, 1881)다. 이 지
도책 중「대일본전국약도」(大日本全國略圖)는 초판만 다케시마·마쓰
시마를 산음도(山陰道) 즉 일본 서북지방과 같은 색으로 채색했다. 그
러나 개정판은 두 섬을 무채색으로 하였다. 이는 초판의 잘못을 수정
하고 두 섬을 일본 영토 외로 표현했다고 볼 수 있다.[54]

　결국, 메이지 정부는 17세기에 교환한 외교 문서를 바탕으로 다케시
마 및 다케시마와 같은 항로에 있는 마쓰시마도 일본 영토 외임을 공
식으로 확인했다. 따라서 17세기 낙도의 귀속에 대한 판단 기준은 관
습으로 확립됐다고 말할 수 있다.

3) 외무성·태정관에 의한 조·일 합의의 재확인

　외무성은 앞에 쓴 것처럼 메이지 3년(1870)에 '겐로쿠 다케시마 일건'
을 조사해 다케시마·마쓰시마가 조선 부속으로 되었다고 이해했었는
데, 이는 이윽고 잊혀져갔던 것 같다. 1880년경 외무성 등에「다케시마
도해 청원」(竹島渡海之願),「마쓰시마 개척에 관한 건」(松島開拓之儀)
등이 잇따라 제출됐는데, 외무성에서는 다케시마·마쓰시마 섬 이름의
혼란이 심해 두 섬의 비정을 둘러싸고 갑론을박의 혼란이 계속되었
다.[55] 일찍이 다케시마·마쓰시마를 일본과 관계없다고 내무성에 내
린 태정관 지령은 외무경(外務卿)이 날인했지만 외무성 내에서는 주지

---

54) 朴炳涉,「明治政府の竹島＝独島認識」,『北東アジア文化研究』28号, 2008,
　　42頁.
55) 北沢正誠,『竹島考證』(国立公文書館所蔵), 1881.

되지 않았던 것이다.

그러던 중 외무성은 조선 정부로부터 1881년 6월에 울릉도에 관한 항의서를 받았다. 이는 울릉도에서 수토관이 발견한 일본인의 도벌에 관한 것이었다. 이 내용은 1693년에 일본이 섬 이름을 착오한 탓에 몇 번이나 서계를 교환한 끝에 일본이 연해민의 입도(入島) 및 어렵을 금지한다고 약속했음에도 불구하고 일본인이 입경해 벌목을 하고 있으니 단속해달라는 것이었다.[56] 조선 정부는 200년 전 '울릉도 쟁계' 당시 양국에서 교환한 서계를 근거로 일본에 항의한 것이다.

이를 받아서 일본 외무성은 기타자와 마사나리(北沢正誠)가 다케시마(울릉도)의 소속을 조사하고, 1881년에 보고서『다케시마 고증』(竹島考證) 및 이를 요약한「다케시마 판도 소속고」(竹島版図所属考)를 편찬했다. 『다케시마 고증』은 겐로쿠 다케시마 일건(울릉도 쟁계)에 관한 조·일 간 외교문서 즉 앞의 문서 1-10은 물론 모든 외교 문서를 복사했다. 또한 관련된 역사서 등도 분석하여 다음과 같이 썼다. 고문서에 의하면, 다케시마(울릉도)가 조선 영토임은 확실하지만 '분로쿠노에키(文禄の役, 임진란)' 이후는 조선이 버린 땅이다. 일반적으로 버려진 땅은 이를 수습한 자가 새 주인이 되는 것이 통례다. 그런 버려진 다케시마에서 일본인이 80여년 어렵을 해왔는데 막부는 이 섬을 수습할 기회를 일부러 놓쳤다. 이런 결말은 참으로 한탄스러운 일이라고 기타자와는 다케시마 일건을 평가했다. 결국 기타자와는 다케시마는 겐로쿠 기의 조·일 합의에 의해 조선 영토로 확정되었다고 단정하고, 앞의「마쓰시마 개척 청원」등에 대해 "오늘날의 마쓰시마는 즉 겐로쿠 12년[1699]에 칭했던 다케시마이며, 예로부터 우리 판도 외의 땅임을 알아야 한다"고 적었다. 그 역시 겐로쿠 기의 조·일 합의를 중시한

---

56) 外務省記録(外交史料館所蔵) 3824,「朝鮮国蔚陵島ヘ犯禁渡航ノ日本人ヲ引戻處分一件」1巻.

것이다. 그런데 기타자와 보고서는 1877년 태정관 지령에는 언급하지 않았다. 또한 겐로쿠 기의 마쓰시마, 즉 독도의 소속에 관해서도 아무 말이 없었다. 가타자와가 참고 문헌으로 한『이소타케시마 각서』등에는 앞에 쓴 바와 같이 마쓰시마가 다케시마와 더불어 일본 영토 외로 기록되고 있으나 기타자와는 이에 이의를 제시하지 않았다.

이 보고서를 바탕으로 1883년 일본 정부는 울릉도를 조선 영토로 인정하고 울릉도에 있던 일본인을 강제로 쇄환했다. 이처럼 조·일 양국은 1699년 당시의 외교 문서들을 바탕으로 그때 합의한 내용 및 낙도의 귀속 판단 기준 등을 확인했던 것이다.

그 후 울릉도에서는 10년이 지나면서 다시 일본인의 침입이 문제가 되었다. 청일전쟁에 승리한 일본제국은 세력 확대를 노리고 적극적으로 청국 및 한국에 대한 침략을 강화했고 이에 따라 일본인들의 한국으로의 진출이 점점 활발하게 되었다. 울릉도에서는 값비싼 재목을 노린 시마네현 사람들이 민폐를 끼쳤다. 이들에 대해 부산에 있는 일본 영사관 보고서는 "도항자는 대개 무식한 문맹의 무리들인지라 자주 분요를 일으켜 강한 자는 약한 자를 억누르고 지식이 있는 자는 우자를 속여 심지어는 흉기로 폭행하고 남의 물건을 강탈하는 일이 있어도 이를 제지하는 자가 없어 크게 양민을 괴롭히는 일이 적지 않았다"[57]라고 기록했을 정도다. 그런데 울릉도 도감은 그들을 처벌할 수 없었다. 일본인에 대한 재판권이 일본 영사에게 있었기 때문이다. 그런 일본인의 퇴거를 조선 정부는 일본에 몇 번이나 요구했으나 일본은 자국의 권익을 중시해 좀처럼 응하지 않았다. 일본은 한국에 대해 힘의 외교를 밀어붙이는 것이었다. 그러나 울릉도에서의 삼림 벌채권을 획득한

---

57) 外務省,『通商彙纂』(国会図書館所蔵) 234号, 1902, 45쪽; 박병섭,『한말 울릉도·독도 어업-독도 영유권의 관점에서』, 한국해양수산개발원, 2009, p.252 (일본어), p.114(한국어).

러시아가 일본 정부에 항의하자 드디어 일본 정부는 울릉도에 있는 일본인에 대해 1899년에 퇴거 명령을 내렸다.[58] 일본은 제국주의 열강 국가 간 외교를 고려한 결과의 부산물로서 겐로쿠 기의 조·일 합의를 가까스로 지켰던 것이다.

6. 조선왕조 및 대한제국의 독도에 대한 영유 의사

1) 조선왕조의 독도에 대한 영유 의사

조선 정부의 독도에 대한 영유 의사는 모호하지만『세종실록』지리지(1454) 등에 볼 수 있다. 잘 알려져 있듯이 이 문헌은 "두 섬[우산·무릉]은 서로 멀리 떨어져 있지 않아 날씨가 맑으면 바라볼 수 있다"고 기록했다.[59] 맑은 날에만 보이는 섬은 독도밖에 없으므로 우산도는 독도라고 해석될 수 있다. 그러나『세종실록』지리지는 우산도의 위치나 방향, 크기 등에 관한 정보는 아무것도 기록하지 않았다. 또한『신증동국여지승람』(新增東国輿地勝覽, 1531) 등은 부속 지도에서 우산도를 울릉도 서쪽에 그리는 등 우산도 인식의 모호함을 드러내고 있다.

우산도의 존재가 구체적으로 된 것은 안용복 사건에 의해서였다. 안용복은 1693년에는 일본 어민 오야·무라카와 양가에 의해 일본에 연행되고 울릉도쟁계(겐로쿠 다케시마 일건)의 계기가 되었다. 또한 1696년에는 스스로 울릉도·자산도를 거쳐 도일함으로서 많은 기록이 양국에 남았고, 결과적으로 자산도의 존재가 명확하게 되었다. 자산도는 마쓰시마(독도)이며 우산도의 별명으로 볼 수 있다.

---

[58] 宋炳基, 前揭書, 145~146頁; 송병기, 앞의 책, pp.196-197.
[59] 원문은, 于山武陵 二島在縣正東海中 二島相去不遠 風日淸明 則可望見.

그런 기록 가운데 안용복이 귀국 후 당국의 취조를 받았던 때에 진술한 내용이 『숙종실록』에 게재됐다. 이 진술은 『숙종실록』 자체가 밝혔던 바와 같이 신뢰성이 떨어지며,[60] 일본 사료와의 대조가 필요하다. 그런 작업 끝에 분명한 것은 안용복이 실제로 독도(마쓰시마)를 본 다음 조·일 양국에서 "마쓰시마는 즉 자산도"라고 말하고 이것이 양국에서 신뢰를 얻은 것이다. 일본에서는 오키 대관(隱岐代官) 수하가 작성한 「무라카미가문서」(村上家文書),[61] 조선에서는 『춘관지』(1745), 『동국문헌비고』(1770) 등 관찬서다. 『동국문헌비고』에는 "울릉 우산 모두 우산국의 땅, 우산은 즉 왜가 이르는 松島"라고 기록되고 이는 관찬서 『만기요람』(1808) 등에 이어졌다. 조선 정부는 우산도를 일본의 松島라고 알면서 조선 영토로 인식한 것이다.

2) 대한제국의 독도에 대한 영유 의사

1900년 10월 한국정부는 칙령 41호에서 울도군을 신설하고, 그 범위를 울릉전도, 죽도, 石島로 하였다. 독도 영유권 문제에서 이 칙령의 의의를 시모조 마사오는, "만약 이 石島가 한국 측 주장대로 다케시마[독도]라면 다케시마가 시마네현에 편입된 1905년보다 빨리 다케시마는 한국 영토로 되고 있었다. 그렇다면 일본 정부에 의한 다케시마[독도]의 시마네현 편입은 한국 측 주장대로 위법 행위가 된다"[62]고 주장

60) 『肅宗実録』, 肅宗22年 10月23日; 朴炳渉, 『安龍福事件に対する検証』, 韓國海洋水産開發院, 2009, 36頁(韓國語), 34頁(日本語); 朴炳渉, 「安龍福事件と鳥取藩」, 『北東アジア文化研究』 29号, 2009, 13~14頁.
61) 정식 명칭은 『元禄九丙子年朝鮮舟着岸一巻之覺書』이며, 여기에 "松嶋ハ右同道(江原道)之内 子山と申嶋御座候, 是ヲ松嶋と申由, 是も八道之圖に記申候"라고 기록되었다.
62) 下條正男, 『「竹島」その歴史と領土問題』, 竹島·北方領土返還要求島根県会議, 2005, p.98.

했다. 그만큼 石島가 독도인지의 여부는 독도 영유권 문제에 있어서
중요하다.

이 石島의 비정 문제인데 거의 모든 한국 연구자는 石島를 독도라고
주장한다. 그런데 이를 직접 드러내는 문헌은 아직 발굴되지 않았다.
그러나 石島는 독도 외에 적당한 섬이 없으므로 한국 연구자뿐만 아니
라 일본인 연구자들도 거의 石島를 독도라고 생각하고 있다. 예를 들
면, 가지무라 히데키(梶村秀樹),[63] 나이토 세이추(內藤正中),[64] 오니시
도시테루(大西俊輝),[65] 다케우치 다케시(竹內猛)[66] 등이다. 쓰카모토
다카시(塚本孝)[67] 및 일본 정부 『10포인트』도 石島가 독도인 가능성
을 염두에 두고 있다. 시모죠 마사오는 몇 번이나 주장을 바꾸고 정설
이 없으며, 때로는 石島를 '쌍항초(雙項礁)'에 비정했다. 그러나 '쌍항
초'는 관음도 동쪽에 있는 쌍정초(雙頂礁)의 오독이다. 이는 암초이므
로 섬이 아니며, 물론 石島가 아니다.[68] 후나스기 리키노부(舩杉力修)
는 관광유람선을 타고 울릉도를 일주하여 현지를 조사한 결과, "石島
는 관음도일 가능성이 높다"고 주장했다.[69] 이런 결론은 학문과 상관
이 없는 견해다. 이케우치 사토시는 "石島가 다케시마[독도]에 일치한
다는 것이 직접적으로 증명된 일은 지금까지 한 번도 없다"고 주장했

---

63) 梶村秀樹, 前揭書, p.25.

64) 內藤正中, 『竹島(鬱陵島)をめぐる日朝関係史』, 多賀出版, 2000, p.177.

65) 大西俊輝, 『日本海と竹島』, 東洋出版, 2003, pp.72-73.

66) 竹內猛, 『竹島＝独島問題「固有の領土」論の歴史的検討』前編, 私家版, 2010,
    pp.89-92; 다케우치 다케시, 『獨島＝竹島 문제 '고유영토론'의 역사적 검증』
    Ⅰ, 선인, 2012, pp.182-186.

67) 塚本孝, 「日本の領域確定における近代ヨーロッパ国際法の適用事例」, 『東
    アジア近代史』 3号, 2000, p.89.

68) 박병섭, 「시모죠 마사오(下條正男)의 논설을 분석한다(2)」, 『독도연구』 7호,
    2009, pp.132-136(한국어), pp.103-104(일본어).

69) 舩杉力修, 「絵図・地図からみる竹島(Ⅱ)」, 『「竹島問題に関する調査研究」
    最終報告書』, 2007, p.171.

으나,[70] 石島는 어느 섬일 가능성이 제일 높다고 생각하는가? 라는 질
문에 대해서는 "그렇게 질문을 받으면 다케시매[독도]라고 대답할 수밖
에 없다"고 말했다.[71] 이처럼 일본에서는 많은 연구자들이 石島를 독
도라고 생각하고 있는데 한·일 양국의 사회과 교원들은 "일본은 石島
를 울릉도 바로 옆에 있는 관음도 라고 주장하고 있다"[72]고 오해하고
있는 듯하다. 실은 그런 주장을 하는 연구자는 후나스기 리키노부 한
사람뿐인 것 같다.

石島의 비정 문제에 있어서 참고가 되는 것은 한국 각지에 있는 石
島의 당시의 호칭이다. 이들의 호칭은 일본 수로부의 『조선수로지』(朝
鮮水路誌) 제2개판(1907), 『일본수로지』(日本水路誌) 제6권(1911) 등에
의하면 한국에 있는 石島 7개소 중 5개소에는 다음과 같이 후리가나가
달렸다.[73]

① 충청남도 비인만 외연열도 石島　　　　'トルソム'(도루소무)
②　　　　상동　　　고도 남쪽 石島　　　'マクソム'(마쿠소무)
③ 경기도 한강구 앞바다 우도 서쪽 石島　'トルソム'(도루소무)
④ 황해북도 대동만 대도 서쪽 石島　　　'トリソム'(도리소무)
⑤ 전라남도 소안군도 소안항 石島　　　　'トヽクソム'(도토쿠소무)

이를 보면 '石島'는 모두 '석도'라고 음독(音読)된 것이 아니라, 훈독

---

70) 池内敏, 前掲 『竹島—もうひとつの日韓関係史』, p.184.

71) 朴炳涉, 「[書評] 池内敏 『竹島—もうひとつの日韓関係史』」, 『朝鮮史研究会
　　会報』, 209号, 2017, pp.23-24.

72) 歴史教育者協議会(日本)·全国歴史教師の会(韓國) 編, 『向かいあう日本と
　　韓国·朝鮮の歴史』近現代編, 大月書店, 2015, 297頁.

73) 박병섭, 앞의 책, 『한말 울릉도·독도 어업 -독도 영유권의 관점에서』,
　　pp.74-75(한국어), pp.214-215(일본어); 朴炳涉, 「明治時代の竹島＝独島漁業
　　と領有権問題」, 『北東アジア文化研究』, 32号, 2010, p.49.

(訓読)된 것임을 알 수 있다. 위에서 ①, ③ トルソム(도루소무) 및 ④ トリソム(도리소무)는 '돌섬'의 일본어 표기다. ② マクソム(마쿠소무)는 말단에 있는 섬이라는 뜻의 '막섬'의 일본어 표기인 것 같다. 이는 같은 비인만에 있는 ① トルソム(도루소무)와 구별하기 위해 이런 호칭으로 되었다고 생각된다. 전라남도에 있는 ⑤ トヽクソム(도토쿠소무)는 '독섬'의 일본어 표기인 듯하다. 이 섬은『한국지명총람』(韓国地名総攬, 1984)에도 '독섬(石島)'으로 표기되고 있다.[74] 이처럼 한국에서는 일반적으로 돌섬 혹은 독섬의 한자 표기는 '石島'다. 이런 관행에서 칙령41호의 '石島'는 음독되지 않고, 주로 울릉도민의 다수를 차지한 전라도 사람들의 사투리로 '독섬', 때로는 표준어로 '돌섬'으로 호칭되었다고 생각된다. 실제로 광복 직후 언론 보도에 오늘날의 독도를 '독섬(獨島)'이라고 표기한 예가 다수 있다.[75] 또한 '돌섬'에서 1895년경부터 강치잡이를 했다는 전라도 사람 김윤삼의 증언도 있다.[76]

또한 일본 외무성의 『다케시마 어업의 변천』(竹島漁業の変遷)에 기록된 오쿠무라 료(奥村亮)의 증언에 따르면, "조선인은 랑코도(다케시마)를 独島(トクソン[도쿠손])라고 말하고 있었으나, 내지인(内地人)과 회화할 때는 '랑코도'라고 말하고 있었다"고 한다.[77] 'トクソン[도쿠손]'

---

74) 신용하,『독도의 민족영토사 연구』, 지식산업사, 1996, p.197.

75) 박병섭, 앞의 책,『한말 울릉도・독도 어업-독도 영유권의 관점에서』, p.72 (한국어), p.213(일본어); 朴炳渉, 前掲「明治時代の竹島＝独島漁業と領有権問題」, p.47.

76)『민국일보』1962.3.19; 김수희,「'죽도의 날' 제정 이후 일본의 독도 연구 동향」,『독도연구』10호, 2011. pp.189-190; 池内敏, 前掲『竹島問題とは何か』, 253頁.

77) 外務省アジア局『竹島漁業の変遷』1953, p.37, 원문은 "当時、朝鮮人はランコ島（竹島）を独島(トクソン)と言っていたが、 内地人と会話するときは「ランコ」島と言っていた". 朴炳渉, 前掲「明治時代の竹島＝独島漁業と領有権問題」, pp.46-47.

은 독섬의 일본어 표기로 볼 수 있다. 오쿠무라 료 및 부친 헤이타로 (平太郎)는 1921년경부터 조선인을 주력으로 랑코도에 출어해 전복 등을 채취했던 어업자다. 오쿠무라 료의 증언으로 인해 랑코도=独島(도쿠손)=독섬이라는 관계가 성립되고 도쿠손은 독섬에 직결된다. 이런 자료들을 종합적으로 고려하면, 바위섬의 뜻으로 불렸던 '독섬' 혹은 '돌섬'이 칙령41호에 '石島'라고 한자로 표기되었다고 볼 수 있다.

그 후 독섬을 '石島'라고 한자로 표기하는 것이 전라도 외에서는 어려웠던지 '독섬'의 한자 표기가 '獨島'로 변한 것 같다. '獨島'의 표기는 일본 해군 「군함 니타카 행동 일지」(軍艦新高行動日誌, 1904)에서 볼 수 있는 것을 비롯해 1906년에는 심흥택(沈興澤) 보고서에도 볼 수 있다. 울도 군수 심흥택은 시마네현 울릉도 · 다케시마[독도] 조사단이[78] 군수를 방문하고 단장이 "우리 관할하에 있는 다케시마"라고 말하자 이 '다케시마'를 "본군 소속 獨島"로 인식하고 조사단의 행동을 정부에 보고했다.[79] 이 보고서에 따르면 울도 군수는 獨島가 "외양 100여 리 (40km)"에 있는 한국 영토로 파악하고 있었다. 또한 심흥택 보고서를 받은 정부는 보고서에 대한 '지령 3호'에서 "[일본의] 獨島 영지지설(領地之説)은 전속 무근(全屬無根)"이라고 쓰고 독도는 한국 영토라는 인식을 밝혔다. 울도 군수도 정부도 독도를 한국 영토로 인식하고 있었던 것이다.

한편, 칙령 41호에는 우산도 이름은 없었다. 이에 대해 일본 정부 팸플릿 『10포인트』는 "한국측이 다케시마의 옛 명칭이라고 주장하는 '우산도' 등의 명칭이 도대체 왜 사용되지 않았는가"라는 의문을 제시했

---

78) 조사단은 처음부터 울릉도 조사도 예정하고 있었다. 박병섭, 앞의 글, 「근대기 독도의 영유권 문제」, 『독도 영유권 확립을 위한 연구』 5, 선인, 2013, p.180.

79) 송병기, 앞의 책, pp.248-252; 宋炳基, 前揭書, 184~189頁.

다. 이는 지당한 지적이므로 이 이유를 생각한다. 조선 시대 관찬서에
기록된 우산도는 '울릉도 쟁계' 이후 해금·수토 정책이 계속되는 가운
데 그 위치나 존재가 점점 모호해졌다. 1882년 울릉도 검찰사 이규원
은 왕명을 받아 우산도를 탐색했으나 우산도를 확인하지 못했다. 그는
울릉도민으로부터 우산도나 송죽도(松竹島)는 근방에 있는 작은 섬이
라고만 듣고 배로 울릉도를 일주했다. 또한 높은 곳에 올라가 주위를
바라보았지만 우산도를 발견하지 못하고 竹島와 島項을 확인했을 뿐
이다. 또한 울릉도에 사는 조선인과 일본인들이 1900년경 공동으로 우
산도를 탐색했으나 결국은 발견할 수 없었다.[80] 게다가 1913년에도 우
산도 탐색 계획이 있었으나 앞의 우산도 탐색이 실패했던 것이 드러나
서 계획이 중지되었다.[81] 이처럼 관찬서에 자주 기재된 우산도는 대한
제국 시대에는 소재를 알 수 없는 전설의 섬으로 되고 말았다. 이 때문
에 소재를 알 수 없는 우산도는 칙령 등 법령에 쓸 수 없다. 대신에 실
재가 명확한 독섬이 칙령에 石島라고 기재된 것이다.

7. 일본의 독도 편입과 국제법

1895년 청·일전쟁에 승리한 일본은 다이완을 할양받는 등 늦게나
마 제국주의 열강국의 일원으로 되어 가고 있었다. 이에 따라 일본은
점점 힘의 외교를 한국에 밀어붙이고 노골적으로 내정에 대한 간섭을
시작했다. 그런 외교는 울릉도와 독도에도 미치게 되었다. 한국 정부

80) 『每日申報』, 1913.6.22; 박병섭, 앞의 책, 『한말 울릉도·독도 어업-독도 영유
    권의 관점에서』, p.80(한국어), p.220(일본어); 朴炳涉, 「明治時代の漁業と竹
    島＝独島問題(2)」, 『北東アジア文化研究』 32号, 2010, 53頁.
81) 상동.

가 울릉도에 불법으로 거주하는 일본인들의 퇴거를 요구하여도 1900년 이후 일본은 이에 응하지 않았을 뿐더러 오히려 일본인의 거주권을 주장하기에 이르렀다.[82] 일본은 힘을 배경으로 자국의 권익을 추구하는 데 여념이 없는 국가로 되었던 것이다.

1904년 가을 리양코 도(독도)에서의 강치잡이를 끝낸 오키의 나카이 요자부로(中井養三郎)는 강치잡이의 독점을 도모하느라 분주했다. 울릉도에서는 한·일 어민들이 강치를 남획하고 자원의 고갈이 우려되었던 것이다. 당초 나카이는 리양코 도를 조선 영토로 믿고 리양코 도의 대여 청원서를 조선 정부에 제출하려고 일본 관계 기관과 접촉했다.[83] 그러나 나카이는 수로부장 기모쓰키 가네유키(肝付兼行)로부터 리양코 도는 무소속이며 일본으로 편입하는 것이 마땅하다고 듣자, 「리양코 도 영토 편입 및 대여 청원」을 내무성 등에 제출하게 되었다. 나카이에 큰 영향을 미친 기모쓰키는 리양코 도를 『일본수로지』가 아니라 『조선수로지』에 기술한 해군 장교다. 수로지의 편찬에는 영토·영해 의식이 반영되고 있으므로,[84] 기모쓰키가 리양코 도를 조선 영토로 생각한 것은 확실하다. 기모쓰키는 해군 장교로서 리양코 도의 군사적인 가치를 숙지하고 리양코 도의 영토 편입을 지원하기 위해 무주지라고 강변한 듯하다.

한편 나카이의 청원서를 받은 내무성은 맹렬히 반대했다. 이유는 "이런 시국(러일전쟁 중)에 한국 영지로 의심되는 황막한 일개 불모지나 다름없는 암초를 거두어들여 사방을 둘러보고 있는 여러 외국에게 우리나라가 한국 병탄의 야심을 가지고 있다는 의혹을 키우게 된다"[85]

---

82) 박병섭, 앞의 책, 『한말 울릉도·독도 어업 -독도 영유권의 관점에서』, p.64 (한국어), p.205(일본어).
83) 堀和生, 앞의 글, p.117.
84) 池內敏, 앞의 책, 『竹島―もうひとつの日韓関係史』, p.158.

라는 것이며, 나카이의 청원을 각하할 방침이었다. 이는 당연한 일이
었다. 내무성은 1875년에 『이소타케시마 각서』를 편찬했을 때부터 다
케시마·마쓰시마를 조선 영토로 생각하고 있었던 위에 1877년에는 태
정관으로부터 마쓰시마(독도)는 일본과 관계없다는 지령을 받고 있었
기 때문이다.

그러나 외무성의 생각은 달랐다. 나카이를 적극적으로 지원한 정무
국장 야마자 엔지로(山座圓次郎)는 리양코 도의 군사적인 가치를 중시
했다. 그 이유는 나카이가 청원서를 제출하기 3개월 전 러시아 블라디
보스토크 함대가 일본 해군 수송선 히타치마루(常陸丸, 6,175톤), 이즈
미마루(和泉丸, 3,229톤) 등을 격침하고 있었기 때문이다. 그때 일본
해군은 이 함대를 추적했는데 도중에서 놓쳤으며, 여론의 맹렬한 비난
을 받은 해군 장교들은 참다못해 눈물을 흘리는 정도였다. 이때에 블
라디보스토크 함대는 일본군 감시 시스템의 공백 지대인 리양코 도 부
근 해역을 지나고 귀항했던 것이다.[86] 이 결과 리양코 도에 적함 감시
용 망루를 비밀리에 세우는 것이 긴급 과제로 되고 있었다. 이를 중시
한 야마자는 나카이의 청원서에 대해 "시국이야말로 그 [리양코 도] 영
토 편입이 시급히 요구된다. 망루를 세우고 무선 혹은 해저전신을 설
치하면 적함 감시 상 지극히 유리하다"고 설명하고 나카이를 적극적으
로 지원했다. 게다가 야마자는 "외교상 내무성 같은 고려는 필요 없다"
고 주장하자,[87] 내무성은 이미 리양코 도의 영토 편입에 반대할 이유
가 없었다. 기본적으로 내무성도 일본제국의 판도를 확장하는 일에 이

---

85) 堀和生, 앞의 글, p.117.

86) 朴炳涉, 「日露海戰と竹島＝独島の軍事的価値」, 『北東アジア文化研究』 36·
37合併号, 2013, pp.44-46; 박병섭, 「러일전쟁과 독도의 가치」, 『독도연구』 10호,
2011, pp.212-215.

87) 堀和生, 前揭論文, p.117.

의가 없었다. 내무성은 리양코 도의 영토 편입을 추진해, 1905년 1월 내각 회의에 "무인도 소속에 관한 건"을 청의했다. 그 청의서(請議書)에는 "무인도[리양코도]는 타국이 이를 점령했다고 인정할 흔적이 없고"라고 적었는데 이는 리양코 도가 일본 영토도 아니었다는 논리이며, 일본이 리양코 도에 영유 의사를 가지지 않았음을 드러내고 있다. 내무성의 청의서는 내각 회의에서 승인되고, 일본 정부는 리양코 도를 '다케시마'라고 이름 짓고 시마네현으로 편입했다.

이때 내각 회의 결정서는 "나카이 요자부로 라는 자가 그 섬[리양코도]으로 이주해 어업에 종사한 것은 관계 서류에 의해 분명하며 국제법상 점령의 사실이 있었다고 인정하고 이를 본방(本邦) 소속으로 하여"라고[88] 기록한 것이 주목된다. 이 결정서는 내무성 청의서에 없었던 '나카이의 이주' 및 '국제법상 점령'이라는 내용을 추가했던 것이다. 결정서는 나카이가 1903년 및 다음해에 각각 수개월간 체재한 것을 '이주'라고 강변해 이를 국제법상 '점령'이라고 단정했다. 그러나 1904년은 물론, 내각 회의 후 1905년 5월에조차 한국 어민들이 리양코 도에 출어하고 있었으며,[89] 나카이가 리양코 도를 점령하지 않았던 것은 분명하다. 대체 나카이는 청원서를 제출하기 직전에 리양코 도를 한국 영토로 생각하고 있었으며, 또한 이 섬을 점령할 의사도 전혀 없었다. 따라서 내각 회의 결정서가 말하는 나카이의 무주지선점은 성립되지 않았던 것이다.

게다가 독도는 무주지가 아니었다. 일본 영토의 취사를 판단하는 담당 기관인 내무성은 리양코 도를 한국 영토로 생각하고 있었는데, 앞에 본 바와 같이 독도는 광의의 국제법상 한국 영토다. 이 관점에서도 근대국제법이 말하는 무주지선점론은 성립하지 않았으며, 일본이 리

---

88) 外務省, 前揭 『10のポイント』, 11頁.
89) 川上健三, 前揭書, 184頁.

양코 도를 일본 영토로 편입한 것은 무효다.

결국 일본 정부는 한국 영토로 인식하고 있었던 독도를 탈취하는 도구로서 억지로 '국제법상의 점령'을 구실로 삼았던 것이다. 게다가 6월에는 시마네현으로부터 강치잡이 면허를 받은 나카이 및 경찰관 등이 리양코 도로 가서 거기에서 강치잡이를 하던 울릉도민 등의 강치잡이를 중지시키고,[90] 독도를 제압했다. 그런데 일본 내각 회의가 말하는 국제법상의 무주지선점이 성립되지 않았던 이상 일본 관헌이 독도를 제압한 행위는 침략에 해당한다. 이런 경찰력에 의한 일본의 독도 지배는 5년 만에 끝났다. 1910년에는 독도를 포함한 한국 전체가 일본 영토로 되고 말았던 것이다.

8. 맺음말

일본 외무성의 『10포인트』는 1900년 칙령 41호가 말하는 石島가 가령 독도라 할지라도 한국이 독도를 실효적으로 지배했던 사실이 없으므로 한국의 독도 영유권은 확립되지 않았다고 주장한다. 이 주장의 근본은 제국주의 시대의 근대국제법에 있다. 근대국제법은 전쟁마저 합법으로 하는 등 약육강식적인 법이다. 1905년 당시에 있어서 한국이나 중국 등 '반미개' 나라들은 근대국제법의 여러 원칙을 이해하고 실시하기에는 충분하지 않았다. 그런 '반미개' 나라들에 대해 제국주의 국가들은 포함외교, 곤봉외교 등으로 자국의 권익을 추구하는 도구로만 근대국제법을 이용했으며, 상황이 불리할 때는 근대국제법을 공연히 짓밟았다. 이 전형적인 예가 1905년 새 영·일동맹에 항의한 한국

---

90) 「竹島海驢実況覚書」, 『「秘」竹嶋』, 島根県; 田村淸三郎, 『島根県竹島の新研究』, 島根県, 1965, 84頁.

에 대한 처사다. 이 조약은 한·일 의정서 등에 위배되므로 한국은 영·일 양국에 항의했으나 양국은 무시했다. 이 결과 힘이 없는 한국은 강대국의 힘의 외교를 견딜 수밖에 없었다.

이런 근대국제법 이전에 한·일 간에는 나라와 나라 사이를 규율하는 규범, 즉 광의의 국제법이 있었다. 예를 들면 17세기 '울릉도 쟁계' (겐로쿠 다케시마 일건) 당시 조·일 간에서 교환된 외교 문서 등은 광의의 국제법을 이룬다. 양국은 이들 외교 문서에 의해 울릉도의 귀속 문제를 해결했고, 동시에 원양에 있는 낙도의 귀속에 관한 판단 기준을 확립했다. 이 기준은 ① 어느 정부가 낙도에 영유 의사를 가지고 있는가? ② 낙도는 어느 나라에 가까운가? 라는 두 가지이며, 실제로 어느 나라가 그 섬을 지배했는지는 섬의 귀속을 결정하는 요인이 아니었다.

이런 낙도의 귀속에 관한 판단 기준은 독도(마쓰시마)에 대해서도 적용되었다. '울릉도 쟁계'의 교섭에서는 독도는 문제가 되지 않았고, 일본의 다케시마(울릉도) 도해 금지령에도 아무 언급이 없었지만, 독도는 위의 판단 기준으로 볼 때 조선 영토로 판단된다. 이유는 일본의 어느 번(藩)도 마쓰시마에 영유의식을 가지지 않았으며, 막부는 다케시마 일건이 일어날 때까지 마쓰시마의 존재조차 몰랐던 한편, 조선 정부는 안용복 도일 사건 후 관찬서 『동국문헌비고』 등에서 "우산은 일본이 말하는 松島"라고 쓰고 조선 영토로 인식했기 때문이다. 게다가 독도는 조선 영토인 울릉도에 가장 가깝다는 것은 말할 것도 없다. 이 결과 일본에서는 마쓰시마의 귀속에 관해 막부도, 또한 실제로 다케시마·마쓰시마로 도해했던 오야 가문도 1696년 다케시마 도해 금지령을 '다케시마·마쓰시마 도해 금제'라고 1740년에 확인하고 있었던 것이다.

그 후 일본에서는 가끔 다케시마(울릉도)의 귀속이 문제가 되었는데 그때마다 다케시마 가까이에 있는 마쓰시마(독도)도 함께 조선 영토로 판단했다. 이 예로서 1836년 오사카마치부교쇼의 판단을 들 수 있다. 부교쇼는 '덴포 다케시마 일건'에 있어서 다케시마·마쓰시마를 조선 영토로 판단하고, 이를 나타내는 지도 「다케시마 방각도」〈그림 1〉을 작성하고 하치에몽의 진술서 『다케시마 도해 일건기』에 첨부했다. 이 자료는 막부의 최고 사법 기관인 평정소로 보내졌는데 평정소 관계자도 「다케시마 방각도」와 비슷한 지도 〈그림 2〉를 작성하고 사건 기록 『조선 다케시마 도항 시말기』에 첨부한 것 같다. 이처럼 막부는 다케시마·마쓰시마를 조선 영토로 확인한 것이다.

이런 판단은 메이지 시대에 들어서도 변함이 없었다. 1870년 조선을 내탐한 모리야마 시게루 등은 조사서 『다이슈 조선 교제 취조서』 및 이를 요약한 『조선국 교제 시말 내탐서』를 작성했다. 이들 기록에서 모리야마 등은 '겐로쿠 다케시마 일건' 결과 다케시마(울릉도)는 조선 영토로 확정되었다고 기록했다. 동시에 마쓰시마(독도)에 관해서는 ① 막부가 마쓰시마에 영유 의사를 가진 흔적이 없었다, ② 마쓰시마가 지리적으로 다케시마에 가깝다는 두 가지 이유로 두 섬은 조선 영토로 되었다고 단정했다. 이는 겐로쿠 기 낙도의 귀속 판단 기준에 일치한다. 이 판단 기준은 시대를 넘어 통용된 것이다.

다음에 낙도의 귀속이 문제가 된 것은 시마네현이 다케시마·마쓰시마의 지적에 관한 「일본해 내 다케시마 외 일도 편찬 방법에 관한 문의」를 내무성에 제출했을 때다. '외 일도'는 첨부 서류에 있는 '원유의 대략' 및 첨부 지도 「이소타케시마 약도」 등에서 마쓰시마(독도)임이 분명하다. 이때 내무성에서는 이미 지지과가 다케시마·마쓰시마의 소속을 조사한 『이소타케시마 각서』의 편찬을 마치고 있었다. 이런 기록 등을 바탕으로 내무성은 겐로쿠 기 조·일 양국 간 외교 문서를 존중하고 다케시마는 일본과 관계없다는 결론을 내리고, 아울러 낙도의 귀속 판단 기준에서 마쓰시마도 일본과 관계없다는 결론을 내렸다. 게다가 판토의 취사는 국가의 중대사라고 생각하고 신중히 태정관에 재가를 요청했다. 1877년 태정관은 내무성의 판단에 문제가 없음을 속히 확인하고 다케시마·마쓰시마가 일본과 관계없다는 지령을 내무성에 내렸다. 이처럼 겐로쿠 기의 낙도의 귀속 판단 기준은 관습으로서 일본에 정착되었던 것이다.

한편, 조선 정부는 안용복 사건 이후 관찬서에서 일본이 마쓰시마라고 부르는 우산도(자산도)는 조선 영토라고 기록했다. 다음 대한제국 정부는 1900년 칙령 제41호에서 石島를 울도군 관할로 두었던 것을 비롯해 1905년에는 '본군 獨島'라고 기록한 울도 군수 심흥택 보고서에 대해 지령 3호에서 독도가 한국 영토임을 다짐했다. 이런 石島 및 獨島는 모두 울릉도민들이 호칭한 '독섬'의 한자 표기다. 도민들이 獨島라고 쓰고 '독섬'이라고 불렀던 것은 일본 외무성의『다케시마 어업의 변천』에서의 기술 "独島(トクソン [도쿠손])" 등에서 분명하다. 그런데 독섬은 돌의 섬을 의미하는 전라도 방언이므로 울릉도에서 전라도 외의 자들이 늘어남에 따라 독섬을 石島라고 표기하기가 점점 어렵게 됐을 것이다. 이 때문에 표기가 獨島로 변했다고 생각된다. 獨島라면 쉽게 '독섬'으로 읽을 수 있으며, 광복 직후 많은 자료에 '독섬(獨島)'이라는 표기를 볼 수 있다. 이처럼 한국은 조선 시대나 대한제국 시대에 독도에 대해 영유 의식을 가지고 있었던 것이 분명하다.

최근, 일본 외무성의『10포인트』는 칙령 41호에 왜 독도의 구 명칭인 우산도 이름이 없었는지 의문을 제시했는데 이는 지당한 지적이다. 이 이유는 다음과 같이 생각된다. 울릉도쟁계 이후 조선 정부는 해금 정책 및 정기적인 수토 정책을 취했던 가운데 울릉도로의 도해가 끊어졌다. 이에 따라 우산도의 존재는 점점 모호하게 되어 문헌이나 지도에만 기록되는 존재로 되어버렸다. 이 때문에 1882년에 이규원이 우산도를 탐색했으나 실패했고, 울릉도 도민도 근처에 있는 섬이라고 말할 뿐 그 위치를 몰랐다. 또한 1900년경에는 도민들이 탐색했으나 발견하지 못했으며 이로써 우산도가 전설의 섬으로 되었다. 이런 소재를 알 수 없는 우산도는 법령에 쓸 수 없으므로 칙령 41호에 기재되지 않았다. 대신에 울릉도민들이 강치잡이를 하고 소재가 명확한 독섬이 칙령 41호에 石島라고 기재됐던 것이다.

이처럼 한국은 독도에 대해 조선 시대에는 우산도 이름으로, 대한제국 시대에는 호칭을 독섬 혹은 돌섬, 표기를 칙령 41호에서는 石島, 그 후는 獨島로 하고 영유 의사를 가졌다. 게다가 독도는 지리적으로 울릉도에 가깝고 일본에서 멀다는 것은 말할 것도 없다. 따라서 17세기에 조·일 간에서 확립된 낙도의 귀속에 관한 판단 기준을 적용하면 독도는 한국 영토로 된다. 즉 독도는 광의의 국제법상 한국 영토로 되고 있었다.

한편 청·일 전쟁에 이기고 제국주의 열강국의 일원으로 되어가고 있던 일본은 광의의 국제법은커녕 때로는 근대국제법조차 무시해 힘을 배경으로 자국의 권익을 추구하게 되었다. 그런 물결은 독도에까지 미쳤다. 1904년 리양코 도에서의 강치잡이를 끝낸 나카이 요자부로는 강치잡이를 독점하기 위해 내무성 등에 「리양코 도 영토 편입 및 대여 청원」을 제출했다. 내무성은 리양코 도를 한국 영토로 생각하고 나카이의 청원을 각하하려고 하였다. 그러나 내무성은 외무성이 리양코 도는 군사적으로 중요하다는 것과 영토 편입에 있어서 외교상 고려는 필요 없다고 주장하자 그 논리를 받아들이고 리양코 도의 편입을 내각 회의에 청의했다. 내각 회의는 내무성의 청의를 승인했는데, 그 이유는 내무성의 청의서에는 없었던 논리, 즉 나카이가 리양코 도에 '이주'해 국제법상 '점령'했다는 것이었다. 소위 '무주지 선점론'이다. 그러나 나카이는 1년에 수개월간 출어했을 뿐 이주하지 않았다. 또한 내각 회의 후에도 한국인이 본격적인 강치잡이를 하고 있었으며, 나카이가 리양코 도를 국제법상 점령했다는 논리는 결코 성립되지 않는다. 또한 리양코 도는 결코 무주지가 아니며 광의의 국제법상 한국의 영토다. 근대국제법상 무주지선점이 성립되지 않았으므로 일본이 1905년에 리양코 도를 일본 영토로 편입한 것은 무효다. 게다가 이 해에 일본이 독도를 경찰력으로 제압한 행위는 침략에 해당한다. 그런 일본의 독도 제압은 5년 만에 끝났다. 1910년 독도뿐만 아니라 한국 전체가 일본의 영토로 되고 말았던 것이다.

【참고문헌】

김수희, 「'죽도의 날' 제정 이후 일본의 독도 연구 동향」, 『독도연구』 10호, 2011.

다케우치 다케시, 『獨島=竹島 문제 '고유영토론'의 역사적 검증』 Ⅰ, 선인, 2012.

박병섭, 「안용복사건 이후의 독도 영유권 문제」, 『독도연구』 13호, 2012.

박병섭, 「근대기 독도의 영유권 문제」, 『독도 영유권 확립을 위한 연구』 5, 선인, 2013.

박병섭, 「러일전쟁과 독도의 가치」, 『독도연구』 10호, 2011.

송병기, 『울릉도와 독도, 그 역사적 검증』, 역사공간, 2010.

신용하, 『독도의 민족영토사 연구』, 지식산업사, 1996.

외무부, 「한일 왕복 외교 문서(1952-1973)」.

사료: 『肅宗実録』, 『毎日申報』

박병섭, 「시모조 마사오(下條正男)의 논설을 분석한다(2)」, 『독도연구』 7호, 2009.

박병섭, 『안용복 사건에 대한 검증』, 한국해양수산개발원, 2007.

박병섭, 『한말 울릉도·독도 어업-독도 영유권의 관점에서』, 한국해양수산개발원, 2009.

외교통상부, 『한국의 아름다운 섬, 독도』.

외무성, 『다케시마 문제에 관한 10개의 포인트』, 2014.

漆崎英之, 「태정관지령」부속 지도 「기죽도약도(磯竹島略圖)」 발견 경위와 그 의의」, 『독도연구』, 14号, 2013.

L. OPPENHEIM, *INTERNATIONAL LAW*, Vol.1, LONGMANS GREEN (LONDON), 1905.

Web竹島問題研究所, 『竹島問題100問100答』, ワック, 2014.

堀和生, 「1905年日本の竹島領土編入」, 『朝鮮史研究会論文集』, 24호, 1987.

内藤正中, 『竹島(鬱陵島)をめぐる日朝関係史』, 多賀出版, 2000.

大熊良一, 『竹島史稿』, 原書房, 1968.

大西俊輝, 『日本海と竹島』, 東洋出版, 2003.

大西俊輝, 『第3部 日本海と竹島』, 東洋出版, 2011.

大日方純夫, 「東アジア史のなかの「領土」問題 -竹島問題を中心に」, 『法学
　　セミナー』 708호, 2014.

梶村秀樹, 「竹島問題と日本国家」, 『朝鮮研究』 182호, 1978.

朴炳渉, 「安龍福事件と鳥取藩」, 『北東アジア文化研究』 29号, 2009.

朴炳渉, 「江戸時代の竹島での漁業」, 『北東アジア文化研究』 35号, 2012.

朴炳渉, 「明治時代の竹島＝独島漁業と領有権問題」, 『北東アジア文化研究』,
　　32号, 2010.

朴炳渉, 「明治政府の竹島＝独島認識」, 『北東アジア文化研究』 28号, 2008.

朴炳渉, 「明治政府の竹島＝独島調査」, 『北東アジア文化研究』 41号, 2016.

朴炳渉, 「[書評] 池内敏『竹島—もうひとつの日韓関係史』」, 『朝鮮史研究会
　　会報』, 209号, 2017.

朴炳渉, 「元禄・天保竹島一件と竹島＝独島の領有権問題」, 『北東アジア文
　　化研究』 40号, 2015.

朴炳渉, 「日露海戦と竹島＝独島の軍事的価値」, 『北東アジア文化研究』 36・
　　37合併号, 2013.

北沢正誠, 『竹島考證』, 1881.

山辺健太郎, 「竹島問題の歴史的考察」, 『コリア評論』 7권 2호, 1965.

森須和男, 「天保竹嶋一件顛末」, 『郷土石見』, 102号, 2016.

舩杉力修, 「絵図・地図からみる竹島(Ⅱ)」, 『「竹島問題に関する調査研究」
　　最終報告書』, 2007.

小美濃清明, 『坂本龍馬と竹島開拓』, 新人物往来社, 2009.

宋炳基, 『欝陵島・独島(竹島)歴史研究』(朴炳渉訳), 新幹社, 2009.

歴史教育者協議会(日本)・全国歴史教師の会(韓國) 編, 『向かいあう日本と
　　韓国・朝鮮の歴史』 近現代編, 大月書店, 2015.

外務省, 『通商彙纂』 234号, 1902.

外務省アジア局, 『竹島漁業の変遷』, 1953.

外務省記録 3824, 「朝鮮国蔚陵島ヘ犯禁渡航ノ日本人ヲ引戻處分一件」 1巻.

柳原正治, 『国際法』, 放送大学教育振興会, 2014.

竹内猛, 『竹島＝独島問題「固有の領土」論の歴史的検討』 前編, 私家版, 2010.

池内敏,『竹島―もうひとつの日韓関係史』, 中公新書, 2016.

池内敏,『竹島問題とは何か』, 名古屋大学出版会, 2012.

塚本孝,「日本の領域確定における近代ヨーロッパ国際法の適用事例」,『東アジア近代史』3号, 2000.

塚本孝,「竹島領有権をめぐる韓国政府の主張について」,『東海法学』52호, 2016.

下條正男,『「竹島」その歴史と領土問題』, 竹島・北方領土返還要求島根県会議, 2005.

海野福寿,『韓国併合』, 岩波新書, 1995.

史料:『公文録』内務省之部,『礒竹島覚書』,『無宿狩込一件』,『石見外記』,『善隣通交』,『村川家文書』,『因幡志』筆記之部三,『竹島紀事』,『竹島之書附』,『通航一覧』巻之百二十九,『通航一覧續輯』五,『竹島渡海一件記』,「対馬島宗家文書」

朝日/韓日국경조약체제와 독도

이 성 환

1. 머리말

1693년 일본의 안용복 일행의 연행사건으로 촉발된 독도 영유권을 둘러싼 한일 간 논쟁은 현재까지 300년 이상 지속되고 있다. 한국과 일본에서의 많은 연구 성과에도 불구하고 독도문제는 왜 아직까지 해결의 기미가 보이지 않는 것일까?

독도 영유권/국경을 둘러싼 한일 간의 논쟁은 울릉도쟁계(鬱陵島爭界, 1693~1699), 태정관지령(太政官指令, 1877), 일본의 독도편입조치(1905), 샌프란시스코 조약(1951) 등을 중심으로 전개되어 왔다. 종래의 연구는 이 사건들을 개별적으로 분리하여 단절된 형태로 연구하는 경향이 있었다. 그러나 독도문제를 전체적으로 조망하기 위해서는 이 사건들을 연속적인 시각에서 검토해야 할 필요가 있다. 태정관지령은 울릉도쟁계의 한일 간 합의(도해금지령)를 승계한 것이며, 독도는 일본 땅이 아니라는 취지의 태정관지령이 성립되고 28년밖에 경과하지 않은 1905년 1월 일본은 독도를 자국의 영토로 편입한다. 태정관지령과 일본 정부의 독도편입 조치는 양립 가능한가라는 의문이 제기될 수밖에 없다.

1951년에 성립한 샌프란시스코 조약 제2조 a항의 해석 문제도 같은 맥락에서 검토의 대상이 된다. 일본은 "독도는 한국의 일부(영토)로 취급된 적이 전혀 없고 1905년부터 지금까지 일본의 관할 하에 있었다"는 딘 러스크(Dean Rusk)의 서한을[1] 인용하여 독도는 일본이 포기해야 할 땅이 아니라고 주장하고 있다. 그러면 울릉도와 독도를 한국의 영토로 인정한 태정관지령과 딘 러스크 서한의 내용은 정합성을 가지고 있는가를 따져봐야 한다.[2]

이상과 같은 독도문제의 전개는 결국 1905년 1월 러일전쟁 기간 중에 취해진 일본의 독도 편입에 대한 정당성과 합법성의 논의로 귀결된다. 1905년 일본의 독도편입을 단행한 각의결정과 시마네 현 고시가 합법적이고 정당하면 샌프란시스코 조약에 근거한 일본의 주장도 설득력을 가질 수 있게 된다. 그렇지 않으면 1905년 이후의 일본의 독도 영유권에 대한 주장은 허위가 된다.

지금까지 한국에서의 독도연구는 주로 일본의 행위에 대한 국제법적 효력을 검증하거나 논리적 모순을 분석하는 데 초점을 맞추었다. 예를 들면 태정관지령과 각의결정 및 시마네 현 고시(告示)가 국제법적으로 효력이 있는가 등에 대한 검토가 대표적이다.[3] 본고는 일본의

[1] 조성훈(2005),「제2차 세계대전 후 미국의 대일전략과 독도 귀속문제」『국제지역연구』제17권 제2호; 이석우(2005),「1951년 샌프란시스코 평화조약에서 독도의 영토처리 과정에 관한 연구」『동북아역사논총』제7호(동북아역사재단); 김채형(2007),「샌프란시스코 평화조약상의 독도영유권」『국제법학회논총』, 대한국제법학회; 保坂祐二(2012),「샌프란시스코 평화조약과 '러스크 서한'」『일본문화연구』제43집 등이 있다.
[2] 이성환(2016),「태정관지령과 샌프란시스코 조약의 관련성에 대한 검토」『독도연구』제21호, 영남대 독도연구소, pp.81-106.
[3] 김명기(2016),「국제법상 태정관 지령문의 법적효력에 관한 연구」『영토해

법제사적인 측면에서 1699년의 한일 간 합의와 1877년의 일본의 태정
관지령이 독도문제에서 어떠한 의미를 가지고 있는가를 분석한다.

먼저, 한일 간의 최초의 국경교섭인 울릉도쟁계의 결과 성립한 일본
의 울릉도도해금지령의 의미를 분석한다. 다음으로 독도와 울릉도에
대한 일본의 영유권을 부정한 태정관지령의 성립 과정과 울릉도쟁계
와의 관련성을 분석한다. 이를 기초로 하여 도해금지령과 태정관지령
으로 구성되는 '조일(朝日)/한일(韓日)국경조약체제(Korea-Japan Border
Treaty System, 이하 조일국경조약체제라 한다)'의 성립을 도출한다. 그
연장선상에서 조일/한일 국경조약체제 하에서 일본의 독도 편입을 위
한 각의결정 및 시마네 현 고시의 유효성을 검증한다. 조일/한일 국경
조약체제와 일본의 독도 편입이 일본의 국내법 체계에서 양립할 수 있
는가에 대한 검토이다. 마지막으로 조일/한일 국경조약체제의 유효성
은 1951년의 샌프란시스코 조약 제2조 a항의 해석에 어떻게 영향을 미
치는가를 검증한다.

2. 조일(朝日) 국경교섭

1) 안용복사건과 조일 국경교섭

조선 정부는 15세기 이후 울릉도에 민간인의 출입과 거주를 금지했
다. 왜구의 노략질로 인한 피해를 방지하기 휘해 섬을 비워두고, 안무

양연구』 11호, 동북아역사재단 독도연구소; 최철영(2015), 「대한제국 칙령 제
41호의 법제사적 의미 검토」 『독도연구』 19호, 영남대학교 독도연구소; 제성
호(2014), 「1905년 일본의 독도 편입 증거에 대한 국제법적 분석」 『중앙법학』
제16집 1호; 허영란(2014), 「1905년 '각의결정문' 및 '시마네 현 고시 제40호'와
독도 편입」 『독도연구』 17호, 영남대학교 독도연구소 등이 있다.

사(按撫使)를 파견하는 등의 방식으로 섬을 관리했다. 이를 쇄환정책
또는 공도(空島)정책(Vacant Islands policy)이라 한다. 조선 정부의 공도
정책은 울릉도에 일본인이 출입하게 되는 원인을 제공하게 된다. 왜구
의 노략질을 피하고자 한 것이 결과적으로 일본인의 울릉도 출입을 야
기하게 되고 영유권 분쟁을 일으키게 된 것이다.

조선의 공도정책이 진행되고 있는 1625년경에 일본의 에도막부가
일본인의 울릉도(당시 일본에서는 다케시마[竹島]라 불렀음) 도해(渡
海)를 허가했다. 이 도해허가를 이용해 오야(大谷)와 무라카와(村川)
두 집안은 격년으로 년 1회씩 울릉도를 왕래하면서 어업활동을 했으
나, 조선 정부는 이를 알지 못했다. 이러한 상황에서 1693년 안용복과
박어둔이 울릉도에서 일본인들에게 납치당하는 사건이 발생했다. 이
납치 사건은 한일 간에 울릉도 영유권 논쟁으로 비화되었다. 일본은
어업권을 계속 확보할 필요가 있었고, 조선은 일본의 침입을 막아야
했다. 이러한 사정으로 조선과 일본 사이에는 울릉도 영유권을 둘러싸
고 치열한 외교 교섭을 전개하게 된다. 만약에 조선의 공도정책이 울
릉도에 대한 주권 포기였다면 영유권 다툼은 일어나지 않았을 것이다.

안용복 일행의 납치 전말은 돗토리 번을 통해 막부에 보고되었다.[4]
막부는 5월 13일 쓰시마 번에 인질 송환과 함께 앞으로 조선 어민이
울릉도에 오지 못하도록 조선정부에 강력히 요청하라고 지시했다. 그
리고 조선과의 교섭은 막부의 노중(老中) 아베 붕고노카미(阿部豊後
守)와 협의하라고 했다.[5]

---

4) 안용복은 1차 도일에서 일본(막부)으로부터 울릉도와 독도가 조선영토라는
   것을 인정하는 문서를 받았다는 주장이 있으나, 이것이 사실이라면 막부는
   조선 정부에 조선인의 울릉도 도해금지를 요구하지 않았을 것이다. 안용복
   의 문서 수령과 막부의 조선인의 울릉도도해금지 요구는 모순된다.
5) 大西俊輝(2012), 『第四部 日本海と竹島 元禄の領土紛争記録「竹島紀事」を
   読む』(전3권으로 되어 있으나 페이지는 연속) 東洋出版, pp.36-38(이하 大西

쓰시마는 1693년 12월 10일 부산의 왜관에서 안용복과 박어둔을 송환하면서, "조선 어민이 최근 일본의 죽도(本國竹島, 울릉도)에서 몰래 어로를 하고 있다. …(중략)… 앞으로 결코 그 섬에 조선(貴国) 어민이나 어선이 출입하지 못하도록" 요청하는 문서(서계)를 조선 측에 전달했다.[6] 이에 대해 조선은 ① 엄중하게 해금(海禁)을 하고 있기 때문에 '폐경지 울릉도(弊境之蔚陵島, 조선 땅 울릉도)'에 왕래를 허락하지 않고 있다. ② 조선 어선이 '귀계 죽도(貴界竹島, 일본 땅 죽도)'에 들어가 송환의 수고를 끼쳤으나, 앞으로 조선 어민의 도해를 금지하겠다는[7] 답서를 보냈다. 즉 공도정책으로 울릉도에 도해를 금지하고 있으며, 일본 땅 죽도에도 앞으로 조선인의 출입을 금지하겠다는 것이다. '조선의 울릉도와 일본의 죽도'라는 서로 다른 두 개의 섬(二島)이 있는 듯한 애매한 답변으로 일본과의 충돌을 피하려 한 것이다.

조선 측의 모호한 태도를 이용하여 일본(쓰시마)은 '폐경지 울릉도'라는 문구를 삭제해줄 것을 요구했다. '폐경지 울릉도'를 삭제하고 '귀계 죽도'만 남게 되면 죽도(울릉도)는 일본 땅이 되어버릴 우려에서 조선은 일본의 요구를 거부했다. 그 다음해 윤5월 쓰시마는 다시 대차사를 부산 왜관에 파견하여 같은 요구를 되풀이 하는 내용의 서계를 조선 측에 전했다.[8] 교섭 과정은 7월 21일 쓰시마의 에도 번저(藩邸)를 통해 막부에 보고되었다. 쓰시마의 집요한 요구에 대해 조선 정부

2012: pp.36-38으로 표기함); 권정 · 오오니시 토시테루 편역주(2011), 『죽도기사』 1-1, 한국학술정보, pp.122-135(이하 권정 · 오오니시 1-1, 2011: pp.122-135으로 표기함); 경상북도독도사료연구회(2013), 『竹嶋紀事Ⅰ』, 경상북도, pp.15-16(이하 경북Ⅰ 2013: 15~16쪽으로 표기함).

[6] 大西 2012: pp.81-83; 권정 · 오오니시 1-1, 2011: pp.402417; 경북Ⅰ 2013: pp.39-41.

[7] 大西 2012: pp.129-131; 권정 · 오오니시 1-2, 2011: pp.308-313; 경북Ⅰ 2013: pp.71-72.

[8] 전문은 大西 2012: pp.170-172; 권정 · 오오니시 1-3, 2011: pp.173-178; 경북Ⅰ 2013: pp.101-102.

는 9월 12일 일본의 국경 침범을 엄하게 지적하고 울릉도의 영유권을
분명히 하는 아래와 같은 서간을 쓰시마 측에 전했다.

> 우리 어민이 어로를 한 땅은 원래 우리나라에서 말하는 울릉도이다. 대
> 나무가 많아 죽도(竹島)라 불리기도 한다. 한 개의 섬(一島)이지만 두
> 개의 이름이 있는 것이다(一島二名). 울릉도는 우리나라의 울진 현에 소
> 속되어 있다. …(중략)… 이 섬의 상세한 지형과 거주의 흔적, 토지의 생
> 산물 등은 우리나라의 여지승람(輿地勝覽)이라는 책에 실려 있다. 귀주
> (貴州, 쓰시마) 사람들도 또한 이 사실을 알고 있다. 귀국(貴国) 사람은 자
> 신들이 범월하여(自為犯越) 이 섬에 왔으면서 거꾸로 우리나라 백성 두
> 명(안용복과 박어둔·필자)을 잡아 구금하고 연행해 에도(江戶)에 보냈다.
> 귀국 사람이 우리나라 국경을 침섭(侵涉我境)하여 우리나라 백성을 연행
> (拘執)한 잘못(失態)은 논하려고도 하지 않는다. 이것은 성신을 결여(欠於
> 誠信)한 것이 아닌가.[9]

쓰시마의 4대 번주 소 요시쓰구(宗義倫)의 사망 소식이 부산에 전해
지고, 조선의 접위관이 철수하면서 교섭은 중단되었다.[10] 1695년(元祿
8) 5월 쓰시마는 교섭을 재개하기 위해 다카세 하치에몽(高瀨八右衛
門) 등 3명을 조선에 파견하여 종래의 주장을 되풀이 했으나, 조선의
거부로 진전을 보지 못했다. 그 후 교섭단의 귀국과 함께 쓰시마 번에
서는 조선의 주장을 수용해야 한다는 온건파와 쓰시마의 주장을 관철
해야 한다는 강경파 사이에 치열한 논쟁이 벌어졌다.[11] 논쟁에서 뚜렷

---

[9] 大西 2012: pp.230-233; 권정·오오니시 2-1, 2012: pp.181-195; 경북 I 2013:
pp.145-146.

[10] 4대 번주 소 요시쓰구가 젊은 나이에 사망하자 막부는 조선과의 교섭에 경험
이 많은 3대 번주 소 요시자네(宗義真, 요시쓰구의 아버지)에게 조선과의 교
섭을 맡겼다.

[11] 大西 2012: pp.440-441; 권정·오오니시 3-1, 2012: pp.342-349; 경북 II 2013:
pp.42-43.

한 결론을 얻지 못하자 쓰시마는 막부에 그 간의 교섭 과정을 보고하고 지시를 받기로 했다. 요시쓰구 사망 후 조선과의 외교교섭을 담당하게 된 형부대보(刑部大輔)는 1695년 10월 에도에 가서 교섭의 경위와 함께 자기의 의견을 담은 구상서를 막부에 제출했다.[12] 의견서에서 형부대보는 막부의 뜻을 따르겠다고 했으나, 가능하면 이번 기회에 울릉도를 일본의 영토로 편입해야 한다고 주장했다. 막부를 설득하여 울릉도를 편입하려는 시도였다.

2) 울릉도 도해금지령과 조일국경조약의 성립

쓰시마의 보고를 계기로 노중(老中) 아베 붕고노카미를 중심으로 막부는 울릉도 영유권에 대한 검토를 시작했다. 아베는 조선과의 교섭 과정을 잘 알고 있는 형부대보의 대리인 격인 쓰시마의 가로(家老) 히라타 나오에몽(平田直右衛門)에게 "울릉도와 죽도는 같은 섬인가. 혹은 다른 섬인데 조선에서 잘못 생각해서 지금처럼 (하나의 섬에 두 개의 명칭으로) 말하고 있는 것인가", 또 "그 방향에 또 섬이 있다고 들었는가" 등에 대해 물었다. 히라타는 조선의 주장대로 "죽도는 울릉도"이며, "죽도(울릉도) 근처에는 송도(松島, 독도)라 일컫는 섬이 있다. 거기에도 도해해서 어렵을 한다고, 백성들의 소문으로 듣고 있다. 저 쪽(돗토리 번의 因幡國, 伯耆國-인용자)에 문의하면 알 수 있을 것이다"고 답했다.[13] 울릉도는 조선 땅이며, 송도(독도)라는 또 하나의 섬이 있다는 것이다.

아베와 히라타의 이 대화에서 송도(독도)의 존재가 처음 등장했다.

12) 大西 2012: pp.455-456; 권정 · 오오니시 3-2, 2012: pp.25-28; 경북Ⅱ 2013: pp.50-51.
13) 大西 2012: p.488; 권정 · 오오니시 3-2, 2012: pp.224-226; 경북Ⅱ 2013: p.71.

송도(독도)의 존재를 알게 된 아베는 곧바로 돗토리 번의 에도 번저에 죽도(울릉도)와 함께 송도(독도)에 관해 조회했다. 돗토리 번은 다음날 바로, "울릉도로 가는 길목에 송도(松島, 독도)라는 섬이 있으며, 울릉도와 송도(독도)는 돗토리 번에 속하는 섬이 아니라"고 회신했다.[14] 울릉도도해허가를 관할하고, 울릉도와 독도에 대해 가장 정확한 정보를 가지고 있는 돗토리 번이 독도와 울릉도는 일본 땅이 아님을 분명히 한 것이다. 돗토리 번의 의견은 막부의 결정에 상당한 영향을 미쳤을 것이다.

이상과 같이 막부는 조선과 쓰시마의 교환 서계, 형부대보 및 히라타의 의견, 돗토리 번에 대한 사실 확인 등을 통해 종합적으로 검토했다. 그 결과 막부는 울릉도와 독도는 일본의 땅이 아니라는 결론을 내리고, 일본인의 울릉도 도해를 금지하는 결정을 했다. 1696년 1월 9일 아베는 히라타를 호출하여, 울릉도는 본래 조선 땅이므로 일본인의 도해를 금지한다는 막부의 견해를 밝혔다.[15] 막부가 울릉도에 대한 조선의 영유권을 인정한 것이다. 1696년 1월 28일 막부는 쓰시마의 형부대보에게 일본인의 울릉도 도해 금지를 통보하고, 이를 조선에 전하고 답신을 받으라고 지시했다.[16] 같은 날 돗토리 번에도 봉서로(奉書)로 도해금지령이 전달되었다. 이 도해금지령으로 일본과 조선 사이에 전개되었던 울릉도를 둘러싼 약 3년간의 국경교섭(울릉도쟁계)은 실질

---

14) 막부의 질의와 돗토리 번의 회신은 大西俊輝(2012), 『第四部 日本海と竹島 元禄の領土紛争記録「竹島紀事」を読む』(전3권으로 되어 있으나 페이지는 연속), 東洋出版, pp.901-902; 권정 · 오오니시 토시테루 편역주(2012), 『죽도기사』 3-2권, 한국학술정보, pp.194-201; 경상북도독도사료연구회(2013), 『竹嶋紀事Ⅰ』『竹嶋紀事Ⅱ』경상북도, pp.84-87; 鳥取県編(1971), 『鳥取藩史 -第六巻 殖産商工志 事変志』, 鳥取県立鳥取図書館.

15) 공문록 내무성 문서 「1호」 및 「2호」 참조, 이성환 · 송휘영, 오카다 다카시 (2016), 『일본 태정관과 독도』, 지성인, pp.200-235 수록.

16) 大西 2012: p.523; 권정 · 오오니시 3-3, 2012: pp.163-165; 경북 Ⅱ 2013: p.95.

적으로 종결되고, 막부에 의해 울릉도에 대한 조선의 영유권도 확인된 것이다. 이제 조선 정부의 승인만 남겨두게 되었다.

막부의 결정에 불만을 가진 쓰시마(형부대보)는 조선 정부에 도해금지령 전달을 지체했을 뿐만 아니라 정식문서가 아닌 구두로 전달하려 했다. 울릉도쟁계에 대한 한일 간의 정식 합의가 1699년까지 약 3년이나 지연되고, 조선과의 사이에 불필요한 갈등을 일으킨 것도 쓰시마의 이러한 태도 때문이었다. 10월 16일 조선에서 건너 온 두 명의 역관(卞延郁同知와 宋裕養判事)에게 형부대보는 구두로 막부의 결정을 전하고, 두 통의 각서를 건넸다.[17] 각서에서 형부대보는 도해금지 결정에는 본인의 노력이 컸으며, 조선 정부가 막부에 사의(謝儀)를 표하는 답서를 보낼 것을 요구했다. 조선 역관은 구두(口上)와 일본어의 구상서(口上之覚)가 아닌 한문(真文)으로 쓴 정식 서면을 요구했다. 그래서 쓰시마 번 중신(重臣) 6명이 연서(連署)한 한문으로 작성된 두 통의 서면이 조선 역관에게 건네졌다.[18] 12월 19일 막부는 조선 역관에게 막부의 도해금지령을 전했다는 쓰시마의 보고를 받았다. 1697년 1월 10일 두 역관의 귀국을 통해 막부의 도해 금지령이 조선에 공식적으로 전해지게 되었다. 막부의 도해금지 결정으로부터 약 1년이 지난 후였다.

조선 정부는 일본의 도해금지령을 접수하고, 예조참의 이선부(李善溥)의 명의로 도해금지령에 대한 사의와 함께 울릉도는 여지도에 실려 있는 조선 땅(鬱島之爲我地輿圖所載)이라는 내용의 답서(서계)를 보냈다.[19] 쓰시마는 이번에도 답서에 적힌 울릉도를 삭제해줄 것을 강하게

---

17) 大西 2012: pp.594-595; 권정·오오니시 4-2, 2012: pp.23-39.

18) 공문록 내무성 문서 「2호」.

19) 쓰시마에서 보내온 문서에는 도해금지만 있고 울릉도 영유권에 대해서는 언급이 없었기 때문에 조선정부는 울릉도 영유권을 확고히 하기 위해 "鬱島之爲我地輿圖所載"라는 내용의 답서를 보냈다.

요구했다.[20] 조선은 울릉도에 대한 영유권 약화를 초래할지도 모를 쓰시마의 요구를 거부했다.

조선의 답서는 히라타를 통해 7월 17일 막부에 전달되었다. 형부대보는 1699년 3월 21일 최종적으로 조선 예조 참의 앞으로 서계와 구상서를 보냈다. 조선의 답서를 막부에 전달했으며, 울릉도 영유권 문제는 "조선이 원하는 대로 해결되었"고, "울릉도가 조선 땅임은 틀림없"다는 내용이었다.[21] 일본은 울릉도가 조선 땅이라는 사실을 문서로 확인한 것이다. 그리고 쓰시마는 위의 내용을 조선정부에 전달했다는 사실을 10월 19일 막부에 보고했다. 안용복 납치 사건을 계기로 전개된 울릉도를 둘러싼 영유권 귀속문제는 종결되었다.

이상의 과정을 간략히 정리하면 다음과 같다. 안용복 납치 사건으로 시작된 울릉도 영유권을 둘러싸고 조선 정부와 막부를 대신한 쓰시마 사이에는 서로의 주장을 담은 서계가 공식적으로 두 번 교환되었다. 이를 바탕으로 막부는 울릉도에 대한 조선의 영유권을 인정하고 일본인의 울릉도 도해 금지를 결정하고, 쓰시마를 통해 조선정부에 이를 공식적으로 전달했다. 조선정부는 울릉도가 조선 영토임을 다시 한 번 명확히 하면서 도해금지에 대해 사의를 표하는 답서를 보냈다. 조선의 답서는 쓰시마를 통해 막부에 전달되었으며, 막부는 쓰시마를 통해 울릉도가 조선영토임을 확인하는 회답을 보냈다. 이로써 약 6년간에 걸친 국경교섭은 끝나고, 조선 정부와 일본 막부에 의해 최종 승인되었다. 양국 정부의 승인은 현대적 의미로는 양국 정부에 의한 최종 비준 절차를 마친 것이 되며, 그 내용은 국가 간 합의인 조약(국경조약)의 의미를 가지게 된다. 박현진 씨는 한일 간의 서계를 증명력 있는 정부 간의 교환공문으로 보고, 울릉도쟁계의 결과를 한일 간의 해양경계를

---

20) 공문록 내무성문서 3호(이성환 외, 앞의 책, pp.236-249).
21) 공문록 내무성 문서 「4-1호」 구상서(위의 책, pp.259-283).

획정한 국경조약으로 규정했다.[22]

3) 조일국경조약과 독도 영유권

막부와 조선 정부 사이에 '죽도(울릉도)도해금지령'의 성립과 울릉도에 대한 조선의 영유권이 확립되는 과정을 검토했다. 그러면 죽도(울릉도) 도해금지령은 울릉도(죽도)만을 대상으로 한 것인가, 울릉도로의 항로 중간에 있는 송도(독도)도 포함하는 것인가. 1699년의 조선과 일본 사이에 성립된 도해금지령에 독도가 포함되어 있었다면, 울릉도와 함께 독도의 영유권 문제는 이 때 종결되었기 때문에 그 이후 한일 간에 독도문제는 원천적으로 존재하지 않는다. 반대로 울릉도도해금지령에 독도가 포함되어 있지 않다면, 울릉도쟁계와 현재의 독도문제는 아무런 관련이 없는 것이 된다.

울릉도도해금지령에 대해서는 한일 간에 견해가 갈리고 있으나,[23] 최근 연구에서 울릉도(죽도) 도해금지령은 울릉도뿐만 아니라 독도에도 해당하는 것이라는 점이 밝혀지고 있다. 이케우치 사토시(池内敏)의『독도문제란 무엇인가』는 다음과 같이 설명하고 있다. 막부는 죽도(울릉도) 도해를 금지하면 당연히 송도(독도) 도해도 금지된다는 사실을 알고 도해금지령을 내렸기 때문에 울릉도 도해금지는 독도 도해 금지를 포함하고 있다. 그렇기 때문에 막부 시대에 죽도(울릉도)와 송도

---

22) 이에 대해서는 박현진 씨는 태정관지령에 첨부된 1690년대 안용복사건 당시 조선과 일본 간의 왕복문서는, 현대 국제법상 '교환공문(Exchange of Letters)'의 법적 성격·지위를 가지는 것으로서, 약식 조약에 해당한다고 분석하고 있다. 박현진(2016),『독도 영토주권 연구: 국제법·한일관계와 한국의 도전』, 경인문화사, pp.301-351.

23) 川上建三(1966),『竹島の歷史地理学的研究』, 古今書院, pp.190-192; 신용하 (2011),『독도영유권에 대한 일본 주장 비판』, 서울대학교출판문화원, pp.114-117.

(독도)는 일본의 판도외(版圖外)였다.[24] 이를 독도영유권과 관련지어 이야기하면, 도해금지는 조선의 영유권을 의미하므로, 울릉도 도해금지는 울릉도와 독도에 대해 조선의 영유권을 인정한 것이다.

부연하면, 막부는 송도(독도) 도해허가를 한 적이 없음에도 오야와 무라카와 두 집안은 송도(독도)에도 들렀다. 죽도(울릉도)도해 허가가 송도(독도)도해를 포함하고 있었기 때문이다. 따라서 죽도(울릉도)도해 금지는 송도(독도)도해 금지를 내포하는 것이다. 여기에서 죽도(울릉도)는 죽도(울릉도)와 송도(독도)를 통칭하는 지명(명칭)으로 사용되었다는 것을 알 수 있다.[25] 송도(독도)의 존재를 인식하고 있었던 막부가 송도(독도)를 일본의 영토로 남겨두려 했다면, 죽도(울릉도) 도해 금지령에서 송도(독도)를 제외하는 등의 취지를 밝혔을 것이다. 죽도(울릉도) 도해 금지령에는 이를 연상시킬 만한 내용이 없다.

도해금지령 이후 일본인의 울릉도와 독도 도해는 중단되었다.[26] 이를 계기로 일본인들은 울릉도와 독도는 일본 땅이 아니라는 인식이 형성되었을 것이다. 그 후 막부는 일본인의 울릉도 도해를 강력히 단속했다. 1836년 하마다 번(현 시마네 현의 일부) 상인 이마즈야 하치에몽(今津屋八右衛門) 사건에서 이를 알 수 있다('덴포죽도일건 [天保竹島一件]'). 해상 운송업에 종사하는 하치에몽 일행은 1833년부터 울릉도에 건너가 벌목과 밀무역을 하여 상당한 이익을 얻었다. 이 사실이 막

---

[24] 池內敏(2012), 『竹島問題とは何か』, 名古屋大学出版会, p.36.

[25] 당시 조선에서도 울릉도가 독도를 포괄하는 통칭(通稱)으로 사용된 흔적이 있다. 박은숙(2012), 「동남제도개척사 김옥균의 활동과 영토·영해인식-울릉도·독도인식을 중심으로」『동북아역사논총』 36호, 96, p.100; 『승정원일기』, 고종 19년(1882) 4월 7일(양 5. 23) 또 일본의 기록에서도 "鬱陵島即竹島松島"라는 표현이 있다. 당시 울릉도=울릉도+독도의 의미로 사용한 흔적이 있다. 만약 당시 울릉도가 울릉도+독도의 의미로 사용되었다면, 독도관련 일본자료들을 재해석할 여지가 있다.

[26] 池內敏, 앞의 책, pp.59-60.

부에 발각되어 1836년 관련자들의 처벌과 함께 주모자인 하치에몽은 참형에 처해졌다. 하치에몽의 진술에는 '조선 땅 울릉도'라는 표현이 있는데, 이는 막부와 하치에몽이 울릉도에 대한 조선의 영유권을 명확히 인식하고 있었다는 것을 말한다.

이 사건을 계기로 막부는 1837년 2월에 울릉도 도해금지령을 다시 포고한다. 포고문에는 "겐로쿠 시기(1690년대)에 조선에 건네준 이래 (울릉도에) 도해를 금지해 왔는데, 이를 어긴 하치에몽 일행을 엄벌했다. 모든 이국(異國)도해는 금지하고 있으며 울릉도도 마찬가지이다. 각 지방관은 이를 빠짐없이 알려야 하며, 이를 알리기 위해 표찰에 적어 게시한다"고 적혀있다.[27] 140여년이 지나서도 도해금지령은 여전히 작동하고 있었던 것이다. 그 이후 명치초기까지 울릉도 도해를 언급하는 일본인은 없었다.[28] 독도에 도해하는 일본인도 없었을 것이다.

3. '조일국경조약체제'의 성립

1) 메이지정부의 조일국경조약의 승계

울릉도와 독도에 대한 조선 영유권은 메이지(明治) 정부에서도 인정되었다. 메이지 정부는 1868년 1월의 왕정복고 대호령에서[29] 막부시대

---

27) 송휘영(2016), 「天保竹島一件을 통해 본 일본의 울릉도·독도 인식」『日本文化學報』第68輯, pp.10-11; 신용하, 『독도영유권에 대한 일본 주장 비판』, pp.114-117.

28) 동북아의 평화를 위한 바른역사기획단(2006), 『독도자료집 Ⅱ 竹島考證』, p.293.

29) 外務省, 『大日本外交文書, 第一卷第一冊』, 文書九九(明治元年一月十五日)の付属文書.

의 조약의 승계와 계속성을 밝혀, 조일간의 국경조약인 죽도(울릉도)
도해금지령도 계승했다. 독도에 대한 메이지 정부의 인식은 1877년 태
정관(太政官)이 "울릉도와 독도는 일본 땅이 아니다"라는 취지의 지령
(指令, 태정관지령)을 발포함으로써 일본 정부의 공식 방침이 된다. 그
러면 태정관지령(太政官指令)은 무엇인가. 태정관의 기능과 성격, 태
정관이 제정한 법령체계에서 '지령'의 위치와 의미 등을 살펴야 한다.
필자는 태정관을 당시 일본의 입법, 행정, 사법을 통할하는 '국가최고
통치기구(The Supreme Council of State)'로 규정한 바 있다.[30] 태정관은
1885년 근대적인 내각제도가 성립하기까지 국가의사를 결정하고 집행
하는 일본의 최고통치기구였던 것이다(1885년 내각제도의 성립과 함
께 태정관은 폐지되고, 1890년의 메이지헌법의 성립으로 삼권분립이
이루어짐).

  태정관의 지령은 태정관이 발포하는 포고(布告), 달(達, 또는 布達),
고시(告示) 보다는 하위 법령에 속한다. 지령은 하급기관으로부터 질
의(伺, 문의)를 받은 상급기관이 해당 하급기관에 대해 "질의 한 바와
같이(伺の通, 伺の趣き 또는 書面)"라는 형식으로 회신하는 공문서이
다. 그러나 입법, 행정, 사법이 체계화되지 않고, 법령의 형식이 정비
되지 않은 당시 상황에서는 태정관에서 생산하는 법령의 형식에 따라
반드시 효력에 서열이 있는 것은 아니었다. 형식적으로는 하위 법령에
속하는 '지령'도 내용에 따라서는 포고, 달과 같은 효력을 가지는 경우
도 있다. 필자는 독도문제와 관련한 태정관지령(내용을 달리하는 태정
관의 지령은 매우 많기 때문에 '독도 태정관지령' 또는 '독도관련 태정

30) 한국에서 태정관지령을 총리 훈령으로 번역하고 의미부여를 경우가 있다.
    이는 태정관을 행정부로 한정하는 소극적 해석이다. 삼권분립이 이루어지지
    않았던 당시에 태정관은 입법, 행정, 사법을 통할하는 기능을 가지고 있었
    다. 태정관의 지령이 재판소(법원)의 판결을 무효화시킨 사례도 있다.

관지령' 등으로 특정해야 하나 편의상 태정관지령이라 한다)은 전국민에게 효력을 미치는 포고와 같은 것으로 볼 수 있다는 점을 지적했다.[31] 1877년에 발령된 민사소송에 관련된 지령이 고등법원의 판결과 태정관포고 247호의 소답문례(訴答文例, 후의 민사소송법에 해당) 20조의 말항(末項)을 무효화시킨 사례도 있다. 1877년 5월 7일 사법성이 태정관에 상신한 질의(伺)에 대해 태정관은 6월 18일 "질의의 취지와 같이 미야기(宮城) 상등(上等)재판소(고등법원에 해당)의 재판을 무효로 해야 한다"는 지령을 내렸다. 이 지령으로 재판 결과와 그와 관련된 소답문례 20조 말항은 효력을 상실하고 폐지되었다.[32] 태정관지령에 의해 태정관포고가 효력을 상실한 것이다.

이처럼 지령은 태정관의 법령체계에서는 형식적으로는 하위법령에 해당하나 내용에 따라서는 포고, 포달 등 법률 이상의 효력과 의미를 가지고 있는 경우도 있었다. 후술하는 바와 같이 도해금지령이라는 국경조약을 승계한 태정관지령은 국경'조약'의 의미를 내포하고 있고, 또 영토주권에 해당하는 것이기 때문에 일반 지령의 효력을 넘어서 포고, 포달 등의 법률 이상의 의미를 가지고 있는 것으로 의제할 수 있다.

2) 태정관지령과 '조일국경조약체제'의 성립

다음으로는 태정관지령의 성립 과정을 통해 태정관지령이 한일 간의 국경문제에서 가지고 있는 의미를 검토한다. 태정관지령 관련 기록의 원문이 실려있는 『공문록(公文錄)』에 근거하여 독도 관련 태정관지

---

31) 이성환(2016), 「태정관과 '태정관지령'은 무엇인가?」『독도연구』제20호, 영남대 독도연구소, pp.93-120.

32) 瀧川叡一(2004), 「訴答文例20条末項の廃止—太政官指令により無効とされた上等裁判所判決—」『法の支配』第132号, 日本法律家協会, p.36.

령의 성립과정을 요약하면 다음과 같다.33)

① 1876(메이지9)년 10월 5일 내무성 지리료(地理療, 지리국에 해당)는 지적(地籍) 편찬을 위해 시마네 현에 울릉도에 관해 조사를 의뢰하는 「을제28호」를 보낸다.

② 시마네 현은 1876년 10월 16일에 막부가 도해금지령을 내림으로써 조선 땅이 되어 버린 '죽도(울릉도)외 일도(外一島, 독도)'를 산음(山陰)지방의 지적에 편제해야 한다는 취지의 내용으로 「일본해 내 죽도외 일도의 지적 편찬 방법에 관한 문의(日本海內竹島外一島地籍編纂方伺)」라는 형태의 회답문(보고서)을 내무성에 제출한다. 송도(독도)를 가리키는 '외일도(外一島)'라는 용어가 여기에 처음 등장한다. 시마네 현은 17세기말 울릉도쟁계로 울릉도와 독도가 조선 영토가 되었으나 이를 일본의 영토로 편입해야 한다고 주장하고 있는 데, 이는 울릉도와 독도에 대한 영유권 판단의 근거를 울릉도쟁계에서 찾고 있다는 의미이며, 주목할 필요가 있다.

③ 시마네 현의 문제 제기를 기초로 내무성은 자체적으로 울릉도에 대한 조사를 실시한다. 내무성은 조사 결과를 그 다음해인 1877년 3월 17일 「일본해 내 죽도 외 일도의 지적 편찬 방법에 관한 문의(日本海內竹島外一島地籍編纂方伺)」라는 제목으로 기안하여 태정관에 상신한다. 기안서에는 「1호 구정부(막부-필자)평의의 지의(旧政府評議之旨意)」(1696년 1월 28일), 「2호 쓰시마가 조선역관으로 보낸 달서(達書)」(1696년 10월 20일), 「3호 조선국 예조참의가 쓰시마에 보낸 서간(書簡)」(1697년 3월 20일), 「4호 본방 회답(本邦回答) 및 구상서(口上之覚)」

---

33) 『공문록』은 이성환, 송휘영, 오카다 다카시, 앞의 책에 해제를 비롯하여 번각 및 번역문이 원문과 함께 실려있다. 이 장에서 별도의 주를 붙이지 않은 것은 『일본 태정관과 독도』에 의한 것이다.

(1699년 정월) 등의 부속문서(참고자료)가 첨부되어 있다. 「1호 구정부 평의의 지의」는 막부가 도해금지령을 내리는 정책결정 과정을 정리한 것이며, 2~4호는 울릉도쟁계 때 조선 정부와 일본 사이에 오고간 외교 문서이다. 이들 자료를 검토한 내무성은 "겐로쿠 12(1699)년에 이르러 대체로 [조선과 일본 사이에-인용자] 문서왕복이 끝나 [죽도 외 일도는-인용자] 본방(本邦, 일본)과 관계없"다는 결론을 내리고, "판도(영토)의 취사(取捨)는 중대한 사건이기 때문에 …(중략)… 만약을 위해 이 건을 (태정관에) 문의한다"고 밝혔다. 내무성은 17세기 말 조선과 일본 사이에 전개된 '울릉도쟁계'의 결과 양국 합의로 울릉도와 독도가 조선의 영토로 확정되었음을 확인하고 이를 국가적으로 승계할 것을 태정관에 상신한 것이다. 내무성의 행위는 울릉도쟁계의 도해금지령을 승계하려는 강력한 국가 의지를 표현한 것이다. 만약에 이러한 강력한 의지가 없었다면, 시마네 현의 문제 제기를 내무성 차원에서 각하하고 울릉도와 독도를 지적 편찬에서 제외하는 것으로 끝났을 것이다.

④ 내무성의 상신을 받은 태정관은 메이지 10년(1877) 3월 29일, "질의한 취지와 같이 죽도(울릉도)외 일도(독도)의 건은 본방(일본)과 관계없음을 명심할 것"이라는 지령을 발령한다. 이 지령은 내무성을 통해 시마네 현에 하달되었다.

이상의 경위를 거쳐 메이지정부는 17세기 말 막부가 울릉도와 독도를 조선의 영토로 인정한 사실을 확인하고, 이를 계승할 것을 천명한 태정관지령을 확정한 것이다.

태정관지령의 성립에서 주목할 대목은 태정관지령이 울릉도쟁계의 도해금지령(국경조약)을 승계한 것이라는 점이며, 이는 1699년의 한일 간의 국경조약이 효력을 계속 유지하고 있었기 때문에 가능한 것이다. 다시 말하면 1699년 이래 계속 효력을 유지해온 한일 간의 국경조약을 국내적으로 실행하기 위해 국내법 체계로 수용(adoption)한 것이 태정

관지령인 것이다.[34] 덧붙여, 태정관지령이 독도가 일본 땅이 아니라고
한 것이 독도가 조선 땅임을 인정하는 것은 아니라는 일본 측 주장이
있다.[35] 태정관지령의 문언적 표현만 보면 이러한 주장도 가능하나,
이는 독도 영유권에 대한 역사적 연원을 간과함으로써 야기한 오류이
다. 독도에 대한 영유권의 역사적 연원이 1699년의 한일 간 국경조약
에 있고, 태정관지령이 이를 승계하여 양자가 효력을 유지하고 있었다
는 점을 인식하지 못한데서 오는 잘못된 주장이다.

또 1699년의 울릉도 도해금지령이 독도를 포함한 것이냐 아니냐에
대한 논란은 1877년의 태정관지령으로 해소된다. 태정관지령이 울릉
도 도해금지령을 승계하여 "울릉도와 독도는 일본 땅이 아니다"고 천
명한 것은 울릉도 도해금지령이 독도를 포함하고 있었다는 것을 직접
설명해주는 것이다. 막부 내부적으로는 검토되었으나, 조선과의 교섭
과정 등에서 명확히 드러나지 않았던 독도의 존재가 태정관지령을 통
해 구체적으로 표현된 것이다. 이로써 17세기 말 조선과 일본 사이에
확정된 울릉도(죽도)와 독도(송도) 영유권 문제는 메이지 정부에서 더
강력한 형태로 확인되었다고 볼 수 있다.

이상의 과정을 요약 정리하면 다음과 같다. 내무성의 조회에 대한
시마네 현의 문제제기로 시작된 울릉도와 독도에 대한 영유권 문제는
내무성의 울릉도쟁계에 대한 면밀한 조사를 통해 독도와 울릉도는 일
본의 판도외(版圖外)라는 결정에 이르렀다. 내무성은 이를 태정관에
상신하였으며, 태정관은 내무성의 의견을 승인하여 최종적으로 태정
관지령을 발포했다. 태정관의 이러한 결정은 1699년에 성립한 조일 간

---

34) 안홍익(2009), 「條約의 大韓民國 法體系로의 受容: 條約의 分類와 國內法的
地位」, 부산대학교 석사논문, pp.15-18; 이상현(1991), 「國際法과 國內法과의
關係에 관한 研究: 理論과 實際를 中心으로」, 건국대학교 석사논문.

35) 이성환(2013), 「독도에 대한 무주지 선점론은 성립하는가」 『영토해양연구』 6호,
동북아역사재단 독도연구소, pp.294-297 참조.

의 국경조약을 국가적 차원에서 계승하려는 의지의 표현이며, 태정관
지령은 이를 국내적으로 실행에 옮기기 위한 국내법령의 제정으로 봐
야한다. 이렇게 함으로써 일본은 조선과의 사이에는 1699년의 국경조
약의 유효성을 확인했으며, 국내적으로는 태정관지령의 성립을 통해
이 조약을 실행하기 위한 법령을 갖추게 되었다고 볼 수 있다. 이로써
일본은 1699년의 국경조약(도해금지령)과 1877년의 태정관지령을 축으
로 하여 조선과의 사이에 국경체제를 완비하게 되었다. 본고에서는 이
를 조일/한일국경조약체제(이하 조일국경조약체제라 함)라 부르고, 일
본 스스로 확립한 체제라는 점을 강조하고자 한다.

이를 도식적으로 정리하면 〈그림 1〉과 같다. 태정관지령의 성립으
로 한일간에는 1699년의 국경조약이 계속 효력을 유지하면서 일본 국
내적으로는 태정관지령이 직접 작동하는 체제가 형성되었다고 하겠
다. 바꿔 말하면, 일본은 울릉도쟁계에서의 한일 간의 합의를 지켜가
기 위한 국내외적 법령체제를 완비한 것이다. 후술하는 바와 같이, 이
국경조약체제는 1905년 일본의 독도편입 때까지 유지, 작동된다. "한번
합의되면 국경은 지속된다(once agreed, the bouncary stands)"는 국경의
현상유지원칙과 국경의 안정성과 영속성(stability and permanence)을
중시하여 근본적인 사정변경의 원칙조차 적용되지 않는다는 국제법의
일반론에 비추어보면[36] 1877년에 형성된 조일국경조약체제는 한일 간
에 약 200년 가까이에 걸쳐 형성된 역사적 국경체제라고 볼 수 있다.

36) 이근관(2010), 「통일 후 한-중 국경문제에 고나한 국제법적 고찰」『국제법학
회논총』 55(4), p.135.

〈그림 1〉조일/한일국경조약체제

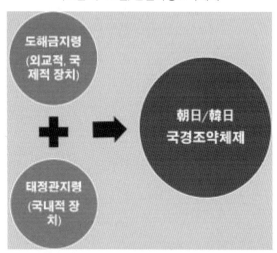

4. 조일국경조약체제의 전개

1) 조일국경조약체제의 적용

이상의 과정을 거쳐 성립한 태정관지령이 효력을 발휘하면서 조일 국경조약체제는 안정적으로 작동하게 된다. 내무성이 울릉도쟁계를 조사하고 있을 즈음, 시마네 현 사족(士族) 도다 다카요시(戶田敬義)는 1877년 1월, 3월, 4월에 걸쳐 동경부(東京府)에 '죽도도해원(竹島渡海之 願)'을 제출했으나, 태정관지령이 나오고 얼마 지나지 않은 6월 8일 동 경부는 이를 각하했다.[37] 죽도도해원 각하와 태정관지령 사이의 직접

---

[37] 北澤正, 『竹島考証』(1881); Web竹島問題研究所,"戶田敬義と「竹島渡海之願" (http://www.pref.shimane.lg.jp/admin/pref/takeshima/web-takeshima/takeshima 04/takeshima04-1/takeshima04-230728.html)(검색일: 2017.06.25).

적인 관련성은 알 수 없으나, 시기적으로 태정관지령이 적용된 첫 사례라 할 수 있다. 이케우치 사토시 씨는 죽도도해원(竹島渡海之願) 각하를 1699년의 "울릉도 도해금지령이 효력을 발휘하고 있었기 때문이다"고 지적하고 있다.[38] 도해금지령을 승계한 태정관지령이 효력을 발휘하고 있었다는 것과 같은 의미이다. 한일 간의 국경조약체제가 작동하고 있는 것이다.

조일국경조약체제는 이후에도 일본 정부의 방침으로 생명력을 유지해 가게 된다. 1881년 11월 12일 시마네 현 지사가 제출한 '송도개척원(松島開拓願)'에 대한 내무성의 처리과정에서 이를 알 수 있다. 개척원을 접수한 내무성은 울릉도쟁계에 관련된 문서(일본이 조선정부에 전달한 서한 및 구상서)를 첨부하여 외무성에 최근 조선 정부와 교섭한 사실이 있는가를 문의한다. 12월 1일 외무성은 "조선국 울릉도 즉 죽도 송도(朝鮮國鬱陵島卽竹島松島)에 대한 특별한 변경 [교섭]"이 없다고 회신한다. 외무성 회신을 받은 내무성은 1882년 1월 31일 시마네 현에 "최전지령(最前指令, 태정관지령-인용자)과 같이 죽도와 송도(울릉도와 독도)는 본방(本邦)과 관계가 없으므로 개척원의 건은 허가할 수 없다"고 각하하였다.[39]

여기에서 다음과 같은 점을 알 수 있다. 내무성이 염두에 둔 것은 태정관지령이었는데, 태정관지령은 조선과의 국경조약의 영향을 받기 때문에 내무성은 이를 확인하기 위해 외무성에 조선과의 새로운 교섭의 유무를 확인한 것이다. 외무성이 '특별한 변경'이 없다고 한 것은 1699년에 성립한 조일 간의 국경조약(도해금지령)이 계속 유효하다는

---

38) 池內敏, 앞의 책, p.72.
39) 杉原隆, 「明治10年太政官指令'竹島外一島之儀ハ本邦関係無之をめぐる諸問題」, 竹島問題研究会, 『第2期「竹島問題に関する調査研究」中間報告書(平成23年2月)』, pp.15-16.

것을 가리키며, 이는 동시에 국내적으로는 태정관지령의 효력도 유효하다는 것을 의미한다. 내무성이 외무성에 조선과의 교섭 유무를 확인한 후 태정관지령을 근거로 하여 각하 결정을 한 것은 이 때문이다.

1881년 5월 강원도관찰사 임한수는 울릉도에서 일본인이 무단으로 벌목을 하고 있는 사실을 보고하였다.[40] 보고를 접한 조선정부는 이규원을 울릉도검찰사로 임명하여 조사를 명함과 동시에 6월에 예조판서 이회정의 이름으로 이노우에 카오루 일본 외무경에게 "일찌기 서계를 올려 귀 조정에서 특별히 (울릉도 도해를) 금지시키겠다는 약속을 받았는데, …(중략)…귀 조정에서 미처 금령을 세우지 않아서 백성들이 아직도 불법을 저지르고 있으니, "법을 엄히 세워 방지하고 종전의 잘못을 답습하지 못하게 하면 심히 다행이겠습니다."고 항의 서한을 보냈다. 1699년의 도해금지령을 근거로 하여 조일국경조약체제를 지키라는 조선의 요구였다. 이에 대해 일본 외무성은 같은 해 10월 일본인을 철수하고 울릉도 도해를 금지하겠다는 회답을 조선정부에 보내고,[41] 동시에 태정대신(太政大臣)에게 1699년의 도해금지령에 의거하여 일본인의 도해금지를 포고해야 한다는 의견서를 제출했다.[42]

한편 조선정부는 1882년 5월 이규원을 울릉도에 파견하여 현지조사를 실시하고, 이를 바탕으로 울릉도에 침입해 있는 일본인(77명)의 철수를 요구했다. 동시에 종래의 공도정책을 폐기하고 본격적으로 울릉도 개척에 착수하여, 1883년 4월에는 30여 명의 주민을 울릉도에 입거(入居)시키는 등 울릉도에 대한 실질적 지배력 확보에 나섰다.

---

[40] 고종실록, 고종16년(1879년) 8월 4일. 박은숙(2012), 「동남제도개척사 김옥균의 활동과 영토·영해인식-울릉도·독도인식을 중심으로」 『동북아역사논총』 36호, p.98.

[41] 구한국외교문서 제1권, 日條案 1, 문서번호74(1881.7.26), 75번(1881.10.24); 박은숙, 앞의 논문, p.99.

[42] 池內敏, 앞의 책, pp.73-74.

조선의 울릉도개척에 호응하듯, 일본 정부는 일본인의 철수에 착수하고, 1883년 3월 1일 울릉도 도해를 금지하는 유달(諭達)을 발표했다.[43] 유달문에서는 "울릉도 (우리나라 사람은 죽도, 또는 송도라 부름-원주)가 조선국의 판도임은 이미 원록 연간(1699년-인용자)에 우리 정부와 조선 정부 사이에 의정(議定)한 바"이므로 "앞으로 잘못알고 있는 일이 없도록 (각 지방관은) 관하 인민에게 고유(告由)"하라고 밝혔다.[44] 동시에 외무성의 상신을 받아들여 태정대신은 사법경에게, 울릉도에 도항하는 자들을 조일무역규칙 제9칙(則) 및 형법 제373호(1월 이상 1년 이하의 유기징역)를 적용하여 처벌토록 각 재판소에 지시하도록 했다.[45] 1876년 8월에 체결된 조일무역규칙 제9칙(則)은 통상이 허락되지 않은 조선 항구에서 사적 거래(私爲買賣)를 하다 적발되면, 소유 전물(所有錢物)은 한국 관청에 인계하도록 되어 있다. 즉 울릉도도해가 발견되어도 치외법권상 한국이 처벌할 수는 없기 때문에 도해로 얻은 이익은 조선에 반환하고 일본 국내 형법으로 처벌하게 한 것이다. 처벌규정이 없는 도해금지령과 태정관지령으로 형성된 국경조약체제를 실행하기 위해 조일무역규칙과 형법을 적용한 것이다. 유달은 조일국경조약체제를 구체적으로 실현하기 위한(법률구체화) 고시 또는 직무명령에 해당하는 것이다.

1885년 메이지 유신 이래의 태정관이 폐지되고 내각제도가 도입되었다. 그 이듬해 칙령으로 공문식(公文式)[46]이 발포되면서 태정관의

---

43) (일본)外務省編纂(1996), 『日本外交文書』제16권, 巖南堂書店, pp.325-326.

44) 일본외교문서(일본외무성외교사료관),「朝鮮国蔚陵島犯禁渡航ノ日本人ヲ引戻処分一件」; 池内敏, 앞의 책, p.73 재인용.

45) http://blog.naver.com/cms1530/10015986629(검색일 2017.7.25).

46) 공문식은 법률·명령 등의 형식과 공포 방법을 규정한 것으로, 법률·칙령·각령·성령 등의 형식과 법률·칙령의 친서(親署)·부서(副署) 제도가 만들어졌다.

법령체계는 사라지고 법률, 칙령·각령(閣令)·성령(省令)의 형태로 근대적 법체계를 갖추게 된다. 그러나 아직 의회가 성립되지 않았기 때문에 법률과 명령의 구분 등은 여전히 혼란스러운 부분이 있었다. 이 혼란은 다음해 11월 메이지(明治) 헌법의 시행을 통해 입법, 행정, 사법의 삼권분립이 이루어지면서 법률은 의회로, 명령은 행정부로 귀속되어 일정한 법체계를 갖추게 된다.[47] 대체적으로 종래의 포고는 법률로, 그 외는 행정부의 명령으로 수렴되어 간 것이다. 그러나 국가와 국민을 다 같이 구속하는 영토나 조약에 관련된 지령은 법률로 수렴되었다고 보는 것이 합당할 것이다.[48]

그리고 메이지헌법 제76조는 "법률 규칙 명령 또는 어떠한 명칭을 사용하는가에 관계없이 이 헌법에 모순되지 않는 현행의 법령은 모두 준유(遵由, 지키고 따르다-인용자)의 효력을 가진다"는 경과규정을 두어, 메이지헌법 발포 이전의 태정관 및 내각에서 생산한 법령의 효력을 계속해서 인정하고 있다. 메이지 헌법을 기초한 이토 히로부미가 헌법 초안과 함께 추밀원에 제출한 헌법 설명서인 『헌법의해(憲法義解)』는 제76조와 관련하여, 의회 개설전의 법령은 명칭에 관계없이 이 헌법에 모순되지 않으면 계속 효력을 유지하며, 법률적 효력을 가지는 이전의 법령을 개정하기 위해서는 법률 개정에 준하는 절차를 밟아야 한다고 부연하고 있다.[49] 그러면 태정관지령이 법률적 효력을 가진 것으로 볼 수 있는가 하는 점이다. 태정관지령이 1699년의 국경조약을 승계한 것이고, 울릉도에 도해한 자를 사형에 처한 사실(하치에몽사건), 그리고 1883년에는 형법을 적용하여 처벌한 점(1883년의 유달) 등

---

47) 石井良助(1979), 『日本法制史概要』, 創文社, p.200.
48) 岩谷十郎(2007), 『日本法令索引(明治前期編)解說 明治太政官期 法令の世界』, 일본국회도서관, p.7 참조.
49) 伊藤博文(1940), 『憲法義解』, 岩波書店(원본은 1889년), pp.125-126.

에 비추어 보면, 태정관지령은 법률의 효력을 가진 것으로 간주할 수 있을 것이다. 또 조약이 국내적으로는 법률적 효력을 가지는 일반론에 비추어보면, 1699년의 국경조약을 국내적으로 전환, 수용한 태정관지령은 법률의 의미를 갖고 있다고 하겠다.

이러한 사항들을 종합하면, 태정관지령은 이토 히로부미가 『헌법의 해(憲法義解)』에서 지적한 "법률로서 효력을 유지하는 것"으로 봐야하며, 변경을 위해서는 법률 개정 절차, 즉 의회의 의결을 거쳐야 하는 것이다. 그러나 태정관지령이 개정 또는 폐기된 흔적은 발견되지 않기 때문에 태정관지령은 메이지헌법 체제하에서 계속 효력을 유지하는 것이다(확대 해석을 하면 현재까지도). 한발 양보하여, 태정관지령이 법률이 아니라 명령이라 하더라도 폐기되지 않으면 계속해서 효력을 유지한다. 따라서 메이지헌법체제하에서도 조일국경조약체제는 일본 국내에서 계속 유효하게 작동하고 있었던 것이다.

2) 조일국경조약체제와 일본의 독도 편입

조일국경조약체제가 유효하게 작동하고 있다는 것은 일본 스스로 독도와 울릉도를 조선의 영토로 인정하고 있다는 의미이다. 그러면 조일국경조약체제가 작동하고 있는 상황에서 1905년 1월 28일 일본 내각이 일방적으로 독도 편입을 결정할 수 있는가를 따져야 한다. 우선 문제시 되는 것은 일본이 각의결정에서 언급하고 있는 무주지선점론에 대해서이다. 각의 결정문에는 "타국이 이(독도)를 점유했다고 인정할 형적이 없"고, 나카이 요자부로(中井養三郞)가 이곳에서 어업을 한 것을 "국제법상 점령의 사실"로 인정하여 독도(죽도)를 일본의 영토로 편입한다고 밝히고 있다.[50] 앞에서 지적한바와 같이, 조일국경조약체제 하에서 독도와 울릉도는 무주지가 아니라 조선의 영토이기 때문에 조일국경조약체제와 무주지론은 양립 불가능하다. 나카이 요자부로가 독도에 대해 대하원(貸下願)을 제출했을 때, 내무성이 독도가 조선 영토일 가능성을 염두에 두고 반대 의사를 내비친 것은, 내무성이 태정 관지령 성립에 주도적인 역할을 한 조일국경조약체제 형성의 당사자였기 때문일 것이다. 그럼에도 불구하고 내무성이 각의에 독도편입을 청의한 것은 러일전쟁에 편승하여 군사적 중요성을 강조하는 외무성 및 해군성의 주장에 밀렸기 때문이라고 볼 수 있다.

다음으로는 행정 명령 내지는 행정 조치에 지나지 않는 각의 결정으로 조일국경조약체제를 무력화할 수 있는가이다. 국경조약체제를 형성하고 있는 태정관지령 및 1699년 국경조약과 각의결정의 효력의 상하관계를 따져야 한다. 앞서 지적한 바와 같이, 일반적으로 조약은 국내적으로는 법률과 같은 효력을 가지고 있기 때문에 1699년의 국경조약 역시 법률과 같은 효력을 가지며 주권(영토)에 관련된 태정관지령 역시 법률과 같은 효력을 가지고 있다. 이러한 상태에서 각의 결정의 성격과 기능을 살펴볼 필요가 있다. 각의 결정은 "헌법과 법률의 범위 내에서"이루어져야 하는 것이며,51) 메이지헌법 제9조는 "천황은 …(중략)… 필요한 명령을 발하거나 발하게 할 수 있다. 단, 명령으로 법률을 변경할 수는 없다"고 규정하고 있다. 헌법상 "국가원수로서 통치권을 총람(總攬)하는" 천황도 법률에 반하는 명령을 발할 수 없도록 되어 있는데,52) 천황을 보필하는 지위에 있는 내각이53) 영토(주권)의 변경을

---

50) 『公文類聚』 第29篇 明治38年 卷1(일본 국립공문서관 소장).

51) "閣議決定の有效性に関する質問主意書", http://www.shugiin.go.jp/internet/itdb_sh
itsumon_pdf_t.nsf/html/shitsumon/pdfT/b183125.pdf/$File/b183125.pdf(검색일 2017.7.11).

52) 메이지헌법 제4조.

53) 메이지헌법에는 내각이라는 용어가 없으며, "각 국무대신은 천황을 보필한다"고만 규정되어 있다(55조).

가져오는 독도 편입을 결정할 권한은 없다고 할 수 있다. 그리고 각의 결정은 당해 내각의 시정방침을 밝히는 데 대한 정치적 결정으로서 각의 결정 그 자체만으로는 실효성이 없고 선언적 의미를 가질 뿐이다. 각의 결정은 관련 행정기관의 실행이나 의회에서 법적 뒷받침이 되어야만 실효성을 가지게 된다. 각의 결정에 기초하여 내무성이 시마네 현에 독도편입 조치를 취하도록 훈령하고 시마네 현이 고시를 통해 독도를 편입하는 조치를 취함으로써 비로소 각의결정은 효력을 발휘하게 된다. 각의결정은 현 고시를 통해 실효성을 가지게 된 것이다.

그렇다면 각의결정에서 비롯된 시마네 현 고시가 태정관지령을 번복할 수 있는가하는 법리적 문제가 남게 된다. 일종의 행정명령에 해당하는 각의결정이, 법률적 효력을 가진 태정관지령을 무효화할 수 없는 것은 물론이고, 일개 지방 정부에 지나지 않는 시마네 현 고시도 태정관지령을 무효화할 수 없다. 환언하면, 각령(閣令) 및 현 고시가 법률(태정관지령)을 변경내지 폐지한 것이 되므로 상위법 위반에 해당한다.

덧붙여, 도해금지령을 승계한 태정관지령은 조약의 의미를 내포하고 있기 때문에, 태정관지령을 무효화하는 것은 한일 간 국경조약의 폐기로 직결된다. 일본의 내각의 독도편입 조치는 조약 폐기에 따른 한국 정부에 대한 통고 의무를 이행하지 않은 것이 된다. 조약의 폐기 결정은 일방적으로 할 수 있으나, 그것이 효력을 발휘하기 위해서는 조약 당사자에게 반드시 통고를 해야 하고, 통상적으로 통고 후 일정 기간이 경과한 후에야 효력을 발생하게 된다.[54] 일본은 조일국경조약을 폐기하는 독도 편입을 조선 정부에 통고하지 않았기 때문에 조약 파기의 효력은 발생하지 않는다.

---

[54] '조약법에 관한 비엔나 관한 비에나 협약에 의하면 적어도 12개월 전에 통고하도록 되어 있다.

5. 조일국경조약체제와 샌프란시스코 조약

다음으로 1951년의 샌프란시스코 조약 제2조 a항 "일본은 한국의 독립을 승인하고 제주도, 거문도, 울릉도를 포함한 한국에 대한 모든 권리, 권원 및 청구권을 포기한다"는 규정에 대한 해석을 둘러싼 한일 양국의 주장을 검토한다. 1952년 이래 일본은 한국을 상대로 독도 영유권을 본격적으로 주장하기 시작하는데, 고유영토설이나 1905년의 편입(무주지선점설)보다는 1951년 샌프란시스코 조약에서 독도가 일본령으로 남게 되었다는 주장에 무게 중심을 두고 있다.[55] 독도 영유권 문제가 국제사법재판소(ICJ)에 회부될 경우 일본은 샌프란시스코 조약을 가장 유력한 근거로 제시할 것이라는 지적도 있다.[56] 또 일본이 독도 문제에 대한 '결정적 기일(critical date)'로 1953년을 유력하게 보고 있는 것도 샌프란시스코 조약을 염두에 두고 있기 때문이다.[57]

일본의 이러한 주장은 1951년 8월 10일 딘 러스크 국무차관이 주미 한국대사관에 보낸 서한을 근거로 하고 있다.[58] 딘 러스크 서한은 "우리(미국)의 정보에 의하면"이라는 단서를 전제로 해서 1905년 이후 독도는 일본의 관할 하에 있었으며, 그 이전에 독도가 한국의 영토로 취

---

55) 정병준(2015), 「샌프란시스코 평화조약과 독도」『독도연구』제18권, 영남대학교 독도연구소, p.138.

56) 정갑용(2015), 「샌프란시스코 평화조약 제2조 (a)항과 독도」『민족문화논총』제60집, 영남대학교민족문화연구소, p.155.

57) 박현진(2008), 「대일강화조약과 독도 영유권」『국제법평론회』제28호, p.128.

58) 딘 러스크 서한은 인터넷상에서 원문을 쉽게 확인할 수 있다. 내용은 다음과 같다. "독도 섬에 관련하여, 우리의 정보에 의하면, 혹은 타케시마 혹은 리앙쿠르암으로도 불리는, 정상 상태에서 사람이 살지 않는 이 암석체가 한국의 일부로 취급된 적은 전혀 없으며, 대략 1905년부터 지금까지 일본 시마네 현 오키섬 지청 관할 하에 있었다. 한국이 1905년 이전에 그 섬의 영유권을 주장한 적이 있는 것으로 보이지 않는다."(http://blog.daum.net/hangun333/3143 (2017.11.1 검색).

급된 적이 없기 때문에 조약에서 독도를 누락시켰다고 하고 있다.[59)] 딘 러스크 서한은 독도는 "1905년부터 지금까지 일본 시마네 현 오키 섬 지청 관할 하에 있었다"는 점을 강조 하고 있는 데, 이는 1905년의 일본의 독도편입을 정당한 것으로 간주하고 있다는 것을 의미한다. 이 렇게 보면, 미국의 '제한된 정보'는 결국 1905년 일본이 독도를 편입한 이후의 정보에 의존하고 있다는 것을 알 수 있다.

이 점을 주목할 필요가 있다. 바꾸어 말하면, 1905년 일본의 독도편 입 조치가 부당하거나 1905년 이전에 독도가 한국의 영토로 간주되었 다는 사실을 입증하면, 미국이 잘못된 정보에 의존하여 독도를 제외하 였다는 것을 밝힐 수 있게 된다. 그렇게 되면 딘 러스크서한을 내세워 제2조 a항을 자국에 유리하게 해석하는 일본의 주장은 근거를 상실한 다. 반대로 한국 측으로서는 샌프란시스코 조약 제2조 a항의 "일본이 포기한 한국이라는 개념 속에 독도가 포함되어 있음을 주장할 수 있을 것"이며,[60)] 나아가서는 국제적으로도 독도에 대한 한국의 영유권이 인 정되었다고 볼 수도 있다. 앞에서 지적한대로, 조일국경조약체제에 의 해 1905년의 일본의 독도편입이 법리적으로 무효라면, 딘 러스크 서한 에서 강조하고 있는 "(독도는) 1905년부터 지금까지 일본 시마네 현 오

---

59) 정병준은 "러스크서한의 독도조항은 한국전쟁의 와중에서 독도에 관해 정확 한 정보를 제공할 수 없었던 한국의 사정과 외교적 실수, 임박한 일평화조약 체결을 위해 한국정부 요구사항을 정리하던 미국무부 실무진의 사정, 그리 고 일본외무성이 제공한 독도관련 허위 정보라는 세 가지가 결합되어 만들 어졌다."고 주장하나, 덜레스 국무장관이 1953년 12월 4일 동경대사관과 서 울대사관에 보낸 비망록에서 샌프란시스코 평화조약에 서명한 수많은 국가 중 한 나라의 의견일뿐이기는 하나 "러스크서한을 미국이 정책적 결정으로 선택한 것은 분명하"다 는 입장을 밝힌 것도 사실이다. 정병준 앞의 논문, p.156, 160; 정병준(2010), 『독도 1947』, 돌베게, pp.775-786. 최철영(2016), 「샌프란시스코 평화조약과 국제법원의 영토주권법리」『독도연구』11호.
60) 이석우(2005), 「1951년 샌프란시스코 평화조약에서 독도의 영토 처리 과정에 관한 연구」『동북아역사논총』 7호, p.135.

키섬 지청 관할 하에 있었다"는 내용은 더 이상 의미가 없음은 명백하다. 따라서 딘 러스크 서한을 근거로 한 일본의 주장은 성립할 수 없다.

설령 1905년의 일본의 독도편입이 유효하다 하더라도, 1699년의 국경조약과 1877년의 태정관지령으로 형성된 조일국경조약체제가 적어도 1905년의 각의결정 시점까지 유지되고 있었다는 사실은 부정할 수 없다. 이러한 조일국경조약체제의 유효성은 일본에 의해 독도에 대한 한국의 영유권이 인정되고 있었다는 것을 의미한다. 비록 독도에 대한 한국의 관할권을 인정할 만한 직접적인 증거는 아니라도 일본에 의해 독도에 대한 한국의 영유권이 인정되고 있었다는 사실은 독도에 대한 한국의 관할권이 존재했다는 사실을 반증하는 것이다. 아직 초보 단계이긴 하지만 1905년 이전에 거문도 사람들은 울릉도와 독도를 어업의 생산 공간으로 이용하였다는 김수희와 이예균·김성호 등의 연구는 이를 뒷받침해주고 있다.[61]

이상과 같은 점을 종합적으로 고려하면, 1905년의 일본의 독도 편입이 정당하고, 또 1905년 이전에 한국이 독도를 관할 한 적이 없다는 두 가지 점을 전제로 해서 작성된 샌프란시스코 조약 제2조 a항은 잘못된 전제를 근거로 하여 성립된 것이라는 점을 확인할 수 있다. 구체적으로 말하면, 조일국경조약체제의 유효성으로 인해 일본의 독도 편입이 무효라면 1905년 이후 일본이 독도를 관할했다는 딘 러스크의 주장은 허위가 된다.[62] 또 일본의 독도 편입이 유효하다 하더라도, 1905년 일

---

[61] 김수희(2011), 「개척령기 울릉도와 독도로 건너간 거문도 사람들」『한일관계사연구』 38호; 이예균·김성호(2005), 『일본은 죽어도 모르는 독도 이야기 88』 예나루.

[62] 池內敏는 『竹島問題とは何か』에서 "결국 샌프란시스코 조약에 독도가 일본령이라는 의미가 포함되어 있다는 근거가 딘 러스크 서한에 의거하고 있다면, 딘 러스크 서한에 내포된 인식의 진위를 다시 검토하지 않을 수 없다. 그 것은 1905년 전후의 독도를 둘러싼 사실(史實)의 재검토를 요하게 된다"고

본의 독도편입 시점까지 조일국경조약체제가 작동하고 있었으므로 "한국이 1905년 이전에 그 섬의 영유권을 주장한 적이 있는 것으로 보이지 않는다."는 딘 러스크의 주장도 허위가 된다.

따라서 딘 러스크 서한을 근거로 한 일본의 샌프란시스코 조약 제2조 a항의 해석도 근거를 상실한다. 샌프란시스코 조약 제2조 a항에 독도가 명기되지 않았기 때문에 독도는 일본이 포기해야 할 섬이 아니라는 해석, 즉 제2조 a항을 근거로 한 일본의 독도 영유권 주장은 합당하지 않다. 이는 역설적으로, 샌프란시스코 조약 제2조 a항이 독도에 대한 한국의 영유권을 인정하는 근거가 될 수 있다는 논리로 귀결된다고 하겠다.

6. 맺음말

본고는 1693년 이후 지금까지의 한일 간의 독도논쟁을 조일국경조약체제를 키워드로 하여 독도문제에 대해 포괄적 분석을 시도했다. 논지는 다음과 같다. 안용복 납치사건으로 시작된 한일 간의 국경분쟁(울릉도쟁계)은 1699년 한일 간의 합의(국경조약)로 완전히 종결되었다. 일본은 도해금지령을 내리고 울릉도와 독도를 조선 영토로 인정한 것이다. 이 시점에서 울릉도와 독도에 대한 한국의 영유권이 완전히 확립되었다. 양국 간의 이 합의는 1877년의 태정관의 결정(태정관지령)으로 메이지 정부에 의해 승계되었다.

태정관지령은 1699년의 한일 간의 국경조약을 일본 국내법령으로 수용한 것이었다. 1699년의 한일 간의 합의(국경조약)가 계속 효력을

지적하고 있다(p.300).

가지고, 이를 근거로 한 태정관지령이 성립함으로써 일본은 조일 간의 국경 합의를 지켜가기 위한 국내외적 법령체계를 완비하게 되었다. 본고에서는 이를 조일/한일국경조약체제로 규정했다. 이 체제는, 그 이전의 각종 법령이 메이지 헌법에 모순되지 않으면 계속적으로 효력을 유지한다는 1890년의 메이지 헌법의 규정에 따라 메이지헌법체제 하에서도 계속 효력을 유지한 것이 확인되었다. 이 국경조약체제는 적어도 일본이 독도 편입 조치를 취하는 1905년 2월까지 작동하고 있었던 것이다.

조일국경조약체제 하에서 취해진 일본의 독도 편입 조치는 다음과 같은 점에서 설득력이 없다. 첫째, 각의 결정과 시마네 현 고시는 법률적 효력을 가진 태정관지령에 위배된다. 상위법을 위반한 각의 결정 및 시마네 현 고시는 원천무효가 된다. 둘째, 1699년의 도해금지령이라는 한일 간의 합의(국경조약)를 국내법령으로 전환한 태정관지령을 무효화한 조치는 한일 간의 국경조약의 파기를 의미한다. 조약 파기를 위해서 일본은 조선정부에 통고 의무를 가지고 있으나[63] 일본 정부는 조선 정부에 통보하지 않았다. 또 울릉도쟁계의 한일 간 합의(국경조약)가 여전히 유효한 상태에서 조선에 아무런 통보 없이 각의에서 이를 일방적으로 폐기한 것은 국제법적으로 효력을 가지기 어렵다. 셋째, 1905년 당시에 조일국경조약체제가 유효하게 작동하고 있었다는 사실은 일본이 독도와 울릉도를 조선 땅으로 인정하고 있었다는 것을 말한다. 따라서 무주지선점론을 근거로 독도를 편입한 일본의 각의 결정은 내용적으로 성립할 수 없다. 이러한 점들을 종합하면, 1905년의

---

[63] 일본 측의 조선정부에 대한 통고에 대해서는 지금까지는 주로 시마네 현의 편입 고시 등을 논쟁점으로 삼았으나, 이에 대해서는 일본과 한국의 주장이 맞서고 있다(김진욱(2013), 「동북아시아 도서영유권 분쟁의 법적 쟁점 및 해결방안에 관한 연구」 목포대학 박사논문, pp.179-180). 본고에서는 조약파기의 통고로 논점을 바꿔야 한다고 주장하는 것이다.

일본의 독도 편입은 합법적이지도 않고 정당성을 가질 수도 없다고 하겠다.

1951년의 샌프란시스코 조약 제2조 a항의 해석에 관해서이다. 이 조약 해석의 가장 유력한 근거로 제시되고 있는 딘 러스크 서한의 내용과, 1905년 시점에서 조일국경조약체제가 작동하고 있었다는 사실은 서로 모순된다. 조일국경조약체제와 1905년 이전 한국이 독도를 관할한 적이 없다는 딘 러스크 서한의 내용은 양립할 수 없다. 바꿔 말하면, 조일국경조약체제의 효력이 유지되고 있었다는 사실은 1905년 이전 한국에 독도 관할권이 있었다는 것을 말해주기 때문에 딘 러스크 서한의 내용은 의미를 상실한다. 딘 러스크 서한에 기초한 샌프란시스코 조약 제2조 a항의 해석을 통해 독도영유권을 주장하는 일본의 논리는 모순이다. 이는 역설적으로 조일국경조약체제의 유효성을 통해 독도에 대한 한국의 영유권 확보의 가능성을 열어준다고 하겠다.

덧붙이면, 1699년의 한일 국경조약을 근간으로 하는 조일국경조약체제가 근대국제법이 생성되기 이전의 것으로 현재적 의미를 가지기 어렵다는 반론이 있을 수 있으나, "망키에 및 에크레오 사건에서 영국이 1217년의 조약 등을 근거로 영유권을 증명하였다는 사실"을 상기할 필요가 있다.[64] 나아가 태정관지령이 1699년의 국경조약을 승계, 수용했기 때문에 조일/한일국경조약체제는 근대적 국제법체계에 편입된 것이다. 최철영은 영토분쟁에서 "ICJ는 기왕에 국경조약(boundary treaty)이 존재하거나 국경에 관한 국가 간의 합의를 반영한 문서가 존재하는 경우 이를 최우선적인 결정적 근거로 고려한다. 이러한 원칙은 종종 당해 조약의 규정이 명확하지 않거나 불충분한 경우에도 적용된다."고 조약과 국가 간의 합의의 중요성을 강조하고 있다.[65] 이러한 측면에서

---

[64] 김병렬(2005), 「독도영유권과 관련된 일본학자들의 몇 가지 주장에 대한 비판」 『국제법학회논총』 50(3), p.91.

1877년에 형성된 조일/한일국경조약체제는 독도문제에 있어서 중요한 의미를 가진다.

---

65) 최철영(2016), 「샌프란시스코 평화조약과 국제법원의 영토주권법리」『독도 연구』 21호, p.66.

【참고문헌】

김채형, 「샌프란시스코 평화조약상의 독도영유권」, 『국제법학회논총』, 대한 국제법학회; 保坂祐二(2012), 「샌프란시스코 평화조약과 러스크 서 한」, 『일본문화연구』 제43집, 2007.

김명기, 「국제법상 태정관 지령문의 법적효력에 관한 연구」, 『영토해양연 구』 11호, 동북아역사재단 독도연구소, 2016.

조성훈, 「제2차 세계대전 후 미국의 대일전략과 독도 귀속문제」, 『국제지 역연구』 제17권 제2호, 2005.

이석우, 「1951년 샌프란시스코 평화조약에서 독도의 영토처리 과정에 관한 연구」, 『동북아역사논총』 제7호, 동북아역사재단, 2005.

최철영, 「대한제국 칙령 제41호의 법제사적 의미 검토」 『독도연구』 19호, 영남대학교 독도연구소, 2015.

제성호, 「1905년 일본의 독도 편입 증거에 대한 국제법적 분석」, 『중앙법학』 제16집 1호, 2014.

허영란, 「1905년 '각의결정문' 및 '시마네 현 고시 제40호'와 독도 편입」, 『독 도연구』 17호, 영남대학교 독도연구소, 2014.

大西俊輝, 『第四部 日本海と竹島 元禄の領土紛争記録「竹島紀事」を読む』 (전3권으로 되어 있으나 페이지는 연속), 東洋出版, 2012.

권정·오오니시 토시테루 편역주, 『죽도기사』 1-1, 한국학술정보, 2011.

경상북도독도사료연구회, 『竹嶋紀事 I』, 경상북도, 2013.

鳥取県編, 『鳥取藩史 -第六巻 殖産商工志 事変志』, 鳥取県立鳥取図書館, 1971.

박현진, 『독도 영토주권 연구』, 경인문화사, 2016.

川上建三, 『竹島の歴史地理学的研究』, 古今書院, 1966.

신용하, 『독도영유권에 대한 일본 주장 비판』, 서울대학교 출판문화원, 2011.

池内敏, 『竹島問題とは何か』, 名古屋大学 出版会, 2012.

박은숙, 「동남제도개척사 김옥균의 활동과 영토·영해인식-울릉도·독도 인식을 중심으로」, 『동북아역사논총』 36호, 2012.

송휘영, 「天保竹島一件을 통해 본 일본의 울릉도·독도 인식」, 『日本文化 學報』 第68輯, 2016.

동북아의 평화를 위한 바른역사기획단, 『독도자료집 II 竹島考證』, 2006.

外務省, 『大日本外交文書, 第一卷第一册』, 文書九九(明治元年一月十五日)の付属文書.

이성환·송휘영, 오카다 다카시, 『일본 태정관과 독도』, 지성인, 2016.

이성환, 「태정관지령과 샌프란시스코 조약의 관련성에 대한 검토」, 『독도연구』 제21호, 영남대 독도연구소, 2016.

이성환, 「태정관과 '태정관지령'은 무엇인가?」, 『독도연구』 제20호, 영남대 독도연구소, 2016.

이성환, 「독도에 대한 무주지 선점론은 성립하는가」, 『영토해양연구』 6호, 동북아역사재단 독도연구소, 2013.

瀧川叡一, 「訴答文例20条末項の廃止—太政官指令により無効とされた上等裁判所判決—」, 『法の支配』 第132号, 日本法律家協会, 2004.

안홍익, 「條約의 大韓民國 法體系로의 受容: 條約의 分類와 國內法的 地位」 부산대학교 석사논문, 2009.

이상현, 「國際法과 國內法과의 關係에 관한 硏究 : 理論과 實際를 中心으로」건국대학교 석사논문, 1991.

이근관, 「통일 후 한·중 국경문제에 고나한 국제법적 고찰」, 『국제법학회논총』 55(4), 2010.

정병준, 「샌프란시스코 평화조약과 독도」, 『독도연구』 제18권, 영남대학교 독도연구소, 2015.

정갑용, 「샌프란시스코 평화조약 제2조 (a)항과 독도」, 『민족문화논총』 제60집, 영남대학교민족문화연구소, 2015.

박현진, 「대일강화조약과 독도 영유권」, 『국제법평론회』 제28호, 2008.

정병준, 『독도 1947』, 돌베개, 2010.

최철영, 「샌프란시스코 평화조약과 국제법원의 영토주권법리」, 『독도연구』 21호, 2016.

김수희, 「개척령기 울릉도와 독도로 건너간 거문도 사람들」, 『한일관계사연구』 38호, 2011.

이예균·김성호, 『일본은 죽어도 모르는 독도 이야기 88』, 예나루, 2005.

김진욱, 「동북아시아 도서영유권 분쟁의 법적 쟁점 및 해결방안에 관한 연구」 목포대학 박사논문, 2013.

김병렬, 「독도영유권과 관련된 일본학자들의 몇 가지 주장에 대한 비판」

『국제법학회논총』 50(3), 2005.

최철영, 「샌프란시스코 평화조약과 국제법원의 영토주권법리」, 『독도연구』 21호, 2016.

北澤正, 『竹島考証』(1881).

杉原隆, 「明治10年太政官指令-竹島外一島之儀ハ本邦関係無之をめぐる諸問題」, 竹島問題研究会, 『第2期「竹島問題に関する調査研究」中間報告書(平成23年 2月)』.

石井良助, 『日本法制史概要』, 創文社, 1979.

岩谷十郎, 『日本法令索引(明治前期編)解說 明治太政官期 法令の世界』, 일본국회도서관, 2007.

伊藤博文, 『憲法義解』, 岩波書店(원본은 1889년), 1940.

『公文類聚』, 第29篇 明治38年 卷1(일본 국립공문서관 소장).

1905년 일본정부 「각의결정」 등의 국제법적 검토

최 철 영

1. 서론

일본 외교부의 인터넷 홈페이지는 외교정책(Foreign Policy)의 기타 문제(others)로서 일본의 영토를 다루고 있다.[1] 당해 사이트를 통해 일본 외교부가 제공하고 있는 일본의 영토정보에 따르면 일본 영토의 동서남북 한계로서 "최동단의 미나미토리시마는 동경 153도 59분 11초, 최서단의 요나구니지마는 동경 122도 56분 01초, 최남단의 오키노토리시마는 북위 20도 25분 31초, 최북단의 에토로후도는 북위 45도 33분 26초이다."[2]

---

[1] http://www.mofa.go.jp/territory/index.html. 2017.10.10. 검색.

[2] 한국은 외교부의 홈페이지를 통해서 한국의 영토범위에 대하여 소개하고 있지 않다. 또한 우리 헌법이 제3조에 "대한민국의 영토는 한반도와 그 부속도서로 한다."고 규정하고 있지만 그 구체적 범위에 관한 법률, 예컨대 "대한민국의 영토의 범위와 영토관리에 관한 법률"을 제정하고 있지 않다. 국토기본법이 제정되어 있지만 이 법은 "국토에 관한 계획 및 정책의 수립·시행에 관한 기본적인 사항을 정함으로써 국토의 건전한 발전과 국민의 복리향상에 이바지함을 목적"으로 하는 것이며(제1조) 이 법에서 말하는 '국토'에 대한 정

이와 함께 일본의 영토를 보여주는 홈페이지 첫 그림에 최동단, 최서단, 최남단 그리고 최북단의 표시와 더불어 "다케시마", "센카쿠 제도", 그리고 "북방영토"를 보다 큰 글씨 그리고 색채를 넣어 표시하고 있다. "다케시마"로 표시된 부분을 클릭하면 대한민국의 독도 사진과 함께 일본이 말하는 다케시마 즉, 대한민국의 독도에 대한 일본정부의 입장이 맨 앞에 제시되어 있다.

일본외무성 홈 페이지는 역사적 사실의 측면에서 그리고 국제법에 기초하여 독도가 일본의 영토이며, 한국이 국제법적 근거 없이 불법 점거하고 있지만 일본정부는 이 문제를 조용하고 평화적인 기조 속에서 국제법에 기초하여 해결하고자 한다는 내용과 함께 특별히 주(note)를 추가하여 "한국 측으로부터는 일본이 다케시마를 실질적으로 지배(effective control)하고 영유권을 재확인(reaffirmation)한 1905년 이전에 한국이 다케시마를 실질적으로 지배하고 있었던 것을 나타내는 명확한 근거는 제시되지 않았습니다."라고 하여[3] 일본의 영유권 주장의 법적 근거를 1905년 즉, "1905년 각의결정(閣議決定)"에 따른 다케시마 편입(incorporation)으로 명시하고 있다.

일본의 1905년 각의결정과 관련된 국내의 연구는 첫째, 각의결정의 근거가 된 나카이 요자부로의 량코 섬 영토편입 및 대하원에 관한 연구,[4] 둘째, 1905년 각의결정에 포함된 무주지(*terra nullius*) 주장의 모순 등 일본이 주장하는 국제법상 영토획득 근거에 대한 비판연구,[5] 셋째,

---

의나 그 범위는 존재하지 않는다. 우리 정부는 대한민국의 영토범위와 그 관리에 관한 법률의 제정을 검토할 필요가 있다.

[3] http://www.kr.emb-japan.go.jp/territory/takeshima/index.html(검색일 2017.10.10).

[4] 김정균, 「中井養三郎의 소위 獨島編入 및 貸下請願에 관한 연구」, 『국제법학회논총』 제27권 2호, 1982, p.5 이하.

[5] 곽진오, 「일본의 독도 무주지 선점론과 이에 대한 반론」, 『한국정치외교사

1905년 각의결정과 시마네현 고시 등이 국제법상 무주지 획득을 위한
국제고시(國際告示) 또는 이해관계국에 대한 합법적 통고인지에 관한
연구,[6] 그리고 1905년 각의결정과 하위의 관련 법령이 갖는 일본 국내
법 체계상 지위에 관한 연구[7] 등의 측면에서 이루어져 왔다.

하지만 이러한 일본의 1905년 각의결정과 관련된 법적 측면의 검토
는 1905년을 전후한 중세 및 근대의 영토관련 국제법 이론과 국제법원
의 판결 등에 대한 상세한 고찰보다는 현대의 국제법 교과서에서 소개
된 개괄적 차원의 개념을 기초로 하고 있다. 구체적으로 보면 첫째, 로
마법에서 유래되었지만 왜곡된 국제법상 무주지의 개념과 법리를[8] 그
대로 인용하여 1905년 각의결정의 무주지 주장을 분석하고 있다. 둘째,
1905년 각의결정이 관보에 게재되지 않았음과 시마네현 고시 제40호
가 당해 지역에만 공지되어 영토획득을 위한 국제고시에 해당되지 않
는다는 결론을 이끌어 내고 있지만 영토획득의 어떠한 유형이 국제고

논총』 제36권 1호, 2014; 김관원, 「1905년 독도편입 주장의 허구성에 관한 고
찰」, 『영토해양연구』 제6호, 2013; 제성호, 「1905년 일본의 독도편입 증거에
대한 국제법적 분석」, 『중앙법학』 제16집, 2014; 김수희, 「독도는 무주지인
가?」, 『일본문화연구』 제47집, 2013.

6) 서인원, 「1930년대 일본의 영토편입 정책연구에 있어 독도 무주지 선점론의
모순점」, 『영토해양연구』, 제11호, 2016. 이 논문은 무주지 선점론에 대한 논
의보다 무주지 영토획득에 있어 이해관계국에 대한 통보에 무게가 실려 있다.

7) 유미림, 「공문서 작성절차로 본 독도관련 법령의 의미」, 『영토해양연구』 제
11호, 2016; 최철영, 「대한제국 칙령 제41호의 법제사적 의미 검토」, 『독도연
구』 제19호, 2015.

8) 로마법에 무주지 개념은 존재하지 않는다. 단지 무주물(res nullius)의 개념이
존재할 뿐이다. 국제법은 무주의 물건에 대한 로마법의 법리를 토지에 적용함
으로써 원 개념의 변형과 왜곡을 유발한 것이다. 최철영, 로마법상 무주지
(terra nullius) 개념과 실효적 지배를 통한 국가영역획득, 성균관법학 제26권
제1호, 2014, p.322 이하 참조, 영토주권의 획득과 관련된 로마법원칙의 계수
는 국제법에 적용될 때 문제를 발생시킨다. Malcolm N. Shaw, International
Law, 1997, p.334.

시 또는 국제통고가 필요한 영역획득의 유효조건인지 그리고 이와 관련된 실정 국제법적 근거와 사례는 어떤 것들이 있는지에 대한 소개가 충분치 않다. 셋째, 그 동안 드물게 언급되었지만 내용이 본격적으로 소개되지 않았던 영토획득의 근거로서 후배지이론(hinterland doctrine), 판도(spheres of influence)이론,9) 지리적 근접성 이론(right of contiguity) 등에 대하여는 깊이 있는 논의가 이루어지지 않았다.

이 연구는 1905년 일본의 각의결정을 중심으로 나카이 요자부로의 「량코 섬 영토편입 및 대여 청원」에서 시작하여 1905년 「시마네 현서(縣庶)」제11호에 이르는 일본의 다케시마 영토편입을 위한 일련의 법적 조치에서 검토되어야 할 국제법적 문제들에 대하여 기존의 논의 기초를 더욱 심화하거나 새로운 측면에서 고찰하고자 한다. 이를 위해 1905년을 전후로 한 국제법 이론과 사례들을 분석하기 위해 1900년대 초중반의 국제법 서적과 논문들을 참조하였다. 1900년대의 근대 국제법리를 통해서 1905년 일본의 각의결정이 영토획득의 정당한 근거로서 선점이나 실효적 지배 등의 요건을 충족하지 못한다는 점, 현대의 국제법 교과서에서는 영토획득의 근거로 거론되지 않고 있는 지리적 근접성, 판도이론, 후배지 이론이 시제법에 따른 근대의 영토문제로서

---

9) 판도(版圖)는 한 나라의 영토라는 의미와 어떤 세력이 미치는 영역 또는 범위라는 의미가 모두 포함되어 있다. 판도의 한자적 의미는 호적과 지도이다. 국가의 성립요건으로서 사람과 영역을 의미한다. 근대 이전의 국가들은 현재와 같은 명확한 국경선을 설정하고 관할권을 행사한 것이 아니라 주요 거점이나 관청을 중심으로 일정한 범위 내의 관할권이 행사될 수 있는 지역에 대하여 자국의 통치권을 행사하고 이를 자국의 영역을 그린 판도에 포함시켰다. 민족과 주권적 정부 그리고 명확한 영토의 범위를 전제로 하는 국가는 근대의 출발점이다. 더욱이 육지에서 국경선(國境線)을 근간으로 하는 영토 개념과 달리 도서 영토에 대하여는 관할권을 행사하는 관청이 설치되어 있는 큰 도서를 중심으로 이에 지리적으로 근접한 유인 또는 무인의 작은 도서들에 대한 주권의 영향력 행사여부로 영토주권을 판단할 수밖에 없기 때문에 판도개념에는 영토의 대략적 범위라는 모호함이 포함되어 있다.

대한제국의 독도영토주권의 근거로서 중요한 의미를 가질 수 있다는
점, 그리고 무주지에 대한 영토편입의 경우 1905년 당시 국제사회에서
는 국제적 공시와 이해관계국가들에 대한 대외적 통고를 요구하였으
나 일본은 이러한 요건에 해당되는 행위를 한 적이 없다는 점을 밝히
고자 한다.

2. 1905년 각의결정과 국제법적 검토요소

1) 1905년 각의결정과 후속적 행정입법조치

1905년 각의결정은 시마네현 오키 섬 주민인 나카이 요자부로(中井
養三郎)가 강치포획 사업을 독점하기 위하여 1904년 9월 내무, 외무,
농상무 3대신에게 제출한 「량코 섬 영토편입 및 대하원(リャンコ島領
土編入並貸下願)」에[10] 근거한 것이다. 1905년 각의결정은 칙령이나 법
률이라는 당시의 일본 법제에서 상위의 법규범의 형식으로 만들어지
지 않고 내각총리대신의 서명과 법제국 장관의 직인을 통해 하위의 법
규범으로 제정되었다.[11] 칙령이나 법률로 제정하지 않았기 때문에 국
가의 공식문서로서 법률이나 국가의 결정사항을 국내외에 알리는 관
보(官報)에도 게재하지 않았다.

나카이의 청원을 받은 일본정부는 시마네현의 의견을 청취한 후,
1905년 1월 각의결정을 통해 다케시마를 '오키 도사(島司)의 소관'으로
결정하고 이 섬을 '다케시마(竹島)'로 명명하였으며, 이러한 취지의 내

---

10) http://www.kr.emb-japan.go.jp/territory/takeshima/g_hennyu.html(검색일 2017.10.10).
11) 일본의 근대법제의 체계에 대하여는 최철영, 「대한제국 칙령 제41호의 법제
사적 의미검토」, 『독도연구』 제19호, 2015, pp.130-134 참조.

용을 내무대신이 1905년 내무대신 훈령(訓令) 제87호로 시마네현 지사에게 전달하였다. 훈령 제87호는 상기결정을 관내에 고시하도록 시마네현 지사에게 지령했다. 내무대신의 훈령은 내무성이 하급의 관청을 향해 발령한 의사표시로서 대외적으로 공표되지 않았다. 훈령이란 행정명령으로 공법상의 법률관계 내부에 관한 준칙 등을 정하는데 그치기 때문에 하급관청을 구속할 뿐 대외적인 구속력이 없다.[12]

시마네현 지사는 이 각의결정 및 내무대신의 훈령의 내용을 1905년 2월 22일 시마네현 고시(告示) 제40호로 공고하였다. 고시는 행정청이 결정한 사항 및 기타 일정한 사항을 일반인에게 알리는 통지행위로서 성질을 갖는다. 시마네현의 고시는 지역의 일반에 공표되었으나 시마네현과 시마네현의 고시는 외국정부나 자국 내 외국공관이 그 행정상의 의사표시를 인지해야 하는 국가행정체계상의 지위에 있지 않다. 시마네현은 오키 도청에도 1905년 시마네현서(縣庶) 제11호를 통해 전달하였다.[13]

일본정부는 후속적으로 1905년 5월 17일 오키 도사의 보고에 기초하여 독도를 시마네현의 토지대장에 등재하였으며,[14] 시마네현은 독도 주변의 강치 포획과 관련해서 1905년 4월 14일 현령(縣令) 제18호로 어업취체규칙을 개정하여 강치 포획에 대해 허가제를 채택하고, 이에 근거하여 나카이 요자부로를 비롯한 4명의 일본인에게 강치어업에 대하

---

[12] 행정법상 훈령이란 행정조직 내부에 있어서 상급기관이 하급기관에 대하여 상당히 장기간에 걸쳐서 그 권한의 행사를 일반적으로 지시하기 위하여 발하는 명령이다. 행정규칙으로서 훈령은 원칙적으로 외부적 구속력이 인정되지 않는다. 박균성, 『행정법강의』, 2015, pp.15-157.

[13] 시마네현 지사는 다케시마가 '시마네현 소속 오키 도사의 소관'으로 결정됨에 따라 다케시마를 관유지대장(官有地臺帳)에 등록하고 강치 포획을 허가제로 실시하였다.

[14] 홍성근, 『독도의 실효적 지배에 관한 국제법적 연구』, 한국외국어대학 석사논문, 2000, p.87. 제성호, 앞의 논문에서 재인용.

여 허가를 해주었다.[15)]

2) "점령의 형적"과 무주지 법리

1905년(메이지 38년) 1월 28일 일본 각의는 각의결정을 통해 "별지의 내무대신이 청의한 무인도 소속에 관한 건을 심의함에 오른쪽 북위 37도 9분 30초, 동경 131도 55분 오키 섬에서 서북 85해리에 있는 무인도는 타국에서 이것을 점령했다고 확인할 만한 형적이 없고 재작년 36년 일본인 중에 나카이 요자부로라는 자가 어사(漁舍)를 만들고 인부를 이동시켜 어구(漁具)를 준비해 강치(海驢)잡이에 착수해 이번 영토편입 및 대하(정부로부터 민간에 대여)를 출원하였으므로 이 기회에 소속 및 도명(島名)을 확정할 필요가 있어 해당 섬을 다케시마(竹島)라고 명하고 지금부터 시마네현 소속 오키 도사(島司)의 소관으로 하려한다."고 하고 있다. 이어서 "이를 심사함에 1903년 이래 나카이 요자부로라는 자가 해당 섬에 이주해 어업에 종사한 것은 관계서류에 의해 명백하므로 국제법상 점령 사실이 있음을 인정하고 이것을 일본 소속으로 하여 시마네현 소속 오키 도사(島司)의 소관으로 함에 지장이 없다고 생각한다. 따라서 청의한 대로 각의결정이 성립되었음을 인정한다"고 하였다.[16)]

1905년 각의결정은 원해고도인 독도에 대하여 물리적 점유와 같은 형적이 없었다는 사실로 무주지라는 판단에 근거하고 있으므로 독도가 과연 당시의 국제법에 의하여 무주지로 판단되어야 하는 정당화 근거가 있는지에 대한 검토가 필요하다.

---

15) 홍성근, 위의 글.
16) 나이토 세이추 저, 권오엽 · 권정 역, 나이토우 세이추의 독도논리, 인문사, 2011, p.250.

3) 시마네현 고시방식에 의한 국제적 통고의 문제

시마네현 지사는 이 각의결정 및 내무대신의 훈령의 내용을 1905년 2월 22일 시마네현 고시(告示) 제40호로 다음과 같이 공고하였다.

"북위37도 9분 30초 동경 131도 55분 오키섬에서 떨어져 서북 85도 해리에 있는 도서를 다케시마(竹島)라 칭하고 지금부터 본현 소속 오키섬 도사의 소관으로 정한다."

이러한 시마네현 고시가 무주지를 자국의 영토로 획득하는 경우에 요구되는 이해당사국에 대한 공식적 또는 최소한 비공식적 통지의무에 적합한 행위인지 살펴보아야 한다. 1905년 각의결정은 "무인도는 타국에서 이것을 점령했다고 확인할 만한 형적이 없고"라고 하여 독도와 관련해서 '타국'으로 표현된 이해관계국으로서 대한제국의 존재를 의식하고 있었으며, 1904년 량코 섬 영토편입 및 대하원의 "이 섬은 일본에서 오키 열도 및 울릉도를 거쳐 조선 강원도와 함경도 지방에 왕복하는 선박의 항로에 위치"하고 있다는 표현 또한 "이 섬"으로 지칭된 독도의 이해관계국으로서 대한제국이 존재를 알고 있었음은 부정할 수 없을 것이다. 그럼에도 불구하고 일본은 독도의 편입과 관련하여 관보에 게재되지 않는 각의결정과 지방적 차원의 주민에 대한 공시로서 의미를 갖는 시마네의 고시 외에는 공식적은 물론 비공식적으로도 대한제국에 이러한 조치와 관련하여 의사를 확인하지도 않았고 통보한 바도 없다. 1906년 대한제국의 울도 군수가 일본의 독도편입 내용을 본국정부에 보고한 배경은 일본정부의 공식적, 비공식적 통보에 기초한 것이 아니라 시마네현의 관리와 대화 중 우연히 인지한 사실을 확인하고자 하는 목적에서 이루어진 것이었다.

4) 강치잡이와 실효적 지배

1904년(메이지 37년) 9월 29일 나카이 요자부로는 내무대신 자작 요시가와 아키마사, 외무대신 남작 고무라 주타로, 농상무대신 남작 기요무라 게이고에게 다음과 같은 내용의 량코섬 영토편입 및 대하원을 제출하였다.[17]

> "이 섬은 이렇듯 절해에 우뚝 솟은 작은 바위섬에 불과하므로 종래에 사람들이 주목하지 않은 채 완전히 방치되어 있었습니다. … (중략) … 그러나 이 섬은 영토 소속이 정해지지 않아 훗날 외국의 반대에 부딪치는 등 예측하지 못한 일이 있을 때 확실한 보호를 받을 수 없기 때문에 이 섬 경영에 자금을 쏟아 붓는 것은 매우 위험한 일입니다. … (중략) … 따라서 사업의 안전성과 이익의 근원을 영구히 확보하여 이 섬의 경영을 완수하기 위해서는 하루빨리 이 섬을 본방 영토로 편입시키고 이와 동시에 향후 10년간 저에게 대하(貸下)해 주십사하는 바람을 별지 도면을 첨부하여 올립니다."

이에 근거하여 1905년 각의결정은 "재작년 36년 일본인 중에 나카이 요자부로라는 자가 어사를 만들고 인부를 이동시켜 어구를 준비해 강치잡이에 착수"하였으며, "이를 심사함에 1903년 이래 나카이 요자부로라는 자가 해당 섬에 이주해 어업에 종사한 것은 관계서류에 의해 명백하므로 국제법상 점령 사실이 있음을 인정"할 수 있다고 서술하고 있다. 하지만 국제법적 측면에서 사인(私人)의 행위로부터 국가가 권리를 획득할 수 있는가 하는 문제와 함께 나카이 요자부로가 실효적 지배에 해당하는 정도의 거주와 경제활동을 독도에서 했는지에 대한 사실검토가 필요하다.

---

17) 김수희·송휘영, 「일본의 독도강점을 '기록화'한 「나카이 요자부로 문서」 해제와 자료 소개」, 『독도연구』 제17호, 2014, pp.398-429.

5) 거리서술과 지리적 근접성 법리

1904년 량코섬 영토편입 및 대하원에는 "오키 열도에서 서북쪽으로 85해리, 조선 울릉도 동남쪽으로 55해리 떨어진 바다에 속칭 리양코라고 불리는 무인도가 있습니다. … (중략) … 이 섬은 일본에서 오키열도 및 울릉도를 거쳐 조선 강원도와 함경도 지방에 왕복하는 선박의 항로에 위치하는데 만일 이 섬을 경영하는 자가 있어 이곳에 상주하게 된다면 이들 선박이 정박하여 땔나무와 물, 식료품등의 만일의 부족에 대비할 수 있는 등 여러 가지 편의를 제공하여 이제 점차 국운이 성해 지고 있는 일본의 강원, 함경지방에 대한 어업 무역에 도움 되는 바가 적지 않을 것이므로 이 섬 경영의 전도를 위해서도 더욱 필요하다고 생각됩니다."는 설명이 나온다.

이러한 서술은 영토획득의 근거로서 후배지이론 또는 판도이론의 적용가능성을 고찰할 필요성을 제기한다. 특히 "오키 열도에서 서북쪽으로 85해리, 조선 울릉도 동남쪽으로 55해리 떨어진 바다에 속칭 리양코라고 불리는 무인도가 있습니다."라고 하고 있기 때문에 독도가 과연 오키도의 후배지 또는 판도에 속해 있었는지 아니면 울릉도의 후배지 또는 판도에 속해 있었는지에 대한 검토가 필요하다.

다른 측면에서 근대 이전 영토 획득의 근거 요소로서 지리적 근접성을 일본이 의도적으로 은폐하였다는 측면에서 검토되어야 한다. 1905년 각의결정은 독도를 "오키 섬에서 떨어져 서북 85해리에 있는 무인도"라고만 서술을 하고 있다. 하지만 이는 각의결정문이 핵심적인 주요 내용을 인용하고 있는 1904년 량코섬 영토편입 및 대하원이 "오키 열도에서 서북쪽으로 85해리, 조선 울릉도 동남쪽으로 55해리 떨어진 바다에 속칭 리양코라고 불리는 무인도가 있습니다"라는 지리적 거리의 서술을 의도적으로 배제하여 독도가 조선의 울릉도에서 더 가깝다는 사실을 은폐하였기 때문이다. 이러한 이유로 일본은 지금도 우리의 독도에 대하여 역사적, 국제법적으로 자국의 영토라는 주장을 할 뿐 대한민국처럼 역사적, 지리적 그리고 국제법적으로 대한민국의 영토라는 주장을 하지 못하고 있다.

3. 1905년 각의결정 등과 국제법상 영토획득의 법리

1) 국제법상 영토취득의 근거로서 무주지 선점

근대 국제법은 선점(occupation)을 점유 당시 다른 국가의 주권 하에 있지 않은 영역에 대하여 주권을 획득하려는 의도로 이루어지는 국가의 수용행위로 정의하고 있다.[18] 타국의 영토는 어떠한 경우에도 선점의 대상이 될 수 없으며 양허(cession) 또는 정복(subjugation)에 의하여만 자국의 영토로 편입할 수 있었다. 또한 선점은 오로지 국가에 의하여 그리고 국가를 위하여 이루어지는 국가의 행위(state act)이여야 한다. 즉, 선점행위가 국가공무 활동으로 수행되거나 국가에 의해 추후적으로 국가행위로 인정되어야 한다.

1905년 각의결정은 "별지의 내무대신이 청의한 무인도 소속에 관한 건"이라는 문구와 "오키섬에서 떨어진 서북 85해리에 있는 무인도는 타국에서 이것을 점령했다고 확인할 만한 형적이 없"다고 하여 독도를 국제법상 무주지로 간주하고 있다. 이에 따라 일본 시마네현 죽도문제연구회는 1905년 각의결정을 통해 무주지인 다케시마(독도)를 자국 영토로 편입함으로써 '근대 국제법'에 따른 영유권을 대외적으로 표시했

---

18) Robert Jennings, *Oppenheim's International Law,* 1992(1st. Ed. Printed in 1905), p.686.

다고 설명한다. 무주지에 대하여 국가가 영유의사를 지니고 그 의사가 표시되어 실효적으로 점유된다면 자국 영토가 된다는 국제법상의 영토취득방법이라는 것이다.[19] 다케시마의 편입조치가 형식적으로 무주지에 대한 '선점'에 해당된다는 논리다.[20]

물론 1905년 당시 국제법에 따르면 과거 타국의 영토에 속해 있던 지역이라도 포기된(abandoned) 경우에는 선점의 대상이 될 수 있다. 하지만 당해 영역에 대한 주권의 행사여부가 단지 불분명하거나 (merely unclear), 타국과 분쟁(disputed)의 대상이 된 경우에는 무주지 (terra nullius)로 간주될 수 없다.[21] 나카이 요자부로가 다케시마 대하원에서 언급하고 있는 바에 따르면 독도가 대한제국으로부터 더 가깝고 향후 일본의 독도편입을 대한제국이 반대할 가능성을 거론하고 있으므로 이는 독도의 영토주권이 불분명하고 분쟁의 가능성이 있음을 전제로 한 것이다. 그럼에도 불구하고 일본정부가 1905년 독도를 무주지로 판단하고 선점했다는 주장은 근대 국제법에 비추어 합법적 영토획득으로 인정될 수 없다.

2) 원해고도(遠海孤島)인 독도의 실효적 지배의 문제

국제법에서 선점으로 인정받기 위한 실효적 지배(effective control)는 점유(possession)와 행정(administration)의 실시라는 실제적 행위로 이루어져야 한다. 점유와 행정행위의 실시는 실효적 지배를 구성하는 핵

---

[19] 第3期 竹島問題研究會編, 竹島問題 100問100答, WiLL, 2014 3月號, 196-7頁.

[20] 죽도문제연구회는 이와 함께 1900년 칙령 제41호가 반포되던 당시 한국은 주권을 행사한 사실이 없다고 단정하고, "가령 칙령의 석도가 다케시마(한국명 독도)를 가리킨다고 해도 한국은 점유행위가 결여되어 있으므로 영유권을 취득한 것이 아니다"라고 한다.

[21] Robert Jennings, op. cit,, pp.687-688.

심적 요소이다. 점유는 당해 지역을 획득하려는 의도와 함께 이루어지는 지배행위이다. 지배행위는 몸체(corpus)이며 획득의 의사는 영혼(animus)이다.[22] 입법, 사법을 포함한 행정관할권은 당해 영역을 점유하는 주체가 진정으로 통치하고 있음을 보여주기 위해 반드시(must) 수립되어야 한다.[23] 행정행위의 실시는 점유하고 있는 국가가 실제로 통치하고 있음을 확인하기 위한 요건이지만 선점을 주장하는 국가가 입법에 의한 관념적 또는 상징적 점유행위 이후 '합리적으로 충분한 기간(a period reasonably sufficient)' 동안이라는 시간적 유예가 인정된다.[24] 하지만 현대 국제법에서도 지배를 위해서 반드시 국민의 거주가 필요한 것은 아니다. 인간의 거주가 가능한(habitable) 넓은 지역의 경우에는 근대 이전에도 거주가 반드시 필요한 요건이었지만 인간 거주가 어려운(uninhabitable) 지역의 경우에는 이를 필요로 하지 않는다.[25] 예컨대 인간의 거주가 어려운 먼 바다의 작은 섬들의 경우에는 현실의 점유가 영유권 행사의 필수요소가 아니다.

현대 국제법과 달리 근대 이전의 국제법에서는 선점의 요건으로서 점유와 행정의 실시가 요구되지 않았다. 신대륙발견 시대에 각국은 국가를 위한 탐험활동을 통해 그때까지 알려지지 않았던 지역을 발견했다는 사실만으로 영토의 획득을 주장하지는 않았지만 발견 외의 추가적 요건으로서 선점행위는 현실적인 점유와 지배가 아닌 상징적 행위

[22] Ibid., p.689,
[23] Robert Jennings, op. cit,, p.689.
[24] J.L. Brierly, The Law of Nations, 1963, p.166. Briely교수는 발견에 의한 불완전 권원(inchoate title)은 합리적 시간(reasonable time) 내에 실질적이고 지속적인 점유행위로 이어져야 한다고 설명하여 발견 이후 일정한 시간적 기한을 인정하고 있다.
[25] Manquiers and Ecrehos Case, ICJ Report. 1953, p.47. 이를 확인하는 사례로는 Western Sahara Case, Clipperton Island Case, Eastern Greenland Case 등이 있다.

(symbolic act)를 통해 이루어졌다. 국제법학자들이 영토획득의 요건으로서 실효적인 지배를 요구한 것은 18세기 이후이며 19세기까지도 각국의 관행은 이러한 국제법의 학설을 전적으로 따르지 않았다.[26]

그럼에도 불구하고 1905년 각의결정은 "별지의 내무대신이 청의한 무인도 소속에 관한 건"이라는 문구와 "오키섬에서 떨어진 서북 85해리에 있는 무인도는 타국에서 이것을 점령했다고 확인할 만한 형적이 없"다고 하여 당시 국제법이 요구하지 않고 있는 실효적 지배를 전제로 하고, 더 나아가 독도에 대하여 울도군 절목을 통해 대한제국이 실효적 지배행위를 하고 있었음에도 이를 확인하지 않고, 사실상 사람이 상시적으로 거주할 수 없는 독도에 물리적 점령이 없었다는 이유로 일방적으로 무주지라는 추론을 하고 있다. 또한 1905년 각의결정은 "1903년 이래 나카이 요자부로라는 자가 해당 섬에 이주해 어업에 종사한 것은 관계서류에 의해 명백하므로 국제법상 점령 사실이 있음을 인정"할 수 있다고 하여 사인(私人)의 행위에 불과한 나카이의 행위를 일본 정부에 의한 실효적 지배로 강변하고 있다.

하지만 대한제국이 독도에 대하여 물리적 점유에 기초한 실효적 지배행위가 없었다고 하더라도 이는 근대 국제법에 의하여 원해고도의 척박한 무인도의 경우에 인정되는 상황이었으며, 혹여 실효적 지배가 요구된다고 하더라도 1900년 칙령 제41호 이후 일본의 일방적인 편입이 이루어진 1905년 이전까지 4년이라는 기간은 당시 국제법상 국가의 영토획득에 있어 새로운 영토에 대한 효과적인 지배를 준비하기 위한 '합리적으로 충분한 기간' 이내라고 할 수 있다. 이는 대한제국은 일본

---

26) 그러나 Western Sahara Case에서 ICJ는 영토귀속의 결정적 근거는 과거의 역사적 사건에서 이끌어 낼 수 있는 간접적 추론이 아니라 스페인에 의한 식민지배 시기 당시 주권의 유효한 시현과 직접적으로 관련된 증거라고 판결했다. Western Sahara Case, ICJ Report. 1975, p.43.

이 1905년 각의결정을 한 시기까지 실효적 점유가 필요함에도 실행하지 않았다고 할지라도 대한제국 칙령 제41호라는 상징적 행위를 통해 타국이 독도를 선점하는 것을 잠정적으로 금지(bar)하는 불완전 권원(inchoate title)을 보유하고 있었음을 의미한다. 더욱이 대한제국은 울도군절목 등 후속적 법률행위와 이를 시행하는 구체적이며 실질적인 수세(收稅) 행정행위를 통해 독도에 대한 실효적 지배행위를 하고 있었기 때문에[27] 일본의 무주지 주장은 설득력이 없다.

3) 영토획득의 근거로서 후배지 이론과 판도이론

(1) 후배지 이론(hinterland doctrine)

국제법의 이론과 실제는 영토획득 국가의 이름으로 그리고 당해 국가를 위하여 점유가 이루어지고 행정행위가 실시된 지역에 선점의 법리가 영향을 미친다는 원칙에 동의하고 있다.

선점이 실효적인 경우에만 유효하다면 선점으로 획득할 수 있는 영토의 범위는 실효적으로 점유된 지역의 범위로 제한된다. 그러나 실제에 있어서 영토 확대의 이해관계국들은 이러한 원칙에 따라 행위 하지 않았다. 반대로 많은 국가들은 자신들이 선점을 통해 획득한 지역의 범위를 실제로 점유하고 있는 지역보다 넓은 지역으로 확대하고자 시도하였다. 예컨대 하천의 입구 양쪽 지역에 대한 실효적인 지배가 당해 하천 전체의 지역과 분수령(watershed)에서부터 바다에까지 이르는 지류에 선점국가의 영토주권을 부여하는데 충분한 것이라는 주장도

---

[27] 울도군절목(鬱島郡節目)은 1902년 4월 작성되어 대한제국의 내부(內府)가 울도군에 하달한 문서로 일본의 불법거주와 자원침탈을 저지하고 대일 수출 화물에 대한 과세에 관한 사항을 담고 있어 한국의 독도에 대한 실효적 지배를 입증할 수 있는 증거이다. 유미림,『우리 사료 속의 독도와 울릉도』, 지식산업사, 2013, p.195.

제기되었다.28) 그리고 특정 지역에 대한 실효적 점유가 점유국가의 주
권의 범위를 이웃한 후배지까지 확대한다는 주장을 선점지역의 확대
(extent of occupation) 또는 후배지 이론(hinterland doctrine)을 통해 전
개하였다.29)

후배지는 실제로 점유되지 않았지만 실제 선점된 지역의 배후에 위
치하고 있어 선점의 효력이 미치는 지역을 말한다. 후배지의 요건을
갖추려면 실제로 점유된 지역과의 일체성, 재해(災害) 관련 안전상의
필요 그리고 실제로 점유된 지역의 방어 등에 필요한 지역이어야 한
다.30) 물론 이러한 주장에 대해서는 진정한 법적 기초를 결여하고 있
다는 비판이 있지만,31) 선점의 효과가 실제적 점유 범위에 대해서만
미친다는 원칙이 일반화될 수 없음은 분명하다.32) 이는 19세기말 후반
에 유럽 여러 강대국이 아프리카를 선점하였을 때에 널리 주장되었으
며, 해안지방을 선점하는 경우에는 그 배후에 있는 지역까지 선점의
효력이 미치는 것으로 주장되었다. 당시 여러 영토분쟁 사건은 점유의
실효성이 수반되지 않은 후배지에 대하여 선점의 효력을 어느 범위까
지 부여할 것인가 하는 것이 논점이었다.33)

---

28) 앞에서 고찰한 미국과 영국 사이에 발생한 1827 오리건 국경분쟁(Claim of
the USA in the Oregon Boundary Dispute)이다. R. Phillimore, *The Oregon
Question Examined,* 1846, para 250.

29) M.F. Lindley, *The Acquisition and Government of Backward Territory in
International Law,* 1926, pp.234-235.

30) 후배지의 이러한 요건은 단순히 지리적으로 인접한 지역으로서 배후지의 개
념과 구별되는 목적적 측면의 요건이다. 지리적 근접성의 권리(right of
contiguity)에 대하여는 후술 참조.

31) Robert Jennings, op. cit,, p.690.

32) J.L. Brierly, op. cit., p.165. 후배지에 대한 영토주권 확대의 가장 중요한 근
거는 안보(security)이다. 이는 Hall 교수 또한 동일하게 지적하고 있다. W. E.
Hall, *International Law,* 1880, p.129.

33) Walfisch Bay 사건에서도 후배지 관련 주장에 대하여 특정한 지역에 대한 정

실제에 있어 선점을 통해 지배할 수 있는 지역의 범위에 관한 더욱 오래된 많은 학설은 실제적 영토권원이 아닌 경쟁적 제국주의 강대국 간의 경쟁과 관련된 것이었다.

(2) 판도(spheres of influence)이론에 기초한 영토의 획득

선점의 범위에 관한 불확실성과 선점국가들이 점령한 국가의 후배지 또는 내륙지역으로 점유의 범위를 확대하려는 경향으로 인하여 후배지 이론은 광의의 세력범위이론 또는 판도이론과 관련성을 갖는다. 실제에 있어 아프리카에 선점을 행한 국가들은 점유 확대를 위해 다른 이해관계국가와의 조약을 통해 자신들의 세력범위 또는 판도를 확고히 하고자 하였다. 이를 통해 세력범위 또는 판도는 인접한 지역을 유효하게 선점한 국가가 향후 점유하기 위해 배타적으로 유보된 지역의 범위로 이해되었다. 이러한 방식을 통해 분쟁을 사전에 회피할 수 있지만,[34] 실효적 선점국가에 의하여 권원이 획득될 때까지 세력범위는 본질적으로 특별 조약의 약정이 확대된 지역이었다.

어떤 지역의 일부에 대한 선점이 전체 지역에 대한 선점이 될 수 있는가하는 문제에 대하여 1904년 영국령 기아나와 브라질간의 중재결정은 "일정 지역의 일부에 대한 실효적인 선점은 하나의 유기적인 전체를 구성하는 지역 전체에 대한 주권의 획득에 대한 권리를 부여한다는 주장이 있을 수 있지만 그 크기와 물리적 환경이 사실상 하나의 유

치적 영향력의 확인 또는 이러한 내용을 구체적으로 포함하고 있는 조약의 존재가 요구된다고 하였다. M.F. Lindley, op. cit., pp.229-30.

[34] 영국은 1890년 포르투갈과 세력범위와 관련된 조약을 체결하였으며, 이탈리아와는 1891년, 독일과는 1886년과 1890년, 프랑스와는 1898년 체결하였다. 하지만 세력범위의 설정이 그 자체로 세력을 행사하는 국가에게 법률적 성격의 영토권을 부여하는 것은 아니다. Robert Jennings, op. cit,, p.691. footnote 3.

기적 전체로 간주될 수 없는 경우에 전체지역에 대한 영유권 획득권을
부여할 수 없다"고 하였다.[35] 이 결정은 당해 사건에서 선점의 효과확
대나 판도이론을 인정하지 않았지만 "그 크기와 물리적 환경이 사실상
하나의 유기적 전체로 간주될 수 없는 경우"에 대한 것이므로 선점의
효과확대나 판도이론을 전면적으로 부정한 것이 아니라는 점을 유의
하여야 한다. 결국 선점된 지역의 성격과 위치에 따라 적용이 달라질
수 있는 것이다.[36]

(3) 1904년 량코섬 영토편입 및 대하원과 후배지 및 판도이론

1904년 량코섬 영토편입 및 대하원은 "이 섬은 … 종래에 사람들이
주목하지 않은 채 완전히 방치되어 있었습니다"라고 하여 독도가 국제
법상 포기된 지역으로서 일본이 주장하는 공도(空島)인 듯한 서술을
하고 있다. 그리고 "절해에 우뚝 솟은 작은 바위섬"이라는 표현을 통해
독도가 그 자체로 국가영역의 범위를 결정하는 거점지역이 아닌 일본
오키도를 거점으로 하는 일본의 영향력이 작용하는 범주의 외곽에 놓
여 있는 배후지 또는 낙후지역으로서 일본의 영토편입이 정당하다는
주장의 근거가 될 수 있도록 표현하고 있기도 하다.

하지만 1904년 량코 섬 영토편입 및 대하원은 "이 섬은 일본에서 오
키 열도 및 울릉도를 거쳐 조선 강원도와 함경도 지방에 왕복하는 선
박의 항로에 위치"하고 있다고 하여 독도가 일본의 영토 오키 열도에
서 대한제국의 본토인 강원도와 함경도로 왕복하기 위한 항로에서 일

---

[35] British Guiana-Brazil Boundary Arbitration, B.F.S.P. Vol. 99, 1905-1906, p.930.
[36] R.C. Hingorani, *Modern International Law,* 1978, p.45. 서구적 국제법에 대응
하여 아시아적 국제법관을 주장하는 Hingorani교수는 문제의 지역에 하나의 행
정권만이 시행되거나 한 사람의 토착 통치자가 지배하고 있었다면 문제의 지
역 일부에 대한 선점이 전체 지역의 선점으로 간주될 수 있다고 주장한다. 마
찬가지로 어떤 지역의 해안을 지배하는 국가는 해안바깥의 지역도 영유한다.

본 영역이 아닌 첫 번째 확인되는 섬으로서 대한제국의 울릉도와 긴밀한 관계에 있음을 밝히고 있다. 이는 독도가 일본의 오키섬이 아닌 대한제국의 울릉도의 배후지로서 대한제국의 판도에 속해 있다는 인식을 표현한 것으로 해석할 수 있다.

4) 지리적 근접성 이론(right of contiguity)

(1) 지리적 근접성 이론에 대한 현대 국제법의 입장

일반적으로 지리적 근접성(proximity) 또는 인접성(contiguity)은 영토획득의 권원이 될 수 없다고 알려져 있다.[37] 실례로 미국이 자국의 식민지역인 필리핀에 근접한 섬으로서 팔마스 섬에 대한 영토주권을 주장한 팔마스 섬 사건(Island of Palmas)에서 중재법정은 영해 바깥에 위치한 도서와 관련하여 근접성원칙을 적용하는 것을 명확히 거부했다.[38] 하지만 국제사회에서 국가의 관행은 합리적 인식의 범위에서 근접성이 선점의 결과를 결정하는데 있어 어떠한 역할도 하지 못한다는 견해를 인정하고 있지 않다.[39] 지리적 근접성이 영토획득의 권원이 되지 못한다는 명제는 너무 많은 다양한 상황을 포함하고 있기 때문이다.

(2) 영토획득의 근거로서 지리적 근접성의 역사적 성격

역사적으로 보면 영토주권의 획득이 지리적 개념에 기초한 사례가

---

37) 오늘날 지리적 인접성은 영유권취득에 있어서 독자적인 권원으로 간주되지 않는다. 하지만 지리적 인접성이 영토주권을 판단함에 있어서 항상 잠재적 고려사항임을 부인할 수 없다. 정인섭, 신국제법강의, 2017, p.538면.

38) 사실 팔마스 섬은 영토주권을 주장하는 국가의 어느 쪽에 확실하게 가깝지 않았으며 도리어 여러 섬들과 함께 하나의 군도(archipelago)를 이루고 있었다.

39) H. Lauterpacht, Sovereignty over Submarine Areas, B.Y.I.L., vol.27, 1950, pp.423-431.

매우 많이 발견된다. 많은 식민지배 국가들은 자국의 주권범위를 실제로 긴밀한 행정권에 종속되는 지역으로 제한하였다면 식민지배의 대상영역을 확대할 수 없었을 것이다. 1900년 전후 식민주의시대에 식민지배 국가들 사이에서 직접 행정적 통치권을 행사하고 있지 않더라도 지역을 나누는 분수령(watershed)의 개념이 상호 충돌되는 영토주권의 범위와 관련된 주장을 절충하는데 중요한 역할을 하였으며 실제로 필요한 기능을 수행하였다. 분수령을 기준으로 해서 나누어지는 각 지역에 대하여 당해 지역에 가까운 지역을 실효적으로 선점하고 있는 국가에게 영토주권을 인정해 왔기 때문이다.

근접성은 또한 일정한 한계범위 내에 있는 군도(archipelago)를 하나의 단위(a unit)로 취급하도록 하는 원칙의 근저에 놓여 있는 개념이다.[40] 이는 또한 첨부(accretion)를 통한 영토획득과[41] 맞물려 있기 때문에 1805년 Anna호 사건의[42] 원칙은 근접성의 원칙에서 유래된 것이

---

[40] 이러한 원칙은 울릉도와 독도를 하나의 세트(a set)으로 보는 견해와 일치한다. 송휘영, 일본의 독도에 대한 "17세기 영유권 확립설"의 허구성, 민족문화논총, 제44집, 2010, p.62.

[41] 첨부의 최근 사례로는 일본의 오가사와라 제도 남쪽 니시노시마(西之島) 근해의 해저화산 분화로 형성된 섬의 일본영토주권 주장과 편입조치가 있다. 일본해상보안청은 2013년 11월 화산 분화로 면적이 넓어진 오가사와라제도 니시노시마 상황을 넣은 해도와 해저지형도를 2017년 6월 30일 선보인다고 밝혔다. 일본 도쿄에서 남쪽 약 1000km 떨어진 오가사와라제도 니시노시마 부근의 해저에서 발생한 화산폭발로 형성된 새로운 섬이 4년간 지속적으로 분화하여 기존의 니시노시마와 이어지면서 니시노시마의 크기가 13배 확대되었다. 이로 인해 확장된 니시노시마의 영해와 배타적 경제수역을 국제적으로 공인받기 위해서는 유엔해양법협약의 규정에 따라 작성된 해도에 표시되고 국제사회에 공표되어야 한다. (연합뉴스, 2017.6.22. http://www.yonhapnews.co.kr/bulletin/2017/06/22/0200000000AKR20170622040500073.HTML?input=1195m.)

[42] Anna호 사건(165 ER 809)의 상세한 내용에 대하여는 D.P. O'Connell, *International Law*, 1965, pp.493-494 참조.

라고 할 수 있다. 이 사건에서 중재재판관인 Stowell 경은 로마법의 근접원칙(doctrine of vicinitas)은 국가의 안보와 관련된 용어로서 지리적 연속성(contiguity) 개념의 기초라고 설명했다. Grotius 또한 영토는 외부의 적으로부터 영토를 지키는데 충분한 영역의 경계를 인정하는 것이며, 실질적 한계라는 사고는 국제법의 영토개념에 있어 전반적으로 받아들여져야 한다고 주장했다.[43]

Eastern Greenland 사건에서도 PCIJ는 인접한 지역에 대한 주권 주장에 영향을 주는 요소로서 근접성의 원칙을 지지하였다. 인도네시아도 West Irian에 대하여 인종적 유사성과 근접성의 기초에서 영토주권을 주장한바 있다. 1899년 베네수엘라 경계사건에서도[44] 근접성의 원칙에 근거하여 중재판정이 이루어졌다. 이처럼 근접성은 영해 외측의 도서에 대하여 연안국의 영토주권을 부여하는 데 있어 핵심적 요소로서 작용해 왔다.[45]

(3) 1904년 량코섬 영토편입 및 대하원과 지리적 근접성이론

1904년 량코섬 영토편입 및 대하원은 "이 섬은 … 종래에 사람들이 주목하지 않은 채 완전히 방치되어 있었습니다"라고 하여 독도가 국제법상 포기된 지역으로서 일본이 주장하는 공도(空島)인 듯한 서술을 하고 있다.

하지만 1904년 량코 섬 영토편입 및 대하원은 "오키 열도에서 서북쪽으로 85해리, 조선 울릉도 동남쪽으로 55해리 떨어진 바다에 속칭 리양코라고 불리는 무인도가 있습니다. … (중략) … 이 섬은 일본에서 오키열도 및 울릉도를 거쳐 조선 강원도와 함경도 지방에 왕복하는 선

---

43) D.P. O'Connell, *International Law*, 1965, p.494.

44) 1899 Venezuela Boundary Arbitration.

45) R.C. Hingorani, *Modern International Law*, 1978, p.49.

박의 항로에 위치하는데"하고 있다고 하여 독도가 일본의 영토 오키열도보다는 대한제국과 가까이 있음을 당시에도 명확하게 인식하고 있었으며 독도와 울릉도가 긴밀한 관계에 있음을 밝히고 있다. 이는 독도가 일본이 아닌 대한제국의 판도에 속해 있다는 인식을 표현한 것으로 볼 수 있다. 그리고 "절해에 우뚝 솟은 작은 바위섬"이라는 표현은 독도가 그 자체로 국가영역의 범위를 결정하는 중심지역이 아님을 표현하고 있지만 판도이론을 적용하면 대한제국의 울도를 거점으로 하는 대한제국의 영향력 범주의 외곽에 놓여 있는 배후지 또는 낙후지역으로서 이해할 수 있는 표현이다.

5) 영토획득의 근거로서 발견(discovery)의 가치

발견은 국제법상 영토의 획득의 근거로서 중요성이 무시되어서는 안 된다.[46] 대부분의 국제법 이론서는 신대륙의 발견을 통한 식민지배의 확대 역사를 첫째, 발견, 그리고 실효적 점유라는 측면에서 단순화해 왔다. 하지만 사실은 이 보다 매우 복잡한 과정을 통해 식민영토를 확대해 나갔다. 예컨대 스페인과 포르투갈은 자신들의 항해를 통한 발견만을 기초로 자국의 영토주권을 주장하지 않았다. 이들은 이교도를 정복하고 그리스도교를 확대하라는 위임이 포함된 교황의 칙서에 기초하는 것을 더욱 선호하였다.[47] 또한 발견을 단순한 시각적 인식과 동일하게 보는 경향이 있지만 사실 시각적 인식이 영토획득의 권원으로 국가들에 의하여 인정된 적은 없다. 스페인과 포르투갈은 자신들의 사명을 이해함에 있어서 종교적 예식과 함께 영토주권을 주장하였다. 다른 유럽 국가들도 발견된 지역에 대하여 종교적 또는 기타 현판의

---

46) Robert Jennings, op. cit,, p.690.

47) D.P. O'Connell, *International Law,* 1965, p.469.

설치나 국기의 게양과 같은 최소한의 상징적 행위를 하였다. 이러한 행위가 영토주권의 최초 주장자에 의하여 이루어졌기 때문에 유럽 국가 간에 제기된 영토분쟁은 영토주권의 존재에 대한 것이 아니라 영토주권의 범위에 관한 것이었다. 이러한 의미에서 발견은 모든 이해관계국들에게 공통되는 영토주권의 기초였으며, 근대까지도 발견이 완전히 소멸된 영토획득의 원칙은 아니었다.[48]

4. 1905년 각의결정과 영토획득의 국제적 통보의무

1) 1885년 베를린 조약

선점의 유효성을 위한 조건으로 선점의 사실을 타국에게 통보하도록 요구하는 국제법의 일반원칙의 존재는 아직까지 확인되지 않고 있다. 그러나 1885년 베를린국제회의 일반조약은[49] 아프리카 지역에 대한 장래의 선점과 관련하여 선점은 반드시(should) 타국에 통지하도록 규정하고 있었다. 이 조약은 베르사이유 조약과 함께 제1차 세계대전을 종결하는 1919년의 St. Germain-en-Laye 협약의 당사들이 관여함으로써 폐지되었지만 그 이전까지 유효하게 작동했다.[50]

선점의 국제적 통지와 관련된 베를린 조약 제6장(CHAPTER VI)은 '아

48) Keller, Lissitzyn, Mann, *Creation of Rights of Sovereignty through Symbolic Acts, 1400-1800*, 1938; Simsarian, The Acquisition of Legal Title th Terra Nullius, Political Science Quarterly, vol.53, 1938.

49) General Act of the Berlin Conference on West Africa, 26 February 1885. 이 조약의 당사국은 the United Kingdom, France, Germany, Austria, Belgium, Denmark, Spain, the United States of America, Italy, the Netherlands, Portugal, Russia, Sweden-Norway, and Turkey (Ottoman Empire) 등이다.

50) Robert Jennings, op. cit,, p.688. footnote 1.

프리카대륙 해안에 대한 새로운 선점이 유효하기 위해 준수되어야할
핵심조건에 관한 선언'이다.51) 동 조약의 제34조는 "현재의 선점지역
을 넘어 또는 그러한 선점 없이 아프리카 대륙의 해안에 선점의 조치
를 취한 당사국은 당해 지역을 획득하며 식민지를 획득한 것으로 본
다. 그리고 각각의 선점 행위는 자신들의 권리에 효력을 부여하기 위
하여 선점행위에 대한 통지를 수반해야 하며 이 조약의 서명당사국들
에 대하여 통지가 전달되어야 한다."고 규정하고 있다.52) 또한 제35조
는 "이 조약의 당사국은 아프리카 대륙의 해안 지역 중 자신들에 의하
여 선점된 지역에 현재의 권리를 보호하고 사정이 허락한다면 합의된
조건 하에 무역과 통과의 자유를 보호하기에 충분한 행정당국을 설치
할 의무를 인정한다."고53) 규정하고 있다.

　　베를린 협약상의 통고의무는 Palmas섬 사건에서 Huber 중재법관에
의하여도 언급되었다. Huber 중재법관은 이러한 의무는 베를린 조약
의 당사국만을 구속하지만 이러한 의무가 국제법에 일반적 이익이 되
는 한에서 이는 반복되어야 한다고 하였다. 이러한 통지의무를 충족할

---

51) 『DECLARATION RELATIVE TO THE ESSENTIAL CONDITIONS TO BE
OBSERVED IN ORDER THAT NEW OCCUPATIONS ON THE COASTS OF THE
AFRICAN CONTINENT MAY BE HELD TO BE EFFECTIVE』

52) Article 34. "Any Power which henceforth takes possession of a tract of land on
the coasts of the African continent outside of its present possessions, or which,
being hitherto without such possessions, shall acquire them, as well as the
Power which assumes a Protectorate there, shall accompany the respective act
with a notification thereof, addressed to the other Signatory Powers of the
present Act, in order to enable them, if need be, to make good any claims of
their own."

53) Article 35. "The Signatory Powers of the present Act recognize the obligation
to insure the establishment of authority in the regions occupied by them on the
coasts of the African continent sufficient to protect existing rights, and, as the
case may be, freedom of trade and of transit under the conditions agreed
upon."

능력은 선점 행위의 지표(index)이기 때문에 국제적 통지는 어떤 의미
에서 강대국들이 영토획득을 확인하는 주된 기준으로 인식하고 있었
음을 보여준다.[54]

2) 영토획득을 위한 국제적 통보의 사례

(1) 미국과 영국 간 Oregon 분쟁

미국과 영국 사이의 Oregon분쟁에서도 발견에 의한 영토획득이 있
는 경우 타국에 대하여 통지할 의무가 있음이 확인되었다.[55] 이 사건
은 1792년 미국의 무역업자가 북아메리카 대륙에서 태평양으로 흐르
는 가장 크고 긴 콜럼비아(Columbia) 강의 입구를 발견하고 항해 가능
한 가장 상류 부분까지 항행을 한 직후에 영국의 해군 장교인 밴쿠버
(Vancouver) 또한 당해 강의 존재를 확인하면서 제기된 사건이다. 밴쿠
버는 미국인 모험가의 이야기를 듣고는 다시 콜럼비아 강으로 돌아가
자신의 병사들과 함께 수백 마일을 탐사하고 영국을 위한 영토획득 조
치를 취하였다. 1811년 미국의 무역회사가 콜럼비아 강의 입구에 회사
를 설립하고 2년 후에 이를 영국의 회사에 매도하였다. 그 직후에 영
국과 미국 사이에 어느 행위가 영토획득에 유효한 행위인가에 대한 분
쟁이 발행하였다.

이 사건에서 양국은 어느 국가도 실질적으로 선점조치를 취하지 못
하였다고 주장하고 강 입구에 회사를 설립하고 이주했음을 근거로 한
미국의 권원은 후배지(hinterland)에 대한 영토주권을 주장하는데 불충
분하다고 보았다. 결국 이 사건은 실질적 관할권의 분리에 따라 정치

---

[54] D.P. O'Connell, op. cit., 1965, p.480.

[55] Sir Travers Twiss, *The Oregon Question Examined in Respect to Facts and the
Law of Nations*, 1846, p.157.

적으로 해결되었다.

(2) Clipperton섬 사건

Clipperton섬 사건에서[56] 국제중재법원은 영역취득의 유효성을 위한 조건으로 국제법이 요구하고 있는 실효적 점유 요건을 검토하면서 위에서 살펴본 1885년 베를린협정(Act of Berlin)의 제34조에 포함된 통지의무를 고려하였다.

프랑스는 1858년 1월 17일 프랑스 해군성 장관의 지시에 따라 활동하면서 Clipperton섬을 발견한 프랑스 해군장교 켈뵈강(Kerweguen)이 동 섬의 발견하고 동 섬에 대하여 주권을 공포하였으며, 지리적 사실들을 기록하였고, 실패하기는 하였지만 해변에 정박하려고 시도하였을 뿐만 아니라 발견사실을 호놀룰루에 있는 프랑스 영사관에 알렸으며 동 영사관은 하와이 정부에 이를 알렸다는 점, 더 나아가 프랑스 영사가 호놀룰루에서 발행되는 같은 해 12월 8일자 영문잡지 Polynesian에 Clipperton섬에 대한 프랑스의 주권 공포선언을 게재하였다는 점 등을 기초로 베를린 협정에 따른 영유권을 주장하였다. 더욱이 프랑스는 1897년에 미국정부에 대하여도 당해 섬과 관련된 미국 국민의 활동에 관한 사실관계의 확인을 요청하였다.

국제중재법원은 과거 종주국이었던 스페인이 동 섬을 먼저 발견하였다는 멕시코의 주장에[57] 대하여 이를 인정한다고 해도 발견을 통해 자국의 소유로 병합하였다는 증거가 없을 뿐만 아니라 영유권을 실효적으로 행사했다는 증거도 없다고 하여 동 섬에 대하여 '분명하고 정확한 방식(in a clear and precise manner)'으로 권리를 먼저 공식 선포한 프랑스 영유권을 인정하였다.[58]

---

56) Clipperton Island Case, France v. Mexico(1931), *A.J.I.L.*(1932), vol.26, p.390.
57) D. J. Harris, op. cit, p.201.

3) 일본의 영토획득 통고의무 이행여부

(1) 일본의 영토획득과 국제적 통고

어느 국가가 섬을 먼저 발견하고 선점행위를 한 경우 당해 무주지의 편입과 영유의사를 타국에 통지하고 승인을 받아 분쟁을 미리 배제하는 것은 서구 국가들 사이에 당시 국제관습법이었다.[59]

다케시마에 대한 일본의 영토편입이 진행되던 당시 일본은 영토획득 절차에서 관련 당사국에 대한 통고가 있어야 됨을 알고 있었다. 다만 실력 점령의 사실이 있으면 그 자체가 가장 정확한 의사표명으로 되기 때문에 통고가 필요하지 않다고 하거나,[60] 영토획득에 있어 관계국에 대한 통지의무를 규정하고 있는 베를린조약은 당사국만을 구속하기 때문에 일본과는 관련이 없다는 정도의 인식을 하고 있었던 것으로 보인다.[61]

그러나 1886년 독일이 마셜제도를 선점했을 때 그리고 1897년 프랑스가 마다카스카르를 선점하면서 타국에 통고한 사례들을 통하여 선점을 통한 영토획득에 있어서는 베를린 조약의 당사국이 아닌 국가들도 이해관계국에 대한 통지해야 하는 일반적 국제관습법이 형성되는 과정에 있었다고 할 것이다. 일본정부도 1876년 오가사와라 제도에 관청을 설치하고 관리를 파견하는 법령을 제정하였다. 일본의 외무상은 오가사와라 제도를 새로운 법령에 따라 단속을 실시한다는 취지와 영

---

58) Ibid., p.203. 하지만 Palmas섬 사건에서 Huber판사는 베를린 협정은 오로지 협정당사국만을 구속한다고 하여 일반국제법원칙으로 인정하지 않았다. D. P. O'Connell, op. cit., pp.479-480.

59) 서인원, 앞의 글, p.164.

60) 高橋作衛, 平時國際法論, 日本法律學校, 1904, 373頁. 이하 서인원, 위의 글, p.162 이하 참조.

61) 倉知鐵吉, 國際公法, 日本法律學校, 1899, 87頁. 서인원, 위의 글에서 재인용.

토편입 의사를 미국, 오스트리아, 벨기에, 덴마크, 프랑스, 독일, 영국, 네덜란드, 이탈리아, 러시아, 스페인 등 서구 각국에 통고하여 승인받은 바 있다.[62]

(2) 대한제국에 대한 일본의 통고여부

일본은 다케시마 편입사실을 대한제국에 공식적 또는 비공식적으로 통고한 바 없다. 1906년 3월 28일 일본 시마네현의 사무관 진자이 요시타로(神西由太郎) 일행이 시마네 현에 새로 편입된 다케시마를 시찰하러 왔다가 풍파를 피하기 위하여 대한제국의 울도에 들린 차에 당시 울도군수였던 심흥택에게 울도에 들리게 된 사유를 설명하면서 알려지게 되었다.[63] 대한제국은 일본의 다케시마 편입사실을 우연한 기회에 인지한 것이다.

진자이 요시타로의 이야기를 들은 심흥택 군수는 바로 다음 날 일본이 울도군의 관할 섬인 독도를 편입해 간 사실을 강원도 관찰사 서리 춘천군수 이명래에게 보고하였다. 이에 이명래는 4월 29일 의정부 참정대신에게 '보고서 호외'로 심흥택 군수가 보고한 사항을 그대로 보고하였다. 이명래가 보고서 '호외'를 통해 보고를 했다는 것은 그만큼 사안이 시급하고 비정상적인 위급상황이었음을 보여준다.[64] 참정대신 박제순은 1906년 5월 10일 지령을 통해 "독도가 일본의 영지가 되었다는 설은 전혀 근거가 없으니 섬의 형편과 일본인의 행동을 조사하여 보고"하도록 지시하였다. 참정대신의 지시내용에 "독도가 일본의 영지가 되었다는 설은 전혀 근거가 없"다는 표현은 대한제국 정부가 일본으로

---

[62] 오가사와라 제도의 일본 편입과정에 관하여는 서인원, 위의 글, pp.165-168 참조.
[63] 나이토우 세이추우 저, 권오엽·권정 역, 앞의 책, pp.256-258.
[64] 유미림, 앞의 책, p.206.

부터 어떠한 영토획득관련 통지를 받은 바 없음을 확인하는 것이다.

(3) 무주지 영토획득의 요건인 국제통고의 불이행

1905년 각의결정은 "무인도는 타국에서 이것을 점령했다고 확인할 만한 형적이 없고"라고 하여 독도와 관련해서 대한제국의 점령 가능성을 암시하고 있다.

1904년 량코 섬 영토편입 및 대하원의 "이 섬은 일본에서 오키 열도 및 울릉도를 거쳐 조선 강원도와 함경도 지방에 왕복하는 선박의 항로에 위치"하고 있다는 표현 또한 "이 섬"으로 지칭된 독도를 무주지로 간주하고 일본의 영토로 편입하고자 할 때 반드시 그 의사를 공식적으로 통지해야하는 이해관계국으로서 대한제국이 존재함을 알고 있었음을 증명하는 명확한 문구라고 할 수 있다. 더욱이 "이 섬은 영토 소속이 정해지지 않아 훗날 외국의 반대에 부딪치는 등 예측하지 못한 일이 있을 때 확실한 보호를 받을 수 없기 때문에"라는 표현이 이르러서는 일본이 독도를 자국의 영토로 편입하려는 것이 대한제국에 공식적으로 알려지는 경우 대한제국의 이의제기로 인해 실패할 것에 대한 우려가 있음을 일본정부가 명확하게 인식하고 있음을 확인할 수 있는 근거이다. 이에 따라 일본정부는 칙령이나 법률이 아닌 각의결정의 형식으로 독도를 편입하여 중앙정부의 관보게재 부담을 회피하고, 시마네현에 내부행정명령으로서 훈령을 내려 현의 고시를 통해 독도를 대상으로 하는 행정조치를 할 수 있는 국내법적 근거를 마련한 것이다.

시마네현 고시 제40호 또한 국내법에 따른 관내 고시로서 고시의 방법이나 고시가 이루어진 지역을 고려할 때 어떠한 의미에서도 이해관계국가에 대한 외교적 통고행위로 해석될 수 없다. 시마네현 고시 제40호는 단지 당해 지역의 주민에 대한 행정적 조치를 위한 국내법적 근거일 뿐이다.

5. 결론

일본 외무성과 시마네현 다케시마 문제연구회는 1905년 각의결정과 이에 따른 후속 하위행정법령으로서 시마네현 고시 제40호 등은 일본이 근대법제를 시행한 이후에 제정된 법규의 방식으로 영토획득을 표현한 것이라고 주장한다. 하지만 1905년 각의결정 등을 국제법에 부합하는 조치로 이해하기에는 다음과 같은 매우 중대한 결함들을 내포하고 있다.

우선 1905년 당시 국제법에 따르면 과거 타국의 영토에 속해 있던 지역이라도 포기된 경우에는 선점의 대상이 될 수 있지만 당해 영역에 대한 주권의 행사여부가 단지 불분명하거나, 타국과 분쟁의 대상이 된 경우에는 무주지로 간주될 수 없기 때문에[65] 일본이 1905년 독도를 무주지로 판단하고 선점하는 행위는 근대 국제법에 따른 영토획득으로 인정될 수 없다. 1904년 량코섬 영토편입 및 대하원은 명확하게 독도가 일본보다는 대한제국으로부터 가깝다는 서술을 하고 있고, 1905년 각의결정 또한 독도를 타국이 점령했다고 할 만한 형적이 없다고 하여 타국으로서 대한제국이 이해관계를 가질 수 있음을 인식하고 있었으며, 그럼에도 이를 대한제국에 확인하지 않은 것은 대한제국의 영토주권행사가 불분명한 상태에서 일본정부가 자의적으로 무주지로 판단한 것이며 국제법의 법리에 위반한 것이다.

둘째, 대한제국의 근대적 입법으로써 독도를 대한제국 울도군의 관할로 명시한 1900년 칙령 제41호가 공포되어 관보에 게재된 이후 일본이 1905년 각의결정을 하기까지 대한제국의 독도를 포함하는 울도군 절목을 통한 행정관할권 행사에 명확한 근거가 확보되어 있지 않다고

---

65) Robert Jennings, op. cit,, pp.687-688.

하더라도 1900년에서 1904년의 4년 기간은 근대국제법이 제시하고 있는 국가의 영토획득에 있어 새로이 편입된 영토에 대한 실효적인 지배를 확립하기 위한 '합리적으로 충분한 기간(a period reasonably sufficient)'이 경과했다고 볼 수 없다. 따라서 일본은 대한제국이 칙령 제41호를 통해 타국이 독도를 선점하는 것을 잠정적으로 금지하는 불완전 권원을 보유하고 있었음에도 이를 침해한 것이다.

셋째, 1904년 량코 섬 영토편입 및 대하원은 "이 섬은 일본에서 오키 열도 및 울릉도를 거쳐 조선 강원도와 함경도 지방에 왕복하는 선박의 항로에 위치"하고 있다고 하여 독도가 일본의 영토 오키 열도에서 대한제국의 본토인 강원도와 함경도로 왕복하기 위한 항로에서 일본 영역 이원의 첫 번째 섬으로서 대한제국과 긴밀한 관계에 있음을 밝히고 있다. 이는 독도가 일본이 아닌 대한제국의 판도에 속해 있으며 울릉도와 독도가 하나의 영향권 내에 있다는 인식을 표현한 것이다.

넷째, 1905년 각의결정은 독도를 "오키 섬에서 떨어져 서북 85해리에 있는 무인도"라고만 서술하고 있다. 하지만 이는 각의결정의 근거이며 각의결정문의 내용이 핵심적인 주요 내용을 인용하고 있는 1904년 량코섬 영토편입 및 대하원의 "오키 열도에서 서북쪽으로 85해리, 조선 울릉도 동남쪽으로 55해리 떨어진 바다에 속칭 리양코라고 불리는 무인도가 있습니다"라는 지리적 사실의 서술에서 독도가 대한제국의 울릉도에서 더 가깝다는 서술을 의도적으로 배제한 것이다. 즉, 독도가 대한제국 울릉도 동남쪽으로 55해리 떨어진 섬으로서 독도가 일본의 오키 섬으로부터의 거리 85해리보다 대한제국의 영토에 30해리 더 가깝다는 사실을 은폐한 것이다. 이는 근대 이전 영토획득의 근거로 인정되었던 지리적 근접성의 원칙을 의식하여 이 원칙이 독도에 적용되지 않도록 의도하였기 때문이다.

다섯째, 1905년 각의결정은 "무인도는 타국에서 이것을 점령했다고 확인할 만한 형적이 없고"라고 하여 독도와 관련해서 타국으로서 대한제국의 점령(선점) 가능성을 암시하고 있으며, 1904년 량코 섬 영토편입 및 대하원의 "이 섬은 일본에서 오키 열도 및 울릉도를 거쳐 조선 강원도와 함경도 지방에 왕복하는 선박의 항로에 위치"하고 있다고 표현하여 "이 섬"으로 지칭된 독도를 일본의 영토로 편입하고자 할 때 반드시 그 의사를 공식적으로 통지해야하는 이해관계국으로서 대한제국이 존재함을 알고 있었다. 더욱이 "이 섬은 영토 소속이 정해지지 않아 훗날 외국의 반대에 부딪치는 등 예측하지 못한 일이 있을 때 확실한 보호를 받을 수 없기 때문에"라는 표현으로 인해 일본정부는 일본이 독도를 자국의 영토로 편입하려는 것이 대한제국에 공식적으로 알려지는 경우 대한제국의 이의제기로 인해 실패할 것에 대한 우려가 있음을 명확하게 인식하고 있었다. 이러한 이유로 일본정부는 관보에 게재되어 대한제국에 알려질 가능성이 있는 일본의 근대법제로서 황제의 칙령이 아닌 하위의 각의결정의 형식으로 독도를 편입하여 관보게재 부담을 회피하고, 시마네 현에 내부행정명령으로서 훈령을 내려 현의 고시를 통해 독도를 대상으로 하는 행정조치를 할 수 있는 국내법적 근거만을 마련한 것이다.

이상에서 살펴본 바와 같이 일본정부는 1905년 각의결정 등을 통하여 국제법에 부합하는 방식으로 독도를 자국에 편입하였다고 하지만 이는 당시의 국제법이 요구하고 있는 합법적이고 정상적인 절차와 영토획득을 위한 법리에 전혀 부합되지 않는 방식이었음을 확인할 수 있다.

【참고문헌】

곽진오, 「일본의 독도 무주지 선점론과 이에 대한 반론」, 『한국정치외교사
　　　논총』 제36권 1호, 한국정치외교학회, 2014.

김관원, 「1905년 독도편입 주장의 허구성에 관한 고찰」, 『영토해양연구』
　　　제6호, 동북아역사재단, 2013.

김수희, 「독도는 무주지인가?」, 『일본문화연구』 제47집, 일본문화학회, 2013.

김수희·송휘영, 「일본의 독도강점을 '기록화'한 「나카이 요자부로 문서」
　　　해제와 자료 소개」, 『독도연구』 제17호, 영남대학교 독도연구소,
　　　2014.

김정균, 「中井養三郞의 소위 독도편입 및 대하청원에 관한 연구」, 『국제
　　　법학회논총』 제27권 2호, 대한국제법학회, 1982.

나오토우 세이추우 저, 권오엽·권정 역, 『나오토우 세이추우의 독도논리』,
　　　인문사, 2011.

박균성, 『행정법강의』, 박영사, 2015.

박병섭, 「근대기 독도의 영유권 문제」, 『독도연구』 제12호, 영남대 독도연
　　　구소, 2013.

서인원, 「1930년대 일본의 영토편입 정책연구에 있어 독도 무주지 선점론
　　　의 모순점」, 『영토해양연구』 제11호, 동북아역사재단, 2016.

유미림, 『우리 사료 속의 독도와 울릉도』, 지식산업사, 2013.

유미림, 『일본 사료 속의 독도와 울릉도』, 지식산업사, 2015.

유미림, 「공문서 작성절차로 본 독도관련 법령의 의미」, 『영토해양연구』
　　　제11호, 동북아역사재단, 2016.

정인섭, 『신국제법강의』, 박영사, 2017.

제성호, 「1905년 일본의 독도편입증거에 대한 국제법적 분석」, 『중앙법학』
　　　제16집 제1호, 중앙법학회, 2014.

최철영, 「로마법상 무주지(terra nullius) 개념과 실효적 지배를 통한 국가영
　　　역획득」, 『성균관법학』 제26권 제1호, 성균관대학교비교법연구소,
　　　2014.

최철영, 「러일전쟁과 일본의 대한제국 영토주권침탈」, 『독도연구』 제18호,

영남대 독도연구소, 2015.

최철영, 「대한제국 칙령 제41호의 법제사적 의미검토」, 『독도연구』 제19호, 영남대 독도연구소, 2015.

최철영, 「원록각서 죽도기사, 죽도고의 국제법적 해석」, 『독도연구』 제22호, 영남대 독도연구소, 2016.

홍성근, 『독도의 실효적 지배에 관한 국제법적 연구』, 한국외국어대학 석사논문, 한국외국어대학교 대학원, 2000.

David Walker, *The Oxford Companion to Law*, Oxford Univ. Press, 1980.

D.P. O'Connell, *International Law*, Stevens; Dobbs Ferry, N. Y.: Oceana Publications, 1965.

H. Lauterpacht, *International Law*, vol.2, The Law of Peace, Cambridge Univ. Press, 1975.

H. Lauterpacht, Sovereignty over Submarine Areas, B.Y.I.L., vol.27, B.S.I.L, 1950.

Ian Brownlie, *Principles of Public International Law*, Oxford Univ. Press, 1999.

James Simsarian, The Acquisition of Legal Title th Terra Nullius, Political Science Quarterly, vol.53, Academy of Political Science, 1938.

J.L. Brierly, The Law of Nations, Oxford Press, 1963.

Keller, Lissitzyn, Mann, *Creation of Rights of Sovereignty through Symbolic Acts, 1400-1800』*, Columbia University Press, 1938.

Malcolm N. Shaw, International Law, Cambridge Univ. Press, 1997.

M. F. Lindley, *The Acquisition and Government of Backward Territory in International Law*, Longmans, Green&Co, 1926.

R.C. Hingorani, Modern International Law, Oxford and I.B.H. Publishing Co, 1978.

Robert Jennings, *Oppenheim's International Law*, Longman, 1992.

Sir Travers Twiss, *The Oregon Question Examined in Respect to Facts and the Law of Nations*, 1846, D. Appleton & Co.

W. E. Hall, International Law, Clarendon Press, 1880.

William Slomanson, Fundamental Perspectives on International Law, Wadsworth, 2011.

第3期 竹島問題研究會編, 竹島問題 100問100答, WiLL: 2014 3月號, 2014.
(일본) 外務省(2015), 『竹島問題 10のポイント』, 外務省.

'일본의 독도 영토편입 조치'의 법적 성격에 대한 고찰

홍 성 근

1. 문제제기

일본 정부는 독도 영유권 주장의 주요한 논거로 다음 세 가지를 제시하고 있다.[1] ① '17세기 독도 영유권 확립', ② '1905년 독도의 시마네현 편입', ③ '1952년 샌프란시스코 강화조약의 독도 영유 인정'이다. 그중에서도 '1905년 독도의 시마네현 편입'은 '독도가 국제법적으로 일본의 영토'라는 주장의 핵심 논거다. '독도의 시마네현 편입'은 ① 1904년 9월 29일 나카이 요자부로(中井養三郎)의 '독도 영토편입 및 대여 청원', ② 1905년 1월 28일 일본 정부의 각의결정(閣議決定), ③ 1905년 2월 22일 시마네현 고시 제40호 등을 주요 내용으로 하고 있다.[2]

이하 본문에서 논하겠지만,[3] 우선 용어 사용과 관련하여 한 가지 전

---

[1] 일본 외무성 홈페이지(http://www.mofa.go.jp/mofaj/area/takeshima/index.html) (2017. 11. 13. 최종 방문) 참고.

[2] 일본 외무성 홈페이지의 '독도의 시마네현 편입' 관련 내용(http://www.mofa.go.jp/mofaj/area/takeshima/g_hennyu.html)(2017. 11. 13. 최종 방문) 참고.

[3] 아래의 2.의 3) '용어 사용에 따른 입장 차이' 참고.

제를 하고자 한다. 일본 정부가 사용하는 '독도의 시마네현 편입'이라는 용어는[4] 1905년 각의결정의 법적 성격을 호도하기 위해서 의도적으로 '시마네현 편입'을 부각시키기 위한 것이라고 생각한다. 즉 1905년 각의결정이 국제법상 무주지 선점에 입각한 '영토 취득 행위'가 아니라, '17세기 독도 영유권 확립론'을 정당화하며 독도를 '시마네현에 행정적으로 편입'한 것임을 강조하기 위함이라는 것이다.

이러한 점을 고려하여, 이 글에서는 '독도의 시마네현 편입' 대신에 '일본의 독도 영토편입'이라는 용어를 사용하고자 한다.

일찍부터 '일본의 독도 영토편입 조치'의 법적 성격이 무엇인가를 두고 한국에서는 물론, 일본에서도 문제제기가 있어왔다.[5] 논의의 핵심은 위에서 말한 '일본의 독도 영토편입 조치'의 3가지 내용(①~③) 중 '② 1905년 1월 28일 각의결정'의 법적 성격이 무엇인가' 하는 것이다. 그것이 논란의 핵심인 까닭은 다음과 같은 이유에서다.

국제법상 중요한 의미를 가지는 것은 국가의사이며 그것은 중앙정

---

[4] 일본 외무성 홈페이지(http://www.mofa.go.jp/mofaj/area/takeshima/g_henn yu.html) (2017. 11. 13. 최종 방문) 참고.
[5] 이한기, 『한국의 영토』, 서울대학교 출판부, 1969, pp.270-296; 정인섭, 「일본의 독도 영유권 주장의 논리 구조: 국제법적 측면을 중심으로」, 『독도 영유의 역사와 국제관계』, 독도연구보전협회, 1997, pp.176-177; 허영란, 「명치기 일본의 영토 경계획정과 독도-도서편입 사례와 "죽도 편입"의 비교」, 『서울국제법연구』 제9권 2호(2003), pp.1-32; 허영란, 「1905년 '각의결정문' 및 '시마네현 고시 제40호'와 독도 편입」, 『독도연구』 제17호(2014. 12), pp.109-134; 박배근, 「무주지 선점의 요건에 관한 1905년 전후의 학설」, 『영토해양연구』 제6권(2015), pp.34-65; 김관원, 「1905년 독도 편입 주장의 허구성에 관한 고찰」, 『영토해양연구』 제6권(2015), pp.66-99; 이성환, 「독도에 대한 일본의 '무주지 선점론'은 성립하는가」(서평논문), 『영토해양연구』 제6권(2015), pp.284-297; 김수희, 「동해상에서의 무주지 선점 법리를 이용한 섬 '발견'과 '명칭 변경'」, 『영토해양연구』 제10권(2015), pp.64-83; 서인원, 「1930년대 일본의 영토편입 정책 연구에 있어 독도 무주지 선점론의 모순점」, 『영토해양연구』 제11권(2016), pp.158-187.

부의 의사표시로 이루어지는데, 1905년 각의결정이 바로 중앙정부의 의사표시이기 때문이다. 그에 반해, '① 1904년 9월 나카이 요자부로의 독도 영토편입 및 대여 청원'은 사인(私人)의 의사표시로서 각의결정의 원인 제공 행위이고, '③ 1905년 2월 시마네현 고시 제40호'는 시마네현이라는 지방정부의 의사표시로서 1905년 1월 각의결정의 이행조치인 것이다.

1905년 각의결정의 법적 성격은 다음 두 가지 범주에서 논의될 수 있다. 하나는, 1905년 각의결정을 '국제법상 무주지 선점론'에 입각한 '영유의사 표시'로 볼 것인가 하는 논의다(〈논의 1〉). 다른 하나는, 1905년 각의결정을 '17세기 영유권 확립론'에 입각한 '영유의사 재확인 조치'로 볼 것인가 하는 논의다(〈논의 2〉). 두 논의의 큰 차이점은 '1905년 이전에 독도가 무주지였는가'의 여부다. 〈논의 1〉은 '독도가 무주지였다'는 입장인 반면, 〈논의 2〉는 '이미 17세기 독도에 대한 영유권을 확립했다'는 입장에 기초하고 있다.

위 논의에 따라, 1905년 시마네현 고시 제40호의 법적 성격에 대한 논의도 달라질 것이다. 즉 〈논의 1〉에 따라, 1905년 각의결정을 새로운 영토취득을 위한 '영유의사 표시'로 보면, 시마네현 고시 제40호에 대해서는 국제법상 영유의사의 정당한 공시(public announcement)에 해당하는가 하는 점이 논의될 것이다. 그런데 〈논의 2〉에 따라 1905년 각의결정을 '영유의사 재확인 조치'로 본다면, 시마네현 고시 제40호에 관해서는 국내적 행정조치의 정당한 이행에 해당하는가 하는 점을 검토할 수 있을 것이다.

지금까지 이루어진 '일본의 독도 영토편입'에 대한 논의를 보면, 한국에서는 1905년 각의결정을 국제법상 무주지 선점론에 입각한 영토취득 행위(영유의사 표시)임을 전제로 일본 주장의 부당성을 지적하는 논의가 주를 이루었다.

하지만 최근 일본 정부는 일관되게 '17세기 독도 영유권 확립'을 주
장하면서, 1905년 각의결정을 '영유의사 재확인 조치'라고 주장하고 있
다.[6] 1905년 각의결정을 보는 한일 양국의 시각이 근본적으로 다르기
때문에 정확한 논박이 이루어지지 못하고 있다.

이러한 점을 고려하여 이 논문에서는 1905년 1월 28일 일본 정부의
각의결정을 중심으로 '일본의 독도 영토편입 조치'의 법적 성격이 무엇
인지에 대해 고찰하고자 한다. 이를 통해 일본이 독도 영유권 주장을
합리화하기 위하여 핵심 논거조차 변경하고 왜곡하고 있음을 지적하
고자 한다.

이 글에서는 1905년 각의결정과 관련된 일본 정부의 공문서를 분석
대상으로 하였다. 그 이유는 그 당시 공문서야말로 일본 정부의 의사
와 의도가 공적으로 표시된 것이므로 그 법적 성격을 무엇보다 정확히
파악할 수 있기 때문이다. 공문서에는 1905년 1월 28일 각의결정문은
물론이고, 각의결정 이전과 이후에 중앙부처에서 시행했던 공문, 즉
1905년 1월 10일 내무대신의 '무인도 소속'에 대한 요청서(〈(37) 비을
(秘乙) 제337호〉의 내) 등이 있다.

그리고 1905년 시마네현 고시 제40호는 지방정부의 공문서이긴 하
나, 각의결정의 이행조치라는 점에서 분석대상으로 한다. 뿐만 아니
라, 1904년 나카이 요자부로의 독도 영토편입 및 대여 청원서도 검토
대상으로 한다. 이는 사인(私人)의 문서이긴 하나, 내무성 등 정부 부
처에 제출되었고 1905년 1월 12일 내무차관이 내각 서기관장에게 보낸
공문(〈(37) 비을(秘乙) 제337호의 내(內)〉)의 붙임 자료로서 공문서의
일부를 이루기도 했기 때문이다.

6) 일본 외무성 홈페이지(http://www.mofa.go.jp/mofaj/area/takeshima/g_henny
u.html)(2017. 11. 13. 최종 방문).

2. 1905년 각의결정의 법적 성격에 대한 일본 측의 입장 변화

1) 일본 정부의 입장 변화

현재 일본 정부는 1905년 각의결정을 아래와 같이 독도에 대한 '영유의사 재확인' 조치라고 주장하고 있다.[7]

> "1905(메이지38)년 1월 각의결정을 거쳐 죽도(竹島)를 '오키 도사(隱岐島司)의 소관'으로 결정함과 동시에 이 섬을 '죽도(竹島)'로 명명하였으며, 이러한 취지의 내용을 내무대신이 시마네현 지사에게 전달하였습니다. 이 각의결정에 따라 일본은 죽도의 영유에 대한 의사를 재확인하였습니다."

그러나 과거 일본 정부는 현재와 다른 입장을 취한 바 있다. 1953년부터 1962년 사이에 일본 정부가 한국 정부에 표명한 견해를 보면 알 수 있다. 즉 1953년 7월 13일자 일본 측 구술서에는 국가의 영토취득에 대한 일반이론을 언급하고 있다. 그러면서 1905년 1월의 각의결정은 언급하지 않고 1905년 2월 시마네현 고시 제40호를 언급하면서, 그에 의해 독도가 시마네현 소속 오키 도사의 소관이 되었다고 주장하였다.[8]

---

7) 이하의 내용은, 일본 외무성 홈페이지(http://www.mofa.go.jp/mofaj/area/takeshima/g_hennyu.html)(2017. 11. 13. 최종 방문) 참고.

8) 이하의 원문 내용: In order that a nation may establish its territorial right over any extension of land, it is required, according to the accepted idea of modern international law, to have an intention of making the land a part of its territory, and to exercise an effective administration thereupon. In the case of Takeshima, the Japanese Government, prior to the annexation of Korea, placed the island under the jurisdiction of the head of Okishima belonging to Shimane Prefecture by Notification No.40 of the Prefectural Government under date of February 22nd of the 38th year of Meiji(1905). 외무부, 『독도관계자료집(Ⅰ):

"어떤 국가가 확장된 토지에 대한 그 국가의 영토권을 확립하기 위해서는 근대 국제법상 수용된 이론에 따라 그 토지를 영토의 일부로 만들 의사와 그것에 대한 실효적인 행정권을 행사할 것을 요구하고 있다. 죽도(竹島)의 경우, 일본 정부는 한국 병합 이전인 메이지 38년(1905년) 2월 22일에 시마네현 고시 제40호로 시마네현에 속해 있는 오키 도사의 관할 하에 그 섬을 두었다."

1954년 2월 10일자 일본 측 구술서를 보면, 한편에서는 '독도가 옛날부터 일본 영토의 일부분을 이루었다'고 주장하고 있다. 그런데, 다른 한편에서는 1905년 1월 각의결정을 국제법상 영토 취득에 관한 의사표시로 설명하고, 그 의사표시의 공적 공시를 1905년 2월 시마네현 고시 제40호라고 설명하고 있다.[9]

"그러므로 죽도(竹島)는 옛날부터 일본 영토의 일부분이었다고 결론내릴 수 있다.

4. 현대 국제법상 영토취득 요건에 관해서는, 영토를 취득하고자 하는 국가의 의사는 1905년 1월 28일 각료회의에서 죽도(竹島)를 일본의 영토에 편입한다는 것에 대해 내린 결정의 결과로서 확인되었다는 점과, 영토를 취득하고자 하는 국가의 의사에 대한 공적 공시(public announcement)는 1905년 2월 22일에 시마네현 정부가 내린 고시(notification)에 의해 이루어졌다는 점을 상기해야 한다."

왕복외교문서(1952-76), 집무자료 77-134(北一)』, 외무부, 1977, p.17.
[9] 이하의 원문 내용: Therefore it may be concluded that Takeshima has been a part of the Japanese territory since olden days.
4. With regard to the requirements for acquisition of territory under modern international law, it should be mentioned that the intention of the State to acquire the territory was confirmed as a result of the decision made at a Cabinet meeting on January 28, 1905, for the adding of Takeshima to the territory of Japan and that on February 22, 1905, a public announcement of the intention of the State to acquire the territory was made by a notification issued by Shimane Prefectural Government. 외무부, 앞의 자료, p.55.

위 구술서에서는 서로 양립할 수 없는 두 주장 즉, '독도가 옛날부터
일본 영토의 일부분이었다'는 주장(이하, 독도 고유영토론)과 '1905년
각의결정으로 독도를 일본의 영토로 취득했다'는 주장(이하, 독도 무주
지 선점론)을 제기하고 있다.[10] 그런데, 1962년 7월 13일자 일본 측 구
술서에서는 더 이상 '독도 무주지 선점론'을 주장하지 않고, '예로부터
일본의 영토'라고 하면서 '독도 고유영토론'만을 주장하고 있다. 그에
따라 1905년 각의결정을 새로운 영토취득이 아니라 독도를 시마네현
에 편입한 국내적 행정조치라고 하며, 그 조치의 공적 공시가 시마네
현 고시 제40호라고 설명하고 있다.[11]

"일본은 죽도(竹島)에 관한 정확한 정보와 지식을 보유하고 있으며, 그

---

[10] 일본은 '독도 고유영토'의 의미와 관련하여, 1950년대에는 "옛날부터 독도는
일본 영토의 일부분을 이루고 있던 영토"라고 했는데, 지금은 "역사적으로도
국제법상으로도 한 번도 다른 나라의 영토가 되었던 적이 없던 영토"라고 설
명하고 있다. 일본이 이렇게 고유영토의 의미를 수정한 것은 '17세기 독도
영유권 확립' 주장과 '1905년 각의결정을 통한 국제법상 무주지 선점' 주장이
갖고 있는 논리적 모순을 조금이라도 극복해보고자 의도가 그 배경에 깔려
있다고 생각한다(이에 대한 자세한 내용은, 홍성근, 「일본 고등학교 교과서
독도 기술의 현황과 문제점: 2016년과 2017년 검정 교과서를 중심으로」, 『영
토해양연구』 제14권(2017. 12월 발행 예정). 이 글에서는 내용 이해의 편의
상 '독도가 옛날부터 일본 영토의 일부분이었다'는 주장을 '독도 고유영토론'
이라고 하고, '1905년 각의결정으로 독도를 일본의 영토로 취득했다'는 주장
을 '독도 무주지 선점론'이라고 한다.
[11] 이하의 원문 내용: Japan has possessed exact information and knowledge
concerning Takeshima and has effectively controlled and managed the island
as her territory form ancient times. (중략) It was with the background of
historical facts described above, that the Japanese Government took the step
of incorporating Takeshima into Shimane Prefecture by the Cabinet decision of
January 28, the 38th year of Meiji(1905), and the public announcement was
given by Shimane Prefecture on February 22 of the same year. 외무부, 앞의
책, 250, pp.254-255.

섬을 예로부터 일본의 영토로서 실효적으로 지배하고 관리해 왔다.
(중략)

일본 정부는 바로 위에서 언급한 역사적 사실을 바탕으로 메이지 38년 (1905년) 1월 28일 각의결정에 따라 죽도(竹島)를 시마네현에 편입시키는 조치를 취하였으며, 같은 해 2월 22일 시마네현에 의해 공적 공시가 이루어졌다."

그 이후 일본 정부는 현재까지 '독도 고유영토론'에 입각하여 1905년 각의결정을 '영유의사 재확인 조치'라고 주장하고 있다. 그럼에도 최근 (2017년 3월 24일) 문부과학성의 검정절차를 통과한 고등학교 교과서 중에는 1905년 각의결정을 국제법상 무주지 선점론에 논거하여 독도를 일본의 영토에 편입시킨 조치라고 기술하고 있다. 그 사례가 실교출판(實敎出版)의 『일본사 B』 교과서인데 아래와 같이 기술하고 있다.[12]

"가쓰라(桂) 내각은 일러전쟁 중인 1905년 1월 국제법상의 '무주지 선점'을 논거로 하여 죽도(竹島)를 일본령으로 편입하는 각의결정을 시행하였다."

위 내용은 교과서를 검정하는 문부과학성(교과용도서 검정조사심의회)의 특별한 지적 사항 없이 신청 내용 그대로 합격 판정을 받았다.

2) 일본 시마네현의 입장

1905년 각의결정에 대한 시마네현의 입장은 여전히 혼란스러우나, 기본적으로는 국제법상 무주지 선점에 입각하여 1905년 각의결정을

---

12) 실교출판의 『일본사 B』(2017년 검정 합격본), p.259.

영토 취득에 관한 '영유의사 표시'로 설명하고 있다. 이는 일본 중앙정부와 상이(相異)한 입장이다.

우선 시마네현의 죽도(竹島)문제연구회에서 2014년 발간한『죽도(竹島)문제 100문 100답』의 47쪽 내용을 보면 다음과 같다.[13)]

"그러나 근대국제법에 의하면, 역사적 권원에 기초한 주장은 불확실한 것이므로, 실효적 지배에 기초하여 경합하는 영유권 주장이 등장하면, 후자가 전자보다 우월할 수 있다. 이러한 사태를 피하기 위해 일본은 위에서 언급한 바와 같은 영토편입 조치를 행하여 이미 가지고 있던 역사적 권원을 '재확인'함으로써 근대 국제법의 기준에 따라 죽도(竹島)에 대한 영유의사를 표명하였다."

위의 내용을 정리하면, 일본은 1905년 이전부터 독도에 대한 역사적 권원을 갖고 있었지만, 그것으로는 독도에 대한 영유권이 미성숙하였던 바, 근대국제법에 따라 1905년 독도에 대한 영유의사를 표명하였다는 것이다. 이 주장은 17세기 중반에 독도에 대한 영유권을 확립했다고 하는 일본 정부의 입장과는 분명 다르다.

위『죽도(竹島)문제 100문 100답』의 내용 바로 다음 페이지(48쪽)를 보면 위와는 또 다른 내용이 실려있다. 1905년 독도 영토편입이 '국제법상 무주지 선점'에 해당한다는 것이다.[14)]

"일본은 한국을 포함하여 외국에 죽도(竹島)에 대한 영유의사를 통고하지 않았지만, 그 자체는 선점의 성립을 방해할 사유는 아니다. 국제법상 특정 영역을 취득하는 것이 정당하다고 인정되는 이유가 되는 사실을 '영역 권원'이라고 하지만, '선점'은 18세기 말 이래, 인정되고 있는 영역 권원

13)『竹島問題 100問 100答』, Will 2014年 3月号 増刊(2014. 3. 14. 발행), p.47.
14) 위의 책, p.48.

의 하나이다.

선점은 국가가 무주지에 대해 이후 자국 영토의 일부로 간주한다는 것의 의사를 표시(영유의사의 표시)한 뒤에, 행정권 행사 등의 실효적 지배를 행함으로써 성립한다."

위 내용은 1905년 각의결정을 무주지인 독도에 대한 영유의사를 표시한 것이고, 그 이후 일본은 행정권 행사 등을 통해 독도를 실효적으로 지배했다는 것이다.

역시 2006년 시마네현에서 제작한 독도 관련 홍보자료(「포트 시마네」)를 보면, 1905년 각의결정을 국제법상 '무주지 선점'의 법리에 따라 취해진 행위라고 하면서 그때 영유권을 확립했다고 서술하고 있다.[15]

"각의결정 전에는 타국이 점령했다고 인정할 형적(形跡)이 없어서, 오키 섬의 어업회사가 강치 어업을 위해 지은 소옥(小屋)이 점령의 사실에 해당한다고 확인. 절차를 거쳐서 국제법상 선점의 법리에 의해 죽도(竹島)를 본방(일본) 소속으로 판단했다.

(중략)

다만, 1905년 죽도(竹島)의 영유권 확립까지에는 곡절이 있었다."

일본 시마네현에서는 2017년 11월 현재에도 여전히 1905년 1월의 각의결정을 '국제법상 무주지 선점'에 기한 영토취득 행위로 설명하고, 이를 통해 1905년에 '독도에 대한 영유권을 확립'하였다고 주장하고 있다.[16]

---

15) 「竹島(Takeshima) かえれ島と海」, 島根県/竹島・北方領土返還要求運動島根県民會議(2006. 2. 22), p.2, 7 참고; 일본 시마네현 홈페이지
(http://www1.pref.shimane.lg.jp/admin/pref/takeshima/web-takeshima/takeshima06/pamphlet/index.data/mituori-panfu.pdf)(2017. 11. 13. 최종 방문) 참고.

16) 시마네현 홈페이지(http://www1.pref.shimane.lg.jp/contents/kochokoho/photo/161/05.html) (2017. 11. 13. 최종 방문) 참고.

"출원(出願)을 받은 메이지 정부는 죽도(竹島)를 타국이 점령했다고 인정할 형적(形跡)이 없다는 점을 확인. 더욱이 나카이(中井)의 어업회사가 이 섬에 소옥을 지었다는 것을 가지고, 국제법상 점령의 사실로 했다. 이 두가지 점에서 '무주지 선점'의 땅이라고 판단하여 영토편입을 단행하였다. (중략)

다만, 1905년 죽도(竹島)의 영유권 확립까지에는 곡절이 있었다."

3) 용어 사용에 따른 입장 차이

앞서 살펴본 바와 같이, 일본 정부와 시마네현은 1905년 일본의 독도 영토편입 조치에 대해 각기 다른 입장을 갖고 있다. 그런데 1905년 영토편입 조치와 관련된 용어 사용을 통해서도 그 입장의 차이를 확인할 수 있다.

시마네현에서는 1905년 1월의 각의결정과 1905년 2월의 시마네현 고시 제40호를 나누어 설명하고 있다. 각의결정에 대해서는 '죽도(竹島)를 일본 영토에 편입'이라고 기술하고, 시마네현 고시에 대해서는 '죽도(竹島)의 시마네현 편입을 공시'라고 표현하고 있다.

여기서 독도를 '일본 영토에 편입'했다는 것은 국제법적 개념으로, 일본의 영토가 아니었던 독도를 영토취득 절차를 통해 새롭게 일본의 영토에 병합했다는 것을 의미한다. 반면, 독도를 '시마네현에 편입'했다는 것은 국내법적 개념으로, 일본의 영토로 취득한 독도를 국내적 행정조치로서 시마네현에 편제했다는 것을 의미한다. 시마네현이 시마네현 고시 제40호의 의미를 부각시키면서 이를 새로운 영토취득에 따른 이행조치로 해석하고 있다.

요컨대 1905년 일본의 독도 영토편입 조치에 대한 시마네현의 입장은 국제법상 무주지 선점에 기한 새로운 영토취득 행위로 보고 있다는 것이다.

이에 반해, 일본 외무성에서는 '죽도(竹島)의 일본 영토 편입'이라는 용어의 사용을 자제하고, 국내 행정적 조치를 의미하는 '죽도(竹島)의 시마네현 편입'이라는 용어를 사용하고 있다. 이는 일본 정부의 기본적 입장인 '17세기 독도 영유권 확립' 주장에 기초하여 1905년 각의결정을 독도에 대한 '영유의사 재확인 조치'로 해석하고자 하는 의도에서 비롯된 것으로 보인다.

3. 1905년 각의결정 이전의 독도 영토편입 경과

1) 1904년 9월 '리양코도 영토편입 및 대여 청원'

1904년 9월 29일 나카이 요자부로(中井養三郎)는 '리양코도(りやんこ島, 독도) 영토편입 및 대여 청원서'를 내무대신, 외무대신, 농상무대신 앞으로 제출하였다. 청원서의 내용은 그 제목과 같이 '독도를 일본의 영토로 편입하고 자신에게 10년간 대여해줄 것'을 요청하고 있다 (내용 중 밑줄은 인용자가 표시).[17]

> 리양코도 영토 편입 및 대여(貸與) 청원
> 오키 열도의 서쪽 85리, 조선 울릉도의 동남쪽 55리의 절해에, 속칭 리양코도라고 불리는 무인도가 있습니다. 둘레가 각 15정(町) 정도 되며, 갑을(甲乙) 두 개의 바위섬이 서로 마주보고 있어, 그 사이는 해협을 이루고

---

17) 이하의 원문 내용은, 일본 내각 관방의 '영토주권대책기획조정실'의 〈죽도 자료 포털 사이트〉에서 열람 가능 (http://www.cas.go.jp/jp/ryodo/shiryo/takeshima/detail/t1904092900101.html) (2017. 11. 13. 최종 방문); 번역은 김병렬, 『일본군부의 독도침탈사』, 동북아의 평화를 위한 바른역사정립기획단, 2006, pp.113-114; 김수희, 「나카이 요자부로와 독도 강점」, 『독도연구』 제17호(2014.12), pp.70-71 참조.

있으며, 크고 작은 수십개의 암초가 이를 둘러싸고 점점이 늘어서 있습니다. (중략) 산꼭대기에는 얼마 안되는 흙에 잡초가 자라고 있을 뿐입니다. 섬 어디에도 나무는 자라고 있지 않습니다. (중략) 이 섬은 이렇듯 절해에 우뚝 솟은 작은 바위섬에 불과하므로 종래에 사람들이 주목하지 않은 채 완전히 방치되어 있었습니다. (중략) 그 후 여러 가지를 고려하고 계획한 끝에 다음 해인 1903년(명치 36년)에 결심을 하고 자본을 투입하여 어사를 짓고, 인부를 데리고 가서 어렵도구(獵具)를 갖추어 우선 강치잡이에 착수하였습니다. (중략)

그러나 <u>이 섬은 영토 소속이 정해지지 않아 훗날 외국의 반대에 부딪치는 등</u> 예측하지 못한 일이 있을 때 확실한 보호를 받을 수 없기 때문에 이 섬 경영에 자금을 쏟아 붙는 것은 매우 위험한 일입니다. (중략) 사업의 안전성과 이익의 근원을 영구히 확보하여 이 섬의 경영을 완수하기 위해서는 <u>하루 빨리 이 섬을 본방 영토로 편입시키시고</u> 이와 동시에 향후 10년간 저에게 대여해 주십사하는 바람을 별지 도면을 첨부하여 올립니다.

위 나카이의 청원서 내용 중 밑줄 친 부분을 주목할 필요가 있는데, "이 섬은 영토 소속이 정해지지 않아 훗날 외국의 반대에 부딪치는 등 예측하지 못한 일이" 있을 수 있으니, "하루 빨리 이 섬을 본방 영토로 편입시켜" 달라고 요청한 것이다. 이것은 나카이가 독도를 일본의 영토로 편입할 것을 요청하였다는 것을 말해주고 있다.

나카이 요자부로의 청원서 내용은 아래에서 보는 바와 같이 내무대신의 각료회의 개최 요청서(《(37) 비을(秘乙) 제337호의 내》)와 각의결정문의 기초자료로 사용되었다.

2) 내무성의 사전 조사: 외무성 및 시마네현에 의견 요청

나카이 요자부로의 청원에 대한 처리는 내무성 주도로 이루어졌다.

내무성은 내무차관의 명의(야마가타 이사부로, 山縣伊三朗)의 1904년
10월 15일자 공문(〈도기(島己) 제5호〉)을 통해 외무차관(진다 스테미,
珍田捨己)에게 나카이 요자부로의 독도 영토편입 및 대여 청원 건에
대한 외무성의 의견을 구하였다.[18]

> "시마네현(島根県) 사이고초(西郷町) 나카이 요자부로의 리양코도 영
> 토편입 및 대여 건, 별첨 서류와 같이 출원하였습니다. 다음과 같이
> 귀 성의 의견을 알고자하여 이에 조회합니다."

한편, 내무성은 시마네현에도 이 건에 관해 의견을 물었다.[19] 내무
성이 시마네현에 보낸 문서는 찾을 수 없으나, 그 문서의 내용이 무엇
이었는지를 유추할 수 있는 문서는 있다. 그 문서는 내무성의 질의를
받은 시마네현의 내무부장(호리 신지, 堀信次)이 오키 도사(히가시 분
스케, 東文補)에게 보낸 1904년 11월 15일자 〈서(庶) 제1073호〉 문서
다.[20]

> "스키군(周吉郡) 사이고초(西郷町) 나카이 요자부로의 영토 편입 및 대
> 여의 건, 별지와 같이 출원한 것에 대해, 지금 조사 중입니다. 소속을 정하

---

[18] 이하의 원문 내용: 島根県西郷町中井養三郎ヨリりやんこ島領土編入并ニ貸
下ノ件別紙写ノ通り願出候處右ニ関シ貴著ノ御意見承知致度此段及照会候也.
〈죽도 자료 포털 사이트〉(http://www.cas.go.jp/jp/ryodo/shiryo/takeshima/detail/t190
4000 000101.html)(2017. 11. 13. 최종 방문).

[19] 田村清三郎, 『島根県竹島の新研究』[復刻板], 島根県總務部總務課, 1995, p.51.

[20] 이하의 원문 내용: 周吉郡西郷町中井養三郎ヨリ領土編入并ニ貸下ノ件別紙
之通出願ニ付目下調査中之趣ニ候処弥々所属ヲ定メラルヽ場合ニ於テハ隠
岐島廳ノ所管トセラルヽ モ差支ナキ御見込ニ候ヤ又嶋嶼ノ命名ニ付併セテ御
意見承知致度此段及照會候也. 〈죽도 자료 포털 사이트〉(http://www.cas.go.jp/jp/
ryodo/shiryo/takeshima/detail/t1904111500101.html)(2017. 11. 13. 최종 방문); 번역
은 김수희, 앞의 논문(2014년), p.72 참고.

는 경우에는 오키 도청의 소관으로 하더라도 지장이 없을 것인지 또한 도
서의 명명에 대해서도 아울러 의견을 알고자 하여 이에 조회합니다."

위 문서에는 나카이 요자부로의 영토편입 및 대여 청원서가 별지로
붙어 있으며, 독도를 일본의 소속으로 정하는 경우, 독도를 오키 도사
의 소관으로 해도 문제가 없을지, 그리고 독도의 이름을 무엇으로 명
명하면 좋을지에 관한 내용이 담겨있다. 내무성이 시마네현 지사에게
보낸 문서의 내용도 이에 관한 것으로 보인다.

이에 대해 오키 도사(히가시 분스케)는 1904년 11월 30일 〈을서(乙
庶) 제152호〉로 시마네현 내무부장(호리 신지)에게 다음과 같이 회답
하였다(내용 중 밑줄은 인용자가 표시).[21]

이달 15일 〈서(庶) 제1073호〉에서 도서의 소속 등에 관해 조회의 말씀
이 있었습니다. 위는 <u>우리의 영토로 편입한 후 오키 도의 소관으로 하
는 것에 어떠한 지장도 없고</u>, 그 명칭은 죽도(竹島)가 적당하다고 생각
합니다. 원래 조선의 동쪽 해상에 송도(松島)와 죽도(竹島) 두 섬이 존재
한다는 것은 일반에게 구전되어 왔던 것이고, 그리고 종래 이 지방에서 벌
목과 농사에 종사하는 사람이 왕래한 울릉도를 죽도(竹島)라고 통칭하지
만 사실은 송도(松島)이며 해도에 의해서도 명백한 사정이 있습니다. 그
렇다면 이 신도(新島)를 두고 달리 죽도(竹島)에 해당시킬 것은 없습니다.

---

21) 이하의 원문 내용: 本月十五日庶第一〇七三号ヲ以テ島嶼所属等ノ義ニ付御
照会之趣了承、　右ハ我領土ニ編入ノ上隠岐島ノ所管ニ属セラルルモ何等差
支無之, 其名称ハ竹島ヲ適当ト存候, 元来朝鮮ノ東方海上ニ松竹両島ノ存在
スルハ一般口碑ノ伝フル所, 而シテ従来当地方ヨリ樵耕業者ノ往来スル鬱陵
島ヲ竹島ト通称スルモ, 其実ハ松島ニシテ, 海図ニ依ルモ瞭然タル次第ニ有
之候, 左スレバ此新島ヲ措テ他ニ竹島ニ該当スヘキモノ無之, 依テ従来誤称
シタル名称ヲ転用シ, 竹島ノ通称ヲ新島ニ冠セシメ候方可然ト存候, 此段回
答候也. 中野徹也, 「1905年日本による竹島領土編入措置の法的性質—「無主
地先占」説をめぐって」, 第2期「竹島問題に関する調査研究」最終報告書(平成
24年3月); 번역은 김수희, 앞의 논문(2014년), p.72 참고.

따라서 종래 잘못 칭해오던 명칭을 전용(転用)하여 통칭의 죽도(竹島)를 이 신도(新島)에 붙이는 것도 가능하다고 생각합니다. 이에 회답합니다.

오키 도사는 독도의 일본 영토 편입을 먼저 거론한 후 독도의 오키 도청 소관에 대해 언급하고 있다. 그러면서, '독도를 일본의 영토로 편입하여 오키 도청의 소관으로 하는 것에는 어떠한 지장도 없다'고 했다. 그리고 독도의 명칭과 관련해서는, '울릉도를 죽도(竹島)라고 통칭하지만 사실 송도(松島)이니 잘못 칭해온 죽도의 명칭을 전용(轉用)하여 죽도라고 명명'하는 것이 적당하다고 회답하였다.

17세기 이래 일본은 독도를 송도라고 불렀다. 그런데 위 시마네현 회답서에서는 이 점을 전혀 알지 못하는 듯, 1870년대 이래 일본인들이 울릉도를 죽도와 송도로 혼란스럽게 인식했던 것을 거론하고 있다. 그리고 독도를 마치 새로운 섬(新島)인 것처럼 다루고 있다.

위 과정을 보면 독도의 소속이나 명칭 표기가 독도를 일본의 영토로 병합하는 것과 관련되어 있음을 알 수 있다.

3) 내무대신의 각의결정 요청서와 관련 서류

(1) 〈(37) 비을(秘乙) 제337호의 내〉 '무인도 소속에 관한 건'

1905년 1월 10일 내무대신 요시카와 아키마사(芳川顯正)는 내각 총리대신 가쓰라 타로(桂太郎)에게 〈(37) 비을 제337호의 내〉 '무인도 소속에 관한 건'이라는 제목의 문서를 보냈다. 나카이 요자부로의 청원 내용을 기초로 각료회의를 열어 무인도의 도명(島名)과 소속을 정해줄 것을 요청하였다(내용 중 번호 ①, ②는 인용자가 표시).[22][23]

---

22) 이하의 원문 내용: ((三七)秘乙第三三七号ノ内) 無人島所属ニ関スル件, 北緯

"〈(37) 비을 제337호의 내〉 무인도의 소속에 관한 건

① 북위 37도 9분 30초, 동경 131도 55분 오키 섬에서 서북 85리에 있는 무인도는 타국에서 이를 점령했다고 인정할 형적이 없어, 지난 36년(1903년), 본방인(本邦人) 나카이 요자부로라는 자가 어사를 짓고, 인부를 데리고 가서, 어렵도구(獵具)를 갖추어 강치 잡이에 착수하여, 이번에 영토편입 및 대여를 출원하게 된 바, ② 이에 소속 및 도명을 확정할 필요가 있으므로, 이 섬을 죽도(竹島)라 명명하고, 지금부터 시마네현 소속 오키 도사의 소관으로 하려고 한다. 이에 각의에 요청한다."

위 내용은 ①과 ② 두 부분으로 나누어져 있다. 첫째 ① 부분은 각의결정 요청의 배경을 서술한 것으로 나카이 요자부로의 청원서 내용을 그대로 반영하고 있다. 둘째 ② 부분은 '이 섬을 죽도(竹島)라고 명명하고, 지금부터 시마네현 소속 오키 도사의 소관으로 하는 것으로 한다'는 내용으로 각의결정에 관한 요청사항이다. 요청사항을 보면, 나카이 요자부로가 요청한 영토편입 및 대여에 관한 사항이 아니라, 도명을 죽도(竹島)로 명명하는 것과, 시마네현의 오키 도사 소관으로 하는 것에 관한 것뿐이다.

三十七度九分三十秒東経百三十一度五十五分隠岐島ヲ距ル西北八十五浬ニ在ル無人島ハ他國ニ於テ之ヲ占領シタリト認ムヘキ形跡ナク一昨三十六年本邦人中井養三郎ナル者ニ於テ漁舎ヲ構ヘ人夫ヲ移シ獵具ヲ備ヘテ海驢獵ニ着手シ今回領土編入竝ニ貸下ヲ出願セシ所此際所属及島名ヲ確定スルノ必要アルヲ以テ該島ヲ竹島ト名ケ自今島根縣所属隠岐島司ノ所管ト為サントス右閣議ヲ請フ. 내용 및 번역은 신용하 편저, 『독도연구총서 6권: 독도영유권 자료의 탐구 제2권』, 독도연구보전협회, 1999, pp.277-278; 김수희, 앞의 논문(2014년), p.72 참고.

23) 公文類聚·第二十九編·明治三十八年·第一巻(日本 國立公文書館, 소장)(https://www. digital.archives.go.jp/DAS/meta/Fonds_F2005022417214401430).

(2) 〈(37) 비을(秘乙) 제337호의 내(內)〉 '무인도 소속에 관한 건'의
   붙임 서류

1905년 1월 10일자로 내무대신이 내각 총리대신에게 '무인도 소속'에
관한 각의결정 요청서를 보내고, 이틀 후(1월 12일) 내무차관(야마가타
이사부로, 山縣伊三郞)은 내각 서기관장(시바타 가몬, 柴田家門)에게
다시 '무인도 소속'에 관한 청원과 관련된 서류 3건을 공문의 붙임 서
류로 보냈다(〈(37) 비을 제337호의 내〉).[24][25]

> "무인도 소속에 관한 건, 금월 10일자로 본성 대신이 각의에 제출한 것
> 에 대해, 위의 관계서류를 다음과 같이 송부합니다. 용건을 처리한 다음
> 답변해 주시기를 덧붙여 말씀드립니다."

이때 보낸 3건의 붙임 서류는 ① 「나카이 요자부로의 청원서」, ② 「수
로부장의 회답」, ③ 「외무성 및 농상무성의 차관과 시마네현 지사의 회
답」이다.

첫째 문건인 나카이 요자부로의 청원서는 위의 3의 '1) 1904년 9월

---

[24] 이하의 원문 내용은 다음과 같다.
   (三七)秘乙第三三七号ノ内
   無人島所属ニ關スル件本月十日付ヲ以テ本省大臣ヨリ閣議ヘ提出相成リ候
   ニ付キ右關係書類左記ノ通及御送付ノ候御用濟ノ上葉返冊付相成リ此段申
   添候也.
       明治38年1月12日
           内務次官 山縣伊三郞
           内閣書記官長 柴田家門殿
       左記
   一. 中井養三郎ヨリノ請願書
   一. 水路部長ノ回答
   一. 外務農商務両次官並島根県知事ノ回答
[25] 公文類聚・第二十九編・明治三十八年・第一巻(日本 國立公文書館, 소장)
   (https:// www.digital.archives.go.jp/DAS/meta/Fonds_F2005022417214401430)

리양코도 영토편입 및 대여 청원'에서 본 바와 같다. 그러나 둘째와 셋째 문건은 찾을 수 없었으나 관련 자료를 통해 그 내용을 추정해 볼 수 있다.

관련 자료라고 하면, 나카이가 쓴 「사업 경영 개요(事業經營槪要)」, 그리고 오쿠하라 헤키운(奧原碧雲)의 저서 『죽도 및 울릉도(竹島及鬱陵島)』와 『죽도 경영자 나카이 요자부로 씨 입지전(竹島經營者中井養三郎氏立志傳)』 등인데, 여기에는 해군 수로부장과 외무성 및 농상무성 관계자의 입장이 기록되어 있다.

우선 위 공문의 두 번째 붙임 서류인 해군 수로부장의 입장이 오쿠하라 헤키운의 『죽도 경영자 나카이 요자부로 씨 입지전』에 기록되어 있다. 당시 수로부장은 기모쓰키 가네유키(肝付兼行)로 그는 해군 수로부로 면회 온 나카이에게 다음과 같이 말했다.[26]

"동 섬의 소속은 확실히 증명할 증거가 없고 일한 양국에서 거리를 측정하면, 일본 쪽으로 10해리 더 가깝다(이즈모 국(出雲國) 다코바나(多古鼻)에서 108해리 조선국 릿도네루곶(リットネル岬)에서 118해리). 덧붙여 조선인이 종래 이 섬을 경영한 형적(形迹)이 없음에 반해, 일본인은 이미 이 섬 경영에 종사한 적이 있는 이상, 당연히 일본 영토에 편입해야 한다."

더불어 나카이의 「사업 경영 개요」를 보면, 나카이는 당초 독도가 울릉도에 부속하여 한국의 영토라고 생각했었지만, 위 수로부장에 의해 독도가 완전히 무소속임을 확인했다고 한다.[27] 수로부장은 독도를 일본의 영토로 당연히 병합해야 함을 말하고 있다.

---

26) 내용(『竹島經營者中井養三郎氏立志傳』) 및 번역은, 김수희, 앞의 논문(2014년), 78쪽; 송휘영, (자료 번역)「죽도경영자 나카이 요자부로 씨 입지전」, 『독도연구』 제17호, p.427, 원문 내용은 p.420 참고.

27) 신용하 편저, 앞의 책, pp.262-265 참고.

그 다음은 세 번째 붙임 서류인 「외무성 차관의 회답」과 관련된 부분인데, 이는 당시 외무성 정무국장 야마자 엔지로(山座圓次郞)가 나카이에게 한 말을 통해 추정해 볼 수 있다. 야마자의 말은 나카이의 「사업 경영 개요」에 기록되어 있다.[28]

"시국이야말로, 그 영토 편입이 급하게 요청된다. 망루를 세우고 무선 또는 해저 전선을 설치하면 적함 감시상 극히 좋지 않겠는가, 특히 외교상 내무(內務)와 같은 고려를 요하지 않는다. 모름지기 속히 원서를 본 성(本省)에 회부해야 한다."

나카이는 야마자 엔지로의 말을 기록하면서 바로 뒤에 "이와 같이 해서 본도는 드디어 본방 영토에 편입된 것이었다"고 적고 있다.[29] 외무성 정무국장 야마자 엔지로의 의견은 '독도를 일본 영토로 병합해야하는 것'인데, 외무성 차관의 회답서도 야마자 엔지로의 견해와 크게다르지 않다고 생각된다.

「농상무성 차관의 회답」과 관련해서는, 나카이가 당시 농상무성 수산국장인 마키 나오마사(牧朴眞)를 면회하고 '독도가 반드시는 한국령에 속하지 않는다'는 의문을 갖게 되었다고 한 점을 상기할 필요가 있다.[30] 「농상무성 차관의 회답」도 농상무성 수산국장(마키 나오마사)의 입장과 크게 다르지 않았다고 생각된다.

향후 위 1월 12일 공문(《(37) 비을 제337호의 내》)의 모든 붙임자료

---

28) 내용(「事業經營槪要」) 및 번역은, 신용하 편저, 앞의 책, pp.262-265; 김수희, 앞의 논문(2014년), p.80; 김수희, (자료 번역)「죽도경영」, 『독도연구』 제17호, p.413, 원문 내용은 p.411 참고.

29) 김수희, 앞의 자료 번역(「죽도경영」), p.413, 원문 내용은 p.411 참고.

30) 나카이의 「事業經營槪要」 참고(신용하 편저, 앞의 책, pp.262-265; 김수희, 앞의 논문(2014년), p.80; 김수희, 앞의 자료 번역(「죽도경영」), p.413, 원문 내용은 p.411 참고).

를 확인한다면 그 내용을 정확히 알 수 있을 것이다. 하지만 그렇지 않
더라도 해당 부서 관련자들의 입장을 볼 때, 내무차관이 각의결정을
위해 제출한 관련 자료(「수로부장의 회답」, 「외무성 및 농상무성 차관
의 회답」)는 모두 독도의 영토 소속과 관련하여 '독도를 일본의 영토로
편입해도 좋다' 또는 '적극적으로 영토 편입해야 한다'는 내용이었을
것으로 생각된다.

그리고 세 번째 붙임 서류의 마지막 자료인 「시마네현 지사의 회답」
은 1904년 11월 30일 오키 도사가 시마네현 내무부장에게 보낸 〈을서
(乙庶) 제152호)[31]의 내용과 유사할 것으로 보인다. 즉 독도를 '일본의
영토로 편입한 후 오키 도사의 소관으로 해도 아무런 문제가 없으며,
그 섬을 죽도(竹島)라고 명명하면 좋을 것'이라는 것이다.

4. 1905년 각의결정과 후속 조치

1) 1905년 각의결정문

1905년 1월 28일 각의결정문에는 내각 총리대신을 비롯하여, 외무대
신, 문부대신, 해군대신 등 10명의 각료 서명이 있고, 법제국장관 등의
직인이 찍혀 있다. 그 결정문은 다음과 같다(내용 중 번호 ①, ②는 인
용자가 표시).[32][33]

---

31) 위 3.의 "2) 내무성의 사전 조사: 외무성 및 시마네현에 의견 요청" 참고.
32) 이하의 원문 내용: 別紙內務大臣請議無人島所屬ニ關スル件ヲ審査スルニ右ハ
北緯三十七度九分三十秒東経百三十一度五十五分隱岐島ヲ距ル西北八十五浬
ニ在ル無人島ハ他國ニ於テ之ヲ占領シタリト認ムヘキ形跡ナク一昨三十六年
本邦人中井養三郎ナル者ニ於テ漁舍ヲ構ヘ人夫ヲ移シ猟具ヲ備ヘテ海驢猟ニ
着手シ今回領土編入竝ニ貸下ヲ出願セシ所此際所属及島名ヲ確定スルノ必要

"별지의 내무대신이 청의한 무인도 소속에 관한 건을 심사해보니,

① 북위 37도 9분 30초, 동경 131도 55분 오키 섬에서 서북으로 85리 거리에 위치한 무인도는 타국에서 이를 점령했다고 인정할 형적이 없고, 지난 36년(1903) 본방인(本邦人) 나카이 요자부로(中井養三郎)라는 자가 어사(漁舍)를 짓고 인부를 데리고 가서 어렵도구(獵具)를 갖추어 강치잡이에 착수하여 영토 편입 및 대여를 출원한 바, 이에 소속 및 도명(島名)을 확정할 필요가 있어 이 섬을 죽도(竹島)라 명명하고, 지금부터 시마네현 소속 오키 도사 소관으로 한다고 한다.

② 이에 심사하니, 메이지 36년 이래로 나카이 요자부로라는 자가 이 섬에 이주하여 어업에 종사한 것은 관계 서류에 의해 밝혀지는 바, 국제법상 점령한 사실이 있다는 것으로 인정하여, 이를 본방(本邦) 소속으로 하여, 시마네현 소속 오키 도사의 소관으로 해도 무방하다고 생각한다.

따라서 청의(請議)한 대로 각의결정이 성립되었음을 인정한다."

각의결정문은 내용상 크게 두 부분으로 나눌 수 있다. 먼저 ①의 부분은 내무대신의 요청서인 1905년 1월 10일자 〈(37) 비을 제337호의 내〉 '무인도의 소속에 관한 건'의 내용을 그대로 기술하고 있다. 그 요청사항은 "이 섬을 죽도라 명명하고, 지금부터 시마네현 소속 오키 도사 소관으로 한다"는 것에 대해 결정해 달라는 것이다.

그 다음 ② 부분은 위 요청사항에 대한 각료회의의 검토 및 결정사항이다. 그런데 그 내용을 보면, 내무대신의 요청서에는 없던 내용이

アルヲ以テ該島ヲ竹島ト名ケ自今島根縣所属隠岐島司ノ所管ト為サントスト謂フニ在リ依テ審査スルニ明治三十六年以来中井養三郎ナル者カ該島二移住シ漁業二従事セルコトハ関係書類二依リ明ナル所ナレハ國際法上占領ノ事實アルモノト認メ之ヲ本邦所属トシ島根縣所属隠岐島司ノ所管ト為シ差支無之儀ト思考ス依テ請議ノ通閣議決定相成可然ト認ム.

〈죽도 자료 포털 사이트〉(http://www.cas.go.jp/jp/ryodo/shiryo/takes hima/detail/t19050000001 01.html) (2017. 11. 13. 최종 방문); 번역은 허영란, 앞의 책(2014년), pp.122-123 참고.

33) 公文類聚・第二十九編・明治三十八年・第一巻(日本 國立公文書館 소장) (https://www. digital.archives.go.jp/DAS/meta/Fonds_F2005022417214401430).

추가되어 있다. 그것은 국제법상 점령의 사실을 거론하면서 독도를 '본방(本邦, 일본) 소속으로 한다'는 '영토 소속'에 관한 것이다. 여기에는 1월 12일 공문(〈(37) 비을 제337호의 내〉)의 붙임자료로서 각료회의를 위해 송부된 「나카이 요자부로의 청원서」를 비롯하여 「수로부장의 회답」, 「외무성 및 농상무성 차관과 시마네현 지사의 회답」 등 각 기관의 독도의 영토 소속에 대한 의견들이 반영되었을 것으로 보인다.

이렇게 볼 때 1905년 1월 28일 각의결정은 당시 국제법에 근거하여 독도를 일본의 영토로 취득하는 것에 대한 결정으로서, '고유영토인 독도에 대한 영유의사 재확인'이 아니라 '무주지라고 판단한 독도에 대한 영유의사를 표시'한 것으로 보아야 한다.

2) 내무대신의 훈령과 시마네현 고시 제40호

(1) 내무대신의 훈령: 〈훈(訓) 제87호〉

일본 각료회의에서 결정을 내리자, 내무성에서는 이 결정을 이행하는 조치를 취하였다. 즉 내무대신(요시카와 아키마사, 芳川顕正)은 1905년 2월 15일자로 시마네현 지사(마쓰나가 다케키치, 松永武吉)에게 다음과 같은 훈령(〈훈 제87호〉)을 내렸다.[34]

"북위 37도 9분 30초, 동경 131도 15분 오키 섬에서 서북 85리에 있는 도서를 죽도(竹島)라고 칭하고 지금부터 그 소속을 오키 도사의 소관으로

[34] 이하의 원문 내용: 北緯三十七度九分三十秒東経百三十一度五十五分隠岐島ヲ距ル西北八十五浬ニ在ル島嶼ヲ竹島ト稱シ自今其縣所屬隠岐島司ノ所管トス此旨管内ニ告示セラルヘシ右訓令ス.
〈죽도 자료 포털 사이트〉(http://www.cas.go.jp/jp/ryodo/shiryo/takeshima/detail/t1905021500101.html)(2017. 11. 13. 최종 방문); 번역은 허영란, 앞의 논문(2014년), pp.123-124 참고.

한다. 이러한 점을 관내 고시하라.
　위와 같이 훈령한다."

이 내용을 보면, 각의결정문의 영토 소속과 관련된 '본방[일본] 소속으로 한다'는 내용은 빠져있다. 다만, 내무대신의 각의결정 요청서대로 '독도를 죽도(竹島)라고 칭하고 오키 도사의 소관으로 한다'는 내용만 기재되어 있다.

(2) 시마네현 고시 제40호
위 내무대신의 훈령에 따라, 당시 시마네현 지사(마쓰나가 다케키치)는 자신의 명의로 1905년 2월 22일 시마네현 고시 제40호를 다음과 같은 내용으로 고시하였다.[35]

　　"북위 37도 9분 30초, 동경 131도 55분, 오키 섬에서 서북 85리에 있는 도서를 죽도(竹島)라 칭하고 지금부터 본 현 소속 오키 도사의 소관으로 정한다."

시마네현 고시 제40호는 앞서 내무대신의 1905년 2월 15일자 훈령(〈훈 제87호〉)을 그대로 반영하여, '독도를 죽도(竹島)라고 칭하고 시마네현 소속 오키 도사의 소관으로 한다'는 내용으로 되어 있다. 이 고시 어디에도 독도를 일본의 영토에 편입한다는 내용은 없다.
시마네현 지사는 다시 오키 도사에게 위 사항에 대한 훈령(〈시마네현 서(庶) 제11호〉)을 내렸는데,[36] 그 내용은 시마네현 고시 제40호와 같다.

---

35) 이하의 원문 내용: 北緯三十七度九分三十秒東經百三十一度五十五分隱岐島ヲ距ル
西北八十五浬ニ在ル島嶼ヲ竹島ト稱シ自今本縣所属隱岐島司ノ所管ト定メラル.
〈죽도 자료 포털 사이트〉(http://www.cas.go.jp/jp/ryodo/shiryo/takeshima/detail/t19
05022200301.html) (2017. 11. 13. 최종 방문); 번역은 허영란, 앞의 논문(2014년),
p.124 참고.

"북위 37도 9분 30초, 동경 131도 55분, 오키 섬에서 서북 85리에 있는
도서를 죽도(竹島)라 칭하고 지금부터 본 현 소속 오키 도사의 소관으로
정한다는 것을 명심하라.
위와 같이 훈령한다."

이로써 1904년 9월 29일 나카이 요자부로의 영토편입 및 대여 청원서
에서 시작된 일본의 독도 영토편입과 관련된 공적 절차가 끝이 났다.
이 과정 중에 외부에 공시된 것이라고 한다면 시마네현 고시 제40호뿐
이며,37) 그 외 모든 문서는 내부 공문서로 외부에 공개되지 않았다.

그 고시 내용은 1905년 2월 24일 시마네현의 지방신문(산음신문)에
'오키의 새로운 섬(隱岐の新島)'이라는 제목으로 기사화되었다(내용 중
번호 ①, ②는 인용자가 표시).38)

---

36) 이하의 원문 내용: 北緯三十七度九分三十秒東経百三十一度五十五分隱岐島
ヲ距ル西北八十五浬ニ在ル島嶼ヲ竹島ト稱シ自今本縣所屬隱岐島司ノ所管
ト定メラレ候條此旨心得フヘシ右訓令ス.
〈죽도 자료 포털 사이트〉(http://www.cas.go.jp/jp/ryodo/shiryo/takeshima/detail/
t190 5022200201.html)(2017. 11. 13. 최종 방문).

37) 현재 시마네현 고시 제40호의 원본은 소실되고 활자본만 존재하는데, 이로
써 원본이 가지는 증거력을 상실했다는 주장이 있다(『연합뉴스』(2013년 11월
8일),「시민단체, 日시마네현 고시 제40호, 68년 전 소실」). 또한 그 활자본에
는 '회람'이라는 도장이 찍혀있는데, 이에 대해 시마네현 고시 제40호는 '현청
내 극히 소수만 돌려본 회람일 뿐이며 결코 아무 곳에도 고시된 사실이 없
다'는 주장도 제기된 바 있다(이종학 편저, 『일본의 독도정책 자료집』, 사운
연구소, 2000, pp.773-781).

38) 山陰新聞)》(1905년 2월 24일),「隱岐の新島」. 이하의 원문 내용: 北緯卅七度
九分卅秒東經百卅一度五十五分隱岐島を距る西北八十五浬に在る島嶼を竹
嶋と稱し自今隱岐島司の所管と定めらると縣知事より告示せり右島嶼は周
圍十五町位の二島より成る周圍には無數の群島散在し海峽は船の碇泊に便
利なり草は生え居たるも樹木は無と云ふ.
〈죽도 자료 포털 사이트〉(http://www.cas.go.jp/jp/ryodo/shiryo/takeshima/detail/
t1905022400102.html) (2017. 11. 13. 최종 방문).

"오키의 새로운 섬

① 북위 37도 9분 30초 동경 131도 55분 오키 섬에서 서북 85리에 있는 도서를 죽도(竹島)라고 칭하고 지금부터 오키 도사의 소관으로 정한다고 현 지사가 고시하고,

② 그 도서는 주위 15정의 2개의 섬으로 되어 있고, 주위는 무수한 군도 가 산재하고, 해협은 선박의 정박에 편리하고, 풀은 자라지만 나무는 없다 고 한다."

위 기사는 두 부분으로 나누어져 있는데, ① 부분은 내무대신의 훈 령(〈훈 제87호〉)과 시마네현 고시 제40호의 내용과 같고, ② 부분은 나 카이의 청원서 첫머리에 있는 독도의 지리현황에 관한 내용을 정리한 것이다. 여기서도 각의결정문에 있었던 독도를 '본방(일본) 소속으로 한다'는 내용은 없다.

5. 맺음말

1905년 각의결정 등 일본의 독도 영토편입 조치와 관련된 내용을 정 리하면 다음 〈표 1〉과 같다.

일본의 독도 영토편입과 관련하여, 1904년 9월 29일 나카이 요자부 로의 청원에서 1905년 1월 28일 각의결정과 1905년 2월 22일 시마네현 고시 제40호에 이르기까지 약 5개월의 시간이 걸렸다. 그 기간 동안 시행된 문서를 보면, 부처 또는 문서 시행자들간에 내용상 차이가 있 음을 발견할 수 있다.

1905년 1월 각의결정의 중요한 고려사항은 국제법적 문제로 '영토의 소속'이었다. 그것은 당시 나카이를 비롯하여 외무성, 해군 수로부 관 계자들의 주된 관심사항이기도 했다. 이러한 점에서 일본의 독도 영토

〈표 1〉 일본의 독도 영토편입 조치의 경과

일시	내용	관련 문서
1904.9.29	나카이 요자부로가 내무대신, 외무대신, 농상무대신 앞으로 리양코도의 영토편입 및 대여 청원	리양코도[독도] 영토편입 및 대여 청원
1904.10.11	내무차관, 외무차관에게 나카이(中井)의 청원 관련 문서 송부, 의견 협조 요청	〈도기 제5호〉
1904.11 (추정)	내무대신, 시마네현에 의견 조회	※미확보
1904.11.15	시마네현 내무부장, 오키 도사에게 리양코도의 명칭 및 오키도 소관에 대해 적절 여부 문의	〈서 제1073호〉
1904.11.30	오키 도사, 시마네현 내무부장에게 리양코도의 '竹島' 명명 및 오키도 소관에 대해 적절하다고 회답	〈을서 제152호〉
1905.1.10	내무대신, '무인도 소속에 관한 건'으로 각의결정을 요청	〈(37) 비을 제337호의 내〉 「무인도 소속에 관한 건」
1905.1.12	내무차관, 내각 서기관장에게 관련 서류 제출 - ① 나카이 요자부로의 청원서, ② 해군 수로부장의 회답, ③ 외무차관, 농상무차관 및 시마네현 지사의 회답	〈(37) 비을 제337호의 내〉 ※첨부서류는 미확보
1905.1.28	각료회의 결정	각의결정문
1905.2.15	내무대신, 시마네현 지사에게 각의결정을 관내 고시토록 훈령	〈훈 제87호〉
1905.2.22	시마네현 지사, 시마네현 고시 제40호 고시	시마네현 고시 제40호
1905.2.22	시마네현 지사, 오키 도청에 훈령	시마네현 서 제11호
1905.2.24	산음신문, 독도의 시마네현 편입 기사 게재	산음신문, 1905년 2월 24일 기사

편입 조치의 핵심을 이루는 1905년 1월의 각의결정은 국제법상 무주지 선점론에 입각하여 새로운 영토를 취득하기 위한 '영유의사 표시'로 보

아야 한다.[39]

그런데 시마네현 고시 제40호는 '국제법상 영유의사'에 관한 공시가 아니라 '국내적 행정조치'에 관한 공시에 불과하다는 것이다. 시마네현 고시 제40호는 내무대신 훈령(〈훈 제87호〉)의 이행조치로서 '독도를 죽도(竹島)라고 명명하고 시마네현 소속 오키 도사의 소관으로 정한다'는 내용만 있을 뿐이다. 여기에는 각의결정문에서 볼 수 있는 '본방[일본] 소속으로 하여'라는 국제법상 '영토의 소속'에 관한 내용은 찾을 수가 없다.

위와 같은 결론과 더불어, 보충적으로 다음 두 가지 관련 논의를 제기하면서 글을 맺고자 한다.

첫 번째 논의는, 내무성 당국이 왜 국제법적 문제인 '영토의 소속'에 대한 언급은 자제하고 국내법적 문제인 '행정 편제'에 대한 내용만 다루었는가 하는 점이다. 이에 대해서는 당시 일본 정부, 특히 내무성 당국이 취한 영토 편입의 관행 또는 규정에 관한 추가 연구가 필요하다.[40] 다만, 1877년 내무성이 울릉도와 독도를 일본의 지적에 포함시

---

39) '1905년 각의결정'의 원문에는 별도의 제목이 없다. 그래서인지 자료명의 제목도 각각이다. 현재 일본 외무성 홈페이지에는 그 결정문의 자료명을 '메이지 38년 1월 28일 각의결정'으로 표기하고 있다. 일본 내각관방의 영토주권 대책기획조정실 홈페이지에 있는 〈죽도 자료 포털 사이트〉에는 각의결정문의 자료명이 "오키 섬에서 서북 85리에 있는 무인도를 竹島라고 명명하고 시마네현 소속 오키 도사의 소관으로 한다"(隱岐島ヲ距ル西北八十五哩ニ在ル無人島ヲ竹島ト名ケ島根県所属隱岐島司ノ所管ト為ス)로 되어 있다. 이것은 각의결정문 원본이 보관되어 있는 일본 국립공문서관 아시역사자료센터에서 등록한 자료명과 동일하다.
하지만, 각의결정의 법적 성격을 제대로 살린다면, 이 자료명에는 영토취득을 의미하는 '본방(本邦, 일본) 소속으로 하여'라는 내용이 들어가는 것이 적절하다고 생각한다. 예를 들면, "오키 섬에서 서북 85리에 있는 무인도를 竹島라고 명명하고 <u>本邦의 소속으로 하여</u> 시마네현 소속 오키 도사의 소관으로 한다."는 것이다.
40) 이와 관련된 연구로는, 허영란, 앞의 논문(2003년), pp.1-32 참고.

킬지 여부를 검토했을 때, '울릉도 외 1도는 본방과 관계없으나 판도의 취사는 중요한 문제'라며 이를 '영토 소속'의 문제로 중요하게 고려했던 처사와는 분명 다르다는 것이다.

그리고 주목되는 것은 1905년 내무성 당국자(서기관 이노우에)의 인식인데, 그는 '독도가 한국령으로 의심되는 것'이라며 일본의 독도 영토 편입에 부정적인 입장을 취하였다.[41] 어떠한 배경에서 그와 같은 인식을 갖게 되었는지 정확히 알 수는 없다. 하지만 1877년 '울릉도 외 1도는 본방과 관계없다'는 건을 처리할 때에도 내무성이 주무관청이었으므로 1877년 태정관 지령의 존재를 알고 있지 않았을까 하는 생각도 해보게 된다.

자세한 사정은 알 수 없으나 당시 내무성 당국은 러일전쟁이라는 폭력적 상황에서 외무성 등 다른 부처 관계자들의 요구에 밀려 영토편입 및 대여 청원 절차를 담당하게 된 측면도 있었을 것으로 보인다. 내무성 당국이 그와 같은 배경 하에서 마지못해 영토편입 절차를 추진한 탓에 '영토의 소속'에 관한 언급을 자제한 것은 아니었을까 하는 생각도 하게 된다.

두 번째 논의는 일본 측에서는 1905년 독도 영토편입 조치에 대해 한국이 어떠한 항의도 제기하지 않았다고 주장하는데, 과연 그때 항의가 가능했으리라고 기대할 수 있겠는가 하는 점이다. 1904~5년간 일본의 독도 영토편입 조치 중 그 사실이 외부적으로 공시된 것은 시마네현

---

41) 나카이의 「사업 경영 개요」에는 내무성 당국자(서기관 이노우에)의 견해를 이렇게 서술하고 있다. "이 시국에 즈음하여(日露開戰 中) 한국령지(韓國領地)의 의심이 있는 작은 일개 불모의 암초를 손에 넣어 環視의 제 외국에게 우리나라(일본)가 한국 병탄의 야심이 있다는 의심을 크게 하는 것은 이익이 지극히 작은데 반하여 사태가 결코 용이하지 않다." 신용하 편저, 앞의 책, pp.262-265; 김수희, 앞의 자료 번역(「죽도경영」), p.412, 원문 내용은 p.411 참고.

고시 제40호와 그 고시를 소개한 산음신문 기사뿐이다. 당시는 러일전쟁으로 대한제국이라는 국가는 그 운명마저 위협받고 있는 상황이었다. 그러한 상황 속에서 일개의 지방고시나 지방신문에 조그맣게 실린 내용을 한국인들이 보고 항의할 수 있었으리라고 기대할 수는 없다.

더욱이 그 고시와 기사에는 "북위 37도 9분 30초 동경 131도 55분"이라는 좌표[42]와, "오키 섬에서 서북 85리에 있는 도서"라는 지리적 정보만이 기록되어 있었다. 또한 일본의 어느 연안에도 있는 '죽도(竹島)'라는 새로운 지명만 언급될 뿐, 당시나 이전에 회자되던 독도의 속칭인 '리양코도'나 '송도(松島)'라는 지명도 언급되지 않았다. 보통사람들의 통상적 인식에 의하면, 그 섬이 독도를 지칭한다고 인지하기란 어려웠을 것이다.

주지하다시피 1905년 일본의 독도 영토편입이 한국 측에 알려진 것은 각의결정이 있고 1년여가 지나서였다. 1906년 3월 시마네현 관리들이 울도군수 심흥택(沈興澤)에게 '독도가 이번에 일본의 영지가 되었다'고 구두(口頭)로 전달했던 것이다. 이에 대해 우리 정부는 의정부 참정대신 지령 제3호를 통해 일본의 조치가 부당하다는 것을 분명히 했다. 물론 당시 한국 정부는 1905년 11월 을사늑약으로 외교권이 박탈되어 어떠한 외교적 항의도 제기할 수 없는 상황 속에 있었다는 것도 주지하는 바다.

---

[42] 그 좌표 또한 정확한 독도의 위치로 보기 어렵다며 시마네현 고시 제40호를 비판한 연구도 있다. 김신, 「GPS에 의한 독도의 시마네현 고시에 관한 연구」, 『인터넷비즈니스 연구』 제14권 1호(2013), pp.141-181 참고.

【참고문헌】

김관원, 「1905년 독도 편입 주장의 허구성에 관한 고찰」, 『영토해양연구』
　　제6권, 2015.
김수희, 「나카이 요자부로와 독도 강점」, 『독도연구』 제17호, 2014.
김수희, 「동해상에서의 무주지 선점 법리를 이용한 섬 '발견'과 '명칭 변경'」,
　　『영토해양연구』 제10권, 2015.
김수희, (자료 번역)「죽도경영」, 『독도연구』 제17호, 2014.
김 신, 「GPS에 의한 독도의 시마네현 고시에 관한 연구」, 『인터넷비즈니
　　스 연구』 제14권 1호, 2013.
박배근, 「무주지 선점의 요건에 관한 1905년 전후의 학설」, 『영토해양연구』
　　제6권, 2015.
서인원, 「1930년대 일본의 영토편입 정책 연구에 있어 독도 무주지 선점론
　　의 모순점」, 『영토해양연구』 제11권, 2016.
송휘영, (자료 번역)「죽도경영자 나카이 요자부로 씨 입지전」, 『독도연구』
　　제17호, 2014.
이성환, 「독도에 대한 일본의 '무주지 선점론'은 성립하는가」(서평논문),
　　『영토해양연구』 제6권, 2015.
정인섭, 「일본의 독도 영유권 주장의 논리 구조: 국제법적 측면을 중심으
　　로」, 『독도 영유의 역사와 국제관계』, 독도연구보전협회, 1997.
허영란, 「1905년 '각의결정문' 및 '시마네현 고시 제40호'와 독도 편입」, 『독
　　도연구』 제17호, 2014.
허영란, 「명치기 일본의 영토 경계획정과 독도-도서편입 사례와 "죽도 편
　　입"의 비교」, 『서울국제법연구』 제9권 2호, 2003.

김병렬, 『일본군부의 독도침탈사』, 동북아의 평화를 위한 바른역사정립기
　　획단, 2006.
신용하 편저, 『독도연구총서 6권: 독도영유권 자료의 탐구 제2권』, 독도연
　　구보전협회, 1999.
외무부, 『독도관계자료집(Ⅰ): 왕복외교문서(1952-76), 집무자료 77-134(北

一)』, 외무부, 1977.
이종학 편저, 『일본의 독도정책 자료집』, 사운연구소, 2000.
이한기, 『한국의 영토』, 서울대학교 출판부, 1969.

田村淸三郎, 『島根県竹島の新研究』[復刻板], 島根県總務部總務課, 1995.
『竹島問題 100問 100答』, Will 2014年 3月号 增刊(2014.3.14. 발행).
「竹島(Takeshima) かえれ島と海」, 島根県/竹島・北方領土返還要求運動島
        根県民會議(2006. 2. 22).
實敎出版, 『日本史 B』(2017년 검정 합격본).

≪연합뉴스≫(2013년 11월 8일), 「시민단체, 日시마네현 고시 제40호, 68년
        전 소실」.
≪山陰新聞≫(1905년 2월 24일), 「隱岐の新島」.

일본 국립 공문서관 홈페이지: https://www.digital.archives.go.jp
일본 내각 관방 '영토주권대책기획조정실' 홈페이지(죽도 자료 포털 사이
        트): http://www.cas.go.jp/jp/ryodo/shiryo/takeshima
일본 외무성 홈페이지(죽도문제):
        http://www.mofa.go.jp/mofaj/area/takeshima/index.html
일본 시마네현 홈페이지(Web죽도문제연구소):
        http://www1.pref.shimane.lg.jp/admin/pref/takeshima/web-takeshima

세계 영토 갈등사례의 독도 시사점 분석

− 도전국의 영유권 주장 포기 및 영토반환 사례 조사를 중심으로−

배 진 수 · 김 동 욱 · 강 성 호

1. 머리말

전 세계적으로 약 82.4% 정도의 국가들은 피식민 내지 침탈당한 경험을 가지고 있는 것으로 집계된다. 전 세계적으로 영토분쟁이 수 없이 많을 수밖에 없는 배경에는 식민 제국주의 팽창시기에 여러 영토처리 조약을 통해 국가 간 영토 소유권이 이전된 데 기인하기도 한다. 일본의 영유권 도전이 제기되고 있는 독도 역시 러일전쟁 과정에서 초래된 침탈사와 무관하지 않다. 결국, 식민지배 처리과정이나 전쟁 후 점령지의 처리과정에서 비롯된 경우가 대부분인 영토문제일 경우에는, 보편적 가치에 입각하여 원래 국가의 영유권을 인정해 줌으로써 영토 갈등을 순리대로 풀어 나가려는 국가적 결단이 무엇보다 필요하다. 과거 식민국가나 점령 국가들이 잘못된 과거를 직시하고 영유권 억지 주장을 포기함과 동시에 원래 소유국의 영유권을 인정해줌으로써 평화적으로 해결됐던 수십 건의 세계 영토분쟁 해결 사례는 한국의 독도 영토주권 수호를 위해 국제사회에 많은 시사점을 제시해 줄 것이다.

비록 세계 영토분쟁 사례들의 가장 많은 종결유형이 '양자 간 협약 (조약)'으로 나타나지만, 과연 독도 등 동아시아 영토갈등 사례의 경우에도 이러한 방식이 가장 가능성이 높을지에 대해서는 회의적이다. 왜냐하면 독도와 조어도 이슈는 본질적으로 한·일간 및 중·일간 오래된 역사적 침탈사로 비롯되었으며 남중국해 갈등사례 또한 패권구도와 관련이 있는 만큼 지금까지의 수 십 년 간 전개양상에서도 쉽게 알수 있듯이 양자 간 협약(조약)을 통해 해결되기란 매우 어려울 것으로 예상된다.

그렇다면 마찬가지로 쉽지 않을 수도 있는 방식이지만 역시 침탈한 도전국이 상대국의 원래 영유권을 순순히 인정하고 억지 주장을 포기하는 방식이 가장 바람직할 것이다. 물론 첨예한 역사 갈등을 경험해 온 동북아 역내 국가 간에 비록 침탈했던 영토이더라도 그 영유권을 포기하는 것이 결코 쉽지는 않겠지만, 역사적 경험 선례가 있었다는 점을 상기한다면 침탈국가의 국가적 결단이 전제될 경우 이 또한 전혀 불가능한 것만은 아닐 것이며 어쩌면 동북아 국가 간 실현 가능한 거의 유일한 해결방식일지도 모른다.

이러한 맥락에서 본 연구는, 식민시대 또는 전쟁점령 등에 의해 영토를 침탈(점령)한 국가들이 영유권 주장을 포기함으로써 침탈당한 국가에게 원래의 영토주권을 되돌려 준 사례들의 광범위한 조사 및 분석을 통해서, 독도 관련 일본의 억지 영유권 주장 포기를 위한 국제사회 담론 주도의 사례들을 적극 발굴해 내는 한편 억지 주장을 계속해 온 일본의 독도 영유권 주장 포기를 유도할 수 있는 요인들을 도출하여 한국의 독도 영토주권 수호를 위한 학술적, 정책적 기여를 하고자 함에 목적이 있다.

2. 선행연구의 경험적 및 이론적 고찰

1) 분쟁지역 중요도와 분쟁종결 유형의 상관성

선행연구의 결과와 관련하여 본 연구에서 주목하는 부분은 '분쟁종결의 6가지 유형과 사례 분포'에 관한 기존 연구결과이다.[1] ICOW (Issues Of Correlates of War) 데이터뱅크는 영유권분쟁, 해양경계획정분쟁, 강 분쟁 등 세 가지 유형별로 구분하여, 1816년 이래 또는 1900년 이래 발생했거나 현재 진행 중인 전 세계의 영토분쟁 관련 사항들을 북·중남미 아메리카, 유럽, 중동, 아시아, 오세아니아 등 대륙별로 순차적으로 DB를 구축해 왔다. 뿐만 아니라 이 데이터뱅크는 전 세계 국가들의 식민역사 관련 정보까지 포함하고 있기 때문에, 기존 연구에서는 한일 간 독도의 경우처럼 식민침탈로 초래된 세계의 영토분쟁 사례들을 추출해 내는 작업에 매우 유용하게 활용된 적도 있다.

ICOW 데이터뱅크에서는 세계 영토분쟁(영유권분쟁 및 경계획정 분쟁 망라) 사례들의 분쟁종결 유형으로서 '양자 간 협정(조약)', '제3자 개입', '독립/분리 주민투표', '무력점령', '도전국의 포기', '점유국의 포기' 등 6가지를 제시하는데, 가장 사례가 많았던 종결유형은 '양자 간 협정(조약)'으로서 총 318건의 1/3이 넘는 123건이 해당되며, 그 다음으로 많았던 종결유형은 일반적인 예상과는 달리 '도전국의 포기' 사례가 무려 71건이 있었던 것으로 집계된다. '도전국의 포기' 유형이 역사상 70여 건에 달한다는 실증적 결과는 독도의 경우처럼 영유권 억지 주장을 계속해 온 일본의 영유권 주장 포기를 유도할 수 있는 요인을 밝혀내는 데 매우 유용하게 활용될 수 있는 분석 대상 사례들임을 의미한

---

[1] 이와 관련된 구체적 내용은 선행연구인 배진수·윤지훈, 『세계의 영토분쟁 DB와 식민침탈 사례』(동북아역사재단, 2009), p.21-32 참고.

다. 아직까지 이들 '도전국의 포기' 사례들에 대한 구체적 사례 조사와
분석이 국내외적으로 시도된 적은 없는 것으로 파악된다.

세계의 유사분쟁 사례를 참고할 때 특히 유의하여야 할 점은 각각의
분쟁이 처한 여건이 서로 상이할 수가 있다는 사실이다. 이러한 맥락
에서 ICOW 영토분쟁 DB는 각 사례별로 '분쟁지역의 중요도'를 측정하
고 있는데, 여기서는 영토분쟁 지역의 중요도와 이에 대한 분쟁종결
유형에 관한 선행연구의 분석결과를 소개하고자 한다. '분쟁지역의 중
요도' 지표는 양자 간 분쟁이 진행 중인 동안 유형적(tangible) 중요도
및 무형적(intangible) 중요도가 가장 높았던 시기의 지표를 합산하여
측정하는데, 0-12로 책정한 후 낮음(0-4), 보통(4.5-7.5), 높음(8-12)으로
범주화하여 분석하였다.

분쟁지역의 '유형적 중요도' 측정은 영유권분쟁의 경우 분쟁이 일어
난 곳의 경제적 자원과 전략적 위치 및 인구, 강 분쟁의 경우는 항행과
관개 및 수력발전, 해양경계획정 분쟁의 경우는 전략적 위치와 조업
자원 및 원유 자원 등 각각 세 가지 요소를 바탕으로 양 국가가 그 분
쟁지역을 획득함으로써 얻게 되는 이득으로 계산된다. '무형적 중요도'
측정은 영유권분쟁의 경우 분쟁이 일어난 지역의 본토 또는 부속지 여
부와 소속감 여부 및 역사적 권원 등 세 가지 요소로서, 그리고 강 분
쟁과 해양경계획정 분쟁의 경우는 본토 또는 부속지 여부만으로 측정
된다.

분쟁지역의 중요도에 따른 분쟁종결 유형의 상관관계 분석을 위해
기존 여섯 개 종결유형 방식이 다음과 같이 좀 더 세분화될 수 있다.
첫째로 '도전국의 포기'를 '도전국의 단순포기'와 '도전국 정부에 의한
공식포기'의 둘로 구분하고, '점유국의 포기'유형도 '점유국의 단순포기'
와 '점유국 정부에 의한 공식포기'로 구분되었다. 또한 기존의 '독립 및
투표' 종결유형을 '분쟁지역의 독립' 종결과 '분쟁지역 국민투표'에 의

한 종결로 세분화될 수 있다.

이상 선행연구에서의 분쟁지역 중요도와 그에 따른 분쟁종결 유형 간 분석결과는 다음 〈표 1〉과 같은데, 본 연구 주제와 관련된 몇 가지 함의를 정리하면 다음과 같다.

〈표 1〉 분쟁지역 중요도에 따른 분쟁종결 유형

종결유형 \ 중요도	높음 (117건)	보통 (130건)	낮음 (89건)
도전국 단순포기	21	22	21
도전국 정부 공식포기	0	3	4
제3자 개입	29	25	15
양자 간 협정	39	60	24
분쟁지역독립	3	10	5
군사적 점유	9	2	8
점유국 단순포기	1	5	7
점유국 정부 공식포기	1	0	0
분쟁지역 국민투표	4	2	0

2) 영토 가치와 영토분쟁 전략[2)]

영토분쟁 전략에 영향을 주는 요인에 관한 기존연구들이 가장 관심을 가진 두 가지 요인들은 '영토의 가치' 및 '국내여건 관련 책임성 (domestic accountability)'인 것으로 파악된다. 분쟁대상 영토가 어느 정도 중요하냐에 따라 해당 영토분쟁에 대해 어떻게 대응할 것인지의 전략이 결정될 가능성이 많다. 해당 영토의 가치가 높을수록 분쟁 당사국들은 더 많은 희생을 감수하더라도 해당 영토분쟁을 유리하게 해결

---

2) 이와 관련된 구체적 내용은 Wiegand, Krista E., *Enduring Territorial Disputes* (Athens: University of Georgia Press, 2011), ch.2 및 ch.3 참고.

하고 싶어 할 것이다.[3]

　분쟁대상인 영토 자체의 가치(중요성)에 따라 분쟁당사국의 대응전략이 결정되어지는데, 영토의 가치는 크게 '유형적 가치(tangible value)'와 '무형적 가치(intangible value)'로 구분된다. '유형적 영토가치'의 범위에는 경제적 자원(natural resources), 안보 전략적 가치, 본토 또는 해양 소재 여부, 거주민 여부 등이 포함된다. 구체적으로 경제적 가치의 대표적인 예로서 석유, 천연가스 등 자원을 들 수 있는데, 도서(섬)의 경우에는 풍부한 어장과 해저 광물자원의 매장 등이 해당될 수도 있다. 안보 전략적 가치란 군사기지와의 접근성, 해상수송로 등 거점지역 위치 등과 관련된다.

　'무형적 영토가치'의 범위에는 민족의 종류, 본국 소속 또는 식민국 소속 여부, 역사적 주권의 정체성 등이 포함된다. 이를테면 해당 국가의 지도자와 국민들이 인식하고 있는 인종적, 민족적, 상징적 가치를 의미한다. 따라서 무형적 가치가 높은 영토분쟁일수록 해당 국가들은 타협이나 협상의 여지가 없기 때문에 해결이 쉽지 않은 고질적 분쟁지역으로 남게 되는 경우가 많다. 이스라엘과 팔레스타인 간 '예루살렘 성지'에 관한 분쟁이 대표적인 예이며, 또 다른 예로서 영국-아르헨티나 간 포클랜드 섬 도서영유권 분쟁도 이에 해당되는데 그 이유는 경제적 자원이나 안보 전략적 가치와는 상관없이 아르헨티나의 포클랜드 섬에 대한 역사적 및 민족적 정체성과 직접 관련된 가치이기 때문이다.

　이러한 유형의 영토분쟁의 경우는 타협이나 협상 자체가 쉽지 않기 때문에 해당 분쟁 당사국들 역시 해결 시도 자체를 꺼리는 경향이 많다. 왜냐하면 분쟁해결 결과 얻게 될 이익도 별로 '유형적'이지 않을 뿐

---

[3] Taylor Fravel, *Strong Borders, Secure Nation: Cooperation and Conflict in China's Territorial Disputes* (Princeton, N.J.: Princeton University Press, 2008).

만 아니라 만약 해결을 시도하다가 모든 것을 잃어버리게 될 경우에 초래될 손실에 대한 우려가 더 크게 작용되기 때문이다. 심지어 국내적으로 영토분쟁 해결방식에 대한 정치적 반대 세력들로부터의 비난을 회피할 의도로 국가 지도자들이 종종 법적 해결절차를 모색하는 경우도 있다.[4] 이러한 측면에서 경제적 자원이 걸려있는 '유형적 가치'와 관련된 영토분쟁의 경우에는 자원의 공유 내지 공동개발 등에 따른 타협과 협상의 여지가 있기 때문에 해결의 가능성이 상대적으로 높은 유형의 영토분쟁이라고 할 수 있다.

남아메리카의 영토분쟁을 대상으로 실증적으로 분석한 기존 연구결과에 따르면, 유형적이든 무형적이든 영토가치의 종합적 중요성이 높을수록 분쟁당사국들은 해결의 의지가 더 클 수 있기 때문에 양자간 해결의 경향이 더 크며, 또한 해결이 어려울 경우 무력충돌의 가능성도 더 높은 것으로 나타났다.[5] 안보 전략적 유형가치를 둘러싼 영토분쟁의 경우 '중재(arbitration)'의 가능성은 크지 않는데 그 이유는 분쟁당사국들이 안보 전략적 고려가 포함된 영토문제의 해결을 제3자에게 맡기는 것을 꺼려하는 경향이 있기 때문으로 보인다.

한편 '국내여건 관련 책임성'에 대한 선행연구의 이론적 배경에 대해 살펴보면 다음과 같다. 하나는 'Domestic Accountability Explanation(국내여론 부합 경향)'인데, 국가 지도자는 권력유지를 원하는 반면 정권유지에 방해가 된다고 생각되는 국민적 비인기 정책은 회피하려는 경향이 있다는 것이다. 특히 영토 정책과 관련하여 국가 지도자는 정권유지에 장애가 될 우려가 있는 정책이라면 국민적 반대를 우려하여 추

---

4) Todd L. Allee and Paul K. Huth, "The Pursuit of Legal Settlement to Territorial Disputes," *Conflict Management and Peace Science,* Vol.23, No.4, 2006, p.286.

5) Paul R. Hensel, "Contentious Issues and World Politics: The Management of Territorial Claims in the Americas, 1816-1992," *International Studies Quarterly,* Vol.45, No.1, 2001 참고.

진하지 않으려는 경향이 높다는 것이다.

다른 하나는 'Domestic Mobilization Explanation(국내지지 확보용 영토문제 활용 경향)'인데, 국가 지도자는 권력유지를 원하며 따라서 국민적지지 기반이 확산되기를 원한다는 데 전제를 두고 있다. 따라서 국가 지도자는 국내의 정치적 지지를 확보할 의도로 '오랜 기간 지속되어 온 영토분쟁'을 의도적으로 활용하는 경향이 높다는 것이다.

영토가 천연자원 등 가치가 있거나 국내적 사정이 연루될 경우 양보에 의한 영토분쟁 해결은 매우 힘들게 된다. 이러한 연유로 협상의 실패는 지속적인 영토분쟁의 원인이 된다. 지브롤터(Gibraltar)에 대한 스페인과 영국, 쿠릴열도에 대한 일본과 러시아, Belize에 대한 과테말라의 영유권 주장 등은 협상을 위한 여러 가지 시도가 있었지만 결과적으로 합의에 실패하였다. 위 사건들의 경우 몇 가지 이유로 인하여 한 개 또는 두 개의 협상국이 합의조건을 거부함으로써 비롯된 것이었다. 반면 중국과 러시아는 국경 분쟁에 있어서 상호 기꺼이 양보를 함으로써 영토분쟁을 해결할 수 있게 되었다. 영토분쟁과 관련하여 국가들이 협상 시 양보하는 요인을 이해하는 것은 지속적인 영토분쟁 해결에 큰 도움이 될 것이다.

비영토적 양보도 적대국 간의 문제해결에 큰 도움이 될 수 있다. 그러나 영토 점유국이 영토주권 포기를 대가로 자원에서 나오는 이익을 분배하겠다는 제의에 도전국은 주권 포기 불가를 이유로 그러한 제안을 거부한다. 예컨대, 1980년대 중반 영국은 아르헨티나가 포클랜드에 대한 주권을 포기하면 인근에서 생산되는 원유로 인한 이익 일부를 제공할 수 있다는 제의를 한 바 있다. 그러나 아르헨티나 대통령은 국내 경기 불황에도 불구하고 포클랜드에 대한 주권 포기를 거부하였다. 중국 또한 센카쿠 인근 동중국해에서 일본 측의 공동 유전 개발 제의를 거부한 바 있다. 이 사례들은 영토는 단순한 경제적 가치나 보상을 뛰어 넘는 가치를 갖는다는 것을 보여준다.

영토분쟁이 분쟁국가 간 긴장조성의 주요 원인이기는 하지만, 분쟁 대상인 영토가 항상 분쟁의 핵심요인이 되는 것은 아니고, 기타 핵심적인 사안이 영토분쟁과 연계될 수도 있다는 것이다. 집요한 영토분쟁을 통해 도전국은 강압적 외교수단으로서 제한된 무력의 위협과 행사를 할 수 있다. 이와 함께 도전국은 '현안 연계 전략'을 구사할 수 있는데, 가령 적대국의 군사활동(영토분쟁과는 무관한 사안) 내지는 제3국 또는 기타 적대국과의 안보/경제 협력과 같은 기타 현안과 연계시킬 수 있다. 영토분쟁을 다른 현안과 연계함으로써 도전국은 다른 분야에서 이익 추구를 시도한다. 지속적인 이익추구가 도전국에 유리하게 되면 영토분쟁은 지속되게 되는 것이다. 그러나 도전국이 영토분쟁을 다른 현안과 연계하기 어렵게 될 경우 분쟁해결을 시도하게 된다. 영토를 평화적으로 이양했을 때 그 대표적인 보상 조건으로는 ① 경제 원조, ② 평화 또는 외교관계 개선과 같은 정치적 혜택, ③ 군사원조 또는 정치적 동맹 형태의 안보 원조를 들 수 있다.

한편 정치 지도자는 영토분쟁을 자신의 정권 유지와 인기 유지 수단으로도 이용하는 경향도 있다. 지도자가 분쟁 지역에 대한 강경한 입장을 표시함으로써 자신의 평판과 인기를 높이는데 유용하게 이용하고 영토를 확장함으로써 국가와 경제 발전의 수단으로 간주하게 만들 수 있다. 이처럼 정치 지도자들이 영토분쟁을 그들의 정권 유지 차원에서 이용하는 경향이 있다. 영토 위협이 존재함으로써 대규모 상비군을 보유하고 중앙집권식 정부 강화를 정당화하는 근거가 될 수 있기 때문이다. 대외 영토위협이 존재할 때 정당들의 양분화를 줄이고 야당들은 국가 지도자를 지지하게 되어 중앙집권화를 가능하게 해 준다. 역설적으로 영토 위협이 해결되면 정치지도자는 중앙집권화와 병력증강에 대한 정당성을 더 이상 가질 수 없기 때문에 정치지도자에게는 영토분쟁의 지속이 오히려 더 매력적일 수도 있다. 이러한 논리는 점유국 뿐 아니라 도전국에도 그대로 적용되고 있다.

영토가 국가에 매우 중요한 유형의 또는 무형의 가치를 부여하고 있기 때문에 영토분쟁은 도전국이 점유국과 다른 중요한 문제를 협상할 때 영토분쟁을 이슈연계(issue linkage) 협상 수단으로 외교전략에서 이용하는 경향이 있다. 도전국은 영토분쟁에 대한 구실로 군사 조치나 경제 재제를 가하며 또 다른 이슈를 연관시키고 점유국은 영토의 중요성을 감안하여 도전국의 요구를 받아들이게 된다. 분쟁에 놓인 영토는 도전국에 비해 점유국에 더 중요한데 점유국이 이미 실효지배하고 있기 때문에 현상유지의 변화는 국가의 명예나 주권에 손상을 초래하기 때문에 불리한 입장에 처하게 된다. 주권과 국가의 명예가 있기 때문에 점유국은 다른 분쟁에 비해서 영토분쟁에 더 신경을 쓰고 더 많은 희생을 감수할 자세에 있다. 또 점유국 국민들도 국가주권이 관련된 영토 문제에 있어서는 정부 지도자의 정책 권한에 관용적이며 외부의 위협으로부터 영토주권의 현상유지 방어에 매진하게 된다.

협상수단으로써 많은 영토분쟁들이 지속되고 있으며 도전국들이 영토분쟁 해결에 대한 진정한 시도를 보이지 않는다는 사실을 알 수 있다. 일부 해결된 영토분쟁도 있으나 상당히 많은 영토 분쟁이 아직도 미해결 상태로 존재하는지를 부분적으로 설명해 주고 있다.

3. 사례 조사 및 분석

아시아, 중남미, 유럽, 구미 등 전 세계 거의 모든 지역의 유사 사례들의 조사를 통해 영토갈등 사례들을 추출하였으며, 영유권 주장의 포기 및 침탈한 영토를 되돌려 준 요인 내지 배경을 경제적 요인, 정치적 요인 및 외교안보적 요인 등으로 구분하여 분석해 보았다.

1) 후벤투드(Juventude) 섬 도서영유권 사례: 미국-쿠바

미국이 1904년의 협정에서 쿠바의 영유권을 스스로 인정해주는 바람직한 모습을 보여주었을 뿐만 아니라, 1907년에는 '후벤투드섬 생산담배의 관세 관련 판례'에서 미국 대법원조차도 후벤투드섬은 쿠바의 영유권이 인정되므로 관세를 부과해야 한다고 판시하는 등 피식민국가 도서 영유권을 스스로 인정해주면서 되돌려준 사례이다.[6]

〈그림 1〉 후벤투드섬

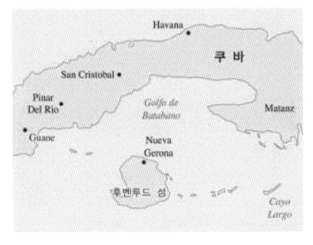

후벤투드섬의 영유권과 관련된 중요한 소송 사건이 발생하게 되었는데, 미국 대법원은, 후벤투드섬이 사실상 쿠바의 실효적 지배하에 있으며 미국이 그 섬을 법적으로 소유했던 적이 없기에 후벤투드섬은

---

6) 이하 후벤투드섬 사례의 구체적 내용에 대해서는 배진수·윤지훈, 『세계의 영토분쟁 DB와 식민침탈 사례』(동북아역사재단, 2009), pp.63-75 참고.

외국 영토로 규명되며 따라서 후벤투드산 담배에 대해서도 관세가 부과되는 것이 맞는다는 최종 판결을 내리게 되었다. 그 결과 1925년에 비로소 미 국회의 비준을 얻고 후벤투드섬이 쿠바 영토임이 공식적으로 인정되어 분쟁이 종결된 사례이다.

이 사례를 통해서, 우리는 다음 두 가지 사실에 주목할 필요가 있다. 하나는, 서양에서 미국이 피식민국 쿠바의 도서영유권을 인정해 주면서 협정까지 맺게 된 1904년 그 시점이, 동양에서는 정반대로 식민국 일본이 피식민국 한국을 침탈하면서 한국의 영토인 독도를 불법 편입하려던 바로 그 시점이라는 사실이 아이러니하다는 것이다. 다른 하나는, 당시 미국의 경우는 자국의 대법원에서 조차 쿠바의 도서영유권을 인정해 주는 등 지극히 합리적인 판단과 양심적 입장을 취했다는 점에서, 억지 주장으로 식민침탈사를 합리화 하는 데에만 집착하는 일본의 행태와는 근본적으로 다른 차원을 보여주고 있다는 점이다.

침탈국의 국가적 결단이 영토갈등 해결의 결정적 계기가 된 사례로서 국제사회, 특히 식민침탈의 일환으로 아직도 억지 영유권 주장을 계속하고 있는 일본에게 시사하는 바가 크며, 우리에게 매우 효용가치가 있는 사례라고 할 수 있다.

2) 태평양 및 카리브 해 도서들 7개 사례: 미국-뉴질랜드 · 중남미

1970년대와 1980년에 들어 미국은 대략 30개 정도의 도서 또는 환초의 영토주권과 관련하여 일련의 조약을 통해 미국의 영토주권 주장을 포기하거나 중단하면서, 대신 상대국의 주권을 인정하고 상대국에게 해당 영토주권을 돌려 준 조치들을 취한 바 있다. 이들 지역들은 카리브 해의 5군데와 태평양의 25개 도서와 환초들인데, 대략 7개 지역으로 분류하여 간략히 요약하면 아래와 같다.[7] 특히 1980년대는 1970년

대 말 구소련의 아프간 침공으로 말미암아 미-소 간 냉전이 다시 재발
된 시기로서, 이를 의식한 미국의 對소련 견제 세력의 확산 차원에서
뉴질랜드 및 중남미 국가들에게 과거 점령했었던 카리브 해 및 태평양
의 제 도서들의 영유권 주장을 중단하고 이 지역 원래 피침탈에게 영
토주권을 되돌려 준 것으로 분석된다.

〈그림 2〉 태평양 상 제 도서의 주권국 현황 (출처: 구글 지도)

7) U.S. Department of the Interior Office of Insular Affairs, "Formerly Disputed
   Islands," 참고.
   http://interior.gov/oia/islands/disputedislands.cfm#(검색일: 2015.9.1)

〈표 2〉 미국이 되돌려 준 태평양 및 카리브 해 도서들 사례

구분 (Group)	양보국 → 대상국	해당 조약 -체결/발효	양보 대상 영토(섬)
1	미국→ 키리바시 (Kiribati)	타라와조약 (Treaty of Tarawa) -79.9.20/83.9.23	14 섬에 대한 키리바시(Kiribati)의 주권을 미국이 인정해 줌. -Canton(Kanton), Enderbury, Hull(Orona), Birnie, Gardner(Nikumaroro), Phoenix(Rawaki), Sydney(Manra), McKean, Christmas(Kiritimati), Caroline, Starbuck, Malden, Flint, Vostok
2	미국 → 뉴질랜드 (쿡섬, Cook Islands)	라로통가조약 (Treaty of Rarotonga) -80.1.11/83.9.8	쿡 섬(Cook Islands)에 대한 뉴질랜드의 주권을 인정해 주고, 다음 4개 환초(산호초)에 대해 미국이 영유권 주장을 포기함. -Danger(Pukapuka), Manahiki, Penrhyn, Rakahanga
3	미국 → 뉴질랜드 (토크라우섬 , Tokelau)	아타푸환초조약 (Treaty of Atafu Atoll) -80.12.2/83.9.3	토크라우 섬에 대한 뉴질랜드의 주권을 인정해 주고, 다음 3개 환초(산호초)에 대해 미국이 영유권 주장을 포기함. -Atafu, Fafaofu, Nukunono
4	미국 → 투발루 (Tuvalu)	푸나푸티환초조약 (Treaty of Funafuti Atoll) -79.2.7/83.9.23	엘리스제도(Ellice Islands)의 4개 환초에 대해 미국이 영유권 주장을 포기함. -Funafuti, Nukefetau, Nukulaelae, Nurakita(Niulakita)
5	미국 → 콜롬비아	보고타조약 (Treaty of Bogota) -72.9.8/81.9.17	다음 3개 도서(환초)에 대한 콜롬비아의 주권을 미국이 인정해 줌. -Guita Sueno Bank, Boncador Cay, Serrana Bank
6	미국 → 니카라과 (Nicaragua)	Treaty	Corn Islands "former administration"
7	미국 → 온두라스 (Honduras)	산페드로술라조약 (Treaty of San Pedro Sula) - 71.11.22/72.9.1	스완 섬(Swan Islands) 스완 섬에 대한 온두라스의 영유권 주장을 미국이 인정해 줌.

첫째, 태평양 상의 호주와 뉴질랜드 동북쪽으로 '키리바시(Kiribati)'라는 섬나라가 있는데 날짜변경선의 가장 동쪽에 있는 국가로서, 1979년 이전에는 길버트 제도라고도 불렀다. 바로 이 길버트 제도의 타라와 환초(Tarawa Atoll)에서 1979년 9월 20일에 미국은 키리바시와의 타라와조약 체결을 통해, 이 지역의 14개 도서들에 대한 키리바시의 주권을 인정해 주는 조치를 취하였으며 이 조약은 1983년 9월 23일에 정식으로 발효하였다.

둘째, 쿡 제도는 18세기 말엽 호주와 함께 유럽인으로서는 처음 발견한 영국의 제임스 쿡 선장이 자신의 이름을 따서 붙여진 섬지역이다. 1888년에 영국 보호령이 되었다가 1900년이 되기 전에 뉴질랜드에 편입되었는데, 1965년 8월 4일 이래 쿡제도 주민들은 뉴질랜드 내에서의 자치를 선택함과 동시에 입법 제정권을 확립함으로써 군사 이외 대부분의 자치권을 얻은 셈이었다. 말하자면 쿡제도-뉴질랜드 관계는 마치 마샬군도/미크로네시아-미국 관계와 흡사하다고 보면 된다.[8] 도서의 주권과 관련하여, 1980년 6월 11일에 미국과 쿡 제도(Cook Islands)간 해양경계를 획정한 라로통가(Rarotonga) 우호조약 체결을 통해, 미국은 4개 환초에 대한 당초의 주권 주장을 포기하고 오히려 쿡 제도의 주권을 인정해 주었으며 이 조약은 1983년 9월 8일에 정식으로 발효되었다.

셋째, 1980년 12월 2일에 미국과 뉴질랜드 양 국가는 뉴질랜드령 토크라우 섬 관련 해양경계협정을 체결하였으며 1983년 9월 3일에 정식으로 발효되었다. 그 결과로 미국은 토크라우 섬에 대한 뉴질랜드의 주권을 인정함과 동시에 Atafu, Fafaofu 및 Nukunono 3개 환초에 대한 미국의 주장을 포기하였다.

---

8) https://ko.wikipedia.org/wiki/%EC%BF%A1_%EC%A0%9C%EB%8F%84 (검색일: 2017.10.11).

넷째, 1979년 2월 7일에 미국과 투발루(Tuvalu) 양측 대표가 푸타푸티(Funafuti) 환초에서 만나 우호조약을 체결하였으며 1983년 9월 23일에 발효되었다. 그 결과로 미국은 이 지역 4개 환초에 대한 주장을 포기하게 되었다. 참고로, 1979년에 있었던 미국과 키리바시 간 타라와조약 체결[그룹 1 참괴 당시, 엘리스 제도 소속이었던 투발루는 1892년 이래 영국의 보호령으로 있다가 1979년에 불만을 일으켜 독립한 상태였다.

다섯째, 1972년 9월 8일 체결되고 1981년 9월 17일에 발표된 보고타조약에 의거, 미국은 카리브 해 지역 즉 파나마 북쪽 및 니카라구아 동쪽에 위치한 일련의 도서들 즉, Guita Sueno Bank, Boncador Cay, Serrana Bank 등에 대한 콜롬비아의 주권을 인정해 주게 된다.

여섯째, 콘 섬(Corn Islands)은 니카라과 해안으로부터 약 30마일 떨어진 곳에 위치해 있으며, 큰 섬(Great Corn)과 작은 섬(Little Corn)의 2개로 구성되어 있다. 이 섬은 미국의 주권이 되었던 적은 없으나 1914년 9월 5일 이래 99년 간 미국이 니카라과로부터 임차해 사용해 오다가 1970년 7월 14일 마나구아(Managua) 약정으로 인해 미국의 임차 사용이 공식적으로 종료되면서 니카라구아 주권으로 돌려진 사례이다.

일곱째, 중남미 대륙의 카리브 해에 있는 'Swan Islands'는 1800년대 이래로 미국과 온두라스 간 영유권 분쟁을 겪어 오다가, 1971년 11월의 'Treaty of San Pedro Sula'에 의거 마침내 미국이 Swan섬에 대한 온두라스의 영유권을 인정하고 되돌려준 사례이다. Swan섬은 카리브해의 온두라스(Honduras)로부터 북동쪽으로 156Km 떨어진 곳에 위치하는데, 마치 우리나라 독도의 '동도'와 '서도'처럼 Great Swan섬과 Little Swan섬의 2개 섬으로 구성되어 있다. 큰 섬(Great Swan)의 길이가 4Km, 작은 섬(Little Swan)의 길이가 1.9Km 정도이며, 큰 섬(Great Swan)에는 34명이 거주(1960년경 기준)하고 등대가 있는 데 비해 작은 섬(Little Swan)은 주민이 살고 있지 않는 무인도이다.

1856년 8월 16일에 미 의회에서 통과된 'The Guano Islands Act(구아노 제도법)'⁹⁾에 의거하여 Swan Islands는 1863년 이래 미국의 관할 하에서 구아노 광산 채굴이 이루어져 왔으며, 구아노 광산 채굴 이후인 1960년에도 여전히 미국은 Swan Island의 전략적 중요성 때문에 레이더와 군사시설 및 기상관측소(weather station) 등을 활용해 오기도 했다.

한편 온두라스 역시 이미 1861년 4월 22일에 정식으로(officially) Swan Island를 포함한 인근 제 도서들에 대한 주권을 선언하는 등 미국과 온두라스 양국 간 섬의 영유권을 둘러싼 갈등은 계속되어 왔다. 그러다가 1971년 11월의 'Treaty of San Pedro Sula'에 의거 마침내 미국이 결단을 내려 Swan섬에 대한 온두라스의 영유권을 인정하고 되돌려 준 사례이다.

한 때 미국이 자국 의회의 'Guano Islands Act'에 의거 100여 년 동안 Swan Islands를 미국의 관할로 간주해 왔으며 군사시설 등 전략적 필요성에도 불구하고, 1971년 양 국가 간 조약을 통해 마침내 미국이 온두라스의 영유권을 인정하고 Swan Island의 영유권을 온두라스에게 다시 되돌려 준 것은 국제 사회에 주는 시사점이 매우 크다고 할 수 있다.

이에 반해, 일본의 경우는 과거 러일전쟁의 와중에 우리나라의 땅인 독도의 전략적 가치 때문에 자국의 시마네현 고시를 통해 불법 편입하는 등 침탈하였음에도 불구하고, 미국이 과거 비슷한 사례인 온두라스의 Swan Island 사례에 대해 보여주었던 결단을 아직까지 보여주지는 못할망정, 오히려 한국이 일본의 고유영토인 독도를 불법점거하고 있다는 등 억지 주장을 계속하고 있는 실정이다.

---

9) 'The Guano Islands Act'(1856.8.16)에 따르면, "구아노 광산이 있는 무주지 섬을 먼저 발견하는 미국 시민은 누구든지 그 섬을 소유할 권한이 있으며 따라서 그 섬은 미국의 관할권(use the military to protect such interests and establishes the criminal jurisdiction of the United States)에 속한다."라고 되어 있다.

3) 하타이주(Hatay Province) 영유권 사례: 터키-시리아

〈그림 3〉 Hatay Province

(출처: https://en.wikipedia.org/wiki/Hatay_Province)

하타이주(Hatay Province)는 터키 남부와 지중해 연안에 위치하고 있고 남쪽과 동쪽으로는 시리아와 국경을 접하고 있으며, 면적은 5,524km²(2,133 sq mi)이다. 1939년 6월 29일 터키에 편입되었다.

터키에서 지중해 서안을 따라 시리아 남쪽으로 뻗은 하타이주는 터키와 아랍민족이 뒤섞여 있는 데다 무슬림과 기독교인 간 종교분쟁이 끊이지 않았던 곳이다. 고대 시리아 수도였던 안티오크가 속해 있는 하타이주는 오스만제국 영토였다가 제1차 세계대전 후 국제연맹 중재로 시리아를 식민지로 삼았던 프랑스로 넘어갔다. 이후 하타이주 내 터키 민족이 1938년 시리아에서 벗어나 독립을 선포한 뒤 이듬해 터키 영토로 편입됐다.

하타이주는 원래 시리아의 영토로 여겨지던 곳이었다. 1764년 Joseph Roux의 지도가 이를 뒷받침하고 있다. 인종의 구성을 보아도 아랍인 46%, 터키인 39%, 아르메니아인 11%로 아랍계가 주축을 이루고 있다. 제1차 세계대전에서 터키의 패전 이후 시리아는 영국이 지배하게 되었으며 이후 프랑스에 인계되었다. 이때까지만 해도 Hatay는 터키의 영토는 아니었다. 1921년 10월 20일 터키-프랑스는 조약을 체결하여 Hatay는 자치주로 결정하기로 합의하였다. 1922년 당시 주민 22만명 가운데 터키인은 8만 7천명이었다. 1939년 6월 29일 선거에 따라 하타이는 터키의 주로 편입되었다. 그러나 투표가 조작되었다는 것과 터키정부가 히틀러에 협조할 것을 우려한 프랑스의 양보가 있었다는 소문이 주를 이루었다.[10] 실제 투표를 위해 수만 명의 터키인들이 하타이로 이주하기도 하였다. 1936년 Franco-Syrian Treaty of Independence에 따르면 프랑스는 시리아 영토의 합병을 거부해야 함에도 불구하고, 터키에 하타이를 넘겨준 프랑스의 개입에 항의하여 시리아 대통령 Hashim al-Atassi가 사임하기도 하였다. 지금도 대다수의 시리아 국민들은 프랑스가 불법적으로 하타이를 터키에 양도하였다고 생각하고 있다. 또한 시리아 인들은 터키 용어인 Hatay 보다는 'Liwa'aliskenderun' 라고 부르며 하타이는 여전히 시리아의 영토라고 보고 있다.

2000년 Assad 정권에서 시리아와 터키 간의 관계가 좋아지자 시리아는 터키에 대하여 하타이에 대한 영유권 주장을 더 이상 제기하지 않기로 하였는데 이에 대한 공식적인 합의는 이루어지지 않았다. 시리아 미디어(media)에서도 더 이상 하타이 문제를 거론치 않는 암묵적 분위기가 형성되기도 하였다.

그러나 2011년 이후 시리아 내전이 발생하고 터키와의 관계가 다시 악화되면서 시리아는 다시 하타이에 대한 영유권 주장을 재개하였다. 시리아 방송에서도 하타이의 역사에 대한 상영을 재개하였다.

전통적으로 시리아의 영토로 알려진 하타이주는 시리아를 식민통치하던 프린스의 양도로 터키의 영토로 편입되었다. 1921년 10월 20일 터키-프랑스는 조약을 체결하여 Hatay는 자치주(自治州)로 결정하기로

---

[10] Jack Kalpakian, *Identity, Conflict and Cooperation in International River Systems* (London: Ashgate Publishing, 2004), p.130.

합의하였고, 1936년 Franco-Syrian Treaty of Independence에 따르더라도 프랑스는 시리아 영토의 합병을 거부해야 함에도 불구하고 프랑스는 터키에게 Hatay를 양도하였던 것이다.

이후 시리아 내부적으로는 영토회복에 대한 목소리가 지속되기도 하였지만, 양국의 선린우호 정책에 따라 묵시적으로 시리아는 하타이 주에 대한 반환 요구를 사실상 자제해 왔다. 그러나 시리아 내전의 발생과 이로 인한 시리아-터키의 관계 악화로 인해 하타이에 대한 영유권 주장이 다시 수면 위로 올라왔다.[11] 결국 영토에 대한 과거 식민종주국의 인위적 결정은 시리아-터키 양국의 관계설정에 따라 다시 갈등요인으로 작용하고 있음을 보여주고 있다.

4) 파미르 고원(Pamir Mountains) 사례: 중국-타지키스탄

중국과 중앙아시아 지역 국가와의 영토분쟁은 당초 중국과 구소련 간의 문제였지만 구소련의 해체와 함께 동 지역의 국경문제는 중국과 러시아, 카자흐스탄, 키르기스스탄, 타지키스탄의 문제로 전환되었다. 중국과 카자흐스탄은 1998년 협상을 통해 국경문제를 해결했고, 키르기스스탄과는 1999년 국경협정을 체결하였다.

중국과 타지키스탄과의 국경분쟁은 2002년에야 종결되었다. 이는 타지키스탄 공산주의자-이슬람주의자 간 내전으로 인한 영향 탓이었다. 중국으로서는 타지키스탄과 국경문제로 자칫 대립각을 세웠다가는 이슬람주의자에게 유리한 모멘텀을 줄 수 있다는 우려에서 비롯되었다.

타지키스탄 내전 종식 후인 1997년 중국-타지키스탄 정부는 파미르

---

11) 시리아 내전으로 2016년 4월 기준 약 408,000명의 시리아 난민이 Hatay 주로 피신하였다.

고원에 대한 양국의 국경 협상을 진행하였다. Markansu Valley는 균등
하게 분할되었으며, Uzbell Pass 지역에 대해서는 중국이 타지키스탄에
양보하였다. 하지만 Pamir 고원에 대한 양국의 입장은 팽팽히 대립되
었다. 그러나 1997년 발생한 신장 자치구 The Ghulja incident(伊宁事件)
이 발생하자 소수민족 자치구의 불안정이 자국의 이익에 부합하지 않
는다는 중국 정부의 판단에 따른 양보로 1999년 타지키스탄과 국경조
약을 마무리 짓게 되었다. 이와 같은 판단은 "중국-타지키스탄 양측의
국경 내에서 분리주의와 종교적 극단주의에 대한 반대"에 동의한다는
성명에도 잘 나타나 있다.[12]

　2002년 5월 장쩌민 중국 주석과 Rahmonov 타지키스탄 대통령은 협
정문에 서명하였다. 양국의 국경선 획정은 2011년 1월 최종적으로 획
정되었는데, 타지키스탄은 불과 1,158㎢ 면적의 영토를 양보한 반면,
중국은 73,000㎢ 면적의 영토를 타지키스탄에 양보하였다.

　중국과 카자흐스탄, 키르기스스탄, 타지키스탄 중앙아시아 3개국과
의 영토협상에서 중국은 다른 국경협상에서 보다 더 큰 양보를 함으로
써 이들 국가와의 국경문제를 해결했다는 점에서 차이를 보인다.

　특히 중국과 타지키스탄과의 국경선 획정은 1997년 발생한 신장 자
치구에서의 분리주의자 폭동사건의 영향을 많이 받았다. 소수민족 자
치구의 불안정이 자국의 이익에 부합하지 않는다는 중국 정부의 통 큰
양보로 양국 간 합의가 이루어진 것으로 자치구 소수민족을 관리하려
는 중국 정부의 고뇌가 녹아 있는 것으로 판단된다.

---

12) M. Taylor Fravel, *Strong Borders, Secure Nation: Cooperation and Conflict in China's Territorial Disputes* (Princeton University Press, 2008), p.166.

〈그림 4〉 타지키스탄과 중국 사이의 파미르 고원

(출처: https://commons.wikimedia.org/wiki/File:Location_map_Pamir_mhn.svg)

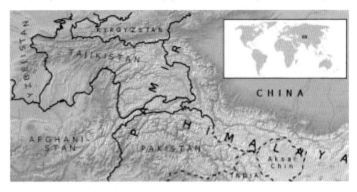

5) 중국-러시아 국경분쟁 사례

제정 러시아(Tsarism Russia)는 중국과 네르친스크(Nerchinsk) 조약
(1689년), Kiakhta 조약(1728년), Aigun 조약(1858년) 등 영토 확장 정책
을 구사하여 중국의 영토 일부를 점령하게 되었다. 특히 아편전쟁 중
이던 시기에 체결된 아이훈(Aigun) 조약(1858년)과 베이징 조약(1860년)
을 통해 중국은 흑룡강성 일대 등 방대한 영토를 제국 러시아에 내어
주게 되었다.

과거 식민지 열강의 지배로 인해 영토를 빼앗긴 중국의 현실에 대하
여 1911년 언론을 통해 손문(孫文)은 이러한 불평등 조약이 무효라고
주장하였고, 이로 인해 빼앗긴 영토에 대한 중국 내 여론이 조성되었
다. 중국의 지도자들은 중국이 혼란에 빠진 틈을 이용하여 제정 러시
아가 중국의 영토를 차지하였다고 주장하였다.

1919년 소비에트 정권은 제1차 대중선언을 통해 제정러시아가 중국
에게 강탈한 영토를 중국에게 반환할 것임을 선언하였다. 1924년 중소
국교정상화 당시에도 이러한 입장이 유지되었으나 레닌 사망 이후 이

〈그림 5〉 중국-소련/러시아 국경분쟁

(출처: https://www.google.co.kr)

러한 구소련의 대 중국 정책은 실현되지 못하였다.

중화인민공화국이 창설된 1949년에서 1960년 초반까지 중소 양국의
관계는 비교적 원만하고 우호적이었다. 특히 1950년 중·소 간 체결된
상호 원조 및 우호조약에서 보는 바와 같이 양국 간에는 큰 견해차가
없어 보였다. 1960년 네팔의 연설에서 주은래(周恩來) 중국 총리는
중·소 양국의 국경이 조정되어야 함을 언급하였지만, 당시 소련은 현
상태가 고수되어야 한다는 입장을 견지하였다. 이후 양국 간 국경 및
영토조정에 대한 공방이 개시되기 시작하였다. 1964년 국경분쟁 해결
을 위한 양국의 회담이 실패로 끝나자 이때부터 양국은 국경 인근에 대
규모 병력을 주둔시키며 군사적인 대결상태를 유지하기 시작하였다.

중국-소련/러시아 국경분쟁은 도전국(중국)이 영토분쟁에서 우위를

점하기 위해 '이슈연계전략'과 '강압외교'를 구사할 수 있음을 보여준
다.13) 또한 동 사례는 다른 분쟁 현안이 해결되면 무력사용의 위협과
행사의 가능성이 줄어들며, 영토의 양보를 통한 해결 시도의 가능성이
높으면 영토분쟁의 궁극적인 해결에 도달할 수 있음을 입증한다.

'영토의 가치이론'과 '국내사정 동원이론'은 1987년 이전 중국의 영토
양보의지가 왜 결여되었고, 왜 무력사용과 위협을 했는지에 대하여 어
느 정도 설명을 제시하기도 하지만, 그 이론들은 대부분의 시간을 허
구로 만들어 놓고 있다. 왜냐하면 이러한 요건들은 주로 정적이거나
오랜 기간 변하지 않는 것이어서 중국의 분쟁전략의 편차에 대하여 설
명하지 못한다. 중소 양국이 갈등을 겪고 있던 이 지역의 영토적 가치
는 아주 낮다. 우선 부존자원이 거의 없고 거주 인구도 거의 없는 황량
한 지역이기 때문이다. 다만 중국의 입장에서는 이 지역이 중국의 국
경이라는 점에서 지리적으로 중국의 안보에 커다란 위협으로 인식하
고 있었기 때문에 그러한 관점에서 지리적인 중요성을 무시할 수는 없
다. 또한 영토의 상징성으로 인한 민족적 가치로서 중국에게 매우 중
요하겠지만 이를 증명하기는 매우 어려운 문제이다.

영토분쟁의 유일한 가치는 전략적인 것인데, 두 적대 강국은 각자의
영토주권 주장을 위해 국경에 군대를 파병하여 분쟁의 전략적 가치를
내성화하였다. 그러나 이러한 전략적 가치도 내성적인 요인에서 비롯
된 것이므로 분쟁이 해결되면 전략적 중요성도 함께 없어진다는 측면
에서 본래의 전략적 가치가 있는지에 대해서는 회의적으로 평가된다.

중국의 지도자들이 문화혁명으로 인해 약화된 권력기반을 재장악하
고 국내여론 조성을 위해 중소 국경분쟁을 단기적으로 이용한 정황은
발견된다. 그러나 전체적으로 중국의 지도자들이 다른 목적을 위해 국

---

13) Krista E. Wiegand, *Enduring Territorial Disputes* (Athens: University of Georgia
Press, 2011), p.277.

내적 지지를 동원하기 위해 촉발된 무력의 사용과 위협에 편승할 수 있었지만, 중국의 지도자가 국내적으로 취약했던 기간이 짧아 수십 년 동안 중국이 왜 영토를 양보하지 않았고 수백 번의 무력사용과 위협의 이유에 대하여 적절한 설명을 제공하지는 못한다. 오히려 양보전략은 중국 지도자가 국내적으로 가장 취약했던 1980년대에 이루어졌다.

중소 갈등 기간 중 중국은 강압외교 및 군사적 위협/사용 전략을 통해 협상의 우위를 점하려는 노력을 지속적으로 구사해왔다. 사실 중소 갈등의 근본 원인은 공산주의 이념전쟁에서 비롯되었는데, 중국은 소련을 수정주의라고 비난하였다. 이러한 갈등은 중소 국경분쟁, 각각의 진영 세력 확장의 다툼 등 다양한 분야에서의 경쟁으로 발전하였다.

중국은 소련의 다양한 외교 전략에 대하여 기본적인 의구심을 품고 있었다. 예컨대, 1962년 중국-인도 간 국경 전쟁이후 소련의 인도에 대한 미그(MIG)전투기 지원결정은 중국으로 하여금 엄청난 압박이자 도전요인이 되었다. 1961년 중국과 우호관계에 있었던 알바니아, 유고슬라비아에 대한 소련의 침공, 1962년 소련의 쿠바 미사일 배치에 대하여 중국은 "제국주의와 협상에 도달하기 위해 쿠바의 주권을 훼손한 행동"이라는 맹비난을 쏟아 부었다. 1963년 소련은 미국과 「부분적핵실험금지조약」(PCBT)을 체결하였는데 이 또한 미 제국주의와의 야합이라고 비난한 바 있다. 1968년 소련군의 체코 침공 이후 중소 국경 대치가 심화되었다. 중국은 소련의 이러한 확장적인 정책이 제정러시아 이후 소련의 영토 확장에 대한 야심이 재현된 것이라고 평가하였다.

소련 군대의 아프가니스탄과 몽고로부터의 철수와 캄보디아로부터 철수하라는 소련의 베트남 정부에 대한 압력 등 두드러지는 분쟁 현안의 해결은 1980년대 후반 수십 년 된 국경분쟁 해결을 위한 중국과 소련 양측의 여건 조성에 기여한 셈이다. 소련 군대의 몽고 주둔, 베트남 지원 및 베트남의 캄보디아 침공 지원, 아프가니스탄 침공 등 현안은 중국 입장에서는 중국을 향한 소련의 포위전략으로 보이기 때문에 지정학적인 차원에서 중국 정부로서는 이러한 소련의 군사전략에 큰 부담을 느낄 수밖에 없었다. 예컨대, 1980년 소련이 중국의 전통적 우방이었던 아프가니스탄을 전격적으로 침공하자, 중국은 소련의 이러한 행위는 아시아와 전 세계의 평화와 안전의 중대한 위협이며 국제규범의 중대한 위반이라고 맹비난하였다. 1980년 4월 소련이 중소 양국의 국경협상을 재개하려 하자, 중국은 "중국-소련의 베트남, 아프가니스탄, 몽고, 중소 국경에서의 견해차이가 존재하고 있음"을 명백히 밝히면서 소련의 제안을 거부한 바 있다. 따라서 이러한 현안들이 해결되지 않는 한 중국으로서는 중소 양국 정상화를 가로막는 국경분쟁을 해결할 의지가 없었던 것이다. 여기서 가장 중요한 점은 중국에 부정적인 영향을 주는 다른 현안들에 대한 소련의 외교 정책을 변화시키도록 중국 정부가 소련을 강요하기 위한 협상 도구로써 국경 분쟁을 이용하였다는 것이다. 만약 이전의 군사적·외교적 협박과 무력사용이 없었다면 중국은 이러한 현안들에 대한 해결을 위해 소련 정부에 행사할 수 있는 수단이 결여되었을 것이다. 이러한 점은 협상도구이론의 가정과도 합치한다. 결과적으로 국경분쟁의 해결은 양국 관계 개선에 크게 기여하였다.

그리고 1985년 권력을 장악한 미하일 고르바초프(Mikhail Gorbachev)의 등장은 중-소/러시아 국경분쟁에 커다란 영향을 미쳤다. 취임 초기 관계정상화의 전제조건을 내건 중국의 요구에 부정적이었던 고르바초프는 미국과의 군비경쟁으로 인해 중국과의 관계개선이 필요하다는 인식을 하게 되었다. 소련 경제의 붕괴와 막대한 군사비 지출로 인해 중국과의 군사적 대결 지속에 필요한 재원 조달이 가능하지도 타당하지도 않다는 결론에 도달하게 하였다. 이러한 지정학적인 역학관계의 변동으로 말미암아 소련과 중국은 양국 관계정상화에 합의하게 되었고, 중국도 양보를 통해 소련과의 관계정상화를 위한 노력에 경주하게 되었으며 이때부터 더 이상의 과거 짜르(Czar) 시대에 체결된 영토조약의 불평등 주장은 하지 않게 된 것이다.

여러 가지 환경의 변화가 있었지만, 결과적으로 고르바초프의 결단이 국경분쟁 해결에 열쇠가 된 것이다. 1987년 8월부터 시작된 회담에서 획기적인 진전이 이루어졌다. 몽고 주둔 소련군의 20% 감축, 극동 지방에 주둔 중인 소련군 감축 등의 소련 측의 결단으로 양국 간 정상화의 분위기가 무르익기 시작하였다. 특히나 1989년 2월까지 아프가니스탄으로부터 소련군을 철수하겠다는 제안은 양국 간의 관계정상화에 결정적인 계기가 되었다. 1989년 2월 회동에서 소련은 베트남에서의 완전 철군도 합의하였다.

6) 발비스만(Walvis Bay)과 펭귄섬(Penguin Islands) 사례: 남아공 –나미비아

발비스만은 현재 나미비아에 있는 도시이며 동시에 이 도시가 위치한 해안의 이름이다. 발비스만의 해안을 따라 12개 이상의 섬과 암초가 북쪽에서 남쪽으로 이어지며 작은 펭귄군도[14]를 이루고 있는데 모든 섬을 합친 넓이는 2.35km²에 달한다.

발비스만과 펭귄섬에 대한 영유권 분쟁은 남아프리카공화국(이하 "남아공")이 1990년 3월 21일 나미비아의 독립을 허용하면서 나미비아

---

14) 12개 섬의 이름 북쪽부터 남쪽으로 Hollam's Bird Island, Mercury Island, Ichaboe Island, Black Rock, Staple Rock, Marshall Reef, Boat Bay Rocks, Seal Island, Lüderitz Bay, Penguin Island, Lüderitz Bay, Halifax Island, North Long Island, South Long Island, Possession Island, Albatross Island, Pomona Island, Black Rock, Black Sophie Rock, Plumpudding Island, Sinclair Island (Roast Beef Island), Little Roastbeef Islets 섬들을 포함해서 펭귄섬으로 부른다.

안에 위치한 발비스만과 펭귄섬을 계속 실효지배하면서 생겨났다.

남아공이 발비스만을 불법 점령한 유래는 15세기 유럽 제국들 즉, 네덜란드, 포르투갈, 프랑스, 영국의 해외 식민지 개척시기까지 거슬러 올라간다. 유럽인으로서는 포르투갈의 항해사 바코로메우 디아스가 희망봉을 통해 동양으로 가는 항로를 개척하던 중 1487년 최초로 이곳 발비스만에 도착했다. 그러나 포르투갈은 발비스만에 대한 영유권을 공식으로 주장한 적은 없다. 이 항구는 18세기 경 포경업자들에 의해서 바히아 더 발레아스 만(Bahia de Baleas-고래 만)으로 알려졌다. 이 지역에 유럽 개척자들이 정주하면서 식민지개척이라는 명목으로 나미비아 지역의 자원과 주민들에 대해 수탈행위를 시작했다.[15]

1793년 네덜란드가 처음 발비스만의 영유권을 주장했고 1795년 영국이 여기에 합세했다. 그러나 1878년 대영제국의 사령관이 공식적으로 발비스만을 접수하였고 연안에 있는 12개의 펭귄섬도 식민지에 합병하였다. 영국은 이 지역에 대한 국경선을 획정하였고 1878년 3월 12일 이 지역을 영국영토로 선포하였다.

1977년 남아공화국은 R202 선언을 통해 "발비스만이 남서아프리카의 영토에 속하고 지역 주민들이 이 지역의 영토와 함께 관리되는 것을 끝내고 케이프 주의 일부로서 관할될 것이다"라고 규정하였다. 이 선언을 통해서 발비스만 지역을 남아공 영토에 재 병합하고 1922년 국제연맹이 제시한 이 지역 영유권관리 강령을 철회하며 이 지역에 대해 남아공의 영유권주장을 정당화하였다.[16] 이처럼 1977년 남아공은 발비스만과 펭귄섬에 대한 영유권 선포를 했고 1990년 나미비아가 독립

---

15) 위키피디아 웹사이트 https://en.wikipedia.org/wiki/Walvis_Bay (검색일 2017. 9.10).

16) Klaus Dierks, "Namibia's Walvis Bay Issue-Origin and Rise of a Colonial Dispute" (2002) 출처 http://www.klausdierks.com/Walvis%20Bay/

할 때 발비스만과 펭귄섬에 대한 주권을 계속 유지하였다. 그리하여
이 지역에 대한 영유권 분쟁은 1994년까지 계속되었다. 나미비아가 독
립한 후 1994년에 이르러 남아공이 이 지역에 대한 영유권을 평화적으
로 이양하게 된 배경에는 몇 가지 요인이 작용한 것으로 분석된다.

발비스만은 수심이 깊은 국제항구의 자연조건과 주변에 어족이 풍
부해서 대부분 백인들이 일찍부터 어업을 관할 통제하였다. 남아공 수
산업자들은 이 지역의 풍부한 어장에서 어획한 수산물을 수출하는 항
구로 이용하였다.

〈그림 6〉 Walvis Bay and Penguin Islands

(출처: https://en.wikipedia.org/wiki/Walvis_Bay)

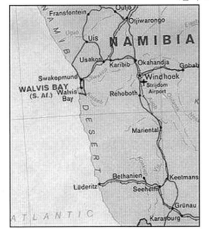
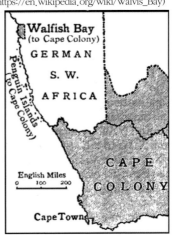

또한 이 지역은 냉전시기에는 나토 동맹 하에서 중요한 전략적 가치
를 지니던 곳으로 서구와 미국은 남아공의 전략적 활동을 지원하며 러
시아와 쿠바의 영향력을 통제하였다. 1989-1990년에 냉전이 종식되면
서 남아공 군대가 나미비아에 더 이상 존재할 이유가 없어졌고 군사적

대립 양상이 사라졌다.

남아공과 나미비아 간에 발비스만과 펭귄섬 분쟁이 해결될 수 있는 여러 요인들을 살펴볼 때 우선 경제적 요인으로 풍부한 어족자원과 중요한 심해 항구인 발비스만을 자유롭게 이용할 수 있는 자유무역지역 선포를 들 수 있다. 또 정치적인 요인으로는 남아공에서 민주화의 발전과 인종차별주의의 소멸이 양국 간의 신뢰와 교류를 촉진한 점이다. 외교/안보적 측면에서는 냉전의 종식에 따라 나미비아에서 미국과 서방지원세력들의 개입과 한편 러시아와 쿠바의 군사개입이 사라진 이념대립의 종결을 들 수 있다. 또, 지역의 남서아프리카 민중조직과 아프리카연합기구(OAU)가 유엔과 국제사회에서 나미비아의 독립과 발비스만과 펭귄섬의 이양을 촉구하는 여론을 형성한 것도 큰 몫을 하였다. 발비스만과 펭귄섬의 평화적인 이양사례 분석을 통해 향후 독도문제 해결을 위해 시사점을 생각해 볼 수 있다.

7) 서사하라(Western Sahara), 이프니(Ifni) 사례: 모로코-스페인

모로코와 스페인은 유럽과 아프리카를 연결하는 인접국으로 오랜 역사적·문화적 교류와 갈등관계를 갖고 있다. 그 중 가장 큰 갈등관계로 오래 지속되고 있는 영토문제를 들 수 있다. 스페인은 일찍이 15세기에 대양시대를 열어가면서 모로코 서쪽 대서양에 위치한 카나리아제도를 자국 영토로 편입하였고, 지중해 연안 모로코 북쪽 플라자스 지역의 다섯 군데를 자국의 영토로 편입하였다. 또 1860년에 모로코 서남쪽 고립지역인 이프니(Ifni)를 1884년에는 미국 콜로라도 주 크기의 서사하라 사막지역의 영유권을 확보하였다.

1960년대와 70년대 초에 모로코 외교에서 가장 큰 관심사는 스페인이 실효지배하고 있는 남쪽의 모로코 영토를 회복하는 것이었다. 그 과

〈그림 7〉 서사하라(스페인사하라)와 이프니 지역

(출처: https://en.wikipedia.org/wiki/Sidi_Ifni)

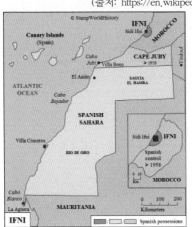

정에서 1969년 1월 4일 협정을 통해 스페인은 시디 이프니(Sidi Ifni)를 모로코에 이양하였고 1975년 11월 6일 그린마치행진을 통하여 모로코는 스페인으로부터 서사하라(Western Sahara) 영토회복을 이끌어냈다.

(1) 스페인 서사하라(Spain Western Sahara)

미국 콜로라도 주 크기의 아프리카 모로코 남서쪽에 있는 서사하라는 모로코와 모리타니아(Mauritania)가 이 지역에 대한 영유권을 주장하며 분쟁 중에 있다. 그중에서도 스페인이 1884년부터 1975년까지 차지하고 관할하던 지역을 스페인 사하라라고 지칭하고 있다. 이 지역은 스페인 제국이 가장 최근에 취득한 영토이며 가장 나중에까지 보유하던 곳이기도 하다.

스페인은 모로코의 요구와 국제사회의 압력, 특히 유엔으로부터 탈식민지화에 대한 유엔결의로 압박이 있어서 이 서사하라지역에 대한 주권을 포기하기에 이르렀다. 또한 서사하라 지역 원주민인 사흐라위

(Sahrawi)족 주민들의 내부 압력과 모로코의 영토반환 주장이 크게 작용했다. 모리타니아도 역사적인 연원에 따라 몇 해 동안 영토반환을 주장하였으나 그 후 이 주장을 포기하였다.

1975년 모로코는 서사하라의 많은 부분을 차지하였으나 독립 사흐라위 아랍민주공화국 (Sahrawi Arab Democratic Republic: SADR)의 주권을 옹호하는 폴리사리오 전선(Polisario Front)이 모로코를 상대로 16년간 게릴라항전을 해 왔다. 1991년 유엔은 휴전을 제안했고 협상을 주선하며 이 지역의 미래를 위해서 주민투표를 주선하려고 노력하고 있다. 스페인으로부터 서사하라를 이양 받은 후 모로코는 대서양 연안 사하라지역 전체 영토, 지역 주민, 및 자연자원의 대부분을 관할하고 있다.

1967년 모로코 정부에 의해 비밀리 조직된 저항운동단체인 하라카트 하히리(Harakat Tahrir)에 의해 스페인의 서사하라 영유권 관할이 도전을 받았고, 1973년에는 사흐라위 민족주의를 부활하면서 폴리사리오전선(Polisario Front)이 형성되어 스페인의 서사하라 지배에 저항하였다. 폴리사리오전선 게릴라가 급성장하자 스페인은 1975년에 이르러 서사하라 영토의 대부분에 대한 실효지배를 상실하게 되었다. 1975년 스페인의 오랜 독재 통치자 프랑코의 죽음에 임박해서 모로코의 강력한 영토 회복 운동에 당면하고 이 것은 모로코의 그린마치(Green March) 영토회복 운동으로 절정에 이르렀다. 스페인은 모로코와 모리타니아와 마드리드 조약에 합의한 후 이 지역에서 모든 병력과 스페인 주민들을 철수시켰다.[17]

(2) 이프니(Ifni) 고립지역

대서양 연안에 있는 이프니는 이전에 스페인의 북아프리카 고립지

---

[17] 위키피디아 "Spanish Sahara" 참조.
    https://en.wikipedia.org/wiki/Spanish_Sahara (검색일 2017.10.15.).

역이었으나 지금은 모로코 남서지역의 일부가 되었다. 건조한 산악과 해안 평야를 끼고 있는 준사막지역으로 이프니는 카나리 제도의 군주인 디에고 가르시아 레레라가 1476년 스페인의 어업, 노예매매, 무역지대로 개척해서 산타크루즈 더라마르 페퀘나라고 불렀다. 1524년에 역병과 무어인들의 적대관계로 버려졌으나 1860년 스페인-모로코 조약에 따라 다시 스페인이 영유권을 주장하였다. 1934년에 와서 스페인은 이 지역에 대한 실효지배를 갖게 되고, 1946년에 스페인의 서아프리카 지역의 일부가 되었다.

스페인은 1956년 모로코가 독립한 후 이프니에 대한 영유권을 확보하였고 이프니 전쟁(1957-58)에 모로코가 이 지역 영토를 취하려는 시도를 퇴치하였다. 1958년에 이프니 지역은 총독이 관리하는 지역으로 재구성되었다. 스페인은 1969년 이프니 지역의 관할권을 모로코에 양도하기로 결정하였다. 현재 이프니의 중심도시는 시디 이프니이고 2만명의 주민이 거주하고 있다.[18]

오랜 분쟁전략을 통하여 도전국 모로코는 점유국 스페인으로부터 서사하라 사막과 이프니 고립지역에 대한 양도를 얻어내었다. 영토 양도를 이끌어 내는 과정에서 양자 간에 어떤 정책과 전략이 수반되었고, 이 양도가 이루어지는 과정에서 점유국과 도전국간에 어떤 요인이 작용했고 거래가 이루어졌는지 사례를 분석해 볼 필요가 있다.

모로코는 스페인이 세우타와 메릴라 고립지역의 영토주권을 매우 소중하게 여기고 있다는 점을 잘 알고 있기 때문에 영토문제를 이용하여 외교적 압력을 가하는 강압외교(coercive diplomacy)와 다른 소기의 이득을 얻고자 의도된 이슈연계(issue linkage) 전략을 적용한 것으로 이해되고 있다.[19]

---

18) Encyclicædia Britannica "Ifni-Morocco" 참조.
   https://www.britannica.com/place/ifni (검색일 2017.9.25).

스페인의 관점에서 플라자스 지역의 영토관리가 궁극적으로 어업권이나 서부사하라의 양보에 드는 비용보다 더 중요하기 때문에 모로코의 이슈연계(issue linkage)와 강압외교(coercive diplomacy) 전략은 전반적으로 성공적으로 적용되었다. 모로코는 스페인을 대상으로 두 가지 주요 영역에서 이득을 얻고자 영토전략을 이용하였다. 첫 번째 영역은 스페인이 서부사하라의 자체독립을 지지하는 문제를 견제하며 서사하라의 영유권과 이프니 고립지역의 주권이양을 얻어내는 것이었고, 두 번째 영역은 스페인과 모로코 간에 분쟁상태에 있는 모로코 해안에서 조업권에 관한 협상과 모로코 인들의 스페인으로 불법 이민의 문제를 협의하는 데 있었다. 모로코는 이 영토분쟁을 협상 수단으로 이용하여 스페인으로부터 조업권에 대한 재정적 원조를 받아 냈고, 공평한 이민정책과 모로코인들에게 합법적으로 법률을 적용하도록 압력을 가하여 동의를 받아냈다.[20]

다만 장차 모로코의 영유권 정책에서 가장 큰 변화의 가능성은 정권의 변화에 달려있다. 이슬람 원리주의자들이 모로코에서 정권을 잡을 경우 플라자스의 해방을 위해서 무력을 사용할 가능성도 있고 아랍 민족주의집단이나 원리주의 집단과 암묵적인 협력관계를 이용할 수도 있다.

4. 맺음말

본 연구에서는 아시아, 중남미, 유럽, 구미 등 전 세계 거의 모든 지역의 유사 사례들의 조사를 통해 침탈한 영토주권을 되돌려주거나 억

---

[19] Wiegand, Supra note 13, pp.45~55.
[20] 앞의 자료, p.198.

지 영유권 주장을 포기한 영토갈등 사례들을 추출하였으며, 영유권 주장의 포기 및 침탈한 영토를 되돌려 준 요인 내지 배경을 경제적 요인, 정치적 요인 및 외교안보적 요인 등으로 구분하여 분석해 보았다. 분석결과 많은 사례들이 외교안보적 요인들이 적지 않게 작용한 것으로 보이며, 특별히 미국-쿠바 간 후벤투드 도서영유권 사례 등 침탈한 국가의 국가적 결단에 의해 침탈한 영토를 되돌려 준 사례들도 일부 도출됨으로써 일본 등 억지 영유권 주장을 하는 침탈국가들을 대상으로 국제사회에 주는 시사점도 제시되었다.

영토분쟁이 해결되기 위해서는 분쟁의 해결을 위한 여건이 조성되고 그러한 분쟁의 해결이 관련국의 이해관계에 부합해야 한다는 여건이 조성되어야 할 것이다. 그러한 영토에 대한 국민들의 열망, 자원의 부존여부, 리더십의 존재여부에 따라 영토분쟁은 해결될 가능성이 높아질 수도 있고 낮아질 수도 있게 된다. 결국 중요한 것은 영토분쟁의 해결이 관련국간의 이해관계에 부합한다면 그만큼 영토분쟁의 해결은 용이하게 될 것으로 보인다.

영토분쟁 당사국의 관계에서 도전국이 영토분쟁을 전략적으로 앞에 내세우고 있으나 실제로 이면에는 다른 분쟁문제들에서 영토분쟁과 연계하여 이득을 취하는 전략을 구사하고 있다. 그러므로 영토분쟁은 분쟁전략에 영향을 미치는 가장 중요한 변수로 작용하는 듯하나, 다른 이면의 분쟁문제들이 도전국에게 가장 중요한 관심사로서 분쟁 전략에 영향을 미치게 될 것이다.

점유국의 입장에서는 도전국이 영토분쟁의 해결 자체에 목적이 있는 것이 아니라 영토분쟁과 다른 주요 분쟁 문제를 연계하여 얻고자 하는 협상 이득 에 주 관심이 있다는 점을 주목할 필요가 있다. 도전국이 영토분쟁을 고집하고 때때로 점유국에게 외교적이나 군사적으로 맞서서 다른 분쟁문제에 관련해 영토분쟁을 협상수단으로 이용하는 강압외교와 이슈연계의 이중 전략을 모색할 수 있기 때문이다. 도전국들은 다른 중요한 현안 이슈에서 유리한 상황(우세)에 있지 못할 때 협상 카드로서 영토분쟁 위협을 이용할 수 있다.

따라서 정책입안자들이나 중재자들이 영토분쟁을 해결하기 위해서는 가장 중요한 요인으로 국가들이 협상수단으로 영토분쟁을 이용한다는 점을 고려해야 한다.

이러한 사실은 영토분쟁을 해결하기 위해서 도전국이 이득을 얻고자 목적을 두고 있는 이중전략의 대상인 다른 분쟁을 먼저 해결해야 한다는 점을 시사한다. 가능하면 양자간에 신뢰구축방안을 위한 작은 조치부터 시작해서 양국협력을 모색하고 더 크고 보다 중요한 문제로 협력을 발전시켜나가는 것도 하나의 방안이 될 수 있다. 결과적으로 영토문제를 해결하기 위해서 쌍방 간에 신뢰와 협력이 기반이 되어야 한다. 양국의 상호신뢰와 협력을 조성하기 위한 사전 노력이 반드시 수반되어야 할 것이다.

본 연구는 영유권 침탈국의 억지 영유권 포기 및 영토반환 사례들에 대한 광범위한 조사분석을 통해 일본의 독도영유권 억지 주장을 포기하도록 국제담론을 주도하는 데 기여할 수 있을 것으로 기대된다. 이를테면, 본 연구결과 도출된 사례들처럼 식민침탈 과정에서 비롯된 영토분쟁과 관련하여 당시 식민국가가 피식민국가의 원래 영유권을 인정하여 영유권 억지 주장을 포기하고 영토를 되돌려 준 몇 가지 바람직한 사례들은 일본으로 하여금 독도영유권 억지 주장을 포기하도록 국제담론을 주도하는 효과가 클 것으로 예상되며, 한일 간 및 동북아 역내 다른 영토이슈 해결과 관련하여 바람직한 모델로서 국제사회에 시사하는 정책적 함의가 매우 클 것이다.

【참고문헌】

권홍우, "독일과 일본의 셈법... 오데르-나이세," 서울경제 2017년 7월 6일자
　　　(인터넷) http://www.sedaily.com/NewsView/1OIDASHGRU.
김동욱, 『한반도 안보와 국제법』(한국학술정보, 2010).
배진수, 『세계의 도서분쟁과 독도 시나리오』(한국군사문제연구원, 1997).
배진수 · 강성호, 『세계분쟁 해결과 NGO네트워크』(동북아역사재단, 2008).
배진수 · 윤지훈, 『세계의 영토분쟁 DB와 식민침탈 사례』(동북아역사재단,
　　　2009).
이부균, 『한국독도 어떻게 지킬 것인가?』 (사단법인 한국독도연구원,
　　　2010).

Allee, Todd L. and Paul K. Huth, "The Pursuit of Legal Settlement to Territorial
　　　Disputes," *Conflict Management and Peace Science,* Vol.23, No.4, 2006.
Burton, John W., *Conflict: Resolution and Prevention* (New York: St. Martin's
　　　Press, 1990).
Fravel, M. Taylor, *Strong Borders, Secure Nation: Cooperation and Conflict in
　　　China's Territorial Disputes* (Princeton University Press, 2008).
Hensel, Paul R., "Contentious Issues and World Politics: The Management of
　　　Territorial Claims in the Americas, 1816-1992," *International Studies
　　　Quarterly,* Vol.45, No.1, 2001.
Hong, Kijoon, "The Oder-Neisse Line: Contingency, Path Dependence and
　　　emergent Property", *Territorial Issues in Europe and East Asia:
　　　Colonialism, War Occupation, and Conflict Resolution* (Seoul: Northeast
　　　Asian History Foundation, 2009).
Kalpakian, Jack, *Identity, Conflict and Cooperation in International River Systems*
　　　(London: Ashgate Publishing, 2004).
Kierks, Klaus, *Namibia's Walvis Bay Issue-Origin and Rise of a Colonial Dispute*
　　　2002. http://www.klausdierks.com/Walvis%20Bay.
Kodisang, J.M., *The Reintegration of Walvis Bay and its Penguin/Off-Shore Island*

into Namibia (Rhodes University, Department of Political Studies, 1995).

Lewis, Martin W., "Contested French Islands and Sea-Space in the Western Indian Ocean", (2011). http://www.geocurrents.info/geopolitics.

Mandel, Robert, "Roots of the Modern Interstate Border Dispute," *Journal of Conflict Resolution,* Vol.24, No.3. (September 1980).

O'Reilly, Gerry, "Ceuta and the Spanish Sovereign Territories: Spanish and Moroccan Claims", *Boundary and Territory Briefing,* Vol.1 No.2, (University of Durham, 1994).

Smith, Anthony D., *Theories of Nationalism,* New York: Harper Torchbook (1971).

United States Supreme Court, DOWNES v. BIDWELL, (1901).
https://globalvoices.org/2009/10/07/indonesia-east-timor-border-disput e-heats-up/

Vasquez, John A. and Brandon Valeriano, "Territory as a Source of Conflict and a Road to Peace," pp.203-205 in Jacob Bercovitch, Victor Kremenyuk, and William Zartman eds., *The Sage Handbook of Conflict Resolution* (LA: Sage, 2009).

Walter, Babara F., "Explaining the Intractability of Territorial Conflict," *International Studies Review,* Vol.5, No.4.

Wiegand, Krista E., *Enduring Territorial Disputes* (Athens: University of Georgia Press, 2011).

Wiegand, Krista E., "Bahrain, Qatar, and the Hawar Islands: Resolution of a Gulf Territorial Dispute", *Middle East Journal,* vol.66, No.1 (2012).

U.S. Department of the Interior Office of Insular Affairs, "Formerly Disputed Islands,"참고. http://interior.gov/oia/islands/disputedislands.cfrn#.

한 · 일간 독도 문제에 있어서 언론의 성향연구

임 석 준 · 곽 인 신

1. 서론

21세기의 글로벌화가 진전되면서 동북아시아에서 지역협력이나 경제통합이 가속화되고 있다. 동북아시아의 안정과 지속적 성장을 위해서는 주요국인 한국과 일본, 그리고 중국의 협력이 필수적이다. 그러나 동북아시아의 협력을 가로막고 있는 몇 개의 요소 중 가장 해결하기 힘든 두 가지 문제가 있다. 첫째는 역사문제이다. 중국과 일본의 난징 대학살을 둘러싼 해석의 문제, 한국과 일본의 위안부 문제, 그리고 야스쿠니 신사참배 문제 등은 한 · 중 · 일 간의 더욱 폭넓은 협력의 장애물로 작용하고 있다. 동아시아 협력을 가로막는 두 번째 문제는 영토 문제이다. 뚜렷한 국가 간의 경계는 근대 국민국가의 산물이며, 영토의 해석을 둘러싼 마찰과 분쟁은 비단 동북아에만 국한된 문제는 아니다. 그럼에도 불구하고 동아시아에서 영토 문제가 유독 갈등의 원인이 되는 이유는 급속한 지역 정세의 변화와 힘의 전이(power transition) 때문이다. 즉 19세기 동아시아 패권 질서를 상실한 중국이 21세기에 재부상하면서, 영토를 둘러싼 갈등이 격화되고 있다. 남중국해에서 중국이 주장하는 구단선(nine dash line)에서 비롯되는 중국과 동남아시아 국가들 간의 해상경계 다툼, 중국과 일본의 다오위다오 문제, 그리고 한국과 중국의 이어도 문제 등은 모두 공통적으로 중국의 영향력이 확대되면서 나타나는 국가 간 갈등이다. 한국과 일본 간의 주요 갈등인 '독도/다케시마'[1] 문제 역시 식민지 역사를 둘러싼 법적, 역사적 문제의 일환이라 볼 수 있다.

그동안 학자들은 독도 문제 연구를 주로 역사 및 국제법적 관점에서 접근하였다. 또한 '독도학' 정립을 위해 인문사회과학 분야나 자연과학 분야에서의 학제적 연구도 빈번하게 이루어지고 있다.[2] 하지만 대부분 생태학적 관점에서 울릉도와 독도의 자연실태를 연구하거나, 한·일근대사의 관점에서 영유권 문제를 바라보고 있거나, 지리적인 측면에서 연구된 연구들이었다.[3] 이러한 학자들의 독도를 둘러싼 연구는 매우 중요하지만 한·일 국민의 대다수는 독도 문제를 미디어(신문, 인터넷)의 시각을 통해 인식하게 되는 것이 현실이다. 이러한 측면에서 한·일 언론이 '독도'를 어떻게 보도하고 있으며, 왜 특정한 시각이 지배적인지를 연구하는 것은 의미가 있다고 본다.

언론은 현실의 특정 측면을 선택하고, 강조하고, 구조화하는 프레이밍(framing) 혹은 '틀 짓기' 과정을 통해서 본질과 의미 및 사건과 사실 사이의 상호관계를 가능하게 한다.[4] 언론이 제공하는 인식의 틀을 '프레임'이라고 하는데, 이 틀은 정보를 제공하는 자의 의사결정에 영향

---

1) 본 논문에서는 한국명: 독도獨島, 独島(일본어표기)와 일본명: 다케시마竹島 중에서 한국명 독도로 표기함.

2) 문철영, 「독도 연구의 현황과 과제-영남대 독도연구소 학제간 연구 성과를 중심으로-」, pp.223-224.

3) 문철영, 같은 논문, p.237.

4) 조지 레이코프·로크리지연구소, 나익주 옮김, 『프레임 전쟁』, pp.45-46.

을 미치게 된다. 일반적으로 국내 이슈는 진보-보수라는 언론의 성향
이 사건에 반영되어 투영되곤 한다. 예를 들어 2008년 한국 사회의 최
대 갈등 이슈였던 쇠고기 협상과 촛불집회 관련 보도를 분석해보면,
대표적 보수 언론인 조선일보는 반미, 반정부 세력이 광우병 위험을
지나치게 확대하고 있다는 프레임을 사용하였으며, 진보 언론인 경향
신문은 쇠고기 파동이 소통을 하지 못한 대통령과 정부의 잘못이라는
프레임을 선택하였다.5) 즉 촛불집회라는 한 사건을 언론이 각자의 이
념에 따라 대립적인 성향으로 보도하였다. 이렇게 언론은 사회의 중요
한 현상이 있을 때마다 프레이밍 과정을 통해 자신의 시각을 대중에게
전달하려고 노력하는 것은 많은 연구를 통해 밝혀졌다.6)

국가 간 갈등이나 분쟁에 대한 언론의 성향도 국내 갈등과 마찬가지
로 좌-우 대립적인 성향으로 '틀 짓기' 되는가? 영토 문제에 있어서 한국
의 언론이 비교적 민족주의에 입각한 한 가지 목소리를 낸다면 비교적
'성숙한' 일본 언론은 국내 이슈와 마찬가지로 진보-보수라는 프레임을
유지하는가?

본 연구의 목적은 한 · 일 양국에 있어서 독도 문제를 둘러싸고 진보
-보수 간 언론의 성향이 어떻게 나타나고 있는지 한 · 일양국의 신문을
비교하여, 영토 문제에 관한 언론의 성향과 그 의미에 대해 분석하고
자 한다. 제2장에서는 프레임 이론을 먼저 살펴보고 언론의 성향 연구
에 대한 기존연구를 살펴본다. 제3장과 제4장에서는 한 · 일 양국의 대
표적 보수-진보 신문의 키워드 분석을 통해 기사를 분석하고 그 의미

---

5) 윤영욱, 「사회적 갈등이슈에 대한 뉴스 프레임 연구: 한미 쇠고기 협상과 촛
불집회 보도를 중심으로」, p.90.

6) 프레임 이론으로 미디어의 영향력에 주목한 연구는 다음과 같다. Shanto
Iyengar, *Is Anyone Responsible? How Television Frames Political Issues*;
William Gamson, *Talking Politics*; Robert M. Entman, "Framing: Toward
Clarification of a Fractured Paradigm".

를 도출하였다. 마지막 결론에서는 본 연구의 요약 및 향후 과제에 대해 논하였다.

2. 이론적 배경 및 선행 연구

1) 프레임 이론(Framing Theory)

언론의 성향 연구 분석으로 출발한 프레임 이론(Framing Theory)은 커뮤니케이션학의 영역을 넘어, 최근 사회학, 정치학 등에서도 응용되고 있다. 기본적으로 프레임 연구란, 뉴스나 사회적 사실이 단순히 세상을 그대로 반영하는 것이 아니라, 사회적, 정치적, 역사적인 관계 속에서, 해석을 통해 구성(construct)된다는 것이다. 그래서 각각의 언론사가 가진 프레임에 따라 뉴스가 새롭게 구성되며, 현실에 대한 의미가 다르게 나타날 수 있다는 것이 기본적 전제이다.

프레임이란 개념은 1974년 사회학자 고프만(Goffman)에 의해 제기되었는데, 그는 사람들은 "기본 틀(primary framework)을 통해서 세상사를 해석 한다"라고 하였다. 개인은 복잡한 세상을 완벽하게 이해할 수 없기 때문에, 이를 자기 나름대로 해석하고 분류하는 체계를 개발하는데, 고프만은 이것을 '기본 틀'이라고 하였다.[7]

고프먼의 전통을 계승한 레이코프(Lakoff)는 프레임을 "어떤 상황을 이해하고 그에 의미를 부여하는 해석의 틀이다"라고 하였다.[8] 즉 프레

---

[7] Erving Goffman, *Frame Analysis: An Essay on the Organization of Experience*, pp.21-39.
[8] 심흥식, 「한국 언론의 보수와 진보 프레임에 관한 분석적 고찰-≪조선일보≫와 ≪한겨레신문≫의 한미 FTA 사설 분석-」, p.39.

임이란 "우리가 세상을 바라보는 방식을 형성하는 정신적 구조물"이라 정의한다.[9] 레이코프는 인지과학에서 아이디어를 빌려와 프레임 재구성을 통해 정치적 이슈에도 중요한 사실을 밝히는데 도움을 줄 수 있다고 주장한다. 레이코프에 따르면, 표층 프레임, 어휘적 프레임, 심층 프레임, 이슈 정의 프레임, 메시지 전달 프레임 등과 같은 많은 종류의 프레임이 존재하는데, 그 중에서도 심층 프레임에 주안점을 두고 있다. 예를 들어 '테러와의 전쟁'이라는 프레임에서 표층 프레임은 '전쟁' '테러'와 같은 일상적 의미를 말하며, 심층프레임이란 사람들의 마음속에 기저하고 있는 도덕적 가치와 원리로 작동하는 것이다. 따라서 '테러와의 전쟁' 어구는 보수적인 심층 프레임에 의존하기 때문에 보수주의자들은 범죄를 저지르는 사람은 처벌한다는 인과응보성 정책을 펼쳐왔다. 그래서 정치가와 미디어, 대중은 계속해서 그 어구를 사용한다고 설명한다. 반면, '테러와의 전쟁'에서 진보적 심층 프레임이 작동하고 있었다면, 군대나 힘 같은 논리가 아니라 동맹과 외교적 능력으로 해결할 수 있었을 것이다.[10]

한편, 뉴스보도에 관련된 프레임 이론은 정책학의 의제 설정 이론(agenda setting theory)과 깊은 관련이 있다. 의제 설정 이론과 프레임 이론은 미디어가 특정 사안에 대해 어떻게 대중의 시각을 장악하는 데 공통적 관심이 있지만, 프레임 이론은 한 발 더 나아가 '뉴스가 보도되는 양식에 따라' 관련 정보의 프레임이 만들어진다고 한다. 프레임 이론에 의하면 언론은 일종의 문지기(gatekeeper)로서 보도하는 사건과 토픽을 조직한다고 한다.

이러한 뉴스 보도에 대한 프레임 이론은 미디어가 수용자에게 현실을 어떻게 전달하고, 수용자는 미디어를 통해 현실을 어떻게 인식하는

---

9) 조지 레이코프, 유나영 옮김, 『코끼리는 생각하지마』, p.17.
10) 조지 레이코프 외, 나익주 옮김, 같은 책, pp.50~54.

지를 분석하는데 유용하다.[11] 프레임 이론은 언론의 편향성이 어떻게 이루어지고 있는지 원인을 분석하는 데는 탁월한 연구이나 왜 이러한 결과가 나타났는지, 그 결과에 대한 의미 분석까지 제시하지 못하는 한계를 가지고 있다.

2) 기존연구

본 연구는 한·일 간 영토 문제에 있어서, 진보-보수간 언론의 프레임 성향을 연구하는 것이다. 국내 이슈에 관한 기존 연구들은 진보-보수라는 언론의 성향이 그대로 반영되는 경향이 있다. 한국 언론의 성향 연구를 살펴보면, 이념적 성향에 따라 보수 언론은 ≪조선일보≫, ≪중앙일보≫, ≪동아일보≫로 진보 언론으로는 ≪한겨레신문≫과 ≪경향신문≫으로 구분하고 있다.[12] 또한, 4대강 사업 뉴스에 관해서 언론보도 프레임 분석을 한 연구가 있다. 이 연구에서 4대강 사업의 뉴스 분석 결과, ≪동아일보≫는 긍정적 시각을, ≪경향신문≫은 부정적 시각을, ≪한국일보≫는 전반적으로 부정적 논조의 기사가 많았다고 분석하였다.[13] 한편, ≪조선일보≫와 ≪한겨레신문≫의 사설로 한·미 FTA를 분석한 연구에서도 보수 언론 ≪조선일보≫와 진보 언론 ≪한겨레신문≫은 상반된 프레임을 보였다.[14] 또한, 미군 장갑차 여중생 사망사건에 대한 연구에서도 보수 언론과 진보 언론의 성향을 분석하여 국내 언론을 분석하였다.[15]

---

11) 김수정·정연구, 「프레임 분석에 있어서 무보도 현상의 적용 효과 연구-미디어법에 대한 헌재판결 보도 사례를 중심으로」, p.384.

12) 김경희·노기영, 「한국 신문사의 이념과 북한 보도방식에 대한 연구」, p.383.

13) 박기수, 「4대강 사업 뉴스에 대한 보도 프레임 연구: ≪경향신문·동아일보·한국일보≫ 등 3개 종합일간지를 중심으로」, p.23.

14) 심홍식, 같은 논문, p.60.

앞서 우리는 국내 문제에 관한 언론 연구는 보수와 진보 신문 간 보
도의 차이가 명백하다는 점을 보여주었다. 그러면 보수-진보 간 대조
되는 언론 성향이 국제 문제에 있어서도 재현될 것인가?

최근에 독도 문제를 둘러싸고 언론 보도 내용을 분석하는 연구가 진
행되고 있다. 대표적인 연구로 정일권 외는 IMF 사태와 독도 신문 기
사를 사례로 ≪조선일보≫와 ≪한겨레신문≫의 보도 차이를 분석하고
있다.[16] 이 연구는 IMF 사태에 대한 보도는 언론사 간 보수-진보의 갈
등이 발생하였지만, 독도 문제는 쟁점의 차이가 드러나지 않았다는 결
론을 도출하였다.[17] 또한 부산의 대표적 지역 신문인 ≪부산일보≫와
≪국제신문≫을 대상으로 이명박 대통령의 독도 방문에 관한 보도 경
향을 분석한 연구에서는 보도 분야, 형식, 내용면에서는 고유의 특징이
있었으나, 두 신문 모두 중립적인 입장을 취하였다고 결론지었다.[18] 비
슷한 연구로 이명박 대통령의 독도 방문을 대구경북의 지역 신문인 ≪
영남일보≫와 ≪매일신문≫을 비교하여, 기사의 보도 유형을 분석한
연구나[19] 나아가 독도와 센카쿠(尖閣) 문제를 대상으로 한국 언론이 보
도하는 경향의 차이가 있는지 형식적으로 분석한 연구도 있다.[20]

기존 연구를 보면 국제 문제에서는 보도 내용이나 쟁점에서는 차이

15) 김용호 · 김현종, 「한미관계에 대한 미디어의 프레임연구-여중생 사망사건을
중심으로」, pp.123~149.
16) 정일권 · 조윤경 · 정희영, 「사회적 통합 요구에 따른 신문보도 다양성의 위
축가능성에 대한 연구-≪조선일보≫와 ≪한겨레신문≫의 타 국가와의 갈등
보도 비교」, p.210.
17) 정일권 · 조윤경 · 정희영, 같은 논문, p.222.
18) 김성은, 「부산지역 언론의 독도 관련 보도경향과 인식-이명박 대통령의 독도
방문을 기점으로」, pp.432~433.
19) 김병우, 「이명박 대통령의 독도방문과 보도 경향 분석-≪매일신문≫과 ≪영
남일보≫를 중심으로」, p.262.
20) 이상우, 「해양영토문제에 관한 뉴스매체의 보도 경향과 패턴-독도와 센카쿠
열도를 중심으로」, p.357.

가 나지 않으나, 보도 분야, 형식적인 측면에서 각 신문사 고유의 특징이 있음을 밝혀냈다. 그리고 국제 문제를 다룬 신문의 성향 연구는 대부분 신문의 쟁점이나 보도 경향이 무엇인지에만 초점이 맞추어져 있다. 즉, 언론 보도의 성향을 형식적인 프레임의 차이로만 비교하고 있다. 물론 형식적인 차이가 상이하다는 것도 유의미하지만, 왜 이러한 차이가 도출되었으며, 그 의미에 대해서는 기존 연구는 명확한 해석을 제공하지 않고 있다.

기존 연구의 두 번째 특징은 비교 대상 언론을 국내 신문을 대상으로 한정하였다는 점이다. 독도는 한국과 일본 간의 문제이기 때문에, 일본 신문의 성향을 명시하지 않고, 연구를 한국의 신문으로만 한정하는 것은 반쪽짜리 비교가 될 수 있다. 물론, 독도 문제에 대한 일본 언론의 성향을 분석한 연구도 있지만[21] 이 연구 역시 동일한 사건을 놓고 한·일간 언론보도에 대한 차이점을 보여주지 못한 한계가 있다.

따라서 본 연구는 한국 신문과 일본 신문을 비교하여, 각국의 언론의 성향을 밝혀내고자 한다. 그리고 기존의 연구에서 언론 성향을 프레임의 형식만을 밝히는 한계를 뛰어넘어, 왜 이런 결과가 나오게 되었는지 그 상이점을 키워드 분석과 그 결과를 통해 의미를 부여하고자 한다.

3. 연구의 설계

1) 분석대상

한국과 일본의 독도 관련 보도를 분석하기 위해, 한국 측은 ≪조선일보≫와 ≪한겨레신문≫을 일본 측은 ≪요미우리신문読売新聞≫과

---

21) 김영, 「이명박 대통령의 독도방문에 대한 일본 언론의 보도 분석」, pp.197~224.

≪아사히신문朝日新聞≫을 대상으로 선정했다. 선정이유로는 양국의 보수와 진보를 대표하는 성격을 띠는 신문을 비교함으로써, 언론 성향을 극명히 나타낼 수 있다고 판단되어서 이다. 또한 신문, 잡지 등 부수 및 분포 상황을 보고하는 한국 ABC협회(Korea Audit Bureau of Circulations)의 2011년도 발행부수와 유료부수의 자료에 의하면, 전국 일간지를 발행하는 51개의 신문사 중에서, ≪조선일보≫의 1일 평균 유료부수가 135만 3천 부로 가장 많았고, 발행부수 면에서도 179만 9천 부로 가장 많았다.[22] 한편 ≪한겨레신문≫은 21만 1천 부로 비교적 진보적인 신문 중에서 가장 부수가 많았다.[23] 이러한 부수 면에 있어서도 ≪조선일보≫와 ≪한겨레신문≫이 가장 적합하다고 판단하여, 이두 신문사를 선정하게 되었다.[24]

　　한편 ≪요미우리신문≫과 ≪아사히신문≫을 선정한 이유는 위의 선정이유와 동일하다. 일본 ABC협회가 발행하는 「신문발행사 리포트 · 보급률」의 2013년 1월부터, 6월까지의 평균 발행부수의 자료에 따르면, ≪요미우리신문≫이 987만 5949부로 1위, 그리고 ≪아사히신문≫이 761만 2337부로 2위를 점하고 있다. 또한 일본에서 보수와 진보신문사를 대표하는 신문사이며, 정치적인 측면이나 이념적인 측면에서도 대조적이기 때문에 이 두 신문을 선정하게 되었다.

2) 분석기간 및 분석방법

　분석기간은 2007년 1월 1일부터 2014년 11월 30일까지로 한다. 분석방

---

[22] 유로부수는 지국 또는 가판대 업자가 구독자에게 판매한 부수를 의미하며, 발행부수는 배달과 판매가 가능한 신문의 부수를 의미한다.

[23] 한국 ABC협회(http://www.kabc.or.kr/about/media/100000000723).

[24] 현대송의 연구에서는 한국의 전국 일간지 9개사를 대상으로 분석하였다.

법은 월별 단위로 신문기사의 표제어와 키워드의 어휘 빈도 분석 방법을 채택하였다. 독도에 관한 신문기사의 표제어를 색출하여, 2007년~2014년 사이에 독도라는 표제어가 가장 많이 도출된 시기를 파악한다. 가장 많이 색출된 시기 2개를 선정해, 그 신문기사 내용의 키워드를 비교하였다. 이러한 분석방법은 그 당시 어떠한 언어가 많이 통용되었는지, 그 언어를 통해 시대 상황을 파악할 수 있으며, 독도 문제를 통해 양국 언론의 성향을 고찰할 수 있다.[25]

신문기사의 검색에 있어서 ≪요미우리신문≫의 경우에는, 요미다스 역사관[26](≪요미우리신문≫ 온라인 서비스)을 이용하였고, ≪아사히신문≫은 키쿠조Ⅱ비쥬얼[27](≪아사히신문≫ 데이터베이스)를 이용하여 다케시마(竹島)라는 검색어(키워드)를 입력하여, 검색된 표제어를 직접 추출하는 방식을 택하였다. ≪조선일보≫의 경우는 ≪조선일보≫ 아카이브[28]를 통해 검색하였다. ≪한겨레신문≫의 경우에는 위의 3개 사의 신문사처럼 자체적인 데이터베이스가 구축되어 있지 않아서, 한국언론진흥재단의 기사통합검색 서비스(KIND)[29]를 통해 독도라는 검색어를 입력하여 추출하였다.[30]

---

25) 현대송은 독도 문제를 디스쿠르하는 과정에서 기사의 담론 과정을 심층적으로 분석하고 있다.

26) ヨミダス歴史館 (https://database-yomiuri-co-jp.anywhere.lib.kyushu-u.ac.jp/rekishikan/).

27) 聞蔵Ⅱ (http://database.asahi.com.anywhere.lib.kyushu-u.ac.jp/library2/main/start.php).

28) 조선일보 아카이브(http://srchdb1.chosun.com/pdf/i_archive/search.jsp).

29) KIND(http://www.kinds.or.kr/).

30) 일본 신문의 경우에는 다케시마(竹島)라는 키워드들 사용하여 검색을 실행했다. 한국 신문의 경우에는 독도의 한국어 표기인 독도獨島라는 키워드를 사용하여, 검색하였다.

4. 연구 결과

1) 한·일 양국의 신문 기사 분석

일본의 ≪요미우리신문≫과 ≪아사히신문≫ 그리고, 한국의 ≪조선일보≫와 ≪한겨레신문≫의 순서로, 2007년 1월 1일부터 2014년 11월 30일까지의 독도라는 기사 표제어의 게재 수를 분석하였다.

다음의 〈표 1〉은 각 신문사별로 독도 표제어를 연도별로 종합한 것이다. ≪요미우리신문≫에 게재된 독도 표제어 수는 총 173건이었다. 그중에서 특히 많았던 시기는 2012년의 58건으로 가장 많은 표제어 수를 나타낸다. ≪아사히신문≫의 독도 표제어 수는 연간 총 236건으로, ≪요미우리신문≫보다 약 60건 이상 많았다. ≪요미우리신문≫과 동일하게 2012년이 79건으로 가장 많았고 가장 많았고, 2008년도가 68건으로 두 번째로 많은 표제어 수를 나타낸다.

한국의 ≪조선일보≫에 게재된 독도 표제어 수는 총 920건이며, 이는 양국 신문 중에서 월등히 표제어 수가 가장 많은 것으로 나타났다. 전체적으로도 2008년이 253건, 2012년이 206건으로 가장 많이 신문 헤드라인을 장식했다는 것을 알 수 있다. ≪한겨레신문≫도 총 543건으로 ≪조선일보≫ 다음으로 많이 독도 표제어를 게재하고 있었다. 또한 타 신문사와 비슷하게 2008년과 2012년이 가장 많았다.

〈표 1〉의 결과로 보면, 한국 신문의 독도 관련 표제어가 전체 1,872건 가운데 1,463건으로 약 80%이며 일본 신문의 독도 관련 표제어가 409건으로 약 20%로써 일본 신문보다 한국 신문에서 독도 표제어를 많이 게재하고 있음을 알 수 있다. 이는 현대송이 독도 표제어 수를 분석한 연구 결과와 동일하며, 일본의 신문사보다 한국 측의 기사 수가 많다는 것을 알 수 있다.[31] 이러한 이유로서 한국에서는 독도가 국민적인 관

〈표 1〉한·일 신문사별 독도 표제어 게재 수

신문명	2007년	2008년	2009년	2010년	2011년	2012년	2013년	2014년	계(%)
요미우리	22	27	10	5	29	58	17	5	173 (9.24)
아사히	14	68	9	9	21	79	18	18	236 (12.6)
조선	57	253	73	74	99	206	88	65	920 (49.1)
한겨레	27	166	38	43	89	117	37	26	543 (29)
계(%)	120 (6.4)	514 (27.4)	130 (6.9)	131 (7)	237 (12.7)	460 (24.6)	160 (8.5)	114 (6.1)	1872 (100)

심을 받고 있는 사안이기에 한국 언론이 독도 문제를 기사화하는 것은 당연하다고 본다. 그에 반해, 일본 언론은 독도 문제를 비롯해서 북방영토 문제나 센카쿠 문제 등 다른 영토 문제도 발생하고 있기 때문에 상대적으로 한국 보다는 독도 관련 보도의 횟수가 적었다고 판단된다.

〈그림 1〉한·일 신문사별 독도 표제어 게재 수

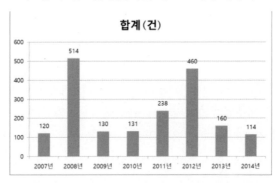

합계(건)

〈그림 1〉은 연별로 한·일 신문사별 독도 표제어 게재 수를 막대그

---

31) 玄大松,『領土ナショナリズムの誕生-「独島/竹島問題」の政治学』, pp.149~150.

래프로 나타낸 것이다. 그래프를 보면 2008년이 514건, 2012년이 460건
으로 다른 년도 보다 가장 확연히 차이가 남을 알 수 있다. 그 이유로
써, 2008년에는 일본 교과서 문제가 2012년에는 이명박 대통령의 독도
방문 이슈가 쟁점이 된 해였고, 한 · 일 신문사도 일본 교과서 문제와
독도 방문에 관해 보도를 많이 하였기 때문에 표제어 수가 많이 나왔
다고 분석 할 수 있다.

그러면 2008년의 독도 교과서 문제와 2012년의 이명박 대통령의 독
도 방문에 관해 한 · 일 양국 신문사들의 보도 내용이 무엇이며, 어떠
한 어조로 보도를 하고 있는지 질적으로 살펴본다.

2008년 7월, 일본중학교 학습지도요령 해설서에 서술된 표현을 둘
러싸고 한 · 일 양국에서 갈등이 일어났다. 먼저 2008년 7월 14일 ≪아
사히신문≫의 기사는 다음과 같이 서술하고 있다.

> 정부는 14일 한 · 일 쌍방이 영유권을 주장하는 독도에 대해서, 중학교
> 학습 지도 요령 해설서에 처음 명기된 방침을 정하고, 문언의 최종 조정에
> 들어갔다. 한국 측의 주장에도 배려된 표현을 삽입하는 것을 검토하였지
> 만, 한국 측은 독도가 기술된다면 표현의 여하에 관계없이 강하게 반발하
> 는 기세로 한 · 일 관계에의 영향은 피할 수 없게 되었다.
> 독도의 기술을 둘러싸고 토카이 문부과학상, 타카무라 외상, 마치무라
> 관방장관들이 주말에도 단속적으로 협의했다. 관계자의 말에 따르면「(독
> 도가) 우리 고유 영토라는 것을 (학생들에게) 이해시킨다.」 등의 표현이
> 검토된다고 한다. 이미 기재된 북방 영토와의 균형을 고려하면서 한국 측
> 의 주장에도 배려한 표현을 더하는 것으로 이해를 얻고자 하는 생각이다.
> 해설서는 학습 지도 요령과 달리 법적인 구속력은 없지만 교과서 작성
> 에 많은 영향을 끼친다. 현재는 중학교 지리, 공민 교과서 14권 중, 4권만
> 이 독도를 거론하고 있지만 해설서에 기재됨으로써 이후에는 많은 수가
> 늘 것이라고 보고 있다.

위에서 보듯이 일본 정부는 북방 영토 및 독도를 일본 고유의 영토 라고 중학교 학습 지도 요령 해설서에 삽입하려는 입장이다. 즉 일본 은 주변 영토를 둘러싼 문제에도 관심을 가지고 있으며 독도를 고유 영토에 삽입함으로써 자국의 영토라고 주장하고 있다. 또한, ≪아사히 신문≫의 2008년 7월 15일 기사는 다음과 같이 쓰고 있다.

> 개정 후는 변경이 없지만 해설서를 보면 개정 전에는 일본이 당면하고 있는 영토문제나 경제수역문제 등에 착목하는 것도 중요한 문제이다. (중 략) 북방영토는 일본 고유의 영토이지만 현재 러시아연방에 의해 점거되 고 있어서 이 반환을 요청하고 있는 것에 대해서 일본이 정당하게 주장하 고 있는 입장에 근거해서 정확하게 다룰 필요가 있다. 개정 후는 일본이 〈정당하게 주장하고 있는 입장에 기초해서〉 당면하고 있는 영토 문제나 경제수역문제 등에 착목 하는 것도 중요하다. (중략) 그 반환을 요구하고 있는 것에 대해서 정확하게 취급할 필요가 있다. 〈또, 일본과 한국 사이에 독도를 둘러싼 주장에 이견이 있는 것에도 탈피해 북방영토와 동일하게 일본과 고유영토, 영역에 대해서 깊은 이해를 하는 것도 필요하다.〉(〈괄 호 안〉은 변경이 있었던 부분).

≪아사히신문≫은 이처럼, 처음으로 중학교 학습지도 요령 해설서 에 독도를 일본 고유의 영토로 삽입하는 것에 대해 한국과의 마찰에 대한 우려가 있기는 하지만, 일본 정부의 주장에 동의하는 어조를 보 인다.

반면 ≪한겨레신문≫의 2008년 7월 15일 표제어는 「일본 '독도영유 권'명기/전국각지에서 항의, 비판」이었다. 일본의 독도 영유권 명기에 대해 민족 감정을 자극하는 항의와 비판 내용을 보도하였다. 한편, 2008년 7월 28일에는 와다 하루키(和田春樹)가 특별기고를 게재하여, 한·일 독도 문제에 관해서 현실적인 해결책을 모색하였고, 2008년 7월 29일 신문 표제어는 「이명박 정부를 비판한다, 무능외교」라고 기재되어, 정부를 비판한 기사가 눈에 띄기는 하지만, 한겨레신문도 독도가 한국 고유영토라는 견지에서 보도하고 있었다.

그리고 ≪조선일보≫의 경우는 2008년 7월 25일 표제어 기사인 「독도는 우리영토, 서기 512년부터 한국이 독도 지배 … 고지도·문헌이 증언, 독도는 우리영토」와, 같은 날 표제어 기사인 「러시아, 1854년에 독도 최초로 발견한 이래, 명백한 한국영토」등, ≪조선일보≫는 과거의 역사 사실에 비추어서, 독도가 한국 고유의 영토라는 특집기사를 많이 게재한 것이 특징이었다. ≪조선일보≫도 ≪한겨레신문≫과 동일하게, 독도는 한국 고유의 영토라고 주장하고 있다. 하지만 차이점이 존재한다면 ≪조선일보≫는 한국 정부를 비판하는 논조의 기사는 없었다.

이렇게 2008년 일본 중학교 학습지도 요령서의 해설서를 둘러싸고, 한국이 여기에 반발하여, 한·일 양국의 갈등이 고조되고 있는 상황에서 독도에 관한 기사가 급격하게 증가되었다는 것을 알 수 있다.

한편 〈그림 1〉의 그래프에서도 나타나듯이, 2012년에는 이명박 대통령의 독도방문이 일어났다. ≪요미우리신문≫의 2012년 8월 10일자 기사에 따르면, 다음과 같이 기술되어 있다.

한국의 이명박 대통령이 10일에, 역대 대통령으로서는 처음으로 독도 방문을 강행한 이유는, 재임 기간이 얼마 남지 않아, 급속하게 정권의 구심력이 쇠퇴하는 중에, 국민의 반일 내셔널리즘에 호소하여, 정권부양을 꾀하려고 하는 속셈이다.

계속해서 ≪요미우리신문≫의 2012년 8월 12일의 기사에는 다음과 같이 개재되어 있다.

정부는 11일, 한국의 이명박 대통령이 시마네현 다케시마(독도)에 상륙한 것에 대한 대항 조치로써, 독도 영유권 문제에 대해 국제사법재판소에 제소하는 검토에 들어갔다. 일본의 영유권을 공적인 장소에서 주장하여, 세계에 그 정당성을 어필하는 목적이 있다.

≪요미우리신문≫은 이명박 대통령의 독도 방문을 정치적인 목적에 두고 있으며, 독도 문제를 국제사법재판소(ICJ)에 제소하려는 주장을 제기하고 있음을 알 수 있다. 한편 ≪아사히신문≫의 2012년 8월 10일 기사에는 다음과 같이 기술되어 있다.

이명박 대통령은 2008년 취임 직후부터, 미래 지향의 한·일 관계의 중요성을 강조해왔다. 하지만, 임기 말까지 약 반년 정도 남겨줘, 완전한 레임덕 상태에 빠진 이명박 정권에 대해서, 일본의 식민지 지배에서 해방을 기념하는 8월 15일의 광복절을 앞두고 대통령 자신이 독도를 방문해야 한다는 목소리가 주위에서 강조되었다.

또한 ≪아사히신문≫의 2012년 8월 22일의 기사는 아래와 같이 기술되어 있다.

일본
이명박 대통령의 독도 상륙은 일본의 입장과 상반되어, 극히 유감이다. 의연한 대처를 취해야 한다. 21일 오전, 수상관저, 독도 문제에 관한 각료회동에서, 노다 총리는 강조했다. 그리고 한국에 더욱 강력한 대항 조치를 검토하도록 지시하였다. 저녁에는 서울 일본 대사관원이 한국 외교통상부를 방문하여, ICJ로 공동 제소를 정식으로 요청했다.
한·일 양국의 대응은 격렬하여, 지금 상황에서는 개선의 여지는 볼 수 없다. 단지, 한·일관계의 중요성을 고려하여, 대립의 첨예화를 생각하여, 총리주변에서는 한국을 자극하지 않는 것이 좋다는 조언도 나오고 있다.
일본은 ICJ를 무대로 독도 문제를 국제적으로 어필하려는 전략이다. 국

제법으로 냉정하게 대응함으로써, 일본의 주장이 합리적임을 주장하려는
목적이다.

한국
이명박 대통령이 독도를 전격 방문한지 10일이 지난 한국에서는, 국가
원수로써 바람직한 행동이었는가 하는 의문의 목소리가 나오고 있다. 일
본의 대항조치가 구체화된 것에 대해, 야당은 국익을 손해 봤다라고 비판.
한국은 애국과 현실의 갈림길에서 갈등하고 있다.
여당의원은 100억 달러의 홍보비 이상으로 독도는 한국 영토라고 세계
에 알렸다.
민간 여론 조사에 의하면, 이명박 정권의 지지율은 독도 방문 직후부터
최대 5포인트 상승하여 16일에는 오랜만에 30%를 넘었다. 하지만 지지율
은 지속되지 않고, 19일 이후로는 연일 하락하고 있다. 여론의 변화에 좌
지우지하는 형태로, 대통령의 언동을 지지한 보수계 미디어도 전략성이나
품성에 의문을 묻는 지적이 나오는 등 분위기가 변화하고 있다.

일본의 ≪아사히신문≫은 이명박 대통령의 독도 방문에 일본과 한
국의 대응 모습을 보도하고 있는데, 일본 정부의 행동은 합리적이면서
도 냉정한 어조로 보도를 하고 있다. 반면 한국 정부는, 이명박 대통령
의 독도 방문에 대한 비판의 목소리나, 여론 선동을 해도 별로 효과가
없다는 등의 한국 분위기를 언급하면서, 우회적으로 비판을 하고 있
다. ≪요미우리신문≫이나 ≪아사히신문≫은 이명박 대통령의 독도
방문을 정치적인 속셈이라는 뉘앙스로 보고 있다. 환언하면, 정권 말
기의 레임덕 현상을 타개하는 하나의 방법으로써 독도 방문이란 퍼포
먼스를 도모하였다고 보는 신문 분석이 많았다. 또한, 한국 대통령의
독도 방문이라는 사실적인 내용이나, 국제사법재판소로의 제소에 대
해서만 언급하고 있는 기사도 있었다.
이렇게 본다면 2008년의 학습지도요령에 관한 문제와 2012년의 이

명박 대통령에 의한 독도방문을 둘러싸고 독도에 관한 인식이 어떻게
변화했는지 조사할 필요가 있다. 현대송은 미디어가 대일 감정을 형성
하는데 있어서 큰 영향을 미친다고 보고 있다. 또한 미디어에 의해 '영
토 내셔널리즘'이라는 인식이 영향을 미친다고 보기 때문에, 그 시대
의 '키워드'를 통해서 일본인에 대한 인식도 파악할 수 있다고 주장하
였다.[32] 또한 한국 신문기사 표제어에 독도라는 단어의 등장 빈도를
보면, 1996년에는 망언, 역사, 선거, 항의 등 표제어 중에서 공통적으로
사용되고 있다.[33] 그리고 반일, 항일, 제국주의, 종군위안부 등 독도
문제를 언급하고 있는 것으로 보아, 일본과 역사 인식 문제를 연결해
서 보고 있다는 것을 알 수 있다.[34] 따라서 2008년과 2012년의 한·일
신문사별 독도 키워드를 분석하여, 양국 언론의 성향 연구를 한층 더
깊게 분석 할 수 있다. 2008년에서는 교과서 문제가 발생한 7월 1일부터
7월 31일 한 달간, 2012년은 이명박 대통령이 독도를 방문한 달인 8월 1일
부터 8월 31일까지의 한 달간으로 한정하여 한국의 ≪조선일보≫와 ≪한
겨레신문≫, 일본의 ≪요미우리신문≫과 ≪아사히신문≫에 키워드 21개
를 선정하여 공통적으로 포함된 단어의 빈도수를 측정하였다. 2008년과
2012년의 키워드 검색 분석결과는 아래의 〈표 2〉과 같다.[35]

---

32) 현대송은 마크드넬의 표현을 인용하여, '그 사회의 제도, 실천, 관행의 차이
에 의해, 담론에도 차이가 나타나기 때문에, 그 지역의 지배적인 담론 안에
서는, 그 지역에 살고 있는 사람들의 사고방식, 가치관등이 표현되고 있다.
어느 시대, 어느 시기에 사용된 언어는, 그 시대의 정신을 표현하는 바로미
터라고 말할 수 있다. 한국인이 독도를 이야기할 때, 키워드를 이해하면, 일
본인에 대한 표상의 추이를 알 수 있다'고 주장하고 있다. 玄大松, 같은 책,
p.182.
33) 玄大松, 같은 책, p.183.
34) 玄大松, 같은 책, pp.184-185.
35) 21개의 키워드는, 그 당시 신문기사에서 많이 언급된 키워드이며, 또한 국익
이나, 언론 성향, 민족 감정에 관련하는 키워드를 선정하여 검색한 것이다.
따라서 이 키워드에 의한 결과가 변할 수 있는 가능성도 충분이 존재 한다.

〈표 2〉 한 · 일 신문사별 독도 키워드 수

키워드	2008년 7월 1일~31일					2012년 8월 1일~31일				
	요미우리	아사히	조선	한겨레	계	요미우리	아사히	조선	한겨레	계
내셔널리즘	20	3	2	9	34	8	20	7	9	44
국익	1	0	3	8	12	9	18	5	8	40
이익	1	2	4	10	17	6	11	3	5	25
역사문제	1	4	3	45	53	11	17	3	50	81
영토문제	11	9	7	68	95	36	60	8	59	163
교과서	14	17	46	51	128	3	11	11	14	39
리더십	0	0	4	7	11	0	0	3	1	4
정권교체	0	0	0	1	1	1	5	0	1	7
선거	0	0	4	2	6	11	27	7	7	52
이데올로기	0	0	0	2	2	0	2	1	0	3
자원	1	0	13	7	21	4	9	5	1	19
교류	50	48	17	10	125	18	32	5	3	58
포퓰리즘	0	0	1	0	1	3	2	3	4	12
반일감정	3	1	0	1	5	5	7	0	10	22
방문	31	28	29	23	111	62	65	87	68	282
불법점거	1	2	1	6	10	35	13	1	10	59
위안부	0	0	5	11	16	23	35	27	30	115
국제사법재판소	0	2	8	7	17	44	43	28	44	159
센카쿠열도	0	2	8	2	12	52	74	28	24	178
북방영토	8	8	5	13	34	12	18	4	12	46
고유영토	20	8	4	21	53	24	31	1	22	76

2) 신문사별 독도 키워드 수 분석

앞 절에서 고찰한 〈표 2〉의 한 · 일 양국의 신문사별 독도 키워드 수

본 논문에서는 21건에 해당하는 키워드로 한정하여, 이 데이터에서 결과가
도출되었기 때문에, 21개의 키워드 이외의 다른 키워드로 검색했을 경우의
결과와는 다를 가능성도 있다는 점을 주의할 필요가 있다.

의 결과를 가지고 양국 언론의 성향을 분석하였다. 2008년과 2012년의 키워드를 비교하였을 때, 먼저 특징적인 것은 영토 문제에 대한 키워드가 몇 건으로 검색되었는지 살펴보면, 일본의 ≪아사히신문≫이 69건, 한국의 ≪한겨레신문≫이 127건 이었다. 또한 역사 문제에 대한 키워드도 ≪아사히신문≫과 ≪한겨레신문≫이 ≪요미우리신문≫과 ≪조선일보≫보다 많이 나타났다. 반면 센카쿠열도에 대한 키워드 빈도는 ≪요미우리신문≫, ≪아사히신문≫으로 일본의 신문에서 그 수가 현저히 많았다. 이는 센카쿠 문제가 중일 문제라는 것은 당연한 사실이다. 하지만 2008년에 비해 2012년에 센카쿠열도라는 단어가 12개에서 178개로 급속하게 증가하였다는 것은 독도라는 키워드에 센카쿠열도가 연동되어 언급하고 있다는 것을 나타내며, 일본 언론에서는 독도와 센카쿠 문제를 동일한 영토 문제로 인식하고 있다는 것이며, 이는 2008년의 시대적 상황과 2012년의 시대적 상황이 다르다는 것을 반영하고 있다고 해석할 수 있다.

또한, 선거라는 키워드를 통해서도, 일본의 신문이 한국의 신문보다 많이 언급하고 있다는 결과에서 2012년 이명박 대통령의 독도 방문이 다가오는 대선을 겨냥한 것으로 보며, 정권 비판적인 기사가 많았다. 그리고 위안부 문제에 대해서는 ≪아사히신문≫, ≪한겨레신문≫, ≪조선일보≫, ≪요미우리신문≫의 순서대로 키워드 수가 많았지만, 키워드 빈도수에서는 거의 차이가 없는 것으로 나타났다. 각 신문사별로 21건의 키워드를 통해 독도 문제를 분석한 결과는 다음과 같다. 영토 문제에 대해서는 이데올로기적인 양상보다는 한·일 양국이 공통적으로 이념적인 성향의 구별 없이 자국의 고유의 영토라는 주장이나 상대국에 대한 감정적인 비난 그리고 독도 문제의 사실 보도에 그치고 있는 것으로 나타났다.

이상으로 독도라는 신문사별 키워드를 통해서 한·일 양국의 신문

보도의 논조를 분석했다. 다음 절에서는 시기별 독도 키워드 수를 분석한 결과를 검토한다.

3) 시기별 독도 키워드 수 분석

먼저, 시기별 독도 키워드 수를 꺾은선 그래프로 나타내면 아래의 〈그림 2〉와 같다. 2008년과 2012년의 독도에 관한 신문기사의 언급 빈도수를 비교하여, 봤을 때 아래의 그림과 같이 차이가 발생했다. 다음으로 내셔널리즘이라는 키워드를 보면, 2008년에는 34건, 2012년에는 44건으로 거의 차이가 없었다.

그리고 국익과 이익이라는 키워드를 보면, 2007년에는 12건이었지만, 2012년에는 40건으로 약 3배 이상 늘었음을 알 수 있다. 이는 자국의 영토 문제와 국익이 깊은 관련이 있다고 고려해 볼 수 있다. 또한

〈그림 2〉 한 · 일 신문사 시기별 독도 키워드 수

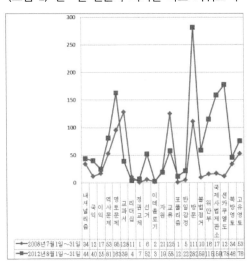

흥미 깊은 것으로서 독도를 영토 문제로써 다루고 있는 경향이 2008년과 비교해서 2012년에 급증하고 있다는 점이다. 이는 일본이 독도 문제를 이전보다도 적극적으로 자국의 영토라고 주장하기 시작했다는 것이다. 또한 2008년에 비해서 2012년에 센카쿠열도의 기사언급의 빈도수가 급속하게 증가했다는 것이다. 이는 한·일간의 독도에 관한 기사에 센카쿠열도도 동시에 언급하고 있다는 것은 '영토 내셔널리즘'이 한·일간의 문제뿐만 아니라 동북아시아 지역까지 영향을 미치고 있다는 것으로 해석할 수 있을 것이다.

언어는 시대적 상황을 반영한다고 말하지만 역시 2012년에 있었던 이명박 대통령의 독도 방문에 관한 언급 빈도수가 가장 많았다. 또한 2008년에는 교과서라는 키워드가 가장 많이 사용되었다. 즉, 독도 문제에 있어서 2008년에는 일본 교과서 문제가 2012년에는 한국 대통령에 의한 독도 방문이 있었다는 것을 언어를 통해 그 시대적 상황을 유추할 수 있다. 이렇게 키워드 빈도수를 통해 단지 수의 양의 적고 많음에 그치는 것이 아니라 키워드라는 언어를 통해서 사회를 구성할 수 있으며, 그 언어가 사람들의 생각을 지배할 수 있다는 것이다.

다음으로 시간적, 공간적인 재구성을 양국 신문이 어떻게 표현하고 있는지 알아보고자 한다. 2008년의 양국 신문기사 언급 빈도를 비교해 보면, 역시 한국 측이 일본 역사 교과서 문제에 대해서 일본 신문사 보다 많이 언급하고 있음을 알 수 있다. 반면, 교류나 방문이라는 키워드도 많이 언급되고 있다는 것을 알 수 있다. 이것은 일본 교과서 문제로 인해서 양국의 민간 교류의 중지나 연기라는 기사가 일본 신문에 많이 언급되고 있다는 것을 〈그림 3〉의 막대그래프로 알 수 있다.

2000년대에 들어서 일본에서의 한류 붐과 2002년 한·일 공동 월드컵의 개최로 인해 양국의 민간 교류가 급증했다. 이 두 사건을 계기로 한·일 양국에 있어서 인적 교류를 단숨에 대중화하는데 기여하였고,

〈그림 3〉 2008년 7월 1일~31일 한 · 일 신문사별 독도 키워드 수

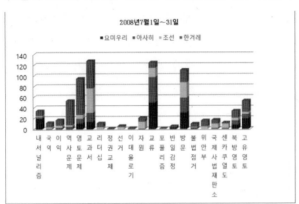

월드컵은 젊은 층, 한류 붐은 여성층이라는 기존의 한국에 대해서 별로 관심을 가지고 있지 않았던 일본인에 적지 않은 영향을 미쳤다. 또한 2000년대부터 2010년까지의 한 · 일 자매도시 체결 수는 45건으로 올라서 확대되었음을 알 수 있다.[36] 그러나 2008년에 있었던 교과서 문제로 인해, 민간 교류는 중지 혹은 연기되었다. 이러한 이유에서 〈그림 3〉에서 보듯이 교류라는 키워드가 많이 사용되었다고 볼 수 있다.

먼저 2008년과 2012년을 비교했을 때, 가장 큰 차이는 2008년에는 일본 교과서 문제를 둘러싸고 독도를 표기하는 문제가 쟁점이 되었는데, 그 원인의 주체가 일본에서 나왔다. 하지만, 2012년에는 한국의 대통령이 건국 이래 최초로 독도를 방문한 것이 계기가 되어 문제화 되었다. 다시 말하면, 2008년은 일본에서 먼저 교과서 문제가 발생하면서 독도 문제가 이슈로 등장하였고, 2012년에는 한국에서 대통령의 독도 방문을 계기로 독도 문제가 문제화 되었다. 이 부분에서 2008년과 2012년

---

36) 平井一臣 · 土肥勲嗣 · 出水薫,「日韓ナショナリズムと自治体間関係: 日本側アンケート調査を手掛かりとして」, p.78.

을 비교했을 때, 먼저 이슈를 만든 주체가 다르다는 것을 알 수 있다.

이 결과는 〈그림 3〉을 보면 알 수 있듯이, 2008년에는 교과서라는 키워드가 가장 많았고, 다음으로 교류 및 방문이 두 번째로 많았다. 이 것은 양국의 교류가 활발하게 일어나고 있다는 기사가 아니라, 앞에서 서술한 것처럼 교과서 문제가 원인이 되어 양국의 외교 및 민간 교류 까지 중단되었다는 부정적인 기사의 내용이 많았기 때문이다. 또, 이 교과서 문제를 계기로, 한국에서는 당시 한승수 총리가 독도 방문을 하였다는 기사 내용이 있었기 때문에, 2008년에도 방문이라는 키워드 가 기사에 많이 언급되었다. 그리고 2008년에는 일본 교과서 문제가 일어났기 때문에, 한국 측의 반발이나 감정적인 대응에 그쳤다.

반대로 〈그림 4〉에서 보면 2012년에는 방문이라는 키워드가 월등히

〈그림 4〉 2012년 8월 1일~31일 한·일 신문사별 독도 키워드 수

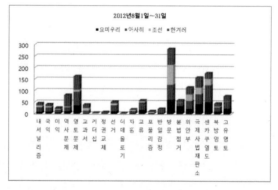

많다는 것을 알 수 있다. 국제사법재판소, 영토 문제, 센카쿠 열도라는 키워드로 유추할 수 있는 것은 이명박 대통령의 독도 문제로 인해 영 토 문제가 국제적인 이슈로 부각 되고 있다는 것을 짐작할 수 있다. 이 시기의 언론 기사들은 대부분, 한국 대통령의 독도 방문을 계기로 일 본은 한국이 독도를 불법 점거하고 있다는 기사, 대통령 선거를 앞둔

전략이라고 분석한 기사, 국제사법재판소에 제소한다는 기사, 그리고 센카쿠 열도 문제와 연결해서 독도 문제를 파악하고 있다는 것이 특징적인 기사로 파악되었다.

4) 한·일 양국의 언론 성향 분석

본 연구는 독도 문제를 둘러싸고 한국의 ≪조선일보≫와 ≪한겨레신문≫ 그리고, 일본의 ≪아사히신문≫과 ≪요미우리신문≫을 대상으로 언론의 성향을 분석하였다. 분석 결과, 양국 모두 언론의 성향에 관계없이 동일한 주장을 한다는 것을 알 수 있었다. 다시 말하면, 독도라는 국제 갈등이나 국제 분쟁에 있어서 한·일양국의 언론은, 국내 이슈에서 갈등하던 경향과는 다르게 동일한 주장을 하고 있는 것으로 나타났다. 이러한 결과의 의미를 본 연구진은 몇 가지로 해석하고 있다.

첫째, 민족주의와 관련된 문제에서 한국과 일본의 언론은 소수의 의견을 내는 것을 두려워 한다는 점이며, 국익과 국민들의 의식과 반대되는 주장을 할 수 없는 구조적인 측면이 자리 잡고 있다.

독도는 영토로서의 존재뿐만 아니라 그 상징성이 중요하다. 막스 베버(Max Weber)는 민족을 정의할 때 민족 감정을 중요한 요소로 생각하고, 민족의 기초 요소로 언어의 접근성과 공동의 역사적, 정치적 경험을 강조하였다.[37] 베버에 의하면 민족에 있어서 영토는 땅으로 존재하는 것이 아니라 아이덴티티로 존재한다. 동북아시아의 영토 분쟁은 그 크기, 자원 그리고 전략적 위치보다는 오히려 그 영토가 가진 역사적 배경에 의한 것이며, 이것은 아이덴티티(identity)에 관한 것이라고 말 할 수 있다. 예를 들면 이스라엘과 팔레스타인의 영토 문제는 단순

---

37) 신용하, 「'민족'의 사회학적 설명과 '상상의 공동체론' 비판」, p.34.

한 유형적인 영토 가치보다는 자국의 존재 가치에 관한 아이덴티티를 상징하는 것에서 발생하였다고 받아들여진다. 독도는 비록 무인도에 불과하지만 독도에는 한국인이 공유하는 역사적, 정치적인 감정이 있고, 자국의 영토라는 강한 민족의식이 투영되어 있다. 한국에서 바라보는 독도는 천연, 지하자원의 중요성과 군사적인 의미도 중요하지만 그보다는 오히려 한국을 상징하는 것으로 존재한다. 또한 일본이 한국을 병합할 때 제일 처음 편입한 영토가 독도였으며, 한국이 일본의 식민지에서 벗어나 광복과 함께 되찾은 영토도 바로 독도이며, 이는 식민지를 함께 경험한 독도가 한국인의 상징과도 동일시된다. 이와 같은 관점에서 생각해보면 독도 문제가 표출되면, 언론에서 동일한 목소리를 내는 것은 당연한 일이다. 그런데, 독도 문제에 대해 자국 언론이 국민들의 생각과 반대되는 의견을 낸다면, 이는 자국민의 아이덴티티에 반하는 행위이기 때문에, 독도 문제에 있어서만큼은 각 신문사들이 동일한 주장을 한다고 판단된다.

둘째, 일본의 좌우 미디어 엘리트는 독도를 미래 다가올 러·일간의 북방 영토 분쟁, 중·일간의 센카쿠 열도 분쟁의 선례로 생각하고 있다. 즉, 독도를 한국 땅으로 인정해버리면 연쇄적으로 다른 영유권 분쟁도 문제화될 수 있으며, 정치, 외교적으로 독도는 중요한 협상카드이기 때문에 일본 언론이 일본 정부의 주장을 반대할 이유가 없다는 것이다.

셋째, 한·일의 언론은 공히 독도를 한 조각 땅이라는 의미를 넘어 '영토 내셔널리즘'으로 물신화(reification) 시켰기 때문에 한 치의 양보도 가능하지 않은 상황에 이르렀다는 점이다. 현대송은 한국 학생들은 일본 및 일본인에 대한 이미지를 초기에는 미디어로부터 습득하며, 초기 형성된 일본에 대한 이미지는 학교 교육을 통해 강화되는 경향이 있다고 지적하였다. 그는 미디어와 학교 교육이 한국의 '영토 내셔널리즘'을 강화하고 재생산하는 수단으로 작용하고 있다고 본다. 또한 오이시 유타카(大石裕)는 매스컴과 인터넷 등의 새로운 정보 미디어의 보급이 내셔널리즘을 증가시킨다고 보고 있다. 내셔널리즘이 신문, 잡지, 영화 그리고 TV 등의 미디어에 의해 보급이 되지만 여기서 '국익'이라는 단어와 결합되어 '미디어 내셔널리즘'이 생겨난다.[38) 오카다(岡田) 역시 "영토라는 단어를 듣는 순간 인간은 '사고정지(思考の停止)'가 되어, 영토를 자신의 신체와 동일화 하여, 침해되었다는 의식을 만들어 낸다"라고 강조하고 있다. 이른바 영토와 자신을 동일화하는 '시각적 감각'에서 발생하는 이미지이다. 그리고 지리와 역사를 중심으로 하는 국민 교육의 성과도 '영토내셔널리즘'을 강화하는 수단으로 작용하고 있다고 보고 있다.[39)

5. 결론

본 연구는 한·일간 영토 문제에 있어서 진보-보수간 언론의 성향을 분석하였다. 한국과 일본의 언론 성향을 분석하기 위해 독도 관련 보도를 대상으로, 한국의 대표적인 보수 언론인 ≪조선일보≫와 진보 언론인 ≪한겨레신문≫을 선정하였다. 일본도 마찬가지로 일본의 대표적인 보수 신문인 ≪요미우리신문≫과 진보적 신문을 대변하는 ≪아사히신문≫을 대상으로 각 신문의 독도 관련 표제어와 키워드를 분석하였다.

이 결과, 양국의 신문은 독도 문제에 있어서는 보수-진보라는 언론

---

38) 大石裕·山本信人, 『メディア·ナショナリズムのゆくえ—「日中摩擦」を検証する』, p.8.

39) 岡田充, 『尖閣諸島問題—領土ナショナリズムの魔力』, p.170.

의 성향과는 상관없이, 동일한 주장을 하고 있다는 결과가 도출되었
다. 국내 문제에 있어서는 언론 성향이 대립적으로 나오지만 국제 문
제 특히, 영토 문제에 있어서는 동일한 성향을 주장하고 있다는 것을
보여준다.

독도라는 것은 한국에서는 식민지 역사와 맥을 같이 하고 있으며,
한국인의 상징적인 존재와도 같아 '섬' 이상의 아이덴티티를 지니고 있
다. 반면, 일본에서는 '독도'라는 것이 중국과 대립하고 있는 센카쿠 열
도 문제나, 러시아와의 북방영토 문제와 연결되어 있기 때문에 쉽게
포기할 수 없는 카드중의 하나이다. 따라서 양국의 진보적인 성향을 가
지고 있는 언론조차 자국의 이익에 유리한 주장만을 할 수밖에 없는 구
조적인 측면이 있다는 것을 간과할 수 없으며, 이는 이 연구의 분석을
통해서도 드러났다. 연구진이 개발한 좌우 미디어 키워드 비교의 방법
론이 향후 중·일간의 센카쿠 열도 문제, 중국·필리핀간의 남중국해 문
제, 러·일간의 북방 영토 문제 등에도 적용될 수 있다고 판단한다. 끝
으로, 연구진은 내셔널리즘으로 물신화된 독도 문제를 해체(deconstruct)
하는 것이 한·일 협력을 위한 후속 연구자의 과제라고 주장한다.

【참고문헌】

김경희 · 노기영, 「한국 신문사의 이념과 북한 보도방식에 대한 연구」, 『한국언론학보』 55권 1호, 2011.

김병우, 「이명박 대통령의 독도방문과 보도 경향 분석-≪매일신문≫과 ≪영남일보≫를 중심으로」, 『독도연구』 15호, 2013.

김성은, 「부산지역 언론의 독도 관련 보도경향과 인식-이명박 대통령의 독도방문을 기점으로」, 『서강인문논총』 38권, 2013.

김수정 · 정연구, 「프레임 분석에 있어서 무보도 현상의 적용 효과 연구-미디어법에 대한 헌재판결 보도 사례를 중심으로」, 『한국언론학보』 제54권 2호, 2010.

김 영, 「이명박 대통령의 독도방문에 대한 일본 언론의 보도 분석」, 『독도연구』 15호, 2013.

김용호 · 김현종, 「한미관계에 대한 미디어의 프레임연구-여중생 사망사건을 중심으로」, 『국제정치논총』 제43권 2호, 2003.

문철영, 「독도 연구의 현황과 과제 -영남대 독도연구소 학제간 연구 성과를 중심으로-」, 『독도연구』 21호, 2016.

박기수, 「4대강 사업 뉴스에 대한 보도 프레임 연구: ≪경향신문 · 동아일보 · 한국일보≫ 등 3개 종합일간지를 중심으로」, 『한국언론학보』 제55권 4호, 2011.

신용하, 「'민족'의 사회학적 설명과 '상상의 공동체론' 비판」, 『한국사회학』 제40집 1호, 2006.

심흥식, 「한국언론의 보수와 진보 프레임에 관한 분석적 고찰 -≪조선일보≫와 ≪한겨레신문≫의 한미 FTA 사설 분석-」, 『협상연구』 제16권 1호, 2013.

윤영욱, 「사회적 갈등이슈에 대한 뉴스 프레임 연구: 한미 쇠고기 협상과 촛불집회 보도를 중심으로」, 연세대학교 석사학위논문, 2009.

이상우, 「해양영토문제에 관한 뉴스매체의 보도 경향과 패턴-독도와 센카쿠열도를 중심으로」, 『일본문화연구』 제51권, 2014.

정일권 외, 「사회적 통합 요구에 따른 신문보도 다양성의 위축가능성에 대한 연구 -≪조선일보≫와 ≪한겨레신문≫의 타 국가와의 갈등 보도 비교」, 『한국언론학보』 제51권 4호, 2007.
조지 레이코프, 유나영 옮김, 『코끼리는 생각하지마』, 삼인, 2006.
조지 레이코프·로크리지연구소, 나익주 옮김, 『프레임 전쟁』, 창비, 2007.
최장근, 「독도의 지위와 영토 내셔널리즘과의 관계」, 『일어일문학』 제50집, 2011.

Entman. Robert, "Framing: Toward Clarification of a Fractured Paradigm." *Journal of Communication* 43, 1993.
Gamson. W. A, *Talking Politics,* Cambridge University Pres, 1992.
Goffman. Erving, *Frame Analysis: An Essay on the Organization of Experience,* Northeastern University Press, 1986.
Iyengar. S, *Is Anyone Responsible? How Television Frames Political Issues,* University of Chicago Press, 1991.

大石裕·山本信人, 『メディア·ナショナリズムのゆくえ―「日中摩擦」を検証する』, 朝日新聞社, 2006.
岡田充, 『尖閣諸島問題―領土ナショナリズムの魔力』, 蒼蒼社, 2012.
玄大松, 『領土ナショナリズムの誕生―「独島/竹島問題」の政治学』, ミネルヴァ書房, 2006.
平井一臣·土肥勲嗣·出水薫, 「日韓ナショナリズムと自治体間関係: 日本側アンケート調査を手掛かりとして」, 『政治研究』 第60号, 2013.
和田春樹, 『領土問題をどう解決するか: 対立から対話へ』, 平凡社, 2012.

조선일보 아카이브(http://srchdb1.chosun.com/pdf/i_archive/search.jsp).
한국언론진흥재단 기사종합검색 사이트 KIND(http://www.kinds.or.kr/).
한국ABC협회 홈페이지(http://www.kabc.or.kr/about/media/100000000723).
聞蔵II(http://database.asahi.com/index.shtml).
ヨミダス歴史館(http://www.yomiuri.co.jp/database/rekishikan/).

미8군부사령관 Coulter 장군의
독도폭격 연습기지 사용인가 신청에 의한 미국정부의
한국의 독도영토주권 승인

김 명 기

1. 머리말

1951년 7월 7일 미8군부사령관 John B. Coulter의 사령관에 대한 업무보고서에는 동 부사령관이 대한민국 국방부장관실과 국무총리실에서 독도를 미공군의 폭격연습기지로 사용을 인가해 줄 것을 요청하여 국방부장관과 국무총리로부터 사용인가를 받았다는 내용이 기록되어 있다. 이는 미국정부가 대한민국의 독도영토주권을 묵시적으로 승인한 것이라는 국제법상 효과를 창출한다.

이는 대한민국의 독도영토주권의 승인 효과 이 외에 다음과 같은 국제법상 효과도 인정되는 것이 아닌 가의 의문을 제기한다.

(i) 조약의 준비작업여부: 동 인가 요청은 "대일평화조약"이 체결된 1951년 9월 8일 이전인 1951년 7월 7일에 있었으므로 동 조약 제2조 (a)항을 해석함에 있어서 이른바 조약의 준비작업(travaux, preparatory work)으로 되어 해석의 보충적 수단이 되는 것이 아닌가의 의문을 제기한다. 그러니 미국정부의 동 사용 인가요청은 "대일평화조약"의 체

결과 전혀 무관한 것이므로 이는 조약의 준비작업이 될 수 없고 동 조항의 해석에 있어서 "조약법 협약" 제32조에 규정된 "조약의 교섭기록"이 될 수 없으므로 보충적 수단이 될 수 없다.

(ii) 후속적 관행여부: 동 인가요청은 "대일평화조약" 제2조 (a)항을 해석함에 있어서 추후의 관행으로 되는 것이 아닌가의 의문을 제기하나 동 인가요청은 동 조약이 체결된 1951년 9월 8일 이전인 1951년 6월 20일에 있었으므로 이는 "조약법 협약" 제31조 제3항 (b)에 규정된 추후의 관행(subsequent practice)으로 될 수 없다.

(iii) "대일평화조약"의 문맥의 여부: 동 인가요청은 동 조약 제2조 (a)항을 해석함에 있어서 통합의 원칙에 따라 해석하기 위한 "조약법 협약" 제31조 제3항에 규정된 참작사항이 아니므로 이는 동 조약 제2조 (a)항의 해석에 있어서 문맥(context)이 될 수 없다. 그러므로 이 연구는 미국에 의한 동 인가요청의 대한민국의 독도영토주권의 승인에 한정하기로 한다.

이하 (i)미8군 부사령관 John B. Coulter 중장의 보고서 개요, (ii)독도폭격연습기지 사용·인가 요청의 주체, (iii)국제법상 영토주권 승인에 관한 일반적 고찰, (iv)미8군 부사령관 John B. Coulter 중장의 독도폭격연습기지 사용·인가 요청과 한국의 독도영토주권의 승인, (v)제기되는 문제, (vi)결론에서 몇 가지 정책대안을 정부당국에 제의하기로 한다.

이 연구의 법사상적 기초는 "법실증주의"이며, 연구의 방법은 해석논적 접근 방법이다. 따라서 이 연구의 대상은 lex ferenda가 아니라 lex lata인 것이다.

2. 미8군 부사령관 John B. Coulter 중장의 보고서 개요

Coulter 부사령관의 보고서는 다음과 같이 요약된다.

(i) 보고서의 제목 : 진행보고(Progress Report)

(ii) 보고서의 제출일자 : 1951년 7월 7일

(iii) 보고서 수신 : 미8군사령관(Commanding General EUSAK)

(iv) 참조 : 미8군 참모장(Chief of Staff)

(v) 내용 : 독도폭격연습기지(Liancourt Rocks Bambing Range)

(vi) 보고자 : 주한미8군 사령부 부사령관 (Eighth United States Army Korea (EUSAK) Deputy Army Commander, Leutenaut General John B, Coulter[1])

동 보고서 이외에 1951년 6월 20일 Coulter 부사령관이 대한민국 국무총리에게 독도를 폭격연습기지로의 사용 인가 요청을 한 바 있다.[2]

3. 독도폭격연습기지 사용 · 인가 요청의 주체

보고서가 작성 · 보고된 일자는 1951년 7월 7일[3] 이므로 이는 UNC가 창설된 1950년 7월 7일 이후이다. 그러나 "UNC"의 명의로 독도폭격연

---

[1] Headquarters Eighth United States Army Korea(EUSAK) Office of the Deputy Army Commander, APO 301, 7 July 1951, Progress Report(국사편찬위원회 편, 『독도자료 1: 미국편』, (서울: 국사편찬위원회, 2008), p.5; 홍성근, "전후 연합국의 일본 영토처리 방침과 독도", 2016 동아시아의 역사와 해양 영토 국제학술회의, 2016.09.29., 한국영토학회 주최, p.94.

[2] John B, Coulter, Leutenaut General, United States Army Deputy Army Commander, to the honorable Chang Myun, Prime Minister, ROK, 20 June, 1951(국사편찬위원회, 전주 1, p.445).

[3] UN Security Council, Resolution S/1588(7 July, 1950).

습기지 사용 인가를 대한민국 정부에 요청한 것이 아니라 "주한미8군 부사령관(Deputy Army Commander, Eighth United States Army Korea (EUSAK)"의 명의로 대한민국정부에 요청한 것이다. 미8군은 1951년 7월 7일 현재 UNC의 MacArthur 사령관의 지휘를 받는 UN군의 구성군이었다.[4] 그럼에도 불구하고 UNC의 이름으로 독도폭격연습기지 사용 인가를 요청하지 아니하고 미8군의 명의로 요청한 것이므로 이는 미국 정부가 대한민국에게 요청한 것이다.

4. 국제법상 영토주권 승인에 관한 일반적 고찰

1) 영토주권 승인의 개요

(1) 영토주권 승인의 의의

영토주권의 승인(recognition of territorial sovereignty)이란 국제법의 주체가 특정 국가의 특정 영토에 대한 영토주권의 존재를 인정하는 행위로,[5] 국제법상 일반적인 승인과 같이 영토주권의 "승인"도 타 국가와의 관계에서 제기되는 어떤 사실이나 사태의 수락(acceptance of any fact situation),[6] 즉 특별한 사태를 수락하는 적극적인 행위(a positive act acception)를 의미한다.[7] 따라서 승인은 존재하는 사실의 선언

[4] D,W, Bowett, *United Nations Forces* (London: Stevens, 1964), pp.40~41; Finn Seysted, *United Nations Forces*(Leyden: Sijthoff, 1966), p.35; Myung-Ki Kim, *The Korean War and International Law*(Craremont, CA: Paige Press, 1991), p.121; 김명기, 『국제연합군과 국제법』(서울: 국제문제연구소, 1990), p.85.

[5] Ian Brownlie, *Principle of Public International Law*, 5th ed., (Oxford: Oxford University Press, 1998), pp.156~57.

[6] Robert Jennings and Arthur Watts (eds.), *Oppenheim's International Law*, 9th ed., Vol.1, (London: Longman 1992), p.127.

(declaratory of an existing fact)을 하는[8] 일방적 법률행위(unilateral transaction)이다.[9] 그러므로 영토주권의 승인은 특정영토에 대해 특정 국가에 영유권이 존재한다는 사실 또는 사태를 인정하는 적극적 일방 적 법률행위라 할 수 있다. 영토주권의 승인은 그 자체 영토취득의 유 형(a mode of acquisition)이 아니지만,[10] 영토권원의 타당성을 확립할 목적을 위한 적절한 방법(a suitable means for the purpose of establishing the validity for a new territory title)이다.[11] 영토주권의 승인은 영토주권 을 대상으로 한 것이지만 그 실질적 효과면에서 보면 영토주권의 권원 의 승인으로 이는 영토주권의 권원의 근거(root of title)가 된다.[12]

　엄격하게는 영토주권(territorial sovereignty)은 영토(territory), 영토권 원(territorial title), 영토권원의 근거(root of territorial title)등과 구별된다. 영토는 국가의 성립요소인 육지지역, 영토주권은 영토에 대한 국가의 주권, 영토권원은 영토주권의 타당근거, 영토권원의 근거는 영토권원

---

7) Malcolm N. Shaw, *International Law*, 4th. ed., (Cambridge: Cambridge University Press, 1997), p.50.

8) H. Lauterpact, Recognition in International Law, (Cambridge, Cambridge University Press, 1948), p.6.

9) Georg Schwazenberger and E .D. Brown, *A Manual of International Law*, 6th ed. (Milton: Professional Books, 1976), p.140; Werner Levi, *Contemporary International Law* (Boulder: Westview, 1979), p.214; Brownlie, *supra* n.5, p.642; Shaw, *supra* n.7, p.95; Jochen Abr. Frowein, "Recognition", *EPIL*, Vol.10, 1987, p.341; Vaughan Lowe, *International Law*(Oxford: Oxford University Press, 2007), p.160: Gerhard von Glahn, *Law Among Nations*, 9th ed. (London: Longman, 2009), p.145; John P. Grant and J. Craig Barker, *Encylopeadic Dictionary of International Law*, 3rd ed. (Oxford: Oxford University Press, 2009), pp.502~503.

10) Peter Malanczuk, *Akehust's Modern Introduction to International Law*, 7th ed. (London: Routledge, 1987), p.154.

11) Schwazenberger and Brown, *supra*, n.9, p.97.

12) Brownlie, *supra* n.5, pp.131~132.

의 기초인 근거(예: 할양조약, 기타형태의 합의, 포기, 조정, 묵인, 승인 등)를 각각 뜻한다.

영토주권의 승인은 "영토권원의 승인(recognition of title to territory)",[13] "영토 내 권리의 승인(recognition of rights in the territory)",[14] "영토의 승인(recognition of territorial title)",[15] "영토적 권원의 승인(recognition of territorial title)",[16] "영토취득의 승인(recognition of acquisition of territory)"[17] 과 구별된다. 그러나 이 연구에서는 이들 모두를 영토주권의 승인(광의)으로 보기로 한다.

영토주권의 승인을 영토 분쟁에서 결정을 도출하는 "원칙(principle)"[18] 으로 보기도 하고, 그 "기준(criteria)"[19]으로 보기도 한다. 영토주권의 승인은 영토에 관한 분쟁을 전제로 한 것이 아니며 국제연합 총회에 의한 한국의 독도 영토주권의 승인은 한일 간에 독도영유권 문제가 제기되기 전에 있었다.

2) 영토주권 승인의 주체

국제법상 승인의 주체는 국제사회의 기존 구성원(already existing

---

13) Schwazenberger and Brown, supra, n.9, p.603.

14) David H. Ott, *Public International in the Modern World*, (London: Pitman, 1987), p.107.

15) Shaw, *supra* n.7, p.938.

16) Malanczuk, *supra* n.10, p.938.

17) Marijorie M. Whiteman, *Digest of International Law*, Vol.2, (Washington D.C.: USGPO, 1963), p.1.

18) Shaw, *supra* n.7, p.350; Ott, *supra* n.14, p.107.

19) A. L. W. Munkman, "Adjudication and Adjustment— International Judicial Decision and Settlement of Territorial and Boundary Disputes", *BYIL*, Vol.45(1972-1973), pp.95~105.

member of the community)으로20) 국제법 인격자(international legal person)이다.21) 영토주권을 승인하는 주체는 영토주권의 승인으로 영토주권을 상실하게 되는 국가(losing state)인 것이 일반적이나, 제3국도 영토주권의 승인의 주체가 될 수 있다.22) 묵인의 주체는 영토주권을 상실하게 되는 국가뿐이라는 점이 영토주권의 승인과 영토주권의 묵인의 차이점의 하나이다.23) 국제연합이 국제법상 승인의 주체가 될 수 있느냐에 관해서는 논의가 있으나, 전술한 바와 같이 승인의 주체는 국제사회의 기존 구성원이고, 국제법인격자이다.24) 국제연합은 국제사회의 중요한 구성원의 하나이고 국제법 인격자이므로 승인의 주체가 될 수 있다.25) 이는 "헌장"의 규정에 의한 것이 아니라 일반 국제법에 의한 것이다. 1948년 12월 12일 국제연합 총회의 결의 제195호(Ⅲ)로 대한민국정부를 승인하고, 1971년 10월 25일 국제연합 총회의 결의 제2758호 (ⅩⅩⅥ)로 중화인민공화국 정부를 중국의 대표정부로 승인한 것은 국제연합이 승인의 주체가 될 수 있음을 실증한 것이다.26)

---

20) Lauterpact, *supra* n.8, p.7.

21) Shaw, *supra* n.7, p.296.

22) Brownlie, *supra* n.5, p.157; Shaw, *supra* n.7, p.351; Malanczuk, *supra* n.10, p.155.

23) Brownlie, *supra* n.5, p.157.

24) Shaw, *supra* n.7, p.63; Jenning and Watts, *supra* n.6, p.18; Malanczuk, *supra* n.10, p.92; Ott, *supra* n.14, p.76; Frowein, *supra* n.9, p.276; ICJ, *Reports*, 1949, p.179.

25) Schwazenberger and Brown, *supra*, n.9, p.63; Frowein, *supra* n.9, pp.343-344; Rosalyn Higgins, *The Development of International Law through the Political Organs of the United Nations* (Oxford: Oxford University Press 1963) pp.131-132.

26) Jennings and Watts, *supra* n.6, pp.181-182; 김명기, 「국제법원론」 상, (서울: 박영사, 1996), p.125.

3) 영토주권 승인의 방법

(1) 명시적 승인과 묵시적 승인

영토주권의 승인은 명시적 성명의 형태(form of an express statement)
의 방법에 의할 수도 있고, 묵인으로부터 추론(inferred from acquiescence)
되는 방법에 의할 수도 있다.[27] 명시적 성명은 일방적 명시적 선언
(unilateral express declaration)의 방법에 의 할 수도 있고 조약의 규정
(treaty provision)의 방법에 의할 수도 있다.[28] 영국에 의한 Jan Mayen
도에 대한 노르웨이의 영토주권의 승인은 전자의 방법의 한 예이며,[29]
East Greenland Case에서 상설국제사법재판소가 덴마크와 다른 국가들
간의 조약이 Greenland에 대한 덴마크의 영토주권의 승인의 증거가 된
다고 판시한 것은 후자의 방법의 한 예이다.[30]

묵시적 표시는 어떤 승인으로 이해되는 것으로 해석되는 특별한 조
치(particular action to be interpreted as comprehending any recognition)
에 의할 수 있다.[31] 이는 승인으로 수락하는 의도에 대해 합리적인 의
문이 없는 모든 경우(in all cases in which there is no reasonable doubt
as to the intention … to grant recognition)이다.[32] 이는 승인의 의도를
명시적 승인에 직접적으로 표시하는 것이 아니라 승인으로 추정되는
다른 행위를 통하여 승인의 의도를 간접적으로 표시하는 것이므로 이
를 간접적 승인(indirect recognition) 이라고도 한다.[33] 묵시적 승인으로

---

27) Malanczuk, *supra* n.10, p.154.
28) Brownlie, *supra* n.5, p.157.
29) *AJIL*, Vol.27, 1993, Supp., p.92.
30) PCIJ, *Series A/B* No.53, 1933, pp.51-52.
31) *Ibid.*
32) Lauterpact, *supra* n.4, p.378.
33) Shaw, *supra* n.3, p.310.

인정되기 위해서는 승인의 효과를 부정하는 명시적 의사표시가 없음을 요한다.[34]

(2) 법률상 승인과 사실상 승인

① 법률상 승인

법률상 승인(de jure recognition)이란 영속적 외교관계를 설정하기 위한 정식적·확정적으로 행하여지는 승인으로 철회할 수 없는 승인으로, 승인은 일반적으로 법률상 승인이다.[35]

② 사실상 승인

사실상 승인(*de facto* recognition)은 비공식적·잠정적으로 행하는 승인으로 승인국이 정치적 이유에 의하여 영속적인 외교관계의 설정을 목적으로 하는 정식 승인을 하지 않을 경우에 일시적인 이해관계의 조정을 위하여 행하여지나, 많은 경우에 법률상의 승인을 전제로 하는 승인이다. 사실상의 승인은 승인 후의 사태여하에 따라 철회할 수 있는 것이 법률상의 승인과 구별된다.[36]

1949년 이스라엘이 독립을 선언하자 미국은 이를 사실상 승인을 하고 1949년 1월 법률상 승인을 한 바 있다.[37]

정치적으로(in political sense) 양자 모두 철회 가능하나, 법률적으로

---

[34] Wright, Q., "Recognition, Intervention and Ideologies," Indian Yearbook of International Affairs, Vol.7, 1858. p.92.

[35] Jochen Ahr. Frowein, "Recognition," *EPIL*, Vol.10, 1987, p.342; Ti-Chiang Chen, *The International Law of Recognition*(London; Sterens, 1951, pp.270-290.

[36] Brownlie, *supra* n.5, p.92; John P. Grant and J. Craig Barker, *Encyclopedic Dictionary of International Law*, 3rd ed. (Oxford; Oxford University Press, 2009), p.509.

[37] Frowein, *supra* n.9, p.342; Chen, *supra* n.31, pp.270-290.

(in legal sence) 양자 모두 철회 불가능한 것이며, 승인을 보장하는 사
정의 변경이 없는 경우가 아닌 한(unless a change of circumstance
warrants it) 철회가 가능하다.38) 이와 같이 사실상 승인은 정치적 개념
이고, 법적 개념이 아니다. 영국과 미국의 최근 관행은 양자의 구별을
포기했다.39) 즉, 영국과 미국은 사실상 승인을 부정하고 있다. 그러므로
이 연구에서도 사실상 승인의 방법에 관해서는 논외로 하기로 한다.

4) 영토주권 승인의 효과

(1) 영토주권의 타당성 확립 효과

영토주권의 승인은 국제법상 일방적 법률행위로 법적 구속력(legal
binding force)을 갖는다.40) 그 법적 구속력의 근거는"약속은 지켜야 한
다(*pacta sunt serevanda*)"의 원칙의 적용에서 찾기도 하고 금반언
(estoppel)의 원칙과 신의 성실(good faith)의 원칙에서 찾기도 한다.41)
영토주권의 승인은 금반언의 법적 효과를 창출한다.42) 영토 주권의 승
인은 영토 권원의 취득에 대단히 중요한 증거(prove of great importance
in the acquisition of title of territory)가 된다.43) 따라서 영토취득에 대단
히 중요한 역할을 한다.44) 즉 영토 주권의 승인은 영토 권원의 타당성
을 확립한다(establishing validity of territorial title).45)

---

38) Brownlie, *supra* n.5, p.92.
39) Gerhard von Glahn and Janes Larry Traulbee, *Law Among Nations* (London; Longman, 2009), p.155.
40) Wilfriend Fiedler, "Unilateral Acts in International Law", *EPIL*, Vol.7, 1984, p.520.
41) *Ibid*.
42) PCIJ, *Series A/B*, No.53, pp.68-69.
43) Shaw, *supra* n.7, p.351.
44) Malanczuk, *supra* n.10, p.154.

(2) 상대적 권위의 강화 또는 절대적 권원화

영토주권의 승인은 의심스러운 권원을 명백한 권원으로 전환 하여
(turn a doubtful title into good one)[46] 보다 좋은 상대적 권원(better
relative title)을 제공하여[47] 상대적 권원(relative title)이 절대적 타당성
(absolute validity)을 갖게 된다.[48]

(3) 영토주권의 응고

상대적 권원의 강화 또는 절대적 권원화에 의해 영토권원의 응고
(consolidation of title to territory)의 결과를 가져오게 한다.[49]

5. 미8군 부사령관 John B. Coulter 중장의 독도폭격연습기 지 사용·인가 요청과 한국의 독도영토주권의 승인

다음과 같은 이유에서 미8군 부사령관 John B. Coulter 중장의 독도
폭격연습기지 사용·인가 요청을 묵시적 승인의 요건을 충족하였으므
로 이는 미국이 대한민국의 독도영토주권을 묵시적으로 승인한 것으
로 본다.

첫째로, 미국의 국가기관인 미8군부사령관의 독도폭격연습기지의
사용 인가를 대한민국의 국가기관인 국방부장관과 국무총리에게 요청

---

45) Georg Schwazenberger, "Title to Territory Response to Challenge", *AJIL*, Vol.51,
1957, p.323.

46) J. G. Starke, *Introduction to International Law*, 9th ed.(London :Butterworth,
1984), p.148.

47) Ott, *supra* n.14, p.107.

48) Schwazenberger and Brown, *supra*, n.9, p.99.

49) *Ibid*.

한 것은 독도를 대한민국의 영토로 본 특별한 조치이다.[50]

둘째로, 미8군부사령관이 독도폭격연습기지로 사용 인가를 대한민국 정부에 대해 요청한 것은 미8군부사령관이 독도를 한국의 영토로 본 데 대한 합리적인 반대 이유가 없다.[51]

셋째로, 미8군부사령관이 한국의 영토주권을 승인하는 효과를 인정하지 아니한다는 특별한 의사표시를 한 바 없다.[52]

6. 제기되는 문제

1952년 9월 15일 미공군기가 독도에 4발의 폭탄을 투하한 사건이 발생했다.[53] 이에 한국정부는 11월 10일 주한미대사관에 항의했고,[54] 이에 대해 1952년 12월 4일 미 대사관으로부터 앞으로 독도를 폭격연습기지로 사용하지 아니할 것이라는 취지의 회한이 왔다.[55] 또한 UNC로부터 1953년 1월 20일 독도폭격기지 사용을 즉시 중단함에 필요한 조치로 취할 것은 예하부대에 지령하였다는 보고가 있었다.[56]

위의 1951년 9월 22일 자 대한민국 정부의 항의는 1951년 7월 7일 자 인가에 모순되며, 또한 1952년 12월 4일 자 미 대사관의 회한도 1951년 4월 4일 자 인가에 모순된다. 즉, 1951년 7월 7일 독도폭격연습기지 사

50) PCIJ, *Series A/B* No.53, 1933, pp.51-52.
51) Lauterpact, *supra* n.4, p.378.
52) Wright, Q., "Recognition, Intervention and Ideologies," Indian Yearbook of International Affairs, Vol.7, 1858.
53) 김명기, 『독도총람』 (서울: 선인, 1915), p.195.
54) 김명기, 전주46, pp.191-192.
55) 김명기, 전주46, p.192.
56) 김명기, 전주46, p.193.

용 인가를 한 대한민국이 어떻게 1952년 9월 22일 자 항의를 할 수 있었으며 또한 1951년 7월 7일 독도폭격연습기지 사용의 인가를 받은 미국정부가 1952년 12월 4일의 공한을 대한민국정부에 보내 올 수 있었나에 관한 의문이 제기된다.[57]

물론 이 문제와는 관계없이 미국정부가 대한민국의 독도영토주권을 묵시적으로 승인한 효과에는 어떠한 영향도 미치지 아니한다.

7. 맺음말

1) 요약정리

상술한 바를 다음과 같이 요약정리 하기로 한다.

(i) 미8군은 대한민국 국방부장관과 국무총리에게 "대일평화조약"이 체결되기 이전인 1951년 6월 20일에 독도를 폭격연습기지로 사용할 것을 인가 요청했다.

(ii) 이는 미국이 대한민국의 독도영토주권을 묵시적으로 승인한 것이다.

(iii) 따라서 미국은 대한민국의 독도영토주권과 모순 · 저촉되는 어떠한 행위도 할 수 없는 국제법상 금반언의 의무를 부담하고 있다.

(iv) 미국에 의한 대한민국의 독도영토주권의 묵시적 승인[58]은 연

---

[57] 아마도 당시는 전시이어서 국방부 국무총리실과 외무부의 상호 업무협조가 원활이 이루어지지 않은 것이 아닌 가 본다. 또한 미8군과 UNC도 전시 이어서 역시 업무협조가 원활히 이루어지지 않은 것이 아닌 가 본다.

[58] 미국(United States of America)에 의한 한국의 독도영토주권을 승인한 다음의 근거를 둘 수 있다.
미대사관의 독도폭격기지 불사용 회신(1952년 12월 4일) 다만, 동 회신에는

합국(Alied Powers)에 의한 대한민국의 독도영토주권의 승인과 구별되며,[59] 또한 국제연합(United Nations)에 의한 대한민국의 독도영토주권의 승인과 구별된다.[60]

2) 정책대안의 제의

정부관계 당국에 대해 다음과 같은 정책대안을 제의하기로 한다.

(i) 미국이 대한민국의 독도영토주권을 승인한 사실을 대외적으로 외교정책에 반영하여 대한민국의 독도영토주권의 이해와 지지를 획득하고, 대내적으로 대국민 홍보정책에 반영하여 국민의 영토의식을 고양하고 애국심을 제고한다.

(ii) 미국이 대한민국의 독도영토주권을 승인했음에도 불구하고 "대일평화조약"체결과정에서 한국의 독도영토주권을 명문하지 아니한

---

it virtually impossible for the United Nations Command to determine the facts in the case라고 기술하여 동 회신이 UNC와 관계되어 있음을 표시하여 동 회신이 실질적으로 UNC의 회신 즉, UN의 회신이라고 볼 수 있지 아니한가의 의문을 제기한다.

[59] 연합국(Alied Powers)에 의한 한국의 독도영토주권을 승인한 다음과 같은 근거를 둘 수 있다.
(i) SCAPIN No. 677 (1946년 1월 29일)
(ii) SCAPIN No. 1033 (1946년 1월 22일)
(iii) SCAPIN No. 2160 (1951년 7월 6일)
(iv) "대일평화조약" 제19조 (d)항 (1951년 9월 8일)

[60] 국제연합(United Nations)에 의한 한국의 독도영토주권을 승인한 다음과 같은 근거를 둘 수 있다.
(i) 국제연합 총회에 의한 유일합법정부승인(GA Res. 195(Ⅲ)(1948년 12월 12일)
(ii) 국제연합 안보리에 의한 대북 적대행위 정지 결의(S/1501)(1950년 6월 25일)
(iii) UNC의 위임에 의한 한국통신지역 사령부 회신(1953년 1월 20일)
(iv) UNC에 의한 한국방공식별구역 설치 (1951년 3월 22일)

미국의 정치적·법적 책임을 적적한 시기에 추궁한다.

(ⅲ) 미국이 한국의 독도영토주권을 승인한 사실을 대일독도정책
에 반영하여 일본의 독도영토주권 주장을 적극적으로 반박한다.

【참고문헌】

국사편찬위원회 편,『독도자료 1: 미국편』, 서울: 국사편찬위원회, 2008.

김명기,『국제연합군과 국제법』, 서울: 국제문제연구소, 1990.

김명기,『독도총람』(서울: 선인, 1915).

김명기, 전주 46.

홍성근, "전후 연합국의 일본 영토처리 방침과 독도", 2016 동아시아의 역
　　　사와 해양 영토 국제학술회의, 2016.09.29., 한국영토학회 주최

Bowett, D,W, United Nations Forces, London: Stevens, 1964.

Brownlie, Ian, Principle of Public International Law, 5th ed., Oxford: Oxford
　　　University Press, 1998.

Chen, Ti-Chiang, The International Law of Recognition, London; Sterens, 1951.

Coulter, John B, Leutenaut General, United States Army Deputy Army
　　　Commander, to the honorable Chang Myun, Prime Minister, ROK, 20
　　　June, 1951.

Fiedler, Wilfriend, "Unilateral Acts in International Law", EPIL, Vol.7, 1984.

Frowein, Jochen Abr., "Recognition", EPIL, Vol.10, 1987.

Glahn, Gerhard von, Law Among Nations, 9th ed., London: Longman, 2009.

Glahn, Gerhard von and Janes Larry Traulbee, Law Among Nations, London;
　　　Longman, 2009.

Grant, John P. and J. Craig Barker, Encylopeadic Dictionary of International
　　　Law, 3rd ed., Oxford: Oxford University Press, 2009.

Headquarters Eighth United States Army Korea(EUSAK) Office of the Deputy
　　　Army Commander, APO 301, 7 July 1951, Progress Report.

Kim, Myung-Ki, The Korean War and international Law, Craremont, CA: Paige
　　　Press, 1991.

Lauterpact, H., Recognition in International Law, Cambridge, Cambridge
　　　University Press, 1948.

Levi, Werner, Contemporary International Law, Boulder: Westview, 1979.

Lowe, Vaughan, International Law, Oxford: Oxford University Press, 2007.

Malanczuk, Peter, Akehust's Modern Introduction to International Law, 7th ed.,
    London: Routledge, 1987.

Munkman, A. L. W., "Adjudication and Adjustment — International Judicial
    Decision and Settlement of Territorial and Boundary Disputes", BYIL,
    vol.45, 1972-1973.

Jennings, Robert and Arthur Watts (eds.), Oppenheim's International Law, 9th
    ed., Vol.1, London: Longman 1992.

Ott, David H., Public International in the Modern World, London: Pitman,
    1987.

PCIJ, Series A/B No.53, 1933.

Schwazenberger, Georg and E .D. Brown, A Manual of International Law, 6th
    ed., Milton: Professional Books, 1976.

Schwazenberger, Georg, "Title to Territory Response to Challenge", AJIL,
    Vol.51, 1957.

Seysted, Finn, United Nations Forces, Leyden: Sijthoff, 1966.

Shaw, Malcolm N., International Law, 4th. ed., Cambridge: Cambridge
    University Press, 1997.

Starke, J. G., Introduction to International Law, 9th ed., London: Butterworth,
    1984.

UN Security Council, Resolution, S/1588(7 July, 1950)

Whiteman, Marijorie M., Digest of International Law, Vol.2, Washington D.C.:
    USGPO, 1963.

Wright, Q., "Recognition, Intervention and Ideologies," Indian Yearbook of
    International Affairs, Vol.7, 1858.

'러스크 서한'을 번복시킨 덜레스 장관의 조치 검토

- 기타, '독도'가 한국영토임을 거증한 국제법적 제 증거 일별 -

나 홍 주

1. 서론

독도가 역사적, 국제법적 및 그 관할 상 엄연히 대한민국의 영토이며, 과거 일본정부도 1699년 1월 일본의 서계 (울릉도 및 독도가 조선국영토임을 수용)[1]가 조선에 도착한 이래 200여년 간, 즉, 1905년의 일본정부가 국제법을 어기며,[2] 러일전쟁 중 독도를 무주지 (terra nullius)

---

[1] 일본 막부정부의 서계(1699.1월)에서, '울릉도 및 독도가 조선 영토임을 수용한 것'은, (일본) 은주시청합기(隱州視聽合記, 1677)에 근거한 것 같다. 은주시청합기: 일본의 건지(乾地, 서북쪽 땅)는 은주(隱州)로 한한다. (...隱州 在北海中 古隱岐島... 自子 之卯 無可住地 戌亥間行 二日夜一日 有松島... 又一日丁 有竹島 (俗言 磯竹島 多竹 海鹿) 然則 日本之乾地 以此州爲限矣).

[2] Principle of Estoppel: "Resting on good faith and the principle of consistency in State relations, Estoppel may involve holding a government to a declaration which in fact does not correspond to its real intention." [Ian Brownlie, Principle of Public International law, Fifth Ed.), Oxford University Press, 2002), p.158. "An Estoppel exists when someone is forbidden by law to speak against its own deed or act: it is a bar against a person saying anything contrary to that which has been established to be the truth." (Rothenberg, The Plain

라는 억지 구실을 내세워 은밀히, 불법적으로 일본에 편입조치 할 때
까지 일본은 독도에 대한 조선국의 영토주권을 존중하여 왔던 것이다.
불법적 조치결과는 아무리 시간이 경과해도 여전히 불법으로 남으며,
국제법상 법적효력을 발생시킬 수 없는 것이다.[3]

> 당시 일본이 내세운 "무주지(terra nullius)"란 구실은 자가당착임을 미국
> 의 저명한 국제법학자 벤 다이크 (Jon Van Dyke) 교수도 지적한 바 있다.[4]

특히, 울릉도 및 독도가 조선국 영토임을 수용한 전기 일본 측 서계
(1699. 1월) 내용에 근거한 19세기 일본정부 최고기관이던 태정관(太政
館)지령 (1877.3.29.), "일본해 (동해)내 다케시마 (울릉도)외 기타 1도
(松島, 독도)는 본방(일본)과 관계없음을 명심할 것"이 이를 증거하고
있다.[5] 동 지령 검토서를 보면, 태정관의 독자적 판단이 아니라 과거

Language Law Dictionary, (NY: Signet, 1996), p.168.

[3] Ian Brownlie: 'It is a principle of international law that illegal conduct is a
merely causa sin qua non and does not produce a legal consequence."

[4] Jon M. Van Dyke, Chapter III, Addressing and Resolving the Dokdo Matter,
(Historical and International Justice, Edited by Sokwoo Lee and Hee Eun Lee,
(London, Boston: Martinue Nijhoff Publishers, 2011), p.29: "Japan claimed
sovereignty over Dokdo on January 28, 1905, stating that the territory was terra
nullius ....there being no evidence of its being occupied by any country." This
Japanese statement that Dokdo was "terra nullius" (referring to land that is
unclaimed by any country) is significant, because it serves as an
acknowledgement that Japan has no meaningful claim to Dokdo based on
historical activities prior to January 1905."

[5] 태정관지령(1877.3.29.): 일본지적편찬 시, 내무성이 태정관에 "울릉도 와 독
도를 일본지적에 포합 여부를 묻는 질의서(1877.3.17.)에 대한 회답으로 태
정관이 내린 지령서로 다음과 같음. "질의한 일본해(동해) 내 죽도(당시, 울
릉도)외 다른 1도(松島, 독도)는 본방(일본)과 관계없음을 명심할 것." 주. 본
지령은 태정관 스스로의 결정이 아니라 과거 막부정부와 조선정부 간 수년
간 (1694-1699) 외교교섭 끝에, 울릉도와 독도가 조선영토로 기 합의한 자

막부정부와 조선국과의 외교교섭 결과 합의내용을 바탕으로 결정한
것임을 시사하고 있다. 특히, 당시 일본에서는 외무성이 주동이 되어,
"울릉도"점령문제가 회자되고 있던 와중에, 이런 동태를 제압하고 동
지령내용을 일본태정관이 결정한 것은 아마도 그 보다 6년 전에 "어떤
국가도 국제간 합의는 타 일방국의 우호적 동의 없이 수정할 수 없다
는 것이 국제법의 중요 원칙이다"를 규정한 "런던 조약(Treaty of
London, 1871)"[6]의 영향인 듯하다.

　Ⅱ차 대전 후에는, 카이로선언, 포츠담선언 및 일본항복 후 연합국
의 대표인 미국대통령이 스캎(SCAP)에 하달한 "일본점령 및 통제에 관
한 처음 기본지령(Basic Initial Post Surrender Directive to the Supreme
Commander for the Allied Powers for the Occupation and Control of
Japan, 3 November 1945)"과 포츠담선언 (8)에 근거한 스카핀 677
(1946.1.29.)에 의거, '독도 등'이 일본주권에서 명문으로 제외조치
(exclude) 되었다. 이 스카핀 677 (1946.1.29.)에 의한 '독도 등 제외조치'
를 수용한 일본 총리부(府)령 제24호 제2조는 명문으로, '독도 등'은 일

료를 근거로 시달하였던 것에 유의할 필요가 있다. 또한, 동 지령과 동일자
로 태정유전(太政類典, 관보 전신)에 "일본해(동해) 내 죽도(울릉도) 외 1도
(독도)를 판도(版圖, 영토) 외로 정함" 이란 제목하에, 태정관지령문을 게재
하였음은 이를 국내외에 선포한 것이라 보아야 마땅할 것이다. 참고. 시마
네현 고시 제40호(1905.2.22.)의 국제법상 무효근거.
일본정부는 1953년 외교구술서(1953.3.17.)를 통하여, "독도가 일본 땅"이란
근거로서 시마네현 고시 제 40호(1905.2.22.)를 우리정부에 제시하여 왔다.
그러나 이 일본 시마네현 고시는, 이미 국제법상 금반언 원칙(principle of
Estoppel)에 저촉되어 원천무효가 된, 동년 일본내각의 은밀한 불법적 독도
편입결정(1905.1.28.)에 근거한 것으로서 역시 원천무효가 된 것이다.
6) The Treaty of London, 1971: "It is an essential principle of Law of Nations that
no power can free itself from the engagement of a treaty, nor modify its terms
except with the assent of the contracting parties by means of a friendly
understanding."

본도서가 아님을 규정하였다.[7]

　　그럼에도 불구하고, 양유찬 주미한국대사 앞 미국무성 차관보 딘 러스크(Dean Rusk) 서한 (1951.8.10.)은 "우리들의 정보에 의하면, 독도는 한국(Korea)의 일부분으로 취급된 바 없으며, 1905년경부터 일본 오키도의 관할 하에 있었고, 'Korea'는 독도에 대한 청구(Claim)를 한 바도 없어 보인다"는 일본 측에 우호적인 내용이 들어 있었다.[8] 그러나 주미한국대사 양유찬 박사는 동 러스크서한 내용에 합의한 바가 없다. 따라서, 동 러스크서한은 국제법상 아무런 효력이 없으며, 한국 측에 제시된 단순한 비공개 미국의 한 견해에 불과한 것이다.[9] 그러나 현실적으로는 그러한 미측 입장이라도 한국국민의 정서상 어두운 한 그림자를 던질 수도 있다는 우려를 배제할 수도 없을 것이다. 2016년 우리 사회에 촛불민주명예혁명이 일어나던 과정에서, 이에 맞섰던 어느 "시위대" 속에 성조기가 더러 눈에 띈 적이 있었다. 이는 가부 간 우리사회 정서상 "미국의 입장"이 큰 것임을 나타낸 한 현상이라 볼 수도 있을 것이다. 오늘날 우리나라의 튼튼한 안보가 한·미상호방위조약에 기반을 둔데서 연유 한 한 단면이라고 볼 수 있을 것이다. 그런데 천만다행이도 국제법상 아무런 효력이 발생하지 않는데도 불구하고 전기

---

7) 일본정부의 스카핀 677(1946.1.29.) 수용 후, 조치내용. 일본총리부(府)령 제24호 제2조: '울릉도, 독도 및 제주도'를 제외한 기타 도서가 일본도서이다.

8) Rusk Note of August 10, 1951.: "As regards the island of Dokdo, otherwise known as Takeshima or Liancourt Rocks, this normally uninhabited rock formation was according to our information never treated as part of Korea, and since about 1905, has been under the jurisdiction of the Oki islands Branch Office of Shimane Prefecture of Japan. This island does not appear ever before to have been claimed by Korea.

9) J. L. Brierly, :"Agreement is a law for those who make it, which supersedes, supplements or derogates from ordinary law of the land, modes et conventio vincunt legem."[Law of Nations, (Oxford Univ. Press, 6th Ed.), p.57.

"러스크 서한"내 미국의 기존 입장은 그 후 덜레스 (John F. Dulles) 미국무성장관의 주일미국대사 앞 비밀전보 지시(1953.12.9.)에 의거 번복(reverse) 되어버린 것이다. 따라서 소위 "독도문제"를 논함에 있어서 이렇게 중요한 덜레스장관의 '독도'에 관한 기존 미국입장번복(reverse) 조치내용설명은 누락한 체, "러스크 서한"내용만 을 설명할 때 독자나 수강자에게 오해를 불러일으킬 수도 있을 것이므로 반드시 소개되어야 할 명제가 동 델레스장관의 조치내용 (번복, 1953.12.9.) 이란 것은 재론을 요치 아니할 것이라 본다.

그런데도 불구하고, 오늘날 "독도문제"를 논함에 있어서, 비공개된, 국제법상 효력이 없는 러스크서한(1951.8.10.) 중 일본에 호의적 미국의 기존입장 내용은 자세히 설명하면서도, 그 후 이를 번복시킨(reverse) 전기 델레스장관의 주일 미대사 앞 비밀전보지시 (1953.1.9.) 내용설명을 누락하거나 망각함은 당해 수강자나 독자에게 미국입장변경 사실을 전하지 못함으로써, 미입장에 대한 편견이나 오해를 줄 우려가 있다는 지적을 면키 어려울 것이다. 이러한 불실한 강술이나 논조는 특히, 일본 아베정부가 '독도' 재침탈 정책을 강화하며, "독도는 일본고유영토인데 한국이 불법 점거하고 있다"는 거짓내용을 중고교교과서에 실어(2016.4.6. 및 2017.3.28.) 학교에서 가르치고 있는 이 마당에, 즉, 일본의 '독도' 재침탈 정책에 대응하여, 우리 온 국민이 '독도'는 역사적 및 국제법상 엄연히 우리영토란 확실한 신념하에 합심 단결하여 일본측에 대응 하야할 이 판국에 전기 델레스장관의 기존 미입장번복 조치내용을 누락한 러스크 서한(Rusk Note) 내용설명은 그 신념에 혼선을 주고 국민적 단합을 저해하고 국익에 백해무익한 아무런 도움이 될 수 없을 것이란 지적을 면키 어려울 것이다. 또한, "영토문제에 관한 당사국간 쌍무협상은 경직성이 있어서 성사되기 어렵다. 그러므로 당해지역 관계국가들 간 집단적으로 협의 결정하는 것이 좋다", "영토주권은

분할이 불가능한 것이므로 관계국이 공동 개발하여 수익을 배분하자
는 것", "대마도가 옛날 우리 땅 이므로 대마도도 일본측에 청구해야
한다" 및 "우리나라와 일본은 안보 및 경제적 협력 상 밀접한 관계가
있으므로 "독도문제"에 있어서 상호 원만한 해결을 보아야 한다" ("국
제법상 영토는 국제관계보다 상위개념"10) 인데도), 는 등 논리나 주장
은 철저한 학술적 검증을 통하여 타당한 근거가 없는 것은 특히 이 사
회에서 축출되어야 마땅할 것이다.

따라서, 본고는 전술한 견지에서, 우선 러스크서한(Rusk Note, 1951.
8.10.) 내용과 이를 번복시킨(reverse) 덜레스 장관의 주일 미대사 앞 비
밀전보지시 경위 와 그 내용을 고찰하여 보고자 한다. 부수적으로, 또
한, '독도'가 한국 땅이란 국제법적 제 근거도 일별할 필요가 있을 것
같다.

2. 본론

1) '독도'가 한국 땅이란 국제법상 제(諸) 증거 일별

독도가 우리 땅이란 역사적 증거는 많다. 삼국사기, 세종실록 지리지,
신증 동국여지승람 등 많지만, 여기서는 국제법상 제 증거만 고찰키로
한다.

---

10) J. L, Brierly, The Law of Nations, 1968, p.426: "Between Independent States
respect for territorial sovereignty is an essential foundation of international
relations."

(1) 일본서계 (1699. 1월) 상 '독도'

국가 간 합의는 당사국 간에는 법이 된다.[11] 1698. 3월 조선국 예부
참의 이선부 (李善傅) 명의의 서계가 일본 측에 송부되었다. 동 서계
요지: 일본에서 말하는 죽도(竹島)가 1도 2명임을 알고 있으며, (그 땅
은 우리 땅이며) 동국여지승람(東國輿地勝覽)과 그 안에 있는 8도총도
(八道總圖)에도 실려 있다. 1699.1월 일본 대마도 평의진(平義眞) 명의
의 서계(회신)가 조선에 송부되었다. 동 서계 요지: 조선의 서계를 막
부 동무(東武)에게 보고했으며 잘 되었다. (필자 주: 전기 조선 측 서계
내용이 수용되었다.)

이로써, 조선국과 일본 간 수년에 걸친 소위 "울릉도 쟁계"는 양국
간 수년에 걸친 외교교섭을 통하여 국제법적으로 종결되었다. 즉, 울
릉도와 그 속도인 '독도'에 대한 영토주권이 양국정부간 합의로 최종적
으로 국제법상 조선국 영토로 완결되었던 것이다. 국제간 합의는 당해
국가 간에는 법이기 때문이다. 또한, 이와 같이 국제간 최종적으로 완
성된 영토주권은 소유국가가 이를 포기한다는 의사표시가 없는 한 그
영유권은 계속유지 된다는 국제 판례가 있다.[12] 조선국은 독도를 포기
한 적이 없다. 따라서 동 서계 상 '독도'는 조선국 땅이다.

---

11) J. L. Brierly, The Law of Nations, (Oxford: Clarendon Press, 1968), p.57:
"Treaties as a source of law. Agreement is a law for those who make it, which
supersedes, supplements, or derogates from the ordinary law of the land.
Modus et Conventio vincunt legem. …Treaties then are clearly a source of the
law for the parties to them, of 'special' or 'particular law'".

12) Victor Emmanual, Clipperton Island Case, 1931,Vol. 26, American Journal of
International Law, p.394: "There is no reason to suppose that France
subsequently lost her right by derelictio since she never had the animus of
abandoning the lsland and the fact that she has not exercised her authority
there in a positive manner does not imply the forfeiture of an acquisition
already definitely perfected."

(2) 카이로선언(Cairo Declaration, 1943.12.1.) 상 '독도'

카이로선언 중에, 소위 한국 구절이 포함되어 있다는 것은 우리 5,000년 역사상 최대의 외교상 승리라고 해도 과언이 아닐 상 싶다. 원래 연합국의 카이로회담 목적은 태평양전쟁 승리를 위한 연합국의 군사전략 회담이었다. Ⅱ차 세계대전 초반 동남아 전선에서 일본군의 집중공세에 밀려, 필리핀에 있던 맥아더사령부가 호주로 작전상 후퇴를 하게 되었다. 이에 미국 군부는 루즈벨트 대통령에게, 일본군의 집중공세를 분할하기 위하여 양면작전(two fronts war)을 건의했다. 신규 중국군 3-4개 사단증편을 도와 새 버마전선구축 건의를 받아들인 루즈벨트 대통령은 1943년 6월 처칠수상 등과 더불어 아세아·태평양지역군 사전략을 위한 '카이로회담'을 구상하여, 중국의 쟝 총통에 이를 제의하였다. 쟝 총통의 동의를 얻은 루즈벨트 대통령은 쟝 총통에게 동년 11월 26일 까지 카이로에 도착토록 하였다. 이 소식에 접한, 대한민국 임시정부 김구주석 등 5인 (金九주석, 洪震, 趙素昻, 金奎植, 金元鳳)은 쟝 총통에게 회견을 요청하여, 동년 7월 26일 쟝 총통과 처음으로 면담을 갖게 되었다. 특히 윤봉길의사의 상해 홍구공원사건에 크게 감동("10만의 중국군이 못한 일을 조선청년 1명이 해 냈다"고 장총통이 격찬)한 후 장 총통은 우리 상해임시정부에 매우 호의적 이었다. 동 회견에서 우리임시정부 요인들은 전 후 "Korea독립"을 동 연합국회의에서 의결'해 줄 것을 요청했다. 쟝 총통은 "Korea는 전후에 독립될 것이며, 이는 중국정부의 결정된 정책이기도 하다" 며 약속하였다.13) 카이로선언에 'Korea독립구절' 포함을 완강히 반대하던 영국 측 주장에도 굽히

---

13) 中國國民黨 黨史會臟, '1943년 8월 5일 한국임시정부 선전부장 金奎植 對旅美韓僑廣播謂餇 副本, 胡春惠, 韓國獨立運動在中國, p.295: 신용하, 통합임시정부수립과 연해주지역 한인민족운동 (대한민국 임시정부수립 80주년 제11회 국제학술심포지움, 1999), pp.132-133: Chang Chi-yun, Record of the Cairo Declaration (Taipei: China Culture Publishing Foundation, 1953), p.1.

지 않고 루즈벨트 대통령의 지지를 얻어내어 동 선언에 "Korea독립" 구
절을 포함시킨 쟝 총통의 각별한 노력은 대한민국임시정부 요인들과
의 사전 약속에도 영향을 받았을 것이다.[14] Ⅱ차 대전 후 "Korea"의 자
유독립은 그냥 온 것이 아니라 윤봉길의사, 안중근의사, 무수한 우리
항일독립군 및 대한민국상해임시정부 활동 등 선열들의 피와 땀의 산
물임을 알 수 있을 것이다.

(1). 카이로선언 (1943.12.1.) 상 한국관련 원문 (발췌).
: "...The Three Great Allies are fighting this war to restrain
and punish the aggression of Japan....Japan will also be
expelled from all other territories which she has taken by
violence and greed. The aforesaid Three Great Powers,
mindfull of the enslavement of the people of Korea, are
determined that in due course Korea shall become free
and independent."

동 한국 관계사항은 다음 3가지로 요약할 수 있다.
㉮ 본 3개 강국은 일본의 침략을 제어하고 처벌하기 위하여 이 전쟁
을 수행하고 있다.
㉯ (만주, 대만, 페스카도어 같은 일본이 훔쳐간 도서들은 중국에 반
환 된다.) 일본이 폭력과 탐욕(violence and greed)으로 탈취한 기
타 (저자: 중국에 반환할 땅 외의) 모든 영토로부터 일본은 축출
된다.
㉰ 코리아 인들의 노예상태에 유념하고 있는 전기 3대 강국은 마땅

---

14) Hopkins Papers, Memorandom by the Chinese Government, (Cairo, Nov. 24,
1943), Documents and Supplementary Papers Ⅱ, The First Cairo Conference,
pp.387-389. Ibid., p.387 (Foot Note).

한 경로를 통하여 (in due course) "Korea"를 자유·독립시키기로
의결하였다.

위 3개항 중, ㉯의 "일본이 폭력과 탐욕으로 탈취한 기타 모든 영토"
속에는 '독도'가 포함됨은 재언을 요치 아니 한다.

㉮의 일본의 침략은 한반도의 경우는, 1894년 일제가 불법적으로 1개
여단병력 (약 10,000명)을 제물포(인천항)에 기습상륙 시킨 데서부터
본격적으로 시작(동년 6월 8일-6월 10일) 되었다. 일본군의 이 불법상
륙은 대조선국과 일본국 간에 체결된(1876.2.27.) 병자수호조규(강화도
조약) 제1조의 "조선은 自主之邦이요 일본과 동등권을 보유한다. (중
략)추호도 侵越·猜嫌하여서는 안 된다."를 위반하였을 뿐만 아니라
일본의 이 불법상륙이후 일본의 강압 하에 체결된 모든 협정, 조약 등
은 "강압 하의 합의는 무효이다"를 규정한 당시의 국제법인 "萬國公法"
(Wheaton's Elements of International Law, 필자 주: 萬國公法은 중국정
부요청으로 1864년 W.B. Lawrence가 편집한 영문판을 중국에서 미국
인 선교사 William Alexander Parsons Martin에 의하여 번역되었고, 1865년
일본에서 재인쇄 되었으며, 우리나라에는 1880년 수신사로 일본에 갔
던 김홍집이 주일중국공사관 참사관 黃遵憲으로부터 朝鮮策略, 萬國
公法 등을 얻어 왔으나 衛正斥邪대상이 된 것으로 알려졌음)15)을 위반
한 것이다.

일찍이 미국의 하바드 대학교 죠지 산타야나(Jeorge Santayana) 교수
는 "과거를 기억하지 못 하는 자는 저주 받아서 그 과거를 되풀이 하게

---

15) 만국공법(*Wheaton's Elements of International Law*, 5th Ed., Revised throughout by
Coleman Phillipson (London: Stevens, Vorhis & Co., 1916), p.367.: "Freedom of
consent is essential to the validity of every agreement, and contracts obtained
under duress are void, because the general welfares of society requires that
they should be so. If they were binding, the timid would constantly be forced
by threats, or by violence, in to a surrender of their rights."

된다. (Those who do not remember the past are condemned to repeat it.) 고 경고 했다. 이런 견지에서, 우리는 지난 날 '독도'가 제일 먼저 일본에 탈취당한 그 경위와 당시 국내외 정세를 기억할 필요가 있을 것이다.

또한 "우리국민에게 독도는 완전한 국권회복의 상징이다"고 말한 노무현대통령의 지적의미도 알 것 같다. 이에 잠간 지난날의 '독도' 침탈 경위와 당시 내외정세를 살펴보고자 한다.

(2) 19c-20c초 일본의 아국 침략당시의 국내외 정세 일별: ㉮ 청일 전쟁(1894.7.1.-1895.4.17.)을 위한 일군(日軍)의 불법 한반도상륙 (임진왜란 때 豊臣秀吉의 征明假道를 연상시킴).

19c. 중반, 제폭구민(除暴救民)과 척왜척양(斥倭斥洋)의 기치를 든 동학 농민군이 전주성을 점령하자(1894.5.30.), 조정은 이를 진압하기 위하여 초토사 홍계훈(洪啟薰)을 전주지방에 파견함과 동시 청나라에 원군을 청했다. 우리조정의 요청을 받은 청나라 군대가 동학이 있는 호남 지방으로 가기위하여 동년(1894) 6월 11일 아산만에 상륙하였다. 그러나 불청객 일본군은 동학은 호남에 있는데, 그 보다 앞서 6월 9일 서울의 문호인 인천항에 불법 상륙하였다. 주한 일본공사 오도리(大鳥義昌)는 "조선정부의 철군요구에도 불구하고, 인천에 와있는 6척의 군함에서 420명의 해병과 대포1문을 차출하여 동년 6월 10일 서울에 입성하였다. 동년 6월 16일에는 일본군혼성여단(2,673명, 馬 168두)이 인천항에 상륙한 후 일본인 거류지에 숙영하였다."16) 이러한 일본군의 연이은 한반도 불법상륙과 그 불법적 영향 하에서 행하여진 행패와 강압하의 모든 한·일간 합의, 즉 한일의정서 (1904.2.23. # 미국의 저명한 국제법학자 Jon M. Van Dyke 교수는 Korea의 주권상실은 을사늑약에 의해서가 아니라 이 '한일의정서'에 의한 것이라 2007년 국제학술회

16) 李光麟, 한국사 강좌 (근대편), (서울: 일조각, 1984), p.301.

의, Grand Hilton Hoterl, Seoul,에서 지적했음), 잠정합동조관(1904.8.20.),
외국인코문조약(1904.8.22.), 조일맹약(1904.8.26.), 을사늑약(1905.11.17.),
정미7조약(1907.7.24.), 그 부수각서(1907.7.31., 군대해산 詔書) 및 한일병
합조약(1910.8.29.)은 우선 조·일간 병자수호조규(1876.2.27.) 제1조[17]
위반이요, 그 당시의 국제법인 만국공법 (萬國公法, Wheaton's Elements
of International Law)을 위반하였음은 전술한 바와 같다. 일본군의 불법
한반도 상륙과 그 강압 하에서의 한일병합조약을 포함한 전기 수다한
협정을 통한 침략자 일본에 의한 종국적 조선국 병탄 과정은, 우리 조
상들이 "有備無患"의 교훈으로 남겨준 우리 동화 "팥죽할멈과 호랑
이"[18]를 연상케 한다. 일본군의 한반도 불법상륙에 대하여 일본 측은
천진조약에 근거한 것임을 내세우나 그것은 조선국과는 아무런 관계
가 없는 중·일 양국 간의 문제일 뿐이다.

1904년에 일어난 동학혁명과 당시 일본군의 한반도 상륙에 대하여
영국인 비숍(I. B. Byshop)은 1897년에 그녀의 저서 "코리아와 그 주변
국가들(Korea and Her Neighbours, p.177, p.182, p.251)"에서 다음과 같
이 기술하였다.(참고로 비숍여사는 영국왕립지리학회회원으로서 명성
황후를 4번 단독 면담한 인물이다〈암살 직전 면담포함〉.)

---

17) 병자수호조규 (1876.2.27.) 제1조: 조선국은 自主之邦이며 일본과 평등지권을
　　보유한다....추호도 侵越·猜嫌 하여서는 안 된다.
18) 팥죽할멈과 호랑이(동화) 요지: 깊은 산중에 살던 할멈이 팥죽을 팔려 시장
　　에 가는 중, 호랑이가 나타나, '팥죽을 주면, 안 잡아먹지'하여 팥죽을 주었
　　다. 산언덕을 넘으니 호랑이가 또 나타나서, '왼팔을 떼어주면 안 잡아 먹지'
　　하여, 떼어 주었다. 얼마 있다 또 나타난 호랑이가 '오른 팔을 주면 안 잡아
　　먹지'하여 떼어 주었다. 얼마 있어 또 나타난 호랑이가 '올은 팔을 주면 안
　　잡아먹지'하여'또 떼어 주었다. 또 나타난 호랑이가 '왼쪽 다리를 주면 안잡
　　아 먹지' 하여, 떼어 주었고, 또 다음에 '바른 쪽 다리를 주면 안 잡아먹지' 하
　　여, 또 그렇게 해주었다. 막판에, 호랑이는 할멈 몸통을 삼켜 버렸다.

동학도들이 회람시켰던 선언서에서 자기들은 부패한 관리들과 반역적인 정부부서 고문관들 (일본인들로 구성. * 필자 주: 미육군 헌병학교 교본 '군사정부' 내용에, 일본이 코리아를 전쟁 없이 병합한 것은 "고문관 제도"에 의한 것이었다는 구절이 있음.)에 대항하여 봉기하였다고 언급했고, 황실에 대한 어김없는 충성을 고백하였다. 이에 의해 판단컨대, 조선에 그 때 어느 곳인가 애국심의 고동이 있었다면 그것은 이들 농민들의 가슴 속에 있었다고 믿을 수 있을 것 같이 보였다. 조선에 있어, 사활(死活)에 관한 것과 외교상 최고의 중요성은 "일본의 목적이 무엇이냐?", "그것은 침략인가?" 그리고 "일본은 적(敵)인가?"란 것이었다. (177쪽, 182쪽). 조선은 비록 이 때 일본의 찬조란 용어가 아닌 다른 이름하에 개혁이 진행되고 있었지만, 거의 모든 단계가 미리 일본에서 설정한 노선 상에 있었다는 것은 주목할 만하다(251쪽). (Though at this date, Korea is being reformed under other than Japanese auspice, it is noteworthy that every step in advance is on the lines laied down by Japan." 251쪽.) (참고로 그 당시 우리나라에 체재하였던 외국인들의 기록들에 의거하여 보면, 19c. 중반 이후 우리의 국가보위와 자주사상의 기틀은 보국안민을 내 걸었던 동학(東學)에서 찾을 수 있을 것 같다.)

보국안민(保國安民)과 척양척왜(斥洋斥倭)의 기치를 들고 봉기 하였던 동학군은 일본군의 인천항 상륙 소식에 접하자, 동년 6월 10일 초토사 홍계훈(洪啓勳)과 전주화약(全州和約)을 맺고 자진 해산하였다. 반면에, 동년(1904) 6월 10일 서울에 불법적으로 입성한 일본군은 동년 7월 23일 경복궁을 무력점령 후, 청나라에 전쟁을 도발하였으니, 이것이 조선침략 목적의 청일전쟁이었다. "경복궁 무력점령사태를 합법화하고, 군작전상의 편의를 핑계로 일본은 조선정부에 한 협상안을 제시하였다. 조선정부는 한동안 일본정부가 제의한 동 협상에 전적으로 불응했으나, 일본 측 강요와 일본군의 경복궁 철수를 조건으로 하여 불가피하게, 동년 8월 20일 합의하였으니, 이것이 잠정합동조관(暫定合同條款, 7조관: 대궐근처 양국군충돌 불문 등)이다."[19] 일본 측의 강요로 동

년 8월 26일 또 하나의 협상안이 체결되었으니, 이것이 한일맹약(韓·
日盟約, 일본은 청국에 대해 전쟁담당, 조선국은 일본군의 진퇴와 그
식량준비 등편의 제공)이다. 물론 강압 하에 체결된 이들 '잠정합동조
관' 과 '한일맹약'은 국제법상 무효이다. 일본군은 경복궁을 점령한 후,
아산만으로 향하던 중 동년 7월 26일 조우한 청나라군대를 공격하였
고, 8월 1일 청·일 양국은 공식적 선전포고를 하였다. 동 전쟁은 익년
일본군의 승리 하에 1895.4.17. 시모노세키강화조약(下關條約)체결로
끝났다. 그러나 한반도에 불법상륙한 일본군은 청·일 전쟁이 끝난 후
에도 그대로 남아 위세를 떨치고 있었다. 청·일 전쟁에서 승리한 일본
의 조선에 대한 내정간섭은 극에 달하였다. 1895.10.8. 미명의 경복궁
난입 및 천인공노할 명성황후시해 사건 등은 그 절정에 이른 것이었다.

2) 명성황후 시해사건 일별

(1) 개요

주조선 일본공사 미우라(三浦梧樓) 공사 주동으로, 1895.10.8. (음력:
6.20) 05:00경 발생한 명성황후 시해사건은 일본군 1개 대대(馬野原 소
령 휘하)와 조선군 훈련대(일본군 장교에 의거 훈련된 신식군대) 제2대
대(禹範善 소령 휘하)가 동원되어 경복궁을 장악한 후, 무장한 일본인
낭인 (浪人)들과 일본인 민간인 및 공관원 등 30여 명이 대궐에 난입하
여 명성황후를 건청궁(乾淸宮)내 침실 근처 골방에서 시해한 후 유해
는 증거인멸을 위하여 바로 옆 녹원(鹿苑)에서 석유를 뿌리고 소각하
는 천인공노할 만행을 범한 것 이었다."[20]* 명성황후를 직접 시해한 자

---

19) 李光麟, 한국사 강좌 (근대편), (서울: 一潮閣, 1984), p.330.

20) 나홍주 편저, 오 - 명성황후! - 수탉이 울지 못 하면, 암탉이라도 -, (아성출
판사, 1987), pp.230-250.

는 일반적으로 알려진 '구니도모 시게아키라(國本茂郞)'가 아니라 광
개토대왕비 일부를 날조한 것으로 알려진 궁내부 일본인 고문 "오카모
토 류노스케(岡本柳之助)"라고 한다. (근거: 당시 주일 영 국전권공사
Sir Sataw의 일기장).

   (2) "코리아의 비극(The Tragedy of Korea)"을 쓴 맥켄지(F. A. Mackenzie)
는 일본이 명성황후를 시해하게 된 경위를 다음과 같이 기술하고 있
다. "'이노우에' 공사 후임으로 동년(1895) 9월 초 조선에 부임한 '미우
라(三浦梧樓)' 일본공사는 명성황후가 일본의 적이다는 것과 자기가 하
는 일이 명성황후의 완고한 반대에 부딪치는 것을 알았다. 그가 하
는 일은 계략마다 명성황후에 의하여 계속 완전히 좌절되곤 하였다.
고종은 약하고 결단력이 없고, 쉽사리 목적을 변경하곤 하여 양편 (일
본과 대원군 측)에서 별 중요치 않게 여겼다. 명성황후가 일본이 두려
워해야 할 유일한 인물이란 것을 미우라 공사가 알게 되었다(p.58-59).

   (3) 명성황후가 건청궁에 난입한 일본인 암살분자들로부터 칼을 맞
고 최후를 맞는 과정을 "하나님, 배금주의자 및 일본인, 알렌 박사와
코리아-미국관계"란 책을 쓴 헤링톤 박사(Dr. Fred Harvey Harrington,
Wisconsin 주립대 총장 역임)는 다음과 같이 기술하고 있다: "명성황후
께서는 현장에서 일본인 암살자들을 피하여 뛰어 달아나려다가 붙잡
혀 칼을 맞고서 죽은 것처럼 바닥에 넘어져 있었다. 그러나 어떤 사람
말로는 명성황후가 약간 의식을 회복하면서, 자기의 우상인 왕세자는
안전한지 물었는데 이때 한 일본인이 명성황후의 가슴 위에 뛰어 올라
가 긴 칼로 명성황후를 찌르고 또 찔렸다고 한다.
   그 영리하고 야망을 갖고 있고, 계략에 능하고, 매혹적인, 여러 가지
면에서 사랑스러운 조선의 여왕이 한 우방국의 공사로부터 살인을 충

동질 받은 이국인 암살범들의 손에 의하여, 그 나이 44세에 이렇게 사멸(死滅)하여갔다. (Thus perished, at the age of forty-four, by the hands of foreign assassins, instigated to their bloody work by the Minister of a friendly power, the clever, ambitious, intriguing, fascinating, and many respects lovable Queen of Korea.)

(4) 아관파천(俄館播遷)

명성황후 시해사건 발생 이듬해인 1896. 2. 11 고종황제와 왕세자는 함께 명성황후 시해 후 경복궁을 장악하고 있던 일본인들의 손아귀에서 벗어나 은밀히 러시아 공사관으로 피신하였다. 당시 노련한 러시아 공사 웨베르(Karl Waeber)는 고종황제와 왕세자를 정중히 맞이하였다고 한다. 이를 '아관파천(俄館播遷)'이라 한다.

해링톤 박사의 기술: 10월 8일 새벽의 명성황후 시해사건이 일어난 후 고종황제는 극도의 신변위협을 느꼈으며, 독살이 두려워서 식음을 전폐하였다. 보다 못한 미국인 선교사 부인들이 한동안 번갈아 가며, 자기 집에서 만든 음식을 직접 대궐로 날라다 드렸다. 고종황제는 러시아 공사관에 도착한지 불과 수 시간 내에 '포고문'을 발표하였다. 또 〈병사들에 대한 포고문〉도 발표하였다. 동 표고문에서 "반역 주동자들 즉, 조희연, 우범선, 이두황, 이범래, 이진호, 권영진을 보거든 당장에 목을 베어서 가져오라. 병사들은 러시아 공사관에 있는 오등에 대령하라. 건양 1년 2월 11일 고종황제 (날인)" * 고종황제는 1년 여 후인 1897년에 환궁하였다. 이와 같이 일본군이 한반도에 불법적으로 상륙한 것, 일본의 대병력이 청·일전쟁 후에도 그대로 남아서 러·일전쟁에 대비하고, 러·일전쟁 중 1905년의 일본정부가 '독도'를 국제법 (금반언 원칙, the principle of Estoppel)을 위반하고, 불법적으로 은밀히 일본에 편입 조치한 것 등은, 바로 카이로선언에서 적시한 "폭력과 탐

욕(violence and greed)으로 일본이 탈취한 모든 영토로부터 일본은 축출 된다"에 해당됨은 재언을 요하지 아니 한다.

3) 러 · 일전쟁 (1904.1.28.-1905.9.8.) 중 일본이 "폭력과 탐욕"으로 행한 '독도' 탈취경위

 - 일본의 '한반도'분할 (38°선 기준)제의(타협안) 실패 (러시아의 거절). 러시아의 시베리아철도가 블라디보스톡에 연결되고, 러시아가 청나라와 체결한 천진조약에 의거, 요동반도의 여순항(Port Arthur)을 조차하여, 이를 러시아해군의 요새화 하였다. "러시아의 태평양 진출과 그 연해에 미칠 러시아의 영향"을 우려한 일본의 야마가다 아리도모 (山縣有朋)는 1898.5.24.부터 러시아의 로마노프와 협상을 하였으며, 그 제안은 조선을 분할점령(38°선을 기준)하는 것이었으나, 러시아 측이 이를 거절하였다.[21] 이 대목을 영국의 해군전략가 해군중장 벨라드 (G. A. Varard) 제독은 다음과 같이 기술하고 있다. "일본은 러시아의 만주 진출을 용인하나 그 이상은 불가하고, 조선(Korea)을 일본의 진출 영역으로 인정할 것을 요구하였으나, 러시아가 이것을 거부하자, 일본은 전쟁을 택할 수밖에 없었다."[22] 내밀하게 러 · 일전쟁을 대비한 일

---

[21] 이광린, 한국사강좌(근대편), (서울: 一潮閣, 1984), p.330.

[22] G.A. Ballard, Vice Admiral, U.K., The Influence of the Sea On the Political History of Japan, (London: John Murray, Abemarle, St. W., 1921), pp.188-91: "...But as already observed, this (Vladivostok) was not an ice-free port, and the Russian Authorities constantly kept their eyes towards, the yellow sea farther to the South. Especially on its eastern arm extending between Korea and Lia-Tung Peninshula. To establish a footing on its shores, they began in 1898 by obtainging from Peking, under practical compulsion, a "lease" of part of Lia-Tung peninsula itself, which included Port Arthur. (p.187). ...In their endeavors to settle the matter peacefully by compromise, the Japanese went so far as to propose a convention whereby "they would pledge themselves to

본은 7년 이란 장구한 노력 끝에 1902.1.30. 영일동맹조약체결에 성공
하였다. 동 조약 제1조에서 일본은 조선침탈야욕을 노출하고 있다
("Korea에 대하여 일본은 특유할 정도로, in a peculiar degree, 정치적
이해관계를 가지고 있으므로 이를 보호하기 위해 필요불가결한 조치
강구를 이해한다"). 제3조에서는 "만일…어떤 다른 강국이나 열강들이
그 동맹국에 대항하여 적대행위로 가세하게 되면 이 동맹체약 당사국
중 일방은 도우러 와야 하며"23) 라고 규정을 두어, 경우에 따라서는 영
국의 참전을 가능케 하였다.

일본정부는 러·일전쟁에 대비하여, 영일동맹체결 외에도 다른 한
편으로 영·일동맹조약 체결을 한 이듬해인 1903.12.30. 대한방침(對韓
方針)을 의결하였다. 이는 19c 일본의 소위 정한론(征韓論)에 이은 20c
초 일본의 명백한 조선침략정책 시행 세부지침이라고 볼 수 있을 것이
다. 동 내용은 다음과 같다.

"韓國에 관해서는 어떠한 경우에 臨하더라도 이를 我의 權勢 하에 두지

---

recognize Manchuria as being outside their legitimate sphere of influence, The
Russians would meet them halfway by agreeing to recognize that Korea was
outside of Russia, …Russia was to be subject to no pledges or restrictions as
regards Korea. …and the last word had apparently been said on the Russian
side, a situation arose which nothing but war could end, should neither nation
be afraide to face the ordeal."

23) 영일동맹조약: 제1조. (요약): "일본은 조선에 상업적, 산업적으로뿐만 아니
라 특유할 정도로 (in a peculiar degree) 정치적 이해관계를 가지고 있으므로
이 특별한 이해관계를 보호하기 위하여 필요불가결한 조치강구를 이해한
다." 제3조: "만일 전조(필자 주: 제2조)에서 언급한 사건이 발생하여 어떤 강
국이나 열강들이 그 동맹국에 대항하여 적대행위로 가세하게 되면 이 동맹
체약국 중 다른 일방은 그 체약당사국을 도우러 와야 하며, 공동으로 그 전
쟁을 수행하되…" [林薰(하야시 다다쓰) 秘密回顧錄(1900-1910의 日本外交의
內幕) A. M. Pooley 엮음, 申福龍, 羅洪柱 譯註, (서울: 건국대학교 출판부,
1989), pp.158-159].

않으면 아니되는 것은 물론이나, 될 수 있는 한 名義가 서는 것을 택함이
得策이기 때문에 往年의 淸日戰爭에 있어서와 같이 攻守同盟 혹은 다른
保護的 협약을 체결하면 便宜할 것이다.[24]"

　동 대한방침(對韓方針)은 일본이 '독도'뿐만 아니라 한반도 전체를
침략 목표로 하고 있음을 말해 준다. 일본은 동 대한방침을 진정으로
포기한 것인지 그 진의를 찾을 수 없고, 오늘날도 '독도'를 자국 땅이라
주장하고 있는 행태는 아직도 일본의 내밀한 구석에 그 대한방침(對韓
方針)이 살아있지 않을 까하는 의구심을 갖게 한다. 우리 대한민국국
민들은 결코 지난 날 일본의 그 대한방침(對韓方針)내용을 잊어서는
안 될 것이다.

　이런 견지에서, 지난(2018년) 3월 1일 우리항일 독립투사들이 일제
침략자들로부터 모진 고문 등을 당하였던 현장인 전, 서대문형무소 자
리에서 개최된 제99주년 3·1절 기념식에서 역사적 진실과 정의를 바
탕으로 한반도평화정착과 우리의 역사적 사명에 관하여 행한 문재인
대통령의 식사는 온 국민의 심금을 울렸고, 우리국민들이 역사적 사명
재인식과 함께 새 희망을 품게 하기에 충분한 것 이었다고 볼 수 있을
것이다.

　특히, 동 기념식사에서 문대통령은 '독도'와 관련하여 그 본질적 내
용을 명쾌하게 다음과 같이 적시 하였다. "우리는 잘 못된 역사를 우리
의 힘으로 바로 새워야 합니다. 독도는 일본의 한반도 침탈과정에서
가장 먼저 강점당한 우리 땅입니다. 우리 고유의 영토입니다. 지금 일
본이 그 사실을 부정하는 것은 제국주의 침략에 대한 반성을 거부하는
것이나 다를 바 없습니다."

　또한, 위안부문제에 대하여도, "가해자인 일본정부가 '끝났다'고 말

---

24) 이광린, 한국사강좌 (근대편), (서울: 일조각, 1984), p.474.

해선 안 됩니다. 전쟁시기 있었던 반인륜적 인권범죄행위는 '끝났다'는 말로 덮어지지 않습니다. ...일본이 고통을 가한 이웃나라들과 진정으로 화해하고 평화공존과 번영의 길을 힘께 걸어가길 바랍니다." 라고 일침을 가했다.

전술한 일본의 한반도침략내용을 알고 있는 외국인 학자들도, 소위 "독도가 지국 땅"이라 주장하고 있는 일본의 주장을 지지하기 곤란하다는 입장을 취하고 있다. 미국의 저명한 밥학자 쉬아이버(Harry b. Scheiber, professor, U.C., Berkeley)교수는 독도에 대한 일본의 영유권 주장은 일본이 한국침략과정에서 탈취한 그 역사적 사건들의 정당화가 곤란함으로 그 수용이 어려움을 다음같이 지적하였다. "일본이 독도가 자국 땅이라 주장하는 결정적 증거로서, 1905년 일방적으로 독도를 편입하여 II차 세계대전 말까지 점령관리를 유지한 것을 내세우고 있지만, 그 시기에 일본이 협박으로 조선(Korea)의 주권을 빼앗고, 조선국민의 전체 생활과 사회를 일본의 착취와 잔인한 통제 하에 두어서, 조선 (Korea)이 외교경로를 통한 국가적 항의의 수단마저 박탈당한 그 때에 '독도'를 일본에 편입한 것이어서 일본의 주장을 수용하기 어렵다."25)

---

25) Harry B. Scheiber, Perspectives from Law and History in War Guilt In Relation to the Dokdo Island,(Historical Appraisal and International Justice, Edited by Seok Woo Lee & Hee Eun Lee, (Leiden, Boston: Martinus Nijhoff Publishers, 2011), pp.16-17: "...To accept Japan's argument based upon unilateral annexation and the duration of subsequent control is indeed difficult, for it requires that we should set aside that as irrelevant the actual historical context in which it acted ‑that is that, this seizure of control in Dokdo occurred at the very moment in history when Japan was coercibly depriving Korea of its sovereignty, and moreover, that this was but the first subservient to exploitive and often cruel Japanese rule. Hence, Korea was deprived of effective means of asserting its own nation‑based claim in a diplomatic arena."

저명한 미국의 국제법학자 벤다이크 교수(Jon M. Van Dyke)도 이와 유사한 지적을 하고 있으니, 다음과 같다. "일본이 독도청구에 대한 지지를 얻기 위하여서는 자국의 독도편입이 조선(Korea)을 자국에 예속시키고, 그 조선국민들에게 엄청난 재앙의 원천이 되었던...팽창주의 군사 활동의 한 부분이 아니었다는 것 을 다른 국가들이 믿게 해야 할 것" 이라 지적했다. [인하대 와 NAHF 공동주최 국제학술대회, 2007, 그랜드힐튼호텔]−러·일전쟁의 발발과 동 전쟁 중 일본의 은밀한 불법적 '독도'침탈. 일본이 조선국 침탈야욕충족을 위하여, 청일전쟁을 일으켰고, 영·일 동맹을 체결하고, 대내적으로 대한방침(對韓方針)을 의결한 후, 마침내 일본의 소함대가 1904년 1월 28일 (Gregorian 동년 2월 9일) 11:45 인천항에 정박 중이던 러시아 순양함 발야크(Varyak)함과 포함 커리예쓰(Koreyets)에 포격을 가함으로써 양국 간 전쟁이 한반도에서 발발하였다. 동 러·일전쟁 발발 1주년이 되던 1905. 1. 28 일본정부는 마치 동 전쟁을 기념이라도 하듯이, 국제법[26]을 위반하고, 은밀히 불법적으로, 일본 막부정부도 인정한 조선의 국토 '독도'를 무주지란 억지 구실 하에 일본에 편입 조치를 취하였다. 이 편입 조치는 국제법상 원천 무효가 된다. 이에 근거한, 시마네현 고시 제40호(1905.2.22.)도 원천무효가 됨은 재언을 요치 아니 한다. 동 원천무효인 고시 제40호 공고 100주년을 기념한 2005년 일본 시마네현의 소위 "다케시마의 날" 제정 또한 원천무효인 고시처럼 현실적 의의가 없음을 지적하지 않을 수 없다. 청일전쟁 이래 일본이 한반도 침략을 위하여 국제법을 위반하며 취한 전술한 모든 역사적 사실과 바로 이 '독도' 불법편입 등이,

---

26) Ian Brownlie, Principle of Public International Law, (Fifth ED.), (Oxford Univ. Press, 2002), p.158.: "Resting on good faith, the principle of consistency in States relations Estoppel may involve holding a government to a declaration which in fact correspond to its real intention."

카이로선언에서 규정한, "일본이 '폭력과 탐욕(Violence and Greed)'으로 탈취한 모든 영토로부터 '일본'을 축출 한다"에 해당되는 증거가 된다. —카이로선언 상 독도: 한국 땅.

4) 포츠담선언(Potsdam Declaration, 1945.6.27.) (8) 상 독도

① '독도'가 한국 땅이란 근거규정 (가장 중요)

포츠담선언은 매우 중요한 것으로, 원 명칭은, Ⅱ차 대전 말 연합국이 일본에 제시한 일본의 항복조건에 관한 연합국의 선언이며, 일본은 동 선언을 무조건 수락함으로써(1945.9.2.), 동 포츠담선언은 당사국들 간 국제특별법이 되었다. 특히, 동 선언(8)은 가장 중요한 영토관계 규정이며, 동 발췌문은 다음과 같다. "카이로선언 조건은 시행하며, 일본의 주권은 혼슈, 혹카이도, 규슈, 시코크와 연합국이 결정하는 소 도서들에 국한 한다." (The terms of Cairo Declaration shall be carried out, and Japanese sovereignty shall be limited to the islands of Honshue, Hokkaido, Kyushu, Shikoku and such minor islands as we determine.)

② 독도가 한국 땅이란 근거

"카이로선언조건은 시행 한다"는 것은 일본이 '폭력과 탐욕'으로 탈취한 모든 영토에서 일본을 축출 한다는 내용을 함축하는 것으로서, 그 대상의 영토에 독도가 포함되기 때문이다. 1905년의 일본정부가 국제법을 위반하며, 은밀하게 '독도'를 일본에 편입 조치한 그 '불법'조치는 국제법의 원칙상 아무리 시간이 경과해도 법적효과를 발생시킬 수가 없다.[27]

---

[27] Jan Brownlie, "It is a principle of international law that illegal conduct is merely a causa sin qua non and does not itself produce legal consequence."

그러므로 '독도'는 여전히 조선국 땅으로 남아 있었고, 해방 후, 연합국은 동 포츠담선언 (8)에 의거, '독도'를 일본의 소도서로 결정한 바가 없기 때문에 동 조항에 의거, 독도는 여전히 한국 땅이다. 오늘날 일본정부가 '독도'가 자국 땅이라 주장함은 포츠담선언 (8)을 위반한 것임을 지적하지 아니할 수 없다. (연합국은 도리어 SCAPIN 677에 의거 '독도'를 일본주권에서 명문으로 제외조치 하였던 것이다.) — 포츠담선언 (8) 상 독도: 한국 땅

③ 연합국최고사령관 훈령(지령) (SCAPIN) 677 (1946.1.29.) 상 독도.
　가. 스카핀(SCAPIN) 677(1946.1.29.)은 국제특별법인 포츠담선언 (8) (1945.6.27.)에 근거한, 국제특별법시행령 격으로서, 그 발령 근거는 다음과 같다.

　　— 포츠담선언 (8), (Potsdam Declaration (8), 1945.6.27.) —일본항복문서, (The Instrument of Surrender. 1945.9.2.) —일본항복 후, 미국의 초기 일본에 대한 정책 (The United States Initial Post—Surrender Policy for Japan, 26 August 1945, Approved 6 September 1945). —일본항복 후, 일본점령과 통제에 관한 연합국최고사령관에 하달된 처음 기본훈령(지령)(Basic Initial Post—Surrender Directive to the Supreme Commander for the Allied Powers for the Occupation and Control of Japan, 3 November 1945).

　나. 전기 "처음 기본훈령"에 의거, 연합국을 대표한 미국대통령이 스캎에 부여한 2가지 특별 권한 일별.
　　#1. 이 항복집행 목적상 최고의 집행권한 (Supreme for the purpose of carrying out the Surrender).
　　#2. 적국 군사점령관의 재래의 권한에 추가하여, 포츠담선언조건과 이 항복집행 목적상 권고할 만한 것이고 적당한 것 이라고 스스로 고려하는 어떤 단계적 조치도 취할 권한. (In additions to the conventional powers of

a military occupant of enemy territory, you have the power to take any steps to effectuate the surrender and provisions of the Potsdam Declaration. [The Basis and Scope of Military Authority, Part I, General and Political of the Basic Initial Post Surrender Directive.] 참고 전기 처음 기본훈령 (지령), Basic Initial Post—Surrender Directive to the SCAP for the Occupation and Control of Japan 3 November 1945, 에는 다음 2가지 사항이 포함되어 있음.[28]

　－ 일본에 대한 군사점령 목표: 무엇 보다 카이로선언의 집행과 일본 주권을 4개 도서와 연합국이 결정하는 소도서들로 국한시킴.

　－ 일본에 군사당국 설치하기 영토를 일본에서 완전히 분리조치. (1) …
(2) … (3) Korea (d) Karasato, (5) 앞으로 특정하여 지정 될 기타 영토.

다. 스카핀 677훈령(지령) "3" 영토규정과 그 중요성

(1) "3." 영토규정 : "3. 본 훈령의 목적상 일본은 4개 도서(홋카이도, 혼슈, 큐슈, 및 시코크) 와 대마도를 포함한 약 1,000개의 인접한 보다 작은 도서들과 북위 30°의 북쪽 유구(난세이 열도, 구치노시마 제외)) 로 국한하며, a. 울릉도, 리앙코드 암석(다케시마, 독 도) 및 퀠파트(사이슈도 또는 제주도), b. 북위 30°이남 유구 (난세이)열도(구치노시마 포함), 이즈…(c) … 등을 제외한다."

---

28) Basic Initial Post—Surrender Directive to the Supreme Commander for the Allied Powers for the Occupation and Control of Japan, 3 November 1945.

　: 3. … Objective of Military Occupation of Japan. Certain measures considered to be essential for the achievement of this objective have been set forth in the Potsdam Declaration. This measures include among others, the carrying out of the Cairo Declaration and the linking of Japanese sovereignty to the four main islands and such minor islands as the Allied Powers determine; …

　4. The Establishemt of Military Authority over Japan. (d) You will iake appropriate steps in Japan to effect the complere separation of (1)… (2) … (3) Korea, (4) Karafto, and (5) such other territories as may be specified in future directives…

(2) 본 "규정 3"의 중요성 (포츠담선언 (8)의 영토규정 집행적 조치). :
　－ '독도'가 명문으로, 일본에서 제외조치(excluded) 된 것.
　－ 본 '독도'제외 조치가 그 후 변경된 바 없다.
　－ 일본이 동 '독도' 제외 조치를 무효화 시키려고, 샌프란시스코 평화조약 초안작성 협의시, "일본에 '독도'가 포함된다" (Japan comprises ....Liancourt Rocks (Take Island)란 문구를 삽입하려고 로비에 전력을 경주 했으나, 상당수의 연합국의 반대로 실패하고 말았다.[29] 따라서 '독도'는 스카핀 677호에 의거 일본에서 제외 조치된 그 상태대로 한국 영토로 남아 있다. 오늘날 일본정부의 "독도가 자국 땅"이란 주장은 명백히 국제 특별법인 포츠담선언 (8)과 그 시행령 격인 스카핀 677 (1946.1.29.) 을 위반한 것이라 지적하지 아니할 수 없다. 때문에, 샌프란시스코 평화조약 제2조 상 '울릉도'에 그 속도인 '독도'가 포함된 것으로 보아야 마땅하다. 일본정부도 동 평화조약을 체결한 후 1951년 10월 비준을 의회에 요청 시 함께 송부한 일본해상보안청 제작 "일본영역참고도(日本領域參考圖)"에도 '독도'는 울릉도의 속도로서, 한국의 영역 내에 그려져 있었다는 것은 당시 일본정부도 '독도'를 한국 영토로 인식하고 있었다는 명백한 증거라고 할 것이다. 또한, 국제재판상 "본문과 함께 있는 지도"는 원문과 동일한 증거능력을 인정받을 수 있다.[30]

---

[29] Jon Van Dyke, Legal Issues Related to Sovereignty over Dokdo and Maritime Boundary, (20 May 2007, Grand Hilton Hotel, Seoul), pp.183-184: "Japan comprises ....Liancourt Rocks (Take Island)" was shown in the 6th, 8th, 9th and 14th DRFTS of the said Treaty, but in the last of the Treaty, "Liancourt Rocks (Take Island)" disappeared.

[30] Durward Evidence Before International Tribunals, (Charllotesvile: Virginia Univ. Press, 1975: "Maps as evidence. The principle applicable to the use of maps in international arbitrary proceedings constitutes a collateral rather than a principal part of the best evidence rule as defined in the foregoing sections. Tribunals

라. 일본정부가 스카핀 훈령(지령) 677호(1946.1.29.)를 수용 후, 일본 국내조치 사항.

- 총리부(府)령 제24호 (1951.6.6.) 상 독도의 위상. 제2조: "부속의 섬이란 좌에 게재하는 섬 이외 의 섬을 말한다. 1. 2. 3. 울릉도, 독도 및 제주도 참고. 독도 (4. 竹島)는 일본에서 제외된 (exclude) 그대로 한국 땅이다.

- 일본 대장성 고시 제654호(1946, 昭和 21년 8월 15일): "회사정리응급조치법 시행령 제25조 1호의 규정에 따라 외국에 포함하여야 할 지역을 다음과 같은 것으로 지정한다. : 1. 조선, 대만. 2. 쿠릴열도 3. 오가사와라 제도. 4. 다케시마 (竹島). 5. 북위 30°이남의 남사제도. 6. 다이토지마. 참고. 독도는 일본에서 제외된 그대로 한국 땅.

- 일본 시마네현 현령 제49호(시마네현 어업취업규칙): "어업규칙 중 독도에서의 아시카어업에 관한 항목을 삭제한다." (1946.7.26.). 참고. 독도가 일본에서 제외조치(exclude)됨에 따라 독도에서의 어업규정이 삭제된 것 임. 독도는 한국 땅임을 거증한 것.

마. 기타: 일본영역참고도 (日本領域參考圖)상 '독도' 고찰

(1) 본 '일본영역참고도'는 샌프란시스코 평화조약을 체결 (1951.9.8.) 한 후, 일본정부가 그 비준을 의회에 요청 시 함께 보낸 것으로서, 그 영역도에는 '독도'가 울릉도의 속도로서 일본국경선 밖의, 한국영역 안

---

on the other hand, have admitted maps indiscriminately, rarely stating that only "primary", or "original" or "official" maps would be considered acceptable, if acceptable."(p.229.) "... It is only in occasional instances in which maps are made an integral part of agreement to which they are attached, ..."(p.230.)

〈그림 1〉 해상보안청 제작 「일본영역참고도」

에 그려져 있다. 동 영역참고도는 정태만 교수가 2014년 발굴하여 박사학위를 통해 발표한 것이다.

고찰. 일본영역참고도 상 독도: 한국 땅.

(2) 1951년 일본중의원 평화조약심의 시 질의응답 및 1953년 중의원 외무위 독도관련토의 내용 (일본의회 속기록) 등을 참작한 고찰.: 동 영역참고도 상 독도가 한국영역에 들어가 있는 것에 관한 질의응답이 있었으나, 중의원은 1951.10.26. 참의원은 동년 11 · 18 평화조약을 비준함으로써 국제법상 '독도'가 한국 땅임을 일본의 회도 공식적으로 인정한 것임을 부정할 수 없게 되었다고 것이다.

고찰. 일본영역참고도 상 독도: 한국 땅.

바. 샌프란시스코 평화조약 상 독도 [제2조(a) 및 제19조(d)]

(1) 제2조(a) 상 독도

일본은 본 조항에 따라서, 한국(Korea)의 독립을 인정하였고, 울릉도, ...를 포기하였다. 이 울릉도에는 그 속도인 '독도'가 포함 된 것이

다. 동 평화조약을 주관한 미국의 덜레스 대표는 동 조약체결 과정설
명 연설 (1951.9.5.)에서, 일본의 영토에 관하여 다음과 같이 설명했다.:
"일본의 영토주권은 어떤 것인가? 제2장이 이를 다루고 있다. 일본에
관한 한 6년 전에 실제로 시행되었던 (필자 주: SCAPIN 677, 1946.1.29.,
에 의거, '독도'가 일본주권에서 제외조치 되었던 것을 지칭)포츠담 항
복조건의 영토규정을 일본이 공식적으로 인정(비준)하는 것이다.
(What is the territory of Japanese sovereignty? Chapter 2 deals with that.
Japan formally ratifies territorial provisions of Potsdam surrender terms,
provisions, which, so far as Japan is concerned, were actually carried into
effect 6 years ago.)"

(2) 제19조(d) 상 독도

동 평화조약의 발효 (1952.4.28.)와 더불어, 연합국에 의한 일본점령
도 종료됨에 따라서, 스카핀 제도도 1952.4.25. 종결조치 되었다. 그러
나 기 조치된 스카핀 훈령(지령)은 동 평화조약 제19조(d)항의 규정에
의거, 그 효력이 인정되고 있다. '독도' 등을 일본에서 제외 조치한 스
카핀 677(1946.1.29.)의 효력도 동 규정에 의거 유지되고 있다.[31]
고찰. 샌프란시스코 평화조약 상 독도: 한국 땅

④ 러스크 차관보의 주미한국대사 앞 서한(1951.8.10.)상 '독도'(Rusk
Note of August 10, 1951 by Dean Rusk to Korean Ambassador Yu Chan
Young)

---

[31] Article 19(d), Peace Treaty, San Francisco: "Japan recognizes the validity of all
acts and omissions done during the period of occupation under or in
consequence of directives of the Occupation Authorities or authorized by
Japanese law at the time, and..."

가. 러스크 서한발송 경위 및 그 요지.

평화조약 제2조 (a)에, "제주도, 거문도, 울릉도, 독도 및 파랑도"를 포함 하도록 동 조항의 수정을 요청한, 주미한국대사 양유찬 박사의 1951년 7월 19일 및 8월 2일자 서신에 대한 러스크차관보의 회신은 유감스럽게도 미국정부가 양 대사의 동 제의에 동의할 수 없음을 알려왔으며, 그 요지는 다음과 같음. : "독도 달리 리앙코드 암석 또는 다케시마로 알려진 통상적으로 무인도인 이 암석형성물 (Rock Formation)은 우리의 정보에 의하면, 코리아(Korea)의 일부로 취급된 바 없고, 1905년 경부터 일본 시마네현 오키도 지부 관할 하에 있습니다. 동 섬은 전에도 코리아(Korea)가 (영유권을) 청구한 적이 있는 것으로 보이지는 아니합니다."

나. 고찰

(1) 이 러스크 서한 (Rusk Note)은 비공개 서한으로서, 한·미정부기관간 독도관련 의견교환 내용이었으나, 아무런 합의된 것이 없었다. 따라서 동 서한 중 미국정부의 독도관련 의견은 한낱 미 정부의 단독의견에 불과한 것이다. 그러나 러스크 차관보의 서한에서 보인 일본편향 미국의 당시 그 입장도 그 후 델레스 장관의 번복(reverse) 조치로 지금은 소멸돼 버렸다. 본고는 러스크 서한상 '독도관련' 사항고찰 및 델레스 장관전문조치경위 및 그 초치내용을 구체적으로 고찰코자 한다.

(2) 러스크 서한 중 "자기들의 정보에 의하면, 독도는 1905년 이래 일본 시마네현 오키도 지부의 관할 하에 있었고, 코리아는 과거에 독도에 대한 청구를 한 적이 있는 것으로 보이지 않는다"는 내용은 한마디로 한·일관계사에 대한 무지에서 온 것이다. 러·일전쟁 중 1905년의 일본정부(내각)가 금반언 원칙(principle of Estoppel)을 위반하며, 은밀

하게, 불법적으로 일본에 독도를 편입 조치한 것은 국제법상 원천무효이다. 이 원천무효인 일본내각의 결정에 근거한 시마네현고시 제40호(1905.2.22.)도 원천 무효임은 재언을 요치 아니한다. 바로 이 원천무효인 시마네현 고시에 근거하여, 일본 오키도지부가 1905년 이래 불법적으로 독도를 관할하였던 것임은 국제법상 무효일 뿐만 아니라 일본 태정관지령 (1877.3.29., "울릉도와 독도는 일본과 무관")을 위반한 것임을 지적할 수 있다. 태정관지령 검토서에 이소다케시마 약도가 있으며, 독도가 울릉도 속도로서 "마쓰시마" (松島)란 이름으로 그려져 있음이, 2005년 일본인 목사 "우르시자키 도모유키"에 의거 발굴되었다.

⑤ 델레스(John F. Dulles)장관의 비밀전보지시(1953.12.9.)에 의한 러스크 서한(Rusk Note, 1951.8.10)중 독도에 관한 기존 미입장 번복(reverse) 조치 경위 및 그 내용 고찰

가. 당시 주일 미국대사의 기존 미입장(Rusk Note 상) 번복반대 소견 제출 오늘날 일본은 독도문제와 관련하여, "러스크 서한" (1951.8.10.) 중 '독도'에 관한 미국의 일본편향입장이 그 후 델레스 장관의 주일 미국대사 앞 비밀 전보조치 (1953.12.9.)에 의하여 번복(reverse, 반전) 되어 사문(死文)화 된 것인데도 불구하고 일본 측은 아직도 그것을 사용하고 있다.

물론 그 번복과정이 단순치 아니 하였다. 당시 주일미대사 마저 동 번복에 반대하는 소견을 국무성에 제출하였기 때문이다. 그러나 델레스장관은 동 소견내용에 일일이 응답한 후, 러스크 서한 내 '독도'에 관한 기존 일본편향 미국입장을 번복하는 지시를 내렸던 것이다. 이에 본고는 우선 당시 주일미대사의 번복반대 소견 제출내용 전문을 소개코자 한다.

: "수신; 국무장관 / 문서번호: 1306 (1953.11.23.)

제목: 국무성 전보1198(서울 앞: 398)2항에 대한 다음 소견(Comment)을 제출함(본 제목은 편의상 필자가 편집)

: 독도(Takeshima)분규는 국제사법재판소에 회부되어야 한다는 국무성의 믿음은 1951.8.10.자 비공개된 미국의 러스크서한(Rusk Note)에 의거, 한국에 알린 미국의 입장번복(reverse,반전)으로 해석될 것이다. 즉, 미국 입장이란 그 섬들이 일본에 속하며, 외견상 강한 일본입장(1953.7.21.자 대사관 송부)에 추가하여, 미국은 독도(다케시마)를 행정협정 하에서 폭격구역을 위한 "시설 및 구역"으로 수용함으로써 일본의 이익을 인정하였다. 이리하여 미국은 이를 회피할 수가 없고, 또 합법적으로 관여된 것이고, 이들 근본적이고 기본적인(fundamental and basic) 문서 상 미국의 의도에 대하여 의구심을 갖게 할 수 있다. 알리슨(Allison)"

나. 델레스장관의 비밀전보지시 내용 (주일 미대사 앞, 1953.12.9.).
당시 주일미국대사의 반론적 건의에 대한 회신형식으로서, 일일이 동 반론적 소견(Comments) 내용을 거론하며, 평가한 후 강력한 지시를 내렸는바 동 지시문을 바탕으로, 그 내용을 고찰해 본다.

(1) "국무성은 평화조약결정사항과 독도주권에 관한 한국과 일본과의 영토분규(territorial dispute), 미국이 일본에 유리한 역할을 하리라 기대를 갖게 할 수도 있는 미국의 행정적 결정들을 알고 있다. 그러나 독도에 관한 미국의 공식적 입장표명은 일본에는 통지된 바 없다." (이하 모든 " "내 발췌영문은 필자 번역). (However, to the best of our knowledge, formal statement US position to ROK in RuskNote August 10, 1951 has not rpt not been communicated Japanese.)

고찰: 이는 조약당사자 중 일방이 제3국과의 국제관계에 관한 비공개 내용을 근거로 하여 어떤 청구를 조약 상대편 당사국에 하는 것은 어불성설임을 함축하고 있다고 본다.

(2) "...또한 우리의 포츠담선언 및 평화조약 가입 및 행정협정 하의 조치에도 불구하고, 이것은 미국을 필연적으로 평화조약으로부터 야기하는 일본의 영토적 또는 기타 일본의 국제분규 해결 또는 이에 개입하는 자동적 책임을 수행하는 것이 아니다. 독도에 대한 미국의 입장은 단순히 동 평화조약 에 비준한 다수 서명 국가들의 견해 중 하나에 불과하다. (US view re Takeshima simply that of one of many signatories.)"

고찰: 이는 1951.8.10.자 러스크 서한(Rusk Note) 중, 독도에 대한 미국의 일본 편향적 입장을 전적으로 번복한다는 것을 뜻하며, 매우 중요한 대목이다. 이로써 "러스크 서한" 중 독도에 대한 미국의 기존 입장은 사문(死文)화 된 것이다.

(3) "일본의 정서에 관한 귀 문서 1275의 3항에서 언급한 새로운 요소로서, 미국은 한국이 독도(Takeshima)가 자국 땅 인양하는 것으로부터 일본을 보호함이 마땅하다는 일본의 정서에 관한 귀 문서 1275의 3항에서 언급한 새 요소는 안보조약 하에서 미국의 조치를 요구하는 것으로, 이는 합법적 청구로 고려될 수 없다." (New element mentioned paragraph 3 of your 1275 of Japanese feeling United States should protect Japan from ROK pretensions to Takeshima can not RPT not be considered as legitimate claim for US action under security treaty.")

고찰: - "한국이 독도가 자국 땅 인양 하는 것으로부터"란 소위 일본정서는 참으로 놀랍고 황당하다. 독도는 역사적, 국제법적으로 완벽한 한국의 고유영토인데, 이 진실을 "한국이 자국 땅 인양"으로 제3국(미국)에 왜곡한 그 행태는 "아무것도 없는 곳에서 주술을 부려 유사 영토분규를 꺼내는 것이 일본정부이다." 고, 1954년 있지도 않는 소위 "독도문제"를 국제사법재판소 (ICJ)에 회부하자고 일본정부가 제의하여 왔을 때, 우리정부가 동 일본제의를 거

부하며 지적했던 것인데, 이를 연상케 한다. (국문: 필자번역) ("It is Japan who conjurs up quasi−territorial dispute where none should exist."[32])

(4) "미국은 한국의 독도 (Takeshima) 청구로부터 발생하는 영토분규에 개입하지 말아야 마땅하다." ("Therefore, as stated DEPTEL to Pusan 365 rptd into Tokyo1360 November 26, 1952 and restated DEPTEL 1198 US should not rptd not become involved in territorial dispute arising from Korean claim to Takeshima.

고찰: − "미국은 한·일 간 독도영토분규에 개입하지 말아야 하다"는 미 국무장관의 지시다. 이는 "러스크 서한" 중 독도에 대한 일본 편향적 미국 기존 입장 번복(reverse)을 확인하는 조치다. 델레스 장관의 한일 과거사에 관한 넓은 식견에서 나온 조치이기도 하다.

− 독도에 관한 동 기존 입장을 번복한 미국정부의 입장은 지금도 유지되고 있다.

---

[32] 아측 구술서(1954.10.28.): 일본이 독도문제를 ICJ에 회부하자는 공식제의를 하여왔을 때, 1954.9.25., 한국전부의 거부이유 발췌문(독도관계 자료집(I) 외무부(1952−76)왕복 외교문서): 1. ... 2. The proposal of the Japanese government that the dispute be submitted to the International Court of Justice is nothing, but another attempt at false claim in judicial disguise. ...It is Japan who conjurs up a quasi territorial dispute where none should exist.
... Japan is attempting to place himself on the equal footing, even provisionally, with Korea in relation to the so−called Dokdo territorial dispute, ...3. ...4. ...5....The government of the Republic of Korea, however, will remain always ready to answer any questions relating to Dokdo, which the Japanese government may have, when such time as the Japanese government is concerned that Dokdo is an integral part of the Korean territory. ...

(5) "그러나 이 문제 (필자 주. 독도문제)가 재발하였을 경우, 우리의 일반적 (대처) 한계선은 동 문제가 한·일 스스로에 의하여, 해결되지 못 한다면 그것은 국제사법재판소에 회부되는 것이 적당한 그런 류의 문제라 믿는다."("However in case issue revived believe our general line should be that rpt not be settled by Japanese and Koreans themselves, kind of issue appropriate for presentation International Court of Justice.")

고찰: - 평화조약 제22조는 동 조약문의 해석, 적용, 기타 등에 있어서 문제가 있을 경우에는 국제사법재판소에 회부하여 해결한다는 일반 원칙적 규정이 있다. 따라서 미국정부는 일본정부의 국제분규 (평화조약 관계)에 개입하지 아니 한다는 견지에서 동 평화조약 제22조의 규정내용을 암시한 것 같다.

3. 결론

"러스크 서한(Rusk Note, 1951.8.10.)" 중 '독도에 관한 미국정부의 일본 편향적 입장'을 번복(reverse, 반전)시킨 덜레스(John Foster Dulles) 장관의 주일미국대사 앞 비밀 전보지시(1953.12.9.) 내용을 앞에서 상세히 고찰하였다. 특히, 주일미국대사의 강력한 번복반대건의 소견에도 불구하고, 덜레스 장관은 기존 미국의 입장을 번복시킨 내역을 설명하고 있다. 동 번복으로 "러스크 서한" 중 독도에 관한 일본 편향적 기존 미국입장은 번복되어 사문화(死文化) 되었다.

그런데도 불구하고, 오늘날 일본 외무성 홈페이지에는 사문화된 그 "러스크 서한(1951.8.10.)"이 소개되어 있음은 일본이 "독도가 자국 땅"이라 주장을 하면서도 이를 증명할 만한 근거자료가 궁색함을 감추지 못 하고 있는 실정을 말해준다고 할 것이다. 그런데, 우리 사회 일각에서도 강의나 논술에 있어서 이미 사문화된 "러스크 서한(Rusk Note)" 내용을 장황하게 설명하면서도, 이를 사문화시킨 전기 델레스장관 비밀 전보지시 내용설명은 누락시키는 경우를 보게 된다는 것은 참으로 안타까운 일이 아닐 수 없다. 특히 일본의 아베정부가 독도 재 침탈 정책을 강력히 추진함에 맞서, 우리 온 국민이 독도가 우리 땅이란 확신을 가지고 합심 단결하여 대응해야 할 이 중차대한 시기에 여하한 사문화된 "러스크 서한" 내용만을 설명하거나 논술을 한다는 것은 수강자나 독자에게 잘못된 인식이나 편견을 갖게 할 우려가 있고, 국민단합에도 역효과를 줄 우려를 배제할 수 없을 것임으로 그러한 류의 강연이나 논술은 철저한 학문적 검증을 통하여 그 근거가 없는 것은 이 사회에서 추방되어야 마땅할 것이라 생각한다. 또한, "대마도도 역사적으로 우리 땅이므로 독도뿐만 아니라 대마도도 일본에 청구해야 한다"는 등 주장 철저한 학문적 검증대상이 되어야 마땅할 것이다.

【참고문헌】

나홍주, 『오-명성황후! -수탉이 울지 못 하면, 암탉이라도-』, 아성출판
　　사, 1987.
李光麟, 『한국사 강좌』, 일조각, 1984.
병자수호조규 (1876.2.27.) 제1조.
외무부, 『독도관계 자료집(Ⅰ)』, (1952-76)왕복 외교문서.
하야시 다다쓰(林薫), A. M. Pooley 엮음, 申福龍, 羅洪柱 譯註 공역, 1989
　　『秘密回顧錄: 1900-1910의 日本外交의 內幕』, 건국대학교 출판부.

Article 19(d), *Peace Treaty*, San Francisco.
Chang Chi- yun, *Record of the Cairo Declaration*, Taipei, China Culture
　　Publishing Foundation, 1953.
G.A. Ballard, Vice Admiral, U.K., *The Influence of the Sea On the Political
　　History of Japan,* London, John Murray, Abemarle, St. W., 1921.
heaton's Elements of International Law, 5th Ed., Revised throughout by Coleman
　　Phillipson, London, Stevens, Vorhis & Co., 1916.
Hopkins Papers, Memorandom by the Chinese Government, (Cairo, Nov. 24,
　　1943), *Documents and Supplementary Papers* Ⅱ, The First Cairo
　　Conference.
J. L, Brierly, *The Law of Nations*, Oxford Univ. Press, 6th Ed., 1968.
Jon M. Van Dyke, Chapter Ⅲ, Addressing and Resolving the Dokdo Matter,
　　Historical and International Justice, Edited by Sokwoo Lee and Hee
　　Eun Lee, London, Boston, Martinue Nijhoff Publishers, 2011.
Rothenberg, *The Plain Language Law Dictionary*, NY, Signet, 1996.
Victor Emmanual, Clipperton Island Case, 1931, Vol. 26, *American Journal of
　　International Law.*

샌프란시스코 대일평화조약과 관련된 일본측 주장과 그 비판

정 태 만

1. 머리말

샌프란시스코 대일평화조약은 전문(前文)과 27개 조문으로 구성되어 있다. 전문에서는 동 조약이 '아직 해결되지 않는 문제(questions still outstanding)를 해결하기 위한 것'이라고 밝히고 있으며, 영토 문제는 제2조에서 규정하고 있는데, 독도에 대하여는 언급되고 있지 않다. 샌프란시스코 조약이 개별 섬들의 영유권 귀속문제를 분명하게 규정하지 않았다는 것은 조약 체결을 위한 샌프란시스코 회의에서 미국 대표인 덜레스(John Foster Dulles)도 밝혔다. 일본에서도 샌프란시스코 조약의 2대 특징 중의 하나로 '내용이 간단하여 금후의 해결을 기다리는 문제가 많은 점'을 들기도 한다.[1] 독도는 물론이고 쿠릴열도 주변 섬들에 대한 영유권 귀속도 분명히 하지 않아 분쟁의 불씨를 남겼다.

---

[1] "이번의 대일평화조약의 특징은, 첫째로, 기성사실의 확인이 많은 점, 둘째로, 내용이 간단하여 금후의 해결을 기다리는 문제가 많다는 점일 것이다." (每日新聞社 圖書編集部 編(1952), 『對日平和條約』, 每日新聞社, p.66).

이에 따라 조약 해석에 의해 판단할 사항이 많음에도 불구하고, 판단의 근거가 되는 자료는 많지 않으며 특히 한국정부의 소장 자료는 더욱 그렇다. 왜냐하면 한국은 조약 체결 당사국이 아니고, 샌프란시스코 조약을 체결한 당시는 국가 존망이 걸린 6 · 25전쟁 중이어서, 수도 서울마저도 몇 번이나 북한의 수중에 들어가 부산에 임시수도를 두고 있을 정도였기 때문이다. 이는 샌프란시스코 조약에 관한 연구를 어렵게 하며, 따라서 그만큼 역사적 사실 왜곡의 소지도 크게 되는 것이다.

독도의 영유권에 관한 국제법적인 판단은 그 판단의 근거가 되는 역사적 사실이 정확하다는 것을 전제로 하는 것이다. 만약 그 사실 자체가 왜곡 · 날조되어 있다면, 그에 근거한 판단이 무의미함은 자명한 것이다. 그런데 샌프란시스코 조약에 관하여는 사실과 다르거나 근거를 확인할 수 없는 주장이 적지 않다. 거의 대부분이 일본측에 유리한 것이다. 본 논문은 이러한 일본측 주장에 대한 비판을 통해 샌프란시스코 조약에 관한 역사적 진실을 밝히기 위한 것이다.[2]

샌프란시스코 조약에 관한 일본측 주장의 큰 줄기는 첫째 일본이 포기하는 영토에 독도가 포함되지 않았다는 것이고, 둘째는 미국이 독도를 일본영토라고 주장했다는 것이다. 어느 주장이든 사실과 다르고 부적절한 표현이지만, 국내에서도 이러한 주장에 동조하는 연구자가 없지 않다는 것은 엄연한 현실이다.

그럼에도 불구하고, 이러한 국내연구자들에 의한, 결과적으로 일본측에 유리한, 근거가 확인되지 않는 주장에 대하여는, 이를 바로 잡기 위한 비판적인 선행연구는 거의 없다고 할 수 있다. 샌프란시스코 조약 이외의 것까지 통틀어, 나홍주,[3] 정태만,[4] 윤소영[5] 등의 연구성과

---

[2] 본 논문에서 '일본측 주장'이라 함은 연구자의 국적에 상관없이 쟁점사항에 관하여 하는 일본측에 유리한 주장을 의미하는 것으로 한다.

가 있을 뿐이다. 학문적인 연구라는 이름하에 정당하지 못한 방법에
의한, 사실과 다른 주장조차도 방치되고, 거기에다 학계의 자정노력이
크게 결여된 결과로서, 이는 도리어 독도문제에 대한 학문적인 연구를
어렵게 하는 한 요인이 되고 있다.

국내학자들에 의한 일본 측 주장은 샌프란시스코 조약의 해석과 관
련해서도 많이 있지만, 본 논문에서는 어디까지나 1951년 이후 샌프란
시스코 조약 초안 작성을 위한 교섭부터 조약조인을 거쳐 비준에 이르
기 까지 사실과 다르거나 근거를 확인할 수 없는 일본측 주장에 한하
여 살펴보기로 한다.

2. 1951년 4월 7일자 미국초안에 '독도=일본땅'이었다는 주 장에 대한 반론

1) 일본측 주장 내용

샌프란시스코 조약 초안작성을 위한 주요국간의 협의가 본격화된
1951년 3월 미국은 개별 섬의 이름을 전혀 명시하지 않은 대일평화조
약 잠정초안(제안용)을 작성하여 극동위원회(FEC) 회원국과 한국, 인
도네시아, 실론(Ceylon) 등에 배부하였다.[6] 총 22개 조문으로 된 이 초

---

3) 나홍주(2009년), 「일본학계의 소위 "독도문제해결방안"과 국내 일부 반응에 관한 국제법적 고찰」, 『독도논총』 제4권, 독도조사연구학회, pp.51-73.

4) 정태만(2017), 「샌프란시스코 평화조약의 문언적 해석」, 『日本文化學報』 제 72집, 韓國日本文化學會.

5) 윤소영, 「울릉도민 홍재현의 시마네 현 방문(1898)과 그의 삶에 대한 재검토」, 『獨島研究』 제20호, 영남대학교 독도연구소.

6) 국사편찬위원회(2008), 『독도자료 I 미국편』, p.292; 1951년 3월의 대일평화

안에는 다음과 같이 독도는 물론이고 제주도, 울릉도 등의 섬 이름도 명시되지 않은 간략화 된 조약 초안이었다.

<blockquote>
1951년 3월 대일평화조약 잠정초안(제안용) 제3장 (영토) 제3항

3. 일본은 한국, 대만 및 팽호도에 대한 모든 권리 · 권원 · 청구권을 포기한다.(이하 생략)[7]
</blockquote>

미국과는 달리, 영국은 개별 섬의 영유권 귀속을 분명히 하고 지도까지 첨부한 1951년 4월 7일자 초안을 작성하였다. 통상 '영국의 3차 초안'으로 불리는 이 초안에는 독도가 한국 영토로 되어 있다.

그런데 호사카 유지는 1951년 4월 7일자 미국초안에 '독도는 일본땅'으로 되어있다고 주장하고 있다.[8] 이 주장은 전혀 근거를 확인할 수 없을 뿐만 아니라, 당시의 추세와도 맞지 않는다. 김병렬도 쓰카모토 다카시(塚本孝)로부터 자료를 제공받아 '대일강화조약을 위한 미영토론(1951.5.2)'에 관한 분석에서 "당시까지 미국측의 초안에서는 독도를 일본의 영토로, 영국측의 초안에서는 한국의 영토로 하였었는데,"[9] 라

조약 잠정초안(제안용)은 이하 '1951년 3월 미국초안'이라한다.

[7] Chapter III Territory

3. Japan renounces all rights, titles and claims to Korea, Formosa and Pescadores; [...] ("Provisional Draft of a Japanese Peace Treaty(Suggestive Only),"(1951. 3); 국사편찬위원회(2008), 『독도자료 I 미국편』, p.293.).

[8] "그 후 미국 측은 1951년 4월 7일자 초안에서 독도를 다시 일본영토로 기재되었다." (호사카 유지(2016), 「샌프란시스코 평화조약, 한일협정 및 신해양법과 독도해법」, 『獨島硏究』 제21호, 영남대학교 독도연구소, p.120); "그 후 미국은 독도를 다시 일본영토로 기록한 초안을 발표했다. 그리고 영국을 설득하기 위해 7차에 걸쳐 비밀회담을 열었다." (호사카 유지(2016), 『독도, 1500년의 역사』, 교보문고, p.59); "그런데 미국측은 영국이 제3차 초안을 작성한 것과 같은 날인 1951년 4월 7일자 초안에서 독도를 다시 일본영토로 기재했다.", 호사카 유지(2010), 『대한민국 독도』, 세종대 독도종합연구소, p.196).

고 비슷한 주장을 하였는데, 그 근거를 제시하지 않은 것은 마찬가지
이다.

2) 당시 상황과 맞지 않음

우선 첫째로 '1951년 4월 7일자 미국초안에 독도가 일본땅으로 되어
있다'는 것은 당시 미국의 방침과도 다르고, 그 후의 미국·일본, 미
국·영국 간의 교섭 기록을 보아도 맞지 않다. 앞에서 서술한 1951년
3월 미국초안은 1951년 4월 25일부터 27일까지 3일간 있은 영미회담에
서도 그대로 사용되었다. 이는 '4.25-27회담에서 미국·영국의 입장 검
토 문서(Check List of Positions Stated by U.S. and U.K. At April 25-27
Meetings)'에 잘 나타나 있다.[10]

만약 1951년 4월 7일자 미국초안이 있었다면 당연히 그 미국초안을
기준으로 검토했을 것인데 1951년 3월 미국초안을 가지고 검토했다는
것은 1951년 4월 7일자 미국초안 자체가 존재하지 않았다는 것을 의미
한다.

또한, 그 영미회담에서 영국은 다음과 같이 미국초안 제3조에서 일
본과 한국 사이에 섬들을 배치함이 바람직하다고 주장하였다.

> 영국은, 구체적인 언급에 의해 일본과 한국 사이에 섬들을 배치하는 것
> 이 바람직함을 언급했다. 이는 미국초안 3조에서 "한국" 다음에 "제주도를
> 포함하는"을 넣으면 될 것이다.[11]

---

9) 김병렬(1997), 『독도: 독도자료총람』, 다다미디어, pp.482-485.
10) 국사편찬위원회(2008), 『독도자료 I 미국편』, pp.344-347; 이 검토문서(Check
   List)는 1951년 3월 미국초안과 똑같은 22개 조문 별로 검토되었으며, 인용한
   구절도 1951년 3월 미국초안 각 조문에서의 구절과 일치한다.
11) British mentioned desirability of disposing of islands between Japan and Korea

영국이 이런 제안을 한 것은 검토 대상으로 한 미국초안에, 일본과 한국 사이에 있는 섬들의 귀속이 명확하지 않았음을 의미한다. 두루뭉술한 1951년 3월 미국초안을 가지고 검토했음을 방증하는 것이다. 호사카 유지의 주장대로 만약, 1951년 4월 7일자 미국초안이 존재했고, 그 초안에 '독도가 일본땅'으로 되어 있다면 영미간의 4.25- 27회담에서는 그 초안을 기준으로 협상을 했을 것이고, 영국측에서 미국에 대해 이러한 주장을 하지는 않았을 것이다.

3) 근거를 찾을 수 없는 주장임

1951년 4월 7일자 미국초안에 독도가 일본땅으로 되어있다는 것은 당시의 상황과 맞지 않을 뿐만 아니라 전혀 근거자료를 찾을 수 없는 주장이다. 1951년 4월 7일자 미국초안은 존재하지도 않는다. 같은 날짜 영국초안에 '독도가 한국땅'으로 되어 있었을 뿐이다. 호사카 유지는 논문에서 그러한 주장을 하면서 주석에 그 근거를 명시하지 않았다. 문제가 제기되자 언론 등을 통해 이석우의 책 『동아시아의 영토분쟁과 국제법』(2007)을 그 근거라고 주장하고 있다.[12]

---

by specific mention. (This might be done by inserting "(including Quelpart)" after "Korea" in U.S. Article 3.(국사편찬위원회(2008), 『독도자료 Ⅰ 미국편』, p.344.)

[12] "그런데 1951년 4월 7일 미국초안은 〈동아시아의 영토분쟁과 국제법〉 (이석우 저, 2007, 집문당, p.176, pp.191-192)에 출처와 함께 상세히 설명되어 있습니다. 저가 출처를 밝히지 않아서 문제는 있었지만 근거는 위 책입니다." (「호사카 유지 교수 반박문, "독도, 한국 땅 맞다"」, 《코리아히스토리타임스》 2017년 7월 8일자, http://m.koreahiti.com/news/articleView.html?idxno=2197, 2018.5.25. 열람); "먼저 이 문제는 제가 2010년 『대한민국 독도』라는 저서를 썼을 때 이석우 교수의 저서(2007)에서 '1951년 4월 7일의 미국초안에 독도가 일본영토로 기재되었다'는 부분을 그대로 인용했다." (https://www.facebook.com/profile.php?id=1276757936, 2018.5.25. 열람)

그러나, 그 책에서 기술된 1951년 4월 7일자 초안은 미국초안이 아니라 같은 날짜의 영국초안이다. 1951년 4월 7일자 영국초안은 제1조에서 영토문제를 규정하고 있는데 그 원문은 다음과 같다.

Article 1.

Japanese sovereignty shall continue over all the islands and adjacent islets and rocks lying within an area bounded by a line from latitude 30°N in a north-westerly direction to [approximately latitude 33°N. 128°E. then northward between the islands of Quelpart, Fukue-Shima bearing north-easterly between Korea and the islands of Tsushima, continuing in this direction with the islands of Oki-Retto to] the south-east and Take Shima to the north-west curving with the coast of Honshu, then .....

([ ]와 밑줄은 필자씀)[13]

위의 1951년 4월 7일자 영국초안 원문에서 대괄호 안은, 원문을 인용하면서 생략된 부분이다. 밑줄친 'Oki-Retto(오키열도)'라는 핵심단어를 생략하고 인용하면서, 이 초안에 '독도는 일본땅'이라고 기술되어 있다.[14] 그런데, 위의 1951년 4월 7일자 영국초안 원문에서 대괄호 [ ] 안의 부분을 생략하지 않고 번역하면 다음과 같이 된다.

제1조

일본의 주권은, 북위 30도에서 북서 방향으로 대략 북위 33도, 동경 128도까지 이어서 제주도와 후쿠에시마 사이를 북진하여, 북동쪽으로 한국과 대마도 사이를 지나, 이 방향으로 계속해서 오키열도를 남동쪽에, 다케시마(=독도)를 북서쪽에 두고 진행하여, 커브로 혼슈해안을 따라 (중략) 선에 의해 구분되는 지역 안에 있는 모든 섬들, 인접 소도와 암초에 존속된다.

---

13) 이석우(2007), 『동아시아의 영토분쟁과 국제법』, 집문당, p.338.

14) 이석우(2007), 『동아시아의 영토분쟁과 국제법』, 집문당, p.176, pp.191-192.

위와 같이, 경계선이 오키열도(Oki-Retto)와 독도(Take Shima) 사이를 지나간다는 것이니까, 1951년 4월 7일자 영국초안에 '독도는 한국땅'이라는 것이 올바른 해석이다. 즉, 번역에 중대한 오류가 있다. 이는 〈그림 1〉의 1951년 4월 7일자 영국초안 부속지도를 보면 보다 분명해진다.

〈그림 1〉 1951년 4월 7일자 영국초안 부속지도(한글은 필자 씀)

그런데 이석우의 책에서는 비록 1951년 4월 7일자 영국초안의 번역이 거꾸로 됐지만 저자는 책 뒤편에 올바른 영어원문을 첨부 했고, 각주의 인용출처 표시에서는 '1951년 4월 7일자 영국초안'을 인용했음을 밝혔다.[15] 이 책 본문 어디에도 '1951년 4월 7일자 초안이 미국초안'이

___

[15] 호사카 유지가 인용하였다고 주장하는 이석우의 『동아시아의 영토분쟁과 국제법』(집문당, 2007) 해당 페이지(p.191)에는 그 주석에서 1951년 4월 7일자 초안은 영국초안임을 밝히고 있다. 즉, 1951년 4월 7일자 초안은 주석 137에서 '미국무성의 앞의 자료, 주석 86'(USDOS, supra, note, 86)을 참조하도록 했고, 주석 86(p.175)에서는 '미국무성, 1951년 4월 7일자, 대일평화조약 잠정초안(영국)' (USDOS, "Provisional Draft of Japanese Peace Treaty(United

라는 말은 하지 않고, 다만 미국국립문서보관소에 소장되어있는 조약
초안들 중의 하나라고 했을 뿐이다. 1951년 4월 7일자 영국초안은 미
국에도 보관되어있다.[16]

　호사카 유지는 '독도가 일본땅'이라고 거꾸로 번역된 다른 연구자의
1951년 4월 7일자 영국초안의 번역 결과물만 가지고, 원문도 제대로
확인하지 않고, 미국초안이라고 자의적으로 단정하여, '1951년 4월 7일
자 미국초안에 독도는 일본땅으로 되어 있다'고 주장하고 있는 것이
다. 1951년 4월 7일자 미국초안은 존재하지 않는 허구의 조약초안에
불과하다.

　요컨대, "1951년 4월 7일자 미국초안에 독도가 일본땅으로 되어 있
다"고 하는 주장은 역사적 사실에 대한 조작이며 허구이다. 그것도 일
본측에 편향되게 조작된 것이다.

Kingdom)", 1951/4/7)이라 하여, 출처는 미국무성 문서철에 있는 영국초안임
을 밝히고 있다. 또한 이석우는 미국 국립문서보관소에 있는 초안들을 분석
대상으로 했다는 것도 밝히고 있다.(p.174) 요컨대, 호사카 유지는 조금만 관
심을 기울이면 위의 책에서 1951년 4월 7일자 초안은 미국초안이 아니라 영
국초안임을 알 수 있는데도 미국초안으로 둔갑시켜 인용한 것이다. (이석우,
『동아시아의 영토분쟁과 국제법』, 집문당, 2007, pp.174-176, pp.191-192,
p.338.)

16) 1951년 4월 7일자 영국초안은 미 국무성 문서철에도 보관되어 있다. 왜냐하
면 영국초안은 미국과 영연방국가들에도 송부되었고, 영미 협상시 영국에
의해 제시되어 미국초안과 같이 검토되었기 때문이다(정병준(2010), 『독도
1947』, 돌베개. p.556, 584, 590).

3. 1951년 4월, 미국이 '독도=한국땅을 피하기 위해' 영국초안을 일본에 보여주었다는 주장에 대해

1) 미국의 영국초안 제시와 일본의 '독도는 한국땅' 묵인

1951년 4월, 덜레스(John Foster Dulles)를 비롯한 미국 대표단은 일본을 방문하여 '독도가 한국땅'으로 되어있는 1951년 4월 7일자 영국의 조약초안을 요시다 수상을 비롯한 일본 대표단에게 전달하고, 일본의 의견을 제시해 줄 것을 요청했다.

일본정부는 이에 대하여 4월 20일 일본정부의 의견을 작성하여, 「영국의 대일평화조약안에 대해서」라는 제목으로, 이구치(井口) 차관이 시볼트(William J. Sebald)대사에게 수교(手交)하고,[17] 그 이튿날 다시 미국측에서 일본측의 견해를 상세히 알고자하여, 일본의 보족(補足)의견, 「영국의 평화조약안에 대한 아방(我方)의 축조적(逐條的) 견해에 대하여」를 개진(開陳)하였는데,[18] 어느 것에도 독도에 대해 말한 기록은 없다. 영토문제와 관련된 영국초안 제1조와 제5조에 대한 일본정부의 의견은 다음과 같다.

> 소화 26년(1951년) 4월 21일
> 영국의 평화조약 안에 대한 아방(我方)의 축조적(逐條的) 견해에 대하여
> (중략)
> 제1장 영역 조항
> 제1조 영국안과 같이 경위도에 의한 상세한 규정 방식은, 일본 국민에

---

[17] 外務省(2002), 『日本外交文書: 平和条約締結に関する調書』, 第二册(I~III), p.451.

[18] 外務省(2002), 『日本外交文書: 平和条約締結に関する調書』, 第二册(I~III), p.452.

대하여 영토의 상실감을 강하게 인상 지우므로 감정상 바람직하지 않다. 대신(大臣)은, 부속지도를 첨부하는 것에 대하여도, 국민감정에 주는 영향에 대한 고려에서 반대한다. 본조는 일반적으로 미국안이 바람직하다. 남서제도(南西諸島)에 대하여도, 영국안의 30도에 대(對)하여 미국안이 29도를 채택하고 있는 것은 물론, 미국안 쪽이 바람직하다. 영국안에서 시코탄도(色丹島)가 일본령으로서 남는 것을 명기하고 있는 점은 좋은데, 시코탄(色丹)을 언급하는 이상에는, 장래의 분의(紛議)를 피하기 위해 하보마이(齒舞)가 일본령이 된다는 것도 명시했으면 좋겠다.

(중략)

제5조 유구(琉球), 오가사와라(小笠原), 이오지마(硫黃島)에 대한 일본의 주권 방기(放棄)와 미국에 의한 신탁통치 규정이다.

미국안이 일본의 주권 방기를 언급하고 있지 않은 점에서 영국안보다 바람직하다. (이하생략)[19]

위의 일본의 의견은 제목에서 '축조적(逐條的) 견해'라고 했듯이, 그 전날의 다소 개괄적인 의견에 부가하여 1951년 4월 7일자 영국초안의 전문(前文)과 제1조부터 제40조까지 조문별로 자세히 검토한 의견이었다. 그럼에도 불구하고 일본은, 영토문제를 규정한 제1조에 관하여, 시코탄(色丹), 하보마이(齒舞) 등 쿠릴 열도 주변 섬이 일본령임을 주장하는 의견은 위와 같이 자세하게 제시하였지만, 독도에 대해서는 아무 의견도 제시하지 않았다. 이는 곧 '독도가 한국령'임을 묵시적으로 인정한 것이 된다. 정병준과 박병섭도 '독도=한국령'을 인정 또는 묵인한 것으로 보고 있으며,[20] 장박진도 비슷한 견해를 보이고 있다.[21]

19) 外務省(2007), 『日本外交文書: サンフランシスコ平和条約対米交渉』, pp.396-406; 위의 외무성(2002) 자료 제2책 pp.452-453에는 요약한 내용이 실려 있다.
20) 박병섭(2016), 「샌프란시스코 강화조약에서 독도가 누락된 경위와 함의」 『독도연구』 제21호, 영남대학교 독도연구소, p.19; 정병준(2010), 『독도 1947: 전후 독도문제와 한·미·일 관계』, 돌베개, pp.653-655.
21) 장박진(2011), 「대일평화조약 형성과정에서 일본 정부의 영토 인식과 대응 분석」, 『영토해양연구』 1, 동북아역사재단, p.75.

2) 미국의 영국초안 제시는 '독도는 한국땅'을 피하기 위한 것이라는 주장에 대한 반론

다른 연구자들의 견해와는 달리, 호사카 유지는 위와 같이 미국이 '독도=한국땅'으로 되어있는 1951년 4월 7일자 영국초안을 일본에 제시하고 의견을 받은 것에 대해, '미국이 독도를 한국영토로 하는 것을 피하기 위해 일본에 영국의 조약초안을 미리 보여 주었다'고 논문에서 주장하고 있다.

> 그러나 미국이 일본에 대해 영국초안을 제시했다는 것은 영미합동초안 자체가 영국주도로 만들어지고 있었음을 암시한다. 그러므로 일본 편을 든 미국이 영국초안 속 독도부분을 명백히 한국영토로 규정하는 것을 피하기 위해 일본에 사전에 영국초안을 제시해 독도부분을 애매모호하게 남기기 위한 구실을 얻어냈다고 볼 수 있다.[22]

만약에 호사카 유지의 주장대로 '독도를 한국영토로 하는 것을 피하기 위해' 미국이 일본에 보여주었다면, 일본은 당연히 '독도는 일본땅'이라고 의견을 말했을 것이다. 그런데 일본은 독도에 대해 아무런 의견도 말하지 않았다. 그의 주장은 상식적으로도 납득이 가지 않는다. 일본측 기록에도 "일본측의 의견을 참작하여, 영국과 이야기를 하고 싶다고 피어리(Robert A. Fearey)는 말하고 있다"라고 하여,[23] 미국이 영국초안을 일본에 보여 준 것은 일본의 의견을 듣기위한 목적임을 밝히고 있다. 즉, 독도를 한국영토로 하는 것을 피하기 위해 보여준 것이

---

[22] 호사카 유지(2016), 「샌프란시스코 평화조약, 한일협정 및 신해양법과 독도해법」, 『獨島研究』 제21호, 영남대학교 독도연구소, p.121.

[23] 外務省(2007), 『日本外交文書: サンフランシスコ平和条約対米交渉』, p.374; 外務省(2002), 『日本外交文書: 平和条約締結に関する調書』, 第二册(Ⅰ~Ⅲ), p.616.

아님은 일본측 기록만으로도 쉽게 알 수 있다.

똑같은 사실을 두고, 정병준 등 다른 연구자들은 '일본이 사실상 독도 영유권 주장을 포기하고 독도=한국땅을 인정한 것'으로, 한국에게 결정적으로 유리한 근거로 해석 하는데 반해서, 호사카 유지는 마치 미국이 '독도=일본땅'을 적극 주장한 것처럼 일본측에 편향되게 해석하고 있는 것이다.

일본은 1947년 6월 영토조서(4) 이후 독도에는 거의 무관심하여, 영유권 주장도 하지 않았다.[24] 위의 축조적 견해 제5조에 대한 의견에서 보는 바와 같이 1951년 4월 당시에는 유구(琉球) 즉, 현재의 오키나와에 대해서도, 일본이 주권을 포기해야할지 여부가 결정이 난 상황이 아니었다.[25] 이때까지 현재인구 100만의 오키나와에 대한 영유권 귀속조차 결정되지 않은 상황 하에서 작은 섬 독도에 대한 영유권을 주장할 여유는 전혀 없었다고 보아야 한다. 자칫하면 더 큰 것을 잃기 때문이다. 또한 일본이 영유권 주장을 하지 않는데, 미국이 독도를 일본에게 주려고 할 이유도 없었다.

앞에서 인용한 바와 같이, '일본편을 든 미국이...' 라고 하여, 1951년 4월 당시 미국이 일본편을 들었다는 주장도 근거 없는 주장이다. 굳이 근거를 찾자면, "1951년 4월 7일자 미국초안에 독도는 일본땅으로 되어 있었다"는 조작된 근거가 있을 뿐이다.

---

24) 박병섭(2015), 「샌프란시스코 강화조약 전후 일본의 독도 정책」『獨島研究』 제19호, 영남대학교 독도연구소, p.249, 253; 당시 일본 외무성에서는 "독도에는 한국이름(Korean name)이 없다"는 등 허위의 내용을 담고, 독도는 물론이고 울릉도 일본의 부속소도라고 주장하는 소책자『일본의 부속소도 Ⅳ, 태평양 소도서, 일본해 소도서』(1947. 6)를 만들어 연합국최고사령부와 미국무성에 배부했다.(정병준(2010), 『독도 1947: 전후 독도문제와 한·미·일 관계』, 돌베개, pp.333-350.)

25) 外務省(2007), 『日本外交文書: サンフランシスコ平和条約対米交渉』, p.375, 398.

4. 1951년 8월, 미국이 '독도를 일본에 주려고 했다'는 주장에 대한 반론

1) 일본측 주장 내용과 러스크서한 및 덜레스전문

1951년 4월 미국은 1951년 4월 7일자 영국초안을 일본에 제시하여 의견을 들은 후, 영국과의 협상을 거쳐 독도를 언급하지 않은 영미합동초안을 만들고, 1951년 7월 한국에도 영미합동초안을 보내어 의견을 들었는데, 한국 정부에서는 조약에 독도를 한국영토로 명시해 줄 것을 미국에 요청했으나, 1951년 8월 10일 미 국무성 러스크(Dean Rusk) 차관보 명의의 비밀 서한(러스크서한)에 의해 거부되었다. 며칠 후인 1951년 8월 13일 독도에 대하여는 언급하지 않은 채 조약 초안을 확정하고, 1951년 9월 8일 샌프란시스코에서 일본과, 미국·영국을 비롯한 연합국 48개국간에 역사적인 샌프란시스코 조약이 조인되었다.

그러나 일본의 주권 회복은 여전히 요원했다. 샌프란시스코 조약 발효되어 일본이 주권을 되찾기 위해서는 주요 조약조인국의 비준이 있어야 하고, 인구 100만의 오키나와 섬도 미국의 신탁통치 대상이 되어 언제 돌려받을 수 있을지 모르는 상황이었다. 1951년 8월 시점에 미국이 취한 입장에 대해 호사카 유지는 다음과 같이 주장하고 있다.

> 결국 미국은 독도가 일본영토가 된다는 이야기를 다른 연합국들의 합의 없이 비공식적으로 일본에 전달하고 있었다. 1951년 8월 10일에는 이에 더해 미국은 러스크서한을 한국으로 발송했다. 당시 미국은 연합국과 합의하지 않고, 즉 연합국을 속이면서 일본에게 독도를 주려고 했던 것이다.[26]

---

[26] 호사카 유지(2010), 『대한민국 독도』, 세종대 독도종합연구소, 성안당, p.226.

그 주장하는 바의 근거를 구체적으로 제시하지 않았으나, 아마도 러스크서한을 그 근거로 보는 것 같다. 1951년 8월 10일의 러스크서한은, 한국이 맥아더라인 존속 등 몇 개 요청항목중의 하나로서 독도를 샌프란시스코 조약에 한국땅으로 명시해 줄 것을 요청해 온데 대해, 미국측에서 거부하고, 조약에는 독도를 어느 나라 영토로도 명시하지 않고 (독도 no comment), 미국이 가진 정보에 의하면 독도는 일본땅 같다는 의견을 피력한 것에 불과하다. 따라서 러스크서한을 가지고 당시에 "미국이 독도를 일본에 주려고 했다"고 말할 수는 없다.

더구나, 러스크서한은 일본에도 알리지 않고 한국에만 알린 비밀문서이다. 샌프란시스코 조약 당시 초안 작성 및 체결 업무를 총괄하고, 그 후에 국무장관이 된 덜레스(John Foster Dulles)는 이른바 덜레스전문에서 러스크서한에서의 미국의 입장은 단지(simply) 48개 조약서명국들 중의 1개국의 입장에 불과하다고 분명히 유권해석을 내렸다.[27]

2) 1951년 7월 미국이 '독도=한국땅'을 검토한 내용

미국은 조약 마감(1951년 8월 13일) 한 달 전인 1951년 7월에도 독도를 한국영토로 명시할 것을 검토했다. 미 국무성의 보그스(S. W. Boggs)가 피어리(Robert A. Fearey)에게 보낸 보고서에서 알 수 있듯이 1951년 7월 13일과 7월 16일의 두 차례나, 독도를 한국땅으로 할 것을 검토한 것이다. 이 중에서 1951년 7월 13일 미국무성의 보그스가 피어리에게 보낸 문서는 다음과 같다.

2. 리앙쿠르락스
리앙쿠르락스(다케시마)는 1949년 조약초안에서 일본이 한국에 청구권

---

[27] 국사편찬위원회(2008), 『독도자료 Ⅲ 미국편』, p.184.

(claim)을 포기하는 섬들 가운데 하나이다. 일본외무성 출판물인 1947년 6월의 『일본의 부속소도』 IV에는 리앙쿠르락스가 포함되어 있다. 그러므로, 조약초안에 동 도서를 다음과 같이 명시하는 것이 바람직하다.(제2조):

(a) 일본은 한국의 독립을 승인하며, 제주도, 거문도, 울릉도, 그리고 리앙쿠르락스를 포함하는 한국에 대한 모든 권리, 권원, 청구권을 포기한다.[28]

이른 바 '대일평화조약 5차 초안(1949. 11. 2)'까지 독도는 한국령으로 명시되어 있었다. 7월 13일자 미 국무성의 내부보고서는 이를 언급하면서 독도를 한국령으로 명시하는 것이 바람직하다는 의견을 제시한 것이다.

7월 16일의 내부보고서도 내용은 비슷하다. 다만 7월 13일의 문서에 비해 일본 측의 근거가 하나 더 추가되고 보다 자세하게 인용되고 있다.[29]

2. 리앙쿠르락스

1949년 어느 조약초안에는 리앙쿠르락스(다케시마)는 한국에게 포기되

---

[28] 2. Liancourt Rocks

The Liancourt Rocks(Takesihima) were among the islands to which, in a 1949 draft treaty, japan would have renounced claim to Korea. In a japanese Foreign Office publication, entitled "Minor Islands Adjacent to Japan Proper", Part IV, June 1947, Liancourt Rocks are included. It may therefore be advisable to name them specifically in the draft treaty, in some such form as the following(Article 2):

(a) japan, recognizing the independence of Korea, renounces all right, title and claim to Korea, including the islands of Quelpart, Port Hamilton, Dagelet, and Liancourt Rocks.(US Department of State, "Office Memorandum: Spratly Island and Paracels, in Draft Japanese Peace Treaty", July 13, 1951; 국사편찬위원회(2008), 『독도자료II 미국편』, 11쪽.).

[29] 정태만(2014), 「17세기 이후 독도에 대한 한국 및 주변국의 인식과 그 변화」, 단국대학교 대학원 박사학위 논문, 146쪽.

는 것으로 되어 있다; 다른 초안에는 이 섬을 일본이 보유하는 것으로 되어 있다. 일본외무성 출판물인 1947년 6월의 『일본의 부속소도』 IV에는 '리앙쿠르락스'가 포함되어 있고 다음과 같이 말하고 있다;

울릉도에 대해서는 한국명(Korean name)이 있지만, 리앙쿠르락스에는 한국명이 없으며, 한국에서 제작된 지도에 나타나지 않는다는 점에 주목해야 한다.

그러므로, 이 섬을 한국에 주는 것으로 결정되면, 제2조 (a)항 끝부분에 "그리고 리앙쿠르락"을 추가하기만 하면 된다.[30]

7월 16일의 내부보고서에서는 일본외무성 발간 소책자인 『일본의 부속소도』 IV(1947.6)의 핵심적인 2가지 주장을 발췌하여 그대로 인용하고 있다. 독도에 한국이름(Korean name)이 없다는 것과 한국지도에 독도가 나타나지 않는다는 2가지 주장 모두 사실이 아니다. 어쨌든 대일평화조약 최종초안의 작성(1951. 8. 13)을 한 달 앞둔 시점에도 미 국무성의 내부문서상으로는 독도를 한국령으로 조약에 명시하는 방향으로 검토하고 있었음을 보여주고 있다.[31]

---

[30] 2. Liancourt Rocks

By one 1949 draft treaty with japan, Liancourt Rocks(Takesihima) were to have been renounced to Korea; by another draft at about the same time they were to have be named as being retained by japan. A japanese Foreign Office publication, entitled "Minor Islands Adjacent to Japan Proper", Part IV, June 1947, includes "Liancourt Rocks(Take-sihima)" and says:

It should be noted that while there is a Korean name for Dagelet, none exists for the Liancourt Rocks and they are not shown in the maps made in korea. If it is decided to give them to Korea, it would be necessary only to add "and Liancourt Rocks" at the end of Art. 2, par. (a) (US Department of State, "Office Memorandum: Spratly Island and Paracels, in Draft Japanese Peace Treaty", July 16, 1951; 국사편찬위원회(2008), 『독도자료 II 미국편』, p.13).

[31] 정태만(2014), 「17세기 이후 독도에 대한 한국 및 주변국의 인식과 그 변화」, 단국대학교 대학원 박사학위 논문 p.147; 이에 대하여는 "1950년대에 이르러 미국정부 내에서 독도가 일본의 영토라고 하는 확고한 인식이 고착되었다."

951년 7월 19일, 주미대사 양유찬과 덜레스의 면담에서도 덜레스는 독도가 병합 전에 한국의 영토였다면 독도를 한국 영토로 하는데 문제가 없을 것이라는 의견을 보였다.[32]

3) 1951년 1월 이후 일본의 독도 포기와 미국의 조약 간략화 및 중립

1951년 1월 샌프란시스코 조약을 위한 협상이 본격적으로 미국과 영국, 미국과 일본 간에 시작된 이후 미국의 방침은 개별 섬의 영유권 귀속을 일일이 조약에 명시하지 않고 두루뭉술한 조약을 체결하는 것이었다.

일본도 오키나와를 비롯한 태평양 상의 수많은 섬들과 쿠릴열도 주변 섬들에 대한 권리를 조금이라도 더 확보하는데 급급하여, 독도에 대한 영유권을 전혀 주장하지 않았다.[33] 일본이 독도를 달라고 하지 않는데 미국이 주려고 할 이유도 당연히 없었다. 이는 1951년 4월 미국이 영국초안을 보여주고 일본의 의견을 구한 1951년 4월 시점뿐만 아니라, 조약초안 작성을 마무리한 1951년 8월에도 마찬가지이다.

러스크서한은 독도를 일본에 주려고 한 것이 아니다. 한국정부에서 독도를 한국땅으로 명시해 달라고 요구해 왔기 때문에 거부하고, 그 이유를 설명한 것에 불과하다. 만약 한국정부의 그러한 요구가 없었으

(김영구(2011), 「독도 영유권에 관한 법적 논리의 完璧性을 위한 제언(II)」, 『독도연구』 11, 영남대학교 독도연구소, pp.165-166, p.170, pp.177-179) 또는 "독도에 대한 미국의 입장은 시볼드의 권고문, 제6차 초안 주석서 이후 변화된 것이 없었다"(이종학(2007), 『일본의 독도해양 정책자료집 1』, 독도박물관, p.11)라고 다른 의견을 제시한 연구자도 있다.

[32] 국사편찬위원회(2008), 『독도자료 I 미국편』, p.16.

[33] 1951년 8월 당시, 오키나와 등 태평양 상의 섬에 관해서는, 주권은 일본에 귀속시키기로 했지만 신탁통치 지역으로 되어, 언제 돌려받을지 모르는 상황이었다. 일본이 오키나와를 미국으로부터 완전히 돌려받은 것은 1972년이다.

면 러스크서한도 없었을 것이다. 미국이 독도를 일본에 주려고 한 것
이 아니라는 것은, 1954년 "비록 미국이 그 섬을 일본땅이라고 생각하더
라도, 우리는 논쟁에 관여하는 것을 사양해 왔다."[34]고 한 아이젠하워
대통령특사 밴플리트(James Van Fleet)의 보고서에 의해서도 확인된다.

"미국은 독도가 일본 영토가 된다는 이야기를 다른 연합국들의 합의
없이 비공식적으로 일본의 전달"했다는 주장[35]도 근거가 확인되지 않
는 주장이다. 호사카 유지가 그 근거라고 제시한 것은 1951년 10월 22일
및 1952년 5월 23일 일본 국회에서 있은 일본정부 관계자의 애매모호한
답변뿐이다.[36] 일본정부는 지금도 '독도는 일본의 고유영토'라고 주장
하고 있지 않는가? 일본국회에서의 대정부 질의 답변과정에서 나온 일
본정부 관계자의 책임회피성 답변은 그 근거가 될 수 없다.

독도가 일본땅이 된다는 말을 미국이 일본에 했다면, 어떻게 해서
1951년 10월, 일본에서 샌프란시스코 조약을 비준 할 때 독도를 한국
땅으로 그린 지도인 일본영역참고도(日本領域參考圖)를 조약의 부속
지도로 일본정부 스스로 국회에 제출했겠는가? 어떻게 해서 조약발효
직후인 1952년 5월에 유력일간지 신문사인 마이니치(每日)신문사가 발
간한 조약해설책자의 안표지에 또 '독도를 한국땅'으로 그린 지도, 일
본영역도(日本領域圖)가 실렸겠는가?

---

34) Though the United States considers that the islands are Japanese territory, we
   have declined to interfere in the dispute. (Report of the Van Fleet Mission to
   the Far East, 26 April - 7 August, 1954); 밴플리트보고서의 독도부분 원본은
   일본외무성 사이트에 그 일부가 게재되어 있다.
   (http://www.mofa.go.jp/mofaj/area/takeshima/pdfs/takeshima_point.pdf
   2018.5.25 열람).
35) 호사카 유지(2010), 『대한민국 독도』, 세종대 독도종합연구소, 성안당, p.226.
36) 호사카 유지(2010), 『대한민국 독도』, 세종대 독도종합연구소, 성안당, p.222-226.

〈그림 2〉 샌프란시스코 조약 비준시 일본국회에 제출
한「일본영역참고도」(한글 및 독도 우측 바깥쪽 반원
은 필자 씀)

요컨대, 미국이 독도가 일본영토가 된다는 이야기를 비공식적으로
일본에 전달했다든가 독도를 일본에 주려고 했다는 주장은 어느 것이
든 일본측에 편향된, 명확한 근거가 뒷받침되지 않는 주장이다. 무엇
보다도, 이러한 주장을 한 호사카 유지는 언론을 통해, "당시 미국은
'연합국과 합의하지 않고, 즉 연합국을 속이면서' 일본에게 독도를 주
려고 했던 것"이라고 책이나 논문에서 쓴 적이 없다고 진실을 호도하
면서 문제 제기한 상대방을 도리어 비난하고 있는데37) 이는 스스로 그
주장이 근거 없음을 자인한 것이다.

---

37) 박OO은 더욱 엄청난 거짓을 썼다. "당시 미국은 '연합국과 합의하지 않고,
즉 연합국을 속이면서' 일본에게 독도를 주려고 했던 것"이라고 내가 논문에
썼다고 강조한다. 내 논문과 저서를 모두 봐도 그런 내용을 찾을 수 없다.
왜 없는 내용까지 만들어서 거짓을 쓰는가? 이런 사람들이야말로 사회에서
사라져야 하는 것이 아닌가? (「호사카 유지 교수 일방적 '모함'에 강력 대응
시사」, ≪한韓문화타임즈≫ 2017년 10월 12일자,
http://www.hmhtimes.com/news/articleView.html?idxno=988, 2018.5.25 열람).

5. 샌프란시스코 조약을 비준한 42개국이 '독도는 일본땅'을 인정했다는 주장에 대한 반론

샌프란시스코 조약은 1951년 9월 8일 일본과 48개 연합국간에 조인되었다. 조약의 발효는 원칙적으로 일본과, 미국을 포함하여 주요 점령국 11개국의 비준서 기탁일에 발효되도록 규정되어 있다.[38] 이에 따라 1952년 4월 28일 미국의 비준서 기탁이 완료됨과 동시에 발효되었다. 일본의 기타오카 도시아키(北岡俊明)는 조약을 비준한 42개국이 독도는 일본 영토를 인정하고 있다고 주장하고 있다.

> 더욱이 샌프란시스코 평화조약 제2조에 있어서도, '竹島(=독도)'는 일본의 영토로 간주되고 있다. 조약을 비준한 42개국이 인정하고 있다.[39]

그 책 제목『혐한류 디베이트』에서 알 수 있듯이 그의 책은 한국인을 혐오하도록 선동하기 위해 쓴 것이며, 저자 기타오카는 알려진 독도 연구자도 아니다. 조성훈은 기타오카의 주장을 인용하면서 '일본사회에서는 여전히 "샌프란시스코 평화조약을 비준한 국가가 42개국

---

38) 제 23 조
    (a) 이 조약은 일본을 포함하여 이에 서명하는 국가에 의하여 비준되어야한다. 이 조약은 비준서가 일본에 의해, 또한 주된 점령국으로 미국을 포함하여 다음의 국가, 즉 호주, 캐나다, 실론, 프랑스, 인도네시아, 네덜란드, 뉴질랜드, 파키스탄, 필리핀, 영국과 미국의 과반수로 기탁된 때 그때까지 비준하고 있는 모든 국가에 대해 효력을 가진다. 이 조약은 그 후에 이를 비준하는 각국에 관하여는 그 비준서의 기탁일에 발효된다.
39) 기타오카 토시아키(北岡俊明),『혐한류 디베이트(嫌韓流ディベート)』, 총합법령출판, 2006, p.128; 국회도서관에는 '청소년유해도서'로 지정되어 있고, 독도본부에서는 이 책에 대해, "그 내용은 전부 왜곡되었고 너무 길기 때문에 전체를 비판하기는 불가능 하다. 그러자면 책이 수십 권 분량에 이를 것이다."라고 평가하고 있다.

이고 세계적으로 독도가 한국 영토라고 주장한 나라는 한국 밖에 없다 (北岡俊明 2006년 p.128)"는 주장이 나오고 있다.'고 하여,[40] 기타오카 가 주장한 독도를 일본영토로 간주하는 국가의 범위를 42개국에서 전 세계로 확대하였다.

또한, 김영수는 '이에 따라 일본은 "샌프란시스코 평화조약을 비준한 국가가 42개국이고 세계적으로 독도가 한국 영토라고 주장하는 나라 는 한국 밖에 없다"고 주장 할 수 있게 되었다.'라고 하여,[41] 기타오카 와 조성훈의 주장이 근거가 있는 것처럼 서술하고 있다.

위의 주장들에서 공통적으로 등장하는, '샌프란시스코 조약의 비준 국이 42개국'이라는 것부터 근거를 알 수 없는 주장이다. 샌프란시스 코 조약은 일본과, 미국·영국을 비롯한 48개 연합국에 의해 조인되었 고, 그 후 비준 과정에서 인도네시아는 배상 문제로 비준하지 않았을 뿐이다.

비준(批准)이란 전권위원(全權委員)이 서명한 조약을 조약체결권자 (대개 국가원수)가 최종적으로 확인하여 동의하는 행위를 말한다. 보 통의 조약은 서명(조인)만으로서는 성립되지 않고 다시 비준을 요한 다. 그리고 조약이 그 효력을 발생하기 위해서는 비준서의 교환 또는 기탁이라는 절차를 거쳐야 한다.

샌프란시스코 조약에 비준한 나라가 '독도는 일본땅'을 인정한 것이 라는 위의 주장들은, 샌프란시스코 조약의 명문 규정으로 '독도는 일 본땅'을 규정하고 있거나 아니면, 명문규정은 없더라도 샌프란시스코

---

40) 조성훈(2008), 「제2차 세계대전 후 미국의 대일 전략과 독도 귀속 문제」『國 際地域研究』第17卷 第2號, 서울대학교 국제학 연구소, p.43.

41) 김영수(2008.12), 「한일회담과 독도 영유권- 샌프란시스코 강화조약과 한일 회담「기본관계조약」을 중심으로」, 『한국정치학회보』 42(4), 한국정치학회, p.119; 인용출처는 명시되어 있지 않으나, 기타오카와 조성훈의 주장이 보다 강화되어 있다.

조약 해석상 '독도는 일본땅'이 라는 것을 전제로 한다. 그러나 아래와 같이, 샌프란시스코 조약은 독도에 대해서 전혀 언급하고 있지 않다. 노코멘트다.

샌프란시스코 조약 제2조(a)
일본은 한국의 독립을 승인하고, 제주도, 거문도 및 울릉도를 포함하는 한국에 대한 모든 권리, 권원 및 청구권을 포기한다.[42]

또한 조약의 해석상으로도 결코 '독도는 일본땅'이라고 할 수 없다. 오히려 그 반대로 샌프란시스코 조약은 그 해석상 독도는 한국영토로 해석이 되므로, 샌프란시스코 조약을 비준한 나라는 독도는 한국영토 임을 인정한 것이 된다.[43] 따라서 샌프란시스코 조약을 비준한 나라가 '독도는 일본땅'을 인정한 것이라는 주장은 성립되지 않는다. 이를 더 확대하여 한국을 제외한 전세계가 전부 '독도는 일본땅'을 인정했다고 하는 주장은 어불성설이다.

[42] Article 2
(a) Japan, recognizing the independence of Korea, renounces all right, title and claim to Korea, including the islands of Quelpart, Port Hamilton and Dagelet.
[43] 샌프란시스코 조약의 해석상 독도는 한국땅이라는 주장의 근거는 여러 가지 가 있으나, 최근의 주장으로, 샌프란시스코 조약 제2조의 한국의 범위에는 독도가 포함된다는 주장이 있다.(정태만(2017), 「샌프란시스코 평화조약의 문언적 해석」『日本文化學報』 제72집, 韓國日本文化學會, pp.7-12) 앞에서 설명한 바와 같이, 1951년 4월 미국이 '독도가 한국땅'으로 되어 있는 영국 초안을 일본에 제시했을 때 일본이 묵인한 것과, 1951년 10월에 독도가 한국 땅으로 되어 있는 「일본영역참고도」를 일본 국회에서 부속 지도로 써서 '독 도가 한국땅'이라는 것을 인정하는 것 등도 국제법적으로 '독도가 한국땅'이 라는 유력한 근거가 된다.

6. 맺음말

1951년 5월, 샌프란시스코 조약 초안 작성을 위한 영미협상 당시에 미국초안에 '독도는 일본땅'이었다 라든가, 보다 구체적으로 1951년 4월 7일 미국초안에 '독도는 일본땅'으로 되어 있다는 주장들은 어느 것이든 근거가 확인되지 않는 주장이다. 1951년 4월에 작성된 미국초안이라는 것은 존재 자체를 하지 않는 허구의 조약 초안이다. 역사적인 사실에 대한 왜곡 날조라고 할 수 있다.

1951년 4월 20일경 미국과 일본과의 협의과정에서 미국이 독도가 한국영토로 되어있는 영국초안을 일본에 제시한 사실에 대한 해석도 마찬가지이다. 미국이 '독도는 한국땅'을 피하기 위해 그렇게 했다는 주장은 당시에 일본과 미국이 취한 입장을 볼 때 아전인수 격인 일본에 편향된 비상식적인 해석이다. 마치 샌프란시스코 조약이 독도영유권을 정하기 위한 조약인 것처럼, 마치 당시에 미국과 일본이 독도에 많은 관심을 가지고 있었던 것처럼 일본의 입장에서 확대 해석한 결과물이다. 일본이 독도를 한국영토로 규정한 영국초안에 대해 아무런 이의를 제기하지 않은 것은 오히려 일본이 독도가 한국영토임을 묵인한 것으로 해석하는 것이 논리적으로 타당하다.

샌프란시스코 조약이 확정될 무렵인 1951년 8월에 미국이 독도를 일본에 주려고 하였다는 주장도 근거가 없다. 이는 샌프란시스코 조약 비준 당시 일본 정부에서 국회로 제출되어 부속 지도로 쓰인 「일본영역참고도」와 샌프란시스코 조약 발효 후에 나온 「일본영역도」에 의해서도 증명이 된다. 이는 지도이든 독도를 한국영토로 표기되어 있다. 만약에 당시에 미국이 독도를 일본에게 주려고 했고, 독도가 일본땅이 된다고 미국이 일본에 비밀리에 알려 주었다면, 이러한 지도를 일본정부에서 스스로 제작하거나 공신력 있는 신문사 발간책자의 표지에 게재했을 리가 없다.

그 진위여부를 제대로 확인도 하지 않고 일본측 자료를 무분별하게 인용하는 것도 독도학계의 문제점으로 지적된다. 한국인을 혐오선동 하기 위해 쓴 책의 독도 부분을 인용하여 샌프란시스코 조약에 비준한 나라들이 전부 '독도는 일본땅'을 인정한 것이라는 일본 혐한론자의 주 장을 그대로 인용하고 확대해석 하는 것은 국내학계의 치부를 적나라 하게 드러내는 것이라고 할 수 있다.

왜곡·날조된 역사적인 사실에 근거하여서는 올바른 국제법적인 판 단이 될 수가 없는 것이다. 샌프란시스코 조약에 관한 전면적인 재조 명이 필요한 시점에 와 있다.

【참고문헌】

每日新聞社 圖書編集部 編,『對日平和條約』, 每日新聞社, 1952.

정병준,『독도 1947: 전후 독도문제와 한·미·일 관계』, 돌베개, 2010.

국사편찬위원회,『독도자료 Ⅰ 미국편』, 2008.

호사카 유지,「샌프란시스코 평화조약, 한일협정 및 신해양법과 독도해법」,
　　『獨島硏究』제21호, 영남대학교 독도연구소, 2016.

호사카 유지,『독도, 1500년의 역사』, 교보문고, 2016.

김병렬,『독도: 독도자료총람』, 다다미디어, 1997.

이석우,『동아시아의 영토분쟁과 국제법』, 집문당, 2007.

外務省,『日本外交文書: 平和条約締結に関する調書』, 第二冊(Ⅰ~Ⅲ), 2002.

外務省,『日本外交文書: サンフランシスコ平和条約対米交渉』, 2007.

박병섭,「샌프란시스코 강화조약에서 독도가 누락된 경위와 함의」,『독도
　　연구』제21호, 영남대학교 독도연구소, 2016, p.19.

장박진,「대일평화조약 형성과정에서 일본 정부의 영토 인식과 대응 분석」,
　　『영토해양연구』1, 동북아역사재단, 2011.

박병섭,「샌프란시스코 강화조약 전후 일본의 독도 정책」,『獨島硏究』제
　　19호, 영남대학교 독도연구소, 2015.

국사편찬위원회,『독도자료 Ⅱ 미국편』, 2008.

정태만,「17세기 이후 독도에 대한 한국 및 주변국의 인식과 그 변화」, 단
　　국대학교 대학원 박사학위 논문, 2014.

국사편찬위원회,『독도자료 Ⅲ 미국편』, 2008.

김영구,「독도 영유권에 관한 법적 논리의 完璧性을 위한 제언(Ⅱ)」,『독도
　　연구』11, 영남대학교 독도연구소, 2011.

이종학,『일본의 독도해양 정책자료집 1』, 독도박물관, 2007.

外務省,『竹島問題を理解するための10のポイント』, 外務省 北東アジア課,
　　2014.

호사카 유지,『대한민국 독도』, 세종대 독도종합연구소, 성안당, 2010.

기타오카 토시아키(北岡俊明),『혐한류 디베이트(嫌韓流ディベート)』, 총
　　합법령출판, 2006.

조성훈, 「제2차 세계대전 후 미국의 대일 전략과 독도 귀속 문제」, 『國際地域研究』 第17卷 第2號, 서울대학교 국제학 연구소, 2008.

김영수, 「한일회담과 독도 영유권 - 샌프란시스코 강화조약과 한일회담「기본관계조약」을 중심으로」, 『한국정치학회보』 42(4), 한국정치학회, 2008.

정태만, 「샌프란시스코 평화조약의 문언적 해석」 『日本文化學報』 제72집, 韓國日本文化學會, 2017.

제3부

독도에 대한 역사지리적 인식

일본 메이지시기 오카무라 마스타로(岡村增太郞)의 지리교과서에 나타난 독도 인식

한 철 호

1. 머리말

오카무라 마스타로(岡村增太郞)는 메이지시기 교육자이자 교과서 집필자였다. 그는 1875년 10월 도쿄사범대학교 소학사범학과를 졸업했고, 1885년 4월 출판사 후큐샤(普及舍)가 창간했던 『교육시론(敎育時論)』의 초대 편집자를 맡았다가 이해 9월 도쿄부(東京府) 사범대학교 교육심득(敎育心得)으로 옮겨 1910년대 초반까지 사범학교 교원과 소학교 교장을 지냈다. 그는 교직에 재직하는 동안 지리를 비롯해 수신서·산술서·작문·역사 등 매우 다방면에 걸쳐 교과서를 저술하였다. 그 중에서도 『新撰地誌』(1886)·『明治地誌』(1892) 등은 일본교과서 검정시대의 대표적인 지리교과서로 평가받을 정도로, 소학교 지리교육계에 커다란 영향력을 끼쳤다.[1] 특히 이들 지리교과서에 일본의 영역

---

1) 中村浩一, 『近代地理敎育の原流』, 古今書院, 1978, p.190, 192, pp.197-199; 東京書籍株式會社 社史編集委員會 編, 『近代敎科書の變遷—東京書籍七十年史—』, 東京書籍株式會社, 1980, p.155, 157; 윤소영, 「근대 일본 관찬 지지

을 정확하게 알 수 있는 다수의 지도가 포함된 사실은 주목할 만하다. 따라서 그가 지리교과서에서 일본영토의 범주를 어떻게 설정했는가에 대한 연구는 일본 초·중등 교육계뿐만 아니라 일본 문부성의 독도 인식을 살펴보는 데에도 중요한 근거를 제공해줄 것이다.

지금까지 일본 메이지시기에 발행된 지리교과서와 부도에 대해서는 수많은 연구가 이루어져 왔다.[2] 또한 일본의 지리교과서와 지도·부도에 독도가 어떻게 인식·서술되었는지에 관한 연구도 적지 않다.[3] 그럼에도 오카무라의 독도 인식에 대한 연구는 거의 없는 실정이다. 다만, 윤소영이 『新撰地誌』 권1에 실린 「日本総圖」를 중심으로 상세하게 분석한 글, 심정보가 『新撰地誌』의 수록 지도에 울릉도와 독도를 조선의 영해에 표현했다고 표로 정리한 글이 있을 뿐이다.[4]

와 지리교과서에 나타난 독도 인식」, 『한국독립운동사연구』 46, 2013, pp.384-386.

2) 倉澤剛, 『小學校の歷史』, ジャパンライブラリービューロー, 1963; 海後宗臣 編纂, 「所收敎科書解題」, 『日本敎科書大系』15(近代編 地理1); 16(近代編 地理2), 講談社, 1965; 「地理敎科書總解說」, 『日本敎科書大系』17(近代編 地理3), 講談社, 1966[海後宗臣·仲新, 『近代日本敎科書總說 解說篇』, 講談社, 1969]; 仲新, 『明治の敎育』, 至文堂, 1967; 文部省, 『學制百年史』, 帝國地方行政學會, 1972; 中山修一, 『近·現代日本における地誌と地理敎育の展開』, 廣島大學總合地誌硏究資料センター, 1997; 岡田俊裕, 『近現代日本地理學思想史─個人史的硏究─』, 古今書院, 1992; 『日本地理學史論─個人史的硏究─』, 古今書院, 2000; 『地理學史─人物と論爭─』, 古今書院, 2002; 『日本地理學人物事典 近代編1』, 原書房, 2011; 島津俊之, 「明治前期の鄕土槪念と鄕土地理敎育成」, 『和歌山地理』 25, 2005 등 참조.

3) 윤소영, 「일본 메이지 시대 문헌에 나타난 울릉도와 독도 인식」, 『독도연구』 1, 2005; 「근대 일본 관찬 지지와 지리교과서에 나타난 독도 인식」; 유미림·최은석, 『근대 일본의 지리지에 나타난 울릉도·독도 인식』, 한국해양수산개발원, 2010; 심정보, 「근대 한국과 일본의 지리교과서에 표현된 독도 관련 내용의 고찰」, 『독도연구』 23, 2017; 한철호, 「明治期 야마카미(山上萬次郞)의 일본 지리교과서·부도 집필과 독도 인식」, 『도서문화』 50, 2017.

4) 윤소영, 같은 논문(2013), pp.384-386; 심정보, 같은 논문, p.440.

　특히 윤소영은 이 지도에 조선 동해안 쪽에 그려진 두 섬에는 이름이 쓰여 있지 않지만, 울릉도와 독도를 상징적으로 표시한 것으로 조선 쪽에 빗금이 그어졌던 반면 오키(隱岐) 역시 이름이 표기되지 않았지만 일본 쪽으로 빗금이 쳐져 있는 사실을 근거로 오카무라가 울릉도와 독도를 조선영토로 인식했다고 밝혔다. 이 빗금은 간접적으로 영역을 나타낸다고 해석되었던 것이다. 비록 두 섬은 그 위치로 정확하게 말하면 울릉도와 독도가 아니라 아르고노트섬과 울릉도이지만, 竹島와 松島는 조선영토라는 인식이 반영되어 있다.

　그러나 윤소영은 『新撰地誌』 2와 3에 각각 실린 「日本全圖」와 「亞細亞」를 미처 살펴보지 않았다. 특히 「亞細亞」 지도에는 오키나와(沖繩)부터 쓰시마(對馬島)를 거쳐 홋카이도(北海道)와 치시마열도(千島列島)를 포함한 일본의 국경선이 선명하게 그어져 있는데, 오키는 일본의 국경선 안에 그려져 있지만, 울릉도와 독도는 표시되지도 않았고 국경선에서 확실하게 제외되어 있다.[5] 이 책은 '문부성검정제 소학교 교과서용서(文部省檢定濟 小學校敎科書用書)'로 검정을 받은 교과서였다. 따라서 독도를 일본영토에서 제외하면서 일본 국경선을 그은 「亞細亞」는 현재까지 알려진 '문부성검정제'를 받은 지리교과서들 중 가장 시기가 앞선다는 점에서도 그 의의가 크다.

　또한 오카무라는 『新撰地誌』 외에도 『小學地誌字引』(1882)·『小學校用地誌』(1887)·『尋常科用日本地理』(1891)·『明治地誌』(1892)·『高等小學新地理』(1893~1894)·『日本地理新問答』(1896) 등 각종 지명사전과 지리교과서를 집필했는데, 여기에는 독도의 소속 여부를 직간접으로 엿볼 수 있는 내용과 지도들이 들어 있다. 그렇지만 이들 오카무라의 지리교과서는 제대로 소개되거나 분석되지 않았다. 한마디로, 기존

5) 岡村增太郎, 『新撰地誌』 3, 文學社, 1886, pp.15-16 사이.

연구는 오카무라가 집필한 지리교과서 전체를 대상으로 삼아 그의 독
도 인식을 일목요연하게 밝히는 데까지 나아가지 못한 한계를 지닌다.
　따라서 본고에서는 오카무라가 집필했던 소학교 지리교과서에 나타
난 일본영토와 독도 인식의 변화과정을 종합적이고도 치밀하게 살펴
보고자 한다. 이를 위해 먼저 그가『小學地誌字引』의 저본으로 삼았던
『小學地誌』를 근거로 일본영토와 오키의 범주를 어떻게 인식했는가를
고찰할 것이다. 다음으로 그가 최초로 집필한 지리교과서인『新撰地
誌』에서 독도를 일본이 아니라 조선의 영토로 인식했던 사실을 밝히
고, 이러한 인식 아래 그 후 집필한 지리교과서들에서 독도를 조선영
토로 간주하면서 일본영토에서 제외했던 사실과 그 의미를 분석할 것
이다. 본고가 일본의 독도에 대한 고유영토론과 무주지선점론의 허구
성을 입증·비판하는 데 도움이 되기를 기대한다.

2. 오카무라의 일본영토·오키 인식 배경

　오카무라는 1882년에 처녀작인『小學地誌字引』을 집필하였다. 1872년
8월 일본에서「學制」가 공포된 뒤 지리교육은 학생들에게 교과서의 문
장을 읽히거나 내용을 암기토록 하는 데 주력했으며, 이를 위해 교과
서의 명칭에 '字引'·'字解' 등이 붙은 보조교재가 출판되었다. '자인'·
'자해'는 교과서의 본문에 나오는 군·읍·산·천·해만·도서 등의 이
름을 추출해서 읽는 법을 적거나['요미가나(讀假名)'] 용어의 읽기와 어
의(語義)를 알기 쉽게 풀이한 주해(注解)를 붙인 것이다. 또 '물산' 혹
은 '산물'이라는 항목에서는 본문에 기재된 산물의 이름이 발음이 적혀
나열되어 있다.6)『小學地誌字引』은 난마 쓰나노리(南摩綱紀)가 1880년
에 발간한『小學地誌』의 '자인'이다. 예컨대,『小學地誌字引』의 '隱岐

國'에는 "四郡[知夫·海部·周吉·越智 知夫里島지부리시마知夫郡……
附屬부조쿠[쓰키소위"라고 적혀 있다.[7] 따라서 오카무라의 일본영토
와 오키에 대한 인식은『小學地誌字引』의 저본인『小學地誌』을 근거
로 간접적으로 살펴볼 수 있다.

오카무라가『小學地誌字引』을 집필한 이유는『小學地誌』가 당시 문
부성이 발행한 대표적인 지리교과서로 그 내용을 신빙했기 때문이라
고 판단된다. 문부성은「학제」공포 후인 1874년에 소학교 지리교과서
를 널리 보급하기 위해 최초로『地理初步』(1책)·『日本地誌略』(4책)·
『萬國地誌略』(3책) 3부를 간행해 전국에 보급하였다. 이어 문부성은
1879년 새로「교육령(敎育令)」을 공포해 역사와 함께 지리를 하나의
교과로 독립시켰으며, 1881년「소학교교칙강령(小學校敎則綱領)」을 마
련하면서 소학교 지리의 내용을 새로 규정하였다. 이 강령에 의하면,
지리는 제4학년에서 학교 근방의 지형부터 점차 세계지리의 총론, 일
본지리의 대요, 5畿 8道의 지리를, 5학년에서 나머지 일본·외국지리
의 대요를 배운다는 것이었다. 문부성은 이 강령을 마련함과 동시에
그에 걸맞은 지리교과서를 개발해 지리교재의 기준으로 삼고자 했는
데, 그 교과서가 바로『地理初步』·『日本地誌略』·『萬國地誌略』3부 8책
의 내용을 정선해 소학교 수업에 적절한 형태로 종합·재편집한『小學
地誌』(3책)였다. 따라서 이 강령에 적합한 문부성 발행의『小學地誌』는
당시 대표적인 지리교과서로 널리 보급되었을 뿐 아니라 이후 발행되
는 지리교과서의 체재와 내용을 결정짓는 기준이 되었다.[8]

---

6) 中川浩一,『近代地理敎育の源流』, pp.86-87.
7) 岡村増太郎,『小學地誌字引』1, 梅原亀吉 外, 1882.10, p.31. 이 외에도『小
   學地誌』에 관련해 三宅少太郎,『小學地誌字引』, 益智館, 1881.2; 大島東陽
   編, 山崎静山 校,『改正小學地誌字引』1, 靑琳堂, 1881.10; 松原清三郎,『小學
   地誌字引大全』1-2, 岡田辰之助 外, 1883.2; 三吉道保,『小學地誌復習問答』,
   聚珍社, 1883.10 등이 출판되기도 하였다.

『小學地誌』 1에는 일본의 위치에 대해 "아세아주 동부의 제국으로, 4大島 및 허다한 小島를 합친 총칭이다. 바다를 사이에 두고 [외국과] 상대하는데, 북을 露西亞로 하고 서를 支那로 한다."고 간략하게 기술되어 있다. 이와 짝하는 「日本全圖」는 경위도선이 그어진 바탕 위에 일본을 중심으로 '朝鮮·樺太島(사할린)'과 '支那·臺灣'의 일부로 구성되었는데, 당시 일본영토가 도별(道別)로 채색된 반면 외국영토인 조선과 '樺太島' 등은 무색이다. 또 '치시마열도(千島列島)'·'오가사와라제도(小笠原諸島)'·'류큐(琉球, '先島')'·'쓰시마(對馬)'·'오키(隱岐)' 등 일본 국경지역의 섬들은 이름과 함께 표기되었지만, 경위도상으로 竹島(울릉도)와 松島(독도)는 포함될 공간이 있음에도 그려져 있지 않다.9) 즉, 독도는 일본영토로 인식되지 않았던 것이다.

『小學地誌』 2의 '山陰道'에는 "북은 바다에 瀕한다."고, '隱岐國'에는 "4도를 합쳐 1국을 이루며, 4군으로 나뉜다. ……知夫里島·中島·西島를 島前이라 부르고, 북의 1도를 島後라고 부른다. 前後 사이는 서로 겨우 2, 3리 떨어져 있다. 全島에는 岬灣 및 암초·斷崖가 많다.……附屬의 小島는 무릇 180[개가] 있다"고 각각 서술되었을 뿐 울릉도와 독도는 거론되지 않았다. 이에 짝하는 「山陰道圖」에는 국별(國別)로 채색되고 중요 지명·산명(山名)이 적혀 있는데, 울릉도와 독도는 제외된 채 오키까지만 그려져 있다.10) 같은 책에 실린 「西海道圖竝琉球圖」·「北海道圖」에 경위도 밖에 위치한 '요나구니지마(與那國島)'·'千島列島'가 별도의 부분도(部分圖)로 표시된 사실로 미루어,11) 울릉도와 독

8) 海後宗臣 等編, 「所收敎科書解題」, 『日本敎科書大系』 15(近代編 地理1), pp.628-629; 「地理敎科書總解說」, 『日本敎科書大系 近代編』 17(近代編 地理3), p.601; 東京書籍株式會社 社史編集委員會 編, 『近代敎科書の變遷』, pp.150-152.
9) 南摩綱紀, 『小學地誌』 波號 1, 文部省, 1880, p.8, pp.11-12 사이.
10) 南摩綱紀, 『小學地誌』 波號 2, 文部省, 1880, p.7, 12, pp.12-13 사이.

도는 산인도(山陰道)의 범주에 속하지 않았음을 알 수 있다. 따라서
『小學地誌』의 본문과 「日本全圖」·「山陰道圖」 등을 보면, 자연스럽게
'竹島'와 '松島'는 일본영토에서 제외되었다고 판단된다. 참고로 『小學
地誌』 3의 「亞細亞全圖」에는 일본영토가 빨간색으로 채색되었지만,
울릉도·독도뿐 아니라 오키 역시 그려져 있지 않다.[12)]

이와 관련해서 난마가 1874년에 『日本地誌提要』를 근간으로 삼아
집필한 소학교 지리교과서인 『內地誌略』에 오키의 관할 범위 경위도
가 명기되고 竹島와 松島가 서술되었다는 점은 주목할 만하다. 그는
"일찍이 海內를 經歷하고, 지금 그 目擊耳聞한 바에 기반해 日本地誌
提要로 고증"해 『內地誌略』을 집필했는데, "日本地誌提要는 요즈음 正
院 地誌課에서 편찬해서, 각 부현으로 내려 보내 정정한 것으로, 事實
審確, 坊本私著의 類가 아니다"고 그 이유를 밝혔다. 또 경위도에 관해
서도 아직 詳確의 圖를 보지 못했지만, "세상에 간행된 바의 新古 諸圖
에 대해 參訂하고, 海岸은 伊能씨의 실측도, 및 영·미 양국의 측량관
이 同撰해서 [만든] 1870년의 [海]圖 등을 주로 삼"았다는 원칙을 제시
하였다.[13)]

『內地誌略』 1에 실린 「內地全圖」에는 일본영토가 國別로 채색되었
는데, '朝鮮'과 '樺太島'는 무색이다. 또 치시마열도·오가사와라제도·
류큐 등 국경지역의 섬 이름이 표기된 반면, 울릉도와 독도는 경위도
상 공간이 있음에도 그려져 있지 않다.[14)] 그리고 『內地誌略』 3에 실린
「山陰道圖」에도 국별로 채색되었지만, 오키까지 그려져 있을 뿐 울릉
도와 독도는 제외되어 있다.[15)] 이들 두 지도는 『小學地誌』의 「日本全

11) 南摩綱紀, 『小學地誌』 波號 2, pp.35-36 사이, pp.37-38 사이.
12) 南摩綱紀, 『小學地誌』 波號 3, 文部省, 1880, pp.9-10 사이.
13) 南摩綱紀, 『內地誌略』 1, 羽峰書屋, 1874, 「凡例」, p.1.
14) 南摩綱紀, 『內地誌略』 1, 뒷부분.

圖」·「山陰道圖」와 비교해보면, 단지 지형이 덜 정교하게 그려지고 지
명이 간략하게 적혀 있을 뿐 그 형태가 거의 비슷하다.

더욱이『內地誌略』3의 '隱岐國'에는 "북위 약 35도 50분여부터 36도
30분에 이르며, 서경 약 6도 20분부터 6도 40분여에 이른다.……嶋는
松嶋, 기타 小嶋 무릇 183[周吉郡 연해 75嶋, 隱地郡 연해 43도, 知夫郡
연해 45도, 海士郡 연해 16도 ○ 此國의 서북에 當해서 松島·竹島가
있다. 土俗相傳하기를, 隱地郡 福浦港으로부터 松島로 해로 무릇 69리
35정, 竹島로 해로 무릇 100리 4정 여, 조선으로 해로 범 136리 30정이
라고 한다.]"라고 기술되었다.[16] 이 내용은 섬의 개수를 183개로 기록
한 점만 다를 뿐『일본지지제요』와 거의 동일하다. 그러나 '隱岐國' 4
군의 섬 개수를 합하면『日本地誌提要』와 마찬가지로 179개이다.[17]
특히 눈에 띄는 점은 '隱岐國' 관할 지역의 극북이 '36도 30분'으로 명시
되고 그에 속한 '기타 小嶋'에 松島(독도)·竹島(울릉도)가 포함되지 않
았다는 사실이다. 즉, 난마는『日本地誌提要』를 근거로 삼았음에도 경
위도상으로 '隱岐國'의 관할지역에서 松島와 竹島를 제외했던 것이다.
이는 필자가 조사한 범위 내에서 오키의 경위도를 기록한 최초의 일본
지리교과서라고 판단된다.

요컨대,『小學地誌字引』의 저본인『小學地誌』의 저자 난마는『日本
地誌提要』를 근거로『內國地誌』를 집필하면서 松島와 竹島의 내용을
그대로 전재했지만, 두 섬을 경위도상으로도 오키의 범주에서 제외하
고「內地全圖」와「山陰道圖」에서도 모두 표시하지 않았다. 松島와 竹
島의 존재를 알고 있었음에도 두 섬을 일본영토로 간주하지 않았던 것
이다. 이러한『內國地誌』의 일본영토 혹은 오키의 관할지역과 松島·

---

15) 南摩綱紀,『內地誌略』3, 羽峰書屋, 1874, 뒷부분.

16) 南摩綱紀,『內地誌略』3, pp.10-11.

17) 윤소영,「근대 일본 관찬 지지와 지리교과서에 나타난 독도 인식」, pp.373-374.

竹島에 대한 난마의 인식은『小學地誌』에 그대로 계승·반영되었으며,
이를 토대로『小學地誌字引』를 집필한 오카무라에게 수용된 것으로
여겨진다.

3. 오카무라의 독도=조선영토 인식

  1886년 새로운 「小學校令」에 의거해 마련된 「教科用圖書檢定條例」
로 일본에서는 소학교 교과서 검정제도가 실시되었으며, 1887년부터
문부대신의 검정을 받은 '문부성검정제' 교과서만 사용할 수 있게 되었
다. 검정제도 실시 초기에는 일본지리와 만국지리를 합쳐 편집하는 지
리교과서가 주를 이루었는데, 오카무라가 1886년 5월 도쿄부 사범대학
교 교육심득으로 재직 중에 집필한『新撰地誌』(4책)는 그 대표적인 교
과서로 손꼽힌다.[18] 총론·일본지(1·2권)와 만국지(3·4권)로 구성된
『新撰地誌』는 비교적 빠른 시기에 검정을 출원했는데, 1권은 인가제
교과서로 발행되었다가 2권과 함께 1887년 1월 31일에, 3·4권은 그해
6월 17일에 각각 '문부성검정제 소학교검정용서'로 검정을 받았다.

  『新撰地誌』1에는 일본의 '위치'에서 "우리 일본은 아세아주의 동부,
태평양의 서북에 있으며, 4大島와 수많은 小島로 이루어진 島國"이라
면서 4대도인 혼슈(本州)·시코쿠(四國)·규슈(九州)·홋카이도를 열
거했으며, 이어 '구획'에서 "전국을 대별해 畿內·8道 및 琉球라고 한
다"면서 각각을 설명하는 가운데 "畿內의 서방에 접한 일대의 지방은
그 남부를 山陽道로 하고, 북부를 山陰道라고 한다. 그리고 북해에 있

---

18) 海後宗臣 等編,「地理教科書總解說」,『日本教科書大系 近代編』17(地理 第
    3), p.601; 中村浩一,『近代地理教育の原流』, p.190, 192, pp.197-199; 東京書
    籍株式會社 社史編集委員會 編,『近代教科書の變遷』, pp.155-156.

는 2小島 중 佐渡는 北海道에 속하고, 隱岐는 山陰道에 속한다"고 오키를 언급하였다. 여기에서는 일본영토의 전부를 대강 열거했기 때문에, 울릉도와 독도는 거론되지 않았다.[19]

이 내용 바로 앞에는 「日本總圖」가 실려 있다. 본문 내 일본의 '위치'와 '구획'에 짝하는 이 총도에는 테두리선을 벗어나면서까지 치시마 열도부터 오가사와라제도·류큐제도에 이르는 당시 일본의 전 영토가 그려졌고, 도별로 빨간색의 경계선이 그어져 있다. 또 일본의 위치를 주변국과의 관련 속에서 한 눈에 이해할 수 있도록 일본영토는 '고지(高地)'와 '저지(低地)'로 구분해 각각 노란색과 파란색으로 채색된 반면, 일본영토가 아닌 '朝鮮'·'滿洲'·'樺太'·'支那' 등은 채색되지 않았다. 또 총도에는 국가별 해양 영역을 표시한 듯한 빗금이 있는데, 오키는 일본 영역으로 그어진 반면 조선 동해안 쪽에 울릉도와 독도로 여겨지는 두 섬은 조선 영역으로 구분되어 있다.[20]

비록 조선 동해안 쪽의 두 섬은 그 위치로 정확히 말하면 울릉도와 독도가 아니라 아르고노트섬과 울릉도이지만, 막부 이래 竹島와 松島는 조선영토라는 인식이 반영된 것으로 판단된다. 이는 그의 지리교과서에서 처음으로 등장한 독도이다. 따라서 일본영토와 달리 채색되지 않은 이 두 섬은 일본이나 오키의 해양상 위치 혹은 경계를 파악하기 위한 조선의 섬으로 표시되었다고 여겨진다. 그렇지만 조선과 일본의 해안에 일정한 크기로 그어진 빗금이 반드시 각각의 영토 범위를 표시한 것으로 확실히 간주하기는 어렵다는 반론이 제기될 수 있다. 단순히 해안의 범주를 나타낸 것으로 해석할 수도 있기 때문이다.

이와 관련해 주목할 만한 사실은 『新撰地誌』 2의 정정재판에는 초

---

19) 岡村增太郎, 『新撰地誌』 1, 文學社, 1886, pp.24-25.

20) 岡村增太郎, 『新撰地誌』 1, pp.23-24 사이. 윤소영, 「근대 일본 관찬 지지와 지리교과서에 나타난 독도 인식」, pp.384-385.

판과 형태가 조금 다른「日本總圖」가 실렸다는 점이다. 이 총도를 초
판과 비교해보면, 지도의 형태는 동일하지만, 지도 명칭의 위치가 오
른쪽 상단에서 왼쪽 상단으로 바뀐 점, 빨간색의 도별 경계선 굵기가
가늘어진 점, 경위도선이 추가된 점, 특히 해양 영역을 나타내는 빗금
이 없어졌을 뿐 아니라 울릉도와 독도로 여겨지는 조선 동해안쪽의 두
섬도 그려지지 않았다는 점 등이 달라졌다. 따라서 초판보다 정정재판
의「日本總圖」에서 울릉도와 독도가 조선영토라는 사실이 더욱 분명
하게 드러난다. 만약 오카무라가 두 섬을 일본영토로 인식했다면, 두
섬을 표시하지 않을 리가 없기 때문이다.[21]

오카무라가「日本総圖」에서 조선쪽으로 빗금을 그은 두 섬을 조선
영토로 인식했다는 점은『新撰地誌』2에서도 찾을 수 있다. 여기에서
산인도의 '위치 및 諸國'에는 "동은 北陸·東山 2도 및 기내에 이웃하
고, 남으로 山陽道와 산등성마루를 구분으로 서로 表裏한다.……石見
은 북 일대가 일본해에 임한다. 隱岐는 그 해중의 孤島이다"고, '해안·
수륙'에는 "隱岐는 出雲의 북에 있다. 島前·島後로 나뉜다. 島前은 3소
도(知夫里島, 中島, 西島)의 총칭으로, 後鳥羽帝의 땅이자 後醍醐帝의
행재소이다"고 각각 서술되었다.[22] 즉, 울릉도와 독도는 거론되지 않
았던 것이다.

더욱이 이 내용과 짝하는「山陰山陽及南海道之圖」에는 빨간색으로
국별(國別) 경계선이 표시되었는데, 오키까지만 그려져 있을 뿐 울릉
도와 독도는 역시 포함되지 않았다.[23] 이는「北海道之圖」와「西海道
及琉球諸島之圖」에 경위도에서 제외된「千島諸島」와「大隅諸島」·「琉

球諸島」가 각각 부분도로 표시된 사실과 비교해보면, 울릉도와 독도가 산인도의 관할 범주로 간주되지 않았음을 간접적으로 보여준다.[24]

이러한 오카무라의 일본영토 혹은 독도 인식은 일본지리의 전체 내용을 정리한『新撰地誌』2의 마지막 장 '총론'의 '疆域'과「日本全圖」에서도 다시 엿볼 수 있다. 일본의 "강역은 서북으로 일본해를 격해 조선·만주에 대하고, 북은 北海道의 宗谷海峽으로 로서아의 樺太島에 향하며,……동남은 태평양에 면하고, 小笠原島는 멀리 떨어져 그 洋中에 나열한다. 서는 지나해를 격해 지나에 대하고, 琉球群島는 남으로 지나의 臺灣島에 근접한다"고 규정되었다.[25] 여기에서도 오키와 울릉도·독도는 언급되지 않았다.

본문의 '강역'에 짝하는「日本全圖」에는 그야말로 일본의 '강역'에 속하는 영토가 전부 그려진 전도이다. 이 전도에는 해양 영역을 나타내는 빗금이 그어져 있으며, 빨간색으로 국별 경계선이 표시되고 '최고지(最高地)'·'고지'·'저지'로 나뉘어 채색되었다. 또 혼슈·시코쿠·규슈를 중심으로 경위선 밖에 위치한「北海道」·「千島諸島」·「大隅諸島·琉球諸島」뿐 아니라「小笠原島」가 부분도로 그려 있다. 조선과 가까운 동해('일본해')에는 '對馬'·'隱岐'·'佐渡'가 이름과 함께 그려 있지만, 울릉도와 독도는 그 위치에「北海道」와「千島諸島」의 부분도가 들어있기 때문에 표시되지 않았다. 하지만 '하치죠지마(八丈島)'는 빨간 점선으로 '이즈(伊豆)'에 속한다고 표시되면서 일부러「琉球諸島」부분도의 공간을 확보하면서까지 그려져 있다.[26] 따라서 울릉도와 독도는「千島諸島」의 부분도 때문이 아니라, 일본영토로 인식되지 않았기 때

24) 岡村增太郎,『新撰地誌』2, pp.13-14 사이, pp.33-34 사이. 윤소영,「근대 일본 관찬 지지와 지리교과서에 나타난 독도 인식」, pp.385-386.
25) 岡村增太郎,『新撰地誌』2, p.42.
26) 岡村增太郎,『新撰地誌』2, pp.41-42 사이.

문에 표시되지 않았다고 판단된다.

이러한 오카무라의 독도 인식은「日本総圖」와 마찬가지로『新撰地誌』2의 정정재판에 초판과는 조금 다른 형태로 실린「日本全圖」에서도 확인할 수 있다. 이 전도는 초판과 달리 경위도선이 추가되고 해양영역을 나타내는 빗금은 없어졌고, 오른쪽 하단에 있던「大隅諸島·琉球諸島」·「小笠原島」등의 부분도 위로 왼쪽에 있던「千島諸島」가 배치되면서「小笠原島」부분도는 그 왼쪽으로 옮겨졌으며,「北海道」부분도가 중앙의 지도로 이동하면서 그 위치에는 조선의 일부와 동해 전체가 모습을 드러냈다. 비록 편집상의 변화로 지도의 크기는 '비례척 750만분 1'로 약간 작아졌지만, 일본의 모든 영토가 표시되었던 것이다. 그러나 이「日本全圖」에도 울릉도와 독도는 그 위치가 표시될 공간이 생겼지만 그려져 있지 않다. 따라서 오카무라가 두 섬을 일본이 아니라 조선의 영토로 간주했던 사실은 초판보다 개정재판의「日本總圖」와 더불어「日本全圖」에서 더욱 명확해졌음을 알 수 있다.[27]

이처럼 오카무라가 울릉도와 독도를 일본영토로 간주하지 않았다는 사실은 초판의「日本全圖」와「日本総圖」를 비교해보면 확실하게 드러난다.「日本総圖」에는 일본의 위치를 주변국가와 관련해서 파악하기 위해 오키의 왼쪽에 조선 동해안의 두 섬을 그려 넣었고,「日本全圖」에는 일본의 강역만을 정확히 표시하기 위해 두 섬을 제외한 채 오키만 표시했다고 판단되기 때문이다. 더욱이 두 지도에 모두 일본 영역 혹은 강역은 채색된 반면 조선 등의 외국영토가 채색되지 않은 점을 감안하면, 울릉도와 독도는 일본이 아니라 조선의 영토라는 사실이 잘 드러난다.

이러한 오카무라의 일본영토관은 만국지에 해당되는『新撰地誌』3의

---

[27] 岡村增太郎,『新撰地誌』2, 1887(訂正再版), 41~42쪽 사이. 참고로 필자가 소장한 訂正再版本(1887) 중에는 초판본의「日本全圖」가 그대로 실린 것도 있다.

〈지도 1〉
「日本總圖」(『新撰地誌』 1, 1886)

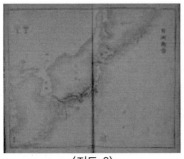

〈지도 2〉
「日本總圖」(『新撰地誌』 1, 1887)

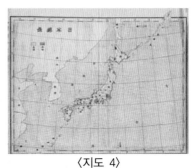

〈지도 3〉
「日本全圖」(『新撰地誌』 1, 1886)

〈지도 4〉
「日本全圖」(『新撰地誌』 1, 1887)

〈지도 5〉
「山陰山陽及南海道之圖」
(『新撰地誌』 2, 1886)

〈지도 6〉
「亞細亞」
(『新撰地誌』 3, 1886)

「亞細亞」지도에 더욱 확실하게 반영되었다. 이「亞細亞」에는 류큐제
도부터 쓰시마를 거쳐 홋카이도와 치시마제도를 포함하는 일본의 국
경선이 선명하게 그어져 있기 때문이다. 그런데 일본영토를 표시한 국
경선에는 오키가 포함되었지만, 눈으로 보아도 독도는 분명하게 제외
되어 있다. 비록 울릉도와 독도는 그려져 있지 않지만,「日本総圖」와
마찬가지로 그 위치에 조선영토임을 간접적으로 표시하는 빗금이 그
어져 있다.[28] 따라서「日本総圖」·「日本全圖」·「山陰山陽及南海道之
圖」·「亞細亞」등의 지도, 그리고 외국과 국경을 접하는 섬들이나 오
키의 부속섬들이 열거되었음에도 울릉도와 독도가 한 번도 서술되지
않은 본문의 내용을 서로 비교·종합해 살펴보면, 누구라도 울릉도와
독도가 조선영토라는 사실을 쉽게 알 수 있다.

특히『新撰地誌』는 일본 문부성으로부터 '문부성검정제 소학교교과
서용서'로 검정을 받은 교과서였기 때문에, 독도가 조선영토라는 사실
은 오카무라뿐 아니라 일본 문부성도 인정한 셈이 된다. 아울러 독도
를 일본영토에서 제외한 채 일본 국경선을 표시한 오카무라의「亞細
亞」지도는 현재까지 알려진 '문부성검정제'를 받은 교과서들 중 가장
시기가 앞선다는 점에서도 그 의의가 크다.

4. 오카무라의 일본영토 내 독도 배제와 그 의미

1)『小學校用地誌』(1887)

오카무라는『新撰地誌』에 이어 1887년 쓰지 게이시(辻敬之)와 공동

---

[28] 岡村增太郎,『新撰地誌』3, 文學社, 1886, pp.15-16 사이.

으로 『小學校用地誌』(4책)를 집필하였다. 검정교과서제 초기의 대표적
인 교과서 중 하나로 손꼽히는 『小學校用地誌』 역시 일본지(1·2권)와
만국지(3·4권)로 구성되었다.29) 1·2권은 1887년 9월 29일에, 3·4권
은 1888년 2월 24일에 각각 '문부성검정제'를 받았다.

『小學校用地誌』 1의 '위치' 중 '大洲 및 해양의 관계'에서는 "동반구
에 있고, 아세아의 동부에 위치한다. 동남을 태평양으로 하고, 서북을
일본해로 한다. 최북을 오오츠쿠해로 한다"고 서술되었다. 특히 '諸島
嶼의 位置'에서는 '4大島'에 이어 '諸屬島'에 대해 "4대도의 주변에도 역
시 허다한 도서가 있다. 伊豆의 동남에 八丈島가 있고, 그 동남에 小
笠原島가 있다. 南海道에 淡路가 있고, 大隅에 種子·屋久 등이 있다.
肥後에 天草가 있다. 肥前에 平戶·五島가 있고, 그 북에 壹岐·對馬가
있다. 서남에 沖繩群島가 있다. 西北海에 隱岐·佐渡가 있다. 北海道
에 千島가 있다"고 일본 국경의 극단에 위치한 섬들을 열거한 점이 눈
에 띈다.30) 여기에서 일본 서북해의 끝에 있는 2섬 중 하나는 오키이
며, 독도는 거론되지 않았다.

이에 짝하는 「大日本全圖」에는 빨간색의 도별 경계선이 표시되고
혼슈·시코쿠·규슈·홋카이도 외에 「千島諸島」·「琉球諸島」가 별도
의 부분도로 그려져 있다. 단, '諸屬島'에서 서술된 일본 국경의 극단에
있는 섬들 중 오가사와라제도는 「琉球諸島」 부분도에 가려서 그려져
있지 않은데, 단순한 착오인지 그 이유를 알 수 없다. 동해('일본해') 쪽
에는 '對馬'·'隱岐'·'佐渡'가 이름이 적힌 채 그려 있지만, 울릉도와 독
도는 그 위치에 「千島諸島」 부분도가 실려 표시되지 않았다. 오가사와

29) 海後宗臣 等編,「地理教科書總解說」,『日本教科書大系 近代編』17(地理 第
   3), p.601; 中村浩一,『近代地理教育の原流』, p.190, 192; 東京書籍株式會社
   社史編集委員會 編,『近代教科書の變遷』, p.155.
30) 岡村增太郎·辻敬之,『小學校用地誌』1, 普及舍, 1887, pp.2-4.

〈지도 7〉「大日本全圖」
『小學校用地誌』1)

〈지도 8〉「山陰道及山陽道地圖」
(『小學校用地誌』2)

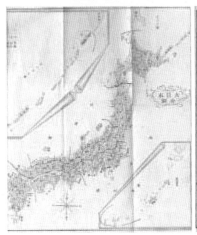
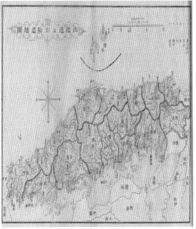

라제도가 「琉球諸島」 부분도로 인해 표시되지 않았을지도 모르기 때문에, 일단 이 지도만으로 울릉도와 독도가 일본영토로 간주되지 않았다고 확언하기는 어렵다고 생각된다.31)

　『小學校用地誌』 2에는 산인도의 '위치 및 국명'에서 "동은 기내 및 北陸道에 접하고, 남은 山陽道에 경계를 이루며, 북은 일본해에 임한다. 丹波 · 丹後……隱岐의 8국으로 이루어진다"고, '國의 大小'에서 "隱岐는 일본해중의 1소도로서, 本道 중 최소인 國이다"고 각각 기술되었다. 이에 짝하는 「山陰道及山陽道地圖」에는 빨간색으로 국별 경계선이 표시되었는데, 오키까지만 그려져 있을 뿐이다. 이처럼 山陰道에 대한 본문과 지도에는 모두 울릉도와 독도는 나타나지 않는다.32) 그러

---

31) 岡村增太郎 · 辻敬之, 『小學校用地誌』 1, 앞부분. 참고로 『小學校用地誌』와 비슷한 시기에 쓰지가 집필한 『小學地理敎科書』 1에도 동일한 「大日本全圖」가 실려 있다. 辻敬之 · 西村正三郎, 『小學地理敎科書』 1, 普及舍, 1887, 앞부분.

32) 岡村增太郎 · 辻敬之, 『小學校用地誌』 2, 普及舍, 1887, pp.30-31.

나「東海道地圖」와「西海道地圖」·「北海道地圖」 등에는 경위도 밖에
위치한 「小笠原島」·「八丈島」와 「琉球諸島」·「千島群島」 등이 각각
부분도로 그려져 있다.[33] 이러한 사실로 미루어, 오카무라는「大日本
全圖」에 빠졌던 오가사와라제도를 도카이도(東海道)에 속한 일본영토
로 파악한 반면 울릉도와 독도를 산인도의 관할에 속한 일본영토로 인
식하지 않았음을 엿볼 수 있다.

하지만『小學校用地誌』3의「亞細亞」지도에는 일본의 국경선이 그
어져 있는데,『新撰地誌』의「亞細亞」와 달리 울릉도와 독도의 위치가
그 국경선 안에 포함되었다.[34] 이 지도는 앞에서 살펴보았던 「大日本
全圖」등과 부합되지 않지만, 단순한 착오인지 여부를 확인할 길이 없
다. 다만, 1877년 일본정부 차원에서 태정관지령(太政官指令)으로 竹
島(울릉도)와 松島(독도)를 일본영토가 아니라고 공식 천명했던 만큼,
「亞細亞」의 일본 국경선에 두 섬이 포함된 것은 그 자체가 오류임이
확실하다. 이와 관련해서 야즈 마사나가(矢津昌永)가 울릉도와 독도를
『中學萬國地誌』의「亞細亞」에서는 일본 국경선 안에 포함했다가『中
地理學外國誌用 外國地圖』의「亞細亞」에서는 확실하게 제외한 사실이
시사점을 던져준다.[35] 비록 야즈가 처음에 울릉도와 독도를 일본영토
로 알았다가 그 오류를 깨닫고 두 섬이 일본영토에 속하지 않는다고
바로잡았던 것[36]과 달리 오카무라는 그 반대의 경우이지만,『小學校

---

33) 岡村增太郎·辻敬之,『小學校用地誌』1, pp.66-67 사이; 2, pp.64-65 사이,
   pp.84-85 사이.
34) 岡村增太郎·辻敬之,『小學校用地誌』3, 普及舍, 1887, pp.52-53 사이.
35) 矢津昌永,『中學萬國地誌』上卷, 丸善, 1896, pp.26-27 사이;『中地理學外國
   誌用 外國地圖』, 丸善, 1899, 제1도.
36) 한철호,「야즈 쇼에이(矢津昌永)의 일본지리교과서·부도 편찬과 한국·독
   도 인식」, 한국독립운동사연구소 개소 30주년 기념 제331회 월례발표회 발
   표문(2017.2.28.) 참조.

用地誌』의 다른 지도와 비교하면 울릉도와 독도를 일본 국경선 안에
표시한 것은 오류라고 판단된다. 이는 오카무라가 『小學校用地誌』이
전뿐만 아니라 앞으로 살펴볼 그 이후에 집필한 모든 지리교과서에서
본문에 울릉도와 독도를 서술한 적도 없고 지도에 일본영토로 간주해
표시한 적도 없기 때문이다.

2) 『尋常科用日本地理』(1891)

오카무라는 1891~1894년간에 『尋常科用日本地理』(2책)와 『明治地誌』
(4책)·『高等小學新地理』(4책) 등을 잇따라 집필하였다. 1890년 10월 새
로 공포된 「小學校令」에 의거해 소학교는 심상소학교와 고등소학교로
구분되었다. 심상소학교에서는 일본지리가 선택과목이었으며, 고등소
학교에서는 일본지리가 필수과목인 반면 외국지리는 선택과정으로 정
해졌다. 이어 1891년 11월에 반포된 「소학교교칙대강(小學校教則大綱)」
에서는 "일본지리 및 외국지리의 大要를 가르쳐 인민의 생활에 관한
중요한 사항을 이해토록 하고, 아울러 애국의 정신을 배양하는 것을
요지로 삼는다"고 규정되었다. 지리교육의 목표가 애국심을 길러 국가
에 봉사하는 인간을 양성하는 데 있다고 처음으로 밝혔던 것이다. 이
러한 상황에서 오카무라가 「소학교령」과 「소학교교칙대강」에 따라 심
상·고등소학교용으로 각각 집필한 지리교과서가 바로 『尋常科用日本
地理』와 『明治地誌』·『高等小學新地理』이다.[37]
먼저 『尋常科用日本地理』는 총설과 일본지리로 구성되었다. 그 체
재 역시 『新撰地誌』와 달리, 일본지리에서는 일본의 위치와 형상에 이

---

37) 海後宗臣 等編, 「地理教科書總解說」, 『日本教科書大系 近代編』 17(地理 第
　　3), p.601; 中村浩一, 『近代地理教育の原流』, pp.173-175; 東京書籍株式會社
　　社史編集委員會 編, 『近代教科書の變遷』, pp.156-157.

어 1기(畿) 8도(道)를 총괄해서 개략적으로 서술한 다음, 도별이 아니라 산맥·연해·도시·육도(陸道) 및 수로·인국(隣國) 등 주제별로 간략하게 설명하였다. 마지막 항목인 '인국'은 『新撰地理』의 '강역'에 해당된다. 요컨대, 『尋常科用日本地理』는 『新撰地誌』(1·2권)를 체제상 도별이 아니라 주제별로 재구성하면서 내용을 요약한 것이었다.

『尋常科用日本地理』 1의 '日本諸島의 위치 및 형상'은 문구를 첨삭하거나 가다듬었을 뿐 『新撰地誌』의 일본의 '위치 및 구획'과 거의 비슷하다. "우리 일본은 아세아주의 동부, 태평양의 서북에 있으며, 4大島와 수많은 小島로 이루어진 島國이다"가 "우리 대일본제국은 4개의 대도와 수많은 소도로 이루어진다"로 바뀌었고, '구획'의 기내·8국을 생략한 채 '기타의 중요한 섬들'을 간략하게 열거했지만 오키는 거론되지 않았다. '1기 8도'에서도 산인도에 대해 "기내 및 東山·北陸 2도의 서쪽에 가로놓였다. 본주 북안의 일대로, 이를 8개국으로 나눈다."면서 "隱岐는 出雲의 정면에 있는 島國이다"고 적혀 있을 뿐이다.[38] 또 『尋常科用日本地理』 2의 '연해'나 '육도 및 수로'·'인국'에도 오키는 전혀 거론되지 않았으며, '정부 및 지방청'에서 시마네현(島根縣)에 대해 "出雲 일원, 石見 일원, 隱岐 일원"이라고만 서술되었다.[39] 이처럼 『尋常科用日本地理』의 본문에는 독도가 한 번도 언급된 적이 없다.

그런데 오키 혹은 독도와 관련해서 눈길을 끄는 것은 '日本諸島의 위치 및 형상'에 짝하는 「日本國全圖」와 '인국'에 짝하는 「日本諸島及隣國之地圖」이다. 우선 「日本國全圖」에는 국별로 경계선이 표시되었으며, 경위선 밖에 위치한 「千島諸島圖」·「琉球諸島圖」·「小笠原島圖」의 부분도를 비롯해 '對馬'·'隱岐'·'佐渡' 등 일본영토가 그려져 있다. 그 반면 조선의 동해 쪽에는 울릉도와 독도가 표시되지 않은 채 빈 공

---

38) 岡村增太郎, 『尋常科用日本地理』 1, 文學社, 1891, pp.17-18, pp.22-23.
39) 岡村增太郎, 『尋常科用日本地理』 2, 文學社, 1891, p.15.

간으로 남아 있다.[40) 이 「日本國全圖」는 『新撰地誌』의 「日本全圖」
(1887)와 형태가 거의 비슷하다.

다음으로 「日本諸島及隣國之地圖」는 그 명칭에서 나타나듯이 일본
과 이웃 국가들인 朝鮮·滿洲·樺太·支那 등의 위치가 그려져 있다.
이 지도는 형태상으로 보면, 『新撰地誌』의 「日本總圖」와 유사하다. 해
양경계를 나타냈던 빗금이 사라진 대신 경위선이 추가되고, 일본영토
에서 빨간색의 도별 경계선과 고·저지 구별 채색이 없어졌으며, 외국
영토인 조선·화태·지나 등에 중요 산맥을 그려 넣은 점 등이 다를
뿐이다. 일본영토는 채색되고, 무채색인 조선 동해안 쪽의 두 섬은 위
치상 아르고노트섬과 울릉도이지만 竹島와 松島로 여겨지는 점은 동
일하다.[41) 두 섬이 竹島와 松島라는 것은 오카무라가 『尋常科用日本
地理』와 짝해서 집필한 『尋常小學校用日本歷史』의 「現時大日本帝國
全圖」에 '竹島'와 '松島'라는 이름이 적힌 점으로 확인된다.[42)

〈지도 9〉「日本國全圖」 　　〈지도 10〉「日本諸島及隣國之地圖」
(『尋常科用日本地理』1) 　　　(『尋常科用日本地理』2)

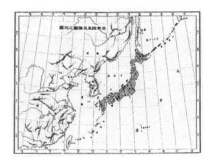

40) 岡村增太郞, 『尋常科用日本地理』1, pp.16-17 사이.
41) 岡村增太郞, 『尋常科用日本地理』2, 뒷부분.
42) 岡村增太郞, 『尋常小學校用日本歷史』上, 成美堂, 1891, 앞부분.

이처럼 竹島와 松島 두 섬이 일본영토만을 표시한 「日本國全圖」에 그려져 있지 않은 반면 조선을 비롯해 이웃 국가들을 표시한 「日本諸島及隣國之地圖」에 그려진 사실로 미루어, 두 섬은 「日本總圖」와 마찬가지로 일본 혹은 오키의 해양상 위치와 경계를 분명히 표시하기 위해 그려졌다는 것을 알 수 있다. 이는 울릉도와 독도를 일본영토가 아니라 조선영토로 간주했던 오카무라의 인식이 견지되고 있음을 잘 보여준다.

3) 『明治地誌』(1892)

『明治地誌』는 지리교육에서 애국심의 함양을 강조한 「소학교교칙대강」에 충실하게 근거해 집필된 대표적인 고등소학교 지리교과서이다. 『명치지지』는 1·2권이 지리의 단서(端緖)와 일본지, 3·4권은 외국지로 각각 구성되었으며, 1893년 8월 29일에 '문부성검정제 소학교검정용서'로 승인을 받았다.[43]

『明治地誌』 1의 일본의 '위치 및 구획'은 『新撰地誌』의 내용과 거의 동일하다. '위치'에서 "우리 일본"이 "우리 대일본제국"으로 바뀌고, '구획'의 "전국을 대별해 畿內·8道 및 琉球라고 한다. 기내는 본주의 중부에 있다. 기내의 동에 있고 동남은 바다를 帶한 지방을 東海道로 한다"가 '畿道'의 "일본의 국토는 산하의 형세로 인해 이를 기내 및 東海·東山……西海의 8도로 대별한다. 기내는 거의 본주의 중부를 점하고, 東海道는 그 동에 있고 동남에 바다를 帶한 지방이며"로 내용이 추가되거나 몇몇 문구만 달라졌을 뿐이다. "畿內의 서방에 접한 일대의

43) 海後宗臣 等編, 「地理敎科書總解說」, 『日本敎科書大系 近代編』 17(地理 第3), p.601; 中村浩一, 『近代地理敎育の原流』, p.190, 192; 東京書籍株式會社 社史編集委員會 編, 『近代敎科書の變遷』, p.155.

지방은 그 남부를 山陽道로 하고, 북부를 山陰道라고 한다. 그리고 북
해에 있는 2小島 중 佐渡는 北海道에 속하고, 隱岐는 山陰道에 속한다"
는 문장은 동일하다. 단, 추가된 '경계' 항목에서 "우리 제국은 四圍가
바다로 둘러싸였다. 동은 일면에 태평양에 임하고, 서남은 지나해에
빈하며, 북서는 일본해를 격해 아세아대륙으로 향하고, 북은 해협을
끼고 露西亞의 영토에 접한다"고 서술함으로써 일본과 주변지역의 형
세를 밝힌 점은 주목할 만하다.[44]

　『明治地誌』 2의 산인도와 오키의 내용 역시 '위치·諸國'에서 "동은
北陸·東山 2도 및 기내에 경계를 이루며, 북은 일면 일본해에 임한다.
남은 山陽道와 산등성마루(山脊)를 구분으로 서로 表裏한다.……丹
後·但馬……石見 6국은 모두 바다에 濱한다. 隱岐는 일본해중에 있는
島國이다"라고 문장의 순서가 바뀌거나 가다듬어졌지만, 『新撰地誌』와
거의 비슷하다. '해안'의 내용도 『新撰地誌』와 동일한데, 마지막에 "행재
소로서 역사상 중요하다고 한다"가 추가되었을 뿐이다.[45] 이처럼 『明治
地誌』의 본문에는 『新撰地誌』와 마찬가지로 울릉도와 독도가 전혀 서
술되지 않았다.

　그러나 『明治地誌』에 실린 지도들은 『新撰地誌』의 그것과 비슷하면
서도 일본영토를 좀 더 확실하게 표시한 점이 눈에 띈다. 먼저 일본의
'위치 및 구획'에 짝하는 「日本全形圖」는 『新撰地誌』의 「日本総圖」와
거의 형태가 비슷하며, 치시마열도·오가사와라제도·류큐제도를 비
롯한 일본의 모든 영토가 고지와 저지로 나뉘어 노란색과 녹색으로 채
색되었지만 '朝鮮'·'滿洲'·'樺太'·'支那' 등의 외국영토가 채색되지 않
은 점도 동일하다. 그러나 「日本全形圖」에는 「日本総圖」와 달리 지도
외곽에 경위도가 적히면서 지도 안에 경위도선이 그어졌고, 국가별 해

〈지도 11〉「日本全形圖」
(『明治地誌』1)

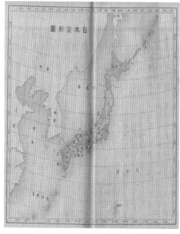

〈지도 12〉「日本總圖西南之部」
(『明治地誌』1)

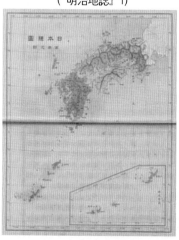

〈지도 13〉「府縣明細圖」
(『明治地誌』1, 1892)

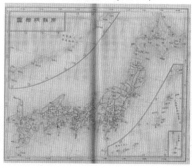

〈지도 14〉「山陰山陽及南海道之圖」
(『明治地誌』2)

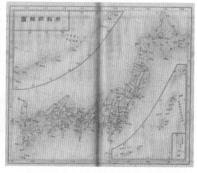

양 영역을 표시한 듯한 빗금은 없어지면서 파란색으로 칠해졌으며, 조선 동해안 쪽에 울릉도와 독도로 여겨지는 두 섬도 자취를 감추었다.46) 또 이 지도의 형태는 『尋常科用日本地理』의 「日本諸島及隣國之

地圖」와 비슷하지만, 두 섬이 표시되지 않은 점이 다르다. 따라서「日
本全形圖」에서 일본의 극단에 위치한 치시마열도・오가사와라제도・
류큐제도 등과 오키・쓰시마가 여전히 그려진 반면,「日本総圖」와「日
本諸島及隣國之地圖」에 그려졌던 동해안쪽의 두 섬이 표시되지 않고
빠진 사실은 울릉도와 독도를 일본영토가 아니라 조선영토라고 확신
한 오카무라의 인식이 분명하게 반영된 것으로 판단된다.

　이러한 오카무라의 독도 인식은「日本全形圖」와 짝해서 실린「日本
総圖」와「府縣明細圖」에 더욱 확실하게 드러난다. 우선「日本総圖」는
주변국이 제외한 채 오로지 일본영토만을 동북과 서남 두 부분으로 나
누어 그린 지도로, 경위도가 표시되고 빨간색의 국별 경계선이 그어
있으며 기내와 8도가 빨간・파란색으로 채색되었다.「日本総圖東北之
部」에는 '畿內'・'東海道'・'東山道'・'北陸道'・'北海道'와「千島群島」의
부분도가,「日本総圖西南之部」에는 '山陰道'・'山陽道'・'南海道'・'西海
道'와「琉球諸島」의 부분도가 각각 들어 있다.「日本総圖 西南之部」에
는「日本全形圖」와 마찬가지로 오키만 그려지고 울릉도와 독도는 표
시되지 않았다. 그렇다고 울릉도와 독도를 일본영토로 간주하지 않았
다고 확언하기는 어렵다.「日本総圖東北之部」에도 그 이유는 알 수 없
지만 오가사와라제도가 그려지지 않았기 때문이다.[47]

　이처럼 애매모호한 독도의 소속 영역 여부에 대한 의구심은「府縣
明細圖」와「山陰山陽及南海道之圖」를 보면 곧 해소될 수가 있다.「府縣
明細圖」에는 그 명칭 그대로 일본 전국이 1도청(道廳)・3부(府)・43현
(縣)의 행정단위별로 일목요연하게 표시되었으며, 현의 경계가 빨간색
으로 그어져 있다.「千島諸島」와「大隅諸島・琉球諸島」의 부분도, 그
리고「大隅諸島・琉球諸島」부분도 안의「小笠原島」부분도가 있으며,

46) 岡村增太郎,『明治地誌』1, pp.17-18 사이.
47) 岡村增太郎,『明治地誌』1, pp.19-20 사이.

그 이름 아래 관할청인 '北海道廳'·'沖繩'·'東京府'가 빨간 글씨로 적
혔다. '隱岐'는 섬이기 때문에 시마네현의 관할지역에 속했음을 나타내
기 위해 빨간색의 점선이 육지부터 그어져 있다. 오키의 왼쪽 상단에
는 「千島諸島」의 부분도가 있는데, 독도는 경위도상으로 표시할 공간
이 있음에도 그려져 있지 않다.[48]

『明治地誌』2의 「山陰山陽及南海道之圖」는 지도 외곽에 경위도가
적혀 있고 경위선이 표시된 점, 도별로 색을 달리해 채색한 점, 등고선
과 도로 표시가 좀 더 정밀해진 점 등을 제외하면, 『新撰地誌』의 그것
과 거의 동일하다.[49] 여기에도 오키까지 그려 있을 뿐 울릉도와 독도
는 표시되지 않았다. 그 이유는 울릉도와 독도가 산인도의 관할지역이
아니었기 때문이라고 생각할 수밖에 없다. 이는 「日本總圖東北之部」
에서 그려지지 않았던 오가사와라제도가 「畿內及東海道之圖」에서 경
위도 밖에 위치함에도 부분도로 들어간 사실로 확인된다.[50]

『明治地誌』3에 실린 「亞細亞」 지도는 『新撰地誌』의 「亞細亞」와 형
태가 거의 동일하지만, 각국의 해양영역을 간접적으로 나타낸 빗금과
일본영토를 표시한 국경선이 모두 없어졌다.[51] 이로 말미암아 지도상
에 그려지지 않은 울릉도와 독도의 소속 여부를 판가름할 수 없다. 지
도에서 국경선이 사라진 이유는 알 수 없지만, 오카무라가 일본지리의
본문과 각종 지도에서 일본영토의 범주를 명확하게 밝힌 만큼 굳이 일
본 국경선을 그을 필요가 없다고 여긴 탓이 아닐까 판단된다.

요컨대, 『明治地誌』에 실린 「日本全形圖」·「日本總圖」·「府縣明細
圖」·「山陰山陽及南海道之圖」 등을 종합적으로 살펴보면, 울릉도와

48) 岡村增太郎, 『明治地誌』 1, pp.29-30 사이.
49) 岡村增太郎, 『明治地誌』 2, pp.21-22 사이.
50) 岡村增太郎, 『明治地誌』 1, pp.39-40 사이.
51) 岡村增太郎, 『明治地誌』 3, 文學社, 1892, 앞부분.

독도는 일본영토가 아니라는 사실이 입증될 수 있다. 아울러 본문과 지도에서 독도가 전혀 거론되지 않은 『明治地誌』는 『新撰地誌』에 이미 반영된 독도가 조선영토라는 오카무라의 인식이 분명하게 계승되고 있음을 보여준다.[52]

4) 『高等小學新地理』(1893~1894)

오카무라는 『高等小學新地理』의 요지를 "인민의 생활상에 필수인 사항을 알도록 하며, 또 역사와 관련함으로써 애국의 정신·尊王의 氣魄을 양성"하려는 데 두었다. 이 책은 『明治地誌』와 동일한 4책이었지만, 1·2·4권은 일본지리이고 3권은 외국지리이다. 1권은 향토지리에 이어 가르치기 위해 '總論'·'本島'·'四國島'·'九州島'·'蝦夷島'로 나누어 간략하게 서술되었고, 2권은 1권의 항목 외에 '地球槪說'이 추가되었으며, 4권은 일본지리를 복습하기 위해 본방의 위치 및 특성('國柄')·본방의 지세·기후·외교 등의 주제별로 간결하게 서술하였다. 특히 지도의 필요성을 강조하면서 "매우 확실하게 조사·撰擇하고 선명하게 鏤刻·인쇄"해서 매권마다 4~5개의 지도를 실어놓았다.[53]

『高等小學新地理』 1에는 총론에서 일본의 명칭·성립·위치·구획·지세를 간단히 서술했기 때문에, 오키는 거론되지 않았다. '본도'의 구획에서 "山陰道는 6개국, 北陸道의 서방……出雲·石見과 沖中에, 멀리 바라보이는 隱岐의 섬"이라고 서술되었을 뿐이다.[54] 그러나 오카

---

52) 『明治地誌』의 독도 관련 내용은 1896년 12월에 발행된 訂正再版에서도 동일하다. 岡村增太郎, 文學社編輯 所訂, 『改定明治地誌』 1-4, 文學社, 1896(訂正再版).

53) 岡村增太郎, 『高等小學新地理』 1, 八尾新助, 1893, 「緖言」, pp.1-2; 海後宗臣 編纂, 「日本地理敎科書總目錄」, 『日本敎科書大系』 17(近代編 地理3), p.522.

54) 岡村增太郎, 『高等小學新地理』 1, pp.5-6.

무라가 역점을 두었던 4개의 지도에는 오키가 표시되어 있다. 「大日本 四島圖」는 일본과 그 주변의 朝鮮·滿洲·樺太가 그려 있다. 「大日本 各道圖」와 「大日本各道各國圖」는 동일한 형태로, 왼쪽에 朝鮮·滿 洲·樺太가 위치하고 오른쪽에 「千島諸島」·「小笠原島」의 부분도가 있다. 「大日本各道各國各府縣圖」는 지도의 크기가 약간 커지면서 왼 쪽에 「千島諸島」·「琉球諸島」의 부분도와 오른쪽에 「小笠原島」의 부 분도로 구성되었다. 이들 지도는 그 명칭대로 4도(島)·도(道)·국 (國)·부현(府縣)을 각각 표시한 것인데, 조선 동해안쪽에는 오키만 있 을 뿐 울릉도와 독도는 일본영토로 인식되지 않은 탓인지 공간이 있음

〈지도 15〉「大日本四島 圖」(『高等小學新地理』1) 〈지도 16〉「大日本各道 各國圖」(『高等小學新地 理』1) 〈지도 17〉「大日本各道各 國各府縣圖」(『高等小學 新地理』1)

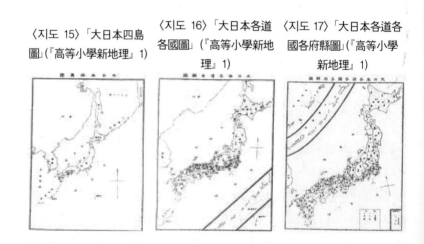

에도 그려져 있지 않다.55)

『高等小學新地理』2에는 총론의 '위치'에서 "일본해 중에 佐渡·隱岐 2도가 있다"고, 本島의 '위치'에서 "일본해에 있는 2소도 중, 佐渡는 北 陸道에 속하고, 隱岐는 山陰道에 속한다"고 각각 서술되었다.56) 이 내

---

55) 岡村增太郎, 『高等小學新地理』1, 앞부분, pp.2-3 사이, pp.6-7 사이, 뒷부분.

〈지도 18〉「大日本帝國現時の地圖」 　〈지도 19〉「本島之圖」
　　（『高等小學新地理』2）　　　　　（『高等小學新地理』2）

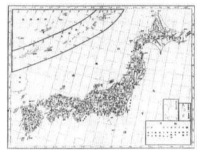
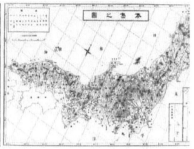

〈지도 20〉「日本國海灣島嶼及海流之圖」（『高等小學新地理』4）

용과 짝해「大日本帝國現時의 地圖」와「本島之圖」가 있다. 전자의 형
태는「大日本各道各國各府縣圖」와 거의 비슷한데, 지도가 좀 더 커지
고「南洋火山列島」의 부분도와 경위도선이 추가되었다. 역시 동해안
쪽에 울릉도와 독도는 그려져 있지 않다. 후자는 오키를 포함해 본도
의 영역이 표시되었는데,「小笠原群島」・「伊豆七島」의 부분도가 들어
있다. 여기에서 독도의 위치는 '記號' 표에 가려졌다.[57]

56) 岡村增太郎,『高等小學新地理』2, 八尾新助, 1894, p.2, 5.
57) 岡村增太郎,『高等小學新地理』2, pp.2-3 사이, pp.4-5 사이.

『高等小學新地理』3의 「亞細亞洲地圖」 지도는 중국의 국경선이 없어지고 각 지역의 산맥과 지명이 좀 더 자세하게 표시되었을 뿐 『明治地誌』의 「亞細亞」와 형태가 거의 비슷하다. 따라서 이 지도에도 해양 영역의 빗금 표시와 일본의 국경선이 없고, 울릉도와 독도는 그려져 있지 않다. 그러나 『高等小學新地理』에 실린 다른 지도들과 비교해 살펴보면, 두 섬의 소속 여부가 자연스럽게 드러날 수 있을 것이다.[58]

일본지리를 주제별로 재정리한 『高等小學新地理』4를 보면, '본방의 위치 및 國柄'에서 "정남의 小笠原島는 열대중의 마리아나군도에 가깝고, 琉球의 정남 諸島는 대만에 접하며, 壹岐·對馬는 조선에, 동북단인 千島諸島는 露領 캄차카와 상대한다. 요컨대, 이들 섬들은 모두 외국들과 최근의 경계를 이루는 것으로 상호 교류상 가장 필요하다"면서 그 외의 屬島 2천여 개 중에 저명한 것은 525개라고 서술되었지만, 오키는 거론되지 않았다. 이 내용에 짝하는 「大日本帝國全圖」는 울릉도와 독도가 표시되지 않은 「大日本帝國現時의 地圖」와 똑같은 것이다.[59]

이어 '본방의 지세'의 '도서' 항목에는 "小笠原群島에서 남남서의 바다에 硫黃島라고 칭하는 3소도가 있다. 이 섬은 1891년 9월 우리 판도에 귀속한 것으로, 무인도이지만 우리나라의 최남단은 실로 여기에 있다. (북위 24도 0분부터 25도 30분에 이른다)……山陰道에도 隱岐國의 1도가 있다"고 적혀 있다. 오카무라는 1891년에 일본영토로 편입한 이오지마(硫黃島)를 소개할 정도로 일본영토의 변화상황에 관심을 갖고 있었지만, 오키와 관련해 독도를 전혀 언급하지 않았던 것이다.[60]

이와 짝하는 「日本國海灣島嶼及海流之圖」는 「大日本帝國全圖」의

---

58) 岡村增太郎, 『高等小學新地理』 3, 八尾新助, 1894, pp.12-13 사이.

59) 岡村增太郎, 『高等小學新地理』 4, 八尾新助, 1894, p.3, pp.4-5 사이.

60) 岡村增太郎, 『高等小學新地理』 4, 八尾新助, pp.30-31.

형태와 비슷하지만, 왼쪽 상단에 있던 「千島諸島」・「琉球諸島」 부분
도가 오른쪽 하단으로 옮겨지면서 「小笠原島」 부분도는 그 왼쪽에 들
어갔으며 「南洋火山列島」 부분도는 빠졌다. 이로 인해 동해안쪽 전체
가 드러났지만, 울릉도와 독도는 그려져 있지 않다. 또 '외교'와 짝한
「大日本四近諸國及畿內八道之圖」에는 동남아시아부터 태평양과 접한
북아메리카까지 그려진 전체 지도의 오른쪽 하단에 조선과 일본의 '畿
內八道' 부분도가 들어있는데, 역시 울릉도와 독도는 표시되지 않았
다.[61]

참고로 『高等小學新地理』에 짝하는 소학교 역사교과서인 『高等小
學新歷史』下卷 1에는 『高等小學新地理』2의 「大日本帝國現時의 地圖」
와 제목과 형태가 동일한 지도가 실려 있다. 단 이 지도에는 본도와 가
까운 섬들인 '佐渡・對馬' 등에는 그 소속된 현에 포함되었다는 사실
을 알려주는 '縣界'선이 추가되었는데, 오키에는 시마네현의 관할지역
이라는 '縣界'선이 그어져 있다. 울릉도와 독도는 역시 그 위치를 표시
할 수 있는 공간이 있음에도 그려져 있지 않다.[62] 즉, 오카무라는 소학
교 지리교과서뿐만 아니라 역사교과서에서도 독도가 일본영토에 속하
지 않는다고 밝혔던 것이다.

---

61) 岡村增太郎, 『高等小學新地理』 4, pp.44-45 사이, pp.144-145 사이. 아울러
   형태가 동일한 「山脈及火山脈之圖」・「土地高低河脈圖」, 이들보다 조금 커
   다란 「大日本鐵道及航路圖」에도 동해안 쪽에 오키만 그려져 있을 뿐 울릉도
   와 독도는 표시되지 않았다.岡村增太郎, 『高等小學新地理』 4, pp.16-17 사이,
   pp.20-21 사이, pp.106-107 사이.
62) 岡村增太郎, 『高等小學新歷史』 下卷 1, 八尾書店, 1893, 「緒言」 pp.1-2, 2~3
   사이.

5) 『日本地理新問答』(1896)

오카무라는 1896년 중등 이상의 교육을 받은 학생용과 관공시립학교의 입학시험용으로 『日本地理新問答』(1책)을 집필하였다. 이 책은 그 제목에서 드러나듯이 일본지리의 요점을 가려 쓰고 중요한 부분을 발췌해서 195개의 질문을 만들고 해답을 제시하는 형식으로 구성되었다. 비록 이 책은 문부성검정교과서는 아니었지만, 정부기관이 발행한 『第15回日本帝國國勢一斑』(内務大臣官房報告課, 1896)·『日本帝國第14統計年鑑』(統計局, 1895)·『官報』에 의거해 통계를 제시했으며, 陸軍參謀本部 편찬의 『臺灣地誌』를 기초로 삼고 『官報』와 관련서적을 참작해 '臺灣嶋'의 내용을 집필하는 등 객관성과 신빙성을 갖춘 것이었다.[63]

『日本地理新問答』의 제1편 總說에서 "(1) 우리 대일본제국의 위치와 경위도를 묻는다"의 질문에 대한 답은 "우리 대일본제국은 아세아주의 동방, 태평양의 서북에 위치하고, 5개의 大嶋와 수많은 小嶋로 이루어진다. 극동은⋯⋯극서는 대만도의 서단으로⋯⋯극남은 대만도의 南岬으로⋯⋯"이고, "(3) 대일본제국의 境域과 廣袤는 어떠한가"에 대한 답은 "우리 대일본제국은 사방이 모두 바다로 둘러싸였다.⋯⋯서는 일본해와 조선해협과 황해와 대만해협을 끼고 시베리아, 조선 및 지나에 이웃한다.⋯⋯우리나라는 수많은 도서로 이루어진 것으로, 그 수는 4천여 개다. 이를 대별하면, 5大嶋·5中嶋·2列嶋·1群嶋라고 할 수 있다. 北州嶋·本州嶋·四國嶋·九州嶋·臺灣嶋를 5대도라 하고, 淡路·佐渡·隱岐·壹岐·對馬를 5중도라고 한다. 2열도는 千嶋와 琉球를 이르며, 1군도는 小笠原嶋를 이른다"이다. "(14) 본주도 소속의 도서를 묻는

---

63) 岡村增太郎, 『日本地理新問答』(普通敎育學科全書), 吉岡本店, 1896., 「凡例」
    p.1.

다"의 답에는 "隱岐諸嶋"가 들어 있다.[64]

또 제2편 處誌에서 "(90) 山陰道의 위치를 설명하시오"에 대한 답은
"동방은 北陸·東山 兩道와 기내와 접하고, 남방은 산맥으로 山陽道와
腹背를 이루며, 북방 일대는 일본해에 면한다. 8개국 중 丹波만 홀로
육지로 둘러싸였고, 隱岐는 海中의 1孤島이다. 본도와 山陽道를 합쳐
中國이라고 부른다." 그런데 "(103) 本州嶋에 속한 도서로 유명한 것을
열거하시오"의 질문에서 오키는 서술되지 않았다.[65] 요컨대, 이 책의
본문에는 독도가 전혀 거론되지 않았던 것이다.

이러한 본문의 내용과 상응해서 『日本地理新問答』에는 「日本國全圖」
가 맨 앞에 실려 있다. 이 전도에는 경위도가 적힌 외곽의 공간을 차지
하면서 그려진 홋카이도부터 규슈까지 그려진 중앙도와 「千島群島」·
「琉球諸島」·「小笠原島」·「臺灣島」의 부분도로 구성되었다. 청일전
쟁의 승리로 획득한 「臺灣島」가 포함된 점으로 미루어, 「日本國全圖」
라는 명칭에 걸맞게 당시 일본의 영토 전부가 표시되었음을 알 수 있
다. 그런데 독도는 경위도상으로 표시될 여백이 마련되었음에도 그려
져 있지 않다.[66] 이처럼 본문과 「日本國全圖」에 모두 독도가 등장하지
않는 것은 오카무라가 여전히 독도를 일본영토로 인식하지 않았다는
사실을 잘 보여준다.[67]

[64] 岡村增太郎, 『日本地理新問答』, pp.1-3, 5-7, 34-35.
[65] 岡村增太郎, 『日本地理新問答』, p.120, 132.
[66] 岡村增太郎, 『日本地理新問答』, 맨 앞쪽.
[67] 참고로 『日本地理新問答』에 짝하는 『萬國地理新問答』에는 "(59) 동아세아
중 각국의 형세 및 都會·港津 등을 상술하라"는 질문에 대해 "조선은……국
민의 지식이 낮고, 농상의 업이 성하지 않으며, 통로가 불편해서 상업이 활
발하지 않다. 몽고인종으로 체격이 壯大하다.……시정의 방침이 일정하지
않고, 정부는 事大主義라든가 事强主義라고 부를 만한 비열한 주의를 갖는
것 같다."고 부정적인 조선관이 담긴 답이 제시되었다. 岡村增太郎, 『萬國地
理新問答』(普通敎育學科全書), 吉岡本店, 1896, pp.56-57.

〈지도 21〉「日本國全圖」(『日本地理新問答』)

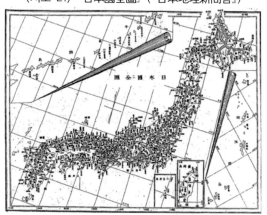

5. 맺음말

오카무라는 일본 메이지시기 교육자로서 다양한 교과서를 집필했으며, 그의 『新撰地誌』·『明治地誌』 등은 문부성의 검정을 받아 널리 사용되었던 대표적인 소학교 지리교과서로 손꼽힌다. 그는 일본영토의 확장과정에 관심을 갖고 있었기 때문에 지리교과서의 본문과 지도에 일본영토의 경계와 시마네현 혹은 오키의 영역을 정확히 서술하거나 그려놓았다. 따라서 이글에서는 오카무라가 지리교과서에서 독도의 존재를 알고 있음에도 독도를 일본영토가 아니라 조선영토로 명확하게 인식했다는 사실을 분석해보았다. 필자가 본문에서 새롭게 밝힌 내용을 요약하면 다음과 같다.

첫째, 오카무라의 일본영토·오키 인식은 난마의 『小學地誌』를 저본으로 『小學地誌字引』을 집필하는 과정에서 형성되었다고 여겨진다. 문부성이 당시 지리교과서의 기준으로 삼기 위해 발행한 『小學地誌』

에는 본문과 「日本全圖」·「山陰道圖」에서 독도가 거론되지 않았다.
그 이유는 난마가 『內地誌略』에서 『日本地誌提要』에 근거해 오키의
서북에 竹島(울릉도)·松島(독도)가 있다고 소개하면서도, 오키의 관
할범위 경위도를 북위 약 35도 50분여~36도 30분으로 명기한 데에서
찾을 수 있다. 이처럼 울릉도·독도를 일본영토로 간주하지 않은 사실
은 「日本全圖」와 마찬가지로 「內地全圖」에서도 경위도상 공간이 있음
에도 울릉도와 독도가 그려지지 않은 점에서 재확인된다. 이는 필자가
조사한 범위 내에서 오키의 경위도를 기록한 최초의 일본지리교과서
라고 판단된다. 이러한 일본영토 혹은 오키와 竹島·松島에 대한 난마
의 인식은 오카무라에게 수용된 것으로 여겨진다.

둘째, 오카무라는 처음 지리교과서로 집필한 『新撰地誌』에서 울릉
도와 독도의 존재를 알면서도 두 섬을 일본이 아니라 조선의 영토로
인식하였다. 「日本總圖」에는 일본의 모든 영토가 채색된 반면 울릉도
와 독도로 여겨지는 두 섬은 채색되지 않은 채 국가별 해양 영역을 표
시한 듯한 빗금이 조선 영역으로 그어져 있다. 두 섬은 위치상 아르고
노트섬과 울릉도이지만, 竹島·松島가 조선영토라는 막부 이래의 인식
이 반영된 것으로 판단된다. 이는 정정재판의 「日本總圖」에서 울릉도
와 독도가 삭제된 점, 일본의 강역을 재차 강조한 「日本全圖」에 두 섬
은 그 위치가 포함될 공간이 있음에도 그려지지 않은 점, 「山陰山陽及
南海道之圖」에 오키까지만 표시된 점으로 확인할 수 있다. 특히 「亞細
亞」에 오키를 포함한 일본의 국경선이 그어졌지만, 독도가 분명하게
제외된 점은 주목할 만하다. 이러한 「亞細亞」의 일본 국경선 표시는
현재까지 알려진 '문부성검정제'를 받은 지리교과서들 중 가장 시기가
앞선 것으로 판단된다. 따라서 「日本總圖」·「日本全圖」·「亞細亞」등
의 지도와 울릉도·독도가 전혀 서술되지 않은 본문의 내용을 종합해
보면, 오카무라가 울릉도와 독도를 일본영토가 아니라 조선영토로 인

식했다는 사실을 쉽게 알 수 있다.

셋째, 『新撰地誌』에 반영된 오카무라의 독도 인식은 그 후에 집필된 『小學校用地誌』·『尋常科用日本地理』·『明治地誌』·『高等小學新地理』·『日本地理新問答』 등에도 줄곧 계승·견지되었다. 그는 새로 일본영토로 편입된 이오지마·타이완의 내용을 소개할 정도로 일본영토의 변화상황에 관심을 갖고 있었지만, 이들 지리교과서의 일본·산인도 위치에는 일본 국경의 극단에 있는 섬들과 오키만 열거되었을 뿐 독도는 전혀 서술되지 않았다. 이와 짝해 일본의 모든 영토를 표시한 「大日本全圖」(『小學校用地誌』), 「日本國全圖」(『尋常科用日本地理』), 「日本總圖」·「府縣明細圖」(『明治地誌』), 「大日本各道圖」·「大日本各道各國圖」·「大日本各道各國各府縣編」·「大日本帝國現時の地圖」·「大日本帝國全圖」·「日本國海灣島嶼及海流之圖」(『高等小學新地理』), 「日本國全圖」(『日本地理新問答』) 등에는 本州·四國·九州·北海道를 비롯해 경위도 밖에 있는 「千島諸島」 등이 별도의 부분도로 들어 있음에도 독도는 표시되지 않았다.

또 일본의 위치를 파악하기 위해 朝鮮·滿洲·樺太·支那 등 주변국의 위치가 표시된 「日本諸島及隣國之地圖」(『尋常科用日本地理』)에는 일본영토만 채색되었는데, 조선과 동해안쪽의 두 섬은 무채색이다. 이로써 두 섬은 『新撰地誌』의 「日本總圖」와 마찬가지로 두 섬이 일본 혹은 오키의 해양상 위치와 경계를 분명히 표시하기 위해 그려졌다는 것을 알 수 있다. 이와 비슷한 형태의 「日本全形圖」(『明治地誌』)·「大日本四島圖」·「大日本四近諸國及畿內八道之圖」(『高等小學新地理』)에는 동해안의 두 섬이 표시되지 않았는데, 이와 짝해 실린 「府縣明細圖」·「大日本各道圖」 등과 비교해보면 울릉도와 독도는 일본영토가 아님이 입증된다.

山陰道의 위치와 관할지역을 나타낸 「山陰道及山陽道地圖」(『小學校用地誌』)와 「山陰山陽及南海道之圖」(『明治地誌』)에도 오키까지만 그

려져 있을 뿐 울릉도와 독도는 그려져 있지 않다. 이는 「東海道地圖」(『小學校用地誌』)·「東山道之圖」(『明治地誌』) 등에서 경위도 밖에 위치한 「小笠原島」 등이 각각 부분도로 표시된 점으로 미루어, 오카무라가 울릉도와 독도를 山陰道의 관할지역으로 인식하지 않았음을 보여준다.

한편 「亞細亞」(『小學校用地誌』)에 『新撰地誌』의 그것과 달리 울릉도와 독도의 위치가 일본 국경선 안에 포함된 점은 주의를 요한다. 이 국경선은 단순한 착오인지 여부를 알 수 없지만, 동일한 교과서에 실린 「大日本全圖」 등과 부합되지 않을 뿐 아니라 1877년 태정관지령과도 어긋난다. 더욱이 오카무라가 『小學校用地誌』 이전뿐만 아니라 이후에 집필한 모든 지리교과서에서 울릉도와 독도를 본문에 서술하거나 지도에 일본영토로 표시한 적도 없는 사실로 미루어, 울릉도와 독도를 일본 국경선 안에 표시한 것은 명백한 오류라고 판단된다. 「亞細亞」(『明治地誌』)와 「亞細亞洲地圖」(『高等小學新地理』)는 『新撰地誌』의 「亞細亞」와 형태가 거의 동일하지만, 해양영역을 나타낸 빗금과 일본영토를 표시한 국경선이 모두 없어졌다. 이로 말미암아 지도에 그려지지 않은 울릉도와 독도의 소속 여부를 판가름할 수 없다. 이는 아마 오카무라가 일본지리의 본문과 각종 지도에서 일본영토의 범주를 명시했으므로 일본 국경선을 군이 그을 필요가 없다고 여긴 탓이라고 판단된다.

넷째, 『新撰地誌』·『明治地誌』 등 오카무라의 지리교과서는 일본 문부성의 「소학교령」·「소학교교칙대강」에 입각해 집필되었으며 공식적으로 검정을 획득한 '문부성검정제 소학교검정용서'이자 소학교 지리교육계에 커다란 영향력을 끼친 대표적인 지리교과서로 손꼽힌다. 따라서 독도를 조선영토로 여겨 일본영토에서 제외한 오카무라의 지리교과서는 그 자신의 개인적인 견해 차원이 아니라 문부성을 비롯한 일본정부의 차원에서도 독도를 일본영토가 아니라 조선영토로 인정한 중요한 근거가 될 수 있다.

【참고문헌】

岡村增太郎, 『小學地誌字引』 1, 梅原亀吉 外, 1882.

岡村增太郎, 『新撰地誌』 1-4, 文學社, 1886; 1887(訂正再版).

岡村增太郎・辻敬之, 『小學校用地誌』 1, 普及舍, 1887.

岡村增太郎・辻敬之, 『尋常科用日本地理』 1-2, 文學社, 1891.

岡村增太郎・辻敬之, 『尋常小學校用日本歷史』 上, 成美堂, 1891.

岡村增太郎・辻敬之, 『明治地誌』 1-4, 文學社, 1892; 1896(訂正再版).

岡村增太郎・辻敬之, 『高等小學新地理』 1-4, 八尾新助, 1893.

岡村增太郎・辻敬之, 『高等小學新歷史』 下1, 八尾書店, 1893.

岡村增太郎・辻敬之, 『日本地理新問答』(普通教育學科全書), 吉岡本店, 1896.

岡村增太郎・辻敬之, 『萬國地理新問答』(普通教育學科全書), 吉岡本店, 1896.

南摩綱紀, 『內地誌略』 1-4, 羽峰書屋, 1874.

南摩綱紀, 『小學地誌』 波號 1-3, 文部省, 1880.

심정보, 「근대 한국과 일본의 지리교과서에 표현된 독도 관련 내용의 고찰」, 『독도연구』 23, 2017.

윤소영, 「근대 일본 관찬 지지와 지리교과서에 나타난 독도 인식」, 『한국 독립운동사연구』 46, 독립기념관 한국독립운동사연구소, 2013.

한철호, 「明治期 야마카미(山上萬次郎)의 일본 지리교과서・부도 집필과 독도 인식」, 『도서문화』 50, 2017.

岡田俊裕, 『近現代日本地理學思想史―個人史的研究―』, 古今書院, 1992.

岡田俊裕, 『日本地理學史論―個人史的研究―』, 古今書院, 2000.

岡田俊裕, 『地理學史―人物と論争―』, 古今書院, 2002.

岡田俊裕, 『日本地理學人物事典 近代編1』, 原書房, 2011

東京書籍株式會社 社史編輯委員會 編, 『近代教科書の變遷』, 東京書籍株式會社, 1980.

中山修一, 『近・現代日本における地誌と地理教育の展開』, 廣島大學總合地誌研究資料センター, 1997.

中川浩一,『近代地理教育の源流』, 古今書院, 1978.

海後宗臣 編纂,「所收教科書解題」,『日本教科書大系』15(近代編 地理1), 講
    談社, 1965.

海後宗臣 編纂,「所收教科書解題」,『日本教科書大系』16(近代編 地理2), 講
    談社, 1965.

海後宗臣 編纂,「地理教科書總解說」,『日本教科書大系』17(近代編 地理3),
    講談社, 1966[海後宗臣・仲新,『近代日本教科書總說 解說篇』, 講談
    社, 1979].

19세기 울릉도 수토 연도에 관한 연구

이 원 택

1. 머리말

이 논문의 목적은 19세기(1801~1894)에 조선정부가 울릉도 통치의 일환으로 실시한 울릉도 수토(搜討) 연도(年度)를 사료와 논리적 추론을 통해 확인 또는 추정하여 재정리해 보고, 새로 몇 개의 수토 사실을 보고하고 목록에 추가하며, 향후 수토 연구의 방향을 모색해 보는 것이다.

수토(搜討)는 '글귀를 찾아내 토론한다'는 뜻도 있고, '범죄인을 찾아내 처벌한다'는 뜻도 있으며, '섬이나 변경 지역의 외적이나 도망한 백성을 찾아내 토벌한다'는 뜻도 있다. 울릉도 수토는 세 번째 의미에 해당한다. 섬과 변경 지역에 대한 수토는 조선전기부터 후기까지 지속적으로 행해졌으며, 실록이나 각종 등록 및 일기 등의 사료를 검색해 보면 많은 수토 사례를 찾을 수 있다. 예를 들면, 세종 때 고초도(孤草島) 수토, 중종 때 가덕도(加德島) 수토, 정조 때 신도(薪島) 수토 등이 그것이다. 조선정부의 이러한 수토는 영토를 관리하고, 영토를 범한 외적을 토벌하고 백성들을 육지로 쇄환(刷還)하는 통치 방식의 하나였다.

특히 조선후기의 울릉도 수토는 첫째, 여타 섬이나 지역에 대한 일회성 수토와는 달리 정기적으로 행하여졌다는 점에서 차별성을 갖는다. 숙종 20년(1694) 장한상의 수토를 시작으로 간이년수토(間二年搜討)가 정기적으로 행하여지다가 간년수토(間年搜討)로 바뀌었으며, 울릉도를 개척 후 수토제를 폐지하기까지의 몇 해 동안에는 매년수토(每年搜討)로 바뀌었다.[1]

둘째, 울릉도 수토관(搜討官)은 수토를 마치고 도형(圖形)과 함께 토산물을 진상(進上)하였다. 이와 같이 도형과 토산물을 진상하는 행위는 유교적 왕토(王土)[2] 관념에서 나온 것으로, 의례화(儀禮化)되어 수토제도가 폐지될 때까지 지속되었다. 일정한 주기로 수토를 실시하는 수토의 주기성과 수토 지역 토산물의 진상은 19세기 후반 울릉도 개척시기의 '검찰(檢察)'과는 분명하게 구분되는 수토만의 특징이라고 할 수 있다.

셋째, 전통시대의 지리적 관념에 따르면, 울릉도와 독도는 본도(本島)와 속도(屬島)의 관계, 요즈음 표현으로 하면 '하나의 셋트(set)'로 인식되었으며,[3] 따라서 울릉도에 대한 수토는 곧 독도에 대한 수토를 포함하는 것이라고 이해될 수 있다. 즉 울릉도에 대한 통치행위는 독도

---

[1] 송병기, 『울릉도와 독도』(재정판), 단국대학교출판부, 2007. p.108 이하 참고.
[2] 『詩經』, 「小雅·北山」에 "온 천하가 왕의 땅이 아닌 곳이 없다[溥天之下, 莫非王土.]"라고 하였고, 『孟子』「萬章 上」에 『시경』을 인용하여 "普天之下, 莫非王土."라고 하였다.
[3] 조선에서는 『동국여지승람』의 우산도와 울릉도에 관한 인식이 1908년 『증보문헌비고』에까지 이어지고, 일본에서는 『은주시청합기』의 송도와 죽도에 관한 인식이 「죽도 외 1도의 소속에 관한 태정관 지령」(1877) 등 19세기 후반까지 계속되었다.

에 대한 통치행위가 되는 것이다. 그리하여 울릉도 수토에 관한 실증적 연구는 독도 영유권 논리의 강화에 기여한다고 할 수 있을 것이다.

조선후기 울릉도 수토제에 대한 연구는 송병기 교수의 선구적 연구에 이어, 김호동 교수, 유미림 박사, 심현용 박사, 배재홍 교수, 김기혁 교수, 백인기 박사, 손승철 교수 등에 의한 많은 연구가 진행되어 왔다.[4] 근자에 영남대학교 독도연구소에서 『울진대풍헌과 조선시대 울릉도·독도의 수토사』라는 책도 출판되었다.[5]

한편, 필자는 '조선후기 강원감영 울릉도 수토사료'를 접할 기회가 있어 간략한 '해제'를 붙여 번역 소개한 적이 있다.[6] 이 논문에서는 필자가 기존의 '해제'에서 제시한 수토 건수의 오류를 정정하고, 새로 몇 개의 수토 건수를 추가 소개하고자 한다. 나아가 수토 주기 및 사료적 근거에 논리적 추론을 더하여 19세기 울릉도 수토 연도 추정에 관한 가설을 제시하려고 한다.

이를 위해 먼저 관련 연구자들의 기존연구 업적을 〈19세기 울릉도 수토 연도 일람표〉로 작성하고, 이를 다시 〈19세기 울릉도 수토 목록〉으로 정리하여, 그것을 비판적으로 검토할 것이다. 그리고 필자가 찾아낸 새로운 수토 사실들을 제시하여 수토 목록에 추가할 것이다. 마지막으로 〈19세기 울릉도 수토 추정목록(가설)〉을 만들어 향후 연구와 토론의 출발점으로 삼고자 한다. 19세기 이전 시기의 울릉도 수토 연구는 다음 기회로 미룬다.

---

4) 이 글의 마지막 부분에 첨부된 [참고문헌] 목록 참조.

5) 영남대 독도연구소 편, 『울진대풍헌과 조선시대 울릉도·독도의 수토사』, 선인, 2015.

6) 이원택, "조선후기 강원감영 울릉도 수토사료 해제 및 번역," 『영토해양연구』 8, 동북아역사재단 독도연구소, 2014.

2. 수토 연도 일람표와 수토 목록 정리

먼저 기존 연구 성과의 흐름을 파악하고, 관련 연구의 축적을 위하여 〈표 1〉 19세기 울릉도 수토 연도 일람표를 만들어 보았다. 이 일람표는 손승철 교수의 〈수토사 일람표〉[7]에서 힌트를 얻어 만들게 되었다. 손 교수의 일람표에는 김호동 교수, 배재홍 교수, 손승철 교수, 심현용 박사, 백인기 박사 그리고 필자 등 6인의 연구 결과를 표로 만들었다. 필자는 손승철 교수의 일람표에서 1801년 이후의 19세기 부분만을 취하고, 여기에 송병기 교수[8]와 유미림 박사[9]의 연구 결과를 포함시켜 수토 연도 일람표를 만들었다. 백인기 박사의 연구[10]는 18세기까지만 수토 연도가 나와 있고 19세기의 수토 상황은 들어있지 않아 일람표에서 제외하였다.

이 일람표를 보면 연구자들의 관심의 초점과 대상 범위가 다르기 때문에 수토 시기의 대상 범위에도 많은 편차가 있음을 알 수 있다. 그리하여 송병기 교수의 개화기 수토 연도는 유미림 박사 및 이원택의 그것과 일치되는 연도가 많으며, 또 김호동 교수와 유미림 박사, 배재홍 교수와 유미림 박사 그리고 심현용 박사가 서로 연도가 일치되는 부분이 많다고 할 수 있다. 선행 연구에서 후행 연구로 연구 성과가 축적되어 가는 모습을 보여준다고 할 수 있겠다.

---

7) 손승철, "울릉도 수토제", 『독도사전』, p.249; 손승철, "조선후기 수토기록의 문헌사적 연구 - 울릉도 수토 연구의 회고와 전망 -"『한일관계사연구』 51집, 한일관계사학회, 2014. pp.103-104.

8) 송병기, 같은 책, p.108 이하 참고.

9) 유미림, "장한상의 울릉도 수토와 수토제의 추이에 관한 고찰,"『한국정치외교사논총』 31집 1호, 한국정치외교사학회, 2009; 유미림, 『우리 사료 속의 독도와 울릉도』, 지식산업사, 2013.

10) 백인기, "조선후기 울릉도 수토제도의 주기성과 그 의의 1", 『이사부와 동해』 5, 2013.

〈표 1〉 19세기 울릉도 수토 연도 일람표

번호	송병기 2007	김호동 2007	유미림 2009/ 2013	배재홍 2011	손승철 2011/ 2014	심현용 2013	이원택 2014
1		1801	1801	1801	1801	1801	
2		-	1803	1803	1803	1803	
3		1804(?)	1804(?)	-	1804	-	
4		1805(?)	1805(?)	1805	-	1805	
5		-	1807	1807	-	1807	
6		-	1809	1809	-	1809	
7		-	1811	1811	-	1811	
8		-	1813	1813	-	1813	
9		-	1819	1819	-	1819	
10		-	1823	1823	-	1823	
11		-	1829	1829	-	1829	
12		1830(?)	1830	-	-	-	
13		1831(?)	-	1831	-	1831	
14		-	1841	1841	1841	1841	
15		-	1843	1843	-	1843	
16		-	1845	1845	-	1845	
17		1846(?)	1846(?)	-	-	-	
18		1847(?)	1847(?)	1847	-	1847	
19				-	-	-	
20				-	-	-	1857
21				1859	-	1859	-
22				-	-	1866	
23				-	-	-	1867
24				-	-	1868	
25				-	-	-	
26				-	-	-	
27	1881			1881	-	1881	-
28					1882	-	-
29					1884	-	-
30	1888					1888	1888
31	1889		1889				1889
32	1890		1890				1890
33	1891						1891
34	1892		1892				1892
35	1893		1893				1893
36	1894(?)						

※ (?) 표시는 원저자가 표시한 것이거나 원저자가 추정으로 제시한 것에 필자가 표시한 것임.

다음으로 심현용 박사의 〈조선시대 울릉도 수토 시행 현황〉[11]을 토대로 위의 〈표 1〉 19세기 울릉도 수토 연도 일람표를 대입하여 〈표 2〉 19세기 울릉도 수토 목록을 작성하였다. 비고란에 수토 사실이 확실하다고 생각되는 것은 공란으로 두고, 나머지에 대해서는 오류, 의심, 추정의 세 단계 의견을 제시하였다. 이에 대해서는 다음 장에서 자세히 검토하겠다.

〈표 2〉 19세기 울릉도 수토 목록

연도	수토관		근거	비고
	직위	성명		
1801	삼척영장	김최환	울릉도 태하리 각석문 『한길댁생활일기』, 순조 1년 3월 30일	
1803	월송만호	박수빈	『비변사등록』, 순조 3년 5월 22일	
1804	삼척영장	이보국	울릉도 태하리 각석문	오류
1805	삼척영장	이보국	울릉도 태하리 각석문	
1807			『한길댁생활일기』, 순조 7년 2월 7일	
1809			『한길댁생활일기』, 순조 9년 3월 1일	
1811			『한길댁생활일기』, 순조 11년 3월 1일	
1813			『한길댁생활일기』, 순조 13년 2월 21일	
1819	삼척영장	오재신	『한길댁생활일기』, 순조 19년 윤4월 9일	
1823			『한길댁생활일기』, 순조 23년 3월 1일	
1829	월송만호		『한길댁생활일기』, 순조 29년 4월 3일	
1830	삼척영장	이경정	울릉도 태하리 각석문	오류
1831	삼척영장	이경정	울릉도 태하리 각석문	
1841	월송만호	오인현	『비변사등록』, 헌종 7년 6월 10일 『각사등록』 13, 564하(1841.6.22.)	
1843			『한길댁생활일기』, 헌종 9년 4월 3일	
1845			『한길댁생활일기』, 헌종 11년 3월 17일	
1846	삼척영장	정재천	울릉도 태하리 각석문	오류
1847	삼척영장	정재천	울릉도 태하리 각석문	
1857	월송만호	지희상	『각사등록』 27, 79상-하(1857.윤5.5)	
1859	삼척영장	강재의	『한길댁생활일기』, 철종 10년 4월 9일	

11) 심현용, "조선시대 울릉도 수토정책에 대한 고고학적 시·공간," pp.178-179.

1866	월송만호	장원익	평해군수 심능무·이윤흡 영세불망지판 월송영장 장원익 영세불망지판	오류
1867	월송만호	장원익	평해군수 심능무·이윤흡 영세불망지판 월송만호 장원익 영세불망지판 『각사등록』 27, 284상-하(1867.4.20)	
1868	월송만호	장원익	평해군수 심능무·이윤흡 영세불망지판 월송영장 장원익 영세불망지판	오류
1881			『승정원일기』, 고종 18년 5월 22일	
1882	울릉도장	전석규	『고종실록』, 고종 19년 8월 20일	오류
1884	삼척영장 겸 울릉도 첨사		『고종실록』, 고종 21년 3월 15일	오류
1888	월송만호 겸울릉도장	서경수	『각사등록』 27, 481하(1888.7.10) 울릉 태하리 광서명 각석문	의심
1889	월송만호 겸울릉도장	서경수	『각사등록』 27, 483하-484상(1889.7.26)	
1890	월송만호		『각사등록』 27, 485하(1890.7.18)	의심
1891	월송만호		『각사등록』 27, 487하(1891.8.16)	
1892	월송만호		『각사등록』 27, 489상(1892.7.14)	추정
1893	평해군수	조종성	『각사등록』 27, 493하(1893.9.20)	
1894	평해군수	조종성	『각사등록』 27, 493하(1893.11.8)	추정

3. 수토 목록의 비판적 검토 및 재정리

1) 삼척영장 이보국의 수토는 1804년인가, 1805년인가?

삼척영장 이보국의 수토 연도에 대해 김호동 교수와 손승철 교수는 1804년으로, 배재홍 교수와 심현용 박사는 1805년으로 보고 있다. 울릉도에 각석문이 있기 때문에 삼척영장 이보국이 울릉도를 수토한 것은 사실이다. 『승정원일기』에 따르면, 이보국은 순조 4년(1804) 7월 10일

삼척영장에 임명되어 7월 13일 하직한다.[12] 그리고 순조 5년(1805) 윤6
월 25일에 오위장에 임명된다. 그렇다면 4년 7월 중순부터 5년 윤6월
까지의 어느 시점에 울릉도 수토를 하였을 것이다. 바람 때문에 가을
과 겨울을 피하여 울릉도 수토가 대개 봄과 여름에 행해지는 것을 고
려할 때, 순조 5년(1805)에 수토했을 가능성이 크다. 또 1803년에 월송
만호 박수빈의 수토가 있었는데, 바로 이듬해(1804)에 연이어 삼척영
장이 수토했다고 보기도 어렵다. 따라서 삼척영장과 월송만호의 '간년
윤회 수토의 예(例)'[13]에 따라 1805년에 수토했다고 보는 것이 합리적
일 것이다.

2) 삼척영장 이경정의 수토는 1830년인가, 1831년인가?

각석문에 있기 때문에 삼척영장 이경정이 수토한 사실은 분명하다.
『승정원일기』에 따르면, 이경정은 순조 30년(1830) 3월 2일 삼척영장에
임명되어 3월 7일 하직하고, 31년(1831) 6월 2일에 오위장에 임명된다.
따라서 이경정은 순조 30년 봄 수토, 31년 봄 수토 모두 가능하나, 간
년윤회 수토의 예를 따랐다면, 1829년 월송만호가 수토하였기 때문에
1831년 봄에 수토하였다고 보는 것이 타당할 것이다.

---

[12] 『승정원일기』 순조 4년 7월 10일 및 13일의 인사기록 참조
(http://sjw.history.go.kr/main.do 에서 2017.11.19. 검색함). 이하 본 논문에서
『승정원일기』의 인용은 관련 연월일만 제시하고, 별도로 각주를 달지 않음.
[13] '간년윤회 수토의 예(例)'에서 간년(間年)은 간일년(間一年: 1년을 사이에 두
고 2년마다)과 같은 뜻이며, 윤회는 삼척영장과 월송만호가 번갈아 돌아오는
수토 차례를 담당한다는 뜻이며, '예(例)'는 사례(case) 또는 보기(example)라
는 뜻에서 더 나아가 범례(凡例)와 같이 일반적으로 적용되는 법식(法式)이
라는 뜻이다.

3) 삼척영장 정재천의 수토는 1846년인가, 1847년인가?

태하리 각석문에 보이는 삼척영장 정재천은『승정원일기』에 따르면 헌종 12년(1846) 7월 11일 삼척영장에 임명되어 7월 16일 하직하였다. 그가 1846년 늦여름이나 가을에 수토했을 가능성도 없지 않지만, 간년수토제 원칙을 적용하면, 그는 1847년 봄이나 여름에 울릉도를 수토하였을 것이다.

4) 월송만호 장원익의 수토는 1866인가, 1867년인가, 1868년인가?

간년윤회 수토제에 의거하면, 1865년은 삼척영장의 차례이다.『승정원일기』에 따르면, 안의석은 고종 1년(1864) 6월 27일 삼척영장으로 하직한다. 그리고 심영규가 고종 2년(1865) 6월 22일 삼척영장으로 부임해 온다. 따라서 1865년 봄에 안의석이 수토했을 가능성이 있다. 만약 안의석이 1865년에 수토했다면, 이듬해인 1866년에 연달아 수토를 실시할 필요가 없었을 것이다. 그리고 무엇보다『승정원일기』에 따르면, 장원익은 고종 3년(1866) 12월 20일 월송만호에 임명되었다. 따라서 월성만호 장원익이 1866년 봄에 수토했을 가능성은 없다. 같은 이유로 1868년에 장원익이 수토하였을 가능성도 없다고 판단된다. 따라서 1867년 봄에 장원익이 수토했을 가능성이 가장 크다. 1867년에 장원익의 수토가 있었다면, 간년윤회 수토의 원칙에 따라 1869년은 삼척영장의 차례가 된다.

한편, 「월송만호 장원익 영세불망지판」에는 다음과 같이 기록되어 있어 장원익이 1867년에 수토하였음을 말해주고 있다.

금상(今上) 3년 병인년(1866, 고종3)에 원영(原營) 사람인 장원익(張源翼) 공이 수토관(搜討官)으로 와서 월송(越松)을 지키게 되었다. … 이듬해 정묘년(1867, 고종4)에 구산동(邱山洞)에 행차하여 동민(洞民)에게 묻기를 "역관(譯官)을 머물게 하고 사격(沙格)을 대접하는 데, 너희 동(洞)에서 비용을 대었는가?" 하였다. 동민이 대답하기를, "구산진(邱山津)에서 '대풍소(待風所)'를 운용한 것이 어느 옛날인들 없었겠습니까마는 식년(式年)에 부뚜막을 늘려 밥을 짓고 호구(戶口)를 배로 불려 돈을 거두느라 고아에게 고통을 분담시키고 아녀자에게 세금을 내게 합니다. 백성들이 겪는 고충이 대략 이와 같습니다." 하였다. 공이 듣고 매우 측은하게 여겨 그날로 바로 발문(發文)을 띄웠으니, 아마도 나랏일과 백성을 급하게 여겼기 때문일 것이다.

다음해 무진년(1868, 고종5)에 공이 20금(金)을 구산동에 보내면서 "강물에 던진 술이라 너희들에게 맛보게 할 수는 없지만 조금이라도 쓰임에 보탬이 된다면 아마도 그 혜택이 너희에게 미칠 것이다."고 하자, 뭇 사람이 모두 그의 덕을 칭송하였다."[14]

또 『각사등록』에 "명년 울릉도 수토는 월송만호가 거행해야 하므로 미리 영영(嶺營)에 분부하라는 첩보"(1866.12.8)와 "월송만호 장원익이 울릉도 수토차 출발한 상황을 성책하여 올리는 첩보"(1867.4.20) 등의 문서가 남아있다.[15]

장원익이 월송만호로 부임한 것은 1866년 12월이고, 구산동에 행차한 것이 1867년인데 이는 수토를 위한 행차이다. 그리고 1868년에는 임소를 타지로 옮겨서 금전을 보낸 것으로 생각된다. 따라서 1867년에 수토가 이루어졌을 것으로 추론된다.

---

14) 심현용, "울진 대풍헌의 울릉도·독도 수토 자료와 그 역사적 의미-조선시대 울릉도·독도 수토정책과 관련하여-", 영남대 독도연구소 편, 『울진대풍헌과 조선시대 울릉도·독도의 수토사』(독도연구총서 14), 선인, 2015. p.154-155.

15) 『각사등록』 27, 275하(1866.12.8);『각사등록』 27, 284상-하((1867.4.20); 이원택, "조선후기 강원감영 울릉도 수토사료 해제 및 번역", pp.191-192.

5) 1882년 및 1884년에 울릉도 수토가 있었는가?

1883년에 월송만호 안영식이 울릉도를 수토하였다. 따라서 특별한 사정이 없는 한 간년윤회 수토의 원칙이 준수되었던 일반적 경향을 고려하면, 1882년과 1884년에 울릉도 수토가 있었다고 하기 어렵다. 아마도 손승철 교수[16]는 울릉도장에 전석규를 임명한 1882년 5월 22일『고종실록』의 기사와 울릉도첨사 겸삼척영장에 관한 1884년 3월 15일『고종실록』의 기사를 보고, 그것을 울릉도 수토 기사로 오인한 것이 아닌가 추측된다.

6) 1888년과 1890년 서경수의 울릉도 수토 여부

필자는 1888년과 1890년에 있었던 서경수의 검찰을 수토로 오인하여 발표하는 오류를 범했다.[17]

울릉도 태하리 광서명 각석문에는 1890년과 1893년 두 개의 연도만을 확인할 수 있다. 이 각석문만을 근거로 1888년 서경수가 울릉도를 수토하였다고 할 수 없다. 아마도 1888년에 서경수가 월송만호 겸 울릉도장에 임명되어 울릉도를 검찰한 사실을 가지고 수토 연도로 본 것이 아닌가 추측된다.

그러나 검찰과 수토는 격식이 서로 달라, 수토 후에는 반드시 물품을 진상하는 절차가 있다. 그런데 각사등록의 1888년 기사[18]에서 수토나 그에 따른 토산품 진상을 직접 언급한 것은 찾지 못했다.

---

16) 한국해양수산개발원,『독도사전』, p.249에 있는 "울릉도 수토제" 항목의 표〈조선 후기 울릉도 수토관〉참조.
17) 이원택, "조선후기 강원감영 울릉도 수토사료 해제 및 번역", p.186.
18)『각사등록』27, 481하(1888.7.6);『각사등록』27, 481하-482상(1888.7.10) 등.

1890년에도 서경수가 월송만호 겸 울릉도장의 직을 담당하고 있었으나, 마찬가지로 각사등록의 기사[19)]에서 수토나 그에 따른 토산품 진상을 직접 언급한 것은 찾지 못했다. 좀 더 정밀한 검토가 요구되며, 수토를 입증할 수 있는 새로운 자료의 발굴을 기대한다.

7) 1892년과 1894년의 수토 여부

1892년의 경우 수토인지 검찰인지 구분하기 쉽지 않지만, "진상품을 올리지 못했다"는 보고에 근거하여, 수토를 실시하였지만 무슨 사정에 의해 진상품을 올리지 못했다는 것으로 해석하여 수토를 실시한 것으로 추정하였다.

1894년의 경우, 이 해 12월에 수토제가 폐지됨으로 해서 이 해에 수토가 없었을 것이라고 추정하는 경우가 많은데, 고종이 구례(舊例) 즉 옛 제도를 복구하여 평해군수 겸 울릉도장을 맡고 있는 조종성에게 다시 사검관(査檢官)이라는 직책을 주어 울릉도를 사검하게 한다. 여기서 '구례(舊例)'라고 한 것은 평해군수가 울릉도를 수토하는 예(例)를 뜻한다고 해석할 수 있다. 그리하여 1894년 봄에 울릉도 수토가 실시되었을 것이라고 추정하였다.

이상의 검토를 통하여 오류라고 생각되는 것을 수토 목록에서 삭제하고, 의심가는 것도 검토 후 오류라고 판단하여 수토 목록에서 삭제하였으며, 추정으로 생각되는 건은 검토 후 수토 실시 가능성이 크다고 판단하여 수토 목록에 포함시켜 〈표 3〉 울릉도 수토 목록(재정리)을 다음과 같이 작성하였다.

---

19) 『각사등록』 27, 485하(1890.7.18); 『각사등록』 27, 485하(1890.7.22).

〈표 3〉 19세기 울릉도 수토 목록(재정리)

연도	수토관		근거	비고
	직위	성명		
1801	삼척영장	김최환	울릉도 태하리 각석문 『한길댁생활일기』, 순조 1년 3월 30일	
1803	월송만호	박수빈	『비변사등록』, 순조 3년 5월 22일	
1805	삼척영장	이보국	울릉도 태하리 각석문	
1807			『한길댁생활일기』, 순조 7년 2월 7일	
1809			『한길댁생활일기』, 순조 9년 3월 1일	
1811			『한길댁생활일기』, 순조 11년 3월 1일	
1813			『한길댁생활일기』, 순조 13년 2월 21일	
1819	삼척영장	오재신	『한길댁생활일기』, 순조 19년 윤4월 9일	
1823			『한길댁생활일기』, 순조 23년 3월 1일	
1829	월송만호		『한길댁생활일기』, 순조 29년 4월 3일	
1831	삼척영장	이경정	울릉도 태하리 각석문	
1841	월송만호	오인현	『비변사등록』, 헌종 7년 6월 10일 『각사등록』 13, 564하(1841.6.22.)	
1843			『한길댁생활일기』, 헌종 9년 4월 3일	
1845			『한길댁생활일기』, 헌종 11년 3월 17일	
1847	삼척영장	정재천	울릉도 태하리 각석문	
1857	월송만호	지희상	『각사등록』 27, 79상-하(1857.윤5.5)	
1859	삼척영장	강재의	『한길댁생활일기』, 철종 10년 4월 9일	
1867	월송만호	장원익	평해군수 심능무·이윤흡 영세불망지판 월송만호 장원익 영세불망지판 『각사등록』 27, 284상-하(1867.4.20)	
1881			『승정원일기』, 고종 18년 5월 22일	
1889	월송만호 겸 울릉도 장	서경수	『각사등록』 27, 483하-484상(1889.7.26)	
1891	월송만호		『각사등록』 27, 487하(1891.8.16)	
1892	월송만호		『각사등록』 27, 489상(1892.7.14)	
1893	평해군수	조종성	『각사등록』 27, 493하(1893.9.20)	
1894	평해군수	조종성	『각사등록』 27, 493하(1893.11.8)	

4. 새로 추가할 수토 목록과 그 근거

<표 4> 19세기 울릉도 수토 목록(추가)

연도	수토관		근거	비고
	직위	성명		
1849	월송만호	이규상	『각사등록』 11, 592상-594하(1849.8.9)	
1853	월송만호	석충선	『각사등록』 27, 79상-하(1857.윤5.5)	
1855	삼척영장	이원명	『각사등록』 27, 79상-하(1857.윤5.5)	
1873	월송만호		『각사등록』 27, 346상(1872.11.5) 『각사등록』 27, 350하(1873.3.21)	교체수토
1879	월송만호	박삼수	『각사등록』 27, 419상(1878.11.13) 『승정원일기』, 고종 16년(1879) 2월 28일	추정
1883	월송만호	안영식	『승정원일기』, 고종 20년(1883) 12월 29일 『승정원일기』, 고종 19년(1882) 10월 20일 『승정원일기』, 고종 20년 12월 3일	

1) 1849년 월송만호 이규상의 수토

기유년(1849, 철종 즉위년) 8월 9일 경상감영의 보고서[20]에, 1849년에 울릉도 수토가 있었음을 알 수 있는 구절이 나온다. 만약 당시에 수토가 있었다면, 수토관은 월송만호 이규상이었을 가능성이 크다. 앞에서 살펴본 것처럼 삼척영장 정재천은 1847년 봄이나 여름에 울릉도를 수토하였을 것이다. 따라서 그로부터 두 해가 되는 1849년에 월송만호에 의한 간년윤회 수토가 시행되었을 가능성이 있다. 『승정원일기』에 따르면, 이규상은 헌종 14년(1848) 6월 25일 월송만호에 임명되었다가 헌종 15년(1849) 5월 6일 파직되었다. 1849년 수토가 이루어졌다면, 월송만호 이규상이 파직되었던 5월 이전의 봄철에 수토가 이루어졌을

---

[20] 『각사등록』 11, 592상-594하(1849.8.9).

것이다. 금번 소개할 자료에 의하면, 월송만호는 파직(1849년 5월 6일)되기 한 달쯤 전인 윤4월 2일에 수토를 마치고 울릉도를 출발한 것으로 되어 있다.

자료를 간략히 요약하면 다음과 같다. 경상감영은 8월 9일에 중앙정부에 보고한다. 그런데 그 감영의 보고는 "지난 달(1849년 7월) 15일 진시(辰時)에" 도착한 "흥해군수(興海郡守) 이정호(李鼎鎬)"의 "급보"에 의한 것이다. 흥해군수는 "흥해군 동상면(東上面) 두모포(豆毛浦) 마을 임원의 보고서에"에 근거하여 감영에 보고한 것이다.

마을 임원의 보고는 "창원부(昌原府) 신강리(新江里)의 김이방(金以方)이 울릉도에 들어가 새로 선척을 만들고, 이번(7월) 9일에 본 진(津)에 와서 정박하였다"는 것이다. 그래서 "당해 선주(船主)인 김이방을 잡아들이고," 또 "김상길(金尚吉)을 조사"하니, 김상길은 "이번 4월에 통영(統營)에서" 그에게 "울릉도에 머무르고 있"는 이양선을 "정탐하고 오라"고 했다는 것이다. "군관(軍官) 서문억(徐文億)과 함께 가라"고 분부했다는 것이다. 그리하여 "같은 달(4월) 3일에 배를 타고 곧바로 울릉도로 갔는데" 배가 부서져서 "고쳐 만들고" "이양선을 망보"았다는 것이다. 이양선을 만나고 난 후 "평해군의 월송진(越松津)에 도착하여 정박하였는데, 군관 서문억이 육로로 돌아가고" 자신은 "흥해군의 두모포에 정박하였다"는 것이다.

감영에서 다시 조사하라고 하여, "같은 달(7월) 23일 사시(巳時)에 흥해군수의" "급보가 도착"하였다. "창원의 선주 김상길 등이" "고하기를" "이번 4월에 통영에서 저에게 울릉도에 들어가서 이양선의 모습을 살펴보도록" 하자, "같은 달(4월) 3일에 배를 출발하여 28일에 울릉도에 도착"하였는데, 파도가 거세어 "윤4월 1일에 배가 그대로 부서졌"다는 것이다. 그리고 "윤4월 6일 저녁에" 이양선의 선원들을 만났으나 말이 통하지 않았다고 한다.[21] 그리하여 "7월 1일에 울릉도에서 배를 출발하여 돌아왔다"고 진술하였다는 것이다. 그리고 홍해군은 "홍해군에서 통영에 보고한 것에 대한 회답에, '과연 이러한 일이 있었으니,' '모두 풀어 주어라'라고 하였으므로," 아울러 보고한다는 것이다.

감영에서 "다시 조사하여 보고하도록 하였다." 그래서 "이달(8월) 8일 사시(巳時)에 홍해군수의" "급보가 도착하였다." "김상길 등"이 다음과 같이 진술했다고 한다. "저희들은 4월 3일 통영의 분부로 인하여 군관 서문억과 함께 울릉도에 들어갔습니다. 같은 달 28일에 도착하여 정박 했고, 윤4월 1일에 배가 파손되었습니다. 우연히 월송만호(越松萬戶)가 수토하고 돌아가는 배를 만나서, 서문억은 2일에 그 배에 함께 타고 나 갔습니다. 그러한 즉, 서문억이 돌아간 것은 과연 이양선을 만나기 전 에 있었습니다. 앞서 진술한 것 중에는 정신이 어지러워서 이양선을 만나고 돌아가는 길에 서문억이 월송에서 먼저 돌아갔다는 식으로 잘 못 진술했습니다. 그러므로 지금 다시 생각해보고 이렇게 다시 고하는 것입니다." 또 "금지된 땅에서 배를 만든 일은, 배가 파손된 후 월송만 호의 수토하는 배를 만난 저희들이 어찌 28명의 격군 및 초둔(草苞)과 쌀을 함께 싣고 돌아가고자 하지 않았겠습니까? 월송만호는 배가 작아 수용하기 어렵다는 핑계를 대며 서문억만 실었으며, 분부하기를, 「너 희들은 파손된 배를 수리하여 나중에 나오거라」라고 하였습니다. 그 리하여 저희들은 어쩔 수 없이 머무르면서 배를 만들어 나온 것입니 다"라고 하였다.

한편, 이 자료는 통제사영(統制使營)의 울릉도 수토라는 새롭고 매 우 흥미로운 사실을 보여주는 기록이다. 통제사영에서 군관이 포함된

---

21) 필자는 이들이 만난 이양선이 포경선 리앙쿠르호일 가능성이 있다는 가설을 제시한 적이 있다. 이원택, "1849년 윤사월 울릉도에서 있었던 일, 리앙쿠르 호?"(미간행 원고), 제8회 전국해양문화학자대회자료집 2, 목포대학교 도서 문화연구원 등, 2017.

민간인들을 울릉도에 보내 이양선을 수토하라는 명을 내렸다는 것도 믿기 어렵지만, 흥해군에서 통제사영에 공문을 보내 그러한 사실이 있는지에 대해 확인까지 한 것이니 믿지 않을 수도 없다.

2) 1853년 월성만호 석충선의 수토와 1855년 삼척영장 이원명의 수토

『승정원일기』에 따르면, 지희상은 철종 6년(1855) 12월 26일 월송만호로 임명되었다. 그는 1857년 4월에 울릉도를 수토하고 비교적 상세한 수토기를 남겼다. 순조, 헌종, 철종 대에 온전하게 전해진 현재로서는 유일한 수토기라고 할 수 있다. 이 수토기에 다음과 같은 기록이 나온다.

> "만호는 울릉도 수토의 일로 지난 4월 22일 이경우(李璟祐)와 함께 대동한 원역(員役) 11인, 사격(沙格) 16명이 네 척의 선박에 나누어 타고 본 포구를 출발하여 평해군 구산진(邱山津) 후풍소(候風所)에 도착하였습니다. 5월 8일 진시(辰時: 07-09시) 쯤 바람을 만나 일제히 출발하여, 같은 달 9일 축시(丑時01-03시) 쯤 본도의 대풍구미(待風邱尾)에 정박하였습니다.
> 날이 밝은 후, 만호가 몸소 원역을 이끌고 비로소 육지로 내려가 섬의 형세를 살펴보니, 오른쪽에 황토굴이 있고 왼쪽에 병풍석이 있는데, 병풍석의 벽면에 수토관 삼척영장 이원명(李源明)과 월송만호 석충선(石忠先) 두 사람의 새겨진 이름이 있고, 그 나머지는 햇수가 오래되어 무디어지고 없어져 자획을 변별할 수 없었습니다. 중간에 개천 하나가 있는데 약 20리쯤 되었으며, 그 사이가 꽤 넓어 논밭을 삼을 수 있는 곳이 거의 40여 석의 면적에 가까웠습니다."[22]

지희상의 수토기에서 삼척영장 이원명과 월송만호 석충선이 울릉도를 수토한 사실을 확인할 수 있다. 햇수가 오래된 자획은 변별할 수 없

---

22) 이원택, "조선후기 강원감영 울릉도 수토사료 해제 및 번역", pp.188-191.

다고 했으니, 이원명과 석충선은 지희상의 수토와 가까운 시기에 새겨진 이름일 것이다. 『승정원일기』의 인사기록에 따르면 석충선은 철종 2년(1851)년 12월 27일 월송만호에 임명된다. 그리고 철종 4년(1853) 6월 1일 이동섬이 월송만호에 임명된다. 따라서 간년윤회 수토 원칙에 의거하면 1852년은 수토가 없는 해이고 1853년이 월성만호의 수토 차례이므로, 월송만호 석충선은 1853년 6월 이전에 울릉도를 수토하였을 것으로 추론할 수 있다.

한편, 『승정원일기』의 인사기록에 따르면, 이원명은 철종 5년(1854) 윤7월 1일 삼척영장에 임명된다. 그리고 철종 6년(1855) 12월 12일에 오위장에 임명되었다. 따라서 이원명은 1855년 봄에 울릉도를 수토하였음을 추론할 수 있다.

3) 1873년 월성만호의 교체수토

1873년의 울릉도 수토관은, 간년윤회 수토제를 적용하면, 삼척영장의 차례가 된다.[23] 『승정원일기』에 따르면 김필구가 삼척영장으로 부임한 것이 고종 10년(1873) 1월 13일이므로, 상례대로 봄에 수토한다고 상정했을 때 삼척영장 김필구가 1873년의 수토관이 되게 된다.

그런데 강원감영의 보고서에 의하면 삼척영장 김필구의 수토 차례인데 병으로 수토할 수 없으니, 월송만호로 바꿔서 수토를 시행하도록 하였다는 것이다.

"울릉도의 간년수토(間年搜討)는 삼척영장과 월송만호가 예에 따라 번갈아 거행하는데, 올해의 수토는 삼척영장이 담당할 차례여서 이미 세전(歲前)에 차정(差定)하고 관문을 발송했습니다. 지금 해당 영장 김필구(金

---

23) 『각사등록』 27, 346상.

弼求)가 보고한 것을 보니, 영장이 임소에 도착한 처음부터 우연히 신병을 얻어 오래도록 누워있어서, 이러한 병세로는 바다를 건너 멀리 행차할 방도가 전혀 없다고 하였습니다. 수토 행차는 매번 3월에서 4월로 넘어갈 즈음 바람을 살펴 배를 출발시키는데, 영장이 완쾌될 때를 정확히 알 수 없으므로 동 <u>수토관을 월송만호로 옮겨 차정하여 그로 하여금 거행하도록 하</u>였다는 것이다. 계유(1873)년 3월 21일.[24]

이와 관련하여 경상감영 자료에 두 건의 문서가 있는데, 하나는 월송만호로 수토관이 바뀌어 월송만호가 울릉도 수토를 위해 배를 출항시켰는데 도중에 풍랑을 만나 수토관이 탄 배 1척은 돌아왔고, 나머지 배 3척은 표류하여 행방을 모른다는 것이다.[25] 다른 하나는 표류한 나머지 3척의 배가 무사히 돌아왔다는 내용이다.[26] 실제로 수토의 임무를 완수하지는 못했으나 수토 준비를 마치고 출항까지 하였는데, 풍랑으로 수토관이 탄 배는 간신히 돌아오고, 따라간 나머지 3척의 배는 표류하다가 천만다행으로 되돌아 온 것이다.

한편, 관련 내용이 통제영(統制營)의 보고 자료에도 나온다.

울릉도(鬱陵島) 수토선(捜討船) 3척이 바람에 표류한 연유에 대해서 이미 치계하였습니다. 이번에 도착한 이달 23일에 성첩(成帖)한 경상좌수사(慶尙左水使) 유기대(柳冀大)의 첩정(牒呈)에, "울릉도 수토선 3척이 바람에 표류한 연유에 대해서 이미 치계하였습니다. 방금 전에 도착한 영해부사(寧海府使) 이정필(李正弼)의 첩정에, '수토관(捜討官) 월송만호(越松萬戶)의 이문(移文)에, 「바람에 표류한 배 3척이 울릉도에서 무사히 돌아왔습니다.」고 하였습니다. 이상의 연유를 치계한 뒤에 치보(馳報)합니다." 라고 하였습니다.

---

24) 『각사등록』 27, 350하; 이원택, "조선후기 강원감영 울릉도 수토사료 해제 및 번역", p.193.
25) 『각사등록』 17, 356하.
26) 『각사등록』 17, 357상.

위의 수토선 3척이 바람에 표류되어 어디로 갔는지 몰랐는데, 울릉도에
도착하였다가 무사히 돌아왔습니다. 이상의 연유를 치계하오니 잘 아뢰어
주소서.
　　동치 12년 5월 29일[27]

　　경상감영의 보고와의 차이는 나머지 3척이 '울릉도에 도착하였다가
되돌아 왔다'는 것이다. 어쨌든 이 경우는 엄밀히 말하면 실패한 수토
이지만, 간년수토의 원칙이 지켜진 것이므로 수토목록에 포함시키는
것이 마땅하다고 생각한다. 이 해에 다시 수토를 하였다는 기록은 보
이지 않는다.

　　끝으로 『승정원일기』에서 월송만호의 인사기록을 보면, 고종 6년
(1869) 1월 12일 서경수가 월송만호로 임명되고, 고종 7년(1870) 12월
19일 한두석이 월송만호로 임명되고, 그 4년 뒤인 고종 11년(1874) 12월
17일 최봉수가 월송만호에 임명되었다. 1873년 당시의 월성만호에 대
한 인사기록은『승정원일기』에 보이지 않는다.

4) 1879년 월성만호 박삼수의 수토

　　1879년의 울릉도 수토는 월송만호의 차례이며, 1878년 11월 현재 미
리 수토 물품을 영남에서 준비한다는 다음과 같은 내용의 문서로 보아
1879년 봄에 수토가 시행되었을 수도 있다고 추론할 수 있다.

　　"울릉도 수토는 내년이 기한에 해당하는데, 수토관은 월송만호가 마
땅히 거행해야 합니다. 영남의 배 2척과 격군(格軍) 30명, 동래(東萊)의
왜학(倭學)과 병선(兵船)·집물(汁物), 담통(擔桶)·수장통(水長桶) 등의
물건을 미리 갖추고 대기하다가 수토관의 보고를 기다려 즉시 발송하라

---

27) 『통제영계록』 고종 10년(1873) 5월 29일.

는 것을 예에 따라 관문을 발송하여 영남감영에 분부하였다는 뜻으로 삼군부(三軍府)에 보고하였으며, 연유를 첩보하는 일입니다. 합행(合行) 운운." 무인(1878)년 11월 13일. 의정부에 첩보.[28]

이 사료에서 볼 수 있는 것처럼 울릉도 수토에는 많은 사람과 물자가 동원되기 때문에 특별한 사정이 없는 한 반드시 수행하여야 하는 일이었다. 1879년 수토는 월송만호 차례인데, 『승정원일기』의 인사기록에 따르면, 고종 16년(1879) 2월 28일 박삼수(朴三秀)가 월송만호에 임명된다. 그리고 고종 17년(1880) 12월 26일 원희관(元喜觀)을 월송만호에 임명하였다고 하였다. 따라서 박삼수가 1879년 봄이나 여름에 울릉도를 수토하였을 것이라고 추론할 수 있다.

5) 1883년 월송만호 안영식의 수토

『승정원일기』에 따르면, 안영식은 1882년 10월 20일 월송만호에 임명된다. 그리고 1883년 12월 3일 오위장 가설직에 천망된다. 간년윤회수토의 원칙에 따르면, 1883년은 월송만호의 수토 차례이다. 이 해에 수토가 있었다면 1883년 봄에 월송만호 안영식이 수토를 했을 것이다. 이에 대한 방증으로 1883년 12월 29일 병조의 인사고과 보고 내용 중에 다음과 같이 월송만호 안영식의 울릉도 수토 사실이 나온다.

> 또 아뢰기를, "제도의 포폄 계본(褒貶啓本)을 열어 보니, … 전 강원 감사 윤우선(尹宇善)은 계본 가운데 월송 만호(越松萬戶) 안영식(安永植)에 대해 '지역이 좁고 일이 적어 수토(搜討)하는 일뿐이다.'라고 지목하였으며, … 오로량 만호(吾老梁萬戶) 이지흘(李枝屹)에 대해 '여러 해 동안 진영을 방어하며 끝까지 게을리 하지 않았다.'라고 지목하였습니다. 모두 하

---

28) 『각사등록』 27, 419상(1878년 11월 13일).

고(下考)에 두어야 마땅함에도 상고(上考)에 두었으니 전혀 전최(殿最)를 엄히 밝히는 뜻이 없습니다. 각기 해당 도신과 수신을 아울러 추고하여 경책하고, …"29)

이상의 수토 추가 목록을 〈표 3〉 19세기 울릉도 수토 목록(재정리)에 포함시켜 〈표 5〉 19세기 울릉도 수토 목록(증보)을 작성하였다.

5. 수토 근거의 보충과 가설적 추정목록 제시

〈표 5〉 19세기 울릉도 수토 목록(증보)을 기반으로 새로 얻은 단편적인 사실들, 또 간년윤회 수토 원칙과 매년 수토의 시행, 검찰과 수토의 차이 등에 근거하여 〈표 6〉 19세기 울릉도 수토 추정목록(가설)을 가설로 제시하여 향후 수토에 관한 연구와 토론의 출발점으로 삼고자 한다.30) 편의상 6개의 시기로 구분하여 서술한다.

---

29) 『승정원일기』, 고종 20년 12월 29일. 又啓曰, 坼見諸道褒貶啓本, 則黃海前水使李圭鶴啓本中, 龍媒僉使朴世麟, … 俱宜置中考, 而置諸上考, 江原前監司尹宇善啓本中, 越松萬戶安永植, 以小防無事搜討而已爲目, 慶尙監司趙康夏啓本中, … 則俱宜置下考, 而置諸上考, 殊無嚴明殿最之意, 各該道帥臣, 竝推考警責.

30) 익명의 심사위원께서 〈표 6〉에서 근거가 있는 부분과 추정할 수 있는 것을 구분하여 표를 만들어 독자들이 오인하지 않도록 수정할 것을 권고하였는데, 매우 합당한 지적이라고 생각하며 감사를 표한다. 다만, 표를 분리하여 별도로 만들 경우 간년수토 원칙이 잘 드러나지 않기 때문에 근거와 추정에 해당되는 부분을 두꺼운 서체로 표시하고 비고란에 근거에 대한 보충사항과 가정적인 추정사항을 나누어 기입하였다. 인사기록은 『승정원일기』를 참고하였다.

〈표 5〉 19세기 울릉도 수토 목록(증보)

연도	수토관		근거	비고
	직위	성명		
1801	삼척영장	김최환	울릉도 태하리 각석문 『한길댁생활일기』, 순조 1년 3월 30일	
1803	월송만호	박수빈	『비변사등록』, 순조 3년 5월 22일	
1805	삼척영장	이보국	울릉도 태하리 각석문	
1807			『한길댁생활일기』, 순조 7년 2월 7일	
1809			『한길댁생활일기』, 순조 9년 3월 1일	
1811			『한길댁생활일기』, 순조 11년 3월 1일	
1813			『한길댁생활일기』, 순조 13년 2월 21일	
1819	삼척영장	오재신	『한길댁생활일기』, 순조 19년 윤4월 9일	
1823			『한길댁생활일기』, 순조 23년 3월 1일	
1829	월송만호		『한길댁생활일기』, 순조 29년 4월 3일	
1831	삼척영장	이경정	울릉도 태하리 각석문	
1841	월송만호	오인현	『비변사등록』, 헌종 7년 6월 10일 『각사등록』 13, 564하(1841.6.22.)	
1843			『한길댁생활일기』, 헌종 9년 4월 3일	
1845			『한길댁생활일기』, 헌종 11년 3월 17일	
1847	삼척영장	정재천	울릉도 태하리 각석문	
1849	월송만호	이규상	『각사등록』 11, 592상-594하(1849.8.9)	
1853	월송만호	석충선	『각사등록』 27, 79상-하(1857.윤5.5)	
1855	삼척영장	이원명	『각사등록』 27, 79상-하(1857.윤5.5)	
1857	월송만호	지희상	『각사등록』 27, 79상-하(1857.윤5.5)	
1859	삼척영장	강재의	『한길댁생활일기』, 철종 10년 4월 9일	
1867	월송만호	장원익	평해군수 심능무·이윤흡 영세불망지판 월송만호 장원익 영세불망지판 『각사등록』 27, 284상-하(1867.4.20)	
1873	월송만호		『각사등록』 27, 346상(1872.11.5) 『각사등록』 27, 350하(1873.3.21)	
1879	월송만호	박삼수	『각사등록』 27, 419상(1878.11.13) 『승정원일기』, 고종 16년(1879) 2월 28일	
1881			『승정원일기』, 고종 18년 5월 22일	
1883	월송만호	안영식	『승정원일기』, 고종 20년 12월 29일 『승정원일기』, 고종 19년(1882) 10월 20일 『승정원일기』, 고종 20년 12월 3일	

1889	월송만호 겸 울릉도장	서경수	『각사등록』 27, 483하-484상(1889.7.26)	
1891	월송만호		『각사등록』 27, 487하(1891.8.16)	
1892	월송만호		『각사등록』 27, 489상(1892.7.14)	
1893	평해군수	조종성	『각사등록』 27, 493하(1893.9.20)	
1894	평해군수	조종성	『각사등록』 27, 493하(1893.11.8)	

〈표 6〉 19세기 울릉도 수토 추정목록(가설)

연도	수토관 직위	성명	근거	비고
1801	삼척영장	김최환	울릉도 태하리 각석문 『한길댁생활일기』, 순조 1년 3월 30일 『승정원일기』, 순조 26년(1826) 12월 26일	인사기록 보충
1803	월송만호	박수빈	『비변사등록』, 순조 3년 5월 22일 『승정원일기』, 순조 3년(1803) 5월 22일	인사기록 보충
1805	삼척영장	이보국	울릉도 태하리 각석문 『승정원일기』, 순조 4년(1804) 7월 10일	인사기록 보충
1807	월송만호		『한길댁생활일기』, 순조 7년 2월 7일	직위 추정 (관련 인사기록 무)
1809	삼척영장	이재홍	『한길댁생활일기』, 순조 9년 3월 1일 『승정원일기』, 순조 8년(1808) 6월 25일 『승정원일기』, 순조 9년(1809) 1월 12일 『승정원일기』, 순조 9년(1809) 6월 16일	직위/성명 추정 (관련 인사기록)
1811	월송만호	김원증	『한길댁생활일기』, 순조 11년 3월 1일 『승정원일기』, 순조 10년(1810) 12월 27일 『승정원일기』, 순조 13년(1813) 7월 28일	직위/성명 추정 (관련 인사기록)
1813	삼척영장	한대호	『한길댁생활일기』, 순조 13년 2월 21일 『승정원일기』, 순조 12년(1812) 7월 4일 『승정원일기』, 순조 13년(1813) 7월 28일	직위/성명 추정 (관련 인사기록)
1815	월송만호		『승정원일기』, 순조 15년 1월 13일	수토정지 근거 (관련 인사기록 무)

1817	월송만호	방일호	『승정원일기』, 순조 17년(1817) 2월 19일 『승정원일기』, 순조 19년(1819) 6월 25일	연도/직위/성명 추정 (관련 인사기록)
1819	삼척영장	오재신	『한길댁생활일기』, 순조 19년 윤4월 9일 『승정원일기』, 순조 18년(1818) 12월 27일 『승정원일기』, 순조 19년(1819) 7월 19일	인사기록 보충
1821	월송만호			연도/직위 추정 (관련 인사기록 무)
1823	삼척영장	권사규/남희	『한길댁생활일기』, 순조 23년 3월 1일 『승정원일기』, 순조 22년(1822) 7월 15일 『승정원일기』, 순조 23년(1823) 3월 11일 『승정원일기』, 순조 23년(1823) 12월 22일	직위/성명 추정 (관련 인사기록)
1825	월송만호	정복희	『승정원일기』, 순조 24년(1824) 6월 25일	연도/직위/성명 추정 (관련 인사기록)
1827	삼척영장	하시명	『승정원일기』, 순조 26년(1826) 12월 26일 『승정원일기』, 순조 28년(1828) 6월 24일	연도/직위/성명 추정 (관련 인사기록)
1829	월송만호		『한길댁생활일기』, 순조 29년 4월 3일	관련 인사기록 무
1831	삼척영장	이경정	울릉도 태하리 각석문 『승정원일기』, 순조 30년(1830) 3월 2일 『승정원일기』, 순조 31년(1831) 6월 5일	인사기록 보충
1833	월송만호			연도/직위 추정 (관련 인사기록 무)
1835	삼척영장	남성로	『승정원일기』, 순조 34년(1834) 6월 25일 『승정원일기』, 헌종 1년(1835) 12월 15일	연도/직위/성명 추정 (관련 인사기록)
1837	월송만호	임장희	『승정원일기』, 헌종 2년(1836) 12월 25일 『승정원일기』, 헌종 3년(1837) 9월 8일	연도/직위/성명 추정 (관련 인사기록)
1839	삼척영장	이민곤	『승정원일기』, 헌종 5년(1839) 3월 22일 『승정원일기』, 헌종 5년(1839) 12월 21일	연도/직위/성명 추정 (관련 인사기록)
1841	월송만호	오인현	『비변사등록』, 헌종 7년 6월 10일 『각사등록』 13, 564하(1841.6.22.) 『승정원일기』, 헌종 5년(1839) 12월 22일 『승정원일기』, 헌종 7년(1841) 5월 27일	인사기록 보충

1843	삼척영장	박종무	『한길댁생활일기』, 헌종 9년 4월 3일 『승정원일기』, 헌종 8년(1842) 6월 22일 『승정원일기』, 헌종 9년(1843) 6월 10일	직위/성명 추정 (관련 인사기록)
1845	월송만호	오신범	『한길댁생활일기』, 헌종 11년 3월 17일 『승정원일기』, 헌종 9년(1843) 10월 17일 『승정원일기』, 헌종 12년(1846) 4월 2일	직위/성명 추정 (관련 인사기록)
1847	삼척영장	정재천	울릉도 태하리 각석문, 헌종 13년 『승정원일기』, 헌종 12년(1846) 7월 16일 『승정원일기』, 헌종 13년(1847) 6월 24일	인사기록 보충
1849	월송만호	이규상	『각사등록』 11, 592상-594하(1849.8.9.) 『승정원일기』, 헌종 14년(1848) 6월 25일 『승정원일기』, 헌종 15년(1849) 5월 6일	인사기록 보충
1851	삼척영장	허윤	『승정원일기』, 철종 1년(1850) 5월 4일 『승정원일기』, 철종 2년(1851) 5월 21일	연도/직위/성명 추정 (관련 인사기록)
1853	월송만호	석충선	『각사등록』 27, 79상-하(1857.윤5.5) 『승정원일기』, 철종 2년(1851) 12월 27일 『승정원일기』, 철종 4년(1853) 6월 1일	인사기록 보충
1855	삼척영장	이원명	『각사등록』 27, 79상-하(1857.윤5.5) 『승정원일기』, 철종 5년(1854) 윤7월 1일 『승정원일기』, 철종 6년(1855) 12월 12일	인사기록 보충
1857	월송만호	지희상	『각사등록』 27, 79상-하(1857.윤5.5) 『승정원일기』, 철종 6년(1855) 12월 26일	인사기록 보충
1859	삼척영장	강재의	『한길댁생활일기』, 철종 10년 4월 9일 『승정원일기』, 철종 9년(1858) 6월 22일 『승정원일기』, 철종 10년(1859) 6월 11일	인사기록 보충
1861	월송만호	최윤수	『승정원일기』, 철종 11년(1860) 12월 20일	연도/직위/성명 추정 (관련 인사기록)
1863	삼척영장	임상현	『승정원일기』, 철종 13년(1862) 12월 20일 『승정원일기』, 철종 14년(1863) 7월 20일	연도/직위/성명 추정 (관련 인사기록)
1865	월송만호			연도/직위 추정 (관련 인사기록 무)
	삼척영장	안의석	『승정원일기』, 고종 1년(1864) 6월 20일 『승정원일기』, 고종 2년(1865) 6월 10일	연도/직위/성명 추정 (관련 인사기록)

1867	월송만호	장원익	평해군수 심능무·이윤흡 영세불망지판 월송만호 장원익 영세불망지판 『각사등록』 27, 284상-하 『승정원일기』, 고종 3년(1866) 12월 20일 『승정원일기』, 고종 6년(1869) 1월 12일	인사기록 보충
1869	삼척영장	홍재신	『승정원일기』, 고종 6년(1869) 3월 2일 『승정원일기』, 고종 6년(1869) 12월 19일	연도/직위/성명 추정 (관련 인사기록)
1871	월송만호	한두석	『승정원일기』, 고종 7년(1870) 12월 19일	연도/직위/성명 추정 (관련 인사기록)
1873	월송만호		『각사등록』 27, 346상(1872.11.5) 『각사등록』 27, 350하(1873.3.21)	교체수토 (관련 인사기록 무)
1875	월송만호	최봉수	『승정원일기』, 고종 11년(1874) 12월 17일	연도/직위/성명 추정 (관련 인사기록)
1877	삼척영장	유희동	『승정원일기』, 고종 13년(1876) 12월 20일 『승정원일기』, 고종 15년(1878) 6월 27일	연도/직위/성명 추정 (관련 인사기록)
1879	월송만호	박삼수	『각사등록』 27, 419상(1878.11.13) 『승정원일기』, 고종 16년(1879) 2월 28일	
1881	삼척영장	남준희	『승정원일기』, 고종 18년(1881) 5월 22일 『승정원일기』, 고종 17년(1880) 12월 29일 『승정원일기』, 고종 19년(1882) 3월 16일	직위/성명 추정 (관련 인사기록)
1883	월송만호	안영식	『승정원일기』, 고종 20년(1883) 12월 29일 『승정원일기』, 고종 19년(1882) 10월 20일 『승정원일기』, 고종 20년(1883) 12월 3일	
1885	평해군수 겸 울릉도첨사	심의완	『승정원일기』, 고종 22년(1885) 3월 28일	연도/직위/성명 추정 (관련 인사기록)
1887	평해군수 겸 울릉도첨사		『승정원일기』, 고종 24년(1887) 1월 16일	연도/직위 추정 (관련 인사기록)

1889	월송만호 겸 울릉 도장	서경수	『각사등록』 27, 483하(1889.7.17) 『각사등록』 27, 484상(1889.7.26) 울릉 태하리 광서명 각석문 『승정원일기』, 고종 25년(1888) 6월 15일 『승정원일기』, 고종 26(1889) 8월 25일	근거보충 (관련 인사기록)	진상
1891	월송만호 겸 울릉 도장	이종인	『각사등록』 27, 485하(1890.8.7) 『각사등록』 27, 487하(1891.8.16) 『승정원일기』, 고종 27년(1890) 8월 4일	근거보충/ 성명추정 (관련 인사기록)	진상
1892	월송만호 겸 울릉 도장	박지영	『각사등록』 27, 488상-488하(1892.2.16) 『각사등록』 27, 489상(1892.7.14) 『승정원일기』, 고종 29년(1892) 1월 10일 『승정원일기』, 고종 29년(1892) 12월 9일	성명추정 (관련 인사기록)	진상(×)
1893	평해군수 겸 울릉 도장	조종성	『각사등록』 27, 490하(1892.12.9) 『각사등록』 27, 493하(1893.9.20) 「구암동 김종이 각양공납초출」(1893) 『승정원일기』, 고종 27(1890) 8월 8일	인사기록 보충	진상
1894	평해군수 겸 울릉 도장	조종성	『각사등록』 27, 493하(1893.11.8) 『각사등록』 27, 419상(1894.1.21) 『각사등록』 13, 542하_543상 『승정원일기』, 고종 30년(1893) 11월 9일 『승정원일기』, 고종 31년(1894) 7월 5일	근거보충/ 인사기록 보충	

1)1801년~1813년의 간년윤회 수토와 수토 근거 보충

1801년부터 1813년까지는 수토 근거 기록이 빠짐없이 있다. 특히 1801년, 1803년, 1805년은 연도, 수토관의 직위, 성명 및 근거 사료가 모두 갖추어져 있다. 필자는 여기에 『승정원일기』의 인사기록을 보충하였다. 김최환은 순조 즉위년(1800) 12월 22일 삼척영장에 제수되어 동년 12월 26일 하직(下直)하였으며, 순조 2년(1802) 1월 9일에 오위장이 되었다. 따라서 물리적으로 수토가 가능한 연도는 순조 1년(1801)의 1년간뿐이다. 한편 1803년 월송만호 박수빈의 수토는 『비변사등록』을 통해 잘 알려져 있다.[31] 같은 날짜 『승정원일기』도 참고할 수 있다. 1805년 삼척영장 이보국의 인사기록도 『승정원일기』에서 확인할 수 있다. 그래서 관련 인사기록을 수토 근거에 추가하고 비고란에 '인사기록 보충'이라고 표시하였다.

1807년부터 1813년까지는 수토 연도가 확정되어 있고 사료적 근거가 있으므로, 간년윤회 수토 원칙을 적용하여 수토관의 직위를 먼저 추정하여 기입하고 수토 일자에 해당 직위를 점하고 있는 관원을『승정원일기』의 인사기록에서 추적하였다. 그런데 1807년 월송만호의 인사기록은『승정원일기』에서 찾을 수 없어 공란으로 두었다. 그래서 이 기간의 수토관의 직위와 성명은 모두 잠정적으로 추정한 것이며, 사료적 근거를 가지고 수토관을 특정한 것은 아니다. 따라서 두꺼운 글씨로 표현한 부분은 모두 추정인 셈이다.

2) 1815년~1819년의 수토 상황과 1815년 월송만호의 수토 정지

삼척영장과 월송만호의 간년윤회 수토 원칙에 따라 특별한 사정이 없다면, 1815년은 월송만호가 수토를 해야 하는 연도이다. 그런데 비변사가 당해년은 흉년이 심하므로 수토를 정지하고 후년차(後年次), 즉 1817년에 수토를 거행하자고 요청하자 순조 임금은 그것을 윤허하였다.[32] 한편 1819년에 삼척영장 오재신이 수토를 한 사실은 이미 확인되었다. 1819년에 삼척영장이 수토하였으므로 간년윤회 수토의 원칙에 의거하면 1817년은 월송만호의 수토 차례가 된다. 그런데 그렇게 되면 1815년에 비록 수토를 정지했지만 그해는 월송만호의 차례였으

---

31) 『비변사등록』순조 3년(1803년 5월 22일);『승정원일기』, 순조 3년(1803년 5월 22일).

32) 『승정원일기』(순조 15년 1월 13일): 又以備邊司言啓曰, 江原道鬱陵島搜討, 今年爲當次, 而船隻格軍渡海物種, 自本道及嶺南, 當爲分定擧行事, 當及時知委, 使之待風和入去, 而第今本道沿海各邑, 俱未免歉, 嶺南民邑之勢, 尤無可言, 遇歉停免, 前旣有例, 今亦待後年次擧行之意, 分付, 何如? 傳曰, 允.

므로 1817년에 또다시 월송만호가 수토를 해야 한다면, 두 차례 연속 월송만호가 수토를 한 셈이 되어 간년윤회 수토의 원칙에 어긋나게 된다. 여기서 우리는 1815년 월송만호가 수토 정지의 윤허를 받아 수토를 하지 않았으므로, 그 임무가 1817년으로 이월되었을 것이라고 추론해 볼 수 있다. 또 1819년에 삼척영장이 수토한 기록이 있으므로 1817년에는 월송만호가 반드시 수토를 실시했을 것이라고도 추론할 수 있다. 이상과 같은 추론을 위해 그리고 간년윤회 수토의 원칙을 적용하기 위해 1815년을 수토 연도 목록에 참고 목록으로 꼭 추가해야 한다고 생각하여, 목록에 넣고 비고란에 수토정지로 기록하였다. 그러나 1815년은 수토가 정지된 해이고, 1817년의 수토는 사료적 근거를 확보하지 못했으므로 추정에 불과한 것이다.

3) 1821년~1831년까지의 수토 상황과 수토 추정

이 시기의 수토 상황은 먼저 1823년, 1829년, 1831년이 사료적 근거를 갖고 있으므로 이 세 해를 지표로 삼아 간년윤회 수토의 원칙을 적용시켜 나머지 연도들의 수토를 추정해 볼 수 있다. 1819년과 1823년은 수토 사실이 확인되었고, 1819년 삼척영장이 수토하였으므로 1821년은 월송만호 차례가 된다. 그러나 1821년의 월송만호에 대한 인사기록을 『승정원일기』에서 찾을 수 없다. 1823년은 삼척영장의 차례로 추정되는데, 1823년 3월 11일에 남희가 삼척영장에 임명된다. 『한길댁생활일기』에 3월 1일 수토한 것으로 되어 있어, 남희가 부임해 와서 수토를 했는지, 아니면 남희의 전임자인 권사규가 수토했는지, 아니면 생활일기의 기록이 잘못된 것인지 분간하기 어렵다. 아마도 남희가 3월에 부임한 다음 수토했을 가능성이 크다고 할 수 있다. 표의 1825년과 1827년 내용은 간년윤회 수토 원칙에 입각하여 추정한 것이다.

끝으로 1829년 수토관의 이름을 추정하지 못하였다. 『승정원일기』 순조 26년(1826) 12월 26일의 인사기록에 따르면, 김성렬이 월송만호에 임명된다. 그리고 순조 29년(1829) 6월 24일에 황재중이 월송만호로 임명된다. 그 중간에 월송만호에 대한 인사기록이 『승정원일기』에 보이지 않는다. 따라서 1826년 말에 임명된 김성렬이 1829년 봄에 울릉도를 수토했다고 추정하기는 어렵다. 김성렬의 다음, 황재중의 이전의 어느 때인가 월송만호의 인사가 한 번 더 있었을 것으로 생각되는데, 『승정원일기』에 해당 부분의 인사기록이 없기 때문에 현재로서는 파악이 어렵다.

4) 1833년~1859년의 수토 상황과 수토 추정

1833년부터 1839년까지는 1831년 삼척영장과 1841년 월송만호의 수토를 지표로 삼아 간년윤회 수토 원칙을 적용하여 추정한 것이며, 1851년 역시 앞뒤의 확실한 수토 기록을 지표로 삼아 삼척영장의 수토를 추정한 것이다.

1841년 오인현의 수토는 『비변사등록』에 보인다.[33] 이와 관련하여 『승정원일기』를 보면, 오인현은 헌종 5년(1839) 12월 22일 월송만호에 임명되었다가, 헌종 7년(1841) 봄 울릉도 수토시 숨어들어온 상인들에게 뇌물을 받고 풀어준 것이 발각되어 헌종 7년 5월 27일 체포되었다.

---

33) 『비변사등록』(헌종 7년 6월 10일): 又所啓, 卽見江原監司趙秉憲狀啓則以爲, 鬱陵島搜討時, 見捉潛商船隻, 捧賂放送之越松萬戶吳仁顯罪狀, 請令攸司稟處, 而冒犯各種行賂等物, 修成冊上送, 屬公與否, 論報本司矣, 搜討之政, 何等嚴重, 而身爲鎭將, 捧賂潛放, 若是狼藉, 言念邊禁, 萬萬駭痛, 當該越松萬戶, 待就囚加律重勘, 以懲日後, 至於捧賂之還徵者, 竝令該道屬公, 船格勘律, 依道啓施行, 而船隻與潛採餘存之物, 亦令本道, 文移該道, 竝依法典徵出, 屬之本道事, 分付何如, 上曰, 依爲.

1843년과 1845년은 연도와 사료적 근거가 확인되었으므로, 간년윤회 수토의 원칙에 따라 수토관의 지위와 성명을 『승정원일기』의 인사기록을 통해 추정하였다.

끝으로 1859년 삼척영장 강재의의 수토 근거를 보충하였다. 『승정원일기』에 의하면, 강재의는 철종 9년(1858) 6월 22일 삼척영장에 임명되었다가, 철종 10년(1859) 6월 3일 충익장에 임명되었다. 따라서 삼척영장 강재의는 1859년 봄에 울릉도를 수토하였을 것이다. 『한길댁생활일기』에는 4월 9일에 수토를 한 것으로 기록되어 있다.

5) 1861년~1883년의 수토 상황과 1873년의 교체 수토

먼저 1859년부터 1867년까지의 간년윤회 수토 문제를 살펴보자. 1859년 삼척영장 강재의가 수토한 사실이 확인되므로, 간년윤회 수토의 원칙에 따르면 1861년은 월송만호, 1863년은 삼척영장, 1865년은 월송만호의 차례가 된다. 그런데 1867년에 월송만호 장원익의 수토 사실이 확인되고 있기 때문에, 1865년의 월송만호 차례가 윤회 수토 원칙에 어긋나게 된다. 어쩌면 1865년에 삼척영장이 수토를 했을 수도 있다. 그럴 경우 1863년 삼척영장의 수토 추정과 겹치게 된다. 1861년, 1863년, 1865년은 어떻게 추정하든 하나는 겹치게 되어 있다. 따라서 그 이유를 설명해야 되는데, 혹자는 1862년 임술민란으로 나라 전체가 피폐하여 1863년 삼척영장의 수토가 일시적으로 정지되고, 이월된 수토 임무를 삼척영장이 1865년에 수행하였을 것이라는 가설을 제시하기도 한다.[34] 구체적인 사료를 통해 입증해야 할 문제로서, 향후 후속

---

[34] 필자는 '19세기 수토 관련 간담회'(울진, 2017.11.10)에서 백인기 박사(KMI)와 심현용 박사(울진군청)에게 본문에 서술한 가설과 여러 가지 아이디어, 그리고 귀중한 자료와 관련 정보 등을 얻었다. 감사드리며 일일이 각주로 표시하

연구를 기대한다.

다음으로 1869년부터 1883년까지의 간년윤회 수토 문제를 살펴보자. 먼저 1873년은 원래 삼척영장의 수토 차례인데, 삼척영장이 병으로 인하여 수토를 갈 수 없게 되어 월송만호로 수토관이 교체되어 수토를 하였다. 그리하여 1873년 월송만호 수토가 확인되고 있고, 1879년에는 월송만호의 수토가 확인된다. 그렇다면 중간의 두 해 1875년과 1877년은 삼척영장과 월송만호가 번갈아 수토를 했다고 볼 수 있는데, 어떤 식으로 배정하더라도 월송만호가 연속 두 번 가는 모양이 된다. 혹자는 1873년에 월송만호가 대신 수토할 때 수토관만 교체되어 다른 부담은 지지 않고 수토를 하였을 가능성이 있으며, 그렇기 때문에 1875년에 실제적인 부담을 지고서 다시 월송만호가 수토한 것은 아닐까라는 가설을 제시하였다. 앞에서 제시한 수토 정지가 있었던 사례와 유사한 것으로 추리해 본 것이라고 할 수 있다. 어떻든 보다 확실한 사료적 근거가 발굴되어야 할 것이다. 여하튼 이 문제가 해결된다면, 1869년부터 1883년까지 간년윤회 수토의 원칙이 잘 지켜진 것으로 볼 수 있다.

끝으로 1881년 수토 근거 사료 보충을 살펴보자. 울릉도에 몰래 잠입하여 벌목하던 일본인 7인을 울릉도 수토관이 1881년 수토하면서 발견하였다.[35] 이 사건을 계기로 고종은 이규원을 울릉도검찰사로 임명하여 울릉도를 개척하게 되었다. 이 사건은 당시 한일 간의 외교 현안으로 떠올랐으며, 일본의 태정관이 자국민에게 울릉도에서의 벌목을 금지함으로써 종결되었다. 앞으로 독도영유권 논리 강화와 관련하여 이 사건에 대한 본격적인 연구가 요청된다.

지는 않는다.

[35] 국사편찬위원회, 『고종시대사』, 高宗 18年(1881) 5月 22日(癸未); 承政院日記 高宗 18年 5月 22日; 日省錄 高宗 18年 5月 22日; 高宗實錄 高宗 18年 5月 22日; 同文彙考附編續 1 邊禁 2; 政治日記 辛巳年 5月 23日; 通文舘志 卷11 紀年續編 今上 18年; 善隣始末 附錄 竹島始末.

6) 1885년 이후의 울릉도 관제 변화와 수토제의 변화 여부

울릉도의 개척이 진행되면서 울릉도의 관제도 자주 변동되었다. 울
릉도의 관제 변동과 수토제는 긴밀한 연관성을 갖고 있으나, 아직까지
충분히 밝혀지지 않아 향후 추가적인 연구가 요망된다. 관제 변동의
개요를 살펴보면, 삼척영장이 예겸하던 울릉도첨사를 1884년 6월부터
평해군수가 울릉도첨사를 예겸하게 되었다. 1888년부터는 을릉도첨사
가 울릉도장으로 바뀌게 되어 월성만호가 울릉도장을 예겸하게 되었
다. 1892년에는 평해군수가 울릉도장을 예겸하게 하였다가 1895년에는
전임도장제를 채택하였다.[36]

『승정원일기』에 따르면, 간년 수토에 해당하는 1885년에 평해군수
겸 울릉도첨사는 심의완이었다. 또 1886년부터 1887년 초까지는 박태
원이 평해군수 겸 울릉도첨사로 있었다. 그러나 박태원은 1887년 1월
에 물러나게 되었으므로 1887년 봄이나 여름에 울릉도를 수토할 수 없
었을 것이다.[37] 이 두 해는 간년 수토 연도에 해당하지만 실제 수토가
행하여졌는지는 추가적인 확인이 필요하다.

1888년에는 도장제가 시행되어 서경수가 월송만호 겸 울릉도장으로
임명되었으나 그가 한 것은 '검찰'이지 '수토'라고 할 수 없다.[38] 이 해의
기록 중에 수토 후 으레 올리는 진상품을 서경수가 봉헌했다는 내용은
찾지 못했다. 대신 1889년에는 서경수가 수토 후 진상품을 봉헌하고
있고, 1891년 월송만호 겸 울릉도장 이종인도 마찬가지로 진상품을 봉
헌하고 있다. 1892년 월송만호 겸 울릉도장 박지영은 진상품을 봉헌하

---

36) 송병기, 『울릉도와 독도』(재정판), pp.158-159.
37) 『승정원일기』, 고종 23년(1886) 3월 10일; 『승정원일기』, 고종 24년(1887) 1월
16일.
38) 송병기 교수는 1888년부터 겸임도장제가 되면서 수토를 수시로 실시한 것으
로 본다. 송병기, 같은 책, p.159.

지 못했다고 보고하고 있음을 볼 때, 역으로 이 해에도 수토가 있었음을 추론할 수 있다.

1893년의 경우, 박지영의 후임으로 이완갑이 월송만호 겸 울릉도장에 임명되어 수토를 할 준비를 하고 있었으나 수토를 가지 못하게 하고,[39] 구례(舊例)를 복구하여 평해군수 겸울릉도장으로 조종성을 파견하여 수토의 임무를 맡게 하였다.[40] 조종성은 수토 후 진상품을 봉헌하였다. 1894년에도 정월부터 수토를 준비하고 있다는 기록에서 수토가 시행되었을 것으로 추론된다.

수토제는 1894년 12월에 공식적으로 폐지되었다.

6. 맺음말

이 논문은 울릉도 수토 연구와 관련하여 기존의 수토 연도 목록을 검토하여 수토가 시행된 연도라고 보기에 근거가 부족한 것은 목록에서 삭제하고, 새로 확인한 또는 추정되는 수토 연도를 목록에 추가하였다. 특히 1849년 이규상의 수토, 1853년 석충선의 수토, 1855년 이원명의 수토, 1873년 월송만호의 수토, 1879년 월송만호의 수토, 1883년 안영식의 수토 등은 새로 보고된 사례가 아닌가 생각된다.

19세기 울릉도 수토는 여러 가지 문제점에도 불구하고, 조선정부가 영토관리 차원에서 수토제를 통하여 울릉도를 잘 다스려왔다고 평가할 수 있다. 19세기 울릉도 수토의 몇 가지 특징과 의의를 요약하면 다음과 같다.

첫째, 19세기의 대부분의 기간 동안 울릉도 수토에 간년윤회 수토

---

39) 『각사등록』 27, 491하-492상(1893.3.12).
40) 『각사등록』 27, 493하(1893.9.20).

방식이 규칙적으로 적용되고 있는 모습을 관찰할 수 있었다. 흔히 세
도정치기로 칭해지는 19세기 전반기에도 일반적인 예상과는 달리 간
년윤회 수토의 원칙이 잘 지켜졌다. 아마도 이양선의 잦은 출몰과 관
련하여 울릉도 수토의 중요성이 더 커졌지 않았을까 추측해 본다.

둘째, 개화기에 접어들어 조선 정부는 쇄환 정책에서 울릉도 개척으
로 정책 방향을 전환하고 백성들을 이주시켰다. 그렇지만 이 기간에도
수토는 꾸준히 이어졌으며, 수토제를 폐지하기 몇 해 전부터는 매년수
토(每年搜討)의 형태로 수토 주기가 변화되었다. 조선 정부의 울릉도
에 대한 관심이 반영된 정책이 아닐까 생각된다.

셋째, 울릉도 개척이 본격화되면서 그동안 삼척영장과 월송만호가
윤회 수토하는 방식에서 월송만호 중심의 수토로 바뀌고 있다. 아마도
월송만호에게 울릉도장의 역할을 겸임시킨 것 때문으로 보인다. 또 얼
마 후에 평해군수가 울릉도장을 겸임하면서 평해군수가 울릉도 수토
를 담당하였다. 행정의 편의성을 고려한 조처라고 생각된다.

넷째, 수토사의 임무는 기본적으로 울릉도에 잠입한 백성이나 외적
들을 색출해내는 것이지만, 검찰사의 임무는 잠입한 백성 및 외국인들
을 검찰하고 또 그 밖의 울릉도 실정을 파악하여 개척 가능성을 타진
하는 것이었다. 개척 정책으로 방향을 전환하면서 수토관의 임무에 울
릉도 주민의 현황에 대한 조사 및 보고 업무가 추가되었다. 그리하여
수토와 검찰의 임무가 비슷한 모습을 보이기도 하였지만, 수토는 검찰
과 달리 정례화 되어 수토관이 주기적으로 파견되었으며, 또 도형(圖
形)과 토산품의 진상 같은 의례적 측면을 가지고 있었다는 점에서 명
확히 구분된 것으로 보인다. 이에 비해 검찰사는 특별한 임무를 띠고
수시로 파견되었던 것으로 보인다.

끝으로 울릉도 수토 연구가 나아갈 방향은 첫째로 이양선 및 표류
관련 연구와 연계하여 수토 연구의 외연을 확대할 필요가 있다. 1849년

의 수토 사례 사료에서 볼 수 있듯이 통제사영에서 이양선의 수토를 시도하고 있는 모습을 확인할 수 있는데, 조선 정부가 이양선에 대해 무기력하게 손을 놓고 있었던 것은 아님을 볼 수 있다. 둘째로 사료를 검색해 보면 조선 후기에 전국적으로 다양하고 많은 수의 수토 사례가 검색되는데, 이러한 수토 사례와 연관시켜 울릉도 수토를 연구함으로써 조선 정부의 통치행위로서 수토의 성격이 잘 드러나지 않을까 생각한다. 셋째로 울릉도 수토가 이루어지던 연도별 또는 왕대(王代)별로 정치, 경제, 사회 상황과 연관시켜 심화 연구가 필요하다고 생각된다.

【참고문헌】

『시경』,『맹자』,『조선왕조실록』,『비변사등록』,『승정원일기』,『각사등록』.

김호동,『독도 · 울릉도의 역사』, 경인문화사, 2007.
송병기,『울릉도와 독도』(개정판), 단국대학교출판부, 2007.
영남대 독도연구소 편,『울진대풍헌과 조선시대 울릉도 · 독도의 수토사』
    (독도연구총서 14), 선인, 2015.
유미림,『우리 사료 속의 독도와 울릉도』, 지식산업사, 2013.
한국해양수산개발원 편,『독도사전』, 한국해양수산개발원, 2011.

김기혁,「조선후기 울릉도 수토기록에 나타난 부속도서의 표상 연구」,『역
    사와 지리로 본 울릉도 · 독도』, 동북아역사재단, 2011.
배재홍,「조선후기 울릉도 수토제 운용의 실상」,『대구사학』제103집, 대구
    사학회, 2011.
백인기,「조선후기 울릉도 수토제도의 주기성과 그 의의 1」,『이사부와 동
    해』5, 2013.
손승철,「울릉도 수토제」, 한국해양수산개발원 편,『독도사전』, 한국해양수
    산개발원, 2011.
손승철,「조선후기 수토기록의 문헌사적 연구 - 울릉도 수토 연구의 회고
    와 전망 -」,『한일관계사연구』51집, 한일관계사학회, 2014.
손승철,「조선후기 수토기록의 문헌사적 연구」, 영남대 독도연구소 편,『울
    진대풍헌과 조선시대 울릉도 · 독도의 수토사』(독도연구총서 14),
    선인, 2015.
심현용,「조선시대 울릉도 수토정책에 대한 고고학적 시 · 공간」,『영토해
    양연구』6, 동북아역사재단 독도연구소, 2013.
심현용,「울진 대풍헌의 울릉도 · 독도 수토 자료와 그 역사적 의미 - 조선
    시대 울릉도 · 독도 수토정책과 관련하여」, 영남대 독도연구소 편,
    『울진대풍헌과 조선시대 울릉도 · 독도의 수토사』(독도연구총서
    14), 선인, 2015.

유미림, 「장한상의 울릉도 수토와 수토제의 추이에 관한 고찰」, 『한국정치
        외교사논총』 31집 1호, 한국정치외교사학회, 2009.
이원택, 「조선후기 강원감영 울릉도 수토사료 해제 및 번역」, 『영토해양연
        구』 8, 동북아역사재단 독도연구소, 2014.
이원택, 「1849년 윤사월 울릉도에서 있었던 일, 리앙쿠르호?」 (프로시딩),
        제8회 전국해양문화학자대회자료집 2, 목포대학교 도서문화연구
        원 등, 2017.
『승정원일기』 검색(http://sjw.history.go.kr/main.do 검색일: 2017.11.19.).

제4부

바람직한 독도 교육의 방안

근대 한국과 일본의 지리교과서에 표현된 독도 관련 내용의 고찰

심 정 보

1. 머리말

21세기에 들어 일본의 독도영유권 주장은 초중등학교 교육을 통해 거침없이 전개되었다. 그 계기는 일본 시마네현이 독도를 불법 편입한 지 100년이 되는 2005년에 '독도의 날'을 제정하여 매년 2월 22일에 기념행사를 실시한 것이다. 이후 일본의 문부과학성은 2008년 7월에 중학교 학습지도요령해설의 사회편 지리적 분야에 최초로 독도(일본명 竹島)를 명기하여 한국인들의 강한 반발을 초래했다. 일본의 독도교육 정책은 여기에 그치지 않고, 지난 10년 동안 확대되어 현재는 소학교 사회과, 중학교 사회과(지리적 분야, 역사적 분야, 공민적 분야), 그리고 고등학교 지리역사과(지리A/B, 일본사A/B) 및 공민과(현대사회, 정치경제)의 학습지도요령 및 학습지도요령해설에 독도가 명기되었다. 게다가 이들 과목의 교과서에 독도는 '일본 고유의 영토', '한국이 독도를 불법 점거하고 있다'는 내용이 더욱 구체적으로 기술되어 있다.

이러한 상황에서 한국에서는 최근 일본의 초중등학교 학습지도요령 및 학습지도요령해설, 사회과 교과서, 독도부교재 등에 대한 비판적 연구가 다수 나왔다. 그러나 학교 지리교육이 최초로 시작된 근대 한국과 일본에서 독도를 아동·학생들에게 어떻게 가르쳤는가에 대한 연구는 체계적으로 이루어지지 않았다. 관련 선행연구는 유미림·최은석(2010)의 「근대 일본의 지리지에 나타난 울릉도·독도 인식」, 그리고 윤소영(2013)의 「근대 일본의 관찬지지와 지리교과서에 나타난 독도 인식」 등이 있다. 그렇지만 이들 연구의 한계는 첫째, 당시 간행된 지리지(지지)에 중점을 두었고, 몇몇 지리교과서를 대상으로 독도를 고찰했다는 점이다. 둘째, 지리교육에서 중요한 지리괘도나 지리부도 등의 문헌은 연구대상에서 제외되었다는 점이다. 셋째, 근대 한국의 지리교과서는 연구가 이루어지지 않아 서로 비교할 수 없다는 점이다. 그래서 필자는 근대 한국과 일본에서 간행된 지리교과서 및 지리부도 등을 가능한 모두 조사하여 비교교육학의 입장에서 당시 근대 한일 독도교육의 전반적 경향과 그 특징을 밝히고자 했다.

동서고금을 막론하고 지리지와 지도는 사람들의 지역 인식에 중요한 역할을 한다. 전근대의 지리지와 고지도는 당대 사람들의 지역 인식을 파악할 수 있는 귀중한 사료이지만, 소량으로 편찬되어 일반인들의 접근에 한계가 있었다. 반면 근대에 대량으로 간행된 교육용 지리교과서 및 지리부도 등은 대중적 특성을 지녔다. 그러므로 근대의 지리적 인식을 가장 충실히 반영하고 있는 지리교과서 및 지리부도 등을 역사적으로 고찰하는 것은 당시 한국인과 일본인의 독도에 대한 인식 경향을 파악하는 데 가장 적절하다고 생각된다. 왜냐하면 초중등학교 교육에서 사용되는 지리교과서 및 지리부도 등은 자국의 국가적·사회적 요구와 지리학이라는 모학문의 발달을 반영하여 그 시대의 영토 인식이 가장 잘 드러나기 때문이다.

따라서 본 연구의 목적은 근대의 학교 교육이 본격적으로 이루어진

시기에 간행된 한국과 일본의 지리교과서 및 지리부도 등에 표현된 울릉도와 독도, 오키제도를 중점적으로 고찰하여 당시 양국의 전반적인 독도교육의 경향을 파악하는 것이다. 연구 결과는 근대 한국과 일본의 초중등학교에서 이루어진 독도교육의 기원과 특징을 거시적으로 해명함과 동시에 향후 독도교육의 미시적 연구에 유용할 것이다.[1] 아울러 독도를 둘러싼 한일 양국의 영유권 주장을 역사적, 정치적, 교육적으로 이해하는 데 의의가 있다고 생각한다. 연구 기간의 설정은 양국 모두 최초의 지리교과서가 간행된 시기부터 일본은 1905년 러일전쟁, 그리고 한국은 1910년 한일병합까지이다. 연구방법은 독도가 나오는 양국의 지리교과서 및 지리부도 등의 문헌을 추출하여 각각 통사적으로 고찰한다.

2. 근대 한국의 지리교육과 독도의 일관성

조선은 오랫동안 쇄국정책으로 일관해 왔지만, 1876년 강화도조약으로 문호를 개방하였다. 그에 따라 서구의 제도와 문물, 그리고 교육에 대한 요구도 늘어났다. 서양 문물을 배우도록 1883년 원산학사, 1886년에는 서양식 교육기관인 육영공원을 설립하였다. 또한 기독교 선교사들에 의해 배재학당, 이화학당, 정신여학당 등이 설립되어 근대교육 발전에 기여했다(심정보, 2017, 225). 근대 한국에서는 학교교육이 시작된 이래 1910년 한일병합 이전까지 국가 및 민간에 의해 약 30여 종

[1] 이와 유사한 연구방법으로 필자는 근대 한국과 일본의 지리교과서에 나타나는 동해와 일본해 지명을 고찰했다. 즉 거시적 연구로「근대 일본과 한국의 지리교과서에 나타난 동해 해역의 지명에 대한 고찰」(심정보, 2013), 그리고 미시적 연구로「을사늑약 전후 현채 일가의 지리교재에 표기된 동해 지명 변화 분석」(심정보, 2016)이 있다.

류의 초중등학교 지리교과서(지리부도, 지리괘도 포함)가 간행되었다
(심정보, 2017, 222). 〈표 1〉은 필자가 이 시기에 간행된 한국의 초중등
학교 지리교과서 가운데 독도가 표현되어 있는 것을 조사하여 작성한
것이다.

〈표 1〉 근대 한국의 지리교과서에 표현된 울릉도와 독도

간행 연도	지리교과서	저자(편집) 및 역자	본문 내용		수록 지도	
			울릉도	독도	울릉도	독도
1895	조선지지	학부편집국	鬱陵島	芋山島	-	-
1896	여재촬요	학부편집국	鬱陵島	于山島	-	-
1896	지구약론	학부편집국	鬱陵島	芋山島	-	-
1897	대한여지도	학부편집국	-	-	鬱陵島	于山
1899	대한지지	현채	-	-	鬱陵島	于山
1907	보통학교 학도용 국어독본	학부	鬱陵島	-	-	-
1907	대한신지지	장지연	鬱島	于山島	-	-
1907	신편대한지리	김건중 역	鬱島	양고	-	-
1908	초등대한디지	조종만	鬱島	于山島	-	-

조사 결과, 근대 한국의 지리교과서에 표현된 독도는 총 9종이며, 여
기에 기재된 독도의 명칭은 우산도(于山島), 우산도(芋山島), 우산(于
山), 양고 등 4종이다. 시기적으로 살펴보면, 한국인에 의해 최초의 지
리교과서가 간행된 1895년부터 1905년 을사늑약 이전까지는 정부 기관
(학부편집국 또는 학부에 근무했던 현채)에서 간행한 지리교과서에 독
도가 울릉도와 함께 등장한다. 반면 을사늑약 이후부터 1910년 한일병
합까지는 주로 민간이 저술한 지리교과서에 독도가 울릉도와 나타난
다. 집필자들은 조선시대의 지리지와 지도 등에 나오는 우산도, 우산
등을 근대 지리교과서에 계승했지만, 을사늑약 이후에는 일제에 대한
저항적 민족주의로 사학 중심의 민간이 집필한 지리교과서에 독도가

등장할 뿐이다. 근대 한국의 지리교과서, 지리부도, 지리괘도 등에 표현된 독도의 내용을 구체적으로 살펴보면 다음과 같다.

1) 조선 후기의 영토 인식을 계승한 지리교과서

근대 한국에서는 1891년에 외국인 선교사 호머 헐버트(Homer Hulbert)에 의해 최초의 지리교과서 『ᄉᆞ민필지』가 간행되었다. 이 책은 세계지리교과서로 육영공원에서 영어교사로 활약했던 저자가 우물 안 한국인을 계몽시키기 위해 누구나 쉽게 읽을 수 있도록 순 한글로 저술했지만, 본문에 독도는 등장하지 않는다.

갑오개혁(1894-1896) 기간에 근대교육 체제가 마련되어 고종은 1895년 교육입국조서를 반포하고, 각종 학교 법규를 제정했다. 당시 국가의 교육을 총괄했던 학부(學部)가 1895년에 소학교령을 공포함과 동시에 소학교 아동용 지리교과서 『조선지지』와 『소학만국지지』를 각각 편찬했다. 이들 지리교과서는 지도가 없는 국한문 혼용체로 전통적인 지역지리 기술 방식을 따르고 있다(심정보, 2017, 228).

독도는 근대 한국의 지리교과서 가운데 1895년 학부편집국이 편찬한 『조선지지』에 최초로 등장한다. 이 책은 조선 8도에 소재하는 각 부(府)의 전답(田畓), 인호(人戶), 명승(名勝), 토산(土産), 인물(人物) 등을 지명물산의 방식으로 기술하였다. 이 교과서에서 독도는 강릉부(江陵府)의 명승 부분에 명기되어 있다(〈그림 1〉).

강릉부(江陵府)의 명승 부분에는 설악산, 오대산, 대관령, 경포호의 소재지와 경치를 소개하면서 울릉도(鬱陵島)는 울진에 소재하며 주위 200여리 동서 60여리 남북 40여리로 기술하고, 우산도(芋山島)는 울진에 소재한다고 간략하게 명기하였다. 그 외에 명승지로 삼일포, 경포대, 시중대, 죽서루, 태평루, 망양정, 월송정, 청간정, 총석정과 그 소재

〈그림 1〉『조선지지』(1895)의 울릉도와 독도

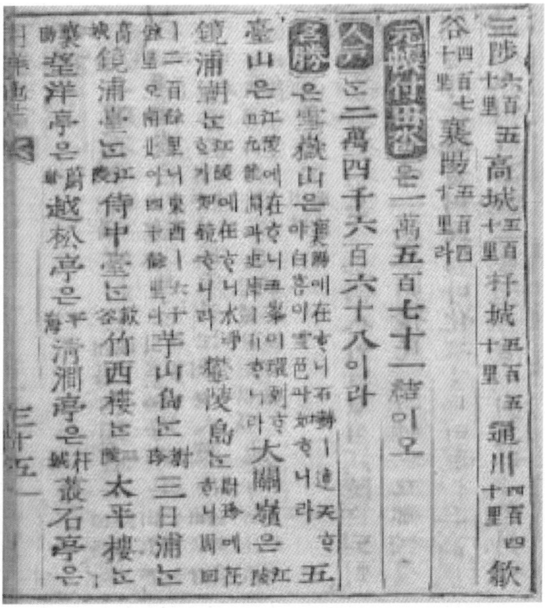
三陟 五 高城 杆城 通川 歙
谷 襄陽 라
元帳田畓은 一萬五百七十一結이오
人口는 二萬四千六百六十八이라
名勝은 雪嶽山은 五
臺山은 大關嶺은
鏡浦湖는 鬱陵島는
于山島는 三日浦는
鏡浦臺는 侍中臺는 竹西樓는 太平樓는
望洋亭은 越松亭은 淸澗亭은 叢石亭은

지를 기재했다. 이처럼 울릉도와 독도는 대한제국 최초의 지리교과서에서 강릉부의 아름다운 명승지로 선정되어 소학교 아동들에게 우산도, 그 소속은 울진으로 가르쳤던 것이다.

오횡묵이 저술한 1896년의『여재촬요』는 순 한문으로 전반부가 세계지리, 후반부가 조선지리로 구성되어 있다. 원래 이 책은 1886년 이후에 쓴 것으로 추정되며, 6대주의 51개국과 한국의 지지가 기재되어 있는데 처음에는 10권 10책으로 출판되었고, 최종적으로 학부에서 1책으로 축약해서 간행한 것이다(서태열, 2005, 142). 이 책에서 조선지리는 8도의 각 부 · 목 · 군 · 현(府 · 牧 · 郡 · 縣)을 매우 간략하게 기술하였다. 강원도 울진현에는 관원현감, 군명, 면, 호, 결, 읍성, 산천, 토산, 관방, 명적 등이 중점적으로 서술되어 있는데, 독도는 산천 부분에 우산도(于山島)라는 명칭으로 명기되어 있다.

1896년 학부편집국이 편찬한 『지구약론』에도 독도가 등장한다. 이 책은 총 40페이지에 불과한 소책자로 본문 전체가 문답식으로 구성되어 있으며, 주요 내용은 총론(15%), 조선(55%), 세계(30%)의 지리로 구성되어 있다. 조선은 함경도, 강원도, 경상도 등 8도의 지지를 다루었고, 세계는 아시아, 유럽 등의 주요 국가의 지지를 간략하게 기술하였다. 이 교과서에서 독도가 기술된 강원도 부분을 살펴보면 다음과 같다.

　　강원도江原道에무슴산山이잇ᄂᆞ뇨 ○답ᄉᆞᆷ강릉고을에오듸산五臺山과회양淮陽고을에금강산金剛山이잇ᄂᆞ니라

　　강원도江原道에무슴강江이잇ᄂᆞ뇨 ○답ᄉᆞᆷ소양강昭陽江이잇ᄂᆞ니라

　　소양강昭陽江이어듸셔흐ᄅᆞᆨᄂᆞ뇨 ○답ᄉᆞᆷ금강산金剛山뒤희셔흘너한강漢江이되ᄂᆞ니라

　　강원도江原道에감영監營이어ᄂᆞ고을에잇ᄂᆞ뇨 ○답ᄉᆞᆷ원쥬부原州府에잇ᄂᆞ니라

　　원쥬原州가셔울셔몃리里뇨 ○답ᄉᆞᆷ이빅ᄉᆞ십리二百四十里되ᄂᆞ니라

　　강원도江原道에병슈영兵水營이잇ᄂᆞ뇨 ○답ᄉᆞᆷ산협山峽인고로병영兵營과슈영水營이업ᄂᆞ니라

　　강원도江原道에고을이몃치뇨 ○답ᄉᆞᆷ이십륙읍二十六邑되ᄂᆞ니라

　　강원도江原道에소산所産이무어시뇨 ○답ᄉᆞᆷ립쌀은적고셔속黍粟과감ᄌᆞ甘藷와백청白淸이만흐며모물毛物과인삼人蔘과담빅淡巴姑가나ᄂᆞ니라

　　<u>강원도江原道에무슴섬이잇ᄂᆞ뇨 ○답ᄉᆞᆷ울릉도鬱陵島와우산도芋山島란큰섬이잇고젹은셤도잇ᄂᆞ니라</u>

　　강원도江原道에일홈난곳이어듸뇨 ○답ᄉᆞᆷ금강산金剛山과령동嶺東대관령大關嶺동편東偏나라아홉고을에각각경치各各景致가됴흐니라

강원도의 지리는 이 지역의 특성을 반영하여 주요 산, 강, 감영, 병영과 수영, 고을, 특산물, 섬, 명승 등을 중심으로 다루었다. 이들 가운데 독도는 섬 부분에서 "강원도에 무슨 섬이 있는가?"라는 질문에 "울

릉도와 우산도라는 큰 섬이 있다"는 답변에 나타난다. 울릉도와 독도
의 위치 및 거리 관계는 생략되어 있지만, 독도를 울릉도와 함께 큰 섬
으로 언급하면서 학생들에게 강원도 소속의 주요 섬으로 가르치도록
했던 것이다.

한편 이 시기에 제작된 지리괘도와 지리교과서에 수록된 지도에도
독도가 표현되어 있다. 학부편집국은 1896년에 오주각국통속전도와
세계전도, 그리고 1897년 무렵에 대한여지도를 각각 학교 교육용으로
간행했다. 대한여지도는 전국을 13도로 나누고 지형을 우모식으로 표
현했는데, 한반도의 형상은 조선 후기의 지도, 대마도의 형상은 일본
의 지도를 참고한 것으로 보인다. 이 지도에서 울릉도 및 독도의 형상
과 지명은 조선 후기의 지도를 답습한 것으로 독도는 울릉도 우측에
우산(于山)으로 표기되어 있다(〈그림 2〉).

〈그림 2〉 대한여지도(1897)의 울릉도와 독도

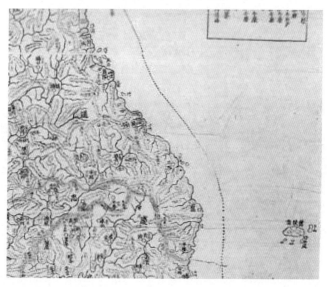

대한여지도에 표현된 울릉도 및 독도와 유사한 지도가 1899년 현채의 『대한지지』에 수록되어 있다. 이 교과서는 조선시대의 『여지승람』류와 일본인이 저술한 한국지지 도서 중에서 주로 마쓰모토 니키치(松本仁吉)의 『조선지지요략』(1894)과 고마쓰 메구루(小松運)의 『조선팔도지』(1887)를 참고한 흔적이 많이 보인다(장보웅, 1970, 52). 현채의 『대한지지』 앞부분에 수록된 대한전도와 강원도 부분에 첨부된 강원도 지도에 울릉도(鬱陵島)와 함께 독도(于山)가 표현되어 있다(〈그림 3〉). 그러나 교과서 본문에 독도 관련 기술은 없다.

〈그림 3〉 『대한지지』 강원도(1899)의 울릉도와 독도

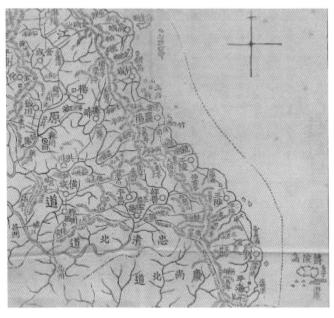

이 책에 수록된 대한전도, 강원도 지도에 표현된 울릉도와 독도는 학부편집국이 간행한 대한여지도의 울릉도 및 독도와 매우 유사하다.

현채는 1896년경부터 1907년 1월까지 학부에 재직하면서 번역 및 저술 업무에 매진했는데, 이들 지도는 모두 그의 작품인 것으로 추정된다. 현채는 대한여지도, 『대한지지』의 대한전도와 강원도 지도에 울릉도 와 독도를 표현함에 있어서 조선 후기까지의 각종 지리지와 지도에 나 타나는 두 섬의 지리적 정보를 계승했던 것이다.

2) 을사늑약 이후의 지리교육과 독도

(1) 통감부의 학부(學部) 관여와 독도의 상실

1905년 2월 22일 일본이 독도를 시마네현에 불법 편입하고, 일본 제 국주의는 1905년 11월 을사늑약 이후 한일병합을 목적으로 서울에 통 치기구 통감부를 설치하여 1906년 2월부터 업무를 시작하였다. 당시 이토 히로부미(伊藤博文) 통감은 한국의 초등교육 장악을 위해 초대 학정참여관 시데하라 다이라(幣原坦)의 교육 개혁에 진전이 없자 그를 해임하고, 1906년에 도쿄고등사범학교 미쓰지 주조(三土忠造) 교수를 학정참여관으로 임명하여 학부(學部)의 교육정책에 적극 관여하도록 했다(稻葉継雄, 1999). 이런 가운데 학부는 1906년 8월에 보통학교령을 공포하여 종래 소학교를 보통학교로 개칭하고, 수업 연한을 6년에서 4년 으로 단축하였다. 그리고 종래 소학교 5, 6학년에 매주 2시간 배당된 지 리 및 역사 과목은 보통학교에서 매주 교수 시간을 부여하지 않고 국 어와 일어 수업 시간에 가르치도록 했다. 통감부의 시녀로서 학부는 식민지 교육의 준비 단계로 격을 낮춘다는 의미에서 초등 단계의 학교 명칭을 개칭하고, 수업 연한을 단축하고, 국민의식 형성과 밀접한 지 리 및 역사 교육을 약화시켰던 것이다(심정보, 2016, 45).

1907년 2월부터 학부가 편찬한 『보통학교 학도용 국어독본』은 당시 학부 편집국장 어윤적과 학정참여관 미쓰지 주조가 관여하여 만든 공

립학교 교과서로 4년 동안 한 학기에 1권씩 배우도록 총 8권으로 구성
되어 있다. 이 교과서는 국어독본이지만, 보통학교령에 근거하여 지리
교재 및 역사교재가 많은 부분을 차지한다. 통감부의 관여로 만들어진
대표적인 친일 교과서였기에 본문에는 일본 제국주의의 발전상, 미화
와 찬양의 내용이 곳곳에 보인다. 예컨대『보통학교 학도용 국어독본
권8』의 제17과 통감부에는 다음과 같이 기술되어 있다.

> 日露戰爭後에日本이我國과協議ᄒ야京城에統監이라稱ᄒᄂ大官을置ᄒ
> 다。統監은韓國政治롤改善ᄒ고敎育이普及ᄒ고農商工業을發達케ᄒ야써韓
> 國人民의安寧幸福을……。
> 統監府ᄂ設置된後로其日은猶淺ᄒ나韓國의政治敎育農商工業은漸次改
> 進ᄒᄂ데로向ᄒ얏지라。이形勢로써數十年을經過ᄒ면韓國은全然히面目
> 을一新ᄒ리로다。

일본 제국주의는 1905년 러일전쟁 승리를 계기로 일본 관보를 통해
일본해라는 지명을 정착시키고, 독도는 시마네현보를 통해 자국령으
로 편입했는데, 통감부가 관여한 이 책에는 이들 내용이 스며들어 있
다. 즉 교과서 본문에는 한국과 일본 사이의 바다 명칭으로 총 10회(본
문 기술 4회, 본문 수록지도 6회)가 등장하며, 울릉도를 가리킬 경우에
방위 지명으로 동해가 1회 사용되었을 뿐이다. 이 책의 지리교재에서
독도와 관련된 내용은『보통학교 학도용 국어독본 권4』의 제4과 한국
지세(韓國地勢) 부분에 다음과 같이 기술되어 있다.

> 우리大韓國은三面에바다가둘너잇고一面은大陸과相接ᄒ얏스니東에ᄂ
> 日本海가잇고南에朝鮮海가잇스며西에ᄂ黃海가잇ᄂ니라。
> 東海에ᄂ鬱陵島밧게島嶼가업고東南海와黃海에ᄂ無數ᄒ島嶼가잇스니
> 其中에巨濟島,南海島,濟州島,珍島,江華島等은ᄀ장큰島嶼ᅵ니라。 四面에물
> 이둘닌陸地롤島嶼라稱ᄒ고또三面에바다가둘너잇고一面에만大陸과接續

흔陸地를半島라稱ᄒ느니우리大韓國은半島國이니라。우리大韓國은南北은
길고東西느짜르니南北은三千里에니ᄅ고東西느五六百里에니ᄅ느니라。

본문의 한국지세에 대한 기술에서 울릉도 이외에 도서가 없다는 표현은 독도를 염두에 둔 것으로 보인다. 울릉도 동남에 한국 고유의 영토로서 독도가 위치해 있음에도 불구하고, 당시 한국 정부가 편찬한 『보통학교 학도용 국어독본 권4』의 지리교재 부분에 울릉도 바깥에 섬이 없다고 기술한 것은 아동들에게 독도에 관한 교육을 차단하기 위한 의도로 볼 수 있다. 이는 대한제국이 1905년 2월 독도를 일본에 강탈당한 이후의 일로 통감부가 한국의 교육정책에 적극 관여한 결과로 볼 수 있다. 통감부의 정치적 관여가 없었다면, 당시 한국의 국정 교과서에서 이러한 표현은 결코 있을 수 없는 일이라고 생각된다.

(2) 저항적 민족주의와 독도의 생존

을사늑약 이후에는 통감부의 통제하에서 이에 대응한 사학 중심의 저항적 민족주의가 대두되어 국가주의 지리교육이 전개되었다(남상준, 1993, 6-7). 특히 그 계기는 통감부의 관여로 1907년 2월부터 한국의 학부가 만든 『보통학교 학도용 국어독본』에 일본해 명칭이 공식적으로 정착함과 동시에 독도에 관한 내용이 사라지면서 지식인들의 반일감정과 애국심은 더해 갔다고 생각된다. 이러한 배경에서 윤치호는 1907년에 '동해물과 백두산'으로 시작하는 애국가를 작사했다. 그는 학생과 국민 모두에게 국민의식 형성의 일환으로 충군애국하는 마음이 동해 바다처럼 깊고, 백두산과 같이 높아야 한다는 염원을 담아 애국가를 만들었던 것이다(심정보, 2017, 242). 교육 분야에서 사학 중심의 저항적 민족주의가 대두하면서 여러 유형의 지리교과서가 민간에서 집필되었다. 근대 한국지리교육사에서 지리교과서는 1907년~1908년에 가장 많

이 간행되었는데, 이는 당시 지리교육을 통한 저항적 민족주의, 애국
계몽 운동의 발상으로 보인다.

가장 대표적인 애국심 양성형의 지리교과서는 1907년 장지연의 『대
한신지지』, 1908년 조종만의 『초등대한디지』이다. 장지연의 『대한신
지지』는 국한문 혼용체로 제1편은 지문지리, 제2편은 인문지리, 제3편
지방지(경기도, 충청북도, 충청남도, 전라북도, 전라남도, 경상북도, 경
상남도, 강원도, 황해도, 평안남도, 평안북도, 함경남도, 함경북도), 부
록으로 구성되어 있다. 그 외에 본문에는 1장의 대한전도와 13장의 각
지방지도가 수록되어 있는데, 대한전도에는 동해 해역에 대한해가 한
국에서 최초로 표기되어 있다. 독도 관련 내용은 제3편 제6장 경상북
도를 기술하면서 울도(鬱島) 부분에 다음과 같이 기술되어 있다.

鬱島는(北緯百三十度四十五分至三十五分東經三十七度三十四分至三十
一分)古鬱陵島니蔚珍東三百餘里에在ᄒ야一名羽陵이오赤日武陵이니三峯
이岌嶪撑空(高四千尺)ᄒ데風日이淸朗ᄒ즉峰頭樹木과及沙渚山根이歷歷可
見이오地方은約五百四方里니新羅智證王時에異斯夫가木獅子로誑服ᄒ國
이라高麗以來로貢獻이不絕ᄒ더니後에女眞의寇掠을屢被ᄒ야其地를遂空
ᄒ얏고毅宗以來로 置縣코져屢屢ᄒ다가風濤의險으로乃停ᄒ얏더니國朝 太
宗祖에安撫使金麟雨를命ᄒ야逃民을刷出ᄒ시고世宗二十年에萬戶南顥를
遣ᄒ샤連民金丸等七十餘人을刷還ᄒ시고其地를仍空ᄒ얏더니光海七年에
倭船二腹가來泊홈으로朝庭이移書責送ᄒ고肅宗十九年에馬島守平義信이
漂民二口를押還ᄒ고移文辭意가模糊홈으로屢次往覆이頻繁ᄒ다가安龍福
의事件이生ᄒ야葉意歸定ᄒ니其事實은別記ᄒ려니와本嶋는柴胡, 石楠, 藁本
等藥草가産ᄒ며土地膏沃ᄒ야竹大如杠ᄒ고鼠大如猫ᄒ고 桃核가大如升ᄒ
면嘉支魚가産ᄒ며槻木, 檀木은最堅緻ᄒ야船舶의良材오其他森林도赤富ᄒ
며大豆는年年産額이五六百石에達ᄒ고秋季는山鵡이萃集홈이嶋人이此를
捕獵ᄒ야肉과脂肪으로食品及燈油에供ᄒ며又石花菜, 山葡萄等이甚佳ᄒ야
輸出에至ᄒ고嶋中에藥泉이有ᄒ니酸味를帶ᄒ야疾病에 藥餌를代ᄒ고于山
島는 其東南에 在ᄒ니라

울도의 위도와 경도, 옛 명칭 울릉도·우릉·무릉, 울진과의 거리 관계, 그리고 울릉도의 역사와 산물을 중점적으로 기술하였다. 울릉도의 역사는 신라 지증왕 때의 이사부에 관한 내용부터 고려를 거쳐 조선시대의 안무사 김인우 파견, 쇄환정책, 안용복 사건을 다루고, 울릉도의 산물로서 약초, 목재, 가지어, 삼림 등이 풍부하다고 언급하면서 마지막 부분에 우산도(于山島)는 그 동남에 있다고 기술했다. 울릉도에서 우산도까지의 거리 관계는 명확하게 제시하지 않았지만, 울릉도 동남에 있는 이 섬은 위치로 볼 때에 현재 한국에서 호칭하는 독도에 해당한다. 장지연은 1905년 2월 일본 제국주의가 독도를 강탈했음에도 불구하고, 지리교과서에서 우산도를 울도의 부속 섬으로 기술하여 학생들에게 가르치도록 했던 것이다.

또 다른 애국심 양성형의 대표적인 지리교과서로서 1908년 조종만의 『초등대한디지』도 주목할 만하다. 조종만은 장지연과 함께 국민교육회라는 애국계몽 단체에서 활동했는데, 이 책의 서문에서 저자는 지리라 함은 토지, 구역, 인민, 풍속과 국가 독립의 전체를 기술함이니 고금 천하에 지지가 있고 없음으로 문명, 야만의 나라를 판단한다고 보고, 대한지지를 국문으로 간단하게 긴요한 내용을 편집하여 일반인이 읽기에 편리하도록 하여 독립 자주의 생각을 흥기(興起)시켜야 한다고 국토지리교육의 중요성을 역설했다. 이 교과서는 총 48페이지에 불과한 소책자이지만, 위치·경계·연혁·지세·기후 등의 자연지리에서 산업·도회·승지·호구·13도 군명 등 인문지리에 이르기까지 다양한 항목에 핵심적인 지리 내용을 담았다. 본문 앞부분에 수록된 대한전도에는 동해 바다에 한글로 대한해가 표기되어 있고, 울릉도와 독도는 제12과 도회(都會)와 승지(勝地) 부분에 다음과 같이 간략하게 기술되어 있다.

울도鬱島는,옛울능도-니,북위일빅ᄉ십도ᄉ십오분으로,ᄉ십일분에,이르며,동경ᄉ십칠도ᄉ십ᄉ분으로,ᄉ십일분에,이르니,ᄉ봉三峯이,공듕을,고히여,디방이,되약大約오빅ᄉ방方리오,약지藥材와,ᄉ목森木이,만히산츌ᄒ며,<u>우산도于山島는,그동남에잇ᄂ니라</u>

이 책에서도 울도의 옛 지명 울릉도, 위도와 경도, 지세, 면적, 그리고 약초와 삼림을 많이 산출한다고 언급하면서 우산도(于山島)는 울릉도 동남에 있다고 기술하였다. 장지연과 달리 울릉도에 대한 역사적 내용은 언급하지 않았지만, 독도를 간략하게 제시한 것은 장지연과 동일하다. 같은 시기에 애국계몽 운동을 펼쳤던 장지연과 조종만은 통감부의 관여로 학부(1907)가 편찬한『보통학교 학도용 국어독본』에 일본해가 자리를 잡고, 독도 관련 내용이 차단되는 과정에서 지리교과서 집필을 통해 일본 제국주의에 맞섰던 것이다.

근대 한국의 지리교과서에서 독도는 본문이나 수록 지도에 우산도 또는 우산으로 등장한다. 그러나 이와 다른 독도의 명칭이 1907년 김건중의『신편대한지리』에 기재되어 있다. 이 교과서는 제1편 지문지리, 제2편 인문지리, 제3편 지방지로 구성되어 있는데, 내용 구성이나 기술로 볼 때, 이것은 일본에서 발행된 다부치 도모히코(田淵友彦)의『한국신지리』(1905)를 초역한 것으로 알려져 있다(장보웅, 1970, 53). 김건중의『신편대한지리』제3편 제5장 강원도 부분에는 울릉도와 함께 독도가 다음과 같이 구체적으로 기술되어 있다.

鬱島ᄂ平海郡越松浦四百餘里海中에在ᄒ鬱陵島니光武三年에鬱島郡을設ᄒ고守를眞ᄒ니　北緯百三十度四十五分乃至五十三分東經三十七度三十四分乃至三十一分間에在ᄒ야　面積이五百四方里許며中央에高山이屹立ᄒ야高四千尺이며沿岸의港灣이無ᄒ야船舶의碇繫가甚難ᄒ니라　全島에平地가稀少ᄒ나其地質은落葉枯草가堆積腐化ᄒ黑土를成ᄒᄋ로膏腴ᄒ야肥料

를不施ᄒ야도農物이豊碩ᄒ야主産物의大豆ᄂ每年産額이四五百石에至ᄒ
며林山에ᄂ●,桐,松,白檀香等이有ᄒ며 또葡萄-産出ᄒ며沿海에良好한石茸
의産額이赤大ᄒ니라 秋季에山鶉類-多ᄒ야副食物을作ᄒ며脂肪은溶解ᄒ야
燈油에供給ᄒ니라

本島住民은五百餘戶며日本人三百餘戶-一時에來住홈으로政府에셔退去
ᄒ란命令이有ᄒ야至今에盡歸ᄒ니라島中의一泉이湧出ᄒ야其味가微酸ᄒ
나島民이藥水라稱ᄒ야疾病時에藥餌로服用ᄒ면效驗이著見ᄒ니此ᄂ炭酸
水의源流니라

本島東南約三百里에一島가有ᄒ야俗稱「양고」島라云ᄒ니長이三十餘里
오沿岸이屈曲ᄒ야漁船의碇泊이便宜하나薪材及飮料水를ᄋ즉不得홈으로
居人이無ᄒ며海馬와各種海山이多ᄒ니라

울릉도와 독도에 관한 내용을 살펴보면, 울릉도가 울도(鬱島)로 개
칭된 내력, 위도와 경도, 면적, 지세, 항만, 농산물, 임산, 주민, 약수 등
을 중점적으로 언급하였다. 그리고 마지막에 독도를 '양고'로 표기하
고, 본도와 위치 및 거리 관계, 섬의 둘레, 연안, 무인도, 풍부한 해산물
등을 기술하였다. 이처럼 이 교과서의 특징은 근대 한국의 지리교과서
가운데 독도가 비교적 구체적으로 기술되어 있고, 독도에 대해 울릉도
를 본도로 표기하고, 독도의 명칭을 한국의 전통지명 '우산도'나 '우산'
이 아닌 외래지명 '양고'로 기재한 것이다. 여기에서 '양고'는 서양에서
독도를 호칭하던 '리앙쿠르 락스'를 일본어 발음으로 간략히 표기한 것
을 번역자는 다시 한국어 발음으로 번역한 것이다.

김건중이 번역한 다부치 도모히코(田淵友彦)의 『한국신지리』는 일
본이 1905년 2월 독도를 불법 편입한 이후 1905년 9월에 간행된 것인
데, 일본인 저자는 여전히 독도를 울릉도 소속의 한국령으로 기술했던
것이다. 보성관의 번역원으로 재직했던 김건중은 한국의 독도영유권
주장에 유리한 이 책을 충실히 번역하여 학교 교육용 지리교과서로 발
행했던 것이다. 그러나 김건중은 한국과 일본열도 사이의 바다 명칭으

로 원문에 기재된 일본해를 충실히 한국어로 번역하지 않고 동해, 조선해 등을 사용하기도 했다.

3. 근대 일본의 지리교육과 독도의 혼란성

전근대 일본에서 울릉도와 독도는 1667년 사이토 호센(齋藤豊仙)의 『은주시청합기』라는 고문헌에 최초로 등장하며, 고지도에는 18세기 후반부터 나타난다. 특히 오키(隱岐)의 지지를 기술한 『은주시청합기』와 1775년 나가쿠보 세키스이(長久保赤水)의 개정일본여지노정전도에는 일본의 서북 경계를 오키 섬으로 기재하여 울릉도와 독도가 일본과 무관한 섬으로 제시되어 있다. 게다가 일본 정부는 1870년 『조선국교제시말내탐서』에서 독도는 조선의 땅임을 인정하고, 1877년 태정관 지령에서는 울릉도와 독도가 일본과 무관한 곳이라고 최종 결정을 내렸다. 일본에서 울릉도와 독도 관련 전근대의 고문헌과 고지도, 그리고 영토에 대한 정부의 결정 등은 근대 일본 지리교육에 영향을 미쳤을 것이다.

1) 메이지(明治) 정부의 지지편찬과 독도

학교 교육에서 사용되는 지리교과서는 학습자의 발달 단계를 고려함과 동시에 국가 및 사회적 요구, 학문적 요구를 반영한다. 학문적 요구와 관련하여 당시 지리교과서는 대개 관찬 및 사찬의 지지와 지도에 근거하여 간행되었다. 일본은 메이지 유신 이후 토지에 대한 높은 관심으로 중앙 정부의 행정 조직에 지리(地理) 또는 지지(地誌)라는 명칭을 사용한 적이 있다. 그리하여 당시 각 부서에서는 국가적 사업으로 일본지지 편찬 및 일본을 비롯한 주변 지역의 지도 제작이 적극적으로 이루어졌다. 예컨대 태정관은『황국지지』, 문부성은 지리교과서, 그리고 육군성은『공무정표(共武政表)』를 각각 기획하여 발간하였다(中山修一, 1997, 10).

이 시기에 지지편찬의 동기는 특히 국가의식을 높여 민족의식의 확립에 도움이 되고자 했으며, 혹은 주변의 민족이나 국가에게 자국의 문화수준을 과시한다는 목적도 있었다(石田龍次郎, 1966). 이러한 발상에서 메이지기의 3대 지리서로 미완성으로 끝난 사토 덴죠(佐藤傳藏)의『대일본지지(大日本地誌, 全10卷)』, 그리고『황국지지(皇國地誌)』, 『일본지지제요(日本地誌提要)』가 있다. 국가적 프로젝트로 기획된 것은 소위『황국지지』이며, 그 다이제스트판으로 출판된 것이『일본지지제요』이다(中山修一, 1997, 9).

후지오카 겐지로(藤岡謙二郎)는『일본지지제요』의 가치에 대해서 1982년 복각판의 권두언에서 메이지기 이후 간행된 일본 최초의 통계적, 사전적인 관찬지지라고 평가했다. 이 책은 8책 77권으로 구성되어 있으며, 편자는 내무성 지리과, 제4책 이후는 원정원(元正院) 지리과로 되어 있다. 제1책의 범례에 따르면, 이 원고는 오스트리아의 만국박람회에 출품하기 위해 1872년 10월부터 익년 3월에 완성했으며, 간행은 수정 및 보완을 거쳐 1874년에 이루어졌다. 실제 몇 권까지 만국박람회에 출품했는가는 명확하지 않으며, 궁극적으로 메이지 정부의 지지편찬 사업은 대내적으로는 국민들에게 국토와 국가에 대한 의식을 형성하고, 대외적으로는 우수한 자국의 이미지를 고양시키고자 했던 것이다.

이 책의 77권 가운데 제1권의 총국(總國)에서는 일본 전체를 개괄적으로 언급하고, 그 이하 77권까지 각 지역의 지리를 다루었다. 각 지역의 지리는 항목별·병렬식으로 구성되어 있는데, 일본에서 독도와 가장 가까운 오키(隱岐)는『일본지지제요』의 제50권에 강역(疆域), 형세

(形勢), 연혁(沿革), 군수(郡數), 호수(戶數), 인구(人口), 전포(田圃), 조세(租稅), 현치(縣治), 군진(軍陣), 학교(學校), 해로(海路), 산옥(山嶽), 광산(鑛山), 폭포(瀑布), 항만(港灣), 갑각(岬角), 해협(海峽), 도서(島嶼), 암초(暗礁), 신사(神社), 물산(物産) 등의 순서로 기술되어 있다. 이들 항목 가운데 일본에서 독도와 가장 가까운 오키의 도서(島嶼) 부분에는 울릉도와 독도가 다음과 같이 기술되어 있다.

> 도서(島嶼)
> 시마즈시마(島津島). 치부군(知夫郡) 지부리(知夫里)의 남쪽 2정에 있다. 주위는 29정 51간, 동서 5정, 남북 9정.
> 마쓰시마(松島). 일명 시마야마(島山). 아마군(海士郡) 도요다(豊田) 마을(村)에 속한다. 나카노지마(中島)의 동쪽 18정, 주위 1리 9정 44간, 동서 7정, 남북 13정.
> 오모리시마(大森島). 오치군(隱地群) 쓰도(津戶) 마을(村)에 속한다. 마쓰시마(松島)의 북방 20정, 주위 25정 57간, 동서 7정, 남북 5정. ○ 본주(本州)의 부속섬. 치부군(知夫郡) 45, 아마군(海士郡) 16, 스키군(周吉郡) 75, 오치군(隱地郡) 43, 합계 179. 이를 총칭하여 오키(隱岐)의 소도(小島)라고 한다. ○ 또한 서북방으로 독도(松島) 울릉도(竹島)의 두 섬이 있다. 예부터 민간에 전해 내려오는 말이다. 오치군(隱地群) 후쿠우라(福浦) 항에서 독도(松島)에 이르는데, 바닷길은 약 69리 35정. 울릉도(竹島)에 이르는 바닷길은 약 100리 4정 남짓. 조선에 이르는 바닷길은 약 136리 30정.

이 책에는 시마네현 북쪽 바다에 위치한 오키의 도서에 대해서 치부군, 아마군, 스키군, 오치군 등 4개의 군에 총 179개의 섬이 있고, 이들을 오키 소속의 작은 섬이라고 명확하게 정의했다. 그렇지만 부가적으로 언급한 독도와 울릉도, 조선에 대해서는 오키의 소속이라는 표현을 사용하지 않았다. 단지 오키에서 이들 지역까지의 거리 관계를 나타내고, 독도와 울릉도는 오키에서 서북의 바다에 위치해 있는 섬이라는

것이 예부터 전해질 뿐이며, 그들의 영역은 아니라는 것이다. 에도시
대부터 일본에서는 오키의 지역을 기술한 문헌이나 지도에 독도와 울
릉도가 자주 등장하는데, 이 책도 그 내용을 답습한 것으로 보인다. 그
렇다면 왜 그러한 내용이 계속 반복되는가에 대한 의문에 답변이 필요
하다. 필자는 일본인들이 오랜 옛날부터 비록 불법적이지만, 울릉도와
독도에서 삼림벌채와 어업활동의 장소로 사용했기 때문이라고 생각한
다. 그리하여 메이지기의 관찬『일본지지제요』에 기술된 울릉도와 독
도는 이후 근대 일본의 지리교과서 및 지리부도에 다양한 방식으로 영
향을 미치게 된다.

2) 지리교과서에 기술된 독도

1868년 메이지 유신 다음 해부터 민간에서는 후쿠자와 유키치(1869)
의 세계국진』, 하시즈메 간이치(1869)의 『개지신편』을 비롯하여 여러
종류의 지리교과서가 편찬되었다. 그러나 이들 지리교과서의 내용 기
술이나 수록 지도에 독도 관련 표현은 보이지 않는다. 1872년에는 교
육법령으로 일본 최초의 근대적 학교제도를 정한 학제(學制)가 공포되
었다. 이것을 계기로 근대 일본의 지리교과서 및 지리부도에서 독도는
소수 나타나는데, 항상 울릉도와 함께 세트를 이룬다. 〈표 2〉와 〈표 3〉
은 필자가 메이지 유신 이래 러일전쟁 이전까지 일본의 지리교과서에
등장하는 울릉도와 독도를 조사하여 정리한 것이다.
지리교과서를 대상으로 조사한 〈표 2〉의 특이점은 1872년부터 1886
년까지 울릉도와 독도가 교과서 본문에 나타나지만, 그 이후는 등장하
지 않는다는 점이다. 그리고 교과서에 수록된 지도에는 1886년 이후 울
릉도와 독도가 이전보다 더 많이 표현되어 있지만, 채색을 하지 않은
경우가 더 많았다. 이것은 1877년 태정관 지령에서 울릉도와 독도가

일본의 영역과 무관하다는 결정과 밀접한 관련이 있을 것이다. 근대 일본의 지리교과서에서 울릉도 및 독도의 표현과 관련하여 주요 특질을 살펴보면 다음과 같다.

〈표 2〉 근대 일본의 지리교과서에 표현된 울릉도와 독도

간행 연도	지리교과서	저자	본문 내용		수록 지도	
			울릉도	독도	울릉도	독도
1872	日本地理往來	柾木正太郎	-	-	●	●
1874	小學讀本 皇國地理書	市岡正一	○	○	△	△
1874	皇國地理書	市岡正一	○	○	△	△
1874	日本地誌略	師範學校	○	○	-	-
1876	日本地誌要略	大槻修二	○	○	-	-
1876	內地誌略	南摩綱紀	○	○	×	×
1878	小學問答 日本地誌略之部	林多一郎	○	○	×	×
1879	皇國地誌肇要	西坂成一	○	○	×	×
1879	日本地理小志	中根淑	-	-	-	◇
1880	小學日本地誌略	橋本義達 外	○	○	×	×
1880	小學內國地誌	岩城良太郎 外	○	○	×	×
1881	日本地誌略	秋月誠一	○	○	-	-
1883	新撰日本地誌略	高橋光正	-	-	◇	◇
1886	改正日本地誌要略	大槻修二	○	○	△	△
1886	日本地理小學	中根淑	-	-	-	-
1887	日本地理小誌	那珂通世 外	-	-	◇	◇
1887	新撰地誌	岡村增太郎	-	-	◎	◎
1889	地學新編	內田嘉一	-	-	◇	◇
1890	日本地理正宗	佐久間舜一郎	-	-	●	●
1891	尋常小學日本地理初步	澤邊慶作	-	-	◇	◇
1892	初等日本地理	山崎彦八	-	-	△	△

| 1893 | 高等小學日本地理 | 關藤成緒 | - | - | ◇ | ◇ |
| 1898 | 改訂小學日本地誌 | 愛知縣東春日井郡教員組合會 | - | - | ◇ | ◇ |

주: 본문 및 지도에서 ○는 울릉도 및 독도가 등장하고, -는 등장하지 않음. 그리고 지도에서 ◇는 일본과 무관하다는 의미에서 무채색, ◎는 조선의 영해에 표현, ●는 오키섬과 동일하게 채색, △는 소속 구분 불가능, ×는 관련 지도 없음

　필자의 조사에 따르면, 일본에서 울릉도와 독도가 등장하는 최초의 지리교과서는 1872년에 간행된 마사키 쇼타로(柾木正太郎)의 『일본지리왕래(日本地理往來)』 상권의 앞부분에 수록된 대일본부현약도(大日本府縣略圖)이다. 교과서 본문에는 울릉도 및 독도 관련 내용 기술이 없지만, 지도에는 조선 동남부의 부산 일대를 무채색으로 나타내고, 울릉도(竹島)와 독도(松島)는 오키제도와 동일하게 적색으로 채색했다(〈그림 4〉). 두 섬의 위치와 형상은 가상의 섬 아르고노트에 울릉도(竹島), 그리고 현재의 울릉도에 독도(松島)를 표현했다. 비록 교과서 저자는 두 섬의 위치와 거리, 형상의 표현에 오류를 범했지만, 울릉도와 독도가 오키제도의 북서 바다에 존재한다는 사실은 알고 있었던 것이다.

　학제가 공포된 다음, 1874년 민간과 문부성이 간행한 지리교과서의 본문 및 수록 지도에는 울릉도와 독도가 더 구체적으로 나타나는데, 이들 내용은 이후 민간의 지리교과서 집필자들에게 모범이 되었을 것이다. 1870년대 전반의 지리교과서에 등장하는 울릉도와 독도의 내용 기술 및 지도 표현의 특징은 다음과 같다.

　먼저 1874년 4월 민간에서 간행한 이치오카 마사카즈(市岡正一)의 『소학독본 황국지리서(小學讀本 皇國地理書)』와 『황국지리서(皇國地理書)』의 울릉도 및 독도이다. 총 4권(초편 상·하, 후편 상·하)으로 구성된 『소학독본 황국지리서』는 각 지역(國)을 기술한 지리교과서이

〈그림 4〉 대일본부현약도(1872)의 울릉도와 독도

다. 이 책에서 울릉도와 독도는 후편 상권의 오키국(隱岐國)의 본문과
수록 지도에 나오는데, 본문의 내용은 다음과 같다.

○ 송죽(松竹) 2도(嶋) ○ 본도(本嶋)에서 북서 대략 50여리를 사이에
두고 섬이 있는데 명칭은 독도(松嶋)라고 부른다. 또한 그 훨씬 북서에 위
치한 것을 울릉도(竹嶋)라고 부른다. 그 가운데서도 특히 울릉도는 우리
땅보다 오히려 조선에 가깝다. 그런 까닭에 밤이 되면 저 부산포(釜山浦)
의 등대의 불빛도 민가의 불빛도 보인다고 한다. 1617년부터 1693년에 이
르기까지 하쿠슈(伯州) 요나고의 주민 오야(大谷) 및 무라가와(村川) 2인
이 막부 도쿠가와의 허가를 얻어 매년 이 섬을 건너가 목재, 대나무, 물고

기, 자라 등의 모든 산물을 거두었다. 그리고 이 섬 주위 대략 16리가 되는 산악과 골짜기 사이에 대나무를 잘 키워 그 크기가 2척 남짓 되었다고 한다.

본문에서 울릉도와 독도는 오키섬의 북서에 위치하며, 울릉도는 일본보다 조선에 가깝다고 기술하였다. 그래서 밤이 되면 부산에 있는 민가의 불빛이 보인다는 것이다. 또한 오야(大谷) 및 무라가와(村川) 두 가문이 이 섬에 건너가 산림벌채, 어업활동 등을 할 때에는 그들의 영토가 아니라는 인식에서 일본 정부의 허가를 얻도록 했던 것이다. 오키섬에서 뱃길로 울릉도를 갈 때에는 반드시 독도를 거쳐 도달하기 때문에 독도도 허가의 대상에 포함된다고 할 수 있다. 이처럼 당시 일본 정부는 울릉도와 독도를 일본과 무관한 지역으로 보았다. 게다가 이 책에 수록된 오키국(隱岐國)이라는 지도에는 울릉도와 독도의 수리적 위치가 별도로 기재되어 있다(〈그림 5〉). 즉 지도에 오키국 본부는 북위 36도 12분과 37도 2분 사이, 동경 132도 34분과 133도 5분 사이, 그리고 이와는 별도로 독도(松嶋)는 북위 37도 43분, 동경 131도 22분, 울릉도(竹嶋)는 북위 37도 43분, 동경 131도 4분으로 구분하여 표기되어 있다. 현재와 비교할 때에 두 섬의 형상과 위치, 거리 관계는 정확성이 결여되어 있다. 교과서 본문의 수록 지도에서 울릉도와 독도는 오키제도와 별도로 다루고 있는데, 이는 본문의 내용과 같이 두 섬을 일본의 영역으로 인식하지 않았기 때문이다. 이와 관련하여 필자는 단지 일본의 어부들이 오랫동안 막부의 허가를 얻어 산림벌채와 어업활동의 장소로 사용했기 때문에 두 섬을 지리교과서에서 다루었다고 생각한다.

또 다른 지리교과서로 같은 해에 간행된 이치오카 마사카즈의 『황국지리서』가 있다. 이 교과서는 각 도(道)의 지역(國)을 다루었는데, 각 도(道)마다 지도를 수록하고, 개요 및 지역의 지리적 특징을 문답식

〈그림 5〉 오키국(1874)의 울릉도와 독도

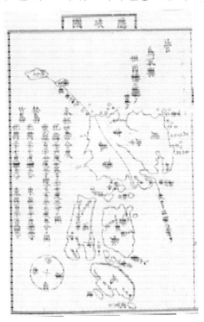

으로 기술하였다. 예컨대 제3권 산음도(山陰道)의 오키국(隱岐國) 본
문은 오키의 위치, 구성 및 관할은 어떠한가? 지형, 기후, 민업 및 산물
은 어떠한가? 유명한 곳은 어디인가? 당국(當國)의 구설(舊說)은 어떠
한가? 등 4개의 질문에 대한 답변이 차례대로 기술되어 있다. 이들 가
운데 오키의 영역과 관련된 내용은 다음과 같다.

　　오키노쿠니(隱岐國)
　　△ 오키의 위치, 구성(部分) 및 관할은 어떠한가?
　　○ 오키는 이즈모(出雲)의 북양(北洋)에 위치하고, 나누어 크고 작은
여러 섬으로 이루어진다. 그 주요한 4개, 그 가운데에서도 특히 북쪽의 모
도(母嶋)를 나누어 오치(越智), 스키(周吉) 2 군(郡)을 이루며, 모도(母嶋)
남면의 동방에 위치하는 것을 아마군(海士郡)이라 하며, 그 서쪽의 두 섬

을 합하여 지부리군(知夫里郡)을 이루며, 모두 돗토리현(鳥取縣)이 관할하
는 곳이다. ……

△ 앞의 조항(前條) 4개의 섬 외에 중요한 섬은 어떠한가?

○ 독도(松嶋) 및 울릉도(竹嶋)는 본도(本嶋)에서 아주 먼 북서 방향에
위치하며, 그 거리는 일본(內地)보다 오히려 조선에 가깝고, 섬 내에는 오
로지 대나무와 나무, 물고기와 자라를 생산한다.

본문에서 오키국은 시마네현의 북쪽 바다에 위치하여 여러 섬으로
구성되어 있지만, 섬이 몇 개인가는 정확하게 언급하지 않았다. 다만
4개의 주요 섬과 그 위치에 대해서 개략적으로 기술하였다. 본문에서
는 오키국의 많은 섬들 가운데, 별도로 울릉도와 독도가 중요한 섬으
로 다루어졌다. 두 섬은 오키에서 아주 먼 북서 바다에 위치하며, 모두
조선에 가깝다고 기술하면서 이곳의 주요 산물을 언급하였다. 비록 두
섬이 조선에 가까이 위치하지만, 일본인들의 산림벌채 및 어업활동의
근거지가 된다는 의미로 해석할 수 있다. 그래서 이 책에 수록된 대일
본전도, 산음도에는 울릉도와 독도가 나타나지만, 아무런 채색을 하지
않아 그 소속을 알 수 없다(〈그림 6〉).

다음은 문부성(文部省)이 간행한 1874년의 『일본지지략(日本地誌略)』
과 그 계통의 지리교과서에 등장하는 울릉도와 독도이다. 메이지 초기
문부성에 의한 지지편찬의 대표적 사업은 초등교육용 지지교과서 편
찬사업이다(中山修一, 1997, 10). 당시 문부성이 국토내외의 지리적 지
식의 습득을 일본 국민의 필수요건의 하나로서 중시했기 때문이다(島
津俊之, 2002, 91). 그래서 1872년 9월 공포된 소학교칙(小學敎則)에서
는 지리적 지식의 교수가 대단히 중시되었다(中川浩一, 1978, 11-25).

1874년 7월 문부성이 편찬한 『일본지지략』과 『만국지지략』은 사범
학교(1872년 설립, 뒤에 도쿄고등사범학교)가 편집한 것이다. 이들 가
운데 『일본지지략』은 당시 문부성에 재직했던 오쓰키 슈지(大槻修

〈그림 6〉 대일본전도와 산음도(1874)의 울릉도와 독도

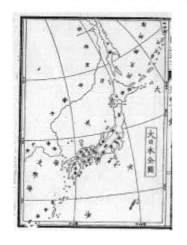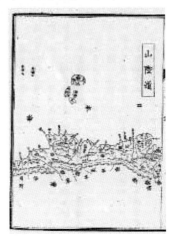

二)²⁾가 사범대학의 의뢰로 집필한 것이다(中川浩一, 1978). 그가 집필에 참고한 것은 앞에서 다루었던 정원(正院)의 지리과가 편찬한『일본지지제요』등이었다(岡田俊裕, 2011, 52). 문부성 간행『일본지지략』은 총 4권이며, 내용 구성은『일본지지제요』의 그것을 답습하고 있다. 즉 총론을 두어 일본의 위치, 영토의 개요와 경계를 명확히 하고, 전국을 기내(畿內)와 팔도(八道)로 나누어 각각에 속하는 84개의 국명을 제시하여 각 지역(國)의 범위, 지명, 산물 등을 지리적 사실 중심으로 제시하였다. 독도와 울릉도는 오키국(隱岐國)에 다음과 같이 기술되어 있다.

　　군도(群島)가 북해 가운데 나란히 우뚝 서 지역(國)을 이루어, 치부(知

---

²⁾ 메이지기부터 다이쇼기의 박학다재한 학자로 일본지리 연구자이다. 메이지 초기에 본격적인 일본지지를 저술하고, 그 후에 고대 역로 연구에 공헌했다. 이와 병행하여 근세양학자 연표를 작성했다. 저작으로『일본지지략』,『일본지지제요』,『일본지명자인』,『역로통』,『신찬양학연표』등이 있다(岡田俊裕, 2011, 51).

夫), 아마(海部), 스키(周吉), 오치(越智) 4군이 있다.
　전 지역(國)이 4개의 섬이 된다. 남쪽은 치부리시마(知夫里島), 나카노
시마(中島), 니시노시마(西島)의 3개 섬으로 나누어, 그 둘레를 합계하면
대략 44리 남짓, 이를 합하여 도젠(島前)이라고 부른다. 북쪽의 한 섬은 주
위가 대략 30리 남짓하며 칭하기를 도고(島後)라고 한다. 두 섬은 서로 떨
어져 불과 6리 정도이며, 그 연해에 있는 크고 작은 도서(島嶼)는 대략 183
이다. 또한 <u>서북 바다 가운데 독도(松島), 울릉도(竹島)가 있다.</u> …

　이 내용은 앞에서 언급한 관찬『일본지지제요』에서 오키의 도서 부
분을 더 간략하게 기술한 것임을 알 수 있다. 이 책의 용도가 학교용
지리교과서이기 때문에 저자는 내용을 축소했던 것이다. 오키국의 도
서는『일본지지제요』에 기재된 179에서 183으로 증가했지만, 여전히
울릉도와 독도는 오키국의 도서로 합계하지 않았다. 게다가 오키에서
독도와 울릉도까지의 거리 관계도 생략했으며, 단지 오키의 서북 바다
에 독도와 울릉도가 있다고 기술하였다. 그리고 교과서 본문에 수록된
오키국(隱岐國)의 오키도(隱岐圖)에는 도젠(島前)과 도고(島後)를 중심
으로 작은 섬들이 표현되어 있지만, 울릉도와 독도는 제외되어 있다
(〈그림 7〉).

　문부성에 재직하면서『일본지지략』을 집필했던 오쓰키 슈지는 간행
직후 관직을 떠나 계속해서 일본지지의 저술에 매진했다. 그는 종래의
지리서를 다시 읽고, 각 지역을 답사하면서 새로운 지리적 지식을 축
적하였다. 그리하여 1875년에『일본지지요략(日本地誌要略)』, 그리고
1886년에는『개정일본지지요략(改正日本地誌要略)』을 개인적으로 집
필하여 간행했다.『개정일본지지요략』의 내용 구성은『일본지지요략』
의 그것을 기준으로 하면서 분량은 2배 이상 증가하였다. 그가 개인적
으로 집필하여 간행한 초판과 개정판의 오키국 부분에서 울릉도와 독
도의 내용 기술은 약간의 차이가 보인다. 먼저 1875년『일본지지요략』

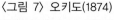
〈그림 7〉 오키도(1874)

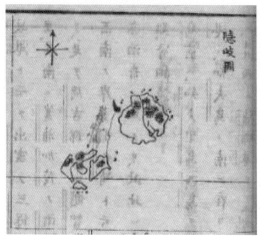

의 오키국에 대한 내용 기술은 다음과 같다.

오키는 스키(周吉), 오치(隱地) 두 개의 군을 북쪽의 오시마(大島)라 하며, 아마군(海士郡)은, 중앙의 한 개의 섬이 되며, 치부군(知夫郡)은 서남의 두 개의 섬으로 이루어져 있다. 모두 4개의 군이다.

1국 4도(島)로써 이즈모(出雲)의 해상 18리에 있다. 남쪽의 세 섬은 지부리시마(知夫里島) 둘레 6리, 니시노시마(西島)는 20리, 나카노시마(中島)는 16리이다. 총칭하여 도젠(島前)이라고 한다. 북쪽의 한 섬은 매우 커서 연안 30리이다. 이것을 도고(島後)라고 하며….

원래 이 지역(國)은 일본해 가운데 서쪽 변방(西邊)의 외딴 섬(絕島)으로 그 서북 바다 가운데에 독도(松島), 울릉도(竹島) 두 섬이 있고, 모두 조선지방에 접근해(接近) 있어도, 그래도 거주민(居民)을 통속(統屬)하지 않아 여러 방면의 사람이 때대로 와서 해렵(海獵)의 장소로 삼았다고 한다. ….

이 내용을 문부성 간행의 『일본지지략』과 비교하면, 동일한 점은 바다에 흩어진 섬을 오키의 소도라고 표현한 점, 서북 바다에 독도와 울릉도가 위치한다는 점이다. 그리고 추가된 내용은 오키를 일본의 서쪽 끝에 멀리 떨어진 섬으로 표현한 점이다. 이는 『은주시청합기』(1667)에 기술된 일본의 서북 경계와 같은 입장이다. 그러면서 이 섬들이 조선에 가깝고, 거주민을 통속하지 않아 각 지방 사람들이 와서 어업 활동의 장이 된다고 했다. 이는 당시 조선에서는 왜구의 노략질로 쇄환 정책을 실시했기 때문이며, 일본에서는 이곳에 건너갈 때에 막부의 허가를 얻도록 했지만 불법으로 건너가는 사람들도 있었기 때문이다. 그런데 이 책의 내용은 이후에 간행된 1886년의 『개정일본지지요략』에는 다른 내용이 추가되어 표현되어 있는데, 내용은 다음과 같다.

> 1지방(國) 4도로써 이즈모(出雲)의 정북(正北) 해상 10여 리에 있고, 남쪽의 세 섬을 도젠(嶋前)이라고 총칭한다. 치부리시마(知夫里嶋)는 주위 7리, 니시노시마(西嶋)는 20리, 이것을 지부군(知夫郡)이라 한다. 나카노시마(中嶋)는 주위 16리로 아마군(海士郡)이다. 북쪽의 오지마(大島)는 스키(周吉), 오치(隱地) 두 군(郡)을 이루며, 그 주위는 30리이다. 이것을 도고(嶋後)라고 부른다. …….
> <u>이 지역(國)은 일본해 가운데 서쪽 변방(西邊)의 외딴 섬(絕島)으로 그 서북 해상에 독도(松島), 울릉도(竹島) 두 섬이 있고, 서로의 거리 거의 100리로써 조선에서는 울릉도로 부른다. 최근에 정(定)하여 그 나라의 속도(屬嶋)가 되었다고 한다.</u>

동일한 저자가 10년 뒤에 그의 지리교과서를 수정 및 보완하여 간행한 부분에는 오키국의 울릉도에 대한 내용이 조선의 영토로 명확히 기술되어 있음을 알 수 있다. 비록 여기에서 독도를 언급하지 않고, 울릉도만 조선의 영토가 되었다고 기술했지만, 독도는 울릉도와 함께 세트로 보아야 한다. 왜냐하면 옛날부터 일본인들은 배를 타고 울릉도에 갈 때에 항상 그 중간에 있는 독도를 경유하기 때문이다. 그래서 일본의 고지도에는 울릉도와 독도가 세트로 함께 등장하고, 게다가 두 섬의 소속을 표현한 채색도 항상 동일하다.

저자가 교과서에서 이 섬의 소속을 수정한 계기는 본문에 기술되어 있듯이 "최근에 정(定)하여"라는 부분이다. 그 결정은 다름 아닌 1877년 메이지 정부의 총리실에 해당하는 태정관 지령을 가리키는 것임이 틀림없다. 즉 내무성은 시마네현의 질의에 기초하여 1877년 3월 17일 국가 최고 기관인 태정관에 '다케시마(울릉도) 외 1도(독도)'를 지적에 포함시킬 것인가에 대한 질의를 보냈고, 이에 태정관은 3월 29일 '다케시마 외 1도의 건에 대해서 일본과 관계가 없다'고 결정한 문서를 회신했다. 이러한 결정은 같은 해 4월 9일 내무성에서 시마네현에 전해졌다.

당시 저자는 일본의 영역에 대한 국가의 결정을 명심하여 자신의 지리교과서에서 울릉도와 독도를 '일본과 무관하다'에서 한 걸음 더 나아가 '조선의 섬이 되었다'고 기술했던 것이다. 메이지 정부의 이러한 결정으로 〈표 2〉에서 볼 수 있듯이 1880년 후반부터 1905년 러일전쟁 직전까지 일본에서 간행된 지리교과서 본문에 울릉도와 독도는 오키의 지리에 나타나지 않거나 수록지도에는 일본과 무관하게 표현되는 경우가 다수였다. 이러한 경향은 오쓰키 슈지의 지리교과서에 나오는 독도 관련 내용과 결코 무관하지 않을 것이다.[3]

3) 지리부도에 표현된 독도

필자의 조사에 따르면, 근대 일본의 지리교과서 및 지리부도 등에

---

[3] 오쓰키 슈지가 저술한 『일본지지요략』은 사찬으로 책이 매우 잘 팔려 그는 이 수입으로 도쿄의 아사쿠사(淺草)에 택지를 구입했다고 한다(島津俊之, 2002, 91). 따라서 당시 이 책은 베스트셀러로 일본의 아동 및 일반인들이 일본의 국토를 이해하는 도구로 사용되었고, 울릉도와 독도에 대한 인식에도 지대한 영향을 미쳤을 것으로 추측된다.

〈그림 8〉 산음도지도(1876)의 울릉도와 독도

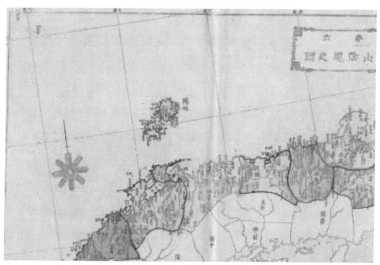

울릉도와 독도는 일본의 영역에서 제외된 경우가 대부분이다. 그럼에
도 소수의 지리교과서 및 지리부도 가운데 두 섬이 등장하는 것은 지
리교과서보다 지리부도가 많은 편이다. 지리부도에서 울릉도와 독도
는 주로 일본전도 및 오키섬이 소속된 산음도(山陰道)의 지방지도에서
볼 수 있다.

〈표 3〉에서 파악할 수 있듯이 울릉도와 독도가 전국지도와 지방지
도에 모두 등장하는 비율은 아주 낮다. 그리고 두 섬이 지방지도보다
전국지도에 다소 많이 나타나는 것은 전국지도에 이웃나라 조선의 일
부가 항상 등장하기 때문이다. 시기별로 살펴보면, 메이지 초기와 중
기에는 울릉도와 독도가 전국지도와 지방지도에 비슷하게 등장하지
만, 후기로 갈수록 두 섬은 지방지도에서 사라져 보이지 않는다. 게다
가 섬의 소속과 관련하여 울릉도와 독도가 일본과 무관하게 채색된 경

우가 다수를 차지한 반면, 오키섬과 동일하게 채색된 비율은 매우 낮다. 이처럼 지리부도에서 두 섬은 전국지도와 지방지도에 일관성 없이 다양하게 표현되어 있는데, 필자는 그 유형을 크게 2가지로 분류했다.

〈표 3〉 근대 일본의 지리부도에 표현된 울릉도와 독도

간행 연도	지리부도	저자 및 편집	전국지도		지방지도	
			울릉도	독도	울릉도	독도
1876.06	小學用地圖	山口松次郎	-	-	●	●
1876.10	小學用地圖	村上正武	◇	◇	-	-
1876.10	日本地誌略附圖	上田正庸	△	△	-	-
1877.02	日本地誌略用 小學地圖指南譜	森琴石	-	-	◇	◇
1877.03	日本地誌略附圖	大屋愷敥	-	-	△	△
1877.09	小學用 日本地誌略附圖	文部省	-	-	●	●
1877.10	日本地誌略譯圖 小學用揭圖	森琴石	-	-	▲	▲
1878.12	小學地圖摘要 日本地誌略用圖	土方善賢	◇	◇	-	-
1879.11	小學用地圖	眞島寬	-	-	◇	◇
1881.11	小學日本地圖	伊藤常宣	◇	◇	-	-
1881.12	小學地圖摘要 日本地志略用圖	森口榮	◇	◇	-	-
1885.07	新撰小學用地圖	塩田重雄	-	-	◇	◇
1886.07	小學用日本地圖	村上正武	◇	◇	-	-
1886.11	小學用日本地圖	下村原治郎	◇	◇	-	-
1887.06	皇國圖說	吉水林誠外	×	×	●	●
1888.11	中等教育 如氏地理教科書附圖	小林樫湖	△	△	×	×
1892.05	分邦詳密 大日本地圖	荻原國三	◇	◇	-	-
1892.07	大日本地圖	大橋新太郎	◇	◇	-	-
1892.08	普通學全書第23篇編 日本新地圖	小野英之助	◇	◇	-	-
1893.02	普通學全書第16篇編 萬國新地圖	小野英之助	◇	◇	×	×

1895.04	大日本帝國新地圖	三田村熊之介	△	△	-	-
1896.02	小學校用 日本地圖	磯崎嘉行	◇	◇	-	-
1896.02	小學日本地圖	金港堂編輯所	△	△	-	-
1897.05	中等敎育 日本地圖	佐藤傳藏	◇	◇	-	-
1899.03	日本地理敎科書附圖	龜井忠一	△	△	-	-
1904.11	日本之部 小學地理附圖	地理編輯部	◇	◇	-	-
1905.06	新撰日本地圖	日本圖書	△	△	×	×

주: 지도에서 ◇는 일본과 무관하다는 의미에서 무채색, ●는 오키섬과 동일하게 채색, ▲는 오키섬과 다르게 채색, △는 소속 구분 불가능, -는 나타내지 않음, ×는 관련 지도 없음

첫째, 지도에서 울릉도와 독도를 조선과 동일하게 아무런 채색을 가하지 않은 경우이다. 지리부도에서 이 유형을 가장 많이 볼 수 있는데, 이는 울릉도와 독도가 일본의 영역과 무관하다는 일본 정부의 입장을 계승한 것이라 할 수 있다. 예컨대 1876년 무라카미 마사타케(村上正武)가 편집한 『소학용지도 일본지략부도』에는 1장의 대일본국전도와 10장의 지방별 지도가 수록되어 있는데, 산음도지도(山陰道之圖)에는 일본에서 독도와 가장 가까운 오키제도와 시마네현은 여러 색으로 채색되어 있다. 그렇지만 이들 지역의 서북 바다에 위치한 독도(松島)와 울릉도(竹島)는 이 지도에 나타나지만, 이들 지방의 행정구역과 무관하다는 의미에서 채색을 하지 않았다(〈그림 8〉). 그리고 1892년 오하시 신타로(大橋新太郞)가 편집한 『대일본지도』에도 1장의 대일본전도와 10장의 지방별 지도가 수록되어 있는데, 대일본전도에는 시마네현과 오키제도가 황색으로 동일하게 채색되어 있다. 그렇지만 이들 지역의 서북 바다에 위치한 독도(松島)와 울릉도(竹島)는 조선과 함께 아무런 채색을 하지 않아 일본의 영역이 아닌 주변 국가임을 알 수 있다(〈그림 9〉).

둘째, 지도에서 울릉도와 독도를 오키제도와 동일하게 채색한 경우

〈그림 9〉 대일본전도(1892)의 울릉도와 독도

이다. 1876년 야마구치 마쓰지로(山口松次郎)가 편집한 『소학용지도 일본지지략 만국지지략부도』는 근대 일본 최초의 지리부도로 보이며, 내용은 세계지도와 일본지도로 구성되어 있다. 이 지도집의 일본전도 에는 울릉도와 독도가 제외되어 있지만, 산음도지도(山陰道之圖)에는 오키제도와 그 북서 바다에 독도(松島)와 울릉도(竹島)가 보라색으로 채색되어 있다(〈그림 10〉). 이와 유사한 사례는 1877년 문부성(文部省) 이 편집한 『소학용 일본지지략부도』의 산음산양양도지도 등에 나타난 다. 그렇지만 이들 지리부도는 근대 일본에서 최초로 간행되었고, 문 부성이 편집했음에도 불구하고, 그 후에 제작된 지리부도에 영향을 미 치지 못한 것으로 보인다. 이는 전근대 및 근대 일본 정부의 울릉도와 독도의 영유에 대한 정책과 밀접한 관련이 있을 것이다.

이와 같이 근대 일본의 지리부도에서 울릉도와 독도를 채색으로 구 분하여 아동 및 학생들의 영역에 대한 이해를 용이하도록 했다. 그 외

〈그림 10〉 산음도지도(1876)의 울릉도와 독도

에 지도를 컬러가 아닌 흑백으로 표현하여 울릉도와 독도의 소속 구분을 알 수 없는 경우도 소수 존재한다. 그리고 특이한 사례로서 지리교과서에 수록된 지도와 지리부도에서 조선의 영해를 가로 줄무늬나 명암으로 나타내고 여기에 두 섬을 표현하기도 했다. 또한 일본전도에서 일본열도에 일본의 육해군 주둔지를 모두 표시했지만, 울릉도와 독도에는 아무런 표시를 하지 않은 경우도 있다. 당시 지리교과서 집필자들은 주로 일본의 영역에 대한 시각적 효과에 중점을 두었지만, 지도에서 독도 주변에 경계선을 사용한 흔적은 보이지 않았다.

4. 맺음말

본 연구는 근대 한국과 일본에서 간행된 지리교과서 및 지리부도 등을 대상으로 본문에 울릉도와 독도, 오키제도가 어떻게 기술되어 있고, 교과서에 수록된 지도 및 지리부도에는 이들 섬이 어떻게 표현되어 있는가를 당시의 정치적 상황과 관련하여 고찰하였다. 분석 대상 시기는 양국에서 지리교과서가 최초로 간행된 시기를 기준으로 한국은 1910년 한일병합, 그리고 일본은 1905년 러일전쟁까지이다. 양국 모두 지리교과서 및 지리부도 등에 독도가 나타나는 비율은 낮지만, 항상 독도는 울릉도와 함께 세트로 등장한다. 연구결과는 다음과 같다.

먼저 한국에서는 근대 초기였던 1895년 소학교령의 공포와 함께 지리교과서가 본격적으로 간행되었는데, 당시 교육을 총괄했던 학부(學部)와 민간의 집필자는 독도를 강원도 소속으로 울릉도와 함께 기술하였다. 그리고 을사늑약 이후에는 통감부가 한국의 교육정책에 관여했는데, 1907년 2월 학부가 편찬한『보통학교 학도용 국어독본』의 지리 교재에는 울릉도 바깥에 도서가 없다고 기술하여 독도에 대한 교육을 차단시켰다. 이런 가운데 저항적 민족주의의 일환으로 민간에서는 장지연, 조종만 등이 애국심 양성형의 지리교과서를 각각 1907년 6월과 1908년 9월에 간행했다. 이 책에는 1905년 2월 일제가 한국의 독도를 강탈했음에도 불구하고, 울릉도 동남에 우산도가 있다고 기술했다. 또한 김건중은 독도가 강원도 울도군 소속으로 되어 있는 일본의 책을 번역하여 1907년 9월에 교육용 지리교과서로 출간했다. 전반적으로 근대 한국에서는 조선 후기의 울릉도와 독도에 대한 영토 인식이 지리교과서에 그대로 반영되어 있다.

반면 일본에서는 메이지 유신 다음 해부터 지리교과서 및 지리부도가 다수 간행되었지만, 여기에는 독도가 울릉도와 함께 일본전도 및 산음도 지방지도에 소수 나타난다. 두 섬은 지리교과서 본문에 조선의 영토로 기술된 부분도 있고, 단지 오키의 지지를 서술할 때에 등장하기도 한다. 그리고 울릉도와 독도는 지리교과서 본문에 수록된 지도와 지리부도에서 일본의 영역과 동일하게 채색된 것이 소수 존재하지만, 다수는 일본의 영역과 무관하다는 의미에서 조선과 함께 아무런 채색을 하지 않은 경우가 많았다. 그 이유는 일본 정부의 울릉도와 독도에 대한 정치적 결정이 지지편찬 및 고지도 제작에 영향을 미치고, 이들 자료는 다시 지리교과서 및 지리부도 제작에 참고 자료가 되었기 때문이다. 예컨대 일본인이 울릉도와 독도를 오가며 어업 활동을 할 때, 막부는 이들 섬을 일본의 영역 밖에 있다고 보고 그들에게 도해 면허를 발급한 사실을 지리교과서에 수록했다. 그리고 메이지 시대에는 1877년 태정관 지령에서 울릉도와 독도가 일본과 무관하다는 일본 정부의 결정에 따라 저자들은 지리교과서 및 지리부도에서 이들 섬을 조선의 영토로 표현하기도 했다.

이상과 같이 근대 한국과 일본의 지리교육에서 울릉도와 독도를 아동 및 학생들에게 가르쳐 왔지만, 그 내용은 반드시 동일하지 않다. 근대 한국에서는 조선 후기의 독도에 대한 인식을 계승하여 독도를 울릉도의 부속도서로 일관성 있게 기술했다. 반면 근대 일본은 대다수의 지리교과서 및 지리부도 등에 울릉도 및 독도가 일본의 영역과 무관하게 표현되어 있지만, 소수는 두 섬을 일본의 영역으로 나타내기도 했다. 당시 소수의 잘못된 인식은 집필자가 일본 정부의 울릉도와 독도에 대한 정치적 결정을 바르게 이해하지 못했기 때문이다. 이러한 혼란은 1880년대까지 지리교과서 및 지리부도에 나타나지만, 1880년대 후반부터 1905년 러일전쟁 직전까지는 이들 지리교재에 울릉도와 독도가 일본과 무관하다는 입장이 지배적이다. 21세기에 들어 한일 양국의 정치적·외교적 갈등과 마찰을 초래한 일본의 독도문제 왜곡은 모두 초중등학교 교육에서 비롯되었다. 본 연구는 그 답을 1세기 전에 이루어진 근대 한국과 일본의 지리교육에서 찾고자 했던 것이다.

【참고문헌】

남상준, 「한국근대 지리교육의 교육사조적 이해」, 『지리·환경교육』 제1호 제1호, 1993.

서태열, 『지리교육학의 이해』, 한울 아카데미, 2005.

심정보, 「근대 일본과 한국의 지리교과서에 나타난 동해 해역의 지명에 대한 고찰」, 『문화역사지리』 제25호 제2호, 2013.

심정보, 「을사늑약 전후 현채 일가의 지리교재에 표기된 동해 지명 변화 분석」, 『한국지도학회지』 제16호 제2호, 2016.

심정보, 『불편한 동해와 일본해』, 도서출판 밥북, 2017.

유미림·최은석, 『근대 일본의 지리지에 나타난 울릉도·독도 인식』, 한국해양수산개발원, 2010.

윤소영, 「근대 일본 관찬 지지와 지리교과서에 나타난 독도 인식」, 『한국독립운동사연구』 제46호, 2013.

장보웅, 「개화기의 지리교육」, 『지리학』 제5호 제1호, 1970.

石田龍次郎, 「皇國地誌の編纂-その經緯と思想-」, 『一橋大學研究年報-社會學研究』 第8號, 1966.

岡田俊裕, 『日本地理學人物事典【近世編1】』, 原書房, 2011.

島津俊之, 「明治政府の地誌編纂事業と國民國家形成」, 『地理學評論』 第75號 第2卷, 2002.

中川浩一, 『近代地理教育の源流』, 古今書院, 1978.

中山修一, 『近·現代日本における地誌と地理教育の展開』, 広島大學綜合地誌研究資料センタ-, 1997.

稲葉継雄, 1999, 「舊韓國の教育と日本人」, 九州: 九州大学出版会.

한일관계에서 영토교육의 현재적 의미
-경상북도(慶尙北道)와 시마네현(島根県)의 독도교육을 중심으로-

박 창 건

1. 머리말

본 연구는 한일관계에서 영토교육이 어떠한 현재적 의미를 가지고 있는지를 조명하는 것이다. 논쟁의 초점은 한국과 일본의 영토교육 현황을 검토하고, 특히 경상북도와 시마네현의 독도교육의 사례를 비교분석하여 그 실태를 정확하게 파악하는 것이다. 특히 본 연구에서는 동북아시아의 올바른 역사적 인식과 지역공동체적 시민의식이 갖는 보편성을 기반으로 한 영토교육의 이론화 작업을 통해 독도교육의 방향성을 제시하고자 한다. 이는 독도문제에서 배타적 민족주의 접근 방식을 채택했던 기존의 영토교육을 냉정하게 분석하고, 동북아지역 차원의 지역공동체적 시민주의 관점에서 미래지향적인 한일관계에 대한 성찰을 바탕으로 바람직한 독도교육에 대한 해법을 모색하려는 시도이다. 그럼으로써 본 연구는 국제관계학 혹은 교육정책학을 연구하는 사회과학자들에게 한일관계에서 독도교육의 현재적 의미를 더욱 효율적으로 이해하는 데 필요한 지식을 제공하고자 한다.

독도문제는 순수한 영토문제라기보다 과거사 인식을 둘러싼 한국과 일본의 연속적 갈등과 대립에서 펼쳐지는 실증적 사실(fact)의 다툼이 자, 불확증한 논리에 대한 주관적 인식(perception)의 다툼으로 간주할 수 있다.[1] 이러한 다툼들의 명확한 규명은 동북아시아의 구조적 역학 관계에서 한일 양국 정부의 정치적 타협으로 인해 배제되거나 혹은 모호하게 고착화 되어 버렸다. 주지해야 할 것은 한일 양국이 독도문제를 지역공동체적 관점에서 벗어나 자국 중심의 사관에 입각한 영토교육을 실시하고 있기 때문에 특정 국가의 사람들을 하나의 가치 체계로 종속시키는 일종의 전제적이고 주관적인 독도교육을 실시하고 있다는 사실이다. 이러한 배타적 독도교육은 양국관계의 역사적 특수성에서 비롯된 영유권 문제를 둘러싼 한일갈등의 규범 확산과도 밀접한 관련이 있으며, 동시에 자국 중심의 영유권 주장에 내포된 영토 민족주의의 위험을 경계하고 이를 냉철하고 합리적으로 비판할 수 있는 용기를 상실하게 만들고 있다.[2]

2005년 시마네현의 '다케시마(竹島)[3]의 날' 조례 제정은 한국과 일본이 독도교육을 정책적으로 강화시킨 시발점이다. 일본정부와 시마네현은 2005년을 계기로 초·중등학교 사회과 학습지도요령 및 해설서, 교과서에 '다케시마가 일본의 영토'임을 더욱 명확하게 주장하는 내용을 비중 있게 다루기 시작했다. 이러한 일본의 독도교육에 대한 대응으로, 한국정부는 제7차 초·중등학교 사회과 교육과정에서 역사교육의 강화를 통해 독도교육을 강화하고 있고, 특히 경상북도에서는 독도

[1] 김영수, 2008, 「한일회담과 독도 영유권: 샌프란시스코 강화조약과 한일회담 '기본관계조약'을 중심으로」, 『한국정치학회보』 제42집(4).
[2] 박창건. 2008. 「영유권 문제를 둘러싼 한일갈등의 규범 확산: '다케시마의 날'과 '대마도의 날' 조례 제정을 중심으로」 『국제정치논총』 제48집(4).
[3] '다케시마(竹島)'는 일본이 사용하고 있는 독도의 표기이다.

교과서나 수업 모형 개발을 통해 '독도가 한국의 영토'임을 논리적으로 발전시키는 독도교육을 체계적으로 시행하고 있다. 그렇지만 한편으로 생각해보면, 한일 양국이 영유권 문제와 연관된 독도교육을 자국 중심의 관점에서 실시하다 보면 양국 국민의 인식 차이는 더욱 벌어져 그 격차를 좁혀 나가기 매우 힘들 것이다. 이는 동북아시아 국가 간의 배타적이고 독점적인 주권을 강조하는 현재의 국가 체제가 수평적이고 다층적인 지역공동체 교육으로 전환되고 있는 시점에서 자국 중심의 독도교육이 과연 바람직한 것인가에 대한 원론적인 고민에 직면하고 있기 때문이다.[4]

이러한 문제의식의 토대로 본 연구는 배타적 민족주의를 기반으로 한 국가 중심주의 영토교육을 대체 할 수 있는 건설적인 독도교육을 모색하는 데 목적을 두고 있다. 논문의 구성은 다음과 같이 전개된다. 먼저 제Ⅱ장은 영토교육에 대한 기존의 접근 방식들을 체계적으로 고찰하여 합리적이고 보편적인 독도교육을 위한 이론적인 분석 틀을 제시한다. 제Ⅲ장은 한국과 일본이 실시하고 있는 영토교육을 비교·분석하고, 특히 경상북도와 시마네현의 독도교육 현황을 실증적으로 파악한다. 제Ⅳ장은 한국과 일본이 실행하고 있는 독도교육이 어떠한 현재적 의미를 내포하고 있는지를 논의한다. 마지막으로 제Ⅴ장은 결론이다.

---

4) 진시원, 2008, 「동북아 영토분쟁, 중등교육에서 어떻게 가르칠 것인가?: 간도 분쟁 사례를 중심으로」, 『한국정치학회보』 제42집(2), p.436.

2. 영토교육: 배타적 민족주의로부터 지역공동체적 시민주의로

영토교육은 영토에 대한 지식뿐 아니라, 영토에 관련된 사고, 영토에 대한 가치와 태도를 지니도록 하는 교육이다.[5] 이는 국민국가(nation-state) 체제의 약화와 포스트 민족국가(post nation-state) 체제의 등장, 세계화(globalization)와 지역주의(regionalism)의 확산에서 변형된 '영역성(territoriality)'과 '정체성(identity)'에 대한 국민의 국가의식과 영역의식을 길러주는데 필수적인 요소로 간주한다. 여기에서 영역성은 개인이나 집단에 의해 지리적 영역(area)에 대해 경계선을 긋고, 이에 대한 통제를 주장함으로써 사람, 현상, 관계들에 침투하고 영향을 미치고 통제하려는 것이다.[6] 또한 정체성은 항상 공간을 매개로 하며 그 것이 개인의 차원이든 집단의 차원이든 하나의 자기화한 영역 즉 생존 공간으로 표출되어 영역화된 국가 정체성을 강화하려는 것이다.[7] 이러한 영역성과 정체성은 '우리'와 '타자'를 구분하는 규제의 수단으로 사회적 상호작용의 형태로 나타나고, 결국은 집단 구성원의 경계와 의식을 결정하는 영토교육의 중요한 개념들이다.

기존의 영토교육은 주로 국토애 교육에 관한 것이다. 이는 당위론적이었으며, 맹목적인 충성의 대상으로서 영토 즉 국토를 설정한 공간에 대한 인지능력을 키워주는 데 중점을 두고 있으며, 동시에 영토에 대한 지식과 공간의 특수성과 일반성에 대한 감각, 소속감과 같은 가치

---

[5] 임덕순, 2006, 「지리교육에 있어서의 영토교육의 중요성」, 한국지리환경교육학회 2006년 학술대회 요약집, 11~13.

[6] R. D. Sack, 1986, *Human Territoriality: Its Theory and History*, Cambridge University Press, p.19.

[7] 남호엽, 2001, 「한국 사회과에서 민족정체성과 지역정체성의 관계」, 한국교원대 박사학위논문, p.38.

를 증진하는 교육이다. 이러한 형태의 영토교육은 국토 공간에 대한 단순히 배열된 사상과 그에 대한 지식에 대해서 관심을 길러주는 것이 아님에도 불구하고, 내부자성(insideness)보다 외부자성(outsideness)을 기르는 모습을 보이며, 여전히 영토 속으로 들어가는 교육이 부족한 상태에 있고, 단순히 국수주의적인 맹목적 국토애를 기르는 것에 의존하고 있다는 냉엄한 지적을 받고 있다.[8] 따라서 영토교육은 생활공간으로서 영토 내지 국토에 단순히 사상이 어떻게 배열되어 있는가를 가르치는 것이 아니라 개인, 집단, 국가, 국제사회가 이를 어떻게 받아들이며 이해하는가, 이를 통해 어떤 사회적 공동체의 관계가 이루어지고 있는가, 이들이 인간 개인과 지역 시민의 삶에 어떤 영향을 미치는가에 관심을 두고 시행되어야 한다.

이러한 접근은 국민국가체제에서 자아정체성의 기초가 되었던 민족의 영역성과 정체성이 더 이상 단일한 형태로 운명적으로 주어지는 것이 아니라, 보다 공개적이고 성찰적으로 구성되기를 지향하고 있다. 특히 세계화와 지역주의가 진행될수록 국경이 불분명해지고 지역공동체 사회가 자발적으로 형성되고 있는 현시점에서, 영토교육은 배타적 민족주의로부터 지역공동체적 시민주의를 지향하는 형태로 변형되어 진행되고 있다. 그럼에도 불구하고 동북아시아가 직면하고 있는 영유권 문제를 둘러싼 각국의 영토교육은 배타적 민족주의를 주창하고 영토 내셔널리즘을 강조하는 국민국가의 무비판적인 관제교육이 시행되고 있는 것이 현실이다.[9] 무엇보다도 한국과 일본의 독도 영유권 문제

8) 서태열, 2009, 「영토교육의 개념화와 영토교육모형에 대한 접근」, 『한국지리환경교육학회지』 제17권(3), pp.204-208.
9) 동북아시아에서 영유권 문제가 쟁점화 되고 있는 대표적 사례는 한국과 일본의 독도문제, 중국·대만과 일본의 센카쿠열도(尖閣諸島) 주변의 해양자원과 해양교통로 확보문제, 일본과 러시아와의 북방 4개 도서인 하보마이(齒舞), 시코탄(色丹), 구나시리(国後), 에토로후(擇捉)의 영토 반환문제 등

를 둘러싼 양국의 영토교육이 민족주의에 포섭된 애국심의 모체가 된 국토애 교육이 교과과정에서 의무교육으로 이루어져 오고 있다는 점은 주지해야 할 사실이다.[10)

독도 영유권 문제를 지역공동체적 시민주의와 연관하여 체계적으로 다룬 영토교육의 선행연구는 거의 없다. 독도교육에 대한 대부분의 연구들은 다음과 같이 세 가지의 영역에서 배타적 민족주의적 관점으로 논의를 전개하고 있다. 첫째는 일국사적 국가중심의 관점에서 영토교육을 다루고 있는 역사의 영역이다.[11) 둘째는 변형적 영역 주권의 관점에서 영토교육을 진행하고 있는 지리의 영역이다.[12) 셋째는 정치적 통치전략의 관점에서 영토교육을 설명하고 있는 사회의 영역이다.[13) 하지만 이러한 논의들은 지나칠 정도로 독도의 영토교육에 대한 의미와 근거를 양국의 주관적 입장에서 설명하고 있기 때문에 이론화 작업에서 고려해야 하는 보편성과 객관성의 결여가 지적되고 있다.

본 연구에서는 미래지향적인 한일관계에서 바람직한 양국의 대안적 독도교육 방안을 모색하기 위해 '지역공동체적 시민주의'란 새로운 접

이다. 本宮武憲, 2007, 「領土問題」, 『社会科教育』 第44輯 9号 p.63.

10) 박선미, 2009, 「독도교육의 방향: 민족주의로부터 시민적 애국주의로」, 『한국지리환경교육학회지』 제17집(2), pp.171-172.

11) 권오현, 2006, 「일본 정부의 독도 관련 교과서 검정 개입의 실태와 배경」, 『한국지리환경교육학회지』 제13권(3); 김영수, 2015. 「한국과 일본 중학교 역사 분야 교육과정과 역사 교과서의 독도 관련 내용 비교: 2014년 전후 한일 교육과정과 교과서를 중심으로」, 『독도연구』 제19호.

12) 이범관, 2007, 「독도의 지적재조사가 국익에 미치는 영향 연구」, 『한국지적학회지』 제23권(2); 손용택. 2010, 「일본 교과서에 나타난 독도 표기 실태와 대응」, 『교과서 연구』, 서울: 한국학술정보.

13) 박선미·손승호·이호상·안종철·유진상·이효선·전유신, 2009, 『독도학습을 위한 교육과정 개발연구』, 서울: 동북아역사재단; 심정보, 2011, 「일본 시마네현의 초중등학교 사회과에서의 독도에 대한 지역학습의 경향」, 『한국지역지리학회지』 제17권 5호.

근법을 제시하고 있다. 여기에서 '지역공동체적 시민주의'란 민족국가 체제의 시각과 틀을 벗어나 동북아시아 시민권 개념을 바탕으로 역내 공동체 교육을 강화하여 구성원의 권리와 의무를 행사하고 이행할 수 있는 '동북아인'으로 재탄생시키는 교육적 프로젝트이다. 이는 한일 양국의 중앙정부, 지방정부, NGOs 등이 수평적으로 협치(協治)해서 독도 영유권 문제의 해법 모색에 기여할 수 있는 지역 거버넌스(regional governance)와 지역공동체(regional community)의 성패와도 직결된다. 이러한 맥락에서 지역공동체적 시민주의는 아래의 기본원칙에 입각하여 영토교육이 실행되어야 한다.

첫째는 다각적인 국제관계학의 이론을 소개해야 한다. 국제관계학 이론을 영토교육의 교과과정에 도입하여 세계질서의 구축에 대한 학생들의 자발적인 이해와 사고를 높여, 학생들이 스스로 판단하고 결정해서 외교정책 여론과정에 고민하고 참여하는 지역공동체적 시민의식을 높일 수 있는 자질을 키워야 한다. 이는 현실주의, 자유주의, 구성주의 등과 같은 국제관계학의 이론을 통해 동북아시아의 역학관계를 균형감 있게 이해함으로써, 배타적 민족주의나 정치적 논리에 좌우되지 않고 독도문제를 바라볼 수 있는 일관성과 객관성을 학생들 스스로 배양하는 것이다.

둘째는 균형적인 교육체계를 강화해야 한다. 영토교육은 자국 중심주의 교육과 국제이해 교육의 균형을 추구하면서 이루어져야 한다. 비록 자국의 자긍심과 공동체 의식 확보를 위해 선의의 민족주의 교육은 필요하지만, 폐쇄적이고 배타적인 자기중심적인 민족주의 교육은 호전적이고 배외적인 제국주의로 전의될 가능성이 있기 때문에 지양해야 한다. 따라서 독도문제는 자국의 국사와 동북아 지역사가 동등하게 강조되는 동북아 공동체 교육의 관점에서 진행되어야 한다. 이를 위해 '민주평화론'을 기반으로 한 국제이해의 영토교육을 확충해 나가야 한

다.14)

셋째는 공유하는 지역시민 정체성의 확립을 추구해야 한다. 동북아 지역의 평화와 공존을 위해 올바른 민족국가 정체성과 함께 공유될 수 있는 지역시민 정체성이 균형을 이루고 공존할 수 있는 영토교육을 시행해야 한다. 이는 동북아 공동체 구성원이라는 자기 정체성을 지닌 한·중·일 3국은 '지역 시민권' 개념을 기반으로 동북아인으로서의 지역시민 정체성을 발전시키는 것이다. 이러한 맥락에서 독도문제의 해법은 민족국가 체제의 시각과 틀을 벗어나 동북아 지역시민의 정체성을 강화하여 지역시민의 역할과 책임이라는 측면에서 영토교육을 모색해야 하는 것이다.

3. 한국과 일본의 영토교육 현황: 경상북도와 시네마현의 독도 교육을 중심으로

일본 문부과학성은 2005년 중학교 사회과 교과서와 2006년 고등학교 교과서 검정에서 "다케시마(竹島)가 일본 영토임을 명확히 기술"하라는 지침을 내렸다. 이에 대한 '상응적 대응'으로 한국의 교원단체들은 2005년 3월 17일부터 26일까지 전국 초·중·고교에서 '독도는 우리 땅'이란 주제로 특별 수업을 실시하였다.15) 같은 맥락으로 교육인적자원부는 2006년에 일본의 역사교과서 왜곡과 독도 영유권 주장에 대응하는 수업을 강화할 것을 지시하는 등 영토교육을 체계적으로 발전시

---

14) B. Russett, 1993, *Grasping the Democratic Peace: Principle for Post-Cold War,* *Princeton,* NJ: Princeton University Press.
15) 박창건, 2009,「다케시마의 날 조례 제정에 대한 한국의 반응: 상응적 대응의 유효성과 딜레마」,『한국과 국제정치』 제25권(3).

키기 위한 제도적 장치를 마련하기 시작했다. 그럼에도 불구하고, 일본 문부과학성은 2008년 2월 15일 신학습지도요령안을 공포하였고, 이것을 계기로 2008년 7월 14일 중학교 대상 학습지도요령 해설서에 다케시마가 자국의 영토임을 명기하겠다는 입장을 밝히고 있다. 이에 따라 일본의 독도교육을 소학교는 2011년, 중학교는 2012년도부터 정규학교 교육과정으로 시행할 것임을 표명했다.

2007년 사회과 개정 교육과정에서 독도와 관련하여 제시된 성취목표를 통하여 단순히 국지적 형태의 지역학습을 넘어서 국가주권에 의해 강력하게 경계 설정된 민족정체성 강화교육의 맥락에서 한국의 독도교육이 전개되고 있음을 발견할 수 있다.[16] 이는 제7차 개정 초 · 중등학교 사회과 교육과정에서 독도관련 영토교육과 연관된 부분을 통해서 구체적으로 알 수 있다. 예를 들면, 초등학교 개정 교육과정에서는 사회과 6학년 지리영역의 아름다운 우리 국토 단원과 세계 여러 지역의 자연과 문화 단원에서 영토교육과 관련된 내용을 다루고, 중학교 개정교육과정에서는 사회교과와 역사교과에서 영토교육과 관련된 독도 내용을 다루고 있다.[17] 또한 고등학교 교육과정 중 독도라는 단어가 구체적으로 언급된 교과는 한국지리이다. 한국지리 중 세계화 시대의 국토 인식 단원에서 '독도, 간도 등 구체적인 사례를 통해 주변 국가와 관련된 영역 갈등의 원인과 과정, 그 중요성을 인식'하려는 성취

---

[16] 박선미, 2009, 「독도교육의 방향: 민족주의로부터 시민적 애국주의로」, 『한국지리환경교육학회지』 제17집(2), p.164.

[17] 2007년도 교육인적자원부의 교육부고시에 의하면, 6학년 사회과 지리영역의 세계 속의 우리나라 단원에서 '독도가 갖는 지리적 의미를 이해'라고 하는 성취목표를 기술하고 있으며, 6학년 역사 과목에서는 현행과 동일하게 러일전쟁 중에 일제가 독도를 불법적으로 일본 영토에 편입한 사실을 기술하고 있다. 교육인적자원부, 2007(b), 「사회과 교육과정」, 교육부고시, 제2007-79호(별책7).

목표를 제시하고 있다.[18]

이러한 상황 속에서 한국과 일본이 독도문제에 있어서 어떠한 형태의 영토교육을 실시하고 있는지를 검토하는 것은 양국의 배타적 민족주의의 위험을 경계하고 이를 합리적으로 비판할 수 있는 올바른 독도교육의 방향을 모색하는데 매우 의미 있는 작업이라고 판단된다. 왜냐하면 한일 양국이 독도문제를 비롯한 영토교육을 자국 중심의 일국사적 관점에서 가르치다 보면 양국 국민의 인식 차이는 더욱 더 벌어져그 격차를 좁히기 어렵기 때문이다. 따라서 본 절에서는 한국과 일본의 영토교육을 경상북도와 시마네현의 독도교육을 통해 실증적으로비교·분석하여 그 실태를 파악하고자 한다.

1) 경상북도의 독도교육

한국의 학교 교육과정에서 영토교육은 사회과를 중심으로 이루어지고 있다. 사회과에서는 우리의 삶의 터전인 국토의 이해를 바탕으로우리 민족의 역사와 활동에 대한 종합적인 통찰과 체계적인 역사의식을 가지는 것과 한국인으로서의 민족적 정체성과 세계 시민으로서의가치·태도를 갖추는 것을 중요한 학습 요소로 여기고 있다.[19] 또한영토교육과 관련하여 지리에서는 시간과 공간의 차원에서의 인간 및국가라는 존재의 존립방식을, 역사에서는 영토의 변천 과정을, 일반사

---

18) 고등학교 개정 교육과정의 사회회과에서 독도 관련 내용을 다루고 있는 과목으로는 사회, 역사, 한국지리, 동아시아사 등이 있으며, 선택과목 한국지리는 독도 등 영역 갈등의 원인과 과정 및 그 중요성을, 동아시아사는 영토 갈등과 관련하여 평화와 화해를 모색하는 차원에서 다루고 있다. 교육인적자원부, 2007(c), 「고등학교 교육과정」, 교육부고시, 제2007-79호(별책4).

19) 교육인적자원부, 2007(a), 「초중등학교 교육과정」, 교육부고시, 제2007-79호(별책1), p.129.

회에서는 국내·외의 법적 정당성을 다루고 있다.[20] 교육과학기술부
는 2007년 2월 제7차 교육과정 개정안을 발표했으며, 2010년부터 초·
중등학생은 순차적으로 개정된 교육과정에 의해 교육을 받게 되었다.
또한 2011년 '사회과 교육과정' 개정의 필요성으로 사회 환경의 변화에
따른 국가 사회적 요구의 반영을 강조하고 있다.[21] 이에 따라 영토를
둘러싼 주변국의 역사 왜곡과 세계화 시대에 주체적으로 대응하기 위
한 역사교육의 필요성을 언급하고 있다.

이러한 맥락에서 독도가 행정적으로 속해 있는 경상북도의 독도교
육 현황을 구체적으로 파악하는 것은 많은 의미를 가진다. 예를 들면,
2008년 7월 17일 경상북도 교육청은 '독도 바로 알기'를 통해 독도의 진
실과 위기를 바로 알려 독도가 대한민국 영토임을 각인시키려는 목적
으로 독도교육의 추진 계획을 발표하였다.[22] 2010년 경상북도 교육청
의 독도교육 계획의 목적은 2008년 시작된 우리 땅 '독도 바로알기'를
통한 독도교육을 체계적, 지속적으로 전개하여 일본의 독도 영유권 주
장에 대한 위기를 바로 알려 독도 사랑 의식을 고취하는 데 있다. 이와
함께 다양한 교육활동 전개로 독도가 우리 땅임을 세계에 알릴 수 있
는 역량을 강화하며 멀티미디어 자료 활용을 통한 독도교육의 지속적
인 전개로 독도수호 의지를 함양하는 데 있다. 독도에 대한 관심이 높
아지면서 2011년 개정 교육과정은 초등학교 '사회', 중학교 '역사' 과목

20) 서태열, 2009, 「영토교육의 개념화와 영토교육모형에 대한 접근」, 『한국지리
환경교육학회지』 제17권(3), p.201.
21) 교육과학기술부, 2008, 「중학교 교육과정 해설 2(국어, 도덕, 사회)」, 대한교
과서주식회사.
22) 이 계획을 구체적으로 실행하기 위하여 경상북도 교육청은 교육정책팀, 초
등교과, 중등교육과 소속 장학사 3명을 중심으로 독도수호교육 업무 담당
팀을 신설하였다. 독도수호교육 업무 담당 팀은 '독도 바로 알기' 지도 방향
수립 추친, 독도관련 인정도서 개발, 독도수호교육 관련자료 체계적 정비 등
의 업무를 담당하고 있다.

의 교육과정에 독도 관련 내용을 명기하면서 독도교육을 강화하기 시작했다. 본 절에서는 2008년 7월 17일 독도교육추진계획 발표 이후 2018년 현재까지 진행되어 온 경상북도의 체계적이고 지속적인 독도교육, 의식고취를 위한 독도교육, 시공간을 초월한 독도교육으로 세분화하여 논의하고자 한다.

(1) 체계적이고 지속적인 독도교육

교육의 유형은 가르치는 자 또는 기관이 교육을 하려는 의도가 명백하고 이러한 일을 행하는 것을 사명으로 하는 형식적인 교육과 가르치는 자 또는 기관이 본래 해야 할 활동이나 기능이 있고 가르치는 일을 부수적으로 하는 비형식적 교육으로 나눌 수 있다.[23] 형식적 교육의 대표 기관인 학교에서는 교사, 교육과정에 바탕을 두고 개발된 교재, 학생을 중심으로 체계적이고 지속적인 교육이 이루어진다. 2009년 4월 경상북도는 대구경북지역 독도연구기관 통합협의체의 연구 성과물을 정리한 "독도총서"를 발간했다. 독도총서는 총 587쪽 분량으로 독도의 일반 현황을 비롯해 역사와 자연환경, 독도의 가치와 영유권, 독도의 발전과 지속 가능성 등 총 5편으로 구성되어 있다. 이 총서는 경상북도 독도교육의 백서로써 종합적이고 총체적인 독도교육의 자료로 활용되고 있다.

체계적이고 지속적인 독도교육을 위하여 경상북도 교육청은 독도 교과서 개발과 이를 바탕으로 한 독도교육과정 운영, 교사를 대상으로 한 독도교육 강화 연수, 독도교육 연구학교 운영 등의 정책을 진행하고 있다. 경상북도 교육청은 2009년 2월 9일 교과용 도서 '독도'를 경상북도 교육감 인정 도서로 개발하였다. 초등학교 5, 6학년을 대상으로

---

23) 강영삼 외, 2006, 『교육학개론』, 교육과학사, pp.24-25.

제작한 '독도' 교과서는 1단원 '동해에 우뚝 솟은 독도', 2단원 '우리 땅 독도의 어제와 오늘', 3단원 '천혜 자원의 보고 독도', 4단원 '독도는 영원한 우리 땅'의 총 4개 단원, 20차시 분량으로 구성되었다. 경상북도 교육청은 학교 교육과정 편성·운영 시 초등학교 5, 6학년은 인정 도서 '독도'를 활용하여 교육 관련 교과, 재량 활동, 특별 활동에서 연간 10시간 이상을 확보하여 지도하도록 규정하였다.[24] 이번에 발간·배부한 인정도서 '독도'는 일본의 독도 영유권 억지 주장과 동해 해저 지명의 일본식 표기 등의 만행을 더 이상 간과할 수 없다는 판단 아래, 전국 최초로 국가 영토에 관한 교과용 도서를 정규 교육 과정에 적용하도록 '교육과정 편성·운영 지침'에 명시하고 지도 시간 수를 구체적으로 규정한 점에서 매우 큰 의미가 있다.[25]

같은 맥락에서 2012년 4월 경상북도 교육청은 역사 바로 알리기 교육 등을 통해 일본 정부의 역사왜곡에 대한 적극적인 대응책을 마련했

---

[24] 경상북도 교육청, 2008, 「초등학교 교육과정 편성·운영 지침」, 고시, 제2008-14호.

[25] 김형동, 2009, 「초등학교 독도 교육의 방향」, 『독도연구저널』 제6권, p.34; 하지만 총 4단원으로 구성된 교과서의 내용을 살펴보면, 일본 제국주의에 대한 경계로부터 변형된 애국적 민족주의적 요소를 쉽게 발견할 수 있다. 특히, 2단원의 내용은 일본의 독도 침탈 계획과 그 과정을 조사해 보고, 일본이 주장하는 독도에 대한 영유권이 왜 억지인지 알아보고 실천을 다짐하는 활동으로 구성되어 있다. 이는 일본의 독도 영유권에 대한 반박 논리를 제공하는 교과서의 내용은 학생들의 감정적 민족주의를 자극할 가능성이 높다고 판단된다. 게다가 국회 국정감사 자료에 따르면 독도 교과서의 내용 중 외교통상부가 경상북도 교육청에 수정 또는 삭제를 요청한 부분이 15곳이나 된다는 것이다. 이런 부실을 통해 '독도' 교과서 개발이 지속적이고 체계적인 교육을 위한 계획적인 정책이라기보다는 즉흥적 정책의 하나라고 판단할 수 있다. 독도교육이 진행되는 재량수업은 교사의 수업 운영 능력에서 성패가 좌우된다고 볼 수 있다. 하지만 학교장과 담당교사만을 대상으로 한 1년에 두 번 진행되는 연수를 통해 효과적인 재량 수업이 이루어질지는 미지수이다. 『매일신문』 2009년 10월 12일 참조.

다. 이를 위해 도교육청 산하에 역사왜곡대응, 독도교육과정운영, 독도홍보 등 3개 분과로 구성된 독도교육대책위원회를 발족하여 독도교육 강화를 위해 역사 지리 일반사회교육연구회를 통한 교육사회단체와 연계해 독도교육을 체계적이고 지속적으로 전개할 것임을 표명했다. 2013년 2월 경상북도 교육청은 독도 리플렛 3만 부를 제작하여 경상북도 초·중·고교에 배포했다. 이 리플렛에는 독도의 지리, 역사, 자연환경 가운데 핵심적인 부분을 요약해 사진, 그림과 함께 담았다. 경상북도 교육청은 22일 일본 시마네현에서 '다케시마의 날' 행사를 개최하여 일본 정부가 앞장서 독도문제를 쟁점화 시키고 있다는 판단에서 리플렛 배포를 통해 독도문제를 지속적이고 체계적으로 대응하고 있다. 특히 2016년 1월 경상북도 출자 출연 기관인 독도재단은 독도와 관련한 다양한 정보를 담은 핸드북을 제작하여 보급했다. 독도의 일반현황과 자연, 생태계, 역사 등을 담은 핸드북은 학교와 민간단체에 무료로 배부되어 독도탐방사업, 홍보행사 등에 활용될 뿐만 아니라 독도교육 이해를 위해 간편하고 편리하게 활용하고 있다.

(2) 의식고취를 위한 독도교육

의식고취를 위한 독도교육은 구성주의 학습이론에 바탕을 두고 있다. 구성주의 관점에서 학습은 능동적으로 의미를 구성하는 과정으로 학습자가 중심이 되어 개인적 경험에 근거해서 의미를 개발하는 능동적 과정을 거칠 때 비로소 의미 있는 학습이 이루어질 수 있다고 한다.[26] 의식고취를 위한 독도교육은 구성주의 학습이론에 기반을 둔 다

---

[26] Duffy, T. M., & Cunningham, D., 1995, "Constructivism: Implications for the design and delivery of instruction", A draft for the chapter in Jonassen(Ed.), *Handbook of Research on Educational Communication and Technology*, New York: Scholastic.

양한 교육 활동을 그 예로 들 수 있다. 경상북도 교육청의 주도로 독도 탐방단 운영, 역사왜곡, 규탄대회, 독도교육 체험 활동을 통한 의식고 취를 위한 독도교육이 전개되고 있다.

경상북도 교육청은 독도를 둘러싼 영토교육과 역사왜곡 규탄대회 및 성명서 낭독 등의 퍼포먼스를 통한 '독도는 우리 땅'이라는 사실을 알리고 있다. 2008년 8월 학생, 교직원, 학부모 등 3,000여명이 참가한 첫 규탄대회에서 일본이 우리의 영토를 침탈하는 도발 행위를 중단할 것을 강력히 촉구하고 왜곡된 중학교 사회과 해설서 배포를 중단하고 독도 관련 내용을 정정할 것을 요구했다. 또한 독도는 우리의 영토임을 주지시키고 영토 주권 수호를 위해 독도교육 관련 활동을 강화할 것을 결의했다. 뿐만 아니라 경상북도 교육청은 독도에 대한 이해를 높여 나라 사랑의 마음을 심어주기 위해 2008년 10월 20일부터 22일까지 2박 3일의 일정으로 시·군을 대표하는 초·중·고 학생 23명을 대상으로 독도 탐방교육을 실시했다. 주요 탐방 내용으로는 울릉도 및 독도의 자연환경과 생태체험, 독도 역사 바로 알기, 독도 박물관 견학, 독도 모형 만들기 등이며, 독도에 입도해서는 결의문 낭독과 만세 삼창으로 우리 땅 독도에 대한 수호 결의를 다졌다. 이밖에도 일본의 '독도 역사왜곡 규탄' 내용과 독도수호 내용을 담아 '독도는 우리 땅'이라는 연으로 띄워 보내기 행사를 진행하고 있다.

2010년 10월 경상북도와 울릉 북중학교는 '독도수호 중점학교' 운영을 위한 상호 협약식을 가졌다. 이번 협약식을 통해 경상북도는 울릉 북중학교의 영토교육과 독도체험프로그램 개발 운영에 상호 협력·지원하고, 울릉 북중학교는 교내 독도 자료실 운영과 학습자 중심의 동아리 활동을 활성화하고 학교 홈페이지를 이용한 사이버 독도교육, 독도탐구대회 개최 등과 같은 활동을 통해 의식고취를 위한 독도교육을 구체화할 계획을 발표했다. 2011년 10월 경상북도는 일본의 독도 침탈에 맞서 독도가 대한민국 영토임을 세계에 알리기 위해 영문판 화보집을 독도신문에 소개했다. 여기에는 우리 국민들이 독도에서 생활하며 독도를 이용하고 있는 생생한 모습을 담은 영문판 화보집 'The Story of Dokdo Residents(독도주민들의 이야기)' 발간을 통해 독도 영유권의 실체를 대외적으로 홍보하는 교육 자료로 적극 활용하겠다는 취지가 담겨 있다. 2015년 5월 경상북도 울릉군이 관내 청소년들의 올바른 독도 역사인식 확립과 독도교육을 위해 안용복 독도수호역사탐방을 실시했다. 이 역사탐방은 앞으로 독도수호 및 알리미의 역할을 수행할 울릉도 내 청소년들에게 독도의 역사문화를 올바르게 이해하고 독도영유권 강화와 함께 영토수호 의식을 고취시킬 수 있는 문화적 체험 기회를 제공하기 위해 마련된 독도교육의 일환이다.

경상북도 교육청을 중심으로 이루어지고 있는 다양한 활동을 통해 학생들에게 심어주고자 하는 의식이 어떤 것인지 심각하게 고민해 볼 필요가 있다. 학생들이 직접 참여해서 체험해보는 구성주의 학습이론에 바탕을 둔 이러한 활동은 독도는 우리 땅이라는 애국심에 바탕을 둔 의식 고취 측면에서는 효과적일 수 있다. 즉 한국인으로서의 민족적 정체성 확립 측면에서는 효과적이지만 세계 시민으로서의 가치·태도에 대한 교육과는 모순이 된다. 특히, 규탄 대회를 통한 경상북도 교육청의 교육적 대응에서 다분히 즉각적이고 감정적이며 일회적인 경향이 나타난다. 이런 형태의 활동들은 일본이 독도 영유권을 주장하여 국민 정서를 건드리는 시점에 한시적 방법으로 이루어지는 단편적인 이벤트행사로 그치기 쉽다는 데서 그 한계를 발견할 수 있다.

(3) 시공간을 초월한 독도교육

시간과 공간의 제약을 초월하는 정보통신기술의 이점을 이용함으로써 학습자들은 자신의 제한된 환경을 벗어나 사고의 폭을 넓히고 보다고차원적인 사고 능력을 신장시킬 수 있다.[27) 교육용 프로그램을 이용한 교육, 스프레드시트, 데이터베이스 프로그램 등을 도구로 활용하는 교육, 또는 인터넷 등을 매개로 웹 자료를 활용하여 교육을 하는 형태가 그 예가 될 수 있다. 이와 같이 경상북도 교육청에서는 이러한 정보통신기술을 활용하여 온라인을 통한 독도교육을 전개하고 있다.

경상북도 교육청은 독도교육체험관을 운영하고 있다. 2009년 10월에 구미도서관에 개관한 독도교육체험관은 독도를 축소한 모형을 비롯한 패널, 터치스크린 등을 설치해 독도의 다양한 모습과 역사를 볼 수 있다. 교육체험관은 현재 구미도서관, 안동도서관, 교육정보센터, 오천 초등학교 독도 문화 발전소 등에서 성공적으로 운영되고 있다. 더욱이 멀티미디어 교육 자료의 개발에도 힘쓰고 있다. 학생용 교과서를 토대로 제작한 CD-ROM 자료는 웹을 통한 학습이 가능한 컴퓨터 그래픽을 가미한 상호작용 중심의 입체화된 개별 학습용 자료로써, 2009학년도에 학생용 교과서와 교사용 지도서에 이어 경상북도 교육감 인정 도서로 승인하여 '독도'에 관한 교수·학습 매체로 제공하였다. 초·중등학생을 대상으로 독도 교수·학습 과정안, 교수·학습 자료를 도교육청 홈페이지의 자료실 탑재하여 활용하고 있다. 또한 독도교육을 위하여 '독도연구소', '사이버독도', '독도박물관'과 같은 관련 학습 사이트를 활용하도록 권장하고 있다.[28)

경상북도 교육청은 다양한 방법으로 독도와 관련된 지식 보급에 힘쓰고 있다. 홍보동영상을 제작하여 보급하고 도교육청 홈페이지 및 교육넷에 배너창을 설치하여 활용하고 있다. 경상북도 교육청에서 실시

---

27) 교육인적자원부, 2005, 「초등학교 정보 통신 기술 활용 지도 자료」, 대한교과
    서 주식회사.
28) 독도연구소: 〈www.dokdohistory.com〉; 사이버독도: 〈www.dokdo.go.kr〉; 독
    도박물관: 〈www.dokdomuseum.go.kr〉 등을 참조.

중인 교육활동으로 '독도지킴이 동아리 활동'이 있다. 학생들이 직접 동아리를 만들어서 독도에 관한 정보를 자신들끼리만 공유하는 것이 아니라 독도 사진전, 캠페인 등 다양한 활동으로 주변 여러 사람들에게 독도의 중요성을 널리 알리고 있다, 작년 독도지킴이 우수학교로 선정된 부산 구덕고 '반크' 동아리는 학생들이 직접 자료를 수집해 '독도, 대한민국의 태양이 뜨는 곳'이라는 교육 자료집을 만들어 부산지역 일선 학교에 배포했으며, 독도 홍보용 UCC를 제작하는 등 온·오프라인을 넘나들며 독도 알리기 활동을 벌였다. 특히 경상북도와 사이버 외교사절단 '반크'가 공동으로 운영하는 '사이버독도사관학교'는 온라인을 통해 독도교육을 실시하고 있다. 경상북도 교육청의 정보통신기술을 활용한 독도교육은 독도 수호에 대한 내용을 홍보하는데 초점이 맞춰져 있다. 온라인을 통하여 독도문제에 대해 일본을 포함한 다른 나라의 다양한 시각을 접할 수 있고 이를 통해 사고의 폭을 확장시킬 수 있음에도 불구하고, 오프라인의 활동과 마찬가지로 한국의 독도 수호에 대한 내용만을 주입식으로 강조하고 있다. 이러한 홍보중심의 활동과 자료 개발에서 배타주의적인 민족주의 성향을 발견할 수 있다.

2) 시마네현의 독도교육

2008년 6월 일본 시네마현 미조구치 젠베에(溝口善兵衛) 지사는 문부과학성 제니아 마사미(錢谷眞美) 사무차관을 방문한 자리에서 '독도문제 해결을 위해서는 학생들 교육이 중요하다'며 중학교 사회과 학습지도요령 해설서에 독도를 일본 영토로 기술해 줄 것을 요구했다. 이에 문부과학성은 2008년 7월 '다케시마에 대해 일본과 한국 사이에 주장의 차이가 있다'며 중학교 사회과 학습지도요령 해설서에 독도 영유권 주장을 명기하는 이유 중 하나로 외무성 홈페이지에 게재된 다케시마 관련 내용을 충실히 교육하기 위한 것이라고 답했다. 더욱이 2009년 12월에는 고교 지리 역사 학습지도요령 해설서에 '독도 영유권을 명시한 중학교 해설서에 기초하여 교육해라'고 지시한 바 있다. 그 결과 중학교는 총 21개 중 4개, 고등학교는 총 112개 중 12개 교과서에 독도 관련 내용이 포함되어 있다. 2012년부터는 중학교 지리교과서를 비롯한 역사와 윤리 교과서에 독도 영유권 관련 주장을 추가하거나 기존 영유권 주장을 보다 구체화하기 위한 교과서 개정안을 마련했다. 또한 2016년 3월 고등학교 사회과 교과서 검정결과가 발표되었다. 이는 2014년 1월 개정된 고등학교 학습지도요령해설서를 반영하여 기술된 교과서로, 2014년 초등학교, 2015년 중학교와 마찬가지로 독도가 일본 영토라는 기술이 모든 지리 A/B, 일본사 A/B, 현대사회. 정치경제 교과서에 기술되었다.[29]

이러한 독도교육을 총괄하여 2017년 2월 14일 일본 문부과학성은 초·중학교 학습지도요령 개정안을 발표했다. 학습지도요령은 학교 교육의 목표와 내용 등을 정하는 기준으로 교과서 집필과 검정에서 법적 구속력을 갖고 있다. 따라서 이후 초·중학교 교과서는 학습지도요령에 따라 집필되면, 교과서 검정과 채택 등 과정을 거쳐 초등학교는 2020년, 중학교는 2021년부터 학교 현장에 각각 사용될 예정이다. 무엇보다도 이번 학습지도요령 개정안은 초중학교 사회과 교과서에 '독도는 일본의 고유영토'라는 내용을 다룰 것을 의무화하고 있다. 문부과학성의 학습지도요령 개정 작업은 2014년부터 시작되었고, 이에 앞서 시마네현에서는 2005년 '다케시마의 날 조례 제정' 이래 지속적으로 독도 학습지도요령에 기재할 것을 정부나 교과서 출판사 측에 요청해 왔다. 시마네현의 요청서를 보면, 독도 기술을 요구한 의도를 알 수 있는

---

29) 남상구, 2016, 「일본 교과서 독도기술과 시마네현 독도교육 비교 검토」, 『독도연구』 제20호, p.8.

데, 초·중·고등학생들에게 독도교육을 시키는 것이 독도에 관한 국
민 여론 확산에 매우 중요하다고 판단하고 있다는 점이다. 이러한 맥
락에서 시마네현의 독도 교육은 공격적이고 치밀하며, 생활사를 중심
으로 진행되고 있으며, 중·장기적인 영토 반환전략이 내포되어 있다고
하겠다.

(1) 공격적이고 치밀한 독도교육

2007년 시마네현은 '독도가 한국에 의해 불법 점유당하고 있다'는 왜
곡된 내용이 담긴 부교재를 채택했다. 시마네현 교육청 의무교육과 집
계 결과에 의하면, 2007년 90.2%였던 현내의 중학교 부교재 이용률은
2009년 100%를 점유했고, 초등학교의 경우 2007년 69.4%에 불과하였으
나 2010년 97.1%로 크게 증가하였음을 밝히고 있다. 게다가 시마네현
교육위원회는 교직원의 영토교육에 대한 이해를 돕고 초·중·고교별
학교 수업 참고자료로 활용할 수 있는 핸드북을 제작해 시마네현뿐만
아니라 각 도도부현 교육위원회와 문부과학성에도 보내어 교과 조례
시간은 물론 학급활동 등 다양한 형태로 독도교육을 위한 자료를 확산
시키고 있다. 시마네현은 현내의 356개 초·중학교에서 사회과와 지
리, 공민 수업을 통해 독도 영유권 문제를 다루고 있는 일선 학교 교사
들이 독도 관련 수업에서, '어떻게 가르쳐야 할지 모르겠다'는 의견을
반영하여, 독도 영유권 문제를 다루기 위한 교원용 지침안을 제작하여
부교재와 함께 배포했다.

시마네현 교육위원회(県教委)는 '독도교육에 관한 학습'을 통해 학생
들이 습득해야 할 독도에 관한 지식을 명확히 정리하고 있으며, 초·
중·고등학교의 발달 단계에 맞춘 '독도에 관한 학습'을 추진하고 있
다. 동 위원회는 2009년부터 현내의 모든 초·중·고등학교의 사회과
자료로 사용할 독도를 소재로 한 부교재인 DVD를 완성하여 각 학교에

배부를 시작하였다. DVD는 4~7분 분량으로 초등학교 5학년용은 독도
의 위치와 과거의 어업 상황을, 중학교 1학년용은 메이지시대에 독도
가 시마네현에 편입되었던 것을 전쟁 후에 한국 측이 일방적으로 자국
의 영토로 삼은 역사를, 중학교 2학년용은 잠정(暫定)수역으로 인해서
독도 주변에서 어업을 할 수 없게 된 문제 등을 영상으로 알기 쉽게
정리했다. 시마네현 교육위원회 의무교육과는 'DVD를 사용함으로서
학생들이 독도문제에 대해 높은 관심'을 갖기를 바라는 취지에서 기획
했다고 밝혔다.[30]

　이처럼 시마네현의 독도 교육이 현행 일본 교과서보다 더 집중적이
고 치밀할 뿐만 아니라 공립고교 입학시험에는 독도의 일본 영토 편입
을 당연시한 문제까지 등장하고 있다. 시마네현 다케시마연구회 제3기
최종보고서에 의하면, 일본사 A/B 학습지도안은 독도교육을 일본사
연간 지도계획의 일환으로 규정하고 학습 목표도 독도 영토편입 당시
한국의 대응을 정확하게 파악한 후 사료를 토대로 영토편입 목적과 경
과를 이해시키도록 하고 있음을 서술하고 있다. 이는 현행 일본 교과
서 기술과 달리 일본과 한국의 주장을 견주어 비판하려는 명확한 목적
을 갖고 있다. 예를 들면 시마네현 교육위원회는 2014년 처음으로 지
역 공립고교 입학 선발 학력시험에 독도문제를 출제했으며, 당시 일본
과 한국의 배타적경제수역(EEZ)의 경계를 묻는 질문에 독도와 울릉도
사이를 정답으로 정하고 학생 93.3%가 맞히도록 유도했다. 또한 2015
년 문제는 일본의 영토분쟁 중재 희망기관인 국제사법재판소를 정답
으로 유도하는 문제를 제출하기도 했다.

---

[30] 『読売新聞』, 2009년 5월 22일자 참조.

(2) 생활사를 중심으로 한 독도교육

시마네현은 2007년부터 지금까지 오키노시마초(隱岐の島町) 교육위원회가 제작한 '고향오키'라는 제목의 교육용 부교재를 활용하고 있다. 이 부교재는 공립 초등학교 5학년부터 중학교 3학년을 대상으로 사용되고 있으며, 독도와 오키섬이 역사적 친밀성을 갖고 있다는 점을 강조하는 내용에 주안점을 두고 있다. 뿐만 아니라 시마네현 교육관계자가 위원으로 있는 'Web 다케시마 문제연구소'가 감수하여 실질적인 독도교육의 주교재로 활용하고 있다. 전체 컬러 130페이지 분량 중 8쪽이 독도에 대한 내용을 담고 있으며 메이지시대부터 쇼와 초기의 독도와 오키섬과의 관계, 영토문제 등에 대해 시마네현 지역에 남아있는 지도와 사진, 자료를 사용해 알기 쉽게 설명한 생활사를 중심으로 한 독도교육이다. 더욱이 2014년 2월 22일 다케시마의 날에 맞춰 시마네현 지역에서 초등학교 교사로 근무했던 동화작가 스기하라 유미코(杉原由実子)가 '메치가 있는 섬'이란 동화책을 발매했다. 시마네현 내에서 출판된 서적을 전국적으로 배포하여 '파도 저편에 일본의 독도가 오늘도 우리를 기다리고 있다'라는 내용을 담아 독도 영유권의 정당성을 일본인에게 알기 쉽게 소개하고 있다.

시마네현 제3청사 2층에 독도 자료관은 생활사를 중심으로 한 독도교육의 중심부이다. 청사 1층은 시마네현의 역사공문서와 행정자료 보관소로 이용되고 있으며, 청사 대로변과 로비에 독도 자료관이란 표지판이 있다. 자료관은 약 50평 규모이며 내부에는 독도가 일본 땅임을 주장하는 각종 시청각 자료가 전시되어 있다. 특히 2개의 독도 모형을 비롯해 1900년대 초 일본 어부들이 독도 근해에서 강치를 포획하던 사진을 전시하고 있다. 뿐만 아니라 시마네현과 다케시마·북방영토 반환요구운동 시마네현 민회의가 공동으로 발간한 '다케시마여 돌아오라'는 한글·영문판 리플렛과 외무성이 발간한 '다케시마 문제를 이해

하기 위한 10포인트' 등의 책자도 비치되어 있다. 이 리플렛은 한국이
독도에 등대와 초소, 막사 등을 설치해 불법 점거를 하고 있으며, 독도
가 역사적으로나 국제법적으로나 일본영토임이 확실하다고 쓰여 있
다. 최근 독도 자료관에서는 아이들에게 시마네현의 관광 캐릭터인
'시마네코'를 접을 수 있는 종이를 무료로 나눠주면서 종이접기 활동으
로 독도교육에 활용하고 있다. 이처럼 독도 자료관은 현민들의 생활
속에서 문화콘텐츠를 활용한 독도교육의 장으로 변용되고 있다.

(3) 중-장기적인 영토반환 전략으로써 독도교육

2008년 5월 20일 일본의 문부과학성이 자국 학생들에게 '독도는 일
본의 고유 영토'라고 교육토록 하는 방침에 과거 '다케시마(竹島)의 날'
을 제정해 물의를 일으켰던 시마네현에선 기쁨 반, 기대 반의 목소리
가 터져 나왔다. 시마네현은 2005년 이후, 일본 정부에 독도문제를 학
습지도요령에 반드시 기재해야 한다며 계속 요구했던 지역이다. 시마
네현 청의 한 독도 담당 관계자는 '아직 정부의 공식적인 발표가 없기
때문에 뭐라 말할 수 없다'면서도 '학습지도요령의 해설서에 명기되면
많은 교과서에 독도문제가 기재될'이라고 밝혔다. 그는 그러면서도 '한
국의 반발도 있을 것이지만...'이라며 불안감을 나타내기도 했다. 한편
같은 날 문부과학성의 제니야 마사미(錢谷眞美) 차관은 기자회견을 통
해 '학습지도요령 해설서는 확정된 단계가 아니다'라면서도 '많은 학생
들에게 일본의 영토에 대해 정확한 인식을 갖도록 하는 것은 대단히
중요한 문제'라고 주장했다.31)

일본 외무성이 독도 홍보책자를 발행해 물의를 빚고 있는 가운데,
시마네현이 초등학생과 중학생용 독도 영상물을 부교재 형태로 제작

---

31) 『東京新聞』, 2008년 5월 20일자 참조.

하는 등 독도문제를 둘러싼 한일 간의 갈등이 더욱 심화될 것으로 보인다. 일본 문부과학성은 2010년 2월 '초·중학교 학습지도 요령 개정안'을 발표하면서 일선 학교에서 독도문제를 일본 영토문제의 하나로 다룰 수 있도록 지시한 바 있다. 시마네현이 독도 관련 부교재를 제작하기로 한 것은 중앙정부 방침을 따르는 조치로 풀이된다. 전문가들은 시마네현의 이 같은 움직임이 앞으로 일본 전역으로 확산될 것으로 전망하고 있다. 시마네현 교육위원회는 2009년 5월 독도가 '일본 땅'이라는 내용을 담은 부교재와 DVD, 지도안 등을 제작·보급해 2010년 신학기부터 현내의 공립 초·중학교의 90% 이상이 이를 사용하고 있다.[32]

2017년 10월 일본 정부는 독도가 일본 땅이라는 내용이 담긴 초·중학생 대상 교육 자료를 내각관방 홈페이지를 통해 발표했다. 일본 정부는 29일 내각관방의 '영토·주권대책기획조정실' 홈페이지에 영토와 주권에 관한 교육 자료라며 지자체에 만든 자료 2건을 게재했다. 해당 자료는 사이타마(埼玉) 현에서 작성한 영토에 관한 팸플릿과 시마네현에서 만든 '다케시마 학습 리플렛'이다. 시마네 현의 자료는 1930~1950년대 독도에서 일본인들이 강치 사냥을 하는 사진 등과 함께 일본과 독도를 억지로 연결하는 내용을 8페이지에 걸쳐 실었다. 자료는 독도를 '갈 수 없는 섬 다케시마'라고 소개하며 '역사적 사실에 비춰 봐도 국제법상으로 명백하게 일본의 고유 영토'라는 논리를 펼치면서 시마네현의 다케시마의 날 홍보 행사에도 활용됐다.

---

[32] 『朝日新聞』, 2010년 2월 22일자 참조.

4. 독도교육의 현재적 의미

독도교육은 국민의 국가의식과 영역의식을 길러주는 것뿐만 아니라 지정학적 동아시아와 세계적 관점에서 다루어져야 할 것이다. 왜냐하면 독도교육은 고정된 틀과 양상의 문제가 아닌 공간적, 시간적으로 끊임없이 가변적인 면에서 지역공동체적 시민주의 관점에서 미래지향적인 한일관계에 대한 성찰을 바탕으로 실행되어야하기 때문이다. 그럼에도 불구하고 한국과 일본의 독도교육은 자국 중심의 사관에 입각한 영토교육을 실시하고 있기 때문에 국제사회의 역사적, 정치적, 경제적, 법적, 사회적 환경과의 접속에서 나타나는 구성 요소의 변화와 그 구성 요소의 재배치에 의한 현안의 인식과 설정, 그에 대응 전략에 따른 요소들의 배치가 관계된다는 점에서 가변성을 잠재하고 있는 것이 현실이다. 이는 동아시아가 직면하고 있는 영유권 문제를 둘러싼 각국의 영토교육이 배타적 민족주의를 주창하고 영토 내셔널리즘을 강조하고 있기 때문이다. 이러한 의미에서 한일 양국의 독도교육은 다음과 같은 현재적 의미를 내포하고 있다.

첫째, 국내정치의 영토주권이란 관점에서 독도교육을 강화하고 있다. 일본의 독도에 대한 영유권 주장에 대한 반복과 제도교육에서의 독도교육의 편입은 일본의 영토성에 대한 강화이며, 국수적 회귀이다. 반면 한국은 자국의 지리, 역사를 비롯한 사회과 교육의 내용에 독도교육을 포함하고 있다. 무엇보다도 2014년 4월 일본의 문부과학성이 초등학교 교과서 검정 통과를 발표한 내용 중 '일본 고유의 영토인 독도를 한국이 불법으로 점령했다'라고 알려지면서 이에 대응하여 한국 교육부는 다음과 같이 독도교육 추진 방안을 밝혔다. 첫째는 독도교육 내용체계 개정, 둘째는 독도 교재 개발 및 보급, 셋째는 교원 중심 독도교육실천연구회 운영, 넷째는 독도 관련 연수 및 독도 탐방 교육, 다섯째는 찾아가는 독도전시회 개최 등으로 요약할 수 있다.[33] 이와 연관하여 2014년과 2015년 경상북도 교육과정 편성·운영 지침을 마련해 2016년부터 독도 관련 수업을 교육과정에 포함시키고 자체 제작한 경상북도교육청 교수·학습자료 '독도'와 교육부 독도 부교재 '독도 바로알기(초6, 중3, 고1)'를 이용해 연간 10시간 이상 지도키로 하는 등의 내용을 담은 독도 운영 계획을 수립했다.[34] 이러한 관점에서 독도교육은 시·공간적 담론의 하나로 재영토화, 장소화를 통해서 이루어지는 국토에 대한 내부적인 지리적 재발견임과 동시에 외부적 경계에 대한 하나의 정체성 구성이며 대응이다. 따라서 독도교육은 애초부터 순수한 교육적 접근을 통해서 이루어지는 장소교육이라기 보다는, 국가가 국제법상의 제한이 없는 한 원칙적으로 배타적 지배를 할 수 있는 장소에 대한 국내정치의 영토주권을 유지하려는 국가적 지식의 전략에 기인하는 속성을 지니고 있다는 점을 간과할 수 없다.

둘째, 역사교육의 교육과정으로써 독도교육을 중시하고 있다. 독도를 둘러싼 양국의 쟁점을 보는 한일 간 인식의 격차 크기는 양국관계의 성숙도를 나타내는 지표이다. 독도는 한일 양국의 영토 내셔널리즘을 자극하여 양국관계를 파국으로 몰고 갈 수도 있고, 과거의 불행했던 역사를 직시하게 될 수도 있다. 이러한 측면에서 일본은 독도와 관련하여 초등학교에서 시각적인 측면, 중·고등학교에서 논리적인 측면을 강조하고 있다. 일본은 주로 근현대사 위주의 독도 교육을 실시하고 있으며, 과거 고등학교 지리와 공민 교과서에 독도를 영토문제로 제기하는 수준을 넘어서, 현재 역사 교과서에 내셔널리즘을 강조하는 독도 교육을 실시하고 있다. 이것은 일본이 독도를 영토문제로 제기하

---

33) 김호동, 2014. 「우리나라 독도교육 정책의 현황과 과제」, 『독도연구』 제17호, p.297.
34) 『경북일보』, 2016년 4월 10일자 참조.

는 수준을 넘어, 역사문제로 전면적으로 확대시켰다는 것을 의미한다. 반면 한국은 독도와 관련하여 초·중·고등학교에서 역사적 사실을 강조하면서 주로 전근대와 근대사 중심의 독도 교육을 실시하고 있다. 이는 한국 역사교과서는 독도 관련 역사적 사료만 기술하여 국제법적 논리를 결합하지 못하고 있다는 것을 반증한다. 특히 한국의 독도교육은 동북아 지역의 평화질서와 현상유지를 지키기 위해서 일본의 공격적 내셔널리즘을 대응하고, 미래 지향적인 한일관계에 적합한 민주시민 의식을 함양하는 독도교육을 논리적이고 체계적으로 실시해야 함에도 불구하고 성과위주의 역사교육의 교육과정으로써 실시하고 있는 것이 현실이다.

셋째, 지방 자치권 강화의 논리로써 독도교육을 강조하고 있다. 비록 한일 지방자치권의 메커니즘은 중앙 행정권과 긴밀한 협조관계를 형성하고 있지만, 최우선시 하는 것은 지역주민들로부터의 적극적 민의 형성에서 비롯된다. 이러한 의미에서 경상북도와 시마네현의 독도교육은 한일 양국의 중앙정부에서 수립된 영토교육과 연계된 지방 자치권의 강화를 위한 정치적 이벤트의 일환으로 나타나고 있다. 예를 들면 시마네현 지방정부의 독도 교육정책의 씽크-탱크인 죽도문제연구회의 제언은 독도에 관한 일본 교육정책의 청사진이라고 해도 과언이 아니다.35) 이를 바탕으로 2017년 2월 9일 일본 내각관방 영토 주권 대책기획조정실과 시마네현 오키노시마초(隠岐の島町) 등이 공동으로 독도가 일본 땅이라는 주장을 담은 홍보 포스트를 제작했다. 시마네현은 이 포스트를 전국 지방단체 및 교육위원회에 배포하여 자국 영토를 정확하게 이해할 수 있도록 독도교육에 적극 활용할 방침을 세웠다. 더욱이 시마네현 교육위원회는 '독도에 관한 학습'과 '독도학습 검토회'

---

35) 이우진, 2017. 「죽도문제연구회의 독도교육에 대한 비판적 검토: 학습지도안을 중심으로」, 『일본사상』 32호, p.191 참조.

를 통해 학생들이 습득해야 할 독도교육에 관한 지식을 명확히 정리하고 있다.[36] 같은 맥락에서 경상북도는 2012년부터 다양한 독도사랑 교육을 통해 학생들이 독도가 우리 영토임을 명확히 인지할 수 있도록 독도 탐방연수와 도내 초·중·고 110개교에서 독도 지킴이 동아리 운영, 독도 사랑 정보검색 대회, 독도 사랑 UCC 대회 등을 통해 지역주민들의 적극적인 독도교육 참여를 강화하고 있다.

5. 맺음말

지금까지 한국과 일본의 영토교육 현황을 검토하고, 특히 경상북도와 시마네현의 독도교육의 사례를 비교 분석하여 그 실태에 대한 사례를 논의하였다. 본 연구에서는 독도문제를 과거사 인식을 둘러싼 한국과 일본의 연속적 갈등과 대립에서 펼쳐지는 실증적 사실의 다툼이자, 불확증한 논리에 대한 주관적 인식의 다툼으로 독도교육에 어떻게 투영되고 있는지를 조명하는데 초점을 맞추었다. 한일 양국은 독도교육을 지역공동체적 관점에서 벗어나 자국 중심의 사관에 입각한 영토교육을 실시하고 있을 뿐만 아니라 특정 국가의 사람들을 하나의 가치체계로 종속시키는 일종의 전제적이고 간주관적인 관점을 채택하고 있다. 이러한 배타적 독도교육은 양국관계의 역사적 특수성에서 비롯된 영유권 문제를 둘러싼 한일갈등의 규범 확산과도 밀접한 관련이 있으며, 동시에 자국 중심의 영유권 주장에 내포된 영토 민족주의의 위험을 경계하고 이를 냉철하고 합리적으로 비판할 수 있는 용기를 상실하게 만들고 있다는 점을 부인할 수 없다.

---

36) 송휘영, 2015. 「일본 시네마현 독도정책의 동향과 방향」, 『한국정치외교사논총』 제36권(2), pp.81-84 참조.

한국의 독도교육 목표는 독도가 역사·지리·국제법적으로 우리 영토인 근거를 정확하게 이해함으로써, 우리 영토에 대한 올바른 수호의지를 갖추는 것이다. 이에 교육부는 동북아역사대책팀을 만들어 독도교육의 현황과 문제점을 분석하고 독도교육의 강화에 대한 의지를 밝혔다. 여기에서 종합적인 독도교육을 위해 독도교육통합위원회를 출범시켰다. 동 위원회는 독도와 관련한 초·중·고교 교육과정 및 해설서, 교과 학년별 교과서의 서술 방향 등을 총괄 심의해 결과를 교과별 교육과정심의회와 교과용 도서편찬심의회에 제출하여 의견을 권고하는 역할을 하고 있다. 2008년 이후 경상북도 교육청에서 교과서를 개발하고 독도 관련 학습 목표와 학습 요소를 제시하고 수업자료를 제공함으로써 독도교육을 체계적이고 지속적이며, 의식고취에 중점을 두고, 시공간을 초월해서 진행하려는 움직임이 있다. 하지만 이러한 방향을 제시해 주는 독도교육의 패러다임이 부재한 상태에서 일본의 독도 도발이 불거져 나올 때 마다 행사나 대회를 중심으로 일회적이며 감정적으로 대응하는 현상을 발견할 수 있다.

반면 일본의 독도교육은 영토 분쟁화를 홍보하여 이를 일본이 공동으로 국제사법재판소에 제소하도록 논리적 기반을 만드는 것이 목표이다. 2008년 2월 일본 외무성 홈페이지에 '독도문제를 이해하기 위한 10개의 포인트'를 게재하면서부터 일본 정부에 의한 독도 영유권 주장이 공세적으로 제기되었다. 이를 바탕으로 일본 정부는 내각부에 '영토대책실'을 설치하면서 내각부 홈페이지와 수상관저 홈페이지 '독도문제에 대하여'를 게시하는 등 적극적인 독도관련 정책기조를 설립했다. 이에 대내적 교육 홍보를 담당하는 문부과학성도 2014년 1월 중고 학습지도요령 해설서 개정과 4월 초등학교 사회과 교과서 검정결과 발표를 통해 '독도는 역사적·국제법으로 일본 고유의 영토'이며 '한국이 불법점거 중이다'라는 것을 알리기 시작했다.[37] 같은 맥락에서 시

마네현의 독도교육은 초·중·고의 학교 교육뿐 아니라 현 전체를 대
상으로 포괄적 접근을 하면서 영토교육 대상은 초·중·고 학생과 교
사, 일반인이며, 교육목적을 달리하는 차별적 교육 접근을 하고 있다.
또한 자료전시를 통한 영토관(領土館) 등 관련 시설을 통한 체험교육
과 '다케시마의 날'을 통한 한 계기와 참여 실행 교육적 접근을 병행하
고 있으며, 지자체에서는 해당 학교를 중심으로 시범 및 향토교육을
통한 향토애를 배양하는 교육방법적 접근을 하고 있다. 이는 일본이
지리와 공민 등 다양한 시각에서 사회과 전체로의 공격적이고 치밀하
며, 생활사 중심에 초점을 맞추고, 중·장기적인 영토 반환전략 등과 같
이 다면적인 접근을 하고 있다는 것을 의미한다.

이상에서 살펴보았듯이 본 연구는 배타적 민족주의 접근 방식을 채
택했던 기존의 영토교육을 냉정하게 분석하고, 동북아지역 차원의 지
역공동체적 시민주의 관점에서 미래지향적인 한일관계에 대한 성찰을
바탕으로 바람직한 독도교육에 대한 해법을 모색하려는 시도하였다.
이러한 시도는 한일 양국이 지향하는 독도교육의 실체를 정확하게 분
석하고 예측하는데 커다란 기여를 하고 있다. 그럼에도 불구하고 한국
과 일본의 독도교육이 자국 중심의 사관에 입각한 영토교육을 실시하
고 있기 때문에 현안의 인식과 설정, 그 대응 전략에 따른 정치적 요소
들의 배치에 따라 전개되고 있는 것은 아쉬운 점이다. 이러한 상황적
논리로 설명하고 있는 독도의 정치화는 본 연구의 한계로 지적될 수
있으며 한일관계에서 독도교육의 이론화를 기반으로 한 실체적 논의
과정은 향후 과제로 남겨 두겠다.

---

37) 곽진오, 2010, 「독도와 한일관계: 일본의 독도인식을 중심으로」, 『일본문화
학보』 제26호.

【참고문헌】

강영삼 외,『교육학개론』, 교육과학사, 2006.

경상북도,『독도총서』, 경상북도, 2008.

경상북도 교육청 교육정책과 편,「우리 땅 독도 사랑 여기에 있어요」, 2009
  년 독도 교육 직무연수, 2009.

경상북도 교육청,「초등학교 교육과정 편성 · 운영 지침」, 고시, 제 2008-14호,
  2009.

교육인적자원부,『독도는 우리땅』, 변화하는 사회, 2002.

교육인적자원부,『해돋는 섬 독도』, 한국교육과정평가원, 2003.

교육인적자원부,「초등학교 정보 통신 기술 활용지도 자료」, 대한교과서주
  식회사, 2005.

교육인적자원부,「초중등학교 교육과정」, 교육부고시, 제2007-79호(별책1),
  2007(a).

교육인적자원부, 「사회과 교육과정」, 교육부고시, 제2007-79호(별책7),
  2007(b).

교육인적자원부, 「고등학교 교육과정」, 교육부고시, 제2007-79호(별책4),
  2007(c).

교육인적자원부,「중학교 교육과정 해설2(국어, 도덕, 사회)」, 대한교과서주
  식회사, 2008.

곽진오,「독도와 한일관계: 일본의 독도인식을 중심으로」,『일본문화학보』
  제26호, 2010.

권오현,「일본 정부의 독도 관련 교과서 검정 개입의 실태와 배경」,『한국
  지리환경교육학회지』제13권(3), 2006.

김영수,「한일회담과 독도 영유권: 샌프란시스코 강화조약과 한일회담 '기
  본관계조약'을 중심으로」,『한국정치학회보』제42집(4), 2008.

김영수,「한국과 일본 중학교 역사분야 교육과정과 역사 교과서의 독도 관
  련 내용 비교: 2014년 전후 한일 교육과정과 교과서를 중심으로」,
  『독도연구』제19호, 2015.

김형동,「초등학교 독도 교육의 방향」,『독도연구저널』제6권, 2009.

김호동, 「우리나라 독도교육 정책의 현황과 과제」, 『독도연구』 제17호, 2014.

남상구, 「일본 교과서 독도기술과 시마네현 독도교육 비교 검토」, 『독도연구』 제20호, 2016.

남호엽, 「한국 사회과에서 민족정체성과 지역정체성의 관계」, 한국교원대 박사학위논문, 2001.

박선미, 「독도교육의 방향: 민족주의로부터 시민적 애국주의로」, 『한국지리환경교육학회지』 제17집(2), 2009.

박선미 외, 『독도학습을 위한 교육과정 개발연구』, 서울: 동북아역사재단, 2009.

박창건, 「영유권 문제를 둘러싼 한일갈등의 규범 확산: '다케시마의 날'과 '대마도의 날' 조례 제정을 중심으로」, 『국제정치논총』 제48집(4), 2008.

박창건, 「다케시마의 날 조례 제정에 대한 한국의 반응: 상응적 대응의 유효성과 딜레마」, 『한국과 국제정치』 제25권(3), 2009.

서태열, 「영토교육의 개념화와 영토교육모형에 대한 접근」, 『한국지리환경교육학회지』 제17권(3), 2009.

서태열 외, 『독도 및 울릉도 관련 영토교육의 방향 모색』, 한국해양수산개발원, 2007.

손용택, 「일본 교과서에 나타난 독도 표기 실태와 대응」, 『교과서 연구』 서울: 한국학술정보, 2010.

송휘영, 「일본 시네마현 독도정책의 동향과 방향」, 『한국정치외교사논총』 제36권(2), 2015.

신주백, 「교과서와 독도문제」, 『독도논총』 제2호, 2006.

심정보, 「일본의 사회과에서 독도에 관한 영토교육의 현황」, 『한국지리환경교육학회지』 제16권(3), 2008.

심정보, 「한국의 사회과 교육과정에 기술된 독도관련 영토 교육」, 배진수·유하영·홍성근·오강원·정영미·김영수 편, 『독도문제의 학제적 연구』, 동북아역사재단, 2009.

심정보, 「일본 시마네현의 초중등학교 사회과에서의 독도에 대한 지역학습의 경향」, 『한국지역지리학회지』 제17권 5호, 2011.

유미림, 「한·일 양국의 독도 교육 현황과 향후 과제」, 『독도연구저널』 제6권, 2009.

이범관, 「독도의 지적재조사가 국익에 미치는 영향 연구」, 『한국지적학회지』 제23권(2), 2007.

이범실 외, 「독도교육의 평가와 발전방향 연구: 경일대학교를 중심으로」, 『한국지적학회지』 제12권(2), 2009.

이우진, 「죽도문제연구회의 독도교육에 대한 비판적 검토: 학습지도안을 중심으로」, 『일본사상』 32호, 2017.

임덕순, 「지리교육에 있어서의 영토교육의 중요성」, 『한국지리환경교육학회 2006년 학술대회 요약집』, 2006.

진시원, 「동북아 영토분쟁, 중등교육에서 어떻게 가르칠 것인가?: 간도분쟁 사례를 중심으로」, 『한국정치학회보』 제42집(2), 2008.

최장근, 「한일 양국의 영토인식 형성과 교과서 연구」, 『동북아문화연구』 제15집, 2008.

홍성근, 「일본 교과서의 독도관련 기술 실태의 문제점 분석」, 배진수·유하영·홍성근·오강원·정영미·김영수 편, 『독도문제의 학제적 연구』, 동북아역사재단, 2009.

竹島問題研究会, 『竹島問題に関する調査研究: 中間報告書』, 竹島問題研究会, 2006.

竹島問題研究会, 『竹島問題に関する調査研究: 最終報告書』, 竹島問題研究会, 2007.

本宮武憲, 「領土問題」, 『社会科教育』 第44輯 9号, 2007.

Duffy, T. M., & Cunningham, D., 1995, "Constructivism: Implications for the design and delivery of instruction", A draft for the chapter in Jonassen(Ed.), Handbook of Research on Educational Communication and Technology, New York: Scholastic.

Russett, B., 1993, Grasping the Democratic Peace: Principle for Post-Cold War, Princeton, NJ: Princeton University Press.

Sack, R. D., 1986, Human Territoriality: Its Theory and History, Cambridge University Press.

초중등학교 독도교육실천연구회의 활동 분석

심 정 보

1. 머리말

일본 시마네현은 2005년 3월 '독도의 날'을 제정한 이래, 매년 2월 22일에 기념행사를 실시하고 있다. 2005년 이래 일본 정부의 독도영유권에 대한 주장은 다양한 형태로 전개되었는데, 21세기에 들어 한국으로부터 강한 반발을 초래한 것은 초중고 교육과정 및 교과서에서 독도의 명기와 기술이다. 일본 문부과학성이 독도를 최초로 명기한 2008년 7월 중학교 학습지도요령해설의 사회편 지리적 분야에는 '일본과 한국 사이에 독도(일본명 竹島)를 둘러싸고 주장에 상이가 있다'고 기술되었다. 이후 일본의 초중고 학습지도요령 및 해설, 사회과 교과서에서 독도에 대한 표현은 더욱 노골화되었다.[1] 이때부터 한국은 독도교육 강

---

[1] 예컨대 2017년과 2018년 3월에 개정된 일본의 초중등학교 학습지도요령 사회과에 독도는 일본 고유의 영토로 명기되어 있다. 현재 대부분의 초중고 사회과 교과서에 독도는 일본 고유의 영토, 한국이 불법점거 등으로 기술되어 있다.

화를 위해 다양한 방안을 모색해 왔다. 특히 2015 개정 교육과정에서
는 독도를 범교과학습[2]의 주제로 설정했으며, 초·중학교 사회, 고등
학교 지리, 역사, 기술·가정 교과서에 이르기까지 독도교육의 내용을
확대하도록 했다. 게다가 교육부는 독도 영토주권 수호를 위해 실천
중심의 여러 사업을 추진해 왔는데, 그것은 다음과 같다.

먼저 전국의 독도지킴이학교 운영이다. 이것은 동북아역사재단이
2008년부터 시·도의 고등학교를 대상으로 독도지킴이 협력학교를 선
정 및 지원한 것에 기원한다. 2017년에는 초등학교와 중학교까지 확대
하여 총 130개교(초등학교 30, 중학교 60, 고등학교 40)의 독도동아리
를 지원하여 독도와 동해 표기 교육의 활성화를 도모했다. 독도지킴이
로 선정된 학교는 독도동아리를 중심으로 독도지킴이학교 발대식(4월),
교원 및 학생대표의 독도탐방(5월), 그리고 성과발표회 및 시상식(11월)
등을 통해 독도교육의 성과를 전국의 각급 학교에 확산 및 공유하도록
했다.

둘째, 학생용 및 교사용 독도교재의 개발 및 보급이다. 교육부는 독
도교육의 내실화를 위해 2012년부터 초중고 학생용 독도바로알기 교
재를 개발하여 전국의 초중등학교에 배포함과 동시에 동북아역사재단
독도연구소 홈페이지에 PDF를 탑재하여 활용의 효율성을 높였다. 아
울러 학습자의 활동과 체험을 중시하는 교사용 독도 교수학습 자료를
개발하여 현장에 배포하고, 영상자료 등 온라인 보급도 이루어졌다.
이러한 자료를 통해 교육부는 독도교육에 대한 교사의 전문성을 신장
시키고, 학습자에게는 지식의 습득과 함께 실천적 독도교육이 되도록

---

[2] 범교과학습은 하나의 학습 주제를 모든 교과에 걸쳐 체계적으로 다루는 것
이다. 2015 개정 교육과정에서 범교과학습의 주제는 안전·건강교육, 인성
교육, 진로교육, 민주시민교육, 인권교육, 다문화교육, 통일교육, 독도교육,
경제·금융교육, 환경·지속가능발전교육 등 10개이다.

했다.

셋째, 독도교육주간 운영 및 찾아가는 독도전시회 개최이다. 2016년부터 시도교육청 또는 단위학교에서 4월의 어느 한 주를 독도교육주간으로 선정하여 학생들에게 독도사랑의 계기가 되도록 했다. 게다가 교육부는 같은 시기에 독도교육주간의 효율성 제고를 위해 유동인구가 많은 KTX역(용산, 동대구)을 중심으로 독도전시회를 개최했다. 전시회에서는 독도관련 자료와 동영상 시청, 그리고 홍보자료를 배포하여 방문자들이 독도를 바르게 이해하고, 독도수호실천의 의지를 지니도록 했다. 나아가 교육부는 학생 및 시민들의 살아있는 독도교육의 장소로서 지역사회에 독도전시관을 구축 및 운영하고 있다.3)

넷째, 독도바로알기대회 및 독도교육실천연구회의 운영이다. 2012년부터 전국에서 3,000여명의 중고생이 참여하는 독도바로알기대회는 일본의 독도영유권 주장에 대한 논리적 대응의 중요성으로 매년 실시되었다. 대회는 지역예선과 전국본선으로 진행되며 독도의 지리, 역사, 국제법 등의 내용을 겨루어 수상자 및 지도교사에게 상장 수여 및 독도탐방의 기회를 부여한다. 한편 초중등학교에서의 독도교육이 학습자 중심의 실천적 교육활동이 될 수 있도록 전국적인 차원에서 각 시도별 독도교육실천연구회(이하 연구회)를 선정하여 지원 및 운영하고 있다.

본 연구는 교육부의 독도 영토주권 수호를 위한 활동 가운데, 가장 파급효과가 크다고 판단되는 2017년 독도교육실천연구회의 활동을 분석하는 것이 목적이다. 연구방법은 전국의 25개(초등 12, 중등 13) 연구회가 2017년의 활동 결과물을 제출한 보고서를 분석하는 문헌적 방

---

3) 독도전시관은 2012년 1개관(서울), 2014년 3개관(충북, 전북, 경남), 2015년 4개관(전남, 경기, 대전, 인천). 2016년 2개관(대구, 광주), 2017년 2개관(세종, 경북), 2018년 1개관(충남)을 구축하여 운영하고 있다.

법이다. 이들 보고서에 수록된 독도 관련 연구주제와 활동을 분석하는 것은 현재 독도교육의 실천적 경향을 파악하고, 나아가 바람직한 독도교육의 방향 설정에 유용할 것이다.

2. 독도교육실천연구회의 구성과 운영

교육부는 2013년부터 정책지원형 수업연구회 지원 계획에 독도교육을 포함시켰다. 그리하여 2013년(10팀)부터 2014년(17팀), 2015년(17팀), 2016년(23팀), 2017년(25팀)까지 전국 단위의 독도교육실천연구회를 점차 늘려 운영을 관리해 왔다. 2017년 연구회의 운영은 다음과 같다.

1) 연구회의 목적 및 체계

연구회의 목적은 독도교육의 활성화를 통해 독도에 대한 국민들의 관심 증대와 학습자 중심의 실천적 연구 활동 및 그 결과물을 확산시키고 공유하는 것이다. 추진 기간은 2017년 4월부터 12월까지 10개월이다. 25개의 초중고 선정 학교에 예산을 지원할 뿐만 아니라, 학교별 담당 전문가를 위촉하여 연구회 활동에 대한 전문가 컨설팅(6월, 8월)을 실시하여 질적으로 수준 높은 연구회가 되도록 관리했다. 아울러 연구회별 1명씩(우수연구회 10개 팀은 2명 추천) 독도탐방 연수기회를 제공하여 독도를 체험하도록 했다.

연구회의 추진 체계는 〈표 1〉과 같이 교육부 대외협력팀이 사업을 총괄하며, 주관교육청(세종특별자치시교육청 학교혁신과)에서 사업계획 수립 및 연구회 선정과 운영 등을 담당하였다. 그리고 전국의 각 시·도교육청은 연구회를 추천하고 해당 학교의 연구회를 지원 및 관

〈표 1〉 독도교육실천연구회의 추진 체계

교육부	사업 총괄 : 기본 계획 수립, 중간 점검, 사업 평가 등
↑↓	↑↓
주관교육청 (세종특별자치시교육청)	-) 세부 사업 계획 수립 및 추진 -) 연구회 선정(25개팀) -) 중간컨설팅, 독도 탐방, 성과발표회 운영 -) 사업성과 결산 및 결과 보고 -) 우수사례 발굴·확산
↑↓	↑↓
시·도 교육청	-) 연구회 추천(2개팀 이상) -) 연구회 지원 및 관리(모니터링 등)

자료: 교육부 대외협력팀·세종특별자치시교육청 학교혁신과(2017)

리하도록 했다.

　연구회의 연구 주제는 〈표 2〉과 같이 필수영역과 선택영역으로 설정되어 있다. 필수영역의 '독도 계기교육 자료 개발 및 적용'은 1차시 분량으로 학교 교육과정에 제시되지 않은 독도 관련 특정 주제를 연구회에서 개발하여 학생들에게 적용하는 것이다. 반면 선택영역은 독도교육 정책 현장 적용 사례, 창의적 체험활동과 독도교육, 교과융합형 독도수업지도 사례, 스마트 환경 속의 독도교육, 기타 등 5가지 주제 가운데 하나를 선택하여 실천가능한 창의적 독도교육의 모델을 개발 및 적용하는 것이다.

〈표 2〉 독도교육실천연구회의 연구 주제

영역	주제	내용(예시)
필수 영역	독도 계기교육 자료 개발 및 적용	● 학교 급별(학년별) 맞춤형 창의적 독도 　계기교육 자료 개발 및 적용(1차시)
선택	독도교육 정책 현장	● 독도교육주간에 실천 가능한 독도 체험

영역	적용 사례	프로그램 ● 교육과정 속에서의 독도바로알기 교재 활용 방안 ● 지역의 독도전시관 체험 활동 프로그램
	창의적 체험활동과 독도교육	● 놀이 중심의 독도 체험 활동 교수·학습 자료 ● 실천적 독도지킴이(동아리 활동) 프로그램
	교과융합형 독도 수업지도 사례	● 주제 중심의 융합형 독도교육 프로그램 ● 프로젝트기반학습(PBL) 중심의 독도교육 수업 모델
	스마트 환경 속의 독도교육	● 스마트기기를 활용한 학생 활동 중심의 독도교육 ● 네트워크 서비스를 이용한 독도 교류학습
	기타	● 그 외 독도교육에 꼭 필요한 주제

자료: 교육부 대외협력팀·세종특별자치시교육청 학교혁신과(2017)

이들 필수영역 및 선택영역의 연구 주제는 연구회의 선정 심사 및 연구회 활동의 평가 심사에 중요한 기준이 된다. 각 시·도교육청에서 2개 이상의 연구회를 추천하고, 주관교육청(세종특별자치시교육청)에서 선정위원회를 통해 최종적으로 지원 대상 연구회 25개교를 선정했다. 연구회는 4월부터 10월까지 활동하며, 활동에 대한 평가 심사는 11월에 연구회원 전체가 성과발표회에 참여하여 결과를 발표하며, 심사를 통해 우수연구회를 선정 및 표창한다. 연구 결과물의 활용은 자료집으로 발간하고, 에듀넷 홈페이지에 탑재하여 내용을 공유한다.

2) 연구회의 구성과 연구 주제

(1) 초등학교의 연구회

초등학교의 연구회는 지역별로 학교의 구성, 과목별, 연구 주제 등

이 다양하게 설정되었다. 총 12개의 연구회 가운데 단일 학교로 구성
된 경우는 5개교, 나머지는 지역사회에 소재한 다른 초등학교와 연계
하여 모임을 조직했다. 연구회의 회원은 평균 10명 정도이며, 전 학년
의 교사가 참가했지만, 특히 5학년과 6학년 담임교사가 다수를 차지한
다. 게다가 일부 연구회는 과학전담, 컨설팅, 자문위원 등을 두어 운용
의 효율화를 도모했다. 초등학교의 연구회는 교내에서 주로 국어, 사
회, 음악, 미술, 실과, 창체 등의 수업시간을 활용하여 아동들에게 독도
교육을 실천했다.

　각 연구회가 설정한 연구 주제의 특징은 독도에 대한 지식의 주입은
거의 보이지 않는다. 즉 연구회는 연구 주제에서 주로 독도에 대한 체
험, 활동, 실천, 사랑, 공감, 가치 함양, 친근성 등을 강조하고 있다. 미
래 세대에게 독도에 대한 지식 및 이해를 내세우기 보다는 독도에 대
한 관심과 친화적 가치관을 심어주고, 이를 바탕으로 독도 수호 의지
를 육성하도록 하는데 중점을 둔 것이다. 초등학교 연구회의 독도교육
은 아동들에게 독도에 대한 관심과 사랑을 갖도록 교육과정에 근거한
체험 중심의 활동이라 할 수 있다.

〈표 3〉 초등학교의 연구회와 연구 주제

No	지역	학교명	연구회명	연구 주제
1	경북	오계초	독도사랑 핫독세대연구회	이해와 공감을 통한 독도교육으로 독도사랑 핫독(HOTDOG)세대 키우기
2	경북	평해초	생생정보 독도연구회	교육과정과 연계한 독도 체험활동 프로그램 개발 및 현장 적용 사례

3	경북	이서초 외 4교	독도랑! 우리랑!	하브루타 수업방법을 통한 독도 사랑 학생활동중심수업 자료 개발
4	광주	수완초 외 4교	SWeet연구회	스마트하게 공부하고 즐겁게 체험하는 독도교육
5	대전	판암초 외 4교	기승전 독도사랑연구회	기(독도교육) 승(독도체험) 전 (독도놀이)을 통한 독도사랑 실천하기
6	부산	동주초 외 4교	독도사랑연구회	동요, 동요합창곡 작곡과 보급을 통한 독도사랑 운동 전개
7	세종	참샘초	참샘 독도사랑 연구회	학생의 독도에 대한 올바른 가치 함양
8	울산	삼일초	독도에 살으리랏다	주제 중심의 융합형 독도교육 프로그램
9	인천	삼목초 외 7교	독도사랑연구회	섬과 도시가 만나 함께 떠나는 독도사랑 프로젝트
10	전남	화원초 외 8교	전남 독도사랑연구회	독도사랑 교육활동을 통한 독도 사랑과 우리영토 수호의식 함양
11	제주	애월초	독도사랑 제주사랑연구회	독도지킴이 활동을 통한 독도 사랑하는 마음 키우기
12	충남	합덕초 외 17교	독도사랑실천 연구회	더(THE) 새롭게 배우며 친근한 독도교육

(2) 중등학교의 연구회

중등학교의 연구회도 지역별로 학교의 구성, 교사의 전공 영역, 연구 주제 등이 다양하다. 총 13개의 연구회 가운데 단일 학교로 구성된 경우는 6개교, 나머지는 지역사회에 소재한 중학교 및 고등학교로 이루어졌다. 경남독도연구회에는 특이한 사례로 중등학교와 함께 초등학교도 2개교 포함되어 있다. 연구회의 회원은 최소 5명에서 최대 20명으로 구성되어 있는데, 평균 10명 정도이다. 연구회에 참여한 교사의 전공은 역사, 지리, 사회, 윤리, 국어, 영어, 일본어, 프랑스어, 한문, 수학, 과학, 물리, 지구과학, 기술, 체육, 음악, 미술, 공예디자인, 연극영화 등으로 교과융합형 독도수업 지도를 지향하고 있음을 알 수 있다.
이들 가운데 역사, 지리, 사회 전공 교사가 다수를 차지하여 독도에 대
한 관심이 많다는 것을 알 수 있다. 그 이유는 이들 교과서에서 독도가
중점적으로 다루어지기 때문이다. 연구 활동과 관련하여 사회과 교사
는 독도의 지리, 역사, 국제법, 정치, 경제 등을, 외국어과 교사는 독도
관련 외국어나 한자 번역, 토론회 등을, 과학과 교사는 독도의 탄생과
생태 등을, 예체능 교사는 독도의 노래와 그림 그리기, 연극활동, 플래
시몹 등을 주로 담당했다.

중등학교 연구회의 연구 주제도 교육부가 지정한 1개의 필수영역과
5개의 선택영역에 근거하여 설정되었다. 연구회의 연구 주제는 교과융
합형이 다수를 차지하며, 그 외에 주제의 핵심어는 프로젝트, 스마트
환경, 범교과, 마스터, 창의, 평화, 놀이 등이다. 이는 초등학교의 연구
회와 달리 대체로 연구 주제가 폭넓고 추상적으로 설정되었다고 할 수
있다. 그렇지만 중등학교 연구회의 독도교육도 지식과 이해 중심에서
탈피하여 체험과 활동 중심으로 설정된 것은 초등학교 연구회와 동일
하다.

〈표 4〉 중등학교의 연구회와 연구 주제

No	지역	학교명	연구회명	연구 주제
1	강원	강릉고 외 15교	강원지리연구회	교과융합형 독도수업 사례 연구 -스토리텔링 PBL 프로젝트 수업 모형 개발
2	경기	가온고	독도 알지? 연구회	함께 참여하고 활동하는 체험형 독도 프로젝트 개발 방안 연구
3	경기	권선고 외 5교	경기독도공감 연구회	평화를 배우는 교실, 독도 (독도동아리활동 가이드북 개발)
4	경남	진주동명고	APP-Dokdo 연구회	스마트 환경에서 실천할 수 있는 독도교육 자료개발

5	경남	가야고 외 5교	경남독도교육 연구회	독도 교육주간 이렇게 운영해 보아요!
6	대구	영남고	독도지킴이 연구회	교육과정 재구성을 통한 교과융합형 독도지킴이 교육활동
7	대전	복수고 외 7교	독도꿈나래 융합수업연구회	공립형 대안교육 활성화를 위한 프로젝트 중심 창의적 체험활동 개발
8	부산	부산디지털고 외 2교	독도교육 부산연구회	범교과 독도교육을 통한 역사, 지리적 독도영유권 인식 제고
9	서울	서울사대부고	어울림사회교과 교육연구회	'아름다운 우리 땅, 독도'를 주제로 한 사회과 융합수업 모형 개발
10	전북	근영여고	두발로 하는 독도교육연구회	독도교육 마스터 과정 개발
11	충남	신당고	독도를 수호하는 우리	배움중심수업을 활용한 교과융합형 프로젝트 기반학습(PBL) 중심의 독도교육 수업모델 개발
12	충북	충주고 외 8교	에두카토르독도교육실천연구회	교과융합형 울릉도 독도집중 교육과정 모형 및 교과융합형 창의적 체험활동 프로그램 개발
13	충북	세명고 외 1교	세명-다솜 독도수업연구회	놀이로 배우는 독도

3. 독도교육실천연구회의 연구 활동

초중등학교 연구회의 최종 보고서에 따르면, 연구 활동은 교육부가 제시한 하나의 필수영역으로 독도 계기교육자료 개발 및 적용, 그리고 선택영역에 해당하는 독도교육 정책 현장 적용, 창의적 체험활동과 독도교육, 교과융합형 독도수업, 스마트 환경 속의 독도교육 등에 근거하여 이루어졌다. 그렇지만 연구회의 최종 보고서(초등 12, 중등 13)에 드러난 연구 성과를 분석해 보면, 연구 계획과 연구 성과는 일치하지 않는 부분도 있다.[4] 전국 25개 연구회가 제출한 결과물의 공통 사항은 대체로 체험과 활동 중심의 독도교육 실천이다. 이들 연구 활동을 교내, 교외, 온라인으로 구분하여 그 특징을 살펴보면 다음과 같다.

1) 교내에서의 독도교육 실천

교내에서의 독도교육은 공개수업, 동아리 활동, 독도교육주간 운영, 독도의 날에 주로 실시되었다. 독도 공개수업은 독도실천주간에 계기교육의 일환으로 교육과정과 연계하여 교과융합형으로 이루어지는 경우가 많았다. 초중등학교 연구회에서 개발하고 적용한 독도교육의 실천 주제는 〈표 5〉와 같이 매우 다양했다.

실천 주제의 적용 빈도와 관련하여 초등학교 연구회는 독도노래 부르기 및 만들기, 독도UCC 만들기, 독도모형 만들기, 독도신문 만들기, 독도노래 부르기, 독도골든벨, 독도퀴즈대회, 독도 플래시몹 등의 순으로 많았다. 반면 중등학교 연구회는 독도골든벨, 독도바로알기대회, 독도웹툰, 독도 플래시몹, 독도모형 만들기, 독도특강, 독도UCC 만들기, 독도노래 만들기와 부르기, 독도전시회 등의 순이다. 초등학교 연구회가 독도와 관련하여 만들기를 위주로 활동했다면, 중등학교 연구회는 독도에 대한 지식과 이해를 중시하는 독도바로알기대회, 독도골든벨, 독도특강 등의 실천이 많은 편이다. 그 이유는 학생과 교사에게 독도바로알기대회 전국본선에서의 우수한 성적은 상장 수여 및 독도

---

4) 예컨대 초등의 독도사랑연구회는 "동요, 동요합창곡 작곡과 보급을 통한 독도사랑 운동 전개"라는 주제로 1년 동안 단지 독도 관련 음악활동(독도사랑 노랫말 가사 발굴하기, 독도사랑 창작 동요, 합창곡집 만들기, 독도 사랑하는 노랫말로 창작곡 적용 수업하기, 독도사랑 창작곡 발표회, 독도사랑 자료 보급하기 등)에 집중하여 활동을 전개했다.

탐방의 기회가 주어지기 때문이라고 생각한다. 교내에서의 독도교육 실천 주제는 여러 교과와 연계되어 있는데, 필자는 이들 주제를 독도사랑 콘테스트, 오감만족 독도사랑, 놀이와 게임으로 즐기는 독도, 교과융합형 수업지도로 나누어 그 특징을 살펴보았다.

먼저 독도사랑 콘테스트에서의 활동이다. 콘테스트는 일반적으로 학생들의 발달단계를 고려하여 학년군별로 실시되었다. 초등의 독도사랑 핫독세대연구회의 사례를 보면, 초등의 경우 1-2학년은 독도경비대에 보낼 그림엽서 만들기와 편지쓰기, 3-4학년은 독도사랑 시화 제작(운문), 독도홍보 표어와 플래카드 문구 공모전, 5-6학년은 독도사랑 문예대회(운문, 산문, 표어, 포스터), 독도 UCC 공모전 등이다. 독도사랑 실천주간에 학생들은 학년군별로 안내된 활동 가운데 하나에 자유롭게 참여하여 산출물을 학급과 교내에 전시하고 시상하는 방식이다. 활동 결과 여러 작품들이 나왔으며, 학생들은 흥미롭게 참여했다.

둘째, 오감만족 독도사랑의 활동이다. 독도를 텍스트로 배우는 것은 독도에 대한 학생들의 흥미와 관심을 저하시킨다는 지적이 있다. 그래서 오감을 활용한 체험형 프로그램을 통해 독도에 대한 친근감과 애정을 형성하고 지식과 이해도 자연스럽게 체득할 수 있도록 했다. 이 활동에는 독도모형 만들기, 독도태극기 만들기, 독도노래 개사하기, 독도 UCC 만들기, 독도 북아트 만들기, 독도 캘리그라피 만들기, 독도부채 만들기, 독도책갈피 만들기, 독도수호 연 만들기, 독도퀴즈대회, 독도애니메이션 감상회, 독도지킴이 명찰 만들기, 독도그림 그리기, 독도지도 그리기, 독도동아리 일지 작성하기 등이 있다. 입체적이고 감각을 활용한 체험위주의 활동이기 때문에 학생들은 자연스럽게 독도에 대한 관심과 친근감을 갖게 되었다.

〈표 5〉 교내에서의 독도교육 실천

학교급	실천 주제
초등	독도노래 부르기 및 만들기(7), 독도UCC 만들기 및 대회(6), 독도모형 만들기(6), 독도신문 만들기(5), 독도골든벨 및 독도 바로알기(5), 독도퀴즈대회(4), 독도 플래시몹(4), 독도부채 만들기(3), 독도행사 부스 내 전시(3), 독도연표 만들기(2), 독도 문예대회(2), 편지쓰기(3), 독도우표 만들기(2), 독도전시회(2), 연극(역할극) 및 공연(2), 독도 보드게임 만들기(2), 독도 캐릭터 만들기 및 그리기(2), 독도티셔츠 만들기(2), 독도필통 만들기(2), 독도그림엽서 만들기, 독도애니메이션 감상회, 독도지킴이 명찰, 독도동아리 일지 작성하기, 독도동화독도회, 독도홍보 플래카드, 독도사랑 뱃지, 독도 포트존(2), 독도페이스페인팅, 독도픽셀아트, 글자 속 독도찾기, 독도 댓글 왕, 포스터 그리기, 독도 독후감 쓰기, 독도 토론하기, 독도 슬로건 만들기, 독도 SW게임 만들기, 독도게임 활동, 독도야 놀자, 동도와 서도, 독도강치 만들기, 독도에 대한 조사 및 발표, 독도에 가면 말 덧붙여 놀이하기, 독도 리플렛 및 기념품 만들기, 독도관련 의식조사, 독도풍선 만들기, 독도인간 글자 만들기, 독도광고 만들기, 주인공이 되어 일기쓰기, 기자가 되어 인터뷰하기, 엽서 꾸미기, 독도 북아트, 펄러비즈로 독도작품 만들기, 독도 책갈피 만들기, 독도소개 책 만들기, 독도 캘리그라피 만들기, 독도함 만들고 경주하기, 독도풍경 만들기, 독도 협동화 그리기, 3D 프린팅 만들기, 에코백 만들기, 스크래치 페이버아트 활동, 독도 팬던트 레이져 각인, 독도 미니어처 만들기, 독도지도 만들기, 독도수호 연 만들기, 독도퍼즐 맞추기, 풀피리로 독도노래 연주하기, 독도쿠키 만들기, 미니북 만들기, 독도 상징물 만들기, 소고놀이, 독도목걸이 만들기, 독도태극기 만들기, 독도 보물섬 활동, 독도 독서 토론, 독도역사탐구, 인문학특강, 독도카드 섹션, 독도사랑 캠페인, 교실 속 독도코너 꾸미기
중등	독도바로알기대회(6), 독도골든벨(6), 독도웹툰(5), 독도 캠핑, 독도 플래시몹(5), 독도모형 만들기(4), 독도특강(4), 독도UCC 만들기(3), 독도노래 만들기와 부르기(3), 독도전시회(3), 독도 티셔츠 제작(2), 독도 토론하기(2), 독도 캘리그라피 공모전(2), 독도 문예활동(2), 독도 퍼즐 맞추기, 독도퀴즈대회, 역할극, 독도홍보 가이드북 제작, 독도에 대한 인식 설문조사, 영토사랑실천활동, 독도의용수비대 바로알기, 독도 스토리텔링 활동, 독도홍보 가이드 르포르타주 수업, 독도 대토론회, 거

꾸로 수업, 독도관련 3D 영상 관람, 독도 퍼즐 게임, 독도노래 암호해독 게임, 액션 러닝에 기반한 독도의 평화교실, 독도 독서 세미나, 고문서에서 배우는 독도, 독도 열쇠고리 만들기, 3차원 독도 팝업북 제작, 독도퀴즈 마일리지, 독도 보드게임, 독도에 가면 말 덧붙이기 놀이, 일본의 독도교육 자료 번역하기, 나도 김정호(독도의 지형 표현하기), 독도 훈민정음(독도 글씨체 개발 및 표현), 독도 생물 찾기 게임, 외국인 친구와 영어로 독도 대화하기, 독도사랑 글짓기, 독도 포스터 그리기, 독도 그림 그리기, 외국어로 독도의용수비대 프로필 만들기, 독도융합 지도 만들기, 독도 샌드 아트, 독도 공개수업, 독도 태극기 만들기, 독도 주장 발표하기, 독도 미니북 만들기, 독도 글짓기, 독도뱃지 만들기, 독도 사다리 게임, 독도 모의재판, 독도신문 만들기, 독도교과서 번역, 독도캔들 만들기, 독도부채 만들기, 독도도장 만들기, 독도풍선 만들기, 독도카드놀이 개발, 독도 마인드맵 만들기, 독도풍선 날리기, 독도홍보부스 운영

※ ( ) 안의 숫자는 실천 학교 수

셋째, 놀이와 게임으로 즐기는 독도이다. 이 방법은 기말고사 후에 학생들의 수업에 대한 집중력이 약화된 시기에 적절하다. 놀이와 게임을 통해 학습에 대한 흥미를 환기시키고 자연스럽고 재미있게 독도를 배우는 활동이다. 초등의 연구회에서는 독도야 놀자, 독도퍼즐 맞추기, 독도는 우리 땅에 맞춰 소고놀이하기, 독도 보드게임, 독도 스캐터볼(Scatter) 게임 등을 개발하여 실시했다. 그리고 중등의 세명-다솜 독도수업연구회는 독도야 놀자(여는 놀이, 독도지명 놀이, 독도사랑 의식함양 놀이, 독도공감 놀이, 독도어휘 놀이), 독도카드 놀이 등을 개발하여 적용했다. 학생들은 놀이와 게임을 통해 "독도에 대한 내용을 더 잘 기억할 수 있었다." "독도를 꼭 지켜내야겠다는 마음을 가지게 되었다." 등의 소감이 나왔다. 이러한 활동은 흥미유발, 집중력과 순발력 향상, 경쟁심 자극, 창의력 증진 등을 통해 독도를 이해하는 일석이조의 방법이라 할 수 있다.

마지막으로 교과융합형의 수업지도이다. 우선 연구회는 설문조사를 통해 가장 적절한 학년과 교과를 결정하고, 교육과정의 분석 및 독도 관련 자료를 수집한다. 초등학교는 5-6학년의 사회과가 비교적 독도와 연관이 많은 편이다. 초등의 SWeet연구회가 개발한 것을 살펴보면, 소주제 "독도의 지형과 위치 알아보기"에서 5학년 사회(살기 좋은 우리 국토)와 미술(생활 속의 미술의 발견)을 융합하여 우리나라의 영역, 영해와 독도의 관련성을 배우면서 독도 백지도 그리기 활동을 실천했다. 또한 5학년 미술(소통과 디자인)과 국어(매체로 의사소통해요)를 융합하여 "독도UCC 만들기" 활동을 진행했다. 초등과 달리 중등학교는 교과융합형 수업지도 사례가 더 다양한 편인데, 그 이유는 참가 교사들의 전공을 살렸기 때문이다. 사례로서 중등의 독도를 수호하는 우리 연구회가 개발한 것을 보면, 음악과와 사회과가 융합하여 독도노래 만들기 활동, 일반사회·지리·역사·미술·국어과가 융합하여 독도모의 재판과 드라마 패러디 활동, 독도를 지리적 생태학적으로 이해하는 주제로 사회과와 과학과가 융합하여 독도홍보자료 만들기 활동, 음악과와 체육과가 융합하여 학부모와 함께하는 독도 플래시몹 등이다. 이러한 교과융합형 독도수업은 교사와 학생 모두 독도에 대한 중요한 내용을 종합적 시각에서 고민하고 수업을 설계함으로써 독도에 대한 융합적인 역량을 육성한다는 점에서 의의가 있다.

2) 교외에서의 독도교육 실천

학교와 교실을 벗어나 외부에서 실시된 독도교육은 초등학교가 중등학교보다 활동 빈도가 다소 높고, 활동 내용도 다양한 편이다(〈표 6〉). 이는 초등학교의 경우 체험활동을 중시하는 분위기가 형성되어 교외에서의 활동이 자유롭지만, 중등학교는 입시에 대한 부담이 작용한 것으로 보인다. 전국 초중등학교 연구회에서 실천한 독도 관련 외부 활동의 공통적 특징은 다음의 세 가지로 정리할 수 있다.

<표 6> 교외에서의 독도교육 실천

학교급	실천 주제
초등	독도탐방(4), 독도전시관 및 독도체험관 방문(4), 거리에서 독도홍보(3), 독도 플래시몹, 독도조형물에서 독도교육, 울진 대풍헌에서 독도교육, 삼척시립박물관 독도기획전 방문, 수토관 뱃길 재현 행사, 울릉초 학생들과의 교류, 울릉도 · 독도 해양연구기지 방문 및 특강, 울릉도 역사박물관 방문 및 특강, 전국노래자랑 홀로아리랑 공연, 독도경비대 위문 활동, 삼척 동해왕 이사부 독도축제 참가, 지역교육청 예술제 전시회, 박어둔 생가터 방문, 수학여행 중 독도 알리기
중등	독도탐방(7), 독도 홍보 및 캠페인(4), 독도바로알기대회(3), 독도 플래시몹(3), 독도경비대 위문 활동(2), 독도체험 부스 운영(2), 독도체험관 방문(2), 독도박물관 방문, 국내에서 외국인 독도홍보(2), 국외에서 외국인 독도홍보(2), 안용복 장군 추모행사, 독도사랑 연날리기 행사, 독도사랑 캠핑 및 라이딩

※ () 안의 숫자는 실천 학교 수

첫째, 현장체험으로 독도, 독도박물관, 독도체험관, 독도전시관, 독도홍보관 등의 방문 활동이다. 이들 가운데 독도탐방은 학생 및 교사들에게 독도교육의 장소로서 가장 주목받는 곳이다. 날씨의 제약으로 육지에서 출발하여 독도에 입도할 가능성은 30% 정도이다. 고비용, 원거리, 불편한 교통에도 불구하고, 교외에서의 독도교육 실천 가운데 초중등 연구회 모두 독도탐방이 가장 많은 비율을 차지하고 인기가 있는 것은 그만큼 독도가 지닌 상징성 때문이다. 즉 독도교육의 가장 효과적인 방법은 백번의 말보다 독도에 직접 발을 내딛고 느끼는 것이 가장 중요하다는 것이다. 연구회는 단순히 독도를 방문하여 사진을 촬영하는 것으로 끝나지 않고, 사전의 치밀한 계획으로 체계적인 독도교

육 프로그램을 진행했다. 예를 들면, 울릉도에서는 울릉초 학생들과의
교류활동, 그리고 울릉도·독도 해양연구기지와 역사박물관에서는 관
람 및 특강이 이루어지도록 사전에 준비했다. 독도에서는 수토활동의
일환으로 독도경비대와 사전 협의를 통해 독도 플래시몹 공연, 홀로아
리랑 공연, 독도경비대 위문품 전달로 의미있는 시간을 보냈다. 아울
러 독도에 입도한 학생들을 대상으로 독도명예주민증을 발급해 주어
자부심과 함께 독도사랑 및 수호의지를 함양하는 계기가 되도록 했다.
　둘째, 국내외에서 독도에 대한 홍보 활동이다. 학교와 교실에서의
독도교육도 중요하지만, 교외에서의 독도에 대한 홍보 활동도 의미가
있다. 학생들은 교외 홍보를 위해 스스로 고민하고 준비하고 참여하는
과정에서 독도에 대한 지식이 확대되기 때문이다. 독도에 대한 지리
적, 역사적 근거를 홍보 활동에 녹아들게 하는 아이디어를 찾다보면
자연스럽게 독도에 대한 이해와 사랑이 높아져 한국인이라는 자부심
을 느낄 수 있다. 국내에서는 학교가 소재한 지역을 중심으로 거리에
서의 독도홍보, 독도사랑 연날리기 대회, 그리고 원거리의 수학여행에
서 독도바로알리기, 독도사랑 캠핑 및 라이딩 등의 활동이 이루어졌
다. 울진의 초등학교 연구회는 지역에서 개최된 전국노래자랑에 어린
이 수토관으로 참가하여 플롯 반주에 홀로 아리랑을 공연하여 참가한
지역 주민들에게 독도를 홍보하는 계기가 되었고, 또한 지역 주민들로
부터 많은 호응과 관심을 받았다. 한편 경남독도연구회는 호주의 자매
결연학교를 방문하여 독도지도, 독도부채 등을 선물하면서 독도를 홍
보했으며, 충북의 중등학교 세명-다솜 독도수업연구회는 몽골, 중국,
일본, 캄보디아, 필리핀 등 해외에서 독도사랑 캠페인을 펼쳤다.
　셋째, 생활 지역의 독도 관련 자원을 활용한 실천이다. 교사는 각 지
역에 관심을 가지고 살펴보면, 독도와 관련된 인물, 건물, 유적지, 공
원, 전시관 등 독도를 체험할 수 있는 장소를 발견할 수 있다. 이들을

독도교육의 실천 장소로 활용하는 것은 살아있는 교육으로 의의가 있다. 교실에서의 독도에 대한 지식·이해, 활동보다 교실 밖에서 오감을 통한 체험활동은 학생들에게 독도를 바르게 이해하고, 느낄 수 있는 계기가 된다. 이러한 생각에서 학생들의 생활 지역에 소재하는 독도 관련 자원을 활용한 독도교육이 3개의 연구회에서 이루어졌다. 즉 울진의 초등학교 연구회는 군내에 소재한 대풍헌(待風軒)[5]과 그 주변의 독도조형물, 수토관 뱃길 재현 행사 참석, 이웃에서 개최된 삼척시립박물관 독도기획전에서 살아있는 독도교육을 실천했다. 그리고 울산의 초등학교 연구회는 조선시대 독도를 수호한 인물 가운데, 널리 알려진 안용복 이외에 울산에 박어둔이 있다는 사실을 알고, 그에 대한 조사와 함께 생가 터를 방문하고, 나아가 UCC 제작 및 학예회에서 독도 플래시몹과 연극을 결합한 공연으로 주목을 받았다. 또한 부산의 중등학교 연구회는 수영사적공원에 소재한 안용복 장군 사당을 방문하여 환경정화활동을 실시하고, 추모행사에 참가했다. 이 행사에서 학생들은 준비한 독도 플래시몹으로 지역주민의 독도에 대한 관심을 고취시키고, 국토수호 의지를 함양하고자 했다.

3) 교내외에서 온라인을 통한 실천

초중등학교의 교과서와 독도바로알기 교재에는 일반화된 지식으로 울릉도 및 독도관련 내용이 담겨있다. 그러나 연구회는 정형화된 교과서와 교재에서 탈피하여 실내외에서 온라인을 통해 즉흥적, 실감적으로 독도교육을 전개하기도 했다. 초중등학교 연구회에서 스마트에 기

---

[5] 대풍헌은 바람을 기다리는 곳을 가리키는데, 이 건물은 조선시대에 울릉도에 파견된 수토관들이 울릉도로 가는 배를 타기 전에 순풍을 기다리며 머물렀던 장소이다.

반한 독도교육 활동의 사례는 다음과 같다.

가장 주목할 만한 교육은 독도를 SNS로 마주하며 소통하는 활동이다. 담당 교사는 학생들에게 독도의 전경, 일출과 일몰, 독도의 날씨 등을 생방송으로 접하도록 함으로써 독도에 대한 관심과 흥미를 높였다. 이와 관련된 사후 활동으로 경북의 평해초등학교 학생들은 "울진은 화창한 날씨지만 지금 독도에서 비가 내리는 실시간 영상을 보니 신기하네요." "독도 섬에 파도가 치는 모습을 보고 있으니 지금 꼭 독도에 있는 것 같아요." "독도에 가보지도 않고 사계절의 독도 모습을 실시간 알 수 있어서 편리해요." 등의 한줄 감상을 남기기도 했다. 그리고 카카오스토리, 네이버 밴드, 페이스북, 트위터의 계정 생성과 운영을 통해 학생들 스스로 독도 사진작가, 신문기자, 독도관리사무소 직원 등과 SNS 관계를 형성하여 매일 독도 관련 새로운 소식을 접하는 독도교육을 실천했다.

또한 독도관련 기관의 홈페이지를 방문하여 독도를 간접 체험하는 활동도 이루어졌다. 예컨대 관계 기관이 제작한 독도의 형성과정, 독도의 역사, 독도의용수비대, 독도강치 이야기 등의 동영상을 보거나 QR 코드를 통해 독도박물관, 독도체험관, 영토문화관 등을 체험하는 것이다. 학생들은 온라인상의 독도를 체험할 뿐만 아니라 국내외의 사이트에서 독도관련 오류를 발견하고 수정을 요구하기도 했다. 나아가 스마트 환경 속에서 어플리케이션과 웹툰을 개발하여 학생들이 교내외에서 활용함으로써 독도에 더 친숙해졌다는 보고도 나왔다. 학생들이 교내행사로 실시한 독도 플래시몹, 독도사랑 UCC 등을 학교 홈페이지와 유튜브에 탑재하는 것은 독도교육의 성과 확산의 측면에서 의미가 있다. 특히 연구회의 활동 가운데 스마트기기(스마트폰, 스마트패드)를 활용한 독도보드게임 제작 및 활용, 엔트리로 독도퀴즈 프로그램 제작 및 활용, 독도가상현실체험은 학생들에게 반응이 좋았다.

통신의 발달로 시공간의 제약이 사라지면서 자신이 만든 QR 코드와 APP로 다른 사람과 독도관련 정보를 공유하는 것은 실내외의 온라인을 통한 독도교육의 다양한 활동을 보급하는 계기가 되었다.

한편 원격의 독도사이버 학습과 연수도 제외할 수 없는 활동이다. 연구회는 학생들에게 교육넷에서 개발한 독도교육 컨텐츠, 교수·학습 사이트에서 제공하는 독도관련 시청각자료, 반크에서 제작한 독도관련 동영상 등을 엄선하여 활용하기도 했다. 게다가 연구회는 이들 자료를 수업시간에 활용할 뿐만 아니라 학생들이 자율적으로 가입해서 이수하도록 권장함으로써 독도에 대한 이해와 함께 영토의식을 형성하도록 지도했다. 반면 연구회의 교사들은 동북아역사와 독도 바로알기, 찾아가는 사이버 독도교실 등의 사이버 연수를 통해 스스로 독도에 대한 전문성을 신장시키고자 했다. 그 외에 사이버 독도교육의 일환으로 오조봇으로 독도 한 바퀴 둘러보기, 구글 지도로 독도 탐험해보기, 독도 공개수업 촬영하기 등을 실천한 연구회도 있었다.

4) 연구회의 성찰 및 과제

각 연구회의 최종 보고서에는 다양한 연구 활동에 따른 성과와 함께 향후의 독도교육 개선을 위한 제언도 보인다. 연구회의 보고서에 드러난 연구의 성과와 과제는 다음과 같다.

먼저 연구회 활동의 성과는 첫째, 학생들의 독도에 대한 관심과 중요성의 인식이 높아졌다는 것이다. 교과서 중심의 막연한 독도교육에서 벗어나 활동을 통한 정서적인 접근은 독도에 대한 올바른 이해와 국토사랑 의식의 함양으로 결부되었다. 대전의 초등학교 기승전 독도사랑연구회(2017)에 따르면, 독도교육 활동의 초기인 5월과 마무리에 해당하는 10월의 설문조사에서 독도학습이 재미있는가? 지도상에서 독도가 어디에 위치하는가? 독도가 우리 땅이라는 것을 알고 있는가? 독도가 우리 땅이라는 것을 설명할 수 있는가? 등의 질문에 학생들의 정답률은 10~20% 수준에서 80~100%로 큰 변화가 있었다. 학생 중심의 체험활동으로 학생들이 직접 독도관련 자료를 수집, 재구성, 공유하는 과정에서 교육적 의미와 공감교육의 효과가 높아졌다. 둘째, 교사들은 독도에 대한 전문가로서 역량이 강화되었다는 것이다. 연구회에서 활동한 교사들은 독도에 대해 함께 배우고, 때로는 스스로 연구하고 실천하는 과정을 통해 성취감과 자신감을 얻었다고 했다. 특히 교사들은 컨설팅을 통해 전문적 지식을 습득 및 개발하고, 나아가 학생들의 발달 수준에 맞는 수업과 활동을 설계하고, 맞춤형 수업에 적용하면서 독도수업 전문가로 성장했다. 셋째, 연구 활동 결과물의 확산 및 공유는 가장 큰 성과이다. 전국 25개 초중등학교 연구회의 활동은 앞에서 언급했듯이 교내, 교외, 그리고 온라인을 통해 이루어졌다. 이들 연구회가 독창적으로 생산한 수업지도안, PPT, UCC, 워크시트, 워크북 등의 교육 자료와 활동의 성과물, 방법론 등을 에듀넷, 유튜브, 인터넷 카페 등에 탑재하여 즉각적으로 사용할 수 있도록 활용도를 높였다. 그리하여 전국적으로 독도에 대한 학생과 교사, 일반인의 관심을 증대시키고, 독도교육의 활성화와 질적 향상, 독도사랑 의식의 확산에 크게 기여한 것으로 보인다.

반면 연구 활동을 마무리하면서 남겨진 과제는 첫째, 분산되어 있는 독도관련 자료의 통합 관리 및 운영이다. 독도관련 자료는 외교부나 동북아역사재단과 같은 국가기관 및 민간의 홈페이지에 많이 탑재되어 있지만, 자료가 중복되거나 검색에 어려움이 있기 때문에 자료수집의 효율화를 위해 하나의 사이트에서 통합 관리하는 방안이 필요하다는 것이다. 둘째, 초중등학교의 교실 무선 인터넷 환경의 정비이다. 대다수의 학생들은 스마트폰을 소지하고 있지만 데이터가 부족한 실정이다. 따라서 학생들이 교실에서 스마트폰을 활용한 효율적인 독도교육이 전개될 수 있도록 Wi-Fi 장비 등 교실환경이 정비되어야 한다고 요구했다. 셋째, 초중고의 일관성 있는 독도교육 프로그램의 개발이다. 이는 연구회 가운데 유일하게 초중고 교사들로 이루어진 경남독도교육연구회(2017)의 제언이다. 모든 교과의 교육내용은 초중고에서 계속성과 계열성의 원리에 근거하여 편성된다. 독도교육의 내용과 활동도 초중고에서 반복되는 경우가 있는데, 초중고 단계별로 심화 프로그램을 개발해야 한다는 것이다. 넷째, 일본의 독도영유권 주장에 대한 논리성의 확보이다. 현재 우리의 독도교육은 막연한 애국심, 일본에 대한 적대감과 맹목적 비난을 앞세우는 교육방법을 선택하는 경우가 있는데, 여기에서 탈피하여 학생들이 미래에 일본인과 만나 독도영유권을 주제로 대화할 때에 논리적으로 반박할 수 있는 능력을 함양해야 한다는 것이다. 따라서 교사들은 일본이 주장하는 독도영유권의 내용을 충분히 파악하고, 비판과 논리를 육성할 수 있는 토론식, 협동식 프로젝트 등의 수업방법에 능통해야 한다.

이외에도 시도별 독도사랑 교사들의 독도동아리 결성 및 운영, 범위를 확대하여 마을과 공동체 만들기의 일환으로 독도문화대축제 실시, 독도교원연수 프로그램의 개발과 확대 운영의 필요성을 제기하여 독도지킴이로서 역량을 증진시켜야 한다는 제언도 나왔다.

4. 맺음말

21세기에 들어와 일본의 독도 영유권 주장은 한층 강화되었는데, 그것은 일본의 문부과학성이 초중등학교 사회과 교육과정 및 교과서에 독도를 기술한 것이다. 이에 한국도 초중등학교 사회과 교육과정 및 교과서에 독도를 자국의 영토로 더욱 구체적으로 서술했다. 나아가 한국은 독도 교육을 강화하기 위해 독도지킴이 학교 운영, 학생용 및 교사용 독도교재 개발, 독도 교육주간 운영, 찾아가는 독도 전시회 개최, 독도 바로 알기 대회, 독도 교육 실천 연구회 운영 등 다양한 정책을 개발했다. 이들 가운데 전국 시도별로 25개의 초중등학교 독도 교육 실천 연구회를 선정하여 지원 및 운영한 것은 주목할 만하다. 본 연구는 연구 성과의 확산과 공유를 지향한 독도 교육 실천 연구회의 보고서를 분석한 것으로 결과는 다음과 같이 요약된다.

　각 연구회는 교과서 중심의 독도 교육에서 탈피하여 창의적 체험활동을 중요시했다. 연구회의 연구 주제에서 초등학교는 주로 독도에 대한 체험, 활동, 실천, 사랑, 공감, 가치 함양, 친근성 등을 강조했다. 반면 중등학교는 교과 융합형이 다수를 차지하며, 그 외에 연구 주제의 핵심어는 프로젝트, 스마트환경, 범교과, 마스터, 창의, 평화, 놀이 등이다. 중등학교의 연구회가 초등학교의 연구회보다 연구 주제가 폭넓고 추상적으로 설정되었다. 그렇지만 초중등을 막론하고 25개 연구회가 제출한 보고서의 공통 사항은 체험과 활동 중심의 독도 교육으로 교내에서의 실천, 교외에서의 실천, 교내외에서 온라인을 통한 실천 등의 형태로 이루어졌다.

　교내에서의 독도 교육 실천은 독도사랑 콘테스트의 활동, 오감만족 독도사랑의 활동, 놀이와 게임으로 즐기는 활동, 교과 융합형의 수업 활동의 범주에서 이루어졌다. 교외에서의 독도교육 실천은 현장체험으로 독도, 독도박물관, 독도체험관, 독도전시관, 독도홍보관 방문, 국내외에서 독도에 대한 홍보활동, 생활지역의 독도관련 자원을 활용한 실천 등의 형태로 전개되었다. 그리고 교내외에서 온라인을 통한 실천은 독도를 SNS로 마주보며 소통하는 활동, 독도관련 기관의 홈페이지를 방문하여 독도를 체험하는 활동, 원격의 독도사이버 학습과 연수

등의 형태로 실시되었다.

아울러 교육부의 지원과 연구회의 부단한 노력으로 학생들의 독도에 대한 관심과 애정은 높아졌고, 교사는 독도수업에 대한 전문성이 신장되는 성과를 거두었다. 게다가 연구회는 1년 동안의 독창적인 연구 활동 보고서를 수업 실천 관련 인터넷에 공개함으로써 독도교육의 공유 및 활성화에 크게 기여했다. 그렇지만 연구회의 연구활동 과정에서 드러난 문제점으로 독도관련 자료를 어떻게 통합 관리할 것인가, 학생들이 교실에서 스마트폰을 활용하여 효율적인 독도교육이 이루어질 수 있도록 Wi-Fi 등 교실환경의 정비, 동일한 주제에 대해 초중고 학교급별로 심화 프로그램의 개발, 일본의 독도영유권 주장에 대한 논리성 확보 등은 향후 보완해야 할 과제이다.

마지막으로 최종 보고서에 따르면, 총 25개 연구회 가운데 14개(초등8, 중등6)의 연구회에서 학생들에게 독도를 분쟁지역으로 가르치는 오류를 범하고 있다. 이는 독도에 대한 일본 정부의 논리로서 한국 정부의 입장과는 상충되는 심각한 문제이다. 일본은 끊임없이 독도를 도발하고, 분쟁 지역화해서 독도영유권 문제를 국제사법재판소(ICJ)에서 해결해야 한다고 일관되게 주장해 왔다. 그러나 한국은 대한민국 고유의 영토로서 독도에는 어떤 분쟁도 존재하지 않으며, 결코 사법의 대상이 될 수 없다는 단호한 입장이다. 따라서 학교 현장에서 독도를 분쟁지역으로 가르치는 것은 옳지 않다. 일부 연구회가 외국에서 외국인을 대상으로 독도를 한국의 영토라고 홍보하는 활동은 자제해야 하며, 나아가 향후 과제로서 초중고 교원양성 기관이나 독도교원연수에서는 바람직한 독도교육을 위해 힘써야 한다.

【참고문헌】

교육부 대외협력팀·세종특별자치시교육청 학교혁신과, 2017.2,「독도교육
 활성화를 위한 2017년도 독도교육실천연구회 지원 계획」, PDF.
세종특별자치시교육청 학교혁신과, 2017.5,「2017 전국독도교육실천연구회
 전국 단위 컨설팅 추진 계획」, PDF.
세종특별자치시교육청 학교혁신과, 2017.6,「2017 전국독도교육실천연구회
 독도 탐방 추진 계획」, PDF.
교육부·세종특별자치시교육청, 2017.9,「2017 전국독도교육실천연구회 성
 과발표회 운영 계획」, PDF.
교육부 역사교육정상화추진단 대외협력팀, 2017.3,「보도자료-독도 영토주
 권 수호를 위한 독도교육 기본 계획 발표!」, PDF.

남·북한 역사 교과서의 독도관련 내용분석

이 상 균 · 이 서 영

1. 서론

　남한과 북한1)은 분단 이전까지 하나의 역사를 갖고 있었지만, 현재 이뤄지는 역사 교육은 상당한 차이가 있다. 예컨대, 북한에서 역사 교육의 가장 중요한 목적은 혁명을 위한 인민을 양성하는 것인 반면,2) 남한은 우리 역사를 구체적으로 이해하는 민주시민을 양성하는 것이 목적이다.

　목적이 다른 만큼 역사 교육과정과 역사교과서 구성에도 큰 차이가 있다. 북한은 초급중학교 1~3학년까지는 우리나라의 역사3)에 초점을

---

1) 정식 국명은 대한민국과 조선인민민주주의공화국이지만 본고에서는 편의상 남한과 북한으로 표시한다.
2) 고급중학교2 력사(교육도서출판사, 주체103(2014)) 머리말의 첫 부분을 살펴보면, '경애하는 김정은 원수님께서 이끄시는 사회주의강성국가건설을 떠메고 나갈 혁명인재로 준비하기 위해서는 풍부한 력사지식과 인민대중에 의하여 창조된 문화유산들에 대해 잘 알아야 한다.'고 쓰여 있다.
3) 우리나라에서는 '한국사' 또는 '국사'라고 표현하고 북한에서는 '조선력사'라

맞추어 이야기하듯이 서술되어 있으나 고급중학교 1~3학년 과정은 우리나라 역사와 세계사를 함께 다룬다. 특히 초급중학교 과정은 인물, 사건 중심으로 이야기 형식으로 구성된 것이 특징이다. 북한의 인민학교에서는 역사를 다루지 않기 때문에 초급중학교 과정에서 남한의 초등학교 수준 정도의 한국사 내용을 다루는 것으로 보인다. 고급중학교는 설명, 탐구 중심으로 세계사를 포함한 시대사를 주로 다룬다. 남한도 중학교 과정에서 세계사를 포함하여 『역사 ①』, 『역사 ②』로 나누어 설명, 탐구 중심으로 시대사를 주로 다룬다.

남·북한 역사교과서를 분석한 초기 연구들은 주로 통사적 접근이나 특정 시기를 비교한 것이 대부분으로 특정 사건이나 주제에 대한 북한의 역사인식과 서술에 관한 상세한 분석은 부족했다. 2000년대 이후로는 시대별, 분야별, 주제별로 다양한 분석 연구가 이루어지고 있다.[4] 본 연구에서는 한국 근·현대사의 아픔이자 한·일 간 갈등 요인인 독도를 중심으로 남·북한의 역사 교과서를 살펴보고자 한다.

독도는 우리나라 영토로서 중요한 해양공간이다. 지난 3월 말 일본 정부는 2022년부터 고등학교에서 독도를 '일본 땅'으로 의무적으로 가르치도록 하는 학습지도요령을 관보에 고시했다. 지난해 초·중학교

고 표현한다.

[4] 북한의 역사교육에 관한 연구는 강우철·신형식(1990)의 연구를 필두로 이찬희(1993), 최용규(1993) 등에 의해 본격적으로 시작되어 최근까지 꾸준하게 이루어지고 있다. 김정현(2013)은 임진왜란, 차승주(2011)는 한국전쟁, 배유정(2008)은 고구려사, 박재영(2007)은 동학농민전쟁과 신라에 대하여 집중하여 남·북한 역사 교과서를 비교하였다. 정영순(2006)은 역사 교과서를 중심으로 전반적인 남북한의 역사인식을 비교했다. 김한종(2005)은 일제통치기, 김봉석(2005)은 고구려사와 발해사, 한철호(2003)는 문호개방에 대한 북한 역사 교과서의 서술을 집중 분석하였다. 이명희·김봉석(2015), 권성아(2011), 이준태(2009)는 통일한국을 대비한 역사의식의 통합에 관한 연구도 실시하였다.

학습지도요령에 이어 고교까지 개정함으로써 일본은 독도에 대한 영토 왜곡 교육을 강화할 수 있는 법적 근거를 완성하게 된 것이다. 이에 북한 조선중앙통신은 일본 정부가 최근 '독도는 일본땅'이라는 영토 왜곡 교육을 강화한 것과 관련해 "우리 민족의 영토 주권에 대한 난폭한 도발 행위"라고 비난했다.5) 실제로 북한이 독도를 실제로 점유하는 것은 아니지만 조선의 영토임을 강력하게 주장하고 있다. 이에 독도는 남과 북이 함께 통일 한국을 구상하는 과정에서 다룰 수 있는 소프트 아젠다로 상정할 수 있을 것이다.

이 논문에서는 이러한 시각에서 독도가 현행 중학교『역사 ②』교과서와 북한의 현행 고급중학교 2『력사』에서 어떠한 구성과 체재로 서술되었는가를 분석하는 데 역점을 두고자 한다.6) 역사 교과서 집필에 결정적인 영향을 주는 교육과정과 해설서 및 집필 기준의 독도 관련 내용과 이를 근거로 집필된 현행 중학교『역사 ②』교과서 9종에 나타난 독도 관련 서술 체재 및 그 경향을 제시된 단원이 속한 시대로 나누어 분석하고, 북한의 현행 고급중학교 2『력사』에 나타난 독도 관련 서술을 고찰한 뒤, 남한과 북한의 역사 인식을 비교하고자 한다.

이 연구에서는 기본적으로 남한과 북한에서 간행된 1차 및 2차 자료를 중심으로 하는 문헌연구 방법을 활용하였고, 주요 자료는 남·북한의 중등학교에서 사용되는 역사 교과서이다.

---

5) 북한 조선중앙통신은 2018년 4월 11일, "역사가 증명하고 세계가 공인하는 바와 같이 독도는 어제도, 오늘도, 내일도 변함없는 우리의 신성한 영토"라며 "일본이 말하는 독도 영유권은 있어 본 적도 없고, 있을 수도 없다"고 일본의 주장을 규탄한바 있다.

6) 독도가 표현되거나 표기된 지도 자료에 관해서는 남한의 경우『역사 ①』,『역사 ②』, 북한의 경우, 중등교과서 전권을 분석대상으로 삼았다. 그러나 독도에 관한 본문 내용은 남한의『역사 ②』, 북한의『고급중학교 2 력사』교과서에 한정되므로 내용 분석은 남한의『역사 ②』, 북한의『고급중학교 2 력사』교과서를 사례로 하였다.

본 연구에서는 북한과 남한의 학제 차이로 인하여 학교 급의 내용을
비교하기 보다는 역사교육 내에서 학습내용의 계열성의 차원에서 북
한의 고급중학교 과정과 남한의 중학교 과정을 동일하다고 보고 해당
교과서를 분석하였다.[7]

2. 남한 교과서의 독도관련 내용분석

1) 교육과정 분석

본 연구의 주된 대상인 현행 중학교 역사 교과서는 국정 교과서 발
행 문제로 인하여 2009개정 교육과정을 근거로 하고 있다. 2010년에
고시된 2009 개정 교육과정에서는 '일본의 독도 불법 편입의 부당성'과
'독도 영유권 문제'를 제시하였다. 즉, 근대 러일전쟁 중 일본이 강제로
독도를 편입하였던 사실과 을사늑약으로 외교권을 강제로 빼앗겼던
역사적 상황에 대한 설명이 되어야 한다. 또, 오늘날 독도를 분쟁지역
으로 만들고자 하는 일본의 의도와 이에 대한 우리나라의 대응이 서술
되도록 규정하고 있다. 교육과정에 수록된 9학년[8] 관련 내용은 다음
과 같다.

---

[7] 남한의 경우, 초등학교 5~6학년군 사회 교과서에서 한국사를 다루고 있다.
이는 북한의 초급중학교 1~3학년이 통사를 토대로 주제중심으로 단원을 구
성한 것과 유사한 체제로 보인다. 그리고 남한의 중학교와 북한의 고급중학
교 모두 '역사'라는 과목을 설정하여 세계사를 포함한 교육 내용으로 교과서
를 구성하였다.

[8] 초등학교 1학년부터 중학교 3학년까지의 공통 교육과정에서 7~9학년은 중
학교급에 해당하는 학년으로 9학년은 중학교 3학년에 해당한다.

(2) 근대 국가 수립 운동

⑤ 일제의 국권 침탈 과정과 이에 맞선 국권 수호 운동의 흐름을 파악한다. 특히 일제에 의한 독도 불법 편입의 부당성과 간도 협약의 문제점을 인식한다.

…

(4) 대한민국의 발전

⑤ 독도를 비롯한 영토 문제와 주변국과의 역사 갈등 등을 탐구하여 올바른 역사관과 주권의식을 확립한다.

(2009개정 교육과정(교육과학기술부 고시 제 2010-24호))

2011년 고시된 2009개정 교육과정은 일본이 강제로 독도를 편입하는 과정 파악과 독도가 우리 영토라는 근거 이해, 올바른 갈등의 해결 방안 모색이 교과서에 서술되도록 규정하였다.

〈근대 이후〉

(1) 근대 국가 수립 운동과 국권 수호 운동

개항을 전후한 시기부터 일제에 의해 대한제국의 국권이 침탈되기까지를 다룬다. 근대 국가를 수립하기 위한 노력과 개혁 방향을 둘러싼 갈등을 파악한다. 일제의 침탈 과정과 이에 맞선 국권 수호 운동의 흐름을 유기적으로 파악한다.

⑤ 일제의 국권 침탈 과정에 맞선 국권 수호 운동의 흐름을 설명하고, 특히 일제에 의해 독도가 불법으로 편입되는 과정을 파악한다.

…

(3) 대한민국의 발전

8·15 광복부터 대한민국 수립과 발전과정을 다룬다. 대한민국은 자유민주주의의 발전, 경제 성장, 통일을 위한 노력을 지속적으로 전개해왔음을 이해한다. 주변국과의 영토 문제와 역사 갈등을 이해하고 해결 방안을 찾아본다.

④ 독도가 우리 영토인 근거를 정확하게 이해하고, 주변 국가와의 역사 갈등을 올바르게 파악하여 갈등을 해결할 수 있는 실천적 방안을 찾아본다.

(2009 개정 교육과정(교육과학기술부 고시 제 2011-361호))

교육과학기술부가 제공한 '2009개정교육과정에 따른 교과교육과정
의 적용을 위한 중학교 역사교과서 집필 기준'(2011.11.)에서는 좀 더
자세히 들어가야 할 내용을 설명한다.[9] 예컨대, 1단원은 '일제가 러일
전쟁 중에 독도를 강제로 편입한 것은 침략 행위였다, 역사적으로 독
도는 우리 영토이다, 일본의 주장은 근거가 없다'는 내용으로, 3단원은
'다양한 자료로 정당성을 파악한다, 일본 역사 왜곡 실태를 파악한다,
역사 왜곡의 배경과 문제점을 탐구한다'는 내용으로 구성하라고 안내
하고 있다. 즉, 1단원에서는 이해, 3단원에서는 탐구가 중심이 된다.

2) 교과서 단원 분석

이상의 2009 개정 교육과정에 따른 중학교 『역사 ②』 교과서는 총
9종이 현재 검정교과서협회에서 판매되고 있다. 이전의 2009 개정 교
육과정에 따른 중학교 역사 교과서 분석 연구(김영수, 2013; 한철호,
2012)는 2011년 부분 개정이 반영되지 않은 교과서를 토대로 이루어져
현재 학생들이 사용하는 교과서와는 교과서 내용 구성에서 큰 차이가
있다. 본고에서는 현재 한국검인정교과서협회에서 판매되고 있는 9종
교과서를 비교·분석하였다.[10]

중학교 『역사 ②』 교과서 9종은 근·현대 시기의 독도 관련 내용과

---

[9] 일제가 러일전쟁 중에 우리 영토인 독도를 불법으로 편입하였음을 서술한
다. 독도 강탈을 러일전쟁 중에 일제가 행한 침략 사례로 설명하고, 독도가
역사적으로 우리 영토이며, 일본의 독도 영유권 주장이 근거가 없는 부당한
것임을 파악할 수 있도록 한다(p.22).
독도가 한국의 고유영토임을 입증하는 다양한 역사, 지리 자료 등의 제시를
통해 대한민국 독도 영유권의 정당성을 서술한다. 일본의 독도 영유권 주장
과 일본 역사교과서 역사 왜곡의 실태를 파악하고, 그 배경과 문제점, 허구
성을 탐구하도록 한다(p.26).

[10] 대조표의 출판사 순서는 가나다순을 따랐다.

자료를 각기 독자적으로 구성하고 있다. 〈표 1-1〉부터 〈표 1-3〉까지는 근대의 '국권침탈'을 다룬 단원 내용을 분석하였다. 대부분 근대에서는 한국의 독도 영유의 역사적 사실을 중심으로 내용을 기술하면서 일본의 독도 영유권 주장의 문제를 지적하고 있다. 9종 교과서 '국권침탈' 단원에 수록된 주요 내용은 다음의 5가지로 정리할 수 있다.

① 한국의 독도 영유 역사: 삼국시대 이래로 우리 영토로 인식 - 한국의 역사에서 항상 영토의 일부분으로 인식

② 대한제국, 울릉도 군으로 승격시켜 독도 관할 - 대한제국 칙령 제41호 -고종황제, 행정국역으로 독도 편입

③ 일본, 러일전쟁 중 독도를 강제로 자기 영토에 편입 - 을사조약11) 이후 대한제국에 알림

④ 안용복의 독도 수호: 안용복이 일본정부로부터 독도가 조선의 영토임을 확인받음

⑤ 조선 후기, 울릉도에 이주 시키고 관리 파견

'국권침탈' 단원에서 9종이 공통적으로 다루는 내용은 ②, ③으로, 근대사에서 중요한 두 가지 역사적 사실로 '대한제국 시기(1900년)에 독도가 우리나라의 영토임을 공식화했다'는 점과 '일본이 러일전쟁 중에 강제로 독도를 편입시켰다'는 점을 꼽고 있다. 이와 관련하여 주요 자료로 대부분의 교과서(7종)에서 대한제국 칙령 제 41호를 제시하였다. 다음으로 일본 측에서 독도가 일본과 무관함을 증명한 '태정관지령'이 다수 교과서(5종)에서 제시되었다. 대부분의 교과서(6종)에서 주요 활동으로 독도가 우리 땅이라는 근거이자 일본의 영토가 아니라는 근거를 조사하고 글이나 말로 표현하기를 제시하였다.

---

11) 2011년 부분 개정 당시에는 '을사늑약'을 '을사조약'으로 표기하여 원문 그대로 사용하였다.

〈표 1-1〉 남한 중학교 역사 ② '국권침탈' 단원의 독도내용

출판사	교학사	금성	두산동아
위치 (분량)	1-5-3(46- 1쪽 분량)	1-4-1-일본의 국권 침탈(41~42- 1.5쪽 분량)	1-3-일제가 국권을 강탈하다 (29- 0.7쪽 분량)
제목	독도와 간도의 침탈	독도와 간도	독도를 빼앗기다
내용	①②③	①②③④	①②③④
활동	없음	독도가 우리 땅이 이유를 근거를 들어 말하기	일본, 조선 문서 비교 일본의 독도 영유권 주장에 반박하기
자료	대한제국칙령 41호 삼국통람도설(1785) 태정관지령	대한제국칙령 41호 세종실록지리지 은주시청합기 팔도총도(1531) 삼국통람여지노정전도(1785) 중국전도(1732) 독도 사진	독도 사진 대한제국칙령 41호 태정관지령

〈표 1-2〉 남한 중학교 역사 ② '국권침탈' 단원의 독도내용

출판사	미래엔	비상교육	신사고
위치 (분량)	1-5-2-독도가 침탈되고 간도 협약이 체결되다 (38- 0.5쪽 분량)	1-3-1 국권을 빼앗기다(34~35-1.2쪽)	1-4-1 을사늑약과 국권침탈 (41~42-1.5쪽)
제목	일제의 독도 침탈	일제의 독도 침탈과 간도 협약, 일본의 독도 강탈	일본, 러일 전쟁 중 독도를 강탈하다
내용	①②③⑤	②③	울릉도에서 독도 볼 수 있음 사료, 지도 속에 있음 ②③④

활동	없음	없음	독도가 우리 영토 임을 사료를 근거로 정리하기 일본의 주장 비판하는 글쓰기
자료	서양지도(1832) 대한제국칙령 41호 시마네현 고시 제40호	대한제국관보 제1716호(대한제국칙령 41호 게재) 일본 내각 지시문(시마네현 편입) 독도 사진	독도사진 만기요람 팔도총도 대한제국칙령 41호 조선전도 태정관지령 기죽도약도

〈표 1-3〉 남한 중학교 역사 ② '국권침탈' 단원의 독도내용

출판사	지학사	천재교과서(김덕수)	천재교육(주진오)
위치 (분량)	1-5-1-일제의 국권 침탈 (37- 0.8쪽 분량)	1-4-2 애국 계몽 운동 과 의병 전쟁이 일어 나다(39- 0.3쪽 분량)	1-3-1일본의 국권 침 탈(32- 0.5쪽 분량)
제목	일본이 독도를 멋대 로 일본 영토에 편 입하다	일본의 불법적인 영토 침탈	독도와 간도 이야기
내용	①②③④ 한국 영토에 대한 침략	②③	①②③ 대한제국, 을사조약 으로 일본에 항의 못 함
활동	일본이 독도를 자기 땅이라고 주장하는 이유를 조사하고 조 목조목 비판하기	독도가 우리나라 영토 임을 증명할 수 있는 또 다른 증거들을 찾 아 발표하기	독도가 자신의 영토 라는 일본의 주장이 근거 없는 것임을 설 명하기
자료	독도 사진 태정관지령 참정대신 박제순 지 령	없음	독도 사진 태정관지령 대한제국칙령 41호

〈표 2-1〉부터 〈표 2-3〉까지는 현대의 '영토문제'를 다룬 단원 내용을 분석하였다. 현대사에서는 한국의 독도 영유의 역사적 사실을 토대로 일본측의 독도 영유권을 위한 노력과 한국의 독도 영유권을 위한 노력에 대한 내용이 주를 이룬다. 9종 교과서 '영토문제' 단원에 수록된 주요 내용은 다음의 4가지로 정리할 수 있다.

① 연합국 선언: 독도가 일본 통치 영역에서 제외됨
② 이승만 선언: 인접 해양에 대한 주권 선언
③ 다케시마의 날 제정 및 역사 교육과정, 교과서 왜곡: 일본이 독도를 국제 분쟁지역으로 만들려고 함
④ 우리나라, 독도 실효적 지배 및 역사·지리 증거 확보, 정부와 시민의 노력 필요

대부분의 교과서(7종)에서 연합국이 독도가 일본 통치 영역에서 제외되고 한국으로 반환했다는 내용을 싣고 있다. 또한 현재 일본 측이 독도를 국제 분쟁지역으로 만드는 여러 가지 정황을 드러냈다. 그리고 우리나라 또한 정부와 시민이 노력하여 '독도는 우리땅'이라는 역사지리 증거를 확보하고 홍보하고 있는 상황을 싣고 있다. ①, ③, ④의 공통된 내용 서술로 볼 때, '영토문제'에서 연합국의 승인을 통해 세계가 한국의 독도 영유권을 인정했다는 점을 토대로 한국과 일본 각각이 독도 영유권을 위해 노력하는 상황을 부각시켰다.

자료 부분에서는, 전반적으로 다양한 자료를 제시하여 대한민국의 독도영유권에 대한 정당성을 파악할 수 있도록 구성하였다. 대표적인 자료로 연합국 최고 사령부 행정 지역 지도(1946)를 사용하였다(7종).

활동 부분에서는 '국권침탈' 단원과 유사하게 독도가 우리 땅임을 주장하거나 일본의 주장이 허위임을 증명하는 활동이 주를 이루었다.

〈표 2-1〉 남한 중학교 역사 ② '영토문제' 단원의 독도내용

출판사	교학사	금성	두산동아
위치 (분량)	3-4-1 우리 고유의 영토, 독도 (111~112- 2쪽 분량)	3-4-3 주변 국가와의 영토 문제와 역사 갈등(128~129- 1쪽 분량)	3-3-3 역사 갈등이 일어나다(98~99- 1쪽 분량)
제목	독도는 우리 땅이다	우리 고유의 영토, 독도	독도는 한국 땅이다
내용	③④	①②③④	①②③④
활동	토론(독도가 우리 땅인 역사적, 지리적 이유)	뉴욕타임즈 광고의 배경 찾기	없음
자료	독도1호 주민 사진 독도 사진 대한제국칙령 제 41호 은주시청합기 죽도 도해 면허 센프란시스코 강화조약 지도(거리 표시) 일본 교과서의 지도 (1939) 연합국 최고 사령부 행정 지역 지도 (1946)	연합국 최고 사령부 행정 지역 지도 (1946) 독도 의용 수비대 사진과 자료	연합국 최고 사령부 행정 지역 지도 (1946) 역사 왜곡 캠페인을 벌이는 시민단체 사진

〈표 2-2〉 남한 중학교 역사 ② '영토문제' 단원의 독도내용

출판사	미래엔	비상교육	신사고
위치 (분량)	3-4-1 독도는 우리 고유의 영토이다 (100~101- 2쪽 분량)	3-4-1-일본이 역사를 왜곡하다 (114~116- 2쪽 분량)	3-4-3독도는 한국고유의 영토(124~125-2쪽)
제목	독도는 우리 땅	일본의 독도 영유권 주장, 역사 교과서 왜곡	독도는 한국고유의 영토

내용	①③④	러일전쟁 중 불법적으로 일본에 편입 ①③④	역사적, 국제법적으로 우리 땅 ①②③④
활동	독도가 우리 영토임을 증명하는 자료 찾기 일본의 왜곡된 주장에 대한 반박문 쓰고 발표하기	독도가 우리 땅임을 객관적 근거를 들어 설명하기	일본의 독도 영유권 주장 이유 발표하기 일본의 독도 영유권 주장의 허위 증명하기
자료	독도 사진 조선왕국도(1737) 연합국 최고 사령부 행정 지역 지도(1946) 태정관 지령 삼국접양지도(1785) 해좌전도(19세기 중반)	시기별 문헌자료와 지도-삼국사기, 고려사, 팔도총도, 대한제국 칙령 제41호, 연합국 최고 사령부 행정 지역 지도(1946)	이사부 만화 수로지 참정대신 박제순 지령 일본영역도 일본 도쿄 교직원 조합 2012년도 판 중학교 신교과서 검토 자료

〈표 2-3〉 남한 중학교 역사 ② '영토문제' 단원의 독도내용

출판사	지학사(223쪽)	천재교과서(김덕수)	천재교육(주진오)
위치 (분량)	3-5-2-일본의 독도 영유권 주장과 역사 교과서 문제 (106~107- 2쪽 분량)	3-3-역사 갈등과 영토 문제가 발생하다 (100, 103- 2쪽 분량)	3-4-2 남북 간 평화 통일을 향한 노력 (108~109- 2쪽 분량)
제목	일본의 독도 영유권 주장과 역사 교과서 문제	독도는 우리의 영토	현장 탐방 : 우리 땅, 독도를 가다
내용	러일전쟁 중 일본의 독도 강제 편입 ①③④	신라의 우산국 복속 이후 독도는 우리의 영토 안용복, 일본 정부에게 독도가 조선 땅임을 확인받음 러일전쟁 중 일본의 독도 강제 편입 ①	독도의 위치 일본의 모순된 억지 주장 독도는 우리땅-신라, 조선(안용복), 대한제국, 대한민국의 노력

| 활동 | 일본의 주장에 반박하는 우리의 견해 쓰기
독도 관련 누리집을 찾아 독도 조사, 발표하기
독도가 우리 영토임을 보여주는 증거 자료 말하기 | 독도 경비대원에게 응원의 한마디 남기기
독도 방문하기 | 일본 주장의 논리적 모순을 찾아 비판하기
독도가 화해와 협력의 섬이 되려면 일본의 역사 인식이 어떻게 달라져야 하는지 말하기
독도 수호를 위해 우리가 해야 하는 노력 토론하기 |
| 자료 | 독도 사진
연합국 최고 사령부 행정 지역 지도(1946)
독도가 한국 영토임을 알리는 신문 광고
일본 지도(1952)
미래를 여는 역사 교재 표지
역사 NGO세계대회 사진 | 연합국 최고 사령부 행정 지역 지도(1946)
삼국접양지도(1785)
태정관 지령
독도 환경 사진-한반도 바위, 가제 바위 등
연표 | 지도(거리 비교)
삼국접양지도(1785)
독도 사진
접안시설, 독도 경비대 사진 |

이상에서 분석한 교과서의 내용구성 방식은 현장답사 형식의 지리적 안내, 19세기 일본의 태정관 지령과 대한제국 칙령 등 사료해석, 그리고 일본의 역사왜곡에 대한 지적의 순으로 전개된다. 출판사별로 차이는 있지만, 전체적으로 다루고 있는 자료의 종류는 큰 차이를 보이지 않는다. 다만, 태정관 지령과 태정관 문서, 연합국 최고 사령부 행정지역 지도, 연합국 총사령부 행정 관할 지도 등 자료의 명칭이 통일되지 않은 채 다뤄지고 있는 문제가 드러났다.

3) 지도 분석

이상에서는 성취기준에 해당하는 교과서의 본문과 활동, 자료 등을 살펴보았다. 이에 더하여 영토로서의 의미를 시각적으로 제공하는 지도에서는 독도가 어떻게 표현되어 있는지 살펴볼 필요가 있다. 여기서는 앞에서 분석대상으로 다뤄진 9개 출판사 중 2개 출판사의 교과서를 사례로 지도에 반영된 독도의 표현/표기 양상을 분석하였다.

분석한 천재교과서 중학교『역사 ①』,『역사 ②』에 수록된 지도를 보면, 감자의 수입 경로를 표시한 지도를 제외하고는 전부 독도의 형상이 표현되거나 독도 명칭을 표기하였다. 특히, 근·현대 시기 독도 관련 성취기준이 반영된 중학교『역사 ②』교과서에는 우리나라 역사를 다루는 경우 대부분 '독도'의 형상만 표현하는 것이 아니라 명칭까지 표기하였다. 뿐만 아니라 지도의 범위가 한국에 국한 되지 않은 경우에도 명칭을 표기하여 독도가 한국의 영토임을 표시하였다(〈표 3-1〉, 〈표 3-2〉).

〈표 3-1〉 역사 ① 교과서에 수록된 지도 및 독도 현황(천재교과서)

쪽수	지도 제목	비고
19	구석기 시대의 유물이 발굴된 지역	독도 형상 표현
21	신석기 시대의 유물이 발굴된 지역	독도 형상 표현
25	세계 4대 문명	독도 형상 표현
31	고대 문자를 찾아서	독도 형상 표현
36	고조선 관련 문화 범위	독도 형상 표현
41	"삼국지" 위서 동이전에 나오는 여러 나라의 모습	독도 형상 표현
50	5세기 고구려 전성기의 영토 확장	독도 형상 표현
51	고구려와 중국의 남북조 시대	독도 형상 표현
54	4세기 백제 전성기와 세력 범위	독도 형상 표현
62	6세기 신라의 세력 범위	독도 형상 표현
77	삼국·가야 문화와 일본 고대문화, 무엇이 어떻게 닮았나요?	독도 형상 표현

83	6세기 후반 동아시아의 국제 정세	독도 형상 표현
84	고구려와 수의 전쟁	독도 형상 표현
85	고구려와 당의 전쟁	독도 형상 표현
88	고구려·백제의 부흥 운동과 나·당 전쟁	독도 형상 표현
91	9주 5소경과 10정	독도 형상 표현
92	신라의 대외 문물 교류와 항로	독도 형상 표현
98	발해의 최대 영역	독도 형상 표현
100	발해의 5도와 대외 교류	독도 형상 표현
105	교종과 선종	독도 형상 표현
114	고려의 후삼국 통일	독도 형상 표현
118	고려의 지방 통치 조직	독도 형상 표현
123	고려의 국제 무역항, 벽란도	독도 형상 표현
128	농민과 천민의 봉기	독도 형상 표현
132	몽골의 침입과 고령의 항쟁	독도 형상 표현
134	원 간섭기 우리 지역의 역사를 다시 밟는다	독도 표기
136	위화도 회군	독도 형상 표현
146	지도로 보는 고려의 변화	독도 형상 표현
155	조선의 8도	독도 형상 표현
172	관국과 의병의 활동	독도 형상 표현
175	정묘호란과 병자호란	독도 형상 표현
202	19세기의 농민 봉기	독도 형상 표현
212	진·한 시대의 중국	독도 형상 표현
213	장건의 비단길 개척	독도 형상 표현
221	불교의 전파	독도 형상 표현 (세계지도)
239	세계 제국의 등장과 발전	독도 형상 표현 (세계지도)
243	북조와 남조	독도 형상 표현 (동아시아)
245	중국의 대규모 석굴 사원	독도 형상 표현 (아시아)
246	수·당 시대의 중국과 아시아	독도 형상 표현 (아시아)

277	각 지역 세계의 형성과 종교	독도 형상 표현 (세계지도)
281	송대의 동아시아	독도 형상 표현 (동아시아)
283	남송과 금	독도 형상 표현 (동아시아)
285	마르코 폴로의 동방 여행길을 따라가 보자!	독도 형상 표현 (세계지도)
286	정화의 항해	독도 형상 표현 (세계지도)
287	청의 영토와 오늘날의 중국 국경	독도 형상 표현 (세계지도)
313	세계를 잇는 교역로	독도 형상 표현 (세계지도)

〈표 3-2〉 역사 ② 교과서에 수록된 지도 및 독도 현황(천재교과서)

쪽수	지도 제목	비고
11	이양선의 출몰	독도 표기
19	1883년 보빙사의 세계일주	독도 형상 표현 (세계지도)
21	한반도를 둘러싼 열강의 대립	독도 표기
22	개항 이후 대일 무역과 방곡령	독도 표기
38	의병장의 주요 활동지	독도 표기
49	3·1운동의 전국 확산	독도 표기
50	국내외에서 수립된 임시정부	독도 표기 (동아시아)
57	1920년대 무장 독립 투쟁	독도 표기
61	조선 의용대의 결성과 이동	독도 표기 (동아시아)
79	무장 독립 전쟁과 일제의 식민 통치	독도 표기 (동아시아)
81	지도와 사진으로 보는 6·25전쟁	독도 표기
93	경제 발전의 현장을 가다	독도 표기
96	동아시아의 갈등과 평화	독도 형상 표현

100	연합국 최고 사령관 각서 제677호 중 동해 부분 지도	다케 표기, 한국 영토 표시
	삼국 접양 지도	한국 영토 표시
101	동북 3성	독도 표기
134	제국주의 열강의 아시아 태평양 침략	독도 형상 표현
142	아편전쟁 과정	독도 형상 표현
163	수에즈 운하의 개통 전과 후의 무역로의 변화	독도 형상 표현 (세계지도)

교학사 중학교 『역사 ①』, 『역사 ②』에 수록된 지도의 경우도 천재 교과서의 사례와 크게 다르지 않다. 예컨대, 『역사 ①』의 경우, 독도가 포함된 절대 다수의 지도가 독도의 형태만 표현되어 있고, 일부 지도 에만 형태와 함께 독도 명칭이 함께 표기되어 있다. 반면, 근현대사를 다루고 있는 『역사 ②』의 경우, 독도의 형태만 표현하는 경우와 독도의 명칭까지 함께 표기하는 사례가 비슷하게 나타나고 있다(표 4-1, 표 4-2).

〈표 4-1〉 역사 ① 교과서에 수록된 지도 및 독도 현황(교학사)

쪽수	지도 제목	비고
18	신석기 유적 분포도	독도 형상 표현
23	세계 4대 문명	독도 형상 표현
34	고조선의 문화 범위	독도 형상 표현
38	여러 나라의 성립	독도 형상 표현
49	전성기 백제의 영토와 요서 진출	독도 형상 표현
54	전성기의 고구려	독도 형상 표현
70	백제의 문화를 찾아서	독도 형상 표현
77	6세기 말에서 7세기 초 동아시아 정세	독도 형상 표현
78	당의 침입	독도 형상 표현
81	백제와 고구려의 부흥 운동	독도 형상 표현
82	나당 전쟁과 삼국 통일의 완성	독도 형상 표현

83	신라의 삼국 통일	독도 형상 표현
86	9주 5소경	독도 형상 표현
87	무역로	독도 형상 표현
93	발해의 영토	독도 형상 표현
98	삼국으로 다시 분열된 신라	독도 형상 표현
101	교종 5교와 선종 9산	독도 형상 표현
102	후삼국의 성립	독도 형상 표현
111	후삼국의 통일 과정	독도 형상 표현
114	고려의 지방 행정 조직	독도 형상 표현
116	10세기 동아시아 정세	독도 형상 표현
117	거란의 침입과 격퇴	독도 형상 표현
118	고려의 대외 교류	독도 형상 표현
123	최씨 정권의 농장 분포도	독도 형상 표현
124	무신 집권기 사회의 동요	독도 형상 표현
128	몽골의 침입과 고령의 항쟁	독도 형상 표현
130	공민왕 때의 북방 영토 수복	독도 형상 표현
133	홍건적과 왜구의 격퇴	독도 형상 표현
154	조선 8도	독도 형상과 명칭 표기
171	관군과 의병의 활약	독도 형상과 명칭 표기
173	정묘호란과 병자호란	독도 형상과 명칭 표기
174	나선 정벌	독도 형상 표현
200	19세기의 농민 봉기	독도 형상과 명칭 표기
207	춘추 전국 시대	독도 형상 표현
211	장건이 다녀온 길	독도 형상 표현
239	5세기 초 남북조 시대의 형세	독도 형상 표현(동아시아)
241	수당의 영역	독도 형상 표현(아시아)
273	13세기 초 동아시아	독도 형상 표현(동아시아)
276	원과 한국	독도 형상 표현(아시아)
278	정화의 항해	독도 형상 표현(세계지도)
279	청의 영역	독도 형상 표현(동아시아)

이상에서 분석한 내용을 정리하면, 천재교과서 『역사 ①』의 경우,

〈표 4-2〉 역사 ② 교과서에 수록된 지도 및 독도 현황(교학사)

쪽수	지도 제목	비고
22	한반도를 둘러싼 국제 정세	독도 형상 표현
23	방곡령이 선포된 지역	독도 표기
27	열강의 이권 침탈	독도 표기
44	항일 의병 활동	독도 표기
55	3.1운동의 확산	독도 표기
57	국내외에 수립된 임시정부	독도 형상 표현
72	1930년대 무장 독립 전쟁	독도 형상 표현
91	지도와 사진으로 보는 6.25전쟁의 전개 과정	독도 형상 표현
110	동북아시아 역사 갈등과 해결 노력	독도 표기
112	독도의 위치	독도 표기
	1939년 일본 지도	량코도(竹島) 표기
	1946년 연합국 총사령부 지도	다케시마를 한국령으로 표현
148	제국주의 열강의 세계 분할	독도 형상 표현
157	양무운동으로 설립된 시설	독도 형상 표현
175	아시아·아프리카의 민족 운동	독도 형상 표현(세계지도)

독도를 포함하는 지도는 전체 45매인데 이중 1매를 제외한 나머지 지도는 일관되게 독도의 형태만 표현하고 있는 반면,『역사 ②』의 경우, 독도를 포함하는 지도는 전체 19매인데, 이중 5매는 독도의 형태만 표현하고 나머지 12매는 독도의 형태와 명칭까지 표기하고 있다. 한편, 교학사『역사 ①』의 경우, 독도를 포함하는 지도는 총 41매인데, 이중 37매는 독도의 형태만 표현하고 4매만 독도의 명칭까지 표기하고 있다. 반면, 역사『역사 ②』의 경우, 전체 15매의 지도 중 7매는 독도의 형태만 표현하는 반면 6매는 독도의 명칭까지 표현하고 있다.

두 출판사의 분석 결과를 비교하면, 공통적으로『역사 ①』교과서에서 독도의 형태만 표현하는 경향이 두드러지고 있으며,『역사 ②』교과서에서는 독도의 명칭까지 표기하는 비중이 눈에 띄게 증가한 것을 알 수 있다. 『역사 ②』의 경우, 양 출판사 모두 한국의 입장에서의 독도 명칭과 별개로 일본측 자료를 사용함으로써 불가피하게 일본식 명칭이 제시된 경우도 있었다.

〈표 5〉 남한 역사교과서에 수록된 지도 및 독도 현황

분석 항목	천재 교과서		교학사	
	『역사 ①』	『역사 ②』	『역사 ①』	『역사 ②』
독도의 형상만 표현된 사례	45	5	37	7
독도의 형상 + 명칭 표기 사례	1	12	4	6
기타	0	0	0	2
계	46	19	41	15

3. 북한 교과서의 독도관련 내용분석

북한 역사 교과서는 역사적 사실을 왜곡하여 구성된 부분이 적지 않다. 게다가 역사에 대한 평가도 왜곡하여 구성된 부분이 많다. 김정은 집권 이후, 북한에서는 대대적인 교육개혁이 이루어졌지만 여전히 교과서의 내용은 남한의 관점과 차이를 보이는 부분이 상당 수 존재한다.

그러나 개정 교과서는 교과서의 구성체제 및 외형, 학습내용 조직, 단원구성 및 학습자료 형태 등을 분석해볼 때, 이전 교과서에 비해 발전된 교육학적 요소가 상당히 반영되어 단순한 암기나 이해에 그치지 않고 학생들로 하여금 내용을 탐구할 수 있도록 조직되어 있다.

이전 교과서는 학사 출신의 1인 저자가 교과서 한권을 단독으로 집필하였으나, 개정 교과서는 최소 4인 이상의 박사로 필진을 구성하였다. 집필진이 대폭 보강되면서 전반적인 교과서의 구성 체제나 학습내

용, 단원구성 등이 체계적이고 학습자의 수준에 맞게 양과 수준을 조절하며 다채로운 학습 자료를 제공하였다.

학생의 자기 주도적인 학습이 가능하도록 필요에 따라 다양한 활동과 자료를 조직하였다. 탐구문제, 배운 내용 정리, 총화 등의 활동을 중심으로 인물자료, 용어 설명, 지도, 도표, 연대표, 삽화(인물, 장소), 사진(유물, 유적 등) 등 다채로운 자료를 적절하게 사용하였다. 탐구문제를 통해 학생들의 역사적 사고력을 진작시키려는 시도도 엿볼 수 있다.

교과서의 머리말에는 역사 학습의 방법적 측면에 대한 안내와 역사 학습의 목적으로서 '혁명인재가 되는 것'에 관한 내용을 새롭게 포함시켰다. 이는 새로운 시대에 적합한 새로운 교과서를 제작하겠다는 의지가 강하게 반영된 것으로 정치적 관점과 동시에 역사 학습의 교육학적 관점이 교과서 집필에 직접적으로 적용된 것이라 할 수 있다.

요컨대, 교육과정 개정에 따른 북한의 역사 교과서는 학습내용의 조직과 단원구성의 방식, 학습 자료의 형태 등이 이전의 교과서와는 비교할 수 없을 정도로 상당히 많이 개편된 것으로 평가할 수 있다.

이 논문에서는 김정은 시대에 개정된 역사 교과서 6권을 대상으로 분석하였다. 6권 모두 국정 교과서로 교육도서출판사에서 발행되었다.

1) 단원 분석

분석 결과, 독도 관련 내용이 본문에 나타난 것은 고급중 2학년 교과서밖에 없었다. 조선봉건왕조를 다루는 초급중 3학년 교과서에서는 조선봉건왕조가 어떤 나라이며 이 시기에 일어난 역사적 사건들과 인물, 문화유산에 대하여 집중 서술한다. 해당 사건으로는 함길도농민전쟁, 임진조국전쟁, 평안도농민전쟁이 주가 된다. 고급중 2학년 교과서에서는 근대사(조선봉건왕조 시대)를 근간으로 하면서 현대사(일본의

〈표 6〉 김정은 시대에 발행된 북한의 역사교과서 정보

학년	과목명	쪽수	집필자	발행연도	내용 범위
초급 중 1	조선 력사	103	차영남, 박영철, 김광수, 오영철	주체102 (2013)	구석기~고구려
초급 중 2	조선 력사	119	김광수, 최영희, 제갈명, 김은정, 박성일	주체103 (2014)	발해~고려
초급 중 3	조선 력사	223	제갈명, 최학권, 김림영, 강영일, 리정철, 강국모, 한영찬	주체104 (2015)	위화도 회군~독립운동
고급 중 1	력사	119	오영철, 정성철, 박영철, 차영남, 염창진	주체102 (2013)	원시사회~발해
고급 중 2	력사	119	한영찬, 리금옥, 최창길, 박영철, 염창진	주체103 (2014)	고려~조선봉건왕조
고급 중 3	력사	183	박영철, 박성일, 정성철, 전미영, 리금옥, 라룡일, 김철민, 차영남	주체104 (2015)	19세기 후반~20세기 초

역사 왜곡)를 부분적으로 다루고 있다.

2014년 출판된 고급중학교 2『력사』교과서에는 2장 조선봉건왕조, 3절 17세기 외래침략자들을 물리치기 위한 인민들의 투쟁, 2항 〈독도를 고수하기 위한 인민들의 투쟁〉으로 2쪽 정도(65~66)의 분량으로 독도 내용이 기록되어 있다. 관련 내용은 위치 소개, 삼국시대~조선시대 우리나라 영토로서의 역사, 안용복의 일화로 구성되어 있다.

북한 력사 교과서의 특징 중 하나는 '인민'을 강조하는 것인데, 단원의 제목에도 제시된 바와 같이 '평범한 어부인 안용복'의 애국 활동에 대한 내용으로 1쪽 정도를 할애한 것은 인민을 강조하는 북한 교과서의 서술 특징이 반영된 것으로 볼 수 있다. 독도 사진 1장과 안용복이 활동한 동선을 나타낸 지도를 자료로 제시하고 탐구 문제로 '일본은 아직도 독도가 저들의 영토라고 주장하고 있다. 그 부당성은 어디에 있는가?'와 같이 구성함으로써 학생들 스스로 일본의 독도 도발에 대

한 문제를 발견하게 하였다.

〈그림 1〉 고급중학교 2『력사』독도 내용구성 사례
(교육도서출판사 주체 103 (2014))

이전의 김정일 시대 역사 교과서에서는 독도에 관한 내용은 찾아볼 수
없었으나, 김정은 시대에는 짧지만 독도에 대한 근대사를 중심으로 한
내용 서술과 현대사의 탐구활동이 교과서에서 구현된 것은 큰 변화라
할 수 있다.

2) 지도 분석

교과서에서 독도가 표기되거나 표현된 지도는 총 25매이다. 전반적
으로 한반도 전체가 나오는 지도는 모두 독도가 표시되어 있다. 독도
표시의 유형은 독도의 형태만 표현, '독도' 명칭 표기, '독도(조)' 등 크
게 세 가지 형태로 나타났다〈표 7〉.

〈표 7〉 북한 역사 교과서에 수록된 지도 및 독도표현 현황

학년 (과목명)	쪽수	제목	비고
초급중학교1 (조선력사)	20	단군조선	독도 형상만 표현
	50	광개토왕시기 령토확대	독도 형상만 표현
초급중학교2 (조선력사)	5	발해 지도	독도(조) 표기
	9	발해성립도	독도(조) 표기
	10	고구려의 최대령역도	독도(조) 표기
		발해의 최대령역도	독도(조) 표기
	14	발해의 흑수말갈, 당나라원정도	독도(조) 표기
	33	고려성립도	독도(조) 표기
	68	제1차 고려-몽골전쟁도	독도(조) 표기
	71	처인성, 충주성 전투	독도(조) 표기
	75	고려의 료동원정과 제주도원정도	독도(조) 표기
	79	진포바다싸움	독도(조) 표기
초급중학교3 (조선력사)	12	조선 8도도	독도(조) 표기
	28	왜놈사무라이들의 침입로	독도(조) 표기
	97	대동여지도	독도 형상 표현 추가
고급중학교1 (력사)	7	구석기시대 유적분포도	독도 표기
	12	신석기시대 유적분포도	독도 표기
	14	청동기시대 유적분포도	독도 표기
	21	단군조선의 령역도	독도 표기
	26	고대국가들의 령역도	독도 표기
	86	발해와 후기신라의 령역도	독도 표기
	89	혜초의 려행도(세계지도)	독도 형상만 표현
고급중학교2 (력사)	59	의병투쟁지역도	독도(조) 표기
	65	안룡복의 활동도	독도(조) 표기
	87	캄챠크한국에 예속된 루씨령토와 공국들 (세계지도)	독도 형상만 표현
고급중학교3 (력사)	해당 내용 없음		

'독도'라고 표기한 사례는 대체로 전 시대에 걸쳐 유적분포도와 영역도에서 나타났다. 끝으로 『력사』과목의 경우, '독도(조)' 표기는 조선시

대에 해당되는 지도에만 국한되는데, 이는 독도가 조선의 영역임을 강조하기 위함으로 보인다. 그러나 『조선력사』의 경우 초급중학교 2~3학년 과정에서 모두 독도(조)로 표기하였다. 이는 출판연도인 2014년 이후로, 북한이 전 시대에 걸쳐 독도가 조선의 영토임을 강조하기 위한 것으로 볼 수 있다.[12] 한편, 우리나라 역사 교과서에서는 근대와 현대를 다루는 경우에만 독도를 표기하였는데, 북한은 전 시기에 걸쳐 독도와 이 섬의 소속을 표기하였다는 점이 특기할만하다. 혜초의 여행 경로도와 같은 세계지도와 김정호의 대동여지도는 독도의 형태만 표현된 대표적인 사례이다(〈그림 1〉, 〈그림 2〉).[13]

4. 요약 및 결론

김정은 시대, 북한의 교육과정 개편에 따라 발행된 새로운 역사 교과서에는 이전 역사 교과서에서는 보이지 않았던 독도에 관한 북한의 역사교육 내용을 확인할 수 있었다. 독도에 대한 북한 역사교육의 내용을 좀 더 자세히 살펴보기 위해 본고에서는 북한 역사 교과서의 내용 중 독도에 관한 텍스트, 학습자료 등을 남한 역사 교과서와 비교 분석하였다. 그 결과 양국의 역사 교과서에서 다음과 같은 공통점을 발견할 수 있었다.

첫째, 일본의 역사 왜곡 주장에 대한 부당성을 강조한다. 양국 역사

---

12) 2014년 4월, 일본에서 '독도는 일본 고유영토', '한국이 불법으로 점령(점거)'이라는 내용을 담을 초등학교 5·6학년 사회 교과서 4종을 검정에서 합격 처리하였다. 이에 대하여 북한 교과서에서 경계심을 드러내기 위하여 의도적으로 독도가 조선 땅임을 표기하였다고 볼 수 있다.

13) 교과서에 수록된 김정호의 '대동여지도'에는 원본과는 달리 독도가 한 쌍의 바위섬으로 표현되었다.

〈그림 2〉 독도가 표현된 세계지도 사례
(오영철 외, 2014, 고급중학교 1『력사』, 89)

교과서에서 동일하게 주요 내용으로 일본이 독도가 자기네 영토라고 주장하는 것이 옳지 않다고 보고 있다. 남·북한 모두 탐구문제로 부당성을 토론하는 활동을 구성하였다. 남한 교과서의 대부분에서 주요 활동으로 독도가 우리 땅이라는 근거이자 일본의 영토가 아니라는 근거를 조사하고 글이나 말로 표현하기를 제시하였고 북한 교과서의 탐구문제로 일본의 독도 영유권 주장의 부당성을 밝히는 것을 제시하였다.

둘째, 독도에 관한 서술 내용에는 위치와 통사적 안내 및 역사왜곡에 대한 지적이 공통적으로 포함된다. 남한 중학교『역사 ②』교과서에서 독도 서술 내용은 크게 지리적 안내(현장 답사 형식), 사료 해석 (태정관 문서, 대한제국 칙령 등), 역사왜곡에 대한 지적 등으로 구성되어 있다. 북한 고급중학교 2『력사』교과서에서는 위치 안내, 통사적 안내, 인물사 소개로 구성되어 있다.

셋째, 역사 교과서에 수록된 모든 지도에서 독도의 형상을 표현하였

〈그림 3〉 대동여지도에 반영된 독도 표현
(제갈명 외, 2015, 초급중학교 3 조선력사, 97)

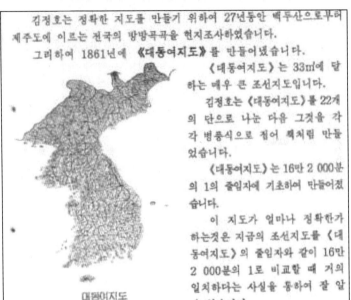

다. 북한은 전 시기에 걸쳐 독도의 형상 및 명칭 표기를 함께 하고, '독도(조)'를 표기함으로써 독도가 조선의 영토임을 강조하였다. 남한은 전 시대에 걸쳐 독도의 형상을 지도상에 표현하되 근현대사 시기에만 '독도' 명칭을 표기하였다.

넷째, 독도를 다루는 비중은 비슷하다.[14] 교과서 한 면을 비교할 때, 글자 수나 자료의 양은 남한 역사 교과서가 북한에 비하여 3배 정도 분량이 많지만, 교과서 전체 비중으로 보았을 때는 비슷하다고 볼 수

---

14) 북한 고급중학교 과정과 남한 중학교 과정을 동일한 급으로 비교할 경우, 고급중학교급 전체 역사 교과서 분량이 421쪽 정도이고 독도를 다룬 부분은 2쪽으로 0.475%, 남한 역사 교과서(김덕수가 쓴 천재교과서의 경우) 전체 분량이 493쪽 중 2.3쪽으로 0.466%이다.

있다.

특징적인 차이는 북한 역사 교과서의 특징 중 하나인 '인민에 대한 강조'에서 나타난다. 북한 역사 교과서의 특징은 우선 이야기체로 쓰여 있다는 점을 꼽을 수 있다. 이야기를 통해 학생들에게 집필자의 의도가 담긴 감정을 고스란히 전달하고 있다. 감정이 담겨 있는 표현으로 인하여 사실(史實)들을 사실(事實)로 받아들이게 된다. 이에 반해, 남한은 안용복에 대한 내용을 3종에서만 안용복이 일본 정부로부터 '독도가 우리땅'임을 확인받았다는 정도로 한 줄 서술되어 있을 뿐이다. 게다가 나머지 5종 교과서에서 안용복이 서술되지 않은 것을 떠올려볼 때, 남한은 중학교 역사교육의 소재로 일화보다는 1차 사료를 중시함을 알 수 있다.

다음으로, 사용된 학습 자료의 수와 다양성에서 차이를 보인다. 북한의 개정 역사교과서가 이전 교과서에 비하여 다양한 자료를 혁신적으로 사용하고 있지만, 남한의 역사교과서에서 사용하는 학습 자료와 비교할 수 없다. 물론 한 쪽에 들어가는 글자 수에 비례하여 자료의 수와 종류를 비교한다면 비슷하다고 할 수 있다. 그러나 절대적인 자료의 수를 비교해볼 때, 북한의 역사교과서보다 3~5배 정도 많은 수의 관련 자료를 남한 역사교과서에서는 제공하고 있다. 북한의 역사교과서에는 지도와 사진만 사용되었으나 남한의 경우 다양한 시기별·주체별 지도, 사진, 문서 등이 사용되었다.

끝으로, 남북한 역사 교과서에서 독도 관련 내용은 공통적으로 조선시대 단원에서 등장하지만, 남한 역사 교과서에 독도는 근대사와 현대사에서 반복해서 다뤄진다. 반면, 북한의 경우 근대사에서 '독도' 내용을 주로 다루고, 탐구활동으로만 현대사와 관련된 현재 일본의 역사왜곡 주장에 대한 부당성을 다룬다.[15]

남한 역사 교과서들이 공통적으로 다루는 독도 관련 근대사에서 중요한 두 가지 역사적 사실인 '대한제국 시기(1900년)에 독도가 우리나라의 영토임을 공식화했다'는 점과 '일본이 러일전쟁 중에 강제로 독도를 편입시켰다'는 점은 인민의 투쟁에만 초점이 북한 교과서에서는 찾아볼 수 없다.

북한의 역사 교과서에 기술된 독도 관련 내용을 보면, 안용복과 관련된 일화에 집중하여 법적, 역사적 근거들이 부족한 것으로 보인다. 남한에서는 독도 관련 연구가 이미 많이 이뤄져 학교 교육에도 반영되고 있다. 따라서 향후 남 · 북 간의 학술교류를 통해 독도에 관한 남한의 연구 성과와 교육 자료가 북한의 역사 교과서 집필에도 활용되어 설득력 있는 사료를 토대로 '독도가 우리 땅'임을 한 목소리로 주장할 수 있기를 기대해본다.

지난 2018 평창동계올림픽에서도 독도에 관한 에피소드가 있다. 당초 남북 단일팀 결성 직후엔 독도가 한반도기에 표현되어 있었다. 그런데 일본이 이를 문제 삼아 국제올림픽위원회(IOC)는 한반도기에서 독도를 삭제할 것을 권고했다. 이에 북한 선수단은 한반도기에 독도 표기 문제로 공동입장을 거부했다. 그리고 한국 응원단이 독도가 빠진 한반도기를 들고 응원했던 반면, 북한 응원단은 독도가 표현된 한반도기로 응원을 펼쳤다.[16] 북한의 이와 같은 강력한 대응은 일본의 독도

---

15) 이는 북한의 역사교육에서는 현대사를 김일성, 김정일 등의 '혁명사'라는 다른 과목으로 다루기 때문에 차이를 보인다고 할 수 있다. 이에 반해, 남한은 현대사를 직접 다루기 때문에 일본의 역사 왜곡과 관련된 독도 내용을 현대사 부분에서 비중 있게 다루고 있다.

16) 북한 노동신문(2018.02.15.)은 국제올림픽위원회가 평창동계올림픽 한반도기에 독도를 표기하지 못하도록 했다면서 "개탄스러운 일"이라는 입장을 나타냈다. 신문은 "독도는 역사지리적으로 보나 국제법적으로 보나 우리 민족의 신성한 영토"라고 했다. 또 IOC 결정의 배후에 일본이 있다고 주장하면서 "최근 일본반동들의 독도 강탈책동은 극도에 달하고 있다"고 날을 세웠다. 남측을 향해선 "외세의 간섭과 압력에 당당히 맞서 행동으로 독도수호의지

도발을 차단하기 위하여 남한측에도 상당히 고무적이라고 할 수 있다. 독도에 대한 북한의 인식은 역사 교과서에서도 드러났다.

한 국가에 대한 역사 서술은 국가 정체성을 가장 집약적으로 표현한 것이고 역사 교육은 국가 정체성을 국민들에게 주입시키는 가장 적극적인 행위이다. 그러므로 역사 교육을 위해 사용되는 역사 교과서는 국가 정체성의 대표적인 표현물이 된다. 남한과 북한은 분단 이후 이질적인 체제와 이념 속에서 60여년을 보내면서 다른 역사 서술을 통해 서로 다른 정체성을 형성하고 있다. 그러나 독도에 관해서만은 남·북한이 하나의 관점과 의지로 함께 문제를 해결하고, 독도영토주권에 관한 남북의 공통 관심사가 통일의 디딤돌이 될 수 있기를 바란다.

를 보여주어야 한다"고 강조했다.

【참고문헌】

강우철·신형식, 「남북한 국사교과서(중학교)의 비교연구」, 이화여자대학교 한국문화연구원, 1990.

권성아, 「『조선력사』를 통해서 본 북한 이념교육의 변화와 남북통합의 방향」, 『통일과 평화』, 3(2), 93, 2011.

김덕수 외, 『역사 ②』, 천재교과서, 2017.

김복영·한관중, 「남북한 역사 교과서 속의 미국 관련 내용분석」, 사회과교육연구, 14(2), 2007.

김봉석, 「북한 역사교과서의 고구려사와 발해사 서술 분석」, 역사와 역사교육, 9, 2005.

김영수, 「한국 역사 교과서에 나타난 독도 기술 현황과 과제」, 『영토해양연구』 3, 2012.

김영수, 「초등학교와 중학교 역사교육에서 독도 관련 교육과정과 주요내용 분석-한국과 일본의 2010년 이후 교육과정과 역사교과서를 중심으로-」, 『사회과교육』 52(1), 한국사회과교육연구학회, 2013.

김영수, 「한국과 일본 중학교 역사분야 교육과정과 역사 교과서의 독도 관련 내용 비교-2014년 전후 한일 교육과정과 교과서를 중심으로-」, 『독도연구』 19, 2015.

김정현, 「남북한 역사 교과서의 임진왜란 서술체제와 내용의 비교 분석 - 중학교 『역사』와 고등중학교 『조선력사』를 중심으로-」, 『역사교육논집』 51, 2013.

김주택, 「독도 영유권 주장과 역사교육」, 『역사교육연구』 5, 2007.

김한종, 「민족의 수난과 역사교과서; 북한의 일제통치기 인식과 교과서 서술」, 『역사교육논집』 34, 2005.

김한종·방지원·고재연, 「〈역사〉교과서 단원구성을 위한 한국사와 세계사의 연계 방안」, 『사회과교육연구』 15(4), 2008.

김형종 외, 『역사 ②』, 금성출판사, 2017.

양호환 외, 『역사 ①』, ㈜교학사, 2017.

양호환 외, 『역사 ②』, ㈜교학사, 2017.

박은아, 「남북한 사회과 교육 통합을 위한 시론: 최근의 남북한 사회과 교육과정 비교를 중심으로」, 『시민교육연구』 48(2), 2016.

박재영, 「북한 『조선력사』 교과서에 나타난 "동학농민전쟁" 관련 내용 분석」, 『동학연구』 23, 2007.

박재영, 「북한 『조선력사』 교과서에 나타난 '신라' 관련 내용 분석」, 『신라문화』 30, 2007.

배유정, 「남북한 중학교 국사 교과서의 고구려사 서술과 인식」, 『역사교육논집』 40, 2008.

이명희·김봉석, 「통일 한국의 교육 구상과 역사교육의 방향 모색」, 『사회과교육』 54(4), 2015.

이문기 외, 『역사 ②』, 동아출판, 2017.

이상균 외, 「개정 북한 지리교과서 속의 독도 관련 내용 분석」, 『한국지리학회지』 6(2), 2017.

이준태, 「남북한 역사교육 분석을 통한 역사의식 통합 방안모색」, 『아태연구』 16(2), 2009.

이찬희, 「북한의 역사교육 연구: 『조선력사』신구 교과서 내용분석을 중심으로」, 『사회과교육』 26, 1993.

정선영 외, 『역사 ②』, 미래엔, 2017.

정영순, 「남북한의 역사인식 비교 연구: 역사교과서를 중심으로」, 『사회과교육』 45(1), 2006.

정재정 외, 『역사 ②』, 지학사, 2017.

조한욱 외, 『역사 ②』, 비상교육, 2017.

조정아 외, 「김정은 시대 북한의 교육정책, 교육과정, 교과서」, 『통일연구원 연구총서』, 2015.

주진오 외, 『역사 ①』, 천재교육, 2017.

주진오 외, 『역사 ②』, 천재교육, 2017.

차승주, 「남북한 교과서의 "한국전쟁" 관련 내용 비교 연구」, 『북한학연구』 (2), 2011.

최상훈 외, 『역사교육의 내용과 방법』, 책과 함께, 2010.

최용규, 「북한의 역사관과 역사교육」, 『사회과교육』 26, 1993.

통일부 통일교육원, 『북한 이해』, 통일교육원 교육개발과, 2016.

한만길·이관형, 「북한의 12년 학제 개편을 통한 김정은 정권의 교육정책

분석」,『북한연구학회보』 18(2), 2014.

한철호, 「북한의 역사교육과 근대사 인식 '문호개방'을 중심으로」,『한국근
　　　현대사연구』 27, 2003.

한철호, 「한국 중학교 "역사"교과서의 독도 기술 현황과 과제」,『영토해양
　　　연구』 3, 동북아역사재단, 2012.

〈북한 교과서 자료〉

김광수 외,『조선력사 초급중학교 제2학년』, 교육도서출판사, 2014.

박영철 외,『력사 고급중학교 제3학년』, 교육도서출판사, 2015.

오영철 외,『력사 고급중학교 제1학년』, 교육도서출판사, 2013.

오영철 외,『력사교수참고서 - 고급중학교 1』, 교육도서출판사, 2014.

제갈명 외,『조선력사 초급중학교 제3학년』, 교육도서출판사, 2015.

차영남 외,『조선력사 초급중학교 제1학년』, 교육도서출판사, 2013.

차영남·강국모,『조선력사교수참고서-초급중학교 제1학년-』, 교육도서출
　　　판사, 2013.

한영찬 외,『력사 고급중학교 제2학년』, 교육도서출판사, 2014.

북한 노동신문(2018.02.15.), 독도는 신성한 우리의 령토이다.

『학습지도요령 및 해설』을 통해 본 일본의 영토교육

－「개정 교육법」부터 「2018 고교 학습지도요령」까지 －

이 우 진

1. 머리말

일본의 문부과학성은 드디어 고등학교에서 '독도의 일본 영유권'에 대한 교육을 의무화하는 『2018 고등학교 학습지도요령』(2018.3.30)[1]을 확정하여 '전자정부 종합창구'[2]에 고시하였다. 이는 '독도가 일본 고유의 영토'라는 내용을 담고 있는 지난해에 확정한 『2017 소·중학교 학습지도요령』(2017.3.31)의 연장선에서 이루어진 작업이다. 교과서 검정제도를 취하고 있는 일본에서 『학습지도요령』은 중요한 의미를 지닌다.[3] 『학습지도요령』은 '교육과정의 기준'이 되며, 이 『학습지도요령』

---

[1] 이하 'O년도에 고시된 학습지도요령은 『O 학습지도요령』'으로 표기하도록 하겠다. 예컨대, '2011년 고시된 소·중학교 학습지도요령은 『2011 소·중학교 학습지도요령』'으로 표기하고, 더불어 『학습지도요령』과 『학습지도요령 해설』도 동일한 방식을 따른다.

[2] 電磁政府の總合窓口(http://www.e-gov.go.jp).

[3] 일본은 국가에서 직접적으로 교과서 저작에 관여해 그 내용 등을 결정하는 국정교과서 제도가 아닌, 문부과학성이 사용가부를 판정해주는 검정교과서

을 보완·설명하는『학습지도요령해설』은 '교과서 제작과 검정의 기준'으로 작동하기 때문이다.[4]

일본 정부는『2008 중학교 학습지도요령 해설』(2008.7.14)을 고시한 이래, 지속적인『학습지도요령 및 해설』의 개정과 교과서 검정을 통해 '독도 영유권에 대한 왜곡된 교육'을 실행하여 왔다. 드디어 지난해와 올해『소·중·고등학교 학습지도요령』을 개정하여 "일본 내 모든 학교 교육에서 독도 영유권에 대한 왜곡된 교육을 해야만 하는 시스템을 완성"하였다.[5] 앞으로 살펴볼 것이지만, 이와 같은『학습지도요령』개정은 아베 신조(安倍晋三) 내각이 추진해 온 '우경화·국가주의 교육의 결실'이라고도 볼 수 있다.

이 글은 독도와 관련한 일본의 왜곡된 영토교육을『학습지도요령 및 해설』을 중심으로 검토하고자 한다. 특히 아베 내각의 정치성과 관련하여 논의해보도록 하겠다.[6] 이를 위해, 먼저 아베 내각이 '애국심

제도를 사용하고 있다.

[4]『학습지도요령』은 교과서 제작과 검정 기준일 뿐만 아니라 교과교육의 내용과 이 내용을 교육할 때의 유의사항 등도 자세히 제시하고 있다.

[5] 연합뉴스(2018년 2월 14일자)는 "일본 정부는 지난해 개정한 소중학교 학습지도요령에 이어 올해 고교 학습지도요령을 개정함으로써 '학습지도요령-해설-검정 교과서'라는 3종 세트로 구성된 독도 영유권 왜곡교육을 시스템 구축을 완성한 것"으로 평가하고 있다.

[6] 현재 우리학계에서 '독도 교육과 관련한 일본의 검정 교과서 연구'는 상당한 축적이 이루어졌다. 대표적인 연구물들을 뽑자면 다음과 같다. "손용택(2005),「일본 교과서에 나타난 '독도(다케시마) 표기의 실태와 대응」,『한국지리환경교육학회지』제13권 제3호; 권오현(2006),「일본 정부의 독도 관련 교과서 검정 개입의 실태와 배경」,『문화역사지리』제18권 제2호; 심정보(2008),「일본의 사회과에서 독도에 관한 영토교육의 현황」,『한국지리환경교육학회지』제16권 제3호; 김화경·노상래(2009),「일본 교과서의 독도 기술실태에 관한 연구-중학교 사회 과목 교과서의 독도 기술을 중심으로 한 고찰-」,『한국사상과 문화』제50호; 신주백(2010),「한국과 일본 역사교과서의 독도에 관한 기술의 변화」,『독도연구』8호; 남상구(2011),「전후 일본 중

과 공공 정신 함양을 강조하기 위해 제정한 「개정 교육기본법」
(2006.12.22)을 살펴보겠다. 두 번째로 「개정 교육기본법」 이후 일본이
지속적으로 시행하여 온 왜곡된 영토교육 동향을 살펴보도록 하겠다.
이는 아베 내각은 '일본 교육 재생'이라는 목표 달성을 위해 「교육진흥
기본계획」과 밀접한 관련을 갖고 있다. 그들은 2008년 7월 1일 「교육
진흥기본계획」을 수립하고, 제1기(2008~2012)와 제2기(2013~2017)를 시
행하였으며, 올해부터 제3기(2018~2022)가 시행하고 있다.[7] 따라서 독
도와 관련한 일본의 왜곡된 영토교육을, 「교육진흥기본계획」 제1기와
제2기에서 공표·시행된 『학습지도요령 및 해설』을 중심으로 검토하
겠다. 마지막으로 「교육진흥기본계획」 제3기에 시행되는 『2017 소·중
학교 학습지도요령 및 해설』과 『2018 고등학교 학습지도요령』을 논의
해 보도록 하겠다.[8] 그리하여 2006년에 제정한 「개정 교육기본법」부

학교 교과서의 독도 기술 추이와 현황」, 『영토해양연구』 제1권; 박병섭
(2011), 「일본 사회과 교과서와 독도문제」, 『독도연구』 제11호; 서종진(2014),
「아베 정부의 영토교육 강화와 검정 교과서의 독도 관련 기술 변화」, 「영토
해양연구」 8호; 남상구(2014), 「일본 초·중·고 교과서의 독도기술 현황과
전망」, 『교과서 연구』 통권 제76호; 김영수(2015), 「한국과 일본 중학교 역사
분야 교육과정과 역사 교과서의 독도 관련 내용-2014년 전후 한일 교육과
정과 교과서를 중심으로-」, 『독도 연구』 제19호; 송휘영(2015), 「일본 독도
교육의 현황과 방향성 검토」, 『일본문화학보』 64집; 남상구(2016), 「일본 교
과서 독도기술과 시마네현 독도교육 비교 검토」, 『독도연구』 20호; 황용섭
(2017). 「일본 初·中學校 교과서 독도 관련 내용 비교 검토」, 『한일관계사
연구』 56집" 하지만 아베 내각의 정치성과 관련하여 일본의 「신·구 교육법」
을 비롯한 『학습지도요령 및 해설』을 검토하고, 이를 일본의 왜곡된 영토교
육과 관련한 논의가 없다는 점에서 이 연구의 의의가 있다고 할 수 있다.
7) 『教育振興基本計画』(http://www.mext.go.jp/a_menu/keikaku/detail/133 5023 .htm).
8) 본래 『2017 소·중학교 학습지도요령』은 소학교에서 2020년에 적용, 중학교
에서 2021년부터 적용하기로 예정되었다. 그러나 문부과학성은 이를 올해
(2018.4.1)부터 모든 소·중학교에서 앞당겨 실시하기로 했다. 이에 비추어
본다면, 2022년부터 적용하기로 예정되어 있는 「2018 고교학습지도요령」도
조기 실시될 것으로 예상된다. 물론 「2018 고교학습지도요령」가 2022년부터 적

터『2018 고등학교 학습지도요령』에 이르기까지, 이 모두는 아베 내각의 우경화·국가주의 교육 이념의 산물이며, 이 연장선에서 '독도와 관련한 일본의 왜곡된 영토교육'도 이루어지고 있음을 보여주고자 한다. 또한 '독도와 관련한 일본의 왜곡된 영토교육의 논리'를 밝히고, 이 논리가 지닌 문제점에 대해 논의해 보도록 하겠다.

2. 아베 내각의 「개정 교육기본법」에 담긴 영토교육 이념

1차 아베 내각(2006.9.26~2007.8.27)이 들어서기 전부터 일본은 '독도와 관련한 왜곡된 영토교육'에 대한 주장이 있었다. 나카야마 나리아키(中山成彬) 문부과학상은 2005년 3월 29일 "일본 영토라는 것이『학습지도요령』에는 없다.『학습지도요령』에 독도와 센카쿠 열도를 일본 영토로 명기해야 한다"며 "다음『학습지도요령』 개정에서는 분명히 써야 한다"고 언급하였다. 그는 "일본에는 자학적인 교과서가 너무 많다"며 교과서에서 자학적 기술을 삭제해야 할 것을 주장하였다.[9]

아베 신조 역시 이러한 일본의 교과서가 자학사관으로 점철되어 있다는 입장에 동조하였다. 그는 자신의 저서에서 한 장을 할애할 만큼 '일본 교육재생(敎育再生)'[10]의 중요성을 피력하면서, '자학적인 교육

용된다고 할지라도, 이는 「교육진흥기본계획」 제3기(2018~2022)에 해당된다.

[9] 경향신문(2005년 3월 29일자).

[10] '교육 재생(再生)'은 군국주의화와 신자유주의화라는 두 축을 강조한다. 재생이란 말 그대로 '교육을 다시 살린다'는 것이다. 그렇다면 어느 시기로 다시 살린다는 것인가? 우경화와 국가주의를 강조하는 아베의 언급을 볼 때, 그 시기는 바로 '패전 이전의 일본 교육'으로 판단된다. 왜냐하면 아베내각이 「개정 교육기본법」 이후 교육재생회의를 설립하고, 이 회의를 위해 결성된 「일본교육재생기구」는 "전후 60년의 교육을 잘못된 교육으로 규정하고 있으며, 황국신민화시대에 대한 향수를 느끼게 하는 「결성호소문」을 내세우고 있기

의 시정'과 '교육수준의 향상'을 주장하였다.[11] 실제로 아베 내각이 들
어서자 '교육의 재생'은 대단히 중요한 과제로 자리하였다.[12] 이 '일본
교육재생을 위한 교육진흥기본계획'은 근본적으로 제1차 아베 내각에
서 2006년 공표한 '「개정 교육기본법」에 제시된 교육의 목표'에 기반하
고 있다.

아베 내각은 「개정 교육기본법」을 제정하여 '평화헌법에 기초한 「구
교육기본법」(1947년 법률 제25호)'의 이념과 목표를 탈피하고자 하였다.
이는 아래의 두 교육기본법 〈전문(前文)〉 일부에서 확인할 수 있다.

> 「구 교육기본법」: 우리는 개인의 존엄을 중시하고 진리와 평화를 희구
> 하는 인간의 육성을 기대함과 동시에, 보편적이지만 개성이 풍부한 문화
> 의 창조를 목표로 하는 교육을 철저히 보급하여야 한다.[13]

> 「개정 교육기본법」: 우리는, 이러한 이상을 실현하기 위해서 개인의 존
> 엄을 존중하고, 진리와 정의를 희구하며, 공공의 정신을 존중하고, 풍부한
> 인간성과 창조성을 겸비함 인간의 육성을 기대함과 동시에, 전통을 계승

때문"이다. 이에 대한 자세한 논의는, 한용진·박은미(2007), 「일본 교육개혁
의 보수화 논쟁과 교육재생회의」『한국교육학연구』13권 제2호, 한국교육학
회, pp.25-46 참조.

[11] 安部晋三(2006), 『美しい国へ』(東京: 文藝春秋), 「第7章 教育の再生」, pp.201-
229.

[12] 文部科学省(2016), 『平成28年度 文部科学白書』, 「第2部 文教·科学技術施策
の動向と展開, 第1章 教育再生の着実な実現」에는 이와 같이 적혀있다. "현
재 아베 내각에서는 경제 재생과 나란히 교육 재생이 중요 과제가 되고 있
습니다. …… 제2기 교육진흥기본계획에 근거하여 교육 재생을 위한 시책을
실행하여 세계 최고 수준의 학력과 규범의식을 갖춘 인재를 육성하고 있습
니다."
(http://www.mext.go.jp/b_menu/hakusho/html/hpab201701/detail/1398158.htm)

[13] 日本教育基本法 改定 情報センタ(http://www.stop-ner.jp); 「教育基本法」(1947년
법률 제25호).

하고, 새로운 문화의 창조를 목표로 하는 교육을 추진한다.[14]

위의 〈전문〉에서 확인할 수 있듯이, 「개정 교육기본법」의 〈전문〉에
는 「구 교육기본법」의 〈전문〉에 제시되어 있지 않는 '공공 정신 존중'
과 '전통 계승'이 첨가되어 있다. 또한 「개정 교육기본법」에는 「구 교
육기본법」에 제시된 '평화를 희구하는 인간'이라는 표현을 삭제하였다.
그리고 「구 교육기본법」에는 없는 〈교육의 목표〉라는 조항을 만들어,
아래와 같이 '〈전문〉에 새로이 첨가한 공공 정신 존중과 전통 계승을
〈교육의 목표〉로서 설정'하고 있다는 것이다.

> 「개정 교육기본법」 〈교육의 목표〉 제2조
> 3. 정의와 책임, 남녀의 평등, 자신과 타인에 대한 경애와 협력을 중시
> 함과 동시에, 공공의 정신에 기초하여, 주체적으로 사회의 형성에 참여하
> 고 그 발전에 기여하는 태도를 기른다.
> 5. 전통과 문화를 존중하고, 그것을 길러낸 우리나라(일본)와 향토를 사
> 랑함과 동시에, 타국을 존중하고, 국제사회의 평화와 발전에 기여하는 태
> 도를 기른다.[15]

위 〈교육의 목표〉에 제시된 "공공의 정신에 기초하여, 주체적으로
사회의 형성에 참여하고 그 발전에 기여하는 태도"라는 3항은 "국가와
사회의 필요에 따라 교육이 활용될 수 있음을 시사하는 것으로서, 국
가에 의한 교육의 통제가 가능함을 암시하는 문장"[16]이다. 이 뿐만 아
니라 「개정 교육기본법」에는 '교육에 대한 정부의 간섭을 구체적으로

---

14) 같은 곳 (http://www.stop-ner.jp); 「教育基本法」(2006년 법률 제120호).
15) 같은 곳, (教育の目標) 第二条.
16) 靑木廣治(2004), 「教育基本法改定提案の逐條的檢討(前文)」, 『教育基本法改正
批判』, 日本教育法學會編), p.78:노기호(2007), 「일본교육기본법의 개정 내용
과 특징」, 『公法學研究』 第8卷 第2號, 한국비교공법학회, p.316에서 재인용.

규정하는 조항'마저 마련되어 있다.17) 다음으로, "전통과 문화를 존중
하고, 그것을 길러낸 우리나라(일본)와 향토를 사랑함"이라 규정하고
있는 「개정 교육기본법」 5항은 "일본사회를 정치·문화적으로 통일성
이 확보된 일원화된 사회로의 회귀를 도모하고자 하는 보수주의적 통
합전략"18)이 담겨져 있다. 정리하면, 이 두 조항은 '국가의 발전을 위
해 교육을 수단으로 이용하려는 국가주의 교육을 강화함과 동시에 교
육에 대한 정부의 간섭을 확대'하려는 아베 정권의 입장이 분명하게
담긴 〈교육의 목표〉인 것이다.

　이제 아베 내각은 교육을 정부의 요청에 따라 통제할 수 있는 법률
적 근거를 마련하게 되었다. 그들은 '국가주의적이고 우경화적인 방향'
으로 일본교육정책을 선회할 수 있는 정당성을 확보하게 된 것이다.
그리하여 '일본 교육 재생'이라는 목표 달성을 위해, 「개정 교육기본법」
공표에 이어 「교육진흥기본계획」을 수립(2008.7.1)한다. '독도와 관련한
왜곡된 영토교육 강화'도 여기에 발맞추고 있다.

---

17) 특히 「개정 교육기본법」에서 나타나는 '교육에 대한 정부의 간섭을 확대하
　는 입장'은 〈교육행정〉에 관한 조항에서 명백하게 나타난다. 「구 교육기본
　법」의 〈교육행정〉에 관한 제10조에서는 "교육은 부당한 지배에 복종하지 않
　고, 국민 전체에게 직접 책임을 지고 시행돼야 한다"고 기술되어 있다. 반면
　「개정 교육기본법」의 〈교육행정〉에 관한 제16조에 "교육은 부당한 지배에
　굴복하지 않고 이 법률 및 기타의 법률에서 정하는 바에 따라 행해져야 하
　며, 교육행정은 국가와 지방공공단체와의 적절한 역할분담 및 상호협력 하
　에서 공정하고도 적정하게 이루어져야 한다"고 하여, 「개정 교육기본법」이
　나 기타 법률에 따라 교육이 행해져야 함을 구체적으로 규정하고 있다.
18) 今野健一(2004), 「教育基本法改正提案の逐條的檢討(教育の目的)」, p.83: 노
　기호(2007), 「일본교육기본법의 개정 내용과 특징」, 『公法學研究』第8卷 第2
　號, 한국비교공법학회, p.316에서 재인용.

3. 「제1기 교육진흥기본계획」(2008~2012)의 영토교육

1) 『2008 소학교 학습지도요령 및 해설』의 영토교육

아베 내각은 「교육진흥기본계획」 제1기가 시작되는 해인 2008년에 『소·중학교 학습지도요령』(2008.3.28)을 개정하여 관보에 고시한다. 이 『2008 소학교 학습지도요령』은 '애국심과 공공 정신의 함양'을 통해 '일본 교육 재생'을 이루고자 하는 「개정 교육기본법」의 입장에 따라 『학습지도요령』을 개정한 것이다. 그 점은 『2008 소학교 학습지도요령』의 〈총칙〉에 제시된 '교육과정편성의 일반 방침'에서 찾아볼 수 있다.

> 제1. 교육과정 편성의 일반 방침
> 2. 학교에서의 도덕 교육은 도덕 시간을 중심으로 학교 교육 활동 전체를 통해서 실시하는 것으로서 …… 도덕 교육은 「교육기본법」 및 「학교교육법」에 정해진 교육의 근본정신에 근거하여 …… 전통과 문화를 존중하고, 그것들을 양성해 온 우리나라(일본)와 향토를 사랑하고, 개성 강한 문화 창조를 도모하는 동시에 공공 정신을 존중하고, 민주적인 사회 및 국가의 발전에 기여한다.[19]

위에 살펴볼 수 있듯이 『2008 소학교 학습지도요령』은 도덕 교육을 두 가지 측면으로 이해하고 있다. 먼저, 도덕 교육을 「개정 교육기본법」의 근본정신을 함양하는 교과로서 파악하고 있다. 다시 말해, '전통과 문화 존중·우리나라(일본)와 향토에 대한 사랑·공공 정신·국가 발전에 기여하는 태도'를 함양하는 교과로서 이해하고 있는 것이다. 여기서 '우리나라(일본)와 향토에 대한 사랑'은 이전의 『학습지도요령』

---

19) 文部科学省(2008), 『小学校学習指導要領』 「第1. 教育課程編成の一般方針 2. 道徳教育」.

에서는 찾아볼 수 없었던 '애국심에 관련한 문구'로서 당시 국내외에서
상당한 주목을 받았다. 아베는 일찍이 "자신이 태어나고 자라난 나라
에 대한 사랑을 키우기 위해서는 교육 현장이나 지역사회에서 우선적
으로 향토애를 육성할 필요가 있다"[20]면서 애국심과 향토애의 불가분
성을 언급한 바 있다. 두 번째로, 도덕 교육을 '도덕과 수업에 한정치
않고 학교 교육 활동 전체를 통해 이루어져야 할 활동'으로 규정하고
있다. 그리고 이것이 학교 교육의 전체적인 원칙에 해당하는 〈총칙〉에
제시되어 있다는 점에서, 『2008 소학교 학습지도요령』은 '국가주의적
도덕교육 시행'을 목표로 하는 아베 내각의 의도가 담긴 작업이었다.
이러한 특성은 음악교과 「지도 계획의 작성과 내용의 취급」에서 "국가
(國歌)인 '기미가요'는 어느 학년에서도 부를 수 있도록 지도한다"[21]고
기술된 문장에서도 확인할 수 있다.[22]

　『2008 소학교 학습지도요령』에서는 독도와 관련한 문장이 명기되지
않았다. 당시 아베 내각은 지속적으로 '일본의 독도 영유권'을 주장해
왔지만, 이를 명기하지는 않았다.[23] 같은 해 공표된 『2008 소학교 학습
지도요령 해설』(2008.6.30)에서도 독도 관련 내용이 명기되지 않았다.
다만 〈5학년 사회과 내용 해설〉에서 북방 영토문제에 대해서만 다루
고 있었으며, 이전의 『1999 소학교 학습지도요령 해설』에서 '점거'라고
쓴 표현을 '불법 점거'로 바꾸었다.[24] 그러나 『2008 소학교 학습지도요

20)　安部晋三(2006), 『美しい国へ』, p.95.
21)　文部科学省(2008), 『小学校学習指導要領』, 「音楽編」[第5学年及び第6学年].
22)　물론 「1998 고등학교 학습지도요령」에서 '기미가요의 제창에 대한 지도'를
　　의무화한 바 있다. 『2008 소학교 학습지도요령』에서 '기미가요의 제창을 명
　　기한 것'을 애국심 함양 교육을 어린 시절부터 시키겠다는 의도가 담긴 것으
　　로 보여진다.
23)　이는 당시 2008년 한국의 이명박 대통령의 취임식(2월)과 방일(4월) 등으로
　　한일관계에 대한 기대가 높아진 점을 고려한 것이었다.
24)　文部科学省(2008) 『小学校学習指導要領解説』 「社会編」, p.62에 제시된 "5학

령 해설』에서 '영토교육이 강화'되고 있었다.『1999 소학교 학습지도요령 해설』와는 달리『2008 소학교 학습지도요령 해설』에서는 '국토의 위치를 다룸에 영토 문제와 함께 다루도록 하였을 뿐만 아니라, 영토 부분을 목표와 내용 모두에서 첫 번째 다룰 내용으로 상향'시키고 있었다.[25] 애국심 함양을 강조하는『2008 소학교 학습지도요령 해설』에서, 영토교육은 "국토에 대한 애정을 기르는 것을 목표로 하는 교육"[26] 이기에 상위에 위치된 것으로 판단된다.

2)『2008 중학교 학습지도요령 해설』의 영토교육

문부과학성은『2008 소학교 학습지도요령 해설』을 공표한 뒤 바로 다음 달에『2008 중학교 학습지도요령 해설』(2008.7.14)을 간행한다. 이『학습지도요령 해설』은 독도 교육과 관련하여 중요한 의미를 지닌다. 왜냐하면『학습지도요령 해설』의 수준에서 독도를 직접 명기하는 것은 이『2008 중학교 학습지도요령 해설』이 처음이기 때문이다. 그 명기 부분은 다음과 같다.

> 『지리』
> (2)일본의 여러 지역 (가) 일본의 지역구성
> 북방영토는 우리나라(일본)의 고유의 영토이지만, 현재 러시아연방에 의해 불법 점거되어 있기 때문에, 그 반환을 요구하고 있는 것 등에 대해

년「우리나라(일본)의 위치와 영토」내용해설"에 이와 같이 적혀있다: "그 때 영토에 대해서는, 북방 영토 문제에 대해서도 다루어, 우리나라(일본) 고유의 영토인 하보마이군도, 시코탄, 쿠나시리, 에토로후가 현재 러시아 연방에 의해 **불법으로 점거**되어 있다는 것과 우리나라(일본)는 그 반환을 요구하고 있다는 사실 등에 대해 언급하도록 한다"고 기술되어 있다.

[25] 文部科学省(2008), 같은 책.

[26] 文部科学省(2008),『小学校学習指導要領解説』「社会編」, p.57.

정확하게 다룰 필요가 있다. 또한 우리나라(일본)와 한국과의 사이에 독도(竹島)를 둘러싸고 주장에 차이가 있다는 점 등도 거론하고, 북방영토와 마찬가지로 우리나라(일본)의 영토·영역에 대한 이해를 심화시키는 것도 필요하다.[27]

표면적으로 볼 때 "우리나라(일본)와 한국과의 사이에 독도를 둘러싸고 주장에 차이가 있다"고 부드럽게 기술한 듯 보이나, 뒤이은 "북방영토와 마찬가지로 독도에 대한 이해를 심화시켜야 한다"는 언급과 연결하여 볼 필요가 있다. 왜냐하면, 북방영토를 불법 점거된 곳으로서 이해하는 틀로서 독도를 이해하라는 것은 '독도가 한국에 의해 불법 점거되고 있다'는 표현과 다름 아니기 때문이다. 곧 일본 정부는 아래의 '『공민』과목의 해설'에 명기하고 있듯이, 독도문제를 한·일간에 미해결된 문제로 파악하고 있다.

> 『공민』
> (2)우리와 국제사회의 여러 문제 (가) 세계평화와 인류의 복지 증대
> 국가 간의 문제로서 영토(영해·영공을 포함)에 대해 우리나라(일본)는
> 미해결된 문제도 남아있고, 평화적인 수단에 의한 해결을 향해 노력하고
> 있으며, 국제사회에 있어서 국가와 국제기구 이외의 조직이 활동하고 있
> 음을 이해시킨다.[28]

정리하자면, 『2008 중학교 학습지도요령 해설』은 '독도 교육을 함에 있어서 독도를 한국에 의해 불법 점거된 상태이며, 이는 여전히 미해결된 문제로서 다룰 것을 요청'하고 있었다. 그리고 위에서 언급되고 있는 '평화적인 수단'은 국제사법재판소에서의 사법적 해결을 말한다. 北方領土.

---

27) 文部科学省(2008), 『中学校学習指導要領解説』「社会編」[地理的分野].
28) 文部科学省(2008), 『中学校学習指導要領解説』「社会編」[公民的分野].

3) 『2009 고등학교 학습지도요령 및 해설』의 영토교육

아베 정부는 2008년도 개정 『소·중학교 학습지도요령 및 해설』을
공표한 뒤에, 이듬해『고등학교 학습지도요령』(2009.3.9)과『고등학교
학습지도요령 해설』(2009.12.25)을 개정한다. 이『2009 고등학교 학습
지도요령 및 해설』에서는 독도가 직접 명기되어 있지는 않다. 하지만
다음과 같이 「고등학교 『지리A/B』교과에 대한 해설」에서 동일하게
"영토문제에 대해서는 중학교에서의 학습을 토대로 한다"고 기재되어
있다.

> 『지리 A』
> (1) 현대 세계의 특색과 제 과제의 지리적 고찰 (가) 지구의와 지도에서
> 파악한 현대세계
> 북방영토 등 우리나라(일본)가 당면한 영토문제에 대해서는 중학교에
> 서의 학습을 기본으로 우리나라(일본)가 정당하게 주장하고 있는 입장에
> 기초하여 정확하게 취급, 영토문제에 대해 이해를 심화시키는 것이 필요
> 하다.29)

> 『지리 B』
> (2) 현대 세계의 계통지리적 고찰 (나) 생활문화, 민족, 종교
> 북방영토 등 우리나라(일본)가 당면한 영토문제에 대해서는 중학교에
> 서의 학습을 기본으로 우리나라(일본)가 정당하게 주장하고 있는 입장에
> 기초하여 정확하게 취급, 영토문제에 대해 이해를 심화시키는 것이 필요
> 하다.30)

앞서 『2008 중학교 학습지도요령 해설』에서 살펴보았듯이, 중학교

---

29) 文部科学省(2009), 『高等学校学習指導要領解説』「地理歴史編」[地理A].
30) 文部科学省(2009), 『高等学校学習指導要領解説』「地理歴史編」[地理B].

교육에서 '독도는 한국에 의해 불법 점거된 상태이며, 이는 여전히 미해결된 문제로서 다루어질 것'을 요구하고 있다. 곧 '독도(竹島)'라는 표현만 사용하지 않았을 뿐이지, '독도의 일본 영유권과 한국의 불법 점거'를 간접적으로 주장하고 있는 것이다.

4. 「제2기 교육진흥기본계획」(2013~2017)의 영토교육

제1기(2008~2012)에 개정된『소·중·고등학교 학습지도요령』이 전면적으로 적용되는 시기는 제2기(2013~2017)에 해당된다.[31] 곧 제1기의 사업은 예비·사전작업에 가깝기 때문에, '애국심과 공공 정신의 함양'이라는 '교육 재생'의 목표를 본격적으로 이루고자 하는 제2기에 들어서면 '독도 왜곡 교육'도 강화될 것이 분명하다. 실제로 아베 내각은 「교육진흥기본계획」 제2기에 들어서자, 제1기에서 보여준 '독도라는 표현을 직접적으로 명기하지 않으며 간접적으로 영유권을 주장하는 태도'를 버린다. 이때부터는 '독도라는 표현을 직접 명기'하여, 영토교육을 통해 애국심 강화를 극대화하려는 방식을 취하고 있는 것이다.

이 점은 2014년 1월 28일 문부과학성이 사회과를 중심으로『2008 중학교 학습지도요령 해설』과『2009 고등학교 학습지도요령 해설』을 일부 개정한『2014 중·고등학교 학습지도요령 해설』에서 확인할 수 있다. 일본 문부성은 이례적으로 5~6년 만에 개정을 하였는데,[32] 그 취

---

31) 「2008 소학교학습지도요령」은 2011년에 전면 실시되고, 「2008 중학교학습지도요령」은 2012년에 전면 실시되며, 「2009 고등학교 학습지도요령」은 2013년부터 학년진행에 따라 순차적으로 진행된다.

32)『학습지도요령해설』은 대략 10년마다 시행되는『학습지도요령』개정에 맞춰 작성되기에, 불과 5~6년 만에『학습지도요령해설』을 개정한 이 사태는 상당히 이례적인 일이다.

지가 "영토교육 및 자연재해 관계기관의 역할 등에 대한 교육이 더욱 충실하게 이루어지도록 도모하는 것"에 있다고 주장하였다.[33] 다음은 영토교육과 관련하여 『2014 학습지도요령 해설』의 개요이다.

중학교 『사회』

○ 지리 분야에서 독도(竹島)는 우리나라(일본) 고유의 영토이나 한국에 불법 점거되어 있는 것, 한국에게 거듭 항의를 하고 있는 것 등을 다루는 것을 명기한 것. 또, 센카쿠 열도에 대해서는 우리나라 고유의 영토이며, 또 실제로 우리나라가 이를 효과적으로 지배하고 있어, 해결해야 할 영유권 문제는 존재할 수 없다는 것 등을 이해시키는 것을 명기한 것.

○ 역사 분야에 있어서, 메이지시기에 우리나라(일본)가 국제법상 정당한 근거를 토대로 독도, 센카쿠 제도를 공식 영토로 편입한 경위를 다룰 것을 명기한 것.

○ 공민 분야에 있어서, 북방 영토 및 독도에 관한 미해결 문제가 남아 있는 것이나 현재 상황에 이르게 된 경위, 우리나라가 정당하게 주장하고 있는 입장, 우리나라가 평화적인 수단에 의한 해결을 위해서 노력하는 것을 이해시키는 것을 명기한 것. 또, 센카쿠 열도에 대해서는, 상황에 이르는 경위, 우리나라의 정당한 입장, 해결해야 할 영유권 문제는 존재할 수 없다는 것을 이해시키는 것을 명기한 것.

고등학교 『지리역사 · 공민』

○『일본사 A/B』에서, 메이지시기에 우리나라의 영토가 러시아 등과의 국제적으로 확정된 것을 고찰하는 것이나, 우리나라가 국제법상 정당한 근거를 토대로 독도, 센카쿠 제도를 공식 영토로 편입한 경위를 다룰 것을 명기한 것. 『지리 A/B』에서, 영토 문제에 대해서는, 북방 영토 및 독도는 우리나라 고유의 영토이지만, 각각 러시아연방과 한국의 불법으로 점거되어 있는 것에 대해서, 우리나라가 정당하게 주장하고 있는 입장을 바탕으

---

33) 文部科学省(2014), 「中学校学習指導要領解説及び高等学校学習指導要領解説の一部改訂について(通知)」
(http://www.mext.go.jp/a_menu/shotou/new-cs/your you/1351334.htm).

로, 이해를 심화시키는 것을 명기한 것. 또, 센카쿠 열도에 대해서는 우리
나라 고유의 영토이며, 또 실제로 우리나라가 이를 효과적으로 지배하고
있어, 해결해야 할 영유권 문제는 존재하지 않은 데 대해서 이해를 심화시
키는 것을 명기한 것.[34]

이처럼『2014 중·고등학교 학습지도요령 해설』에서는『2008 중·
고등학교 학습지도요령 해설』과는 달리 '독도 문제에 관한 내용'을 직
접적으로 '명기'하고 있다. 특히『2014 중·고등학교 학습지도요령 해
설』에 공통적으로 담긴 '독도와 관련한 일본 영토교육의 3가지 논리'에
주목할 필요가 있다. 그 3가지 논리는 다음과 같다.

> ① 독도는 메이지시기에 근대기에 국제법상 정당하게 편입한 일본 고
>   유의 영토이나,
> ② 현재 한국에 의해 불법 점거되고 있는 상황으로 이를 한국에 거듭
>   항의하고 있으며,
> ③ 일본은 평화적인 수단으로 이 독도 문제를 해결하고자 노력하고 있다.

그리고 '애국심 강화'는 아베 내각의「교육진흥기본계획」제1보다
제2기에서 더욱 중점을 두고 있는 사안이었다. 이 점은 2015년 3월에
"도덕교육을 충실화한다는 명목"[35]으로 일부 개정한『소·중학교 학습
지도요령』(2015.3.27)에서 확인할 수 있다. 문부과학성은 이전의『2008
소·중학교 학습지도요령』과 달리 이번『2015 소·중학교 학습지도요
령』에서 '도덕'을 '특별 교과로서 상향'시킨다.[36] 특히 애국심을 중점을

---

34) 같은 곳, "改訂の概要 (1) 領土に関する教育の充実について"부분.
35) 文部科学省(2015),『小学校学習指導要領解説』「特別の教科 道徳編」p.1; 文
   部科学省(2015),『中学校学習指導要領解説』「特別の教科 道徳編」, p.1.
36) 文部科学省(2015), 같은 책, p.2. 이 곳에서 도덕교육을 강화해야 하는 이유
   를 다음과 같이 적고 있다. "역사적 경위의 영향을 받아, 지금까지 도덕교육
   그 자체를 기피하는 풍조가 있었으며, 타 교과에 비해 가볍게 여겨지고, 읽

두고 있는데, 소학교와 중학교 모두 '일본인으로서의 자각'이라는 덕목이 추가되어 있다.[37]

이렇게 볼 때, 『2014 중·고등학교 학습지도요령 해설』에서 '독도라는 표현을 직접 명기'한 것은 '애국심 강화 교육'과 맞물려 있다고 할 수 있다. '영토교육과 애국심 강화'는 2017년에 『소·중학교 학습지도요령 및 해설』(2017.3.31)과 2018년 『고등학교 학습지도요령』을 공시함으로서 그 극점에 다다르게 된다.

사실 2017년은 「교육진흥기본계획」 제2기에 해당되나, 이 때부터 '일부 개정이 아닌 전면 개정의 『학습지도요령』을 확정'하고 '법적 구속력을 지닌 『학습지도요령』에 독도 문제를 직접적으로 명기'한다는 차원에서 이전 시기와는 달리 논의해야 할 것이다. 또한 『2017 소·중학교 학습지도요령』은 「교육진흥기본계획」 제3기(2018~2022)에 시행된다는 점에서도 그리하다. 따라서 『2017 소·중학교 학습지도요령』과 「2018 고등학교 학습지도요령」은 다음 장인 '「제3기 교육진흥기본계획」에서의 영토교육'에서 함께 논의하도록 하겠다.

5. 「제3기 교육진흥기본계획」(2018~2022)의 영토교육

앞서 살핀 『학습지도요령 및 해설』과 마찬가지로 『2017 소·중학교 학습지도요령 및 해설』과 『2018 고등학교 학습지도요령』의 중심축은 '애국심과 공공 정신 함양'이라는 '교육 재생'의 이념에 있다. 그것은 도덕 교과에서 중점화하는 지도내용 가운데 하나가 "전통과 문화를 존중

기자료의 등장인물의 심정이해에만 치우친 형식적인 지도가 이루어진 사례가 있는 등, 많은 과제가 지적되고 있다."

[37] 文部科学省(2015), 같은 책, 같은 곳.

하고, 그것들을 길러낸 우리나라(일본)와 향토를 사랑한다"는 것으로
설정한 사실에서도 확인할 수 있다.[38] 더불어 국가주의적이고 군국주
의적인 행보를 보이는 아베 내각의 입장도 더해진 것으로 판단된다.[39]

『2017 소·중학교 학습지도요령』과 「2018 고등학교 학습지도요령」
에는 이전의『학습지도요령』과 달리「전문(前文)」이 추가되었다. 그리
고「2018 고등학교 학습지도요령」에는 교과목을 대폭적으로 재편성하
였다. 필수과목으로『지리(地理)·역사(歷史) 분야』에서『역사 총합(歷
史總合)』과『지리총합(地理總合)』이 신설되고『공민(公民) 분야』에서
『공공(公共)』이 필수 과목이 되었다. 그리고 선택과목으로『지리탐구』
와『일본사탐구』등이 신설되었다. 앞으로 살펴볼 것이지만, 지금 언
급한 과목들은 모두 아베 내각이 시행해 온 '영토교육 강화'와 연결되
어 있다.

1)『2017 소·중학교 학습지도요령 및 해설』의 영토교육

2017년 3월 31일 일본 문부성은『2017 소·중학교 학습지도요령』을
공포하고, 이후 6월 21일『2017 소·중학교 학습지도요령 해설』을 공
표한다. 이『2017 소·중학교 학습지도요령』에는 이전 시기『학습지도
요령 해설』에나 제시되었던 '독도와 관련한 일본 정부의 입장'을 직접
명기하고 있다는 점이 중요하다. 그 입장은 바로 '독도와 관련한 일본
영토교육의 3가지 논리'[40]이다. 다음의 제시된『2017 소·중학교 학습

---

38) 文部科学省(2017),『中学校学習指導要領』,「總則編」, p.143.
39) 예컨대,『小學校學習指導要領解說』「社會篇」의 p.153에 "국제 정세의 변화
    에서 자위대가 우리나라의 방위 및 국제 사회의 평화와 안전 유지를 위해하
    고 있는 역할'을 구체적으로 기입하고 있는 것을 보면 이를 유추해 볼 수 있다.
40) 이 '독도와 관련한 일본 영토교육의 3가지 논리'는, "① 독도는 메이지시기에
    근대기에 국제법상 정당하게 편입한 일본 고유의 영토이나, ② 현재 한국에

지도요령』의 영토교육 관련 기술을 보면 이를 확인할 수 있다.

소학교
『사회』(5학년)
○ '영토의 범위'에 대해서는 독도(竹島)와 북방 영토, 센카쿠 열도가 우리나라(일본)의 고유 영토임을 언급할 것.[41]

중학교
『지리 분야』
○ '영역의 범위나 변화와 그 특색'에 대해서는, 우리나라의 해양 국가로서의 특색을 거론하며, 독도(竹島)와 북방 영토가 우리나라(일본)의 고유 영토인 것 등 우리나라의 영역을 둘러싼 문제도 언급할 것. 그 때, 센카쿠 열도에 대해서는 우리나라 고유의 영토이며, 영토 문제는 존재하지 않는 것도 다룰 것.[42]
『역사 분야』
○ '개국과 그 영향'에 대해서는 … 구미 제국의 아시아 진출과 관련시켜 취급할 것. 「부국강병 · 식산흥업 정책」에 대해서는 이 정책 하에서 신정부가 행한 폐번치현(廃藩置県), 학제 · 병제 · 세제의 개혁, 신분제도의 폐지, 영토의 획정 등을 취급하도록 할 것. 이 때 북방영토를 언급함과 동시에 독도(竹島), 센카쿠 열도의 편입에 대해서도 언급할 것.[43]
『공민 분야』
○ '영토(영해, 영공을 포함), 국가주권'에 대해서는 관련시키고 취급하고, 우리나라(일본)의 고유 영토인 독도(竹島)와 북방 영토에 관해 남아 있는 문제의 평화적 수단에 의한 해결을 위해 노력하고 있는 것이나, 센카쿠 열도를 둘러싼 해결해야 할 영유권 문제는 존재하지 않는다는 것 등을

의해 불법 점거되고 있는 상황으로 이를 한국에 거듭 항의하고 있으며, ③ 일본은 평화적인 수단으로 이 독도 문제를 해결하고자 노력하고 있다'는 것이다.

[41] 文部科学省(2017), 「小学校学習指導要領」, p.56.
[42] 文部科学省(2017), 「中学校学習指導要領」, p.46.
[43] 文部科学省(2017), 「中学校学習指導要領」, p.56.

언급할 것.[44]

　『2017 소·중학교 학습지도요령 해설』에 따르면, 〈사회과 개정의 취지〉 가운데 하나가 "우리나라(일본) 고유의 영토에 대해서 지리적 측면과 국제적인 관계에 착목하여 생각하는 능력을 습득하는 것"으로 명기하고 있다.[45] 곧 학생들이 '지리적 측면이나 국제적인 관점에서 독도가 일본 고유의 영토'라고 사유할 수 있는 인물로 키우려는 것이다. 아래에 제시된『2017 소학교 학습지도요령 해설』에 제시된 '영토의 범위'를 지도할 때의 유의점'에서 이를 확인할 수 있다.

　　『사회』5학년
　　○ '영토의 범위'에 대해서 지도할 때에는 독도(竹島)와 북방 영토(하보마이군도, 시코탄, 쿠나시리, 에토로후), 센카쿠 열도는 한 번도 다른 나라의 영토가 된 적이 없는 영토라는 의미에서 우리나라 고유의 영토인 점 등을 언급하여 설명하는 것이 중요하다.
　　또, 독도(竹島)와 북방 영토 문제에 대해서는, 우리나라의 고유 영토이지만 현재 대한민국과 러시아연방에 의해서 불법으로 점거되고 있는 점, 우리나라(일본)는 독도(竹島)에 관해 대한민국에 거듭 항의를 하고 있다는 점, 북방 영토에 관해서 러시아연방에 그 반환을 요구하고 있다는 점 등에 대해서 언급하도록 한다. 게다가, 센카쿠 열도에 대해서는, 우리나라가 현재 유효하게 지배하는 고유의 영토이며, 영토 문제는 존재하지 않는다는 것을 언급한다. 이 때, 이러한 우리나라의 입장은 역사적으로나 국제법상으로도 정당한 것임을 감안하여 지도하도록 한다.[46]

　위 '사회 5학년 「영토의 범위」'를 지도할 때의 유의점은 중학교 '『지

44) 文部科学省(2017),「中学校学習指導要領」, p.62.
45) 文部科学省(2017),『小学校学習指導要領解説』「社会編」, p.7. (이는 '사회과·지리역사과·공민과의 구체적인 개선사항'의 하나로 제시된 것이다.)
46) 文部科学省(2017), 같은 책, p.77.

리 분야』의 「영역의 범위나 변화와 그 특색」'이나 '『역사 분야』의 「개
국과 그 영향」'을 지도할 때의 유의점들과 거의 차이가 없다. 모두 다
'독도와 관련한 일본 영토교육의 3가지 논리'를 조금도 벗어나지 않고
있다.[47] '『공민 분야』의 「영토(영해, 영공을 포함)」'을 지도할 때의 유
의점도 마찬가지로 이 논리를 바탕으로 몇 가지 내용만을 추가적으로
담고 있을 뿐이었다. 그 내용들은 '한국의 독도 점거'로 인해 역사 속에
서 발생하게 된 여러 가지 문제점들이다.

『공민 분야』
○ '영토(영해, 영공을 포함)'에 대해서는 지리적 분야에서의 '영역의 범
위나 변화와 그 특색' 역사적 분야에서의 '영토의 획정'등의 학습 성과를
바탕으로, 국가 간의 문제로서 우리나라에서도, 고유 영토인 독도(竹島)와
북방 영토(하보마이군도, 시코탄, 쿠나시리, 에토로후)에 관한 미해결의
문제가 남아있는 점, 영토 문제의 발생부터 현재에 이르는 경위 및 도항이
나 어업, 해양자원 개발 등이 제한되거나, 선박의 나포, 선원의 억류가 발

---

[47] 이에 대해서는 다음의 사례에서 확인할 수 있다. 〈文部科學省(2017), 『中学
校学習指導要領解説』「社会編」, p.40. "『지리 분야』「영역의 범위나 변화와
그 특색」 부분: 독도(竹島)와 북방 영토가 우리나라(일본)의 고유 영토인 점
등, 우리나라(일본)의 영역을 둘러싼 문제도 다루도록 할 것에 대해서는 독
도(竹島)와 북방 영토(하보마이군도, 시코탄, 쿠나시리, 에토로후)에 대해서,
각각의 위치와 범위를 확인하는 동시에, 우리나라(일본) 고유의 영토이지만,
각각 현재 한국과 러시아연방에 의해서 불법으로 점거되어 있기 때문에, 독
도(竹島)에 대해서는 한국에 거듭 항의를 하고 있는 점, 북방 영토에 대해서
는 러시아연방에 그 반환을 요구하고 있는 점, 이러한 영토 문제에 있어서
우리나라(일본)의 입장이 역사적으로나 국제법상으로도 정당함 등에 대해서
정확하게 다루고, 우리나라(일본)의 영토·영역에 대해서 이해가 깊어지는
것도 필요하다."; 같은 책, p.106. "『역사 분야』「개국과 그 영향」 부분: 독도
(竹島)와 센카쿠 열도에 대해서는, 우리나라(일본)가 국제법상 정당한 근거
를 토대로 정식으로 영토로 편입한 경위에 대해서도 언급하고, 이들의 영토
에 대한 우리나라(일본)의 입장이 역사적으로나 국제법상으로도 정당함을
이해할 수 있도록 한다."〉.

생하여, 그 중에 과거에는 일본 측에 사상자가 나오거나 하는 등 불법 점
거 때문에 발생하는 문제에 대한 이해를 바탕으로, 우리나라의 입장이 역
사적으로나 국제법상으로도 정당한 점, 우리나라가 평화적인 수단에 의한
해결을 위해 노력하고 있다는 점을, 국가주권과 연관 지어 이해할 수 있도
록 한다.[48]

곧 '한국의 불법적인 독도 점거'는 어업이나 해양자원과 같은 경제적
인 손실을 가져올 뿐만 아니라, 사상사들이 나왔던 심각한 사태라는
것이다. 다시 말해 '독도 문제'는 막연하고 추상적인 것이 아니라, 반드
시 해결해야만 하는 긴급하고 심각한 사태임을 교육시키고자 하는 것
이다.

2) 『2018 고등학교 학습지도요령』의 영토교육

일본 문부성은 『2018 고등학교 학습지도요령』을 2018년 3월 30일에
확정·공표하였다. 앞서 살펴보았듯이, 이 『학습지도요령』은 영토교육
을 강화하는 측면에서 여러 과목들이 신설되었다. 하지만 '독도와 관련
한 일본 영토교육의 논리'는 『2017 소·중학교 학습지도요령 및 해설』
과 다르지 않다. 이 절에서는 '『지리·역사 분야』와 『공민 분야』 과목
들'을 중심으로 『2018 고등학교 학습지도요령』을 검토해보도록 하겠다.
『지리·역사 분야』를 살펴보면, 목표 가운데 하나로 "일본 국민으
로서의 자각, 우리나라(일본)의 국토와 역사에 대한 애정"[49]을 들고 있
다. 곧 『2018 고등학교 학습지도요령』에서 『지리·역사 분야』는 애국
심과 영토교육을 강화하는 측면에서 이루어졌다는 것을 유추할 수 있
다. 이 『지리·역사 분야』의 과목들을 그 학문성격에 따라 '『지리총합』

48) 文部科学省(2017), 『中学校学習指導要領解説』「社会編」, p.161.
49) 文部科学省(2018), 『高等学校学習指導要領』, p.47.

과『지리탐구』의『지리분야』'와 '『역사총합』과『일본사탐구』의『역사
분야』'로 나눌 수 있다. 먼저『지리분야』의 두 과목에 제시된 영토교육
내용을 살펴보도록 하겠다.

『지리총합』
　○ '일본의 위치와 영역'에 대해서는 세계적인 시야에서 일본의 위치 파
악과 함께, 일본의 영역을 둘러싼 문제도 다룰 것. 또, 우리나라의 해양 국
가로서의 특색과 해양의 역할을 거론하며, 독도(竹島)와 북방영토가 우리
나라(일본) 고유의 영토라는 것 등, 우리나라(일본)의 영역을 둘러싼 문제
도 언급할 것. 그 때, 센카쿠 열도에 대해서는 우리나라(일본) 고유의 영
토이며, 영토 문제는 존재하지 않는다는 것도 다룰 것.50)

『지리탐구』
　○ '영토 문제의 현상 및 요인, 해결을 위한 대응'에 대해서는 그것을 취
급할 때 일본의 영토 문제도 언급할 것. 또, 우리의 해양 국가로서의 특색
과 해양의 역할을 거론하며, 독도(竹島)와 북방 영토가 우리나라(일본) 고
유의 영토라는 것 등, 우리나라(일본)의 영역을 둘러싼 문제도 언급할 것.
그 때, 센카쿠 열도에 대해서는 우리나라(일본) 고유의 영토이며, 영토 문
제는 존재하지 않는다는 것도 다룰 것.51)

　위에서 볼 수 있듯이,『지리 분야』의 두 과목에 요청되는 영토교육
내용은 크게 두 가지 주장으로 나뉜다. 그 하나는, '독도와 북방 영토
가 일본 고유의 영토이나 영토 문제가 존재한다는 것'이고, 다른 하나
는 '센카쿠 열도는 일본 고유의 영토로서 영토 문제가 존재하지 않는
다는 것'이다. 사실, 위 교육내용은『2017 중학교 학습지도요령』에 제
시된『지리분야』의 영토교육내용과 차이가 없다.52)

<hr/>

50) 文部科學省(2018), 같은 책, p.51.
51) 文部科學省(2018), 같은 책, p.57.
52) 각주 42번 참조.

다음으로, 『역사분야』의 두 과목에 제시된 영토교육내용은 다음과
같다.

『역사총합』
또 일본의 국민국가의 형성 등의 학습에 있어서, 영토의 획정 등을 다
룰 것. 그 때, 북방영토를 언급하는 것과 함께, 독도(竹島), 센카쿠제도의
편입에 관해서도 언급할 것.[53]

『일본사탐구』
메이지 유신과 국민 국가의 형성 등의 학습에 있어서, 영토의 획정 등
을 다룰 것. 그때, 북방영토에 대해 언급하는 것과 함께, 독도(竹島), 센카
쿠제도의 편입에 관해서도 언급할 것.[54]

이처럼 『역사분야』의 두 과목에서는 '일본의 독도와 센카쿠제도의
편입'에 대해 기술하고 있다. 앞서 살핀 『지리분야』의 두 과목과 달리
이 『역사분야』의 두 과목에는 '독도가 일본 고유의 영토'라는 언급이
없다. 그리고 앞서 보았듯이 『지리분야』의 두 과목에 제시된 영토교육
내용이 『2017 중학교 학습지도요령』의 『지리분야』와 차이가 없는 것
처럼, 이 『역사분야』의 두 과목에 제시된 영토 교육내용도 『2017 중학
교 학습지도요령』의 『역사분야』와 차이가 없다.[55] 특히 필수 교과인
『역사총합』의 내용으로 "일본의 근대화와 러일 전쟁의 결과가 아시아
의 여러 민족의 독립과 근대화 운동에 끼친 영향"[56]을 명기하고 있다.
이는 식민 지배를 위한 침략 전쟁인 러일 전쟁을 '아시아 여러 민족의
독립과 근대화의 동인'으로 규정하고 있는 것으로, 역사의 왜곡이다.

---

53) 文部科学省(2018), 『高等学校学習指導要領』, p.67.
54) 文部科学省(2018), 같은 책, p.78.
55) 각주 43번 참조.
56) 文部科学省(2018), 『高等学校学習指導要領』, p.67.

이는 아베 내각이 추구했던 '자학적 교육의 탈피'가 구체적으로 실현하고자, 역사를 날조하여 미화하고 있는 것이다.

마지막으로, 『공민분야』의 과목들에 나타난 영토교육내용을 살펴보도록 하겠다. 『공민분야』에서 영토교육내용이 담겨져 있는 과목은 『정치경제』와 신설된 과목인 『공공』이다. 그 내용은 다음과 같다.

> 『공공』
> "국가주권, 영토(영해, 영공을 포함한다)"에 관해서는 관련시켜 다루고, 우리나라(일본)가 고유의 영토인 독도(竹島)와 북방 영토에 관해 남아있는 문제의 평화적 수단에 의한 해결을 위해 노력하고 있다는 것이나, 센카쿠제도를 둘러싸고 해결해야 할 영유권 문제는 존재하지 않는다는 것 등을 언급할 것.57)

> 『정치경제』
> "국가주권, 영토(영해, 영공을 포함한다)" 등에 관한 국제법의 의의, 국제연합을 비롯한 국제기구의 역할"에 관해서는 관련시켜 다루고, 우리나라(일본)가 고유의 영토인 독도(竹島)와 북방영토에 관해 남아있는 문제의 평화적인 수단에 의한 해결을 위해 노력하고 있다는 것이나, 센카쿠제도를 둘러싸고 해결해야 할 영유권 문제는 존재하지 않는다는 것 등을 언급할 것.58)

위에서 볼 수 있듯이, 『공민분야』의 과목들에 나타난 영토교육내용은 '일본 고유의 영토인 독도(竹島)와 북방 영토에 관해 남아있는 문제의 평화적 수단에 의한 해결을 위해 노력한다는 것'과 '센카쿠제도를 둘러싸고 해결해야 할 영유권 문제는 존재하지 않는다는 것'의 두 가지이다. 앞서 『지리·역사분야』와 마찬가지로 이 『공민분야』도 『2017 중

---

57) 文部科学省(2018), 「高等学校学習指導要領」, pp.98-99.
58) 文部科学省(2018), 같은 책, p.108.

학교 학습지도요령』의 『공민분야』에 제시된 영토교육내용과 차이가 없다.[59]

정리하면, '『2018 고등학교 학습지도요령』의 영토교육내용'은 '『2017 중학교 학습지도요령』의 영토교육내용'과 동일하다. 그리고 그 내용은 '독도와 관련한 일본 영토교육의 3가지 논리'에서 조금도 벗어나지 않고 있다. 사실 이 논리는 『2014 중·고등학교 학습지도요령 해설』에 명기된 것이었다. 이제 이 논리는 법적 구속력을 지닌 『2017 소·중학교 학습지도요령』과 『2018 고등학교 학습지도요령』에 명기됨으로써, 일본 내 모든 소·중·고등학교에서 강제적으로 교육되어야만 하는 것이다.

6. 결론

결론에서는 지금까지 살펴본 '아베 내각의 왜곡된 독도교육 전개과정'을 정리하고, 그 왜곡된 영토교육에 담긴 논리가 지닌 문제점에 대해 논의해 보도록 하겠다.

아베 신조는 '일본의 교육 재생(再生)'을 피력하면서 '자학적인 교육의 시정'과 '교육 수준의 향상'을 주장하였다. 이를 위해 가장 먼저 '평화헌법에 기초한 「구 교육기본법」을 개정'하여, 일본 교육의 목표 가운데 하나를 '공공 정신 존중과 전통 계승'으로 설정하였다. 그리하여 아베 내각은 '국가주의적이고 우경화적인 방향'으로 일본교육 정책을 선회할 수 있는 정당성을 확보할 수 있게 되었다. 아베 내각은 「교육기본법」을 개정한 뒤 2년 뒤 '일본 교육 재생'이라는 목표 달성을 위해

---

59) 각주 44번 참조.

「교육진흥기본계획」을 수립하게 된다. 이「교육진흥기본계획」의 시행됨에 따라 '아베 내각의 왜곡된 독도 교육'도 강도가 높아져갔다.「교육진흥기본계획」제1기(2008~2012)에 개정된『학습지도요령 및 해설』에서는 "독도(竹島)를 둘러싸고 한일 양국의 주장에 차이가 있다"는 수준에 머물러 있었다. 하지만 '독도와 관련한 직접적인 언급'이 없었더라도, '북방영토와 독도를 동일선상에서 이해할 것을 요청한다'는 점에서 '독도의 일본 영유권'을 주장하고 있었던 것이다.「교육진흥기본계획」제2기(2013~2017)에 들어서자 '독도라는 표현을 직접 명기'하여 영토교육을 통해 애국심 강화를 극대화하려는 방식을 취하게 된다. 영토교육을 더욱 충실하게 한다는 명목아래, 2008년과 2009년에 고시한『중·고등학교 학습지도요령해설』을 이례적으로 5~6년 만에 일부·개정하여『2014 중·고등학교 학습지도요령해설』에 '독도와 관련한 왜곡된 영토교육의 논리'를 명기한다. 그 논리는 '① 독도는 일본이 메이지 시기 국제법상 정당하게 편입한 고유의 영토이나, ② 현재 한국에 의해 불법 점거되고 있는 상황으로 이를 한국에 거듭 항의하고 있으며, ③ 일본은 평화적인 수단으로 이 독도 문제를 해결하고자 노력한다.'는 것이다. 이러한 3가지 논리는「교육진흥기본계획」제3기(2018~2022)에 공포된『2017 소·중학교 학습지도요령』과「2018 고등학교 학습지도요령」에 고스란히 명기된다. 법적 구속력을 지닌『학습지도요령』에 명기됨으로 인해, 일본 내 고등학교 이하의 모든 학생들이 '독도와 관련한 왜곡된 교육'을 받아야 하는 상황이 되었다.

다음으로 아베 내각이 강조하는 이 '독도와 관련한 영토교육의 3가지 논리'를 살펴보도록 하겠다. 이 3가지 논리는 '① 이 참일 때에만 ② 와 ③ 이 참일 수 있다.' 하지만 '① 독도는 일본이 메이지 시기 국제법상 정당하게 편입한 고유의 영토'라는 문구는 그 자체로 논리적 모순을 지니고 있기에, 이 3가지 논리는 모두 참이 아닌 것이다. 일본 정부가

제시하는 '고유영토론'은 '17세기에 독도 영유권을 확립하였다'는 것에
근거한다. 하지만 ① 의 문장을 보면, '1905년 일본의 독도 침탈을 국제
법상의 정당한 편입'으로 논의하기에, 이는 그들의 '고유영토론'과 어
긋나고 있는 것이다. 사실 이 논리적 모순을 차치하고 나서라도, ① 의
문장은 지리적 · 역사적 · 국제법적의 어떠한 관점이라 하더라도 참일
수 없다. 독도는 지리적, 역사적, 국제법적으로 명백한 우리 대한민국
의 영토이기 때문이다. 아베 내각은 이 사실을 모를 리 없을 것이다.
하지만 그들은 애국심 강화를 극대화하고자 하기에 왜곡된 영토교육
을 버리지 못하는 것이다. 「교육기본법」 개정 이후 『학습지도요령 및
해설』의 전개과정을 보면, 아베 내각의 추구하는 왜곡된 영토 교육은
사실상 자기네들의 '국가주의적이고 군국주의적인 행보'를 위한 장치
로서 계발된 것이라 할 수 있다.

【참고문헌】

권오현, 「일본 정부의 독도 관련 교과서 검정 개입의 실태와 배경」, 『문화역사지리』 제18권 제2호, 문화역사지리학회, 2006.

심정보, 「일본의 사회과에서 독도에 관한 영토교육의 현황」, 『한국지리환경교육학회지』 제16권 제3호, 한국지리환경교육학회, 2008.

김영수, 「한국과 일본 중학교 역사분야 교육과정과 역사 교과서의 독도 관련 내용－2014년 전후 한일 교육과정과 교과서를 중심으로－」, 『독도연구』 제19호, 영남대 독도연구소, 2015.

김화경·노상래, 「일본 교과서의 독도 기술실태에 관한 연구-중학교 사회 과목 교과서의 독도 기술을 중심으로 한 고찰-」, 『한국사상과 문화』 제50호, 한국사상문화학회, 2009.

남상구, 「전후 일본 중학교 교과서의 독도 기술 추이와 현황」, 『영토해양연구』 제1권, 동북아역사재단, 2011.

남상구, 「일본 교과서 독도기술과 시마네현 독도교육 비교 검토」, 『독도연구』 20호, 영남대 독도연구소, 2016.

노기호, 「일본교육기본법의 개정 내용과 특징」, 『公法學硏究』 第8卷 第2號, 한국비교공법학회, 2007.

박병섭, 「일본 사회과 교과서와 독도문제」, 『독도연구』 제11호, 영남대 독도연구소, 2011.

서종진, 「아베 정부의 영토교육 강화와 검정 교과서의 독도 관련 기술 변화」, 「영토해양연구」 8호, 동북아역사재단, 2014.

손용택, 「일본 교과서에 나타난 '독도(다케시마)' 표기의 실태와 대응」, 『한국지리환경교육학회지』 제13권 제3호, 한국지리환경교육학회, 2005.

송휘영, 「일본 독도 교육의 현황과 방향성 검토」, 『일본문화학보』 64집, 한국일본문화학회, 2015.

신주백, 「한국과 일본 역사교과서의 독도에 관한 기술의 변화」, 『독도연구』 8호, 영남대 독도연구소, 2010.

한용진·박은미, 「일본 교육개혁의 보수화 논쟁과 교육재생회의」, 『한국교육학연구』 13권 제2호, 한국교육학회, 2007.

황용섭,「일본 初·中學校 교과서 독도 관련 내용 비교 검토」,『한일관계사
　　연구』56집, 한일관계사학회, 2017.

경향신문(2005년 3월 29일자).
연합뉴스(2018년2월14일자).

文部科学省,『小学校学習指導要領解説』, 2008.
文部科学省,『中学校学習指導要領解説』, 2008.
文部科学省,『高等学校学習指導要領解説』, 2009.
文部科学省,「中学校学習指導要領解説及び高等学校学習指導要領解説の一
　　部改訂について(通知)」, 2014.
文部科学省,『平成28年度 文部科学白書』, 2016.
文部科学省,『小学校学習指導要領』, 2017.
文部科学省,『小学校学習指導要領解説』, 2017.
文部科学省,「中学校学習指導要領」, 2017.
文部科学省,「中学校学習指導要領解説」, 2017.
文部科学省,「高等学校学習指導要領」, 2018
安部晋三,『美しい国へ』(東京:文藝春秋), 2006.

日本教育基本法 改定 情報センタ(http://www.stop-ner.jp)
電磁政府の總合窓口(http://www.e-gov.go.jp)
『教育振興基本計画』(http://www.mext.go.jp/a_menu/keikaku/detail/ 1335023.
　　htm).

■ 김명기

명지대학교 명예교수

저서 : 『정부수립론의 타당성과 한국의 독도 영토주권』, 『남중국해사건에 대한
상설중재재판소의 판정』, 『한국의 독도영토주권의 국제적 승인』, 『대일평
화조약상 독도의 법적 지위』, 『독도총람』 등

논문 : 「대한민국칙령 제 41호 전후 조선의 독도에 대한 실효적 지배」, 「대한국제
법학회의 독도학술연구조사에 의한 한국의 독도에 대한 실효적 지배」,
「대일평화조약의 한국에의 적용상 제기되는 법적 제문제」, 「남중국해사건
에 대한 상설중재재판소의 판정과 한국의 독도영토주권에의 함의」, 「국제법
상 기죽도약도의 법적 효력」 외 다수

■ 나홍주

전 독도조사연구학회 회장

저서 : 『독도의 영유권에 관한 국제법적 연구』, 『독도의용수비대의 독도주둔 활
약과 그 국제법적 고찰』, 『민비암살 비판』 등

논문 : 「독도문제의 ICJ제소 대비론 비판」, 「한국령 독도에 관한 일본의 청구에
대한 국제법적 고찰」, 「한 · 일 어업협정의 문제점에 관한 고찰」, "독도"
기선 배타적경제수역(EEZ)획정의 당위성」, 「독도와 유엔해양법협약」 외
다수

■ **박규태**

영남대학교 생명과학과 위촉연구원

논문 : 「Characterization of the complete chloroplast genome sequence of the giant
knotweed, Fallopia sachalinensis from the volcanic island Dokdo, Republic of
Korea」, 「Complete chloroplast genome of Lamium takesimese Nakai
(Lamiaceae) : an endemic speciesin South Korea」, 「The chloroplast genome
of Symplocarpus renifolius : A comparison of chloroplast genome structure in
araceae」, 「한국산 수국속(HydrangeaL.) 식물의 분자계통학적 연구」, 「한국
희귀 특산식물 꼬리말발도리 집단의 유전적 다양성 및 구조」 외 다수

■ **박병섭**

일본 竹島=독도연구넷 대표

저서 : 『안용복사건에 대한 검증』, 『한말 울릉도·독도 어업』, 『독도=다케시마 논
쟁』(공저) 등

논문 : 「근대기 독도의 영유권 문제」, 「러일전쟁과 독도의 가치」, 「일본인의 제3
차 울릉도 침입」, 「시모조 마사오의 논설을 분석하다」 외 다수

■ **박선주**

영남대학교 생명과학과 교수

저서 : 『독도를 지키는 우리 야생화』(공저), 『여름에 핀 풀꽃 도감』(공저), 『가을
에 핀 풀꽃 도감』(공저), 『봄에 핀 풀꽃 도감』(공저), 『생명과학 핵심개념
아토즈』(공저), 『운문산의 보물들』(공저) 등

논문 : 「A Short Record for the New Distribution and Some Morphological Characters
of Plagiothecium platyphyllum Monk. (Plagiotheciaceae)」, 「The complete
chloroplast genome of Emex australis (Polygonaceae)」, 「Recurrent gene
duplication in the angiosperm tribe Delphinieae (Ranunculaceae) inferred from
intracellular gene transfer events and heteroplasmic mutations in the plastid
matK gene」, 「The complete plastome sequence of Rumex japonicus Houtt.: a
medicinal plant」, 「Characterization of the complete chloroplast genome of
Centaurea maculosa (Asteraceae)」 외 다수

■ **박지영**

영남대학교 독도연구소 연구교수

저서 : 『안용복 : 희생과 고난으로 독도를 지킨 조선의 백성』(공저), 『일본이 기억
하는 조선인 안용복』(공저), 『1877년 태정관 지령에 관한 연구』(공저), 『동
아시아의 바다와 섬을 둘러싼 갈등과 『투쟁의 역사 : 독도를 중심으로』(공
저) 등

논문 : 「1696년, 안용복 도일문제에 관한 고찰」, 「일본 중학교 독도교육의 실태」,
「돗토리번 사료를 통해 본 울릉도 쟁계- 몇 가지 쟁점에 대한 검토를 중심
으로-」, 「지방자치단체 독도 홍보사이트 비교연구」 외 다수

■ 박창건

국민대학교 일본학과 조교수

저서 : 『한일관계의 긴장과 화해』(공저), 『전후 일본 패러다임의 연속과 단절』(공
저), 『위안부합의와 한일관계』(공저), 『GHQ시대 한일관계의 재조명』(공
저), 『한중일 3국 관계: 새로운 협력을 향하여』(공저) 등

논문 : 「재조일본인 죠코 요네타로의 반제국주의 한일연대론」, 「글로벌 위기 이
후 일본의 경제정책 : 변형적 발전주의」, 「한일대륙붕협정의 외교사적 고
찰과 미해결 과제: 동아시아 해양 거버넌스의 구축을 향하여」, 「동북아플
러스책임공동체: 제도화된 협동을 위한 조건과 노력」, 「일본의 공공외교」
외 다수

■ 배진수

한국 독도연구원 부원장

저서 : 『독도이슈 60년과 한국의 영토주권 : 독도 이벤트데이터(1952~2010년)』(공저), 『Territorial
Issues in Europe and East Asia : Colonialism, War Occupation, and Conflict Resolution』(공
저), 『독도문제의 학제적 연구』, 『세계의 영토분쟁 DB와 식민침탈 사례』(공저), 『세계
분쟁 해결과 NGO 네트워크』(공저) 등

논문 : 「한일 간 독도 이슈의 추이와 일본의 도발 패턴-시기별·이슈별 국제정치
적 변수를 중심으로-」, 「민족주의와 영토분쟁 : 이론적 논의와 경험적 분석」,
「국제적 바른 인식을 위한 외국인 대상 독도 문화교육 방안」, 「중일 영토분
쟁과 한반도」, 「세계 영토분쟁의 흐름과 현황, 그리고 해결방안」 외 다수

■ 심정보

서원대학교 지리교육과 교수

저서 : 『불편한 동해와 일본해』, 『地圖でみる東海と日本海』, 『세계화 시대의 세계지리 읽기』(공저), 『증평군 지리지』(공저), 『지구의의 사회사』 등

논문 : 「한일 사회과 예비 교사들의 상대국 이미지와 독도 인식의 비교 분석」, 「사회과 교과서의 독도 내용 현황과 문제점」, 「일본이 부정하는 한국의 독도 교육」, 「일본의 지리교육 부흥 운동과 지속 가능 발전 교육」, 「샌프란시스코 강화조약 전후 한국과 일본의 지리교과서에 반영된 독도 인식」 외 다수

■ 이상균

동북아역사재단 연구위원

저서 : 『19세기 일본지도에 독도는 없다』, 『France-Coree : 130 ans de relations, 1886- 2016』(공저), 『역사지도집의 개념과 제작 방법론』(공저), 『해양영토 바로알기』(공저), 『지도와 사진으로 보는 동해와 독도』(공저) 등

논문 : 「프랑스 중등 역사-지리 교과서에 반영된 식민주의 관련 내용분석」, 「The Map Trade and the Discovery of Dokdo in the Far East in the 19th Century」, 「프랑스 지리교육에서 크로키의 등장배경과 제도적 위상, 그리고 활용사례」, 「중세 유럽의 T-O 지도 유형과 아르메니아 T-O 지도의 특징」, 「김정은 시대 북한 지리교과서의 변화 방향과 내용구성 특징」 외 다수

■ 이성환

계명대학교 인문국제학대학 일본학전공 교수

저서 : 『이토 히로부미』, 『독도 영토주권과 국제법적 권원』(공저), 『近代朝鮮の境
界を越えた人びと』(공저), 『일본의 독도영유권 주장의 허상』(공저), 『한일
관계와 국경』(공저), 『일본 태정관과 독도』(공저) 등

논문 : 「한국의 영토- 국경문제 연구에 대한 시론(試論)」, 「울릉도쟁계의 조일 간
교환문서에 대한 논의의 재검토」, 「독도문제 연구에 대한 주요 쟁점 검토」,
「일본의 간도 정책 : 일본외교문서를 중심으로(1906~1909)」, 「상징 천황제
와 전후 일본의 민주주의- 분화와 통합 -」 외 다수

■ 이우진

공주교육대학교 초등교육과 조교수

저서 : 『퇴계와의 대화』, 『논산지역의 유교문화』(공저), 『생활과 윤리 동양윤리와
만나다』(공저), 『사라진 스승_ 다시 교사의 길을 묻다』(공저), 『Korean
Education : Educational Thought, systems and content』(공저) 등

논문 : 「일본과 베트남의 서원 연구 현황과 제언」, 「학기유편의 유학사적 위상」,
「유가 예술론에 대한 도덕교육적 이해- 공자, 순자, 악기를 중심으로 -」, 「신
채호의 민족에 대한 상상과 영웅 양성 -독사신론과 영웅론을 중심으로-」, 「오
시오 츄사이(大塩中斎)의 歸太虛 工夫論 연구」 외 다수

■ 이원택

동북아역사재단 연구위원

저서 : 『조선시대 공공성 담론의 동학』(공저), 『한국유학사상대계(법사상편)』(공저),
『한국 중세의 정치사상과 周禮』(공저), 『해남녹우당의 고문헌』(공저) 등

논문 : 「한국정치사에서 근대적 議事規則의 도입과 그 의의」, 「유교적 공론장으
로서의 경연과 유교지식인의 정체성」, 「조선후기 강원감영 울릉도 수토
사료 해제 및 번역」, 「성해응의 지정학과 울릉도·우산도 인식」, 「星湖의
政治思想과 '儒敎主義」 외 다수

■ 이태우

영남대학교 독도연구소 연구교수

저서 : 『울릉도 독도로 건너간 거문도 초도 사람들』(공저), 『해방이후 울릉도·독
도 조사 및 사건관련 자료 해제 1』(공저), 『독도 영유권 확립을 위한 연구
X』(공저), 『일제강점기 서양철학의 수용과 전개 : 신문·잡지를 중심으로』,
『쉽게 읽는 현대철학』(공저) 등

논문 : 「1696년 안용복·뇌헌 일행의 도일과 의승수군에 관한 해석학적 연구」, 「근
대 일본 관찬사료에 나타난 울릉도·독도 인식 검토-『조선국 교제 시말 내
탐서』, 『죽도고증』, 『태정관 지령』을 중심으로-」, 「근세 일본의 사료에 나
타난 울릉도·독도의 지리적 인식-〈죽도기사〉·〈죽도고〉·〈원록각서〉를
중심으로-」, 「1948년 독도 폭격사건의 경과와 발생 배경」, 「독도문제와 관
련한 '스기하라(杉原隆)보고서' 재검토」 외 다수

■ 임석준

동아대학교 국제전문대학원 교수

저서 :『지방정부의 역량과 정책혁신 : 이론과 실제』(공저),『정치학 이해의 길잡
　　　이- 정치경제』(공저),『중국정치산책』(공저),『21세기 비교정치학』(공저) 등

논문 :「공정전환에 관한 녹색합리주의 및 생태민주주의 담론 연구」,「러시아와
　　　중국의 천연가스 사업협력: 배경과 전망」,「EU 천연가스 공급 다변화 실패-
　　　러시아 천연가스 파이프라인을 중심으로」,「체코의 에너지 정책 : 규범권
　　　력과 현실주의적 권력 사이에서」,「국가이미지 제고를 통한 직접투자기업
　　　의 현지화 전략에 관한 연구 : 라오스 진출기업 사례를 중심으로」외 다수

■ 정태만

인하대학교 고조선연구소 연구교수

논문 :「明의 철령위와 고려말 국경의 재검토」,「에도시대 이후 일본의 공적 지도
　　　에 나타난 독도 영유권」,「샌프란시스코 평화조약의 문언적 해석」,「『일본
　　　영역참고도』와 대일평화조약」,「『조선국교제시말내탐서』 및 『태정관지령』
　　　과 독도」외 다수

■ 최철영

대구대학교 법학부 교수

저서 : 『위기의 한일관계와 독도 영토 주권 관리』(공저), 『독도 영토 주권의 국제
법』(공저), 『독도 영토 주권과 국제법적 권원』(공저), 『한반도 평화시대의
독도 영토관리』(공저), 『일본의 독도 영유권 주장의 허상』(공저) 등

논문 : 「겐로쿠, 덴포, 메이지 도해금지령의 규범형성 절차 및 형식의 법적 의미」,
「1905년 일본정부 각의결정등의 국제법적 검토」, 「국제법적 측면에서 독
도관련 역사문서 연구동향과 평가」, 「원록각서, 죽도기사, 죽도고의 국제
법적 해석」 외 다수

■ 한철호

동국대학교 역사교육과 교수

저서 : 『한국 근대의 바다 : 침략과 개화의 이중주』, 『근대 일본은 한국을 어떻게
병탄했나?』, 『대한제국, 세계적인 흐름에 발맞추다』(공저), 『대한제국과
한일관계』(공저), 『청일러일전쟁의 기억과 성찰』(공저) 등

논문 : 「초대 주미전권공사 朴定陽의 활동과 그 의의」, 「일본 내무성 지리국 출신
하타 세이지로(秦政治郞)의 오키·독도 인식」, 「1905년 2월 이전 시마네현
(島根縣) 소학교(小學校) 지리교과서의 현(縣)관할지 서술내용과 독도 인식」,
「明治期 야마카미(山上萬次郞)의 일본 지리교과서·부도 집필과 독도 인식」,
「일본 수로국 아마기함(天城艦)의 울릉도 최초 측량과 독도 인식」 외 다수

■ 홍성근

동북아역사재단 연구위원

저서 :『똑도가 한국을 살린다』(공저),『독도 분쟁의 국제법적 이해』(공저),『독도
연구총서 10 : 한국의 독도영유권연구사』(공저),『독도는 한국땅인가』(공
저) 등

논문 :「엠/브이 사이가호 사건 : 신속한 석방절차 사건- 1997년 국제해양법재판소
판결」,「독도는 우리에게 왜 중요한가」,「독도문제에 대한 직접교섭의 실행
가능성과 해결 형태」,「일본의 독도 영유권 주장에 대한 평가」 외 다수